U0700602

Treasures for Scholars Worldwide

中國基督宗教史料叢刊

[美] 吴小新／主編

英斂之集

The Works of Ying Lianzhi

周萍萍／編

·下·

广西师范大学出版社
GUANGXI NORMAL UNIVERSITY PRESS
·桂林·

萬松野人言善録

解題

《萬松野人言善録》，1916年天津大公報館鉛印本。半葉十三行，行三十三字，四周雙邊，單黑魚尾，書口上端鎸『萬松野人言善録』，版心鎸葉碼。綫裝，一册，本書所據底本爲上海圖書館藏本。封面題簽題『萬松野人言善録』，内封鎸『丙辰三月初版／萬松野人言善録／天津大公報館印行』，後附照片一幅，附注云『萬松深處』。卷首冠《萬松野人言善録序》，末署『時丙辰聖若瑟中國大主保日相伯馬良年七十七序於燕京』；次《自序》，末署『乙卯十月萬松野人序於萬松深處』，後附《凡例》。計分十部分：小引、根本的解決、道德的根源及信仰迷信之别、申言信仰迷信之别、承上總結前章旨趣起下示以入手工夫、再論入手功夫、讀書立志、青年鑑、閒適、堪贈偶拾。末附《跋》，末署『旹在丙辰春仲吴縣樊毓鋆子鎔甫謹跋』。

1916年之後，《萬松野人言善録》分别於1919年秋再版、1932年三版。1919年再版，内封題『萬松野人／言善録』，師曾題簽；牌記鎸『己未三月／京師再版』；卷首冠《言善録再板序》，末署『相伯馬良年七十九因復爲之序』。1932年三版，牌記鎸『丙辰初版／己未再版／壬申三版』；卷末附《跋》，末署『一九一九年四月新會陳垣跋』，并有附識，末署『壬申冬月英杕謹識，一九三二年十二月』。

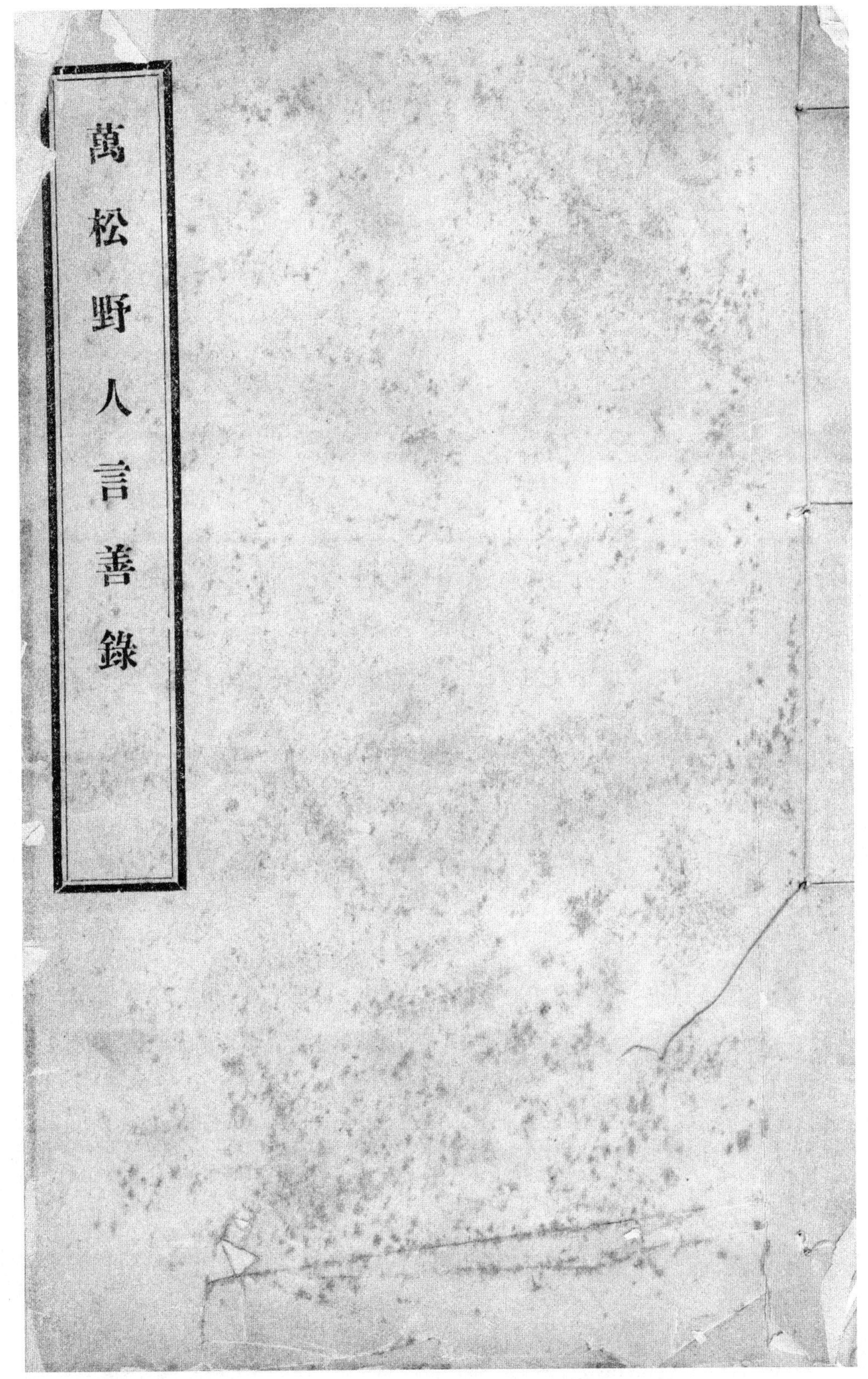

3 萬松野人言善録

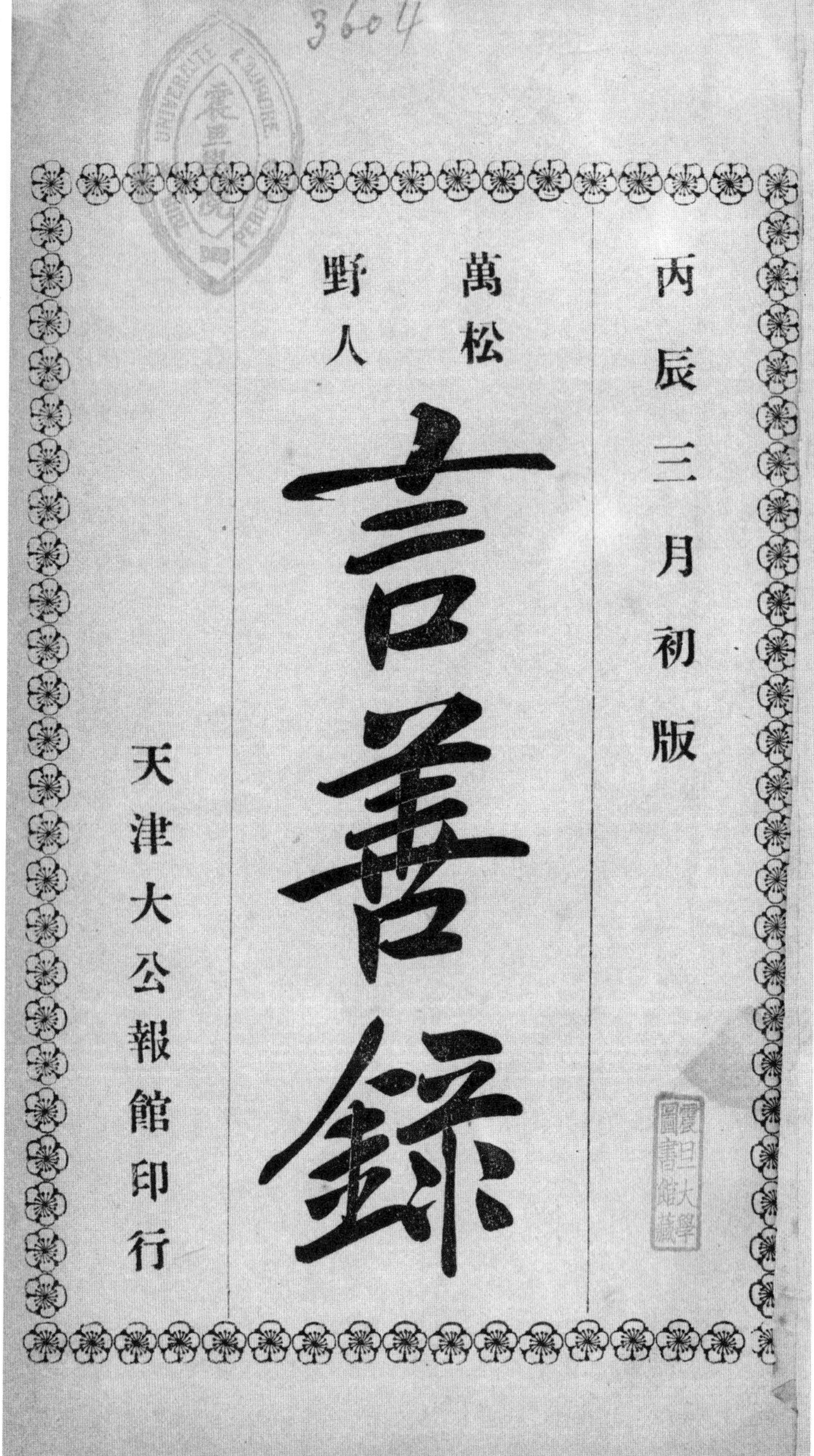
丙辰三月初版
萬松野人
言善錄
天津大公報館印行

萬松深處

萬松野人言善錄序

萬松野人者與余同教尤與道有宿契自幼天性沈毅獨皇皇然以求道爲己任徧求之於三教弗慊也於耶穌新教亦終未慊弱冠後始得耶穌舊教之書而讀之讀之既久且多因多而疑而問而思而辨弗慊弗信信豈苟然已哉當其在天津大公報凡拯災勸募等必首首然不辭近則與夫人愛新覺羅氏隱迹香山共襄教育香山者自遼金以名勝聞古樹之多甲於燕北逮咸豐兵燹後樹以不甚古得免於先被盜伐者猶萬株雖獻計公家者時時欲伐之而野人則受託一日願保存一日以爲故國雖非有喬木之謂而亦非無喬木之謂特自名萬松用自警焉其爲名勝謀永久有如此余頃歲因病時往往必與野人共晨夕益用悉其生平當其求道之初不知所謂道也但覺良心之教善戒惡凛然設無賞罰以鞭其後是猶耕稼而不期收穫法令而不責奉行桀紂之愚不至此而謂天之主宰反其所賦之良心而爲之乎喜爲人誦康熙所撰天主詩聯及古今格言語錄每一啓口響應無窮余固固强其集錄則曰忠孝良心事也今亦金錢可買下亦待賈而沽竊恐良心售盡雖集良心之說無與相印證者余曰不

然良心可售必贗鼎其眞本仍在也君不見羊矢棗羊頭肉有何可口而京師喚賣之聲不絕於耳則喚起良心亦吾輩所有事矣子顧喚之喚百喚千而得一相與印證者以共持人道詎無補余雖老將執筆以竢君之傾囷倒廩而不吝也時丙辰聖若瑟中國大主保日相伯馬良年七十七序於燕京

自序

有個萬松野人隱於萬松谷中擁古今書萬卷終日裏披閱把玩到了疲倦時隨便携杖出遊或升高望遠或臨流長嘯水流有意雲出無心一種活潑天機隨地悠然自得而且布衣適體野藿充腸富雖不能有餘貧尚不致斷炊當此水旱饑饉之秋紛擾戰爭之世竟得居常待終安時處順無榮無辱不忮不求似此清福濁世中豈可多得消閒歲月轉眼不覺三載何幸雲霞供養邱壑娛游靜極生明豁然有悟於上下五千年縱橫九萬里古今中外哲理名言大有歸於一爐而冶之之樂所謂東海西海此理此心求則得之非由外鑠者也故紙生涯鑽研既久於古人胸襟志趣頗能窺其深淺得其是非讀書尚友之樂眞有超出尋常萬萬者廻視世人名韁利鎖謀慮逐妄顚倒迷離沉淪於私慾陷溺於罪惡到頭辛苦一場空不免枉作個邪僻小人可憐可痛孰過於此故不免惹起一種悲天憫人之懷救世淑人之念雖然我果有得於己尚恐不能推以及人何況一知半解淺陋支離於道理又未必果合於人心又未必果洽豈非妄不自量徒自取辱乎但我自覺既得此等福樂又受此等寵照倘不盡我一毫愚忱供

獻同胞豈非枉食天穀苟延歲月無益於人有虧於己乎況年已半百雖不爲老然以後歲月竟同桑榆一年容易來日大難不知何時無常來到論到人之生命石火電光脆薄已極廻憶十數年中朋友隊裏或是聰穎特達或是精明强幹或是心思機警或是魄力雄健只因一味同流合汚恣情縱慾把眞道正理看作迂腐無用甚至譏爲愚獃斥爲謬妄目爲自尋苦惱這等人總想世間光榮富貴卽爲人一生最要目的果能達此目的無論奸貪險詐倒行逆施諂媚卑汚無所不至世上一切事物全憑他血氣作用全由他私意擺佈呵呵誰知他正在興高采烈中就一命嗚呼長眠地下不再向人爭意氣奚論起年紀許多比我小論起聰明許多比我大雖然此等時髦大都是不肯虛心從善總是自作聰明妄逞意氣奉一己之私慾如神聖不可侵犯故落得如此結果所以鄙人每一思及尙未到此地步又是感激又是懼怕極願從此激發天良改惡遷善併願推己及人與人共善與人共善之法無他亦惟有將我所見之善言所發之善念不論長短不拘雅俗一一錄於紙上使人共見互相磋磨互相勉勵以期無負維皇降衷之恩全與全歸生順沒寧是何等福樂何等尊榮諸君請想朝聞夕可所可

何事萬物之靈所靈何在諸君更要細思古今中外千聖萬賢豈皆愚昧而不知利害是非乎豈皆狂謬而必以誑語惑人乎必不然矣古語云人之將死其言也善我以一念迴光樂取於善特取此義作爲書名諸君諸君幸垂念此將死未死之人一片婆心也乙卯十月萬松野人序於萬松深處

凡例

一此書體例非講文章故但重義理不尚詞藻凡不關身心性命者文詞雖美概不濫收

一書中或抒一己淺見或錄古人嘉言不論短長不拘文俗總以確有見地堪爲箴規足資勸懲者爲目的

一此書係隨手撮錄憶及即書故無門類次序之可言

一舞雩歸詠孔子所與吟風弄月先儒不廢故於古人詩歌凡可陶冶性靈堪資銘佩者亦略加采錄

一元代萬松老人有語錄行世其書以機鋒棒喝爲正法眼藏今萬松野人之言善錄

一以明白坦直爲歸既非相襲固不相謀也

小引

帝京景物略卷四首善書院一章、開篇就大發一段議論、其言曰（天下所脉繫、在於天患民病、雖然至日人確乎有固志耳）立教講學、就是堅固人志的根本、然則世人何以深惡痛絕於講學二字（人曰僞爾迂爾、夫勢所不要、僞將何效、時所不情、迂是以名、況僞爲善猶勝眞爲惡、迂爲法猶勝直爲奸矣、謂天下不以人守、人不以心固、心不以學明、烏可哉）以上數語文字簡古、學問淺的人看不十分明白、所以我不嫌煩絮、略加講解、他說天下國家在太平無事的時候、看不出什麽來、所最關繫命脈的、是遇着天災流行、水旱頻仍、人心大變、盜賊蜂起、殺掠奸淫、紛然並至的時候、人能確然有個堅固的志氣、不爲奸人所逼脅、不爲利害所搖動、這纔是性命交關的呢、到底人怎麽能如此呢、是在平日講明眞正的道理、叫他有個眞正的操守、然則講學是件最要緊的事情、世人爲何憎惡的了不得呢、曰憎惡那一羣假道學、裝腔作勢、言不顧行、而且是咬文嚼字、迂闊陳腐、不近人情也、到底你們要知道、既然世人都憎惡講學、是時勢上不以爲緊要的了、既不以爲要、你假充道學、有什麽用處、有什麽好處呢、又世上人皆以富貴利達爲念、你偏要講道德仁義、這不是不近人情麽、所以不能不看你是迂闊獃傻了、至於道德學問固然是以眞正的爲貴若假充道學、固然是自欺欺人、然而你要知道、這等人雖然不好、究竟比那無法無天隨便作惡的好得多了、講道德仁義、說了許多繞遠的話、立了許多的羅索規矩本是討厭、然而你反想想、這等人究竟比那明目張膽任意横行的好得多了、若是說天下國家不在乎人品好歹人不在乎心志如何心志如何、不在乎講明學問、這是大大的錯了、如今我這言善錄、取此一段、作爲開宗明義第一章、衆位了然這個意思就可以讀我的書了、

按帝京景物略一書、是明末劉同人先生作的、其中所說的景物古跡、誠然不免簡略可取的獨是他的文章、簡奥古雅、別開生面、至於議論、亦頗有獨到之處、故此書屢經翻版、名重一時、至乾隆時紀曉嵐所刪節之本、把他的議論全行裁去、未免大失作者精義、近人竟有謂此書爲于奕正著者、未嘗刻版、是未見流行之本、不知其原委也、

根本的解決

這幾年來人心險詐已極、風俗敗壞已甚、凡是那老成君子、端正好人、無不目擊神傷、痛心疾首、要想各樣的法子出來維持、法子雖各有不同、到底都是一番救世的苦心、然而這其間最多數最普通的一宗輿論、總是說沒有宗教不能成國、問他爲何無宗教不能成國呢、他說宗教有一種約束人心結合團體的能力、問他何以有此能力呢、他說宗教因有迷信故也、再問他你說的是什麼宗教、他說但是宗教就好、統不外勸人爲善、戒人作惡、不過各說各理而已、

嗚呼此等理論、每每出於大人先生之口、我也不知聽過多少次了、論起他們的意思來、也是不錯、到底用這樣的議論、要挽回人心、維持風俗、也不過是個牙疼咒罷了、管保永世千年沒有效果、何以然呢、因爲他這些個理論、全是不求甚解、人云亦云、絕沒有探本尋源的心、不過在皮毛上亂講罷了、

如不信、我不妨簡捷的述說一遍、風俗偷因人心壞、人心壞因道德亡、道德亡因無好教育、無好教育因無正宗教、這是從流溯源的規矩、一點不錯、至於宗教的能力從何

生出來呢、曰迷信、迷信是要不得的、如今不是許多文明人天天在那裏講破除迷信麼、爲何又把人羣中最美好的德行、歸根在迷信上呢、這不是自相矛盾麼、

如今我誠心敬意的叩首告罪向衆同胞說罷、我國所以日趨日下、國不成國、人不成人、爲世界所輕、各國所侮、是什麼緣故呢、平心細想、不要怨恨他人、孟子不是說麼、人必自侮然後人侮、國必自伐然後人伐、這個大病根全是我們自己作成的、在什麼地方作成呢、第一是驕傲滿盈、凡事不肯虛心討論、總是先入爲主、强不知以爲知、自大自尊、自欺自悞、直到如今惡果已經爛熟、還是沒有絲毫省悟、第二是縱恣私慾、一切不肯翻然痛改、明明知道不是、反倒加上許多文過飾非的言詞、你問他良心何在、他說什麼良心不良心、大家都是如此、我又何必矯情作怪呢、曖呀、順着良心指引、本着良心作爲、他反看成是矯情作怪、這還合他說什麼呢、總而言之、由驕傲滿盈歸到縱恣私慾、由縱恣私慾返到驕傲滿盈、打成一團、滚成一片、直是無法可分析、由一人至千萬人、相習成風、忝不爲怪、直是無法可刮磨、偶爾間有一兩位天良發現、說幾句明白話、到底誰也不肯反身切己、以身作則、爲四萬萬同胞作個領袖、不過你譏誚我、我

攻擊你、仍然是隨俗習非得過且過、這就是我們四萬萬同胞大多數的第二天性、你說可痛不可痛呢、

如今既然有許多的人、贊成宗教是培植道德聯合大羣的機關、是已竟比從前大有進步了、到底還沒有幾個人肯眞心實力研究宗教的、談到宗教這件事、最是一宗大費唇舌的、必免不了此攻彼擊、排斥闢駁、我說這辯駁不是壞事、不要懼怕、若是但作個好好先生、唯唯諾諾、一輩子也明白不了道理、是越辯越明、事情是越究越精、只要大家肯虛心討論、不是無理取鬧、沒有個不九九歸一的、就怕人置之不聞不問、比如不論你有何等仙丹妙藥、病人至死閉口不服、那就無可如何了、

至於各宗教的宗旨目的、正邪純駁、公私利害、互有不同、若辯論起來、千言萬語也說不盡、暫且不論、如今我妄不自量、按我一已的淺見、先把宗教應研究的幾條大綱、隨手寫在後邊、作個引子、以供有志君子之研究、

關於內體的四條

一所敬者、　是否至尊無對、

二原理、　是否精粹完固、
三規戒、　是否恰合彝良、
四終向、　是否高尚純正、

關於外用的四條

一統系、　是否統於一尊古今無變、
二傳授、　是否大公至正不涉私利、
三範圍、　是否文野智愚皆可包羅、
四效果、　是否利國福民實惠普及、

以上八條、雖不敢說是抉髓搜精、然也可算是提綱挈領了、至於原始要終、仍有個通盤合算的法子、就是凡事不可但就他偏長一曲處看、比如周公恐懼、王莽謙恭、若只就當時論斷、豈不錯謬了麼、所以天下古今的事、是中有非、惡中有善、不是獨具隻眼的、難以辨得明白、如此說來、豈不又是摸稜兩可、善惡混淆、將無同之類乎、曰不然、是非到底自分明、天理必得最後之戰勝、不可但就一時、但從一處、據一小方面上斷定全體的美惡、必須具上下千古的眼光、明乘除加減的道理、畢竟誰長誰短、何是何非、那個是炫耀一時日久生弊的、那個是顛撲不破歷古長新的、那個是恪守天理拂逆人私的、那個是夾雜人慾快樂人意的、如此一條一條的研究比較、既煆煉、又淘汰、不憖不披沙見金了、既畚土、又漉泥、不憖不掘井及泉了、既辨明了是非、看透了邪正、認得眞自然守得切、比如我准知道是個珍寶、雖然有人譏誚他、我也絕不拋棄、我准知道是個鴆毒、雖然有人誇讚他、我也絕不服用、凡是依違兩可、忽愛忽憎、總是未嘗有眞知灼見也、

人果見得道德仁義、是我性分中原有的、不如此便不成個人、這其中有眞福樂、有大安慰、既俯仰無愧、又身心泰然、明白了這個、更那有工夫去享那暫世的汚樂、那有興致去貪那眼前的濁味呢、所以人之最可憐的、就是不肯虛心好學、不肯眞心討論、悠悠忽忽、白活了一世、造物生人、賦人彝良、與人自主、人爲萬物之靈、不與草木同腐、也就在這上頭、然而人空受此大恩、不願隨從良心、不肯努力前進、反倒縱慾恣情、爲非作歹、這豈不是反不如禽獸有益於世麼、以此等人羣、成此等社會、由此等社會、成此

等國家按着公理說、自然不能得天上的降福、自然該受世上的淘汰、你還抱怨誰呢、你們那些驕傲滿盈、對於上天是施展不來的、至於何爲迷信何爲信仰、以後我再把淺見一一的請教這是修身齊家治國、起首研究方針的第一章也、

道德的根源及信仰迷信之別

眞道的根本、純德的源頭、果在何處呢、客曰千古聖賢之語不勝其述矣、自從堯舜授受以來、三代之世一道同風、到了周公沒、聖人之道不行、孟軻死聖人之學不傳、幸而到了宋代、先儒輩出、發明性理之學、教人知道盡性之事、自宋至明、如周程張朱薛胡羅高象山陽明、白沙、若水、各有宗派、各標宗旨、發揮性理的精蘊、可算得無微不至矣、至於二氏之教、雖與儒家不同、然而梵書道藏、刊布流傳、無非是勸勉世人修持的苦心、所謂殊途同歸、一致百慮、不必妄分門戶、但能取長舍短、各就人的見地各隨人的身分、自修自證足已、何必標奇立異、此攻彼擊、傲岸嗚高自詡獨得之秘乎、

萬松野人曰、聽客此番高論、差不多如同讀了一遍道學淵源錄、而且裏面還夾入宗傳、學案、三教一貫諸書、眞是令人歎服、野人雖不材、然而自十七八歲的時候、已竟知

道篤好理學臨蒞日久、玩味愈深、覺得實與世間詞章考據名物象數諸學、有天淵之別、所謂身心性命之源、誠正修齊之本、實在是不錯的、每見世人舍其根本、務其枝葉、未嘗不深加痛憫、故此時時妄不自揣、對人總要供其獻曝愚忱、提撕警戒、以盡與人爲善之義、雖至見憎觸忌也總不以爲辱、到了弱冠後出而應世、交游日廣、閱歷時增、後又南北奔馳屢作萬里之游、四十後倦鳥歸來、書生結習、仍然是向故紙堆裏討生活、然而三十年間自始至終、情境雖是屢有變遷、到底那一段關心社會注重人羣的念頭、總是抛舍不了去、既然以世道人心爲念、又遇見這風俗澆漓人心險詐的時代、豈有不想個挽回補救的法子的呢、雖然自已位卑身賤學淺才疎、也該就其所知、盡愛羣保種一份子之天職、思想既久、總想不出個妙法來、然而這人羣社會、美惡盛衰的本末原委、前頭已竟說過、必須是由道德入手、到底道德該怎麽樣提倡培養呢、眞道純德的根本源頭、果在何處呢、哈哈、費了許多閒話、這纔到題、

萬松野人肅恭敬愼曰、眞道純德的根源、不是別的、就是上天無聲無臭全知全能至公至義之大主宰、我們世上的人、果能信得他眞、（實呼吸可通）望得他切、（如赤子

依母）愛得他至、（更無以復加）自然道爲眞道、德成純德、生順沒寧、俯仰無愧了、話未說畢、有笑之以鼻者曰、像你這樣的裝腔作勢、張大其詞、故作驚人之筆、我以爲有何等的奇談妙論呢、說來說去、還不過是這幾句迂腐陳言、我們從作孩子的時候、久已聽得爛熟了、又何勞你聖人屋裏講經、魯班門前弄斧呢、野人曰不然、請恕請諒、此等道理、倘是鄙人但從書本上勦襲這麼幾句話來、又何必丁寧反復、如此的少見多怪、小題大作呢、因爲這實在是不材數十年來、考之往古、證之來今、體之身心、驗之事故、所領會出來的、若說這是古人的陳言、那是不錯的、若是斥爲迂腐、那就萬萬不敢承命了、然而諸公還要知道、凡是天下古今所傳的眞道理、必是從上天降衷、人生秉彜、有生之初所賦與偕來的、絕不是矯揉造作、由外邊習慣傳染來的、

客曰、既然如此、古書俱在、你又何必饒舌呢、曰這其中有個要緊的緣故、古人說、初性本善、是不錯的、但又說性近習遠、這又是什麼緣故呢、因人初性雖善、但是間於有我之私、隔於物欲之蔽、是以最易迷失眞宗、紛然歧出、即如詩書上所載的、惟皇上帝降衷於下民、小心翼翼、昭事上帝、日鑒在茲、不顯亦臨、諸如此類之言、不勝枚舉、當時家

無異習人、無異說、風俗是何等純厚、人民是何等安康、至後世異端蜂起、邪說橫行、世道人心遂一天不如一天了、到了佛法入中國後、輪迴果報之說既興、人心該當知道趨善避惡了、誰想到更不如前了、宋儒理學相與矜張、說是得千載不傳之學於遺經、然太極理氣諸說一出、遂將蕩蕩上帝一筆抹煞、所謂洩盡秘密者不過曰、天即理也、理即氣也、性即理也、鬼神二氣之良能也、是天也人也神也鬼也理也氣也一而二、二而一者也、無先後無尊卑無美惡、如此豈不是牽天下之人都入了迷魂陣麼、分明一條坦坦平平的大道、偏鑽入荊棘巉巖之途、分明一段明明白白的至理、偏歸到迷離恍惚的說話、無怪乎後世譏誚宋儒者、累牘連篇而不已也、或曰好而知其惡、惡而知其美、非聖者不能、常人論理論人、總不免挾一個成見、黨同伐異、所以不免信口雌黃、任意褒貶、你既不明宋儒所講之理、焉知道不是你的知識見解不足以知之呢、曰道者共由之謂道、非人所不能知之謂道也、即有非常人所易知者、亦當反之心而心安、衡之理而理得、然後可化民成俗、須臾不離、統智愚賢不肖、同入此範圍、而各守其善生安死、人羣國家之道、今以上所引的理氣諸說、不惟常人不得其解、即令讀書談道聰明博辯之士、得其解者、萬千中有幾人呢、非惟讀書人不得其解、即同稱大儒、同列俎豆者尚不免聚訟紛紜、互相詬病、這又是什麽緣故呢、別的我不知道、即如朱子語類上云離騷有九天之說、諸家妄解云有九天、據某觀之、只是九重、蓋天運有許多重數、裏面數重較軟、在外則漸硬、想到第九重成硬殼相似、那裏轉得愈緊矣、康熙字典加以按語云天形如卵白、細察卵白、其中之絪縕融密處、確有七重、第八重白膜稍硬、最後九重便成硬殼、可見朱子體象造化之妙云云、此等附會穿鑿、一何可笑、我並不敢輕侮前人、今爲說理、故特作個粗淺比喻、有一鄉人、從未到過京都、一天他忽向人說京都必是四條大街、問他何以知道呢、他說我家中有個木桌面子、是四塊木板釘成的、因此故知京都也是四條大街呀、雖然雞卵不是天、也如同桌面子不是京都一樣、奈何世人竟囿於習俗、震於盛名、妄相推尊附會、眞可歎也、如此說來、然則理學家的道理、都不可從麽、曰不然、從他可從的、不從他那不可從的、可從的必是秉彝賦來的天理、不可從的必是人欲、後來加雜的私意、人果能把良心喚醒、自然那天理也就得明了、人所以稱爲萬物之靈者、不是別的、就是因爲具靈明、有思想、知善惡、別是非、所以能考證往古、推測來今、近取諸身、遠取諸物、凡一切利用厚生之事、合羣保種之功、及本身最切要的三件、生從何來、現世何爲、死歸何所、都可以研究探討他個所以然處、果能如此、纔不愧稱爲萬物之靈呢、我們中國現在人的大病痛、就是凡事不肯用心、得過且過、你若說他是黏滯不通、拘迂不化、先入爲主、死守舊說、這未免還是推尊他、其實大多數人的思想目的、不過是專就眼前最下份的肉慾上、苟圖一時的安逸快樂、至於那最上份良心上的平安幸福、他就絕不懂得尋求了、不但他不懂得尋求、倘若是有人合他說到這裏、他反倒譏笑誹薄的了不得、你說這豈不是飲了狂泉水、反以不狂爲狂了麼、像這些個人本來是個萬物之靈、反倒作個行屍走肉、酒囊飯袋、與禽獸有什麼分別呢、而且細想起來、還不如禽獸有益於世呢、不是我隨便罵人、如今我把陳白沙先生的禽獸說寫出來、請衆位細參想參想、

陳文恭公禽獸說

人具七尺之軀、除了此心此理、便無可貴、渾是一包膿血裹一大塊骨頭、飢能食、渴

能飲能著衣服能行淫慾、貧賤而思富貴、富貴而貪權勢、忿而爭、憂而悲、窮則濫、樂則淫、凡百所爲、一任氣血、老死而後已、則命之曰禽獸可也、

衆位看了白沙先生這段小演說不要嫌他俗淺刻薄、請平下心去細想想、現在我們同胞中能逃出這頓罵的有多少人呢不用說愚魯的小民就是那大人先生們、以至那自命文明的學子、誰又不是整天的在這幾句話裏作生活呢從前修四庫全書的大老們、在先生集下加了幾句批評說忽而玄妙不可思議、忽而鄙俚不可嚮邇、所指鄙俚不可嚮邇的大概就是這篇文了、其實至理名言、毫無假借所以彭南畇先生在此篇文下加了許多註語推尊的了不得、當時修書諸公說不可嚮邇者、大概也是不愛聽這一套的言詞罷、至於他們說玄妙不可思議的又是什麼呢、我忽然間又想起一段來、也寫在下面

人爭一個覺纔覺便我大而物小、物有盡而我無窮、夫惟無窮、故微塵六合、瞬息千古、生不知愛死不知惡又何暇銖軒冕而塵金玉耶、

以上這幾句話、大概就是他們看成玄妙不可思議的、其實這也沒有什麼玄妙、這正

是孟子所說的天爵、求則得之者也、這段上白沙所說的、我指的是神我、物指的是萬物、人爲萬物之靈、不與草木同腐、也就是這個、然而這其間不是但會說幾句成語、便算得了的、這裏頭大有事在、我們人如若不肯作一個行屍走肉、但知道飢能食渴能飲、那一套的人、必須要改改轍、把眼前終日營謀打算的、稍微放放手、用那神眼往後看一看、想想到底是怎麼一回事、你們不要想這是愚儍、不要想這是喫飽了沒的幹了、你們也不要想這是老生迂腐的常談、在明白人看你們整天的那謀慮逐妄縱慾恣情、彷彿永世千年在世上似的、眞是醉生夢死、眞是可痛可憐的了不得呀、還有一節、你要想想、我如此的苦勸你、我也不得什麼、你用心研究研究爲終身第一件的大事、也不失什麼、平常爲一件不要緊的小事、都肯費點工夫、怎麼單到這上頭反不肯費心了呢、若說這是痰迷心竅的瘋話、或是說這是捕風捉影的謬談、你爲何不想想、孔子說過朝聞道夕死可矣、這是什麼意思呢、可見道比死値得多了、你再想想、世上那有舍却自己的生命福樂爲傳佈人的、而且是前仆後繼、這裏頭必有個大原故、眞定見罷、這些個理由、你若願意辯論、野人雖不肖、很可以敬答你的下問、反復的與你講、就怕你置之不聞不問、你說老主意我拿定了、無論你怎麼嚼舌、我滿沒有聽見、那我就眞無可如何了、若是你說我們是肉眼凡胎的人、怎麼配懂得這個呢、要得眞道、必須是有根基有來歷的、這又是自暴自棄之見、並不知道人爲萬物之靈有自主之權、爲惡非天爲善非命的道理、如今我再把呂新吾先生的一篇文引來作個證見、

理欲消長極至圖

人生天地間、大率三等、其六合爲家、萬物一體、盡得人道、完復天初者、曰聖人、無善無惡、逐波隨風、生無世益、死無後聞者、曰衆人、縱欲恣情、賊仁害義、天理滅絕、良心喪盡者、曰凶人、凶人爲不善、其初非與聖人遠也、指五尺之童子而謂之曰、汝他日爲盜、未有不艴然怒者、非佯怒也、彼其惡盜之眞情、與不爲盜之本心、確乎其不可移也、然而天下之穿窬刦殺、往往而是、此其人何嘗不過童子之年哉、欲心所豔、一旦爲迷、邪念所積、潛滋已久、忽不自覺其至是也、故一行之失、即爲蹻蹠、一言之謬、即爲桀紂、非便爲蹻蹠桀紂、而蹻蹠桀紂之所從來也、諺曰、換卻一念、舜蹠可變、是故爲惡非天、爲善非命、在我而已、吾語爾曹以善爲性之當爲、惡爲理不可爲、爾未

必吾聽、若夫爲一善、而此心快愜不必自言、而鄉黨稱譽之、君子敬禮之、鬼神福祚之、身後傳誦之、子孫榮之、爲一不善、而此心愧怍、雖欲掩護、而鄉黨傳笑之、王法刑辱之、鬼神災禍之、身後指說之、子孫羞之、此二者孰得、夫有小善而矜、聞小譽而喜、雖孺子亦莫不然、是人人皆知善之當爲矣、獨奈何棄身於惡、而蹈此百凶乎、余衆人也、每徘徊於歧路、夫一歧向九天之上、安樂萬端、一歧入九地之下、憂危百種、左足右足、願與二三子決擇之、

這一章的題目、本是道德的根源、及信仰迷信之別、如今爲何拉雜浮泛、說到題目外頭去了呢、曰不然、第一我這言善錄本不是作文章、第二我又沒有那言簡意賅提綱挈領的能幹、如今不過爲發明我的淺見、證明一個眞理、也可算是用傍敲側擊烘雲托月的法子了、比如我前頭所說的、在古聖先賢的道理上、從他那可從的、什麼是可從的呢、總不外存心養性所以事天這個大綱領、自古以來的眞道純德、沒有不從這裏生出來的、這就是道德的根本、人果能實見得天爵尊崇、世榮虛幻、道德重於性命、利害等若浮雲、自然貧賤不移、威武不屈、身可殺而志不可奪、篤信守死此道、這就是

信仰、什麼是不可從的呢、就如那說理說氣、把一個造物主宰、一筆抹煞、本源既昧、理自無根、所以忽而言有主宰、忽而言無主宰、不信講把性理的幾百種書、翻出來參考參考、眞是聚訟紛紜、莫衷一是、這都是不遵古傳、人自爲說的弊病、所以像程朱這樣的大人物、都不免信風水有遺體受蔭的效果、不知他們把素日所講的正誼明道修身俟命諸言、置於何地、等而下之、如輪迴果報相面算命諸事、那都是眞眞正正的迷信、總而言之、不顧義理、妄求福利、統不外乎一個私心、又是毫無把握的、若是一件一件的、闢駁那些謬理妄言、在下也能說個大概、然而必須千言萬語、搖唇鼓舌、說個不休、未免討厭、再者人果然是良心清楚、不是利令智昏的、用心一想、也能知道個眞假邪正、所以我也不必再饒舌了、

有人說了、天地間有個眞主宰、誰能不信呢、差不多人人都是信的、爲什麼人人都沒有眞道純德呢、你講的這個道理、未免落空了、我說不然、信與信大不相同、比如書上說、如在其上、如在其左右、這個話就含糊的很、實在不如臨之在上、質之在傍、這兩句古話妥當、我常看見世俗人、遇見艱難困苦、或是不平的事、未免就發出一種怨恨的

情形說、老天爺到底是管閒事不管呢、又說這老天爺太不睜眼了、又古人有詩云、自是當時天帝醉、非關秦世有山河這些個語言、雖然似乎不信有主宰、到底心裏主宰的根子、總沒丟淨、不過不明白所以然罷了、在這條道理上、我最佩服輟耕錄上記載的一段、他說有人在座傍寫一個天字、下加六個小字是無急性有記性、這眞是善能體會上天主宰意思的、再者明末清初有個張稷若先生、他作了兩篇天道論、也可以算是能體會根源了、然而還不如李二曲先生的籲天約顯明懇切、那眞是得其精髓的了、不過因爲總是以人的力量、沒有一個眞統系、所以不能傳之人人、公之天下、如今請問知道遵守這約的有幾人呢、我這話決不是故意的吹毛求疵、衆位不是過來的人、未必了然這個意思、如今我也把他錄在後面、請衆位看看、

李中孚先生籲天約

僕資本偏駁、動多疵疚、雖嘗懺悔力改、顧志弗勝氣、隨改隨滋、未能徹底廓清、滌舊習而新之、荏苒虛度、祇是舊人、每一念及、輒慄慄悚懼、自恨自傷、不禁淚流、即自責曰、李顒汝前半生、業已蹉跎莫追、今行年如許、若復悠悠、更將何待耶、乃齋心籲天、

痛自淬礪、誓不敢玩愒因循、姑息自棄、諸君資皆粹美、素履罔玷、乃亦反己自訟、怨艾深切、既慮理欲迭乘、亦不妨祈鑒於天、每旦爇香仰天、叩謝降衷之恩、生我育我、卽矢今日心勿妄思、口勿妄言、身勿妄行、一日之內、務刻刻體認、處處嚴防、至晚仍爇香仰叩、默繹此日心思言動、有無過愆、有則長跽自罰、幡然立改、無則振奮策勵、繼續弗已、勿厭勿懈、以此爲常、終日欽凜、對越上帝、自無一事一念可以縱逸、如是則人欲化爲天理、身心皎潔、默有以全乎天之所以與我者、方不獲罪於天、今日俯仰無愧、浩然坦蕩於世上、他日屬纊之時、檢點平生、庶不至黯然消沮、自貽伊戚於地下、存順沒寧、何快如之、區區有志未能、願相與諸君共勉之、

至於那些似是而非、籠統的好言、如諸惡莫作、衆善奉行兩句、白樂天就說、三歲的孩子也說得來、八十歲的老人却行不來、後來人歎爲名言、其實所說的善惡兩字、沒有標的、沒有界說、叫人怎麼遵守呢、就如那世俗說善書上勸人作善、竟有救蟻中狀元之選、埋蛇享宰相之榮的話、衆位細想、一個狀元的身價、不過是幾個螞蟻換的、一個宰相的尊榮、不過因爲一條蛇得的、有這個理麼、有人說了、不在乎那事情、全在乎他

的心意、到底世間上像這樣作好事的多得很、爲什麼都不中狀元不作宰相呢、再者秦檜嚴嵩都是狀元宰相、又是作什麼好事積的因果呢、衆位把我前後所說的各話貫串起來、叅想叅想、大概也就可以知道那是可從的、那是不可從的、那是信仰、那是迷信、果能略詞會意、觸類傍通、眞道純德的根源也就有個頭緒了、

申言信仰迷信之別

前章道德根源及信仰迷信一段、援古證今、東拼西湊、不下四五千言、也算得浩浩瀚瀚一篇大文章了、難道還有奧理微言未曾發揮淨盡的麼、爲何又一言再言如此的不憚煩呢、曰世間的道理、原是隨人的見地各爲是非、隨人的造詣各成深淺、所謂仁者見仁、智者見智、博約頓漸、難以執一而論的、至於野人所供獻的那篇話、原說是把一已的淺見與大家研究、論起道理的淵微來、所說的不過九牛一毛、滄海一粟、不完不備、瑣碎支離、何足當識者一笑呢、不意前說一出、果然就有許多的人譏誚貶駁、有的說這是援儒入墨、彌近理而大亂眞的、有的說所講的迷信信仰並沒分別清楚、焉知道你說的信仰不是迷信、人家的迷信不是信仰呢、有的說這不過是賣弄一知半

解、假充道學、自抬聲價罷了、等等議論、不一而足、野人聽了這些話、先行打消了一己的意氣、壓制下一己的驕矜、一本正經的答曰、在下因爲離羣索居山中日久、每遇那月到梧桐、風來楊柳、夜深人靜的時候、眞有仰手攀南斗、翻身倚北辰之概、妄不自量、也想這一般清意味、少人知道、故此情不自禁、正同那獻芹獻曝之意、倘或似那寒山詩所說、智者君抛我、愚者我抛君、非愚亦非智、從此斷相聞、那直是左右皆非、無有是處了、所以我不敢不盡這點愚誠、不管是智是愚、或非智非愚、不過尋那不憎惡我人的、不鄙棄我話的、認爲知音罷了、我所說的那些讕言、你潛契密合、我也不管、你郢書燕說、我也不管、就是你覆瓿拭案、我也不管、不過聊盡我心、又豈敢賣弄這蟲臂鼠肝的一點小知識呢、至於人所譏誚貶駁的幾條、我不嫌詞費、不妨一一的再分別解釋於下、不過還是求其心安理得、斷不敢顚倒是非、强詞奪理呀、

一援儒入墨彌近理而大亂眞

夫道一而已矣、人具此心、心同此理、東海西海、凡是那圓顱方趾之人、既爲惟皇上帝所降之衷、自應明此彝良同賦之理、何所用其援、何所用其入、凡爲此語者、都是儒者

把持道統的刁風、黨同伐異的惡習、妄在門面上爭閒氣的行徑、至於論道統爭門戶、本來是大可笑的事情、前頭我已竟說過、就是同稱大儒同列俎豆的、尚不免此攻彼擊聚訟紛紜、何況其他呢、其大病總在先入爲主、尊己貶人、固陋自安、習非勝是、而肯舍己從人、虛懷受益、改過不吝、見義勇爲的有幾人呢、論到人的良知本來沒有多歧、說到世間眞理、必當歸於至善、而且是非不能並立、眞假不容混淆、眞則獨眞、是則獨是、從來悖於理而失眞者有之矣、豈有近於理而更亂眞的呢、眞而可亂、其爲眞也亦僅矣、野人常痛我中國格致之學失傳、論理之學不講、以致物理不明、學術不進、就如王陽明那樣的天姿、忽然要想格竹子的理、格至七天、竟爾勞思致疾、傳爲笑柄、後來更無人敢講格致、遂使格致之學、令西人獨擅其長矣、漢朝的王充、獨創論理學、在衆流百氏中、一一的啓其扃洞其竅、釋同異、正嫌疑、凡事考鏡於古昔、不令他虛空無當、他所作的論衡一書八十餘篇、凡是那謬理妄說、無不盡情的辯駁、甚至於問孔刺孟、也無少忌諱、後人見他有不服孔子的話、不免就搖頭吐舌的說、這還了得、這不是非聖無法麼、然而你要知道、他也說了、儒者好信師而是古、以爲聖賢所言、皆是無非、夫聖賢下筆造文、用意詳審、倘未必盡得其實、况倉卒吐言、安能皆是、所以一部論語中、上下多相違、前後多相伐、故此他爲一一的指摘出來、他書上所論的各條、雖不能說精當不搖、到底發人的思想不少、開人的知識很多、後世之人、桎梏於義理、束縛於文詞、穿鑿附會、不敢些子自由、所以眞理日晦、人心日非、獨到了爭論門戶的時候、你看那些位自命儒者的、都是勇往直前剛毅不撓的了不得、不知道這是怎麼一股子魔力、眞是一件最可怪的事、我最可惜的是歷代帝王的專制、所以王充的學派竟至無傳、倘或從那時候有人沿着這個途術往下研究、也不至晦盲否塞如今日了、

孔席不暇煖、墨突不得黔、可見自古以來是孔墨並稱的、到了孟子時代、力闢楊墨、後人遂把墨子看成異端了、後儒謂援儒入墨者、大概總是說借用儒道之正粉飾墨道之邪的意思、其實是非自有公論、不在加膝推淵也、無奈後人入主出奴之見、錮蔽的不可刮磨、所以不能論斷是非了、如今我也不用援儒入墨、我但以儒論儒、儒家所最重的不是經書麼、經者常也、謂爲天經地義也、別的我先不說、即如周禮天官、朱子說是周公運用天理熟爛之書、書上所紀天子后立六宮、三夫人、九嬪、二十七世婦、八十

一御妻、後人並爲註出當夕之次序、以十五日而徧、更日君者日象、其小星之多、理自當爾、無怪昔人目周禮爲誨淫之書也、其他所紀漿醴醯醢瑣碎百端、如說此爲一國之大典、傳之萬世而當守者、豈不可笑呢、儒者動言尊經、亦不思之甚矣、至淸初時代、方望溪專治此書、於凡理之不可通處、統歸之劉歆竄入、誰能起劉歆於九原而一一問之呢、儒者之大經大法竟如此、又何貴於援呢、至其他可指摘處尙多、我實不能耐煩多寫了、諸君果欲研究其詳、請閱我前所刊的新政眞詮勸學篇書後中、尊經循序等篇、及康說書後各節可也、

或曰你在各書中、既無不引證、又無不排斥、究竟你是那邊兒的、以何道理爲依歸呢、像你這樣的淆亂黑白、顚倒是非、眞如同昔人所指的異端之尤了、曰此等語言、仍然出不去我前所說把持道統的刁風、黨同伐異的惡習、絕不知道虛下心去、用古今中外的眼光、研究出一個水落石出的根源來、況且我已竟說過、不是從古人可從的麼、如不可從的、我絕不震於盛名、懾於俗論、就隨聲附和、不敢說其是非了、要知道那囿於流俗、拘於舊習的庸衆、眞是水母目蝦、作古人的奴隸、自欺欺人、自悞悞人、實在是

可憐可痛的很、如今我還告訴衆位、若是不破除了隨班唱喏的迷信、萬不能有眞正獨立的信仰、沒有眞正獨立的信仰、萬不能推尋到眞道純德的根源、這是定而不可移的眞理、並不是起承轉合作文章的字眼該當如此呀、

二所講的信仰迷信分別不淸

有人見了前頭信仰迷信之別一段題目、怪我所講說的並沒有分別淸楚、不過籠統的說個大概、總算不貼題了、這話也不錯、然而我不敢護短文過、按我的意思已竟算是說淸楚了、怎麼講呢、古人有四字云去妄即眞、就是說離開假便是眞了、又說超生滅死、就是說免去死便是生了、不是眞之外又有一個假、死之外又有一個生、所以我說用烘雲托月的法子、就如同作畫的人、要畫個月光並不用歎歎的畫月、但在傍邊烘上許多彩雲、自然就有了月光了、所以我把應當信從的理、一一指出來、並且總而言之、凡是不顧義理、妄求福利、統不外乎一個私心、又是毫無把握的、都叫作迷信、因爲這些理的眞假是非、本不難分別、所以我不願再千言萬語的煩絮、如今因爲有此一問、我一尋思、說是分的不淸、果然不錯、因爲我們中國從古以來、上自史鑑、下至小

說、中間的諸子百家、那些邪說謬理、累萬盈千、一代一代的流傳、深入人腦、居然感了第二天性、我這些年中所遇的、不論朝中的大老、海內的名儒、甚至文章的鉅子、社會的人望、若是談論起來、他們腦筋中不受那邪說沾染的、百中不得一二、至於那村夫愚婦、更不用說了、這還算一件沒有關係的事麼、還不值得多講講麼、雖然話雖如此說、到底我想中國的大患、是在人人都是無腸公子、凡事但知道習常蹈故、絕不肯用一點心的、故此在那一切異端邪說上、闢者自闢、信者自信、有心人無論如何的悲憫痛惜、終是無用、說到這裏、我一想人羣的善惡殃祥、眞是循環感召、爲福爲禍、總在自求、比如一個人清明在躬、閑邪存誠、久之豁然有得、這就是古人說的天牖厥衷、若是憧憧往來、私攻欲擾、久之利令智昏、這就是古人說的神奪其魄、牖衷罷、奪魄罷、其權雖不操之於我、然求則得之、舍則失之、或戒愼、或放恣、人本有自主之權的、今中國惑於邪說、陷於迷信的、如此其多且衆、總是因爲驕縱貪私的心過深、所以神明昏亂、邪魔得以乘虛而入、故此悵惘迷離、千奇百怪、無所不至了、若是一條一條的斥其邪妄、攻其瑕釁、我仍然是不屑於浪費筆墨、今姑且把文章鉅子大人先生們、也時常津津

樂道的兩條、略爲辯論以正其謬

甲輪迴

輪迴轉生之說、本西洋古人閉他臥拉所創造、佛氏因而取之、如楞嚴經云、胎卵濕化、盡歸於情想合離、想愛相結、父母子孫、相生不斷、又云羊死爲人、人死爲羊、死死生生、互來相噉、汝負我命、我還汝債、經千百刼、常在纏縛、此等妄談、不難數語立破其的、今請問轉生之事、是古今一轍呢、是古無今有呢、是行於普世呢、是行於一方呢、若說是古無今有、於理就大不通、且最先的古人、是從何處轉生來的呢、若說是古今一轍、更不通、人只要略有歷史知識的、誰不知道人類是古少今多呢（史鑑記載戶口雖不的確、大數終不懸殊、總是前少後多、各國皆然）若說人必須轉生、一定先要有若干的魂靈、預備著來回的換替、如今人類越來越多、是從那裏添出來的呢、若說是殺的猪宰的羊轉生來的、這話連懂數目的知識也沒有了、請問世間的猪羊一年中所生的、較比人類總要多千百倍、又是什麼轉生來的呢、再往下說雞鴨魚蝦一年中所生的、較比猪羊更多千萬倍、又是什麼轉生來的呢、這是什麼理呢、若是你引證一兩段故事、某人某人記得前生的事跡、某人生時他的父母夢見某人來了、又某人身上是什麼形像有什麼痕跡、生下來果然相符、凡此種種、不是轉生的憑據麼、況且古今書上記載的不勝其述、怎麼可不信呢、

曰轉生或是古今一轍、或是古無今有、如今你答不上來了、你不過引證人傳說的故事或是書上記載的故事作爲證據、如今我請問你、此等徵驗、爲何漢唐以前佛法未入中國時、毫無一條徵驗呢、這豈不是因有此說詞、纔有此想像、所謂疑心生暗鬼的麼、至於夢幻無憑、更不足證了、若是以夢爲證、難道夢見作官即算眞作了官麼、夢見發財即算眞發了財麼、至於痕跡形像尤屬不合、今請問轉生的是魂靈呢是肉體呢、前者彼處的肉體明明臭腐於地下、今者何以又現於此處呢、眞是信口一說、太不用心思了、至於說古今書上記載的轉生事很多、不瞞你說在下從前也是個最愛看閒書的、如漢魏晉唐以來的小說、下至宋明近代的稗史、以及法苑珠林、感應徵驗等書、無論神仙鬼怪、後果前因、紙上的雲煙、不知費了多少眼力、凡是那於異端邪說推波助瀾誣民惑世之作、大都是千人一面、勦襲因仍、不過是要展自己的歪才、以供酒餘

飯飽之談資罷了、我還約略記得紀曉嵐閱微草堂五種中有一段最有意思、他說有一個走無常的(俗名過陰的)說是此等人雖然在世活着、却在陰間當差、凡那勾魂取命、押解轉生、都是他的差使、他平常如世上的人一樣、有時候臥床數日不起、就是往陰間當差去了、當差回來、就說昨天遇見某人死了、一問某人、果然昨天死去、總是不錯的、有人就問他了、你時常的到陰間去、也曾遇見過一個西洋人麼、他說總沒遇見、這事就怪了、難道西洋人不下地獄麼、或是另有個地獄管西洋人呢、這眞是件疑案、

論到輪迴之事、若果有之、自當古今中外同歸一轍、爲何西洋人不信佛教、不懂輪迴、從來也沒有前生後世的徵驗、你說可怪不可怪呢、俗語說神鬼怕惡人、難道輪迴也怕惡人麼、若說輪迴只行於一方、不行於普世、這又是什麼理呢、倘或你說無論怎麼講、我一定是信有脫生的、那是你甘願顚倒倫常、混亂人畜、我也就無法了、

或曰、如你這樣講說、倘無輪迴果報、豈不灰君子爲善之志、縱小人作惡之情麼、况古來如顏回之夭、盜跖之壽、降祥降殃之理、未免顚倒、又何以慰人的心、平人的氣呢、曰

此等理狠不難講、比如古人稱頌文王的盛德、竟有於昭于天在帝左右等語、若桀紂的窮兇極惡也能合文王同等同列麼、必不然罷、不然則必在反對的地步了、這個理是最容易明白的、你豈不知明末清初有個魏叔子麼、在儒林中也是個狠有名望的、他曾作過地獄論前後四篇、雖不十分了澈、到底也算狠有意思了、他大意說的是世間刑賞亂、善惡淆、惡極罪重的人、或是考終以死、即如曹操秦檜等的奸賊、楊廣完顏亮等的淫逆、國家的刑罰、至於凌遲而止、剛狠之人、懸不畏死、又當如之何、況且他們又多未遭世上刑罰、所以必當有個地獄、叫他求死不得、展轉於刀鋸鼎鑊之中、百千萬年而無已時、干請賄賂無所謀、孝子慈孫不能代、惡報極於其身、株連不及他人、嗚呼至矣盡矣、又曰余篤信地獄爲事理所必有、而誦經崇佛消災滅罪爲事理所必無、倘崇佛可以滅罪、則勢力之家不妨窮兇極惡、但出其十一之資、即可免罪、是佛乃狥情干請之惡棍刁紳、佛且當坐地獄中首席矣云云、

乾隆時趙雲松曾有一詩亦關於此條、因附於下、世儒好闢佛、多欲窮其精、我但言其粗、了然自易明、其教嚴戒殺、物命固長成、郤絕男女欲、不許人類生、將使大千界、人滅

物滿盈、此豈造化理、流毒逾秦坑、試起廣長舌、將以何說爭、

衆位看了以上各條、若是還不心服、野人另有專書、反復講明此理、不妨來信下問、我極願誠心敬意的奉答、

乙風水

王維詠西施的詩云賤日豈殊衆貴來方悟稀、此語雖似平常、然而細想起來、世上的人情世態大都如此、即如風水相面算命等事、凡是那痴迷貪妄輩無不信之入骨、見他們每每的向人述說、某人的墳地經什麽高人看過後來必當如何發達、某人的骨相、某人的年庚、經什麽賽柳莊賽君平啦、什麽王鐵嘴李鋼牙啦看過、說他後來該當如何如何、你說怪不怪、到後來果然一點不錯、無不應驗的、怎麽叫人不信呢、野人自幼至今數十年中、聽得這些話不知幾千百遍了、我也時常的用心細想到底是什麽緣故呢、思想既久然後明白這個所以然了、並不是野人自誇聰明、因爲野人向來在貪心上就不十分重、故此能看到這些事的底裏、總而言之、若說迷信這些事的人不是利令智昏、那我死也不敢承認、這話怎麽講呢、大凡一個人沒有不想趨吉避凶的、

也沒有不喜歡奉承讚頌的、這些術士的本志、原來不過爲圖謀衣食起見、故此用心揣摩人情、施他那迎合的伎倆、話越說得圓活流利、叫人摸不着頭腦、越顯出他的神奇、還要故意作出那吞吞吐吐的神情、或是點頭不語、或是搖首向空、然後東露一鱗、西露一爪、倒彷彿眞是天機不可洩漏的神氣、你想那些滿腔貪榮慕利的大人先生們、怎麼會不落在他的迷魂陣裏呢、而且把不得他是個未到先知的神仙、惟恐他的話不應驗、其實這些個術士、終日的信口亂談、應者不過百分之一二、不應者竟有百分之九十七八、人性也眞古怪、不應的那許多的倒丟下不題、倘或有偶中的一二條、這就人人傳述、個個驚奇、什麼這個人脚心上長了硃砂痣、那一家墳地裏出了白長蟲、這個眞是生來不凡、那個果然前生造就、有枝添葉、說個不休、像這等的惡風陋俗、所以把一國的人都造成了一種恍惚迷離胡貪妄想的性質、故此凡事不肯再向正經學問上講求、不肯再向脚踏實地上用力、但盼望淌來的福利、但希冀那不勞而獲的效果、這一羣人既不能令又不受命、豈不是天地間一種應淘汰的廢物麼、可憐可痛、孰甚於此、如今這段題目本是講風水的迷信、所以我先把各種迷信的原因說說、

今再歸到本題專講風水、

郭璞葬經上說、氣乘風則散、界水則止、古人聚之使不散、行之使有止、故此呌作風水、古來又呌作堪輿、其實按說文云堪天道也輿地道也、這個名字不甚合、有人說講風水起自黃帝、因爲有黃帝宅經一書、這明明是後人揑造的、絕不可信、五雜俎上說、自周以後已經有講堪輿的了、史記上日者傳有堪輿家說不吉的話、漢書上有堪輿金匱十四卷、到了後來越傳越盛、唐朝有靑烏子、天機素書、宋朝有天玉經外傳、九星穴法、元朝有玉尺經、明朝有披肝露膽經、地理大全、地理總括、堪輿類纂、更有雪心賦、靑囊經、人子須知、地理正宗、近代有晝筴圖、撼龍經、墳宅便覽、尙書天地圖說、此外零零碎碎的還不知有多少、衆位請想這股子毒氣、自漢唐宋明以來相傳不絕、可算得源遠流長了、無怪乎像程朱那樣的理學大儒、都不免於迷信、即如李二曲先生、可以算得一個純儒了、他答門弟子也不敢說沒有地理、他還要引程子的話、說地美則神靈安子孫盛、又說朱子上孝宗的山陵議、尤娓娓言之不倦、可見地理之說誠亦有定、然而有天理而後可以言地理云云、近代的曾文正可算得一個通家了、他的手札上也說、父母葬地人多說是凶煞、必須改卜、實亦孩心之端云云、然而這些信風水的、若是叫他指出眞憑確據來、是絕然沒有的、不過就是迷離恍惚、託於孝道、人云亦云罷了、講風水的各書我雖然沒有工夫去研究、到底幼時記得有兩句扼要的話、說是天能奪地之權、又說陰地不如心地好、這兩句的意思就是說人若心地不好、好地也能變壞了、人若心地好、壞地也能變好了、這豈不是理窮詞遁的說法麼、果然如此人就專講天理專培心地足已、何必又枉勞精神、枉費錢財、暴露不葬、作那無益之舉呢、雖然迷信這個的人固多、到底不信這個的人也不少、如宋朝羅大經作的鶴林玉露、明朝郎仁寶作的七修類稿、都有駁風水的話、而且是原原本本博引傍徵、至於乾隆時的袁子才、品學雖不十分高妙、到底他能不信風水、深斥痛駁、也是不可以人廢言的了、

如今我把各節摘錄於下、以供大家研究、

鶴林玉露云、古人建都邑、立室家、未有不擇地者、余行天下凡通都會府、山水固皆翕聚、至於百家之邑、十室之市、亦必倚山帶溪、氣象迴合、若風氣虧疎、山水飛走、則必無人烟起聚、此誠不可不信、不可不擇也、乃若葬者藏也、藏者欲人之不得見也、古人之

所謂卜其宅兆者、乃孝子慈孫之心、謹重親之遺體、使其他日不爲城邑道路溝渠耳、借曰精擇、亦不過欲其山水迴合、草木茂盛、使親之遺體得安耳、豈藉此以求子孫富貴乎、郭璞謂本骸乘氣、遺體受蔭、此說殊未通、夫銅山西崩、靈鐘東應、木花於山、栗牙於室、此乃活氣相感也、今枯骨朽腐、不知痛痒、積日累月、化爲朽壞、蕩蕩游塵矣、豈能與生者相感以致禍福乎、此決無之理也、世之人惑璞之說、有貪求吉地、未能愜意、至十數年不葬其親者、有既葬以爲不吉、一掘未已、至三掘四掘者、有因買地致訟、棺未入土、而家已蕭條者、有兄弟數人、惑於各房風水之說、至於骨肉化爲仇讎者、凡此數禍、皆璞之書爲之也、且人之生也、貧富貴賤、夭壽賢愚、禀性賦分、各自有定、謂之天命、不可改也、豈塚中枯骨所能轉移乎、若璞之說、上帝之命、反制於一抔之土矣、楊誠齋素不信風水之說、嘗言郭璞精於風水、宜妙選吉地、以福其身、以利其子孫、然璞身不免於刑戮、而子孫卒以衰微、則是其說已不驗於其身矣、而後世方且誦其遺書而遵信之、不亦惑乎、今之術者言墳墓若有席帽山、子孫必爲侍從官、蓋以侍從重戴故也、然唐時席帽、乃擧子所戴、故有席帽何時得離身之句、至宋朝都大梁、地勢平曠、每風起則沙撲面、故侍從跨馬、許重戴以障塵、夫自有宇宙則有此山、何賤於唐而貴於今耶、近時京丞相仲遠、豫章人也、崛起寒微、祖父皆火化、無墳墓、每寒食則野祭而已、是豈因風水而貴哉、

七修類稿云、郭景純以爲本骸得氣、遺體受蔭、葬者反氣入骨、以應其所生、考之景純罹害王敦、禍不旋踵、是主其術者致其害矣、盍觀秦漢以前聖哲帝王層見疊出、晉唐以來著書擇地術亦精矣、富貴之久子孫之多何嘗過於三代哉、葬者是惟欲親安而已、今乃委之術士、只求富貴利益於子孫、豈孝子慈孫之意耶、且人家之子、世多不才、父母親教之尙不能從、况欲枯骨以蔭之耶、且欲報其愛親之情、以竊山川之靈秀、以致子孫之富貴、已逆其理矣、况世之術士得陶書者爲陶、得郭書者崇郭、得曾楊之書與各書者、紛紛藉藉、人各一說、是以淫巫瞽叟遍滿天下、名卿士夫專信其術、迷而不返、貪心使之、可慨也夫、

以上一段郎仁寶所引證者、不免駁雜、未能精當、故特錯綜節錄、以見大義、又其下一章引劉文安公之言曰、倘地惟由於術、則通其術者得吉、懵其術者得凶、是地何足爲

后祇而能毋萬類耶、倘天惟聽於地之所役、則葬吉者不復因其惡而降殃、葬凶者不復因其善而降祥、是天何足爲上帝而能父羣倫耶、若此數語實得眞理之精髓、是降殃降祥地固無能爲力也、既如此則仁寶又言地必擇吉、葬必盡善豈可一切委之不問云云及淫巫瞽叟遍滿天下、蒙昧倉遑之際、托之以貽禍害往往見之、蓋不惟其理惟其術、而其術又不能精云云、是仁寶於是非邪正尚未十分了徹、而地理所關吉凶尚在可信可疑間也、至於劉海峯所言、三代以上天有權、三代以下地有權、以爲發明奥理、言人所未言、至近時之張廉卿文集中有云自天地剖判至今天亦稍衰老矣云云、是皆文人尚奇逞臆之談、無足深論者矣、

袁簡齋與張司馬書云、言葬經者不始於郭璞、史記樗里子言、後世當有天子之宮夾我墓、漢書劉向奏王氏墳在濟南者、樹皆交柯連葉上高出屋、有立石起柳之象、袁安傳書生指某地曰、葬後世出三公、孫鍾遇三少年乞瓜、爲指葬地、三國志管輅過毋邱儉墳曰、白虎銜尸、朱雀悲哭、孫堅祖墳有五色雲、蔓延數里、此言陰宅風水之始也、呂才駁之、司馬溫公駁之最爲明快、若伊川之駁葬經、言培其本根而枝葉自盛、此非駁

之、乃助之也、理學先生往往惑於風水、將平日義利之辨、一旦抹煞、不知世之父母肥而子孫瘦、父母壽而子孫夭者甚多、在生前一氣相感、根本尚無補於枝葉、而況死後之枯骨乎、漢廷尉吳融以人所封之地葬母、人皆言必滅、而子孫貴盛、見後漢書、隋文帝曰、我家墓田若云不吉、我不當爲天子、若曰吉、我弟不當戰死、見隋書、宋文潞公穿漯渠、司天者言其不利、時仁宗病、後改築、潞公即命司天者往、乃更言前穿無害、恐將來有不利、則改者受罪故耳、見羅氏識遺、源乾曜得張說門左之地、村夫爲之卜葬、俚斗爲之書碑、而泓師知其必貴、見新唐書、黃巢李自成之敗、俱以掘其祖墳故也、乃唐高祖起兵、亦被長安留守盡發其祖墳、而依然無恙、宋明帝惡蕭道成墓有五色雲氣、暗遣人以鐵釘長五六尺者、釘墓四維、以爲壓勝、而卒於無驗、蔡京酷嗜風水、葬其父於杭之臨平、以錢塘江爲水、越之秦望山爲案、似乎大吉矣、而全家灰滅、元龍岡失火、廉希憲謂太常卿田忠良曰、上都聖上龍飛之地、偶爾失火、愼勿令妄談地理者有所更移、凡史册所載風水之不驗者多、驗者少、今人信其少者、忘其多者、殊不可解、蔡元定好地理、貽後人以詩嘲之云、先生果有堯夫術、何不先言去道州、宋喻氏螢雪叢談、陳同甫駁蔡季通云、古人皇氏定九州、尙無百官先有山川、不知何者爲靴山何者爲笏山、朱晦翁在座低首而不能答、郭子儀被魚朝恩發其祖墓、而子儀富貴壽考八子七壻皆貴顯朝廷、

此段雖删繁就簡、然已累牘連篇、因對於迷信者欲解其疑去其惑、不能不明白曉暢反復譬喩、故不覺其言之長也、抄寫既畢、又見張太岳葬地論一篇、陳一齋答友書數首、指明眞理、破除謬妄、特再節錄其要、以見此理爲達者之公言、非昧者之曲說也、況世之信此者無非捕風捉影爲糢糊附會之談、而不信者率皆準理據事發明通堅確之論、孰愚孰智何去何從、倘肯虛心一叅、不難是非立判、

張太岳葬地論

世言葬地能作人禍福、謂葬得吉壤家必興隆、得惡地家必衰替、若影響桴鼓之符應者悉妄也、夫以死者爲有知、則其靈在魂而不在魄、靈既不在是又安能司人之禍福、夫人之情豈不皆欲子孫累世貴顯富厚不絕哉、方其生時魂强神王、智能思力能行、然欲爲子孫圖慮長久、亦有不能盡如其願者、死後枯骸乃能庇覆其後人乎、若謂憑

藉地靈乃能垂蔭後世、凡欲爲子孫計者、速死而已、惡用生爲乎、至若匹夫編戶之氓、貧窶窮約、或掩骼荒邱、寄骸叢壘、而子孫崛起暴貴者、又不可勝數也、是遵何術哉、上古死而不葬、中世葬而不墓、近古墓而不擇地、不拘時日、今之言相地卜兆者、皆叔季希覬之私、謬妄無稽之論也、近世言堪輿者、皆宗江右曾楊二姓、今江右之區、貴門世族踵相接也、乃二姓之後、未聞有顯者、彼其祖何獨不求一善地以自庇其後人乎、又何工於爲人謀、而拙於自爲謀乎、若曰地可遇而不可求、則人亦惟遇之而已、何以求爲、夫人固有未得吉地而顯貴、已得吉地而衰替者、禍福之應然乎否耶、至如江南巨室停喪待地、有子不葬父、孫不葬祖者、纍纍淺土、或被盜發、或因地興訟、竭貲求勝、至於滅門逮死而後已者、將來之福尚屬杳茫、眼前之禍輒已蒙被、吁嗟愚哉、可悲也已、

或謂術家之說、往往多驗、苟無其實、安能逆覩於將來乎、此又不然也、夫相地之法、如射覆然、未有的然知其中之所存者也、有地於此、使三人視之、一曰吉、一曰凶、一曰先凶而後吉、或先吉而後凶、而貴賤榮枯貧富壽夭者、生人之所必有也、他日出於吉、則言吉者驗、出於凶、則言凶者驗矣、出於先凶而後吉、或先吉而後凶、則言先後者驗矣、

而世皆傳其驗者、不傳其不驗者、故謬悠荒唐之說不聞於人、而臆度幸中之談獨存於世、況術家者流、每挾奇以誑俗、飾淺以驚愚、而流俗之見未有不惑於禍福之說者、故其術雖窮、惡在其爲多驗乎、若夫世之延促、家之隆替、命也、吾何知焉、君子强爲善而已矣、

陳一齋答友書（陳名梓字古民餘姚人雍正時舉孝廉方正不就）

尊塋大費經營、幸而告成、外間紛紛、都云不利長房、令弟大不安、云奪我死、敢累兄耶、遂急謀遷地、足下斷弗搖惑、堪輿家言人人殊、如醫者入病家檢點前方、不詆凉則詆熱、只是奪生意耳、然此猶有脈證可據、若來龍結穴山頭水口穿鑿傳會、何所不通、令此時有十兄弟、利長不利次、利次不利三、個個怕死、房房要好、雖一歲九遷、其棺終無十全之地、因循耽閣、家道漸消、哀哀父母生我劬勞、不得享其子一坏之封、妄信邪說、播遷勞攘、罪何所逃、父子兄弟本一氣、利則俱利、害則俱害、決無伯盛仲衰之理、即貧富不均、貴賤殊等、或由境遇、或因人事、豈區區尋丈之地所能操其柄哉、熟思之、又一函云、聞欲遷葬、豈惑於形家之說耶、人子葬親、必擇土厚水深之地、只爲保全遺骸不

使五患及之、非以朽骨爲求富貴之具也、兄若以水泉螻蟻之故不得已而爲此舉、猶可言也、若以科名不遂財賄不充而妄聽邪說輒思變更今日旣昇之東、明日復移之西、震驚其神魄、搖亂其骸骨、以求不可必得之富貴即使郭璞復生、某科某甲某公某侯、豪髮不爽、孝子必不忍爲、雖祖父之靈、亦寗使子孫貧賤、不願受此勞攘也、況萬萬無此理、萬萬無此技乎、充類至義之盡、設有堪輿倡爲妖說謂必火化乃速發、必水葬乃大貴、亦將欣然從之乎、

又有前人七絕二首詞雖淺俚頗足發明此理更附錄於下

風水先生慣說空、指南指北指西東、世間若有眞龍穴、何不先謀葬乃翁、
寄語形家莫浪驕、葬經一部可全燒、汾陽祖墓朝恩掘、依舊榮華歷四朝、

高等迷信輠餘談

或曰所講破除迷信的話、讕語冗言、刺刺不斷、已竟轂絮耳厭目的了、怎麼連三並四還沒說完呢、曰野人今要自誇、這正如淳于髡的粲花妙舌、空輠經炙餘流不盡也、或又曰、旣稱迷信必是不合眞理的、不合眞理都算下等、那裏又有高等的名稱呢、曰這

不過按世上人類的分別、比如那窮鄉僻壤村夫愚婦、凡是他們那迎神打醮、恭敬胡黃白柳、或是耳鳴眼跳鵲噪鴉鳴、都信關乎人的禍福、那就是下等的迷信、至於那博學大儒爲後世所敬仰的、他們所抱的志氣是繼往開來、所重的學問是修身立品、固然與世俗大不相同了、豈不是上等的人物麼、然而這些大儒中也不免耳濡目染於流俗、每有極可笑的言論、總因爲不明乎天人之故死生之理、故此忽是忽非、彼忽此忽而尊崇忽而鄙薄、這些情形、總未能到智者不惑的地步、然而又與世俗的迷信不同、故美其名曰高等迷信、雖然、此類的迷信古今不勝枚舉、今不過略說數條以概其餘罷了、

即如薛文清豈不是明朝的大儒麼、他那讀書錄二十卷平易簡切、所重的是躬行心得、他那愼獨齋記一篇文、發明十目十手之精義、所重的在衾影無愧、獨可怪的他那集中的禱雨文數篇、其略云秋雨愆期、田禾枯焦、若悉槁死、則國之租稅、神之粢盛、倘無以給、又何免私室之饑寒、國家所以栖神以宇祀神以時者、以神能保一方、茲旱虐日甚、神之聰明胡不聞知、又御史緘誠遣告、神必惠然許也、四野大穰、欣欣歡子女也、

民獲報祀、進牲醑也、吹管擊鼓、式歌且舞也、御史當修神之名播中土也、又御史雖愚猶知動念、豈神之明而不加恤、抑長民者不告耶、神果有待而匪亟也、御史來與神言旱已甚矣、神其沛時澤、則一方修神威、感神德、神饗報爲無忝、民事神亦無斁云云、夫神者尊於人乎、卑於人乎、智於人乎、愚於人乎、今待神竟如此其忠且敬、責之以義、慫之以利、惕之以害、而且欣動之以播名中土、這豈不是拿看既愚且貪更騖虛名的不肖鄙夫待神麽、這連敬鬼神而遠之那句來回話也不彀了、這是高等迷信的第一章、又如王文成倡良知之學、豈不是新學界中最崇拜的麽、他的年譜上紀載他生時、祖母夢神人送兒來、故此名雲、後有神僧過曰、好個孩兒、可惜被名字道破、又於長安市上遇相者、鐵柱宮中遇道士、九華山遇蔡蓬頭、後人竟爲之附會曰、先生乃一代大儒、故隨地都有神人爲之呵護、非尋常之士所得幸遇云云、夫神仙鬼怪惑世誣民之說、乃儒家深惡痛絕閉口不言的、今竟見於大儒集中、這是高等迷信的第二章、至於清初文章大家方望溪、自謂生平於文章義法精嚴、落筆不苟、且每言古文所以高者在乎理義精當、今觀其因李剛主殤子寄書勸之曰、人者天地之心、孔孟以後、心與天地相似、而足稱斯言者舍程朱其誰、若毀其道是戕天地之心、其爲天所不祐決矣、故自陽明以來凡極詆朱子者多絕世不祀云云、此等謬理不知從何處得來、別的先不論、即如中國所稱的聖人、有超過孔子的麼、孔子只有一子伯魚也是早夭、難道孔子又是罵了誰來呢、所以明末的賈鳧溪他那木皮詞上說得好、孔子那老頭兒作了什麼不好事、有一個兒子還不給他送終、大概方望溪許是沒有見過這篇罷、呵呵、這是高等迷信的第三章、

中國本是舊迷信的出產地、又是新迷信的製造場、故此一國上下、拘牽忌諱、黏滯束縛、毫不得其自由、明明有利的絕不能興、明明是害的萬不能去、都是被迷信纏繞的失了這個辨別心、落得如今成了上天的絕物、作了各國的魚肉、不但毫無覺悟、還是盲人瞎馬的一力進行、豈不可痛呢、細審我們社會中的人物、迷信却分三等、上等的是拘迂不化、囿於見聞、中等的是隨俗習非、迷於禍福、下等的是放僻邪侈、毫無忌憚、所說那上中兩等各有各的迷信、固然不用說了、至於那下等的似乎不爲迷信所拘、不在我的斥責之內了、你那裏知道、這等人的迷信比上中兩等更深、他這叫不迷信

的迷信、這話怎麽講呢、因爲他的迷信雖與以上的兩等不同、到底他惟信尊一已若神明、喫歔玩樂是人生第一最大的目的、什麽叫孝悌忠信、什麽是禮義廉恥、他全不管、他說死了死了、善者未必得賞、惡者未必受罰、什麽勸世文假道學的那些話、都不過是哄弄愚人罷了、他更一概不信、然而他所信的、就是找舒服、圖快樂、私一已的子孫、終日營營、得千想萬、無盡無休、凡是那良知的是非、古人的勸戒、他是深閉固拒、惟恐擱上心來、貫入耳去、就悞了他的目的、你請想想、這等人雖說不迷信、到底他敢於違背聖賢的訓誨、他敢於拒絕良心的指引、忍心害理、悍然不顧、豈不是超等特等的迷信麽、衆位當知道、要打算一國强盛、必須教育人才、要教育人才、必須栽培道德、要栽培道德、必須有個眞道理、要明眞道理、必須先破除了迷信、就如同願得一條坦平正直的康莊、必須芟除那荊榛瓦礫的蕪穢、所以野人不嫌饒舌、不怕絮耳、反反覆覆供獻這點愚誠、惟叩求我同胞、勿鄙其煩瑣、勿忽其淺俗、虛心實力、一一審察其是非利害、那就不單是野人的萬幸了、

承上總結前章旨趣起下示以入手工夫

萬物一體四個字、最是一句渾淪無當的話、不合物理的倫序、最能使人說理不清、互相牽混、細校量起來、總不如古時西儒所分別生覺靈三品的道理細密切當、那眞是原原本本縷析條分、故其學派從流溯源、明體達用、愈求愈精、絕不作糢糊影響的議論、即如野人前所重刊的主制羣徵一書、把天地萬物的理都說他個所以然、誠為中國得未曾有之作、絕不是野人以井蛙窺天之見、發夜郎自大之談、但可惜世人多不肯沉潛探索、徒以美妙文章觀之、不免大負作者一片苦心了、至於生覺靈三品的分別是什麼呢、即如世上除金石僵呆死物之外、凡是那春生夏長萌芽坼葉之物、得雨露之滋則欣欣向榮、經風霜之摧則靡靡就萎、無論他參天匝地植立蔓生的都叫作生品、至於那飛潛動走帶甲披毛的物類、具知覺識痛癢需飲食曉利害、無論他水陸草莽裏的都叫作覺品、至於戴天履地顱圓趾方、具靈明能理想有倫理別善惡的、叫作靈品、這靈品合那生覺兩品有天淵之別、萬不可混而同之、說是一本萬殊則可、說是萬物一體則不可、又有明季所譯的靈言蠡勺一書、專講靈性之理、由有形推到無形、由本性達至超性、與世上一切談玄說空恍惚迷離的議論、眞有天淵之別、四庫提要之品評妄云明季心學盛行、西士慧黠、撫佛經而變幻之諸語、直是文義未解、不但不識此書也併不知佛經爲何物了、故此野人也要把此書重刊以餉我同胞、作爲研究眞理的一個實筏、至於古人說人爲萬物之靈、不是但在世上喫歡玩樂幾十年就算完了、也不是但圖眼前的光榮留身後的美譽就算得了、這其間總有一個眞究竟、論起人上份的靈明、眞是合天神相似、至於那下份的私欲、直有不如禽獸的、所以孟子講性善是指的上份靈明而言、荀子講性惡是指的下份私欲而言、並沒有不合的、不過各就一方面、或是爲勸勉人爲善、或是爲警戒人作惡罷了、或曰人既爲萬物之靈、爲什麼又有不如禽獸的、這是在什麼地方分別呢、曰沒有什麼玄微奥妙、不過在一念之間、或隨靈明或隨私欲罷了、書經上不是說麼、惟聖罔念作狂、惟狂克念作聖、孟子也說雞鳴而起孳孳爲善者舜之徒也、至於俗語常說的人非聖賢孰能無過、這句話大有語病、既不合眞正道理、而且又含着推託掩飾的意思、如今我略爲解說、孔子云可以無大過、可見小過是不免的了、顏子不貳過、無非是過而能改罷了、子路人告之以有過則喜、也不是無過呀、總而言之聖賢不在無過、在過而能改、在改過不吝、周蓮溪云人之生不幸不聞過、可見能聞過是大幸的了、至於袁了凡所說、從前種種譬如昨日死、以後種種譬如今日生、這兩句論改過的力量是很懇切的、可惜賞善罰惡託之於竈君、雖爲悚惕流俗起見、然言禍言福未能得天理之純正、故不免爲君子所不取、所以講道修德必須究澈大原大本、方爲掘井及泉有源之水、故此先要明白信仰迷信的分別、認準眞道純德的根源、纔不至東決東流忽作忽輟了、

言善錄從根本的解決起首、說到道德的根源及信仰迷信之別、又把世俗所陷溺的迷信、臚列若干、雖千言萬語、究竟都在客觀的方面、如今要歸到主觀的方面了、主觀的方面即是身體力行、身體力行必須以遷善改過爲入門、遷善改過的言語古今多不勝述、惟有清初的李二曲先生、獨標悔過自新四字爲宗、本錄即借用此四字爲入手工夫、今先把關於此條的引徵一二、即如方靈臯爲文章大家、然而他文章中說理最精當最細膩的無過原人原過二篇、衆位不要笑我、忽而排斥、忽而推尊、從前駁他可駁的、如今從他可從的、言善錄本無成見、前頭已經說過了、

方望溪原人

孔子曰天地之性人爲貴、董子曰人受命於天固超然異於羣生、非於聖人賢人徵之、於塗之人徵之也非於塗之人徵之、於至愚極惡之人徵之也何以謂聖人賢人、爲人子而能盡其道於親也、爲人臣而能盡其道於君也、而比俗之人、狥妻子則能竭其力、縱嗜欲則能致其身、此塗之人能爲堯舜之驗也、婦人之淫、男子之市竊、非失其本心者、莫肯爲也而有或訐之、則怍於色、怒於言、故禽獸之一其性、有人所不及者矣、而偏且塞者不移也、人之失其性、有禽獸之不若者矣、而正且通者具在焉、宋元兇劭之誅也、謂臧質曰、覆載所不容、丈人何爲見哭、唐柳燦臨刑自詈曰、負國賊、死其宜矣、由是觀之、劭之爲子、燦之爲臣、未嘗不明於父子君臣之道也、惟知之而動於惡、故人之罪視禽獸爲有加、惟動於惡而猶知之、故人之性視禽獸爲可反、孟子曰人之所以異於禽獸者幾希、痛哉言乎、非明於天性、豈能自反於人道哉、

方望溪原過

君子之過、值人事之變而無以自解免者十之七、觀理而不審者十之三、衆人之過、無心而蹈之者十之三、自知而不能勝其欲者十之七、故君子之過、誠所謂過也、蓋

仁義之過中者爾、衆人之過、非所謂過也、其惡之小者爾、上乎君子而爲聖人者、其得過也必以人事之變、觀理而不審者則鮮矣、下乎衆人而爲小人者、皆不勝其欲而動於惡、其無心而蹈之者亦鮮矣、衆人之於大惡常畏而不敢爲、而小者則不勝其欲、而姑自恕焉、聖賢視過之小、猶衆人視惡之大也、故凛然而不敢犯、小人視惡之大、猶衆人視過之小也、故悍然而不能顧、服物之初御也、常恐其汚且毀也、既汚且毀、則不復惜之矣、苟以細過自恕而輕蹈之、則不至於大惡不止、故斷一樹殺一獸、不以其時、孔子以爲非孝、微矣哉、亦危矣哉、

王荊公詩云、施爲已壞平生學、是他自已也承認變法不當了、無怪當時後世反對他的、百般詆毀、然而文章有價、公道在人、究竟有不可磨滅處、他的文集中有原過一篇、亦錄於下以供叅考、

王荊公原過

天有過乎、有之、陵歷鬥蝕是也、地有過乎、有之、崩弛竭塞是也、天地舉有過、卒不累覆且載者何、善復常也、人介乎天地之間、則固不能無過、卒不害聖且賢者何、亦善

復常也、故太甲思庸、孔子曰、勿憚改過、揚雄貴遷善、皆是術也、予之朋有過而能悔、悔而能改、人則曰、是向之從事云爾、今從事與向之從事弗類、非其性也、飾表以疑世也、夫豈知言哉、天播五行於萬靈、人固備而有之、有而不思則失、思而不行則廢、一日咎前之非、沛然思而行之、是失而復得、廢而復舉也、顧曰非其性、是牽天下而戕性也、且如人有財、見篡於盜、已而得之、曰非夫人之財、向篡於盜矣、可歟、不可也、財之在己、固不若性之爲己有也、財失復得、曰非其財、且不可、性失復得、曰非其性、可乎、

李中孚悔過自新節錄

古今名儒、倡道救世者非一、或以主敬窮理標宗、或以先立乎大標宗、或以心之精神爲聖標宗、或以自然標宗、或以復性標宗、或以致良知標宗、或以隨處體認標宗、或以正修標宗、或以知止標宗、或以明德標宗、雖各家宗旨不同、要之總不出悔過自新四字、總是開人以悔過自新的門路、但不曾揭出此四字、所以當時講學費許多辭說、愚謂不若直提悔過自新四字爲說、庶當下便有依據、所謂心不妄用、功不

雜施、丹府一粒、點鐵成金也、

或曰從上諸宗、皆辭旨精深、直趨聖域、且是以聖賢望人、今吾子此宗、辭旨麄淺、去道迂遠、且似以有過待人、何不類之甚也、愚曰不然、皎日所以失其照者、浮雲蔽之也、雲開則日瑩矣、吾人所以不得至於聖者、有過累之也、過滅則德醇矣、以此優入聖域、不更直捷簡易耶、

世固有抱美質而不肯進修者、揆厥所由、往往多因一眚自棄、迨其後雖明見有善可遷、有義可從、必且自諉曰吾業已如此矣、雖復修善、人誰我諒耶、殊不知君子小人、人類禽獸之分、只在一轉念間耳、苟向來所爲是禽獸、從今一旦改圖、卽爲君子矣、當此之際、不惟親戚愛我、友朋敬我、一切人服我、卽天地鬼神亦且憐我而佑我矣、然則自諉自棄者、殆亦未之思也、

同志者苟留心此學、必須於起心動念處、潛體密驗、苟有一念未純於理、卽是過、卽當悔而去之、苟有一息稍涉於懈、卽非新、卽當振而起之、若夫未嘗學問之人、亦必且先檢身過、次檢心過、悔其前非、斷其後續、亦期至於無一念之不純、無一息之稍

懈而後已、蓋人之所造、深淺不同、故其爲過、亦巨細各異、搜而剔之、存乎其人、於以誕登聖域、斯無難矣、

董蘿石年六十有八矣、以能詩聞江湖間、與其鄉之業詩者十數輩爲詩社、旦夕吟詠、至廢寢食遺生業、以爲是天下之至樂也、已游會稽、聞王陽明講學山中、以杖肩其瓢笠詩卷訪之、入門長揖踞上坐、陽明異其氣貌且年老矣、禮敬之、又詢其董蘿石也、與之語連日、蘿石夜退謂何秦曰、吾聞夫子良知之說、而忽若大寐之得醒、然後知吾向之所爲、日夜弊精勞力者、其與世之營營利祿之徒、特淸濁之分、而其間不能以寸也、陽明子曰、有是哉、吾未或見此翁也、今之後生晩進、苟知執筆爲文辭、稍記習訓詁、則已侈然自大、不復知有從師學問之事、間有或從師學問者、則鬨然共非笑、指斥若怪物、翁以能詩訓後進、從之游者遍江湖、蓋居然先輩矣、一旦聞予言、而棄去其數十年之成業、如敝屣、遂求北面而屈禮焉、非天下大勇、其孰能與於此、則如蘿石、固吾之師也、而吾豈足以師蘿石乎、蘿石曰、甚哉夫子之拒我也、吾不能以俟請矣、入而强納拜焉、自是日有聞、益充然有得、欣然樂而忘歸也、其鄉黨之

子弟親友、與其平日之爲社者、或笑而非之、或爲詩而招之返、且曰翁老矣、何自苦若是耶、蘿石笑曰、吾方幸逃於苦海、方知憫若之自苦、而乃以吾爲苦耶、去矣吾將從吾之所好、

讀者諸君、要知道學問之道、不是口頭耳際能作場話說、便算是有得於己了、何況眞道純德爲人生至尊極貴的一件事呢、須要猛省愼思、我們自己的過惡果在何處、果當用什麼方法力改舊轍、若仍然是依違兩可、玩愒因循、或是戀愛舊習、瞻徇流俗、那不但是毫無用處、終是自甘暴棄、願爲禽獸之歸、而不願作萬物之靈、這豈不是枉負了一個人胚子麽、所以野人千拜萬叩的請那彝良未盡汨沒的諸君、要睜開上下千古的眼光、要提起特立獨行的志氣、勿囿於流俗、勿忽於淺近、探討萬有的眞源果在何處、研求人生的終向果爲何來、諸君聽到這裏、必不免忍俊不禁、胡盧大笑說我是痴人妄發譫語、乞兒賣弄家私、非也、要知道野人的苦心一點、熱淚兩行、純全發乎憐愛同胞的一念、而且是明明白白看得澄清朗澈、不過理路或有未能精熟、言詞或有未能圓到、那是爲學力所限、然而我也斷不敢拉你盲從浪信、但求你暫且放下平生

的習慣見、破費他十天半月工夫、虛心實力的探討研求、愼思明辨、務期個水落石出、圖窮七見、那野人這一場熱狂、也就不白發了、

再論入手工夫

前章以悔過自新爲入手工夫、所引的幾篇文字、也算是鞭逼著己懇切痛快的了、到底都不免抽象的說法、撮要的指陳、倘是學問淺思路鈍的人、未必能觸類旁通、由近及遠、還是不免作一篇文字看、仍是得不了眞實的益處、野人用心細想生平所見的各書、以修德改過當作性命交關的、莫過於七克一種、這書是明季西班牙人龐迪我所作、推論人性下份的私欲七罪、爲傲、爲妒、爲貪、爲忿、爲饕、爲淫、爲怠、復推論人性上份的彜良七德、以謙伏傲、以仁平妒、以施解貪、以忍熄忿、以淡塞饕、以貞防淫、以勤策怠、既痛言七罪之醜惡、復盛陳七德之美好、以七德克七罪、故曰七克、當時的士大夫、贊爲語語刺骨、字字透心、其痛切也可想見了、惟因其文字簡古、大類周秦子書、學問淺的人不能十分了了、後人有將此書演爲白話的、其間略加增減、與原書大同小異、名之曰七克眞訓、人果能平心靜氣的一讀、眞是驚心動魄、神味無窮、且喜這眞訓上

的文法正與言善錄的體例相合、今於各篇中都摘錄他幾段作人的當頭棒頂門針、更能證明各人所悔之過是何過、所新之新是何新、入手的工夫不外乎此、但在人肯作不肯作了、至於神慰奇編、演習神武崇修引各書、講論修省的工夫更加邃密、但粗心浮氣的人不易領悟那裏的神味、故此且從割愛不相引述、

謙克傲

聖額我略曰、傲是諸罪之王、傲到心內、萬惡皆隨、諸德皆去、何也、因別樣罪雖相反德行、不過是一個反一個、如忿怒反忍德、嫉妒反愛德、壞了一德還有別德可存、惟傲獨反謙德、但謙是萬德之根、根敗諸德焉能長乎、所以世上所最喪德者莫過於傲、可比丁香之樹、本性最熱、近樹之草皆自枯槁而死、雖後復栽亦不能生活、傲在心中亦是如此、諸德不能入、雖有德在心亦必敗喪、

人說自己之夢、必自醒後纔說、認得自己之惡、方能改過遷善、所以病人先要知道自己有病、纔肯求治、若不認得自己有病、必不肯求治、既不肯求治、焉能得好呢、傲在心內、心目都是瞎的、不能認得自己的傲病、所以難得治好、人行別的惡事、都覺得害羞、

惟傲人行傲事、不以爲羞、反以爲榮、所以傲病傷人很容易、要克除傲根很難、別的私欲雖大、一死就完了、惟傲不然、傲人未死、先就經營預備一副好棺木、謀一塊好墳地、至於死後屍雖歸土朽爛、傲惡永世不休、別的私慾受克、漸漸就消了、或是改一個地方、或是換一個時候、比如滾湯去了柴火、漸漸就冷了、淫惡雖猛、年老就息了、或犯多就厭了、忿怒雖暴、無人招惹就平靜了、惟傲惡難離、時時處處、或是一動一靜、一語一默、或在人前、或私自獨居、都有傲惡跟隨、肉身能老、傲不能衰、過一日長一日、人不論到甚麼地位、就隨着地位長傲、不論作什麼本分、隨着本分長傲、我們一想傲惡的害處、用心克制他、好像就滅了、然轉眼回頭的工夫、又生出傲來了、我們作一樣善功、善功未作、傲念先起、若善功已成、傲惡越長、若不敗了我們的善功、傲惡不肯放手、

你在世上爲何緣故自高自傲、何不想你生從何來、死歸何所、現在你作的甚麼事情、說你的來歷、是天主生你造你、你未生之先沒有你、既沒有你、比禽獸還賤、比草木還微、天主造你不用金銀寶物、造成你的肉身、但是用父母汚穢之精血、化成你的屍骨、

說你的去路、不過是往土裏去、不到百年就變成蛆虫灰土、說你的現在、不過是一個糞桶、論你所作的事情、不過是妄思妄言妄行、作了多少非理醜陋的事情、你雖有一點聰明才幹、都是天主賞的、你未生之先、是一個空虛、死後是一堆臭灰土、現在是一個大罪人、又是魔鬼的奴才、定不得死後又是地獄的柴火、這就是你生前死後的地位、爲何要驕傲呢、聖伯爾納曰、若你用心想你來歷、實在可羞、想你現在作的事情、實在可哭、想你死後的事、又眞是可怕、凡人常思此三條、自然能伏傲念、

亞利斯多賢者、見自誇自異之人曰、你有什麽異於人、但這個異字、解說是不同、與人不同、就不是人了、上有天神、下有禽獸、上你不能與天神同、下又不肯與禽獸同、不如與人同、再者異於人的事情也有、比方立志立言立行、與人不同就是異、如富貴是衆人之所貪者、若你知道是虛假之事、不能長久、得不足喜、失不足憂、不因得失動心、這就是異於人、名聲美譽乃世人之所好者、倘你知道名譽是傷德之風、你行善不圖名譽、這就是異於人、安佚快樂乃衆人之所欲者、倘你知道形樂與禽獸同樂、人既異於禽獸、不該同樂、所樂只當修善以養神樂、不圖形樂、這就是異於人、若你與世同貪同

好同欲、不但不異於人、還不異於禽獸、

假善之害更深於明惡、因明惡受責易改、假善欺人受讚難去、聖基所曰、你既以假善的外貌爲美、豈不知眞善更貴麼、爲何不修呢、你既以惡的外貌爲醜、豈不知內藏的惡更醜麼、爲何不改呢、假善之人外貌似善、却不是眞善、若將作假善的勞苦專務修德、自然內有眞善外有德貌、豈不更美呢、若你將遮掩惡的心計用爲去惡行善、自然內無實惡外無醜貌、豈不更好麼、

可笑可憎可愧好貴之人、以小功而求尊位、豈不可笑麼、縱然得了不過是僥倖而已、豈不可憎麼、或盡力謀圖終身不得、或得了轉眼就失了、豈不可愧麼、所以自謙自卑、聽主安排、乃得高位之平路、人以高位爲榮、但不知小人在高位反以取辱、何者因小人不在高位不顯其爲小人、一在高位纔顯他淺見薄識、方知他眞是小人的身分、如猴子坐上王位、誰說他有尊榮、不過取他玩笑而已、

惟眞明白人少有驕傲、俗云滿瓶不蕩、半瓶起浪、古有一大學士名亞得納斯、名聲遠播、讚美他之人不少、從學者不辭百千萬里、都從他爲師、旁人斷曰、凡從亞得納斯之

人、一年爲智、二年發奮、三年反自覺爲愚、爲何如此呢、因頭一年初到門下、未得深奧道理、不過些微知道一點、就像成了明白人、第二年知道至理微妙、自然發奮、第三年方知道道理精妙越深、修德的工夫越密、自己看來還未得一點、好像一個愚人一樣、所以充滿實德者少有傲氣、如空酒壜一樣、內必有虛氣、一裝上酒虛氣就出了、酒漸漸進虛氣漸漸出、酒進滿了虛氣出完了、所以成德之人少有傲氣、

仁克妒

人行別的惡事、先必心中樂想然後去行、如樂想財者犯偷盜、如樂想色者犯邪淫、惟嫉妒不然、不獨害靈魂、且失心中的平安、常是憂悶痛苦、沒有一毫的安樂、所以說人犯別的罪、是用眼前的暫樂換身後的永苦、嫉妒是用眼前的重憂招身後的永憂、故此妒人有兩地獄、在生一個地獄、是自己苦自己、死後一個地獄、是魔鬼苦自己、再者妒人不但傷心苦靈、尙且傷身不少、聖經曰、妒人不必長命、因妒生恨、神形俱不平安、既內外都不得安佚、必生出許多怪病、若不以愛克妒、雖服良藥亦不見效、所以必定壽夭早亡、

凡人用心揣度人的事情、如用顏色玻璃看物一樣、都是隨玻璃的顏色、玻璃是黃色看物都是黃色、人心有愛德無事不顯愛德的、心有嫉妒無事不發嫉妒的、你看有愛德之人、見人善必要信、見人惡必要推辭、雖見人有惡形、必說是外貌惡、他的意思未必惡、雖意思惡、必說他是不知偶然而犯、若十分不能推辭、他還要解說、他是萬不得已而作此事、恐我到了他這個地位還不如他、你看有愛德之人見人的惡事、還是這樣動心替他推辭、何况見人的善呢、眞如蜜蜂一樣、採的花雖苦、然作的蜜很甜、妒者則不然、見人惡他就譏笑、見人有小過他說是大過、見人有善他就生疑、不說是外貌不眞、就說是偶然不常、這樣的人遇着別人的善且長自己的惡、何况見人之惡呢、眞如毒蛇一般、以花爲毒、別人有眞德他說是假善、有眞謙他說是卑賤、有眞忍他說是軟弱、有熱心他說是裝扮、有清廉他說是沽名、有緘默他說是愚笨、有口才明辨他說是誑誕、有正直之心他說是傲抗、有莊敬端正他說是古怪矯强、有和顏悅色他說是阿諛委隨、有施濟他說是妄費、有節儉他說是鄙吝、有道勸人他說是圖讚美、總是萬善萬德、一遇妒者之目都成了惡事、蓋舌乃心之苗、心乃舌之根、人有妒心必發妒言、妒心如山上之樹、無風不動、有風則搖、風越大樹越搖、妒心亦是如此、別人沒有福德妒心還能止息、別人的福德越大妒心越動、別人的善惡很難定斷、因事的邪正由人的意思、心意如眼一樣、眼明全身都光、眼昏全身都暗、你看不見人的意思、如何斷得人的善惡呢、

聖基所曰、想人穢行汚了自已的心、說人穢事汚了自已的口、拿人穢物汚了自已的手、好毀謗者如猪相似、走到花園內、香花不採、清水不飲、他所喜歡者是臭泥汚水、謗者亦然、聽見旁人講別人的高才美德、可讚頌的事可效法的事、他就厭聽厭問、一聽別人的過惡隱失、就喜歡聽喜歡問、快快的洩漏出來、又銜在心內發在口裏纔樂意、毀謗者本要坑陷別人、到底不免坑陷自已、有一賢者設一比方訓人說、獅乃百獸之王、一日大病、衆獸都來叩安、惟狐狸未到、豺狼就在獅子面前毀謗狐狸說、大王有病我們都來請安、惟狐狸輕慢大王不來叩安、此眞可恨、不久狐狸就到了、又知豺狼毀謗了他、走到獅子面前叩安、獅子大怒、問曰你爲何如今纔到呢、狐答曰小狐非敢故意來遲、但因大王有病、百獸都空手來問安、並不想法子治大王的病、但小狐遍走好

多地方、問過多少醫生、求一良方爲治大王的病、故此如今纔到、獅子大喜問曰、有何良方、答曰要剝下活狼的皮、趁熱披在大王身上、立刻就好了、獅子說現有一狼纔告了你、就把他的皮剝下來披在我身上、果然這樣作了、病也好了、你看這雖是一個笑談、到底是訓人的至理、總是害人終害自己、

普世之人如同一身、聖經曰衆人共是一體、彼此相愛該當如一身百肢一樣、一身百肢各有大小尊卑不同、行事亦有勞逸貴賤之分、因各有本分、卑肢也不妒貴肢、貴肢也不慢卑肢、脚也不妒頭、頭也不輕脚、眼不能聽也不妒耳、眼能看也不輕耳、各肢各盡本分、全體都有益、各肢勞苦全體都有功、一肢所得、百肢都有分、如口吃飯脾胃受食、百肢都得養活、一肢有樂百肢同樂、一肢有苦百肢同苦、一肢受榮百肢同喜、一肢受傷百肢都痛、一肢有害百肢都助、仁人亦是如此、見人有樂就喜、見人有貧苦患難就同濟相帮、當知神形之哀矜不拘多少都有大功、耶穌曰你等爲我施於窮人一盃凉水、必得大報、又曰你等救人就是救我一樣、

忍克怒

忿怒一起如小火星一樣、若不即時撲滅、房廊屋宇立時而燼、怒情一動若不壓住、必生大禍、所以多有敗家產、失性命喪靈魂、都因忿怒之故、俗云忍得一口之氣、免得百日之憂、我說忍得一生之怒、免得永遠之憂、

最能昏人之心者莫過於忿怒、人雖聰明、一時發怒就糊塗了、所以凡要決斷各樣事情、所最當怕者有兩樣、一是暴燥、一是忿怒、西國風俗凡官發怒之時、不能定犯人之刑、國王斐理伯忽怒一大臣就定了死罪、臣心不服、曰該用別官再審我、王更怒曰還有誰在我以上者可審你呢、答曰今王動怒更有比王不動怒者可能審我、後來王怒漸平從新再審、纔知大臣無罪、

凡人要改惡遷善者首當認識己過、認識己過方能改過、但人之偏愛昏迷人心、使人不能自知己過、反以非爲是以是爲非、又大罪看爲小罪小罪看爲大罪、有何善法得識己過呢、答曰怕你之人不敢言你之過、巧言令色者不敢責你之過、只有仇恨你的人纔直言你的過錯、所以說仇人助我知過得改、假友帮我掩過增惡、仇人可愛乎可惡乎、

忍德乃善人的兵器、能當世患、勝邪魔、攻私慾、保諸德、防怒恨、禁惡言、阻偏情、保安靜、解憂悶、壓富人之放縱、振貧人之失望、使高位者自謙、使受難者有勇、使守貞者得恒久、使學文者得精微、人得罪我使我能寬恕、我得罪人使我能求恕、這都是忍德的好處、人沒有忍德、不能成一事、不能修一德、不能得天堂之福、

貪樂惡苦世人之常情、所以要修忍德者必須平時操習預備、否則患難到身不能甘忍、故此修德之士、每日早晨起來、即預備曰、今日定不得有侮我慢我辱我者、或遇不順之事、定要忍耐、這是患難未到先以忍滅患難、患難到了自然甘受、

你受患難的時候、若你單想世上有福的人、自然難忍、若你想世上比你更苦的人自然容易忍受、賢者作一比方說、百獸之中獨兎子膽小、一日衆兎齊到一處商議說、我們算是小獸、各樣都害我們、人拿我們、狗咬我們、狼喫我們、鷹抓我們、無一時得安、不如早死更好、商議定了都要一齊投水而死、走到水邊、水邊有多多蝦蟆、見兎子來了都害怕、都跳在水內、前頭的兎子見蝦蟆都下了水、就轉身向後頭的兎子說、我們不要死、我們雖小、還有比我們更小的、你看蝦蟆都怕我們、見了我們都跑了、我們雖不

在上亦不在下、爲何要早死呢、

貞克淫

淫慾乃心情之火此火一發、一切好善的念頭、德行的志願、理義的行爲、都燒滅了、淫火之柴是貪饕、淫火之燄是驕傲、淫火之煙是汚言穢語、淫火之氣是臭名聲、淫火之灰是惡毒重病、此火初發雖小、若不謹愼後來難滅、念頭既生、若不速退就動愛慾、愛慾既動必定喜歡、既喜歡就依從、既依從就行作、行作慣了就無羞恥、無羞恥就加護蔽、既護蔽必自矜誇、到了這個時候就難救了、你用好言勸他他就忿怒、用道理引他他就厭聽見別人修德行他就譏笑、如肚內裝滿腥膻臭味、遇着珍饈美味也都厭嘗、聖經曰邪淫之人耳聞道理善言就心生厭惡、又曰把天主的聖言講給淫人聽、如把珍寶抛在猪前遭踏無異、

邪情如小井口一樣、入之則易出之則難、淫念起初易退、若任意放縱就難戰勝、所以從德行上墮在邪淫內的人多、從邪淫內升到德行上的人少、如魚入網、入時很順出時很難、又如猪臥在泥內、一聽屠戶宰猪的聲音就站起來、聲音止了他就忘了、仍舊

臥在泥內淫人之惡、一聽邪淫的罪罰、天主的義怒、地獄的永苦、就暫且停止、過了一時邪念又來仍舊犯罪、昔有一大德之人勸化多人、惟有一好色之人勸之不動、旁人問曰、你勸化多人、爲何不能化此一人、答曰朽木不可雕也、

別的私情攻敵我如仇人、邪淫的私情招引我如朋友、別的私情用苦引誘、邪淫之私情用樂引誘、所以攻敵最利害、最難醒悟躲避、別的私慾從外來、邪淫的私情從內來、自己的肉身就作了媒人、這個攻敵很囉唆、晝夜不離、容易迷惑人、故此凡要守貞者、要把自己的肉身當作仇人、若厚養肉身、就如同是要除惡犬、倒給他肉吃一樣、邪魔用驕傲嫉妒等情誘人、不依從者多、用邪淫誘人不依從者少、世上不染別惡者多有、不染邪淫之惡者有幾人呢、所以邪淫是邪魔的大網、世上之人都被他一網打盡、守城者當緊守城門、守貞者當緊守五官、五官之門一開、內德容易泄露、外惡容易進去、夫最可怕者是眼目、受眼目之害者不知幾多、見人美貌我就起淫心、見人尊貴我就不安自己的卑賤、見人富厚我就不忍自己的貧窮、見人安樂就怨恨自己的勞苦、件件都是這樣、凡人內裏的邪情尚且難克、況又加外來的邪情乎、故古聖若伯曰、我

於我目已經定約、不看婦女、又有修士名金達、總不敢看婦女、旁人譏笑曰、難道一看婦女就損了貞德麼、答曰我盡力小心、天主必保佑免我犯罪、若我放肆恐主棄我、將陷於大罪、聖賢尚且如此小心、我等罪人、豈敢自恃耶、眼看婦女易生邪念損貞德、況親昵相交乎、男從女生、近女則迷、相離則淸、鹽本水性、交水則化、相別則存、所以男雖貞女雖潔、相昵則汚、

貞德之美、試過者難以言傳、未試過者明悟也想不到、但想婚配之勞苦、略可知貞德之安樂、聖經曰婚配非是不善、但婚配者必有肉身之苦、古賢曰我等愚蒙、未婚配之時、私自想婚配雖無別樂、肉身必有樂處、既經過了、更添肉身的多苦、因人一婚配就受拘束、自己不能作主、反作妻子的奴才、賢良之婦最爲難得、傲慢之婦遍地都有、你寬待他、他就驕傲、你嚴待他、他就怨恨、你不管他、他就浪蕩苟且、所以常受妻子的苦、生子之時、母必受大痛、若子得生、母痛而死、失妻之苦就滅了得子之樂、日夜勞心保養、又常常怕子得病早死、所以得子之樂與養子之苦兩樣相等、若偶然死了、白費多年之苦、更加疼痛、或是子女既多、又愁無銀錢爲衣食嫁娶、或有銀錢又愁無好子保

守、或得好子又怕他早亡、或生了不肖之子又恨他不如早死、若爲主守貞修道、苦中有大樂、苦完就有大報、守貞之人不過丢了暫世的快樂、免了肉身的大苦、能望身後永遠的眞樂、所以凡人眞知道貞德之樂後來婚配的少、婚娶之人失了童貞的樂後悔的多、

施克貪

何爲貪吝呢、曰是不知足的願望、天地之大、四海之內、萬物之衆、不能滿一人貪心之願、別的私慾都在開明悟之後纔發出來、惟貪財之情發得最早、你看兩歲之孩童就知道多求多得、別的私慾隨着人的年紀、年紀老了私慾也就息了、但貪情不然、年紀越老貪情越重、所以貪心是萬惡之根、忿怒爭鬭欺誑盜竊酷刻邪淫等惡、都是貪財之情的枝葉、人心如地、邪情如草、財帛如雨、無雨地乾、野草不生、或生之亦不得長、人無財帛邪情少發、或發之亦不得遂意、地得雨水之潤野草叢茂、人得財帛之厚邪情齊發、以至無所不爲、產金之地最薄最硬不能生長五穀、貪財之心最荒最毒不能生長善德、

饑餓少生淫、貧窮少生傲、故窮人犯罪更少、飽足易生淫、富貴易生傲、故富人犯罪更多、窮人多安逸、富人多憂愁、窮人雖居盜賊之中無所害怕、富人日夜不安、又怕子孫不賢、又懼盜賊謀害、所以貪財之人、反受財之害、未得財之先千方百計謀之日夜不安、既得了財、又怕不能保守、又千方百計保之日夜不安、不幸失了更加不安、所以說得財生假樂、失財長眞憂、再者貪財之人只圖財到手、不管合義不合義、故富貴之人少有不得非義之財者、聖奥斯定曰、富人受益又受害、滿了箱子失了心德、得了衣服失了仁德、得了銀錢失了義德、所以富本不是惡、但是萬惡的根苗、

你與財帛不能久居、你雖不肯丟了財、財將來一定要丟了你、所以世財如流水一樣、先流過的多多地方、如今流在你眼前、不久又在別人手內、若用你的財帛爲恭敬天主哀矜窮人纔算是你的財帛、若你吝而不用不久就到別人手內、如何說得是你的財物呢、

貪財者雖有多財、不謂財主、反謂財奴、財長心也長財消心也消、不是財隨人反是人隨財、不是人使用財反是財使用人、你不能命財出外勞苦、財反趕你出外遠遊、梯山

航海、冒危險、輕生死、以致爲他失命、從此一看有財之人、可稱財主乎、抑稱財奴乎、聖奧斯定問貪財者曰、你勞心勞力聚財爲誰呢、答曰爲子、又問曰你子積財爲誰呢、答曰爲孫、聖人曰你積財爲子安知不是爲賊呢、若子孫都賢父雖沒有立錐之地遺下、皆能安然度生、若子孫不賢父雖有千萬家產遺下、不足滿其荒淫耗費之用、所以賢親愛子遺子以德、愚親愛子遺子以財、肖子修德事主形神皆安、浪子好淫奢華無所不爲、以致身財兩失、你今聚財爲子、愛子乎害子乎、

不但吝財者犯罪、還有一等吝智之人、更犯大罪、天主賜你聰明學問力量、原呌你提醒別人教訓別人相帮別人、你反吝而不施、豈不是大罪麽、有良方可以救病人、有學問可以導愚人、你反見死不救、見愚不訓、豈不是大罪麽、吝財者還可推辭怕自己後來受窮苦、吝智者無辭可推、你雖教訓多人不損你的學問、雖相帮多人不減你的力量、爲何要吝呢、吝財者死後別人還能用他的銀錢、吝智者死後你的才智學問與你同終、別人不能享用一點、爲何要吝呢、

淡克饕

飲食過度不但靈魂受害、肉身亦受大害、俗云厚味多生病、如燈非油不光油多反滅燈、穀非水不長水多反淹穀、身非食不養多食反傷身、飲食有節身體平安、過節百病皆生、胃弱多吐、整夜難眠腹腸攪痛、面黃身瘦、筋鬆頭痛、心慌脚軟、惡熱惡寒等、都是飲食過度之害、俗云百病從食起、又云饕人自短性命、自招早死、饕人得病若不先拔饕根、雖有明醫皆無用、雖服良藥皆沒效、所以饕人多苦節人多安、節人卒世體健整夜安眠平安度生、雖有風寒暑濕之病易醫易治、沒有求醫之費、亦無服藥之苦、又得高壽之福、這都是節德之益、

穀倉多鼠、饕人多罪、去了穀也去了鼠、斷了饕也斷了罪、飲食淡薄邪情少發、飲食豐足邪情必多、俗云飽煖生淫惡、所以凡要克己修德者當克貪饕爲先、故曰君子謀道不謀食、所以貪食者不能謀道、有節德者明悟清亮肉身亦得安佚、既容易學道修德又不耗費家產、又不刻薄窮人、今世平安後世又得永安、

別的毛病皆醜、惟有醉酒的毛病最醜陋卑賤、醉酒者雖有大智聰明能幹力量都不能用了、一醉了酒就睡在地下如死屍一樣、寸步不能移、比走獸還不如些、走獸飲足

之後你再强他飲他一定不肯飲貪人不知飽足不管靈魂肉身受害只圖口樂、口樂易過、形神之害永遠不滅、所以醉酒者比禽獸更賤、

節德與齋德相似、齋德有六益、一能勝魔誘二能壓邪情、三能保諸德、四能增聰明、引人易學天主的道理經言等事、五能平息天主的義怒六能健肉身免生多病、節德也有這些好處、節德能滅淫火、避邪魔、破私慾、使人服理去外行的汚樂、得靈心的清潔、壓驕傲、長謙遜、悔罪愆、開心暗克懶惰、消諸惡、增諸德、總是萬罪之死萬善之生也、因饕情是怨恨之根、斬了饕根自甘淡薄貧窮也安然、饕是淫火之柴、去了饕柴淫火自然熄了、所以節德是貞德之旗號、饕情是靈心的雲霧、去了饕雲明悟光亮記含清楚、愛慾潔淨、所以節德是智德之母、再者節德是諸德之鹽、美物無鹽淡而無味不能久存、有鹽調和味口亦好亦能久存、饕情是萬罪之毒、去了饕毒萬病自消、所以節德是保身健體之良藥、故此說節德能保神形之安、

勤克怠

何謂懶惰呢、曰是無毅於善、無味於德、無恒於工、小勞視爲大勞、輕苦視爲重苦、怕操

心受累、雖願行善有始無終、想修德立功、非人力所能作者、故任意閑遊、昏沈多眠、這是懶惰人的心情、怠是萬惡之種、邪淫貪饕偷盜嫉妒戲言狂笑惡謀毀謗浪費時日、喪前功加新惡、這都是懶惰所生之苗、

你看古今的聖賢、奉事天主、修大德立大功、戰勝魔誘、忍人嫉妒讒謗、甘受貧窮患難、克己伏慾、粗衣淡食、少眠多寤、遠世樂、輕生命、重道德、日夜涕哭往罪、常愧多善未行多惡未戒、如此至死、有始有終、纔得天堂眞報、將我等比之、豈不羞愧麼、我等怕受些微之苦、怕當克私慾之勞、懈惰終身、妄求天國、實是自己哄自己、有多多愚人、平時冷淡天主、要到臨死纔回頭、不知死時阻當很多、疾病的疼痛、妻子的牽連、世務的拉扯、罪惡的煩惱、永苦的害怕、邪魔的誘感、審判的威嚴、齊來攻心亂神、此時要改惡遷善、不亦難乎、再者雖然改過、亦無改過的憑據、因此時不是你棄罪、但是罪棄你、不是你不肯犯罪、但是你不能犯罪、故此雖痛悔、恐難得赦罪之恩、所以說種穀收穀、種稗收稗、自然之理也、平生種惡、死得善報、無有此理、生享邪樂、死得神樂、亦無此理、生時忘主輕慢主、死時天主也忘你輕慢你、古經上天主向罪人曰、我多次提醒你、你輕忽我

的提醒你今來求我我也不聽你求、所以人要善終該當善生、善生善死十之十也惡生而得善死難得千之一也、

人心若地、久不耕種必長野草、克己之工若不忻勤邪情必定滿心、再者野草今日雖拔明日又長、若厭煩不拔田必荒蕪不可望收成、邪情今日克除明日又有、若懈怠不克心必汚穢不可望修德之報、所以要忻勤常〻至死方休、纔可得克己之賞、

愚人自寬曰、不行善亦不行惡足矣彀矣、何必多苦多勞哉、聖伯爾納答曰、人修德如逆水行船、駕人若不勞力撐篙就往下流、你一生不肯加德就是加惡、修德不往前進就是往後退、不但德行如此連世上的學問手藝也是一樣、若不常常操習不久就荒悞了、所以說藝業精於勤、學問荒於怠、

讀書立志

此章雖然是論讀書立志兩件事、究竟重在一個審查邪正辨別是非、歸到己立立人己達達人的目的、人不立志不能成其所以爲人、不讀書不能明澈一切事理、然立志必須辨別此志的是非、讀書必須審查此書的邪正、纔不至如夸父奔走之勞、元愷膏

肓之癖、然後可望己立立人己達達人也、
古今人類林林總總、立志能高出流俗而且是堅定不移的、讀書能繼往開來而且是開物成務的、萬千中有幾人呢、這是什麼原故、總被志氣不超學術不明所悞了、所以自白辜負了作一世的人、而且是自悞悞人流毒無已、豈不是一件最可痛的事麼、同治末御史吳柳堂詩云、相逢前輩寥寥甚、到處先生好好同、明季楊椒山奏疏云、守法度者以爲固執、勵廉介者以爲矯激、善奔走者以爲練事、巧彌縫者以爲有才、歷代的光景不過如此、到了這幾年來、自從權利競爭的學說輸入、而一般偏私褊狹之輩恰中心懷但取其半面主義推尊誦法、於是陰賊險狠謂外交之手段理應如是、奸貪欺詐謂天演之競爭事本當然、故此國內少年軼出範圍敗壞道德之事、層見疊出、管子曰禮義廉恥國之四維、四維不張國乃滅亡、衆位不要再鄙薄這是迂腐的陳言了、請平下心去細想想、人羣社會的事實、是這樣不是呢、至於現在的歐洲、殺運大開、滅絕人道、把千百年來的文明進化、一旦退入古昔的獷悍野蠻、而且還是有過之無不及、這個惡果是從什麼地方生出來的呢、曰此理不難了澈、這都是近世紀一般新哲學人物、如來勃尼、康特、奈痴等三五人、所倡的學術造成的、然而一人狂呼萬人響應他們的道理想必是有當於人心、不然焉能如此呢、曰此理尤不難了澈、人性本來是從善如登、從惡如崩的、何況又有痛絕天理大倡人欲的學說、加以詞藻潤色明目張膽的倡導呢、衆位如以此言爲妄加批評、今請將奈痴學說的綱要、撮錄幾句於下、便知不是我的妄言了、他說我們人類生活的價值、無人可以估定的、故此凡可擴張我生活的、要膨漲他不留餘地、倘有可以增我生活價値較現在更爲優美的、雖屬虛妄的理想、寧可贊成、至於世人公認爲不道德的、如暴虐、刻薄、詭詐、戰爭等事、倘能擴充我的生活、亦當無不勉力、反乎此若遇能削縮我生活範圍的、必拒絕之、破壞之、踐踏之、使無餘地而後已云云、衆位欲知其詳者另有專論、今不過爲講明志氣的是非、學術的邪正、令人知道愼思明辨、再多說就離開本題了、到底衆位要知道各國各安安於各法、萬國各安、安於公法、天理必得最後之戰勝、雖有時屈於一時、然畢竟伸於千古、此老無急性、却有記性、乘除加減最後結束之算法、總不能錯也、

再者我國每有一種半尷不尬的假明公、常見他們對於後生小子發他的訓誨教戒

說、我們人在世上、萬不可索隱行怪、也不可過於自苦、凡事但求不卽不離、合乎中庸罷了、何必嶄然露頭角標奇立異呢、比如我雖不能法聖希賢、到底也不爲非作歹、喫款嫖賭正是藏修息游、是人生所當有的、不過逢場作戲、心中無伎、過而不留罷了、衆位也都知道、這等議論在社會中是佔多數的、若按眞理說、這正是今世代同流合汚閹然媚世的二等鄉愿、若比古時代那非之無舉刺之無刺的頭等德之賊、還差得多着呢、輕薄話要少說、多說未免有傷德行、如今還是古板正經的說那立志、古今聖賢勸勉人立志的話不知有多少、今特摘取最精當最痛切的幾篇、放在野人的言善錄中、願與我同胞有志作人的、共書之紳銘之座、常目在之也、

朱晦菴語錄

書不記熟讀可記、意不精細思可精、惟有志不立直是無着力處、而今人貪利祿而不貪道義、要作貴人而不要作好人、皆是志不立之病、直須反覆思量、究見病痛起處、勇猛奮躍、不復作此等人、見得聖賢所說千言萬語、都無一字不是實語、方始立得此志、就此積累工夫、迤邐向上去大有事在、

問爲學工夫以何爲先曰亦不過如前所說、專在人自立志、既知這道理、辦得堅固心、一味向前、何患不進、只患立志不堅、只聽人言語看人文字、終是無得於己、

陸象山與曹挺之書

學者且當大綱思省、平時雖號爲士人、雖讀聖賢書、其實何曾篤志聖賢事業、往往從俗浮沉、與時俯仰、徇情縱慾、汨沒不能自振、日月逾邁、而有泯然與草木俱腐之恥、到此能有愧懼、大決其志、乃求涵養磨礪之方、若有事役未得讀書、亦可隨處自家用力檢點、見善則遷、有過則改、所謂心誠求之、不中不遠、

王陽明示弟立志說

夫學莫先於立志、志之不立、猶不種其根、而徒事培壅灌溉、勞苦無成矣、世之所以因循苟且、隨俗習非、而卒歸於汚下者、凡以志之弗立也、故程子曰、有求爲聖人之志、然後可與共學、夫志、氣之帥也、人之命也、木之根也、水之源也、源不濬則流息、根不植則木枯、命不續則人死、志不立則氣昏、是以君子之學、無時無處而不以立志爲事、正目而視之、無他見也、傾耳而聽之、無他聞也、如貓捕鼠、如雞覆卵、精神心思

凝聚融結、而不復知其有他、然後此志常立、神氣精明、義理昭著、一有私欲、卽便知覺、自然容住不得矣、故凡一毫私欲之萌、只責此志不立、卽私欲便退聽、一毫客氣之動、只責此志不立、卽客氣便消除、或怠心生、責此志、卽不怠、忽心生、責此志、卽不忽、懆心生、責此志、卽不懆、妒心生、責此志、卽不妒、忿心生、責此志、卽不忿、貪心生、責此志、卽不貪、傲心生、責此志、卽不傲、吝心生、責此志、卽不吝、蓋無一息而非立志責志之時、無一事而非立志責志之地、故責志之功、其於去人欲、有如烈火之燎毛、太陽一出、而魍魎潛消也、自古聖賢因時立教、雖若不同、其用功大指無或少異、書謂惟精惟一、易謂敬以直內、義以方外、孔子謂格致誠正、博文約禮、曾子謂忠恕、子思謂尊德性而道問學、孟子謂集義養氣、求其放心、雖若爲說不同、而求其要領歸宿、合若符契、夫道一而已、道同則心同、心同則學同、其卒不同者、皆邪說也、後世大患尤在無志、故今以立志爲說、蓋終身問學之功、只是立得志而已、若以是說而合精一、則字字句句皆精一之功、以是說而合敬義、則字字句句皆敬義之功、其諸格致博約忠恕等說、無不脗合、但能實心體之、然後信余言之非妄也、

張稷若辨志

人之生也、未始有異也、而卒至於大異者何也、人生而呱呱以啼、啞啞以笑、蠕蠕以動、惕惕以息、無以異也、出而就傅、朝授之讀、暮課之義、同一聖人之易書詩禮春秋、也、及其既成、或爲百世之人焉、或爲天下之人焉、或爲一國一鄉之人焉、其劣者爲一室之人、七尺之人焉、至於最劣、則爲不具之人、異類之人焉、言爲世法、動爲世表、存則儀其人、沒則傳其書、流風餘澤、久而愈新者、百世之人也、功在生民、業隆匡濟、身存則天下賴之以安、身亡則天下莫知所恃者、天下之人也、恩施沾乎一域、行能表乎一方、業未光大、立身無負者、一國一鄉之人也、若夫智慮不離乎鍾釜、慈愛不外乎妻子、則一室之人而已、耽口體之養、徇耳目之娛、膜外槩置、不通痌癢者、則七尺之人而已、篤於所嗜、瞀亂荒遺、則不具之人、因而敗度滅義、爲民蠹害者、則爲異類之人也、豈有生之始、遽不同如此哉、抑豈有驅迫限制爲之區別致然哉、習爲之耳、習之不同、志爲之耳、志在乎此、則習在乎此也、志在乎彼、則習在乎彼矣、子曰苟志於仁矣、無惡也、言志之不可不定也、故志乎道義、未有入於貨利者也、志乎貨利、未有幸而爲道義者也、志乎道義、則每進而上、志乎貨利、則每趨而下、其端甚微、其效甚巨、近則胸臆之間、而周天地之內、定之一息之頃、而著之百年之久、志之爲物、往而必達、圖而必成、及其既達、則不可以返也、及其既成、則不可以改也、世之誦周公孔子之言、通其義以售於世者、項相望也、周公孔子之遺教、未聞有見諸行事被於上下者、豈少而習之、長而忘之歟、無亦誦周公孔子、志不在周公孔子也、志不在周公孔子、則所志必貨利矣、以志在貨利之人、而秉富貴之資、制斯人之命、吾悲民生之日蹙也、今夫種之播於地者、種粱菽則粱菽矣、種烏附則烏附矣、雨露之滋、壅培之力、各如所種以成效焉、粱菽成則人賴其養、烏附成則人被其毒、學不正志、而勤其呫嗶、廣其聞見、美其文辭、以售於世、則所學於古之人者、皆爲毒人自利之藉也、嗚呼、學者一日之志、天下治亂之原、生人憂樂之本矣、學記曰、凡學官先事、士先志、故未官者必使正其志、教而不知先志、學而不知尙志、欲天下治隆而俗美、何繇得哉、故人之漫無所志、安坐飽食而已者、自棄者也、舍其道義而汲汲貨利、不知自返者、將致毒於人、以賊其身者也、自棄不可也、毒人而以賊其身、愈不可也、且也志在道義、未有不得乎道義者也、窮與達均得焉、志在貨利、未必貨利之果得也、而道義已坐失矣、人苟審乎內與外之分、必得與不必得之數、亦可以定所志哉、

讀書的一件事、眞是很難講的了、我國自變法以來百度維新、敎育一事雖然尙未到强迫的地步、到底那一羣愛國的君子、極力在那裏圖謀普及的方法、眞是見善則遷有過則改、那一番虛懷求益的心直達極點、雖然被人罵他如何朝三暮四號令無常如何規則如毛繁瑣累贅、他們都能悍然不顧一致進行、眞不愧禮義之邦文明大國的作爲、眞不愧造世英雄開創豪傑的魄力、像這等光景、我們國民將來怎麼會不能成世界上優美高尙的人格呢、況且諸君又是以身作則、雖不能枵腹從公毀家紓難、到底爲辦學務所忍受的艱難、所犧牲的利益、眞是一言難盡了、這些開創人物的高低且不必管他、時下事還是少說爲是、且說我國三代庠序學校之制雖然久廢、到底千百年來學術的源流總未間斷、凡是那三家村的團聚差不多就有個公共書房、凡是有十畝之產的子弟、差不多總是叫他讀書、茅屋兩三間、牧童八九個、尙且是天地元黃喊個不休、等而上之通都大邑人文會萃之地、那眞是郁郁乎文哉彬彬然盛矣、

更不必說了、所以我國的士大夫、動不動的就貶人爲化外蠻夷、自稱爲神明之胄、實在是因爲久道化成、豈同那妄自尊大呢、且住、話雖如此說、到了今日之下、名實未免有點不相符了、偺們暫且收了那恭維頌揚的舊套、還是說點眞的罷、從前在科舉時代、士子是攻習舉業、半生的精力都消磨在八股小楷之中、口頭聖賢紙上道學、不過作個敲門磚、言不顧行用非所學、那也難怪、到底物極必返、情見勢屈、到了無法再可敷衍的時候、不得已變科舉爲學堂、然而這些年中、皮毛支節沐猴而冠、不但是新學毫無所成、而且是把舊有的將有斷種絕根之歎、這眞如同壽陵餘子學步於邯鄲、失其故步匍匐而歸的情形了、

推尊中國學問的把他說得包羅萬象、排斥中國學問的把他說得不值一文、這兩面都未免過分、難以服人、宋儒說讀書便住四個字、彷彿似一句格言、其實是沒頭腦沒條理的一句話、論中國的學問、雖不似西國的科學萬徑千蹊各致其極、到底也是支分派別不相爲謀、經學分漢宋兩派、理學有朱陸不同、史學算學金石校勘等事、那一件也都是用畢生的精力探討不盡、至於文章詩賦積案盈箱、野史稗官汗牛充棟、更

有所謂目錄學者、五花八門誇多鬥靡、就眼前常見的說、四庫提要簡明目錄之外、如千頃堂、天一閣、傳是樓、汲古閣、皕宋樓、士禮居、彙刻書目、書目答問等不一而足、至於彙刻的叢書、經史諸子三大宗不計外、他如百川學海唐宋叢書、陳眉公秘笈、津逮秘書、海山仙館、知不足齋、粵雅堂、說海函海等、動成千百卷、雖爲搜殘存佚、表章前人、到底美惡雜陳、純駁互見、若說讀書便佳、豈不令人墜入滄溟之中、茫無畔岸了麼、莊子輪扁一章所言、世之所貴道者書也、書不過語、語有貴也、語之所貴者意也、意之所隨者不可以言傳也、故輪扁看古人書如同糟粕一樣、到底得魚未嘗不由於筌、舍象又何能喻理、古人的精神畢竟在書裏、書誠然有可貴之處、至於後世專以收藏聚集誇富的、不論事理、不問是非、專講皮相、那與骨董客鉛槧傭有什麼分別呢、所以野人的偏見、總是注重理學先生們所主張的、雖然有時候不免迂闊黏滯、到底大端總是關切人生安身立命的事情、說到此忽然想起朱子的幾句話、他說學之博未若知之要、知之要未若行之實、又說知行常相須、如目無足不行、足無目不見、論先後知爲先、論輕重行爲重、更想起二曲先生答門人問的一段、也與此條相關、再錄於下、

李中孚富平答問

君子爲學貴博不貴雜、洞修己治人之機、達開物成務之略、如古之伊傅周召宋之韓范富馬、推其有足以輔世澤民、而其流風餘韻猶師範來哲於無窮、此博學也、名物象數無賾不探、典故源流纖微必察、如晋之張華陸澄明之升菴弇山、叩之而不竭測之而益深、見聞雖富致遠則乖、此雜學也、自博雜之辨不明、士之繙故紙泛窮索者便侈然以博學自命、人亦翕然以博學歸之、殊不知役有用之精神親無用之瑣務、內不足以明道存心、外不足以經世宰物、亦衹見其徒勞而已矣、

野人常說、讀中國書眞如披沙揀金、說純是渣滓不可、說純是精華不可、即如自從西學輸入後、我國學子常相引證的、電學出於我國某書、光學出於我國某書、重學化學出於某子、也不是一概驕滿自封牽强附會、不過古人只得其端緒未能精研深造能了、如張華博物一志、其間荒謬不合物理的觸目皆是、然而發明燐火一條最早、又如沈括夢溪筆談、發明用陽歷不置閏之便、（近日通行本作大盡三十日云云轉不如老學叢談所引此條作大盡三十一日爲合）且謂千年後必有用其說者、其自信力

是何等堅定、野人往年遊日本、於一校中見有模型地圖、其國人詫曰、此我國某教員自出心裁所發明者、其實沈括早已行之矣、又聚珍版爲近今文明利器、誰知筆談中早已言其用法甚詳、姑以此三事而論、我國人開化何嘗不早呢、不過後人不能繼志述事精進不已、是以因陋就簡日趨日下了、我國人凡事不但不能改良進步、而且還是自滿自是、遇見他不懂得的不但不知道虛心領教、還是深閉固拒多方的鄙薄、雖也有皓首窮經好學深思之士、可惜把精神都用在無用之地、這個病根總由我國學問的途術混雜、沒有科學的倫序、而且於名學論理上太無分曉、即如近世自命爲通達的、不過統義理詞章考據三者合而一之、究之無非此攻彼擊、反反覆覆翻弄古人的陳言罷了、野人所見的明末李太僕之藻所譯的名理探一書、發明宗、類、殊、獨、依、五公稱之別、可惜艱深晦澁、初學的人不易研究、故不敢妄爲援引、至近賢黃公斐嘿所著的集說詮眞共成六大册、引用之書自經史子集下及稗史、竟至二百餘種、後附以永統紀年表、凡論一人述一事、對勘中西時代、詳明細密、不憚煩瑣、且因其篇幅過多、故又自爲提要一本、考証各教源流、別經典來歷、論理述事煞費苦心、最後又有辨述

事眞僞一篇、浩浩瀚瀚三四千言、與本章讀書立志先要愼思明辨的宗旨最有關合、今特撮要節錄於下、

辨述事眞僞

生民以來要事、有關修齊治平爲人所應知者、惟特耳目之官、官無蔽遇事能辨、然人生駒隙所得幾何、則賴先知先覺傳述矣、傳述之人有五、一見知、二聞知、三並時聞知、四同世聞知、五遠世聞知、傳述之事有三、一口授、二筆記、三蹟徵、統此八條、古今萬事、雖千里遠、百世上、如身親矣、然耳目易欺、人或行詐、如蛇影杯弓誤無爲有、三人市虎詐虛爲實、則傳述者烏知其不行詐與受欺乎、是以格致家度理揆情、著有要例十端、一見知述事、二聞知傳述、三遠世傳述、四書籍眞僞、五書籍述事、六眞僞近是疑似、七可有叵有、八辨可有叵有、九靈奇、十審辨靈奇妖異、俾欲審眞僞決是非者、得所持循、讀者幸注意焉、

一見知　見知者身親其境、所述之事宜若可信矣、然恐其受欺行詐、猶難遽信、是以徵信之據有四、一其事爲人所易見者、二其事致人著意者、三事須爲大衆共見、

倘非多數必係老成明達者、四其事與述之者有無利害是也、蓋事易見者不難詳審、既爲人所著意者則必細加察究、爲大衆所見者則不致盡屬愚昧、而老成明達者、亦斷不扶同行詐、有關利害則不免矯託欺誑、故於見知傳述之事、按以上四法衡斷之、則是非可立見矣、此外更有徵據八端、一其事有存跡可考、二見之者有博學明達之士、三有致身通顯守正不阿之人、四見之者非一類一教一志之人、五有直認不諱不畏禍患者、六述事措詞質樸無文絕不鋪張標榜、七述各情節始末聯貫毫無游移齟齬之弊、八其事所歷何地何時見者顯達紳耆之姓名鑿鑿可指、以上八端苟能全具、則信據著疑義祛矣、（二聞知從略）

三遠世傳述　遠世之事、時殊代異、証見久亡、其被矇或矯託可虞、豈可貿然遽信、其徵信之據、除前述二論外、更有二端、一遞相傳述者須蟬聯魚貫繼續無間、二各代繼述足資參考者不止一家、所謂遞相傳述之事、倘無憑不實、當時見知者必羣攻其虛妄、何得訛沿後世、況人代相繼、非前代截然俱絕、後代突如並續、乃歷代錯綜叅互、遞衍無間、祖孫父子、先後相接、倘某矯託一事、謂聞之祖父、則並輩立責其誣謂吾則未聞之祖父也、或第三第四代如此矯託、均可類推、必不能免同時之攻訐、倘其事前無所聞、後突有述之者、非揑造而何、所謂各代繼述不止一家、則其中定有通達者、決非妄聽妄述、又其中好尚各異、不得均謂爲利害所動、共相欺誑、若繼述只有一家、雖無心爲欺、安知不受欺乎、是以欲証遠世傳述之事、除前述二論外、必備此二端方可致信、(四五兩端俱從略)

六眞僞近是疑似　傳述之事、衡以徵據、斷其眞僞、非一言可蔽、有就事故方面論者、有就徵據方面論者、就事故言、有全眞、半眞、大端眞、小端眞之別、悉可按其情節虛實多寡爲斷、就徵據言、有當信、當疑、當作近是疑似之別、如徵據全備、疑義毫無、當信也、徵據難憑、疑竇叢伏、當疑也、信徵雖有而未備、疑義雖少猶難釋、近是也、徵據似屬可憑、疑團殊難盡釋、疑似也、近是與疑似有次第可分、悉應按信徵與疑義相較其多寡爲準、凡大端徵信諸據全備、不甚關係之小節或有疑義、斷爲可信、以小節不足論也、

七可有叵有　凡推論事之可有叵有、或按至理、或按常情、或按物律、約舉之有三

端、一按至理可有者、謂事與理不相矛盾者也、如謂一山爲純金所成、事雖無有、但積石可爲山、積金猶積石也、與理無背、二謂一國不數年間咸棄舊習而新之、此雖常情無有之事、然不背理、三謂瞽目忽明、此物律不能有者、然瞽者復明事非矛盾也、按至理亘有之事、謂事與理自相格碍者也、如謂有一端之棍、棍兩端木也、一端則必無、又如謂有方輪白硃、蓋既謂輪必圓、既謂硃必丹、萬不可有者也、又如謂兩虎遇互相吞食、只剩兩尾、蓋被吞則無、吞者仍在、今言俱無、乃矛盾之說也、

以上不過撮其大要節略而言、示人以研究道理的門徑、此下更有論審察可有亘有之法等三端、其原文甚爲繁密、欲知其詳者可取原書叅考、此書版存上海徐家匯、今不欲多引者、非秘之也、恐人未必眞能好學如命、嗜義如渴、倘一時未能了澈、反致生其憎厭、起其鄙薄、老子云、天下皆知美之爲美、斯惡矣、豈故爲矯誣之論耶、嗚呼予欲無言、

附錄淺喩三段、以其言近指遠、每下愈況、足爲觸目驚心之助

馬相伯先生嘗爲學生演說、示其爲學之方曰、諸君讀書固貴淵博、然務須效蜜蜂、不

可似蒼蠅、蓋蜜蜂終日勤勤、專採百花精華而釀成美妙之蜜、若蒼蠅則終日營營、無香無臭無垢無淨、無不叢集、一事無成、不過濁穢卑汚招人憎厭而已、學者切記務效蜜蜂之精採、無爲蒼蠅之濫嘬也、

又昔人設一喻曰、一老鼠夜墮箱中、不得出、急嚙其板以冀逃逸、嚙良久見不能通、又改嚙他處、如此凡七八易、終未得穿、天明被主人聞之、竟捉出斃之、夫一箱之板厚不過寸、若始終就一處用力、未有不得通者、乃以見不定、力不專、雖勤苦而無成矣、今人外慕徙業、老大徒悲者、大都此鼠類也

某富翁有三僕、一日呼至斥責曰、爾等各有過惡、俱不能容、留甲好多言喋喋討厭、乙購物向不還價、致多浪費、丙則得賞從不知謝恩也、三僕誓改乞饒、請觀後效、一日翁與友弈、甲忽至傍立、弈終翁見之、問以何來、甲曰適公子墮井死矣、翁曰何不早言、甲曰主人非怪我平素多言乎、是以不敢多言也、遂命乙出購棺具、旋舁二歸、翁怒曰死一子尙不足乎、何以二爲、乙曰主人非怪我購物不還價乎、今以一價購二物、是補前愆也、無何翁以急事出、丙隨之、負翁過水、翁憶前事、愈思愈忿、乃謂丙曰、彼二奴者誠

不如豚魚不可化誨者也、惟汝尙佳、俟歸而賞之、丙聞言急置翁於水、長跪高呼曰、敬謝隆恩、嗚呼凡事之矯枉過正、過猶不及、其爲害一也、朱考亭曰、扶得東來西又倒、信乎中庸之難能哉、

青年鑑

野人作這言善錄的意思、本是專爲奉告青年人的、青年的人知識初開、近朱則赤、近墨則黑、是最容易遷移改變的、所以西儒比幼童之性、如輭蠟一般、放在什麼模子裏就成什麼樣兒、中國古語也說、教婦初來、教子幼孩、故此本章所引的多重的在教子的方面、到底青年的模範已在其中了、至於那年歲大的人、被社會的舊染汚俗淪肌浹髓、絕不是一時所能刮垢磨光的、他更能文過飾非、百般的自恕自解、所以無論如何勸戒難望有什麼效果、即如野人以己身而論、生平雖庸俗陋劣、百無一長、幸而沒陷到窮兇極惡的地步、也不過是因爲自開知識以來、就遇見幾位老成君子、時常的用那至理名言、提撕警覺的好處、到了明白事理以後、不但飮水思源、知道感激那教人以善的美德、更願推己及人、擴充這蒙以養正的聖功、如今限於篇幅、不能把古人

關於此條的格言多行羅列、到底把我淺見以爲最好的幾條、摘錄於後、以告我最可愛最可重的青年、衆位還要知道、古語說不以人廢言、俗語說修行在個人、到底我所引的言語不論如何美好如何痛切、若你不反身切己躬行實踐那也是枉然無用阿、

諸葛武侯戒子書曰、君子之行、靜以修身、儉以養德、非澹泊無以明志、非寧靜無以致遠、夫學須靜也、才須學也、非學無以廣才、非靜無以成學、慆慢則不能研精、險躁則不能理性、年與時馳、意與歲去、遂成枯落、悲歎窮廬、將復何及也、

疏廣爲太子太傅致仕歸、以上所賜黃金供具設酒、日與族人故舊娛樂、居歲餘其子孫竊囑廣所親信勸其置產業、廣曰吾豈老悖不念子孫哉、顧自有舊田廬、令子孫勤力其中、足以供衣食與凡人齊、足已、今復增益之、但教子孫怠惰耳、子孫賢而多財則損其志、愚而多財則益其過、且夫富者衆之怨也、吾既無以教化子孫、不欲益其過而生怨耳、

萬松野人曰、賢而多財則損其志、愚而多財則益其過、這兩句話我生平奉爲金言、眞是萬不錯的、衆位不要想我賦性古怪、專愛說這矯情違心之語、請你們平心細查考

查考、凡是那富貴多金的子弟、能轂成了人物的、眞是祥麟威鳳曠世一見的、到底那富貴家不肖敗類子弟、眞是聯肩接踵車載斗量的了、從前我知道一位紈袴少爺、他那有德的父親給他置的產業、每年租項有五千金的收入、誰想到他這一年中嫖賭之費到用了八千、若是他父親給他留下一萬的收入呢、他一定必要用至兩萬了、這也是一定的比例、不足爲奇、世上的光景本是如此、無奈那痴心作馬牛的爺孃、總不省悟、只要有一口氣在、總是不轂、設盡方法、圖謀那不義之財、爲的是給自己的兒孫栽殃種孽、你說這不是可憐可痛麼、疏廣的見識眞是高人一等、到底若是比上歐洲的文明新道德、用一已有餘的銀錢、設學堂、立病院、推廣道德公益的事業、又何益過生怨之有、以此較之還未免差一籌罷了、

龐公未嘗入城府、劉表往候之、龐公釋耕於隴上、表曰先生苦居畎畝、而不肯官祿、後世何以遺子孫乎、龐公曰世人皆遺之以危、今獨遺之以安、雖所遺不同、未爲無所遺也、

呂新吾身家盛衰循環圖說

圖作圓式共標十格、自困窮起至禍變止、每節下加以註釋、今特按序直行抄下以便排印、

一困窮　貧賤憂戚百不如意欺心不起善念自生

二悔奮　自取困窮則悔悟生來困窮則奮發

三勤苦　各有所業夙夜勤勞

四節儉　曾受勤苦自知愛惜

五積貯　勤中所致儉中所餘自能積少成多

六富足　積貯之久自然充盈此時如水滿將溢火熱將熾能約已豐施專務濟人利物則陰德可濟子孫福澤可以長享而鄙夫敗子不肯爲也

七驕滿　財多則意滿志驕只是恥約羞素那思富貴從來

八豪奢　衣食居處器用應酬事事要華美整齊然後意泰心歡稍不快情則毀成功棄天物皆不惜愛

九淫褻　欲則如水横流性則如火烈燥愈足愈不稱心恨地怨天甘凶樂死而不

顧

十禍變　豪奢淫暴既久則神明忿怒遠近怨嗟人禍天災交至傾家蕩產必然幸則困窮甚者家亡身死困窮亦不可得

嗚呼、君子觀此圖、不惟知人事當修抑又知天道可懼也、六合之內民生不知幾千萬矣、以天所生之物養天所生之人、均衣平食無令有餘不足、俾各不至飢寒而止、倘僅僅不敷用、而況富者田連阡陌、金滿箱囊、飫甘饜濃、踏繡鋪錦、歌兒舞女、醉月眠花、畫棟雕梁、乘堅策肥、其狼藉暴殄之餘、猶足以嘔童僕而飽狗彘、乃耕夫織婦、早作夜勤、祁寒酷暑、黧身枯面、枵腹攢眉、兒羸女鬻、終歲苦辛、如馬牛而一家衣食如乞丐、又瞽目殘肢、孤兒獨老、菜色鶉衣、爲溝中瘠、爲道邊殣者、在在有之、諸無告人不可勝數、彼其驕奢安逸之性、豈與我殊哉、天地之財止有此數、富貴榮華既於我乎獨偏、貧賤憂戚自於彼乎獨苦、有餘者之所棄餘、乃不足者之所以棄命者也、夫既不肯樂分與以益彼之不足、又不肯從節儉以惜己之有餘、天何親何私、爾何功何德、而令久享此乎、明者觀於目前、其盛衰可歷歷指矣、爾曹不幸、身不嘗不足之味、而襲祖父有餘之業、以享受爲當然、以儉素爲恥事、將施予不能、而慢棄則不甚惜焉、積孽自躬、而獲罪於天矣、作循環圖以語之、

夜燈庭訓

此書爲乾隆時署天保縣某大令所作、（彷彿記爲吳士元待查）洋洋三千餘言、痛快淋漓、聲淚俱下、野人幼時最喜披誦、今猶依稀印於腦中、特擇其警切者入我言善錄、亦善與人同之愚忱也、凡我青年幸爲注意、

人家子弟聰明可喜、聰明亦可憂也、孝子忠臣不盡聰明之士、奸臣賊子那是愚魯之人、千古有愚忠愚孝之稱、未聞有愚賊愚奸之號、可見子弟多一番聰明、正父兄多一番勞瘁也、何也、聰明者善惡之媒也、愚昧之子想不到他偏想得到、愚昧之子作不出他偏作得出矣、始則偶飲甜酒、以爲試嘗何妨、漸而大醉矣、罵街臥巷者率由此、始則閒弄骨牌、以爲釋悶無碍、漸而大耍矣、倘當借錢者率由此、始則播絃吹笛、以爲游藝堪誇、漸而演戲矣、入座登場者率由此、此皆邪正攸分、成敗所係、子弟失足之時、正父兄懸心之日、教之猶恐不及、嚴之猶恐少縱、況不教乎、然杜其漸於

外、尤宜防其蠹於中、動靜云爲、皆性眞所流露、偏好偏惡、病即種於其微、穉子不離膝下、察其所好觀其所惡、力爲之正悉入範圍、尙覺易易、長則識見開知所趨避矣、言在此而心向彼、面雖是而心却非、計巧逢迎、術工揜著、豈不爲不肖子弟所愚哉、動作輕佻者非大器、言詞戲謔者必賤流、使機關者奸、弄算盤者刻、隨人可否者無主持、爭我是非者無涵養、此其小者殆有甚焉、趨勢者無丈夫氣、嫌貧者無仁人心、惟利是視者貪吝有餘、大言不慚者學問不足、無恥者是敗子、倚力者是凶徒、賤則無不至、貧則無不爲、醉爲故鄉、賭爲守業、放債之主、敬若尊神、賒酒之家、親如姻戚、正人覷作仇人、匪類目爲善類、呼羣喚黨、盡是兎頭蛇眼之人、結拜論交、無非犬肺狼心之輩、服不被先王之法服、言不稱先王之法言、淫詞艷曲、即其詩篇、歪帽敞衣、皆其禮數、心險相凶、身貧志改、親朋羞挂齒、妻子盡灰心、家計越過越窮、世路越行越窄、門惟壁立、室如罄懸、祠內舊像、當晝賣恨價無多、墓前老樹、作柴燒搜根到底、破鞋兩隻、踏穿南北東西路、舊衫一件、披滿春夏秋冬泥、餓眼圓睜、仍是一腔怒氣、寒肩高聳、但聞滿口咳聲、人非盡無情者、助錢幾回、花錢幾回、人亦只好罷了、

天豈獨不仁乎、降福一次作孽一次、天亦無可如何、此寇讐也吾子也乎哉、此鬼蜮也吾弟也乎哉、好家風從此終、壞家風從此始、

吾世居京會、富室連楹、大家比戶、見其子弟率多英俊、材皆不無可造、然或驕縱成風、不惜物力、安逸成性、不用心思、服求其美、狐貉猶恐不華、食務其精、羊羔尚嫌無味、

溫凊寢膳、教以作子之方、仁義忠信、教以居心之法、少而習、長而安、信之旣眞、行之必篤、

四體不敢放、五倫方可全、檢若不及、修自有餘、卽或熾於慾而心將邪、迫於勢而足將失、烏知幾句書在腔子裏、此中過意不去處、倘得於極危極險時方寸有主、改悔拯救於萬一乎、

故子弟而志在道學也、不成亦祇失之迂耳、迂則仍是道中人也、子弟而志在理學也、不精亦祇論之偏耳、偏則仍是理中人也、有此學道學理之志、務在文藝必不徒飾乎章句之浮詞、而士風可保其勿壞、務在功名必不屑作夫逢迎之巧宦、而官箴

可保其必清、縱當勢隨時異、願與心違、一劍一琴、終不失老儒面目、一瓢一簞亦不墜寒士操持、

勿謂其孤也而怙之、勿謂其弱也而憐之、絕不絕德也、死不死命也、與其生而不教何若不生、與其有而不肖何若不有、且也欄有瘟牛村牛皆病、門有瘋犬鄰犬皆災、弟也不才諸兄累焉、噫、失訓於其初者一時、貽害於其後者幾代、致令聰明者上達無由、愚蠢者下流甚速、豈非千古父兄所爲深悔痛恨、莫可如何者哉、

閒適

此章專錄高人逸士的名言畸行、爲的是勵薄俗、息奔競、人倘肯虛心玩索、自不難貪夫廉、懦夫有立志矣、然而此章用閒適二字標題、不用隱逸高尚等字名篇者、怕的是涉於標榜、且古人有言、天地間眞滋味、惟靜者能嘗得出、天地間眞機括、惟靜者能看得透、人果能閒適、則此心自靜、此其標題之命意也、或曰當此新學輸入時代、維新學子惟新是尚、現在人人所講的、開口是强存弱亡、閉口是優勝劣敗、如今你還提倡那石隱岩栖避世離俗、豈不是自取劣敗、甘心弱亡麽、其遭人貶斥是一定的了、野人曰

不然、此等論調偏於數年前出之、爲時彥所鄙薄是不免的、到底在今日出之、凡稍具知識稍涉事故的、必然是點頭歎息、纔知道古人的高尚眞是不可及的了、或者也有人見了此篇、不免自咎悞落塵網、偶墮迷途、深與那回頭不似在山時之感、然後知遠志小草之譏爲不虛也、且世間各事但爭之以空理、不如驗之以實事深切著明也、自物競天擇之說流入國中、一般功利之徒都是軒眉攘腕、各想擴其權力、而且是明目張膽悍然無所顧忌、數年中遂使國內騷然、此爭彼奪幾不獲一日之安、迨至大亂紛陳不可解釋、痛定思痛然後始恍然大悟、禮義廉耻國之四維之語、爲精當不磨之論也、夫詩書甲冑禮義干戈之言固不免於迂腐、然而競爭運動等名詞勃然而興、也未免有擾人羣敗壞道德、回頭再看那退讓高尚等事、雖無益於人、究無害於世、細思量起來不但無害於世、而且還是更有益於世、因爲人羣社會一段團結的眞精神、全在禮義廉恥四個字上、倘或一國的人全不知道禮義廉恥爲何物了、那與禽獸有什麼分別呢、與禽獸沒有分別也不要緊、那可就眞是此爭彼奪、欺軟怕硬、直死歪生、强存弱亡了、雖然那些强梁霸道的人固然可以任意橫行、惟我所欲了、到底那些軟弱無能之輩、果能泯而受死甘心聽命、毫不施展他那反抗的力量、壓所以這些個學說必有行不通的時候、故野人常說此等半面的主義、既不完全必有所蔽、有所蔽必有所窮、不能奉爲人羣的楷模也、然而人羣裏圓滿純全的主義何在、確確乎在於眞道純德、那是顚撲不破萬古常新的、眞道純德則在貞恆其操各守其分而已、各守其分則在無外慕無詭隨、此所以高尙隱逸之士始終不渝表裏如一、作中流之砥柱、爲人世之芳標也、

當此齷齪卑鄙時代、趨炎附勢狗苟蠅營、諂媚卑汚朝秦暮楚、苟可以得富貴雖吮癰舐痔而不辭、倘或能博功名雖奴顏婢膝而不惜、究之逆取順取無非命中之財、悖入悖出難逃天道之鑒、孰若尊德樂道安分隨時、無害於人無累於己、俯仰不愧身心泰然爲得乎、君子落得作君子、小人枉自作小人、衆位呀、若肯研究道理、務要玩味這落得枉自四個字呀、

昔賢云、聖人悲世憫俗、賢人痛世疾俗、衆人混世逐俗、小人敗世亂俗、到底有心世道的人、竟痛世疾俗是沒有用處的、必須要設法移風易俗、野人不肖、如今所以作此篇

的意思、正是爲礪世砭俗之助、當世君子果能不以人廢言力爲傳布、眞是煩熱場中一付清涼散也、

推崇隱逸的書我見了許多、總是以漢朝仲長統的樂志論爲首、他那論的大意說、使居有良田廣宅、背山臨流、場圃果園、舟車使令、有兼珍之膳、無苦身之勞等云云、衆位要知道、此等的貪圖、絕不是素位而行樂天知命的明理君子也、況且世間上是何人爲他備辦的如此周妥、叫他消受這神仙的福樂呢、豈不是胡貪妄想麽、

至於一種借終南爲捷徑的、矯飾鳴高、百般做作、有始無終、爲德不卒、不惟毫不足取、且更貽人口實、玷辱隱逸二字不淺、此所以北山移文深惡痛絕之也、

再如清賢紀一書、所記倪雲林之清潔高雅、迥出凡塵、倪一日聞有過客唾聲、疑汚桐葉、命童剪棄於十里外、此非有腦病者當不如是、清賢云乎哉、

又如屠赤水之考槃餘事、評及爐瓶筆硯、陳眉公之岩棲幽事、論及焚香點茶、此與世俗紈袴之窮奢極慾、互矜肥馬輕裘者相去幾何、無怪昔人譏陳爲大蔑片、又豈但山人習氣過重已耶、

至於唐時有走馬奔赴不求聞達科者、宋時有投狀乞應高蹈邱園科者、其抗塵容、走俗狀、不止林慚無盡澗愧不歇已、等諸自鄶而下可也、

以上所陳種種、或屬妄貪、或屬詐僞、或屬矯飾、或屬標榜、或是愚昧無恥、皆無益於人無得於己者也、倘能如淵明之樂天知命、李愿之惟適之安、既無累於人、又無欺於己、含眞抱樸特立獨行、始終不渝、坦坦蕩蕩、豈不足挽澆風、勵薄俗、爲天地間多培一股正氣乎、野人閒嘗涉獵書史、此等高尙隱逸之士、以一代計之則碩果晨星、以千古計之則聯肩接踵、今特摘其言足師行足法、而非欺世盜名索隱行怪者、以實我言善錄、

劉靑田市隱齋記曰、博徒賣漿隱之俠者也、放言非聖隱之狂者也、辟兄離母隱之賊者也、㪺潁水以洗耳隱之矯者也、蹲谿水以待聘隱之僞者也、上棉山而立枯隱之怨者也、沈湎于酒不衣冠而處隱之亂者也、是皆爲驚世駭俗而有害於道、賢者遭世之不然、或避世、或避地、或耕或漁、或居山林、或處城市、或抱關而擊柝、無所不可、而其志則不以是有易焉、柳下惠之與伯夷跡若冰炭、而同謂之逸民、君子不非焉、庸非以其志乎、

方正學曰、有得乎道者、內不汨於利欲、外不攖於事故、則隨所處而足、隨所至而安、隨所寓而樂、卉衣蔬食、處乎林泉、而欣然若都卿相之位、

榮啓期鹿裘帶索、鼓琴而歌、孔子遊於泰山見而問之曰、先生何樂也、對曰、吾樂甚多、天生萬物、惟人爲貴吾得爲人矣是一樂也、男女之別、男尊女卑、故以男爲貴、吾既得爲男矣是二樂也、人生有不見日月不免襁褓者、吾既已行年九十矣是三樂也、貧者士之常、死者民之終居常以待終何不樂也、

曾參魯哀公賢之致邑焉、參辭不受曰吾聞受人者常畏人、與人者常驕人、縱君不我驕、我豈無畏乎、

東郭先生者、與其友梁石君、俱修道隱居不仕、曹參爲齊相、范陽人蒯通爲參客、入見參曰婦人有夫死三日嫁者、有幽居守寡不出門者、足下即欲求婦何取、曰取不嫁者、通曰然則求臣亦猶是也、彼東郭先生梁石君齊之賢士也、今隱未嘗卑節下意以求仕、願足下禮之、參致禮聘二人、終亦不仕、

延陵季子遊於齊、見遺金於路、呼牧者取之、牧者曰、何子居之高而視之下也、類君子

而言野也、有君不臣、有友不友、當暑衣裘、吾豈取金者乎、季子知其賢、請問姓名、牧者曰、子皮相之士、何足語姓字哉、

或問焦先於皇甫士安、士安曰、曠然以天地爲棟宇、闇然合至道之前、出羣形之表、入元寂之幽、一世之人不足以挂其意、四海之廣不足以回其顧、眇乎與三皇之先者同矣、結繩以來未及其至也、豈羣言之所能髣髴、常心之所能測量哉、

魏文侯見段干木、立倦而不敢息、及見翟璜、踞堂而與之言、翟璜不說、文侯曰、段干木官之則不肯、祿之則不受、今汝欲官則相至、欲祿則上卿、既受吾賞、又責吾禮、毋乃難乎、

齊王冏辟張翰爲東曹掾、翰謂同郡顧榮曰、天下紛紛未已、夫有四海之名者、求退良難、吾本山林間人、無望於時久矣、子善以明防前、以智慮後、榮捉其手愴然曰、吾亦與子采南山蕨、飲三江水耳、

王霸少立高節、光武時連徵不仕、霸與同郡令狐子伯爲友、後子伯爲楚相、而其子爲郡功曹、子伯遣子奉書於霸、客去久臥不起、妻怪問之、霸曰、向見令狐子容服甚光、舉

措有適、而我兒蓬髮歷齒未知禮、則見客而有慚色、父子恩深、不覺自失耳、妻曰君少修淸節、不顧榮祿、今子伯之貴孰與君之高、君躬勤苦子安得不耕以養、旣耕安得不黃頭歷齒、奈何忘夙志而慚兒女子乎、霸崛起而笑曰有是哉、遂共終身隱遯、（按漢書王覇有二、此逸民傳字儒仲者也）

馬援斬徵側、傳首洛陽、封新息侯、乃擊牛釃酒、勞饗軍士、從容謂官屬曰、吾從弟少遊、嘗哀吾慷慨多大志、曰士生一世、但取衣食裁足、乘下澤車、御款段馬、爲郡掾吏、守墳墓、鄕里稱善人斯可矣、致求贏餘、但自苦耳、當吾在浪泊西里間、虜未滅之時、下潦上霧、毒氣重蒸、仰視飛鳶跕跕墮水中、臥念少遊平生時語、何可得也、

魏明帝時劉放孫資制斷時政、大臣莫不交好、而辛毗不與往來、毗子敞諫曰、劉孫用事、衆皆影附、大人降意、不然必有謗言、毗正色曰、吾之立身自有本末、就與孫劉不平、不過不爲三公、大丈夫欲爲公、而損其爵節耶、

李繪爲高陽內史、崔諶恃勢、乞麞角鴿羽、繪答書曰、鴿有六翮、飛則冲天、麞有四足、走則入海、下官膚體疏懶、手足遲鈍、不能逐飛追走、遠事佞人、

胡威字伯虎、父質爲荊州、以忠清顯、及威爲徐州、世祖賜見、與論邊事及平生、因謂威曰、卿清孰與父、對曰、臣清不如也、帝曰、何以爲勝汝耶、曰、臣父清畏人知、臣清畏人不知、

梁武帝與何點有舊、及踐阼、手詔論舊、賜以鹿皮巾、召見、點以巾褐引入華林園、恩禮甚厚、詔徵爲侍中、點以手捋帝鬚曰、乃欲臣老子耶、辭疾不起、

陶弘景愛山水、每經澗谷、必坐臥其間、吟咏盤桓、不能已已、謂門人曰、吾見朱門廣廈、雖識其華樂、而無欲往之心、望高巖瞰大澤、雖知此難立、直恒欲就之、且永明中求祿、輒差舛、若不爾、豈得爲今日之事、豈惟身有仙相、亦緣勢使之然、梁武數徵弘景、弘景畫兩牛、一散放水草間、一着金籠頭、有人執繩、以杖驅之、帝笑曰、此人欲學曳尾之龜、豈可復致、

梁武帝踐阼、詔何胤爲特進光祿大夫、遣領軍司馬王杲之以手勑諭意、胤謂杲之曰、吾年已五十七、月食四斗米不盡、何容復有宦情、杲之不能答、胤反謂曰、卿何不遣傳詔還朝拜表、留與我同遊耶、杲之愕然曰、古今不聞此例、胤曰、檀弓兩卷、皆言物始、何

必有例、

孟陋字少孤、少而貞立、清操絶倫、布衣蔬食、以文籍自娛、口不及世事、未曾交遊、時或弋釣、孤興獨歸、雖家人亦不知其所之也、簡文帝輔政、命爲參軍、稱疾不起、桓溫躬往造焉、或謂溫曰、孟陋高行、學爲儒宗、宜引在府、以和鼎味、溫歎曰、會稽王尙不能屈、非敢擬議也。陋聞之曰、桓公正當以我不往故耳、天下之人無官者、十居其九、豈皆高士哉、我疾病不堪恭相王之命、非敢爲高也、由是名稱益重、

阮孝緒嘗與范元同徵不起、袁峻語之曰、往者天地閉、賢人隱、今世路已清、而子猶懷栖遁耶、孝緒曰、昔周德雖興、夷齊不厭薇蕨、漢道方盛、黄綺無悶山林、爲仁由己、何關人世、緒嘗著高隱傳、分爲三品、言行超逸、名氏弗傳、爲上篇、始終不耗、姓名可録、爲中篇、挂冠人世、棲心塵表、爲下篇、

王儉問周顒卿山中何所食、顒曰、赤米白鹽、緑葵紫蓼、文惠太子問顒菜食何味最佳、曰春初早韭、秋末晩菘、

范文正公在杭州、子弟知其有退志、乘間請治第洛陽、爲逸老計、公曰人苟有道義之

樂、形骸可外、況居室哉、吾今年踰六十、乃謀治第、顧何待而居乎、且西都士大夫園林相望、爲主人者莫得常遊、而誰獨障吾遊者、俸餘宜以周宗族、若曹遵吾言、無以爲慮、

賈魏公爲相日、有方士姓許、對人未嘗稱名、無貴賤皆稱我、時人謂之許我、言談頗有可採、然傲誕、視公卿蔑如也、公欲見使人邀召數四、卒不至、又使門人苦邀致之、許騎驢徑欲造丞相廳事、門吏止之不可、吏曰此丞相廳門、雖丞郎亦須下、許曰我無所求於丞相、丞相召我來、若如此但須我去耳、不下驢而去、門吏急追之不還、以白丞相、魏公又使人謝而召之、終不至、公歎曰許市井人耳、惟其無所求於人、尚不可以勢屈、況其以道義自任者乎、

蕭大圜是箇文子、神情俊悟、嘗言曰、拂衣褰裳、無吞舟之漏網、挂冠懸節、慮吾志之未從、儻獲展禽之免、有美慈明之進、如蒙北叟之放、實勝濟南之徵、其故何哉、夫閭閻有優游之美、朝廷多簪佩之累、蓋由來久矣、留侯追踪於赤松、陶朱成術於辛文、良有以焉、況乎智不逸羣、行不高物、而欲辛苦一生、何其僻也、豈如知足知止、蕭然無累、北山之北棄絕人間、南山之南超踰世網、面修原而帶流水、倚郊甸而枕平皋、築蝸舍於叢

林、搆環堵於幽薄、近瞻煙霧遠睇風雲、藉纖草以蔭長松、結幽蘭而援芳桂、仰翔禽於百仞、俯泳鱗於千尋、果園在後開窗以臨花卉、蔬圃居前坐簷而看灌畝、二頃以供饘粥、十畝以給絲麻、侍兒五三可充紉織、家僮數四足代耕耘、沽酪牧羊協潘生之志、畜雞種黍應莊叟之言、獲菽尋氾氏之書、露葵徵尹君之錄、烹羔豚而介春酒、迎伏臘而候歲時、披良書探至賾、歌纂纂唱嗚嗚、可以娛神、可以散慮、有朋自遠揚搉古今、田畯相過劇談稼穡、斯亦足矣、樂不可支、永保性命、何畏憂責、豈若蹩足入絆申脰就羈、遊帝王之門、趨宰衡之勢、不知飄塵之少選、寧覺年祀之斯須、萬物營營靡存其意、天道昧昧安可問哉、嗟乎生若浮雲朝露、寧俟長繩繫晷、實不願之、執燭夜遊、驚其迅邁、百年何幾、擎跽曲拳、四時如流、俛眉躡足、出處無成、語默奚當、非直邱明所耻、抑亦仲尼恥之、

王績答杜松之書曰、下走意疎體放性有由然、兼棄俗遺名爲日久矣、淵明對酒非復禮義能拘、叔夜携琴惟以烟霞自適、登山臨水邈矣忘歸、談虛語元忽焉終夜、僻居南渚、時來北山、兄弟以俗外相期、鄉閭以狂生見待、歌去來之作不覺情親、咏招隱之詩

惟憂句盡、帷天席地、友月交風、新年則柏葉爲樽、仲秋則菊花盈握、羅含宅內自有幽蘭數叢、孫卓庭前空對長松一樹、高吟朗嘯、挈榼提壺、直與同志者爲羣、不知老之將至、欲令復整理簪履、脩束精神、揖讓邦君之門、低昂刺史之坐、遠談糟粕、近棄醇醪、必不能矣、

司空圖居中條山王官谷、遂隱不出、名亭曰休休、作文以見志曰、休美也、既休而美具、故量才一宜休、揣分二宜休、耄而聵三宜休、又少也惰、長也率、老也迂、三者非濟時用、則又宜休、自以爲耐辱居士、又答孫郃書曰、所貺累幅、皆厚於我、是足下勤於吾道、必欲起而振之也、何以克當、雖然始於退者、皆曰吾之必誠也、今愚獨以爲不誠、自訟亦誠在其中矣、幸足下詳其旨、古之山林者、必能簡於情累而後可久、今吾少也忿然不能自勝於胸中、乃不誠於退者、然亦窮而不搖、辱而不進者、蓋自審已熟、雖進亦不足救時耳、彼一飯之罄、或請濟於其鄰、雖童子不可以空器給之也、矧當艱否之運、吾君吾相方以爵秩來天下之賢、將與之共拯、其可沽虛而自售耶、始吾自視固缺薄、今又益疑其不可妄進、且持危之術、制變之機、非鯫儒之所克辦也、愚雖不佞、亦爲士夫獨

任其耻者久矣、其可老而冒之耶、韓吏部激李桂州之必行、責楊道州無勇、雖致二賢適自困、亦何救於大患哉、

羅大經云、唐子西詩山靜似太古日長如小年、余家深山之中、每春夏之交、蒼蘚盈堦、落花滿徑、門無剝啄、松影參差、禽聲上下、午睡初足、旋汲山泉、拾松枝煑苦茗啜之、隨意讀周易國風左氏傳離騷太史公書及陶杜詩韓蘇文數篇、從容步山徑、撫松竹、與麛犢共偃息于長林豐草間、坐弄流泉、漱齒濯足、既歸竹窗下、則山妻稚子作筍蕨供麥飯、欣然一飽、弄筆牕間、隨大小作數十字、展所藏法帖筆蹟畫卷縱觀之、興到則吟小詩、或草玉露一兩段、再烹苦茗一杯、出步溪邊、邂逅園翁溪友、問桑麻、説秔稻、量晴校雨、探節數時、相與劇談一餉、歸而倚杖柴門之下、則夕陽在山、紫綠萬狀、變幻頃刻、恍可人目、牛背笛聲兩兩來歸、而月印前溪矣、味子西此句可謂妙絶、然此句妙矣、識其妙者蓋少、彼牽黃臂蒼馳獵于聲利之場者、但見袞袞馬頭塵、匆匆駒隙影耳、烏知此句之妙哉、人能眞知此妙、則東坡所謂無事此靜坐、一日是兩日、若活七十年、便得百四十、所得不已多乎、

附錄八則

李行之臨終、口授墓志曰、隴西先生行之、以某年某月某日終於某所、年將六紀、官歷四朝、道叶希夷、事忘可否、雖碩德高風有傾先構、而立身行已無愧夙心、以爲氣變則生、生化曰死、蓋生者物之用、死者人之終、有何憂樂於其間哉、

梁忠烈世子、性愛林泉、特好散逸、著論曰、吾嘗夢爲魚、因化爲鳥、方其夢也、何樂如之、及其覺也、何憂斯類、良由吾之不及魚鳥者遠矣、故魚鳥飛浮、任其志性、吾之進退、常在掌握、舉首懼觸、搖足恐墮、使吾終得與魚鳥同遊、則去世如脫屣耳、

張天錫在北、數遊宴園池、頗廢政事、時有諫者、天錫曰、吾非好行、行有得也、觀朝榮則敬才秀之士、翫芝蘭則愛德行之臣、覩松竹則思貞操之賢、臨清流則貴廉潔之行、覽蔓草則賤貪穢之吏、逢飈風則惡凶狡之徒、若引申觸類、庶無遺漏矣、

司空圖預爲壽藏、故人來者引之壙中、賦詩對酌、人或難之、圖曰、達人大觀、幽顯一致、非止暫遊此中、公何不廣哉、布衣鳩杖、歲時村社會集、圖必造之、與野老同席、曾無傲色、

右補闕正己四十四致仕、預製棺題曰永息菴、置諸寢室、人勸移之僻地、曰吾欲見之
常運死想滅除貪愛耳、
范忠宣云、或相勉以攝生之理、不知人非久在世間、物假如丁令威千歲化鶴歸鄉、見
城郭人民皆非、則獨存亦何足樂、
子瞻在儋耳、因試筆嘗自書云、吾始至南海、環視天水無際、悽然傷之曰、何時得出此
島耶、已而思之、天地在積水中、九州在大瀛海中、中國在少海中、有生孰不在島者、覆
盆水於地、芥浮於水、蟻附於芥、茫然不知所濟、少焉水涸、蟻即逕去、見其類出涕曰、幾
不復與子相見、豈知俯仰之間、有方軌八達之路乎、念此可爲一笑、
朱新仲舍人常云、人生天地間、壽夭不齊、姑以七十爲率、十歲爲童兒、父母膝下、視寒
暖燥溼之節、調乳哺衣食之宜、以須成立、其名曰生計、二十爲丈夫、骨强志健、問津名
利之場、秣馬厲兵、以取我勝、如驥子伏櫪、意在千里、其名曰身計、三十至四十、日夜注
思、擇利而行、位欲高、財欲厚、門欲大、子息欲盛、其名曰家計、五十之年、心怠力疲、俯仰
世間、智術用盡、西山之日漸逼、過隙之駒不留、當隨緣任運、息念休心、善刀而藏、如蠶

作薌、其名曰老計、六十以往、甲子一周、夕陽銜山、倏爾就木、內觀一心、要使絲毫無慊、其名曰死計、朱公每以語人、以身計則喜、以家計則大喜、以老計則不答、以死計則大笑、且曰子之計拙也、朱旣不勝笑者之衆、則亦自疑其計之拙、曰豈皆惡老而諱死邪、因爲南華長老作大死庵記、遂識其語、

堪贈偶拾

古人寓道寫情之短篇文字、無論韵語偶句、凡足蕩滌瑕穢、陶冶性靈者、夫旣可以自怡、又豈不堪持贈、然或珍爲驪珠、或鄙爲鴟鼠、是在讀者之眼光矣、嗟乎、詅痴致誚、我何能無慨然、小黠徒矜、是自其所以乃、

自漢魏連珠之體興、文人多樂仿效、以其篇章短峭、而餘韵悠然也、然妃青儷白、塡砌典故、卒鮮見道之語、至明季洪應明作菜根譚、假月到風來之詞、寓水流雲在之趣、當時顧端文亦極服其見地、而蘊藉可想矣、茲特撮錄數條、即旣可自怡不妨持贈之愚忱云、

陶淵明不止曠代高人已也、予尤喜其有形外思想、如其形影神三詩、雖未盡生順沒

寗之要、然已非漢魏來文人所及矣、至其感士不遇賦所云、蒼旻遐緬、人事無已、有感有味、疇測其理、雖似於天道尙不免無疑、然繼其下即云、寗固窮以濟意、不委曲而累已、是誠能安時處順樂天知命者、至於李白、人但知其縱酒狂歌、聊恣放曠而已、而孰知其月色不可掃長繩難繫日等詩、固有不可消釋之深憂在乎、寒山則別具孤冷襟懷、樂天則慣宣幽隱苦趣、至宋邵子則風月情懷湖山氣味、一寄其閒中日月靜裏乾坤、此外或發揮心得、或警勉世人、凡足開拓心胸涵泳志趣者、亦各略加採摭、以備童蒙養正之功、

物莫大於天地日月、而子美云日月籠中鳥乾坤水上萍、事莫大於揖遜征誅、而康節云唐虞揖遜三杯酒、湯武征誅一局棋、人能以此胸襟眼界、呑吐六合、上下千古、事來如漚生大海、事去如影滅長空、自經綸萬變而不動一塵矣、

爲善而欲自高勝人、施恩而欲要名結好、修業而欲驚世駭俗、植節而欲標異見奇、此皆是善念中戈矛、理路上荊棘、最易夾帶、最難拔除者也、須是滌盡渣滓、斬絕萌芽、纔見本來眞體、

作人只是一味率眞、蹤跡雖隱還顯、存心若有半毫未淨、事爲雖公亦私、

琴書詩畫達士以之養性靈而庸夫徒賞其跡像、山川雲物高人以之助學識、而俗子徒玩其光華、

車爭險道、馬騁先鞭、到敗處未免噬臍、粟喜堆山、金誇過斗、臨行時還是空手、

秋蟲春鳥共暢天機、何必浪生悲喜、老樹新花同含生意、胡爲妄別媸妍、

貪得者身富而心貧、知足者身貧而心富、居高者形逸而神勞、處下者形勞而神逸、孰得孰失、孰幻孰眞、達人當自辨之、

衆人以順境爲樂、而君子樂自逆境中來、衆人以拂意爲憂、而君子憂從快意處起、蓋衆人憂樂以情、而君子憂樂以理也、

世事如棋局、不着的纔是高手、人生似瓦盆、打破了方見眞空、

花開花謝春不管、拂意事休對人言、水煖水寒魚自知、會心處還期獨賞、

土床石枕冷家風、擁衾時魂夢亦爽、麥飯豆羹淡滋味、放箸處齒頰猶香、

遍閱人情、始識疎狂之足貴、備嘗世味、方知淡泊之爲眞、

逸態閒情惟期自尙、何事外修邊幅、清標傲骨不願人憐、無勞多費胭脂、

天地景物、如山間之空翠、水上之漣漪、潭中之雲影、草際之煙光、月下之花容、風中之柳態、若有若無、半眞半幻、最足以悅人心目、而豁人性靈、眞天地間一妙境也、

樂意相關禽對語、生香不斷樹交花、此是無彼無此的眞機、野色更無山隔斷、天光常與水相連、此是澈上澈下的眞境、吾人時時以此景象注之心目、何患心思不活潑、氣象不寬平、

滿室清風滿几月、坐中物物見天心、一溪流水一山雲、行處時時觀妙道、

作人無甚高遠事業、脫得俗情便入名流、爲學無甚增益工夫、除得物累便臻聖境、

蓋世的功勞、當不得一個矜字、彌天的罪過、當不得一個悔字、

眞廉無廉名、立名者正所以爲貪、大巧無巧術、用術者乃所以爲拙、

爲惡而畏人知、惡中猶有善路、爲善而急人知、善處即是惡根、

文章作到極處無有他奇、只是恰好、人品作到極處無有他異、只是本然、

多藏厚亡、故知富不如貧之無慮、高步疾顚、故知貴不如賤之常安、

世人只緣認的我字太眞、故多種種嗜好、種種煩惱、前人云不復知有我、安知物爲貴、又云知身不是我、煩惱更何侵、眞破的之言也、

狐眠敗砌、兎走荒臺、盡是當年歌舞之地、露冷黃花、烟迷衰草、悉属舊時爭戰之場、盛衰何常、强弱安在、念此令人心灰、

晴空朗月、何天不可翺翔、而飛蛾獨投夜燭、清泉綠竹、何物不可飲啄、而鴟鴞偏嗜腐鼠、噫、世之不爲飛蛾鴟鴞者、幾何人哉、

繩鋸木斷、水滴石穿、學道者須要努力、水到渠成、瓜熟蒂落、得道者一任天機、

人生原是傀儡、只要把柄在手、一線不亂、卷舒自由、行止在我、一毫不受他人提掇、便超此場中矣、

世態有炎涼、而我無嗔喜、世味有濃淡、而我無欣厭、一毫不落世情窠臼、便是一在世出世法也、

君子而詐善、無異小人之肆惡、君子而改節、不及小人之自新、

矜高倨傲、無非客氣、降伏得客氣下、而後正氣伸、情欲意識、盡屬妄心、消殺得妄心盡、

而後眞心現、

天地有萬古此身不再得、人生只百年、此日最易過、幸生其間者、不可不知有生之樂、亦不可不懷虛生之憂、

公平正論不可犯手、一犯卽貽羞萬世、權門私竇不可著脚、一著卽點汚終身、

小處不滲漏、暗中不欺隱、末路不怠荒、纔是個眞正英雄、

勝私制欲之功、有曰識不早力不易者、有曰識得破忍不過者、蓋識是一顆照魔的明珠、力是一把斬魔的慧劍、兩不可少也、

橫逆困窮、是煅煉豪傑的一副爐鎚、能受其煅煉則身心交益、不受其煅煉則身心交損、

毋因羣疑而阻獨見、毋任己意而廢人言、毋私小惠而傷大體、毋借公論以快私情、

青天白日的節義、自暗室屋漏中培來、旋乾轉坤的經綸、自臨深履薄處操出、

德隨量進、量由識長、故欲厚其德不可不弘其量、欲弘其量不可不大其識、

反己者觸事皆成藥石、尤人者動念卽是戈矛、一以闢衆善之路、一以濬諸惡之源、相

去霄壤矣、

事業文章隨身銷燬、而精神萬古如新、功名富貴逐世轉移、而氣節千載一日、君子信不當以彼易此也、

節氣傲青雲、文章高白雪、若不以德性陶鎔之、終爲血氣之私、技能之末、

前人云、抛却自家無盡藏、沿門持鉢效貧兒、又云暴富貧兒休說夢、誰家灶裏火無煙、一箴自昧所有、一箴自誇所有、可爲學問切戒、

縱欲之病可醫、而執理之病難醫、事務之障可除、而義理之障難除、

趨炎附勢之禍甚慘亦甚速、棲恬守逸之味最淡亦最長、

出世之道即在涉世中、不必絕人以逃世、了心之功即在盡心內、不必絕欲以灰心、

此身常放在閒處、榮辱得失誰能差遣我、此心常安在靜中、是非利害誰能瞞昧我、

春日氣象繁華、令人心神駘蕩、不若秋日雲白風清、蘭芳桂馥、水天一色、上下空明、使人神骨俱清也、

知成之必敗、則求成之心不必太堅、知生之必死、則保生之道不必過勞、

樹木至歸根、而後知華蕚枝葉之徒榮、人事至蓋棺、而後知子女玉帛之無益、以我轉物者、得固不喜、失亦不憂、大地盡屬逍遙、以物役我者、逆固生憎、順亦生愛、一毛便生纏縛、

士人有百折不回之眞心、纔有萬變不窮之妙用、如流水遇巨石、觸崩崕、其勢曾不少回、然後爲千仞潭、爲萬頃波、爲滔天蔽日之巨浪、爲倒海排山之洪濤、孰非其不回者致之也、故窮益堅、老益壯、是士人第一着工夫、

流俗輩人人見許、不如見許於有道之一言、明廷上事事無虧、不如無虧於獨知之一念、

軀殼的我要看得破、則萬有皆空、而其心常虛、虛則義理來居、性命的我要認得眞、則萬理皆備、而其心常實、實則物欲不入、

聖賢不白之衷、尙託之日月、天地不平之氣、且洩以風雷、況吾人使人人而能諒其衷、事事如其願乎、君子所以只求己是、不恤人非、只欲心平、不嫌境逆也、

古今只爲一高字、誤了多少豪傑、不知泰山雖高、何如平地之坦夷、峽水雖奇、不

及平川之澄澈、故學者只以平常心體平易理、便是不着力中眞着力、無過人處大過人也、

我果爲洪爐大冶、何患頑金鈍鐵之不可陶鎔、我果爲巨海長江、何患橫流汚瀆之不能容納、不然、畢竟是自家爐錘未備、局量未宏耳、方自責不暇、而暇責人乎、

以積貨物之心積學問、以求功名之念求道德、以愛妻子之心愛父母、以保爵位之策保國家、出此入彼、念慮只差毫末、而超凡入聖人品且判星淵矣、人胡不猛然轉念哉、

塞得物欲之路、纔堪闢道義之門、弛得塵俗之肩、方可挑聖賢之擔、

工夫自難處作去者、如逆風鼓棹、纔是一段眞精神、學問自苦中得來者、似披沙獲金、纔是一個眞消息、

學者要精神命脉與詩書義理打作一片、然後信手拈來頭頭是道、如張旭之歌舞戲鬪無往非書、東坡之嬉笑怒罵無往非文、纔臻妙境、不然精神不屬、跡像未融、窺豹而僅見一斑、畫虎而徒類乎狗、何益哉、

隨時之內善救時、若和風之消酷暑、混俗之中能脫俗、似淡月之映輕雲、

從靜處觀物動、向閒處看人忙、纔得超塵脫俗的趣味、遇忙處會偷閒、處動中能取靜、便是安身立命的工夫、

花繁柳密處撥得開纔稱手段、風狂雨驟時立得定方見脚根、

肝腸煦若春風、雖囊乏一文還憐煢獨、氣骨清如秋水、縱家徒四壁終傲王公、

聞人之善不可多疑、疑則併自心亦損一善根、聞人之惡不可多信、信則併自心亦增一惡趣、

陽明云、人間白日醒猶睡、老子山中睡却醒、醒睡兩非還兩是、白雲漠漠水泠泠、蓋全睡則失之汶汶、全醒則傷於察察、只是睡裏常醒、醒時似睡、如雲自漠漠水自泠泠、斯身世兩全矣

貧賤驕人、雖涉虛憍、還有幾分俠氣、英雄欺世、縱似揮霍、全沒半點眞心、

富貴是無情之物、看得他重他害你越大、貧賤是耐久之交、處得他好他益你反深、故貪商於而戀金谷者、竟被一時之顯戮、樂簞瓢而甘敝縕者、終享千載之令名、

人生只爲欲字所累、便如馬如牛聽人羈絡、爲鷹爲犬任物鞭笞、若果一念清明、淡然

無欲、天地也不能轉動我、鬼神也不能役使我、况一切區區事物乎、

龍可豢非眞龍也、虎可搏非眞虎也、故爵祿可餌榮進之輩、必不可籠淡然無欲之人、鼎鑊可及寵利之流、必不可加飄然遠引之士、

犬吠深巷、鷄鳴樹巓、雖是農家常事、然景出天然、意會偶爾、自是一種眞率趣味、若鶯聲而聽似柑酒、蛙鳴而視爲鼓吹、又向淸幽境上着一色相矣、猶是情識用事、

得意則曰近水樓臺先得月、向陽花木早逢春、失意則曰水近偏逢寒氣早、山深長見日光遲、夫景物何有遲早、遲早自心耳、樂天不云乎、何處臺無月、誰家樹不春、人誠得此意、則處處山靑樹綠、時時月到風來矣、

塵心已作沾泥絮、何須蜂蝶撩人癖、性尤爲傲雪松、自有氷霜知己、

人之有生也、如太倉之粒米、如灼目之電光、如懸崖之朽木、如逝海之長波、知此者如何不悲、如何不樂、如何看他不破而懷貪生之慮、如何看他不重而貽虛生之羞、

鷸蚌相持、兎犬共斃、冷觀來令人猛氣全消、鷗鳧共浴、鹿豕同眠、閒觀去使我機心頓息、

以大人而觀塵飯塗羹之兒戲、以坐客而觀調硃弄粉之優、人不知幾多堪笑堪憐處況以道眼而觀俗態、其奴顏婢膝蟻逐蠅爭、又不啻一嬰兒俳優已也、曾足當其一盼乎、

顏斶云、晚食以當肉、緩步以當車、東坡云薄薄酒勝茶湯、粗粗布勝無裳、亦可謂善安貧矣、然曰當曰勝、猶有意解脫、未全忘乎貧也、不若樂天云充腸皆美味、容膝即安居、康節云、心安茅屋穩、性定菜根香、隨遇而安、何等洒脫、

何地非眞境、何物無眞機、方圓半畝便是舊金谷、流水一灣便是小桃源、林中野鳥數聲、便是一部清鼓吹、溪上閒雲幾片、便是一幅眞畫圖、只在會者自得之耳、

吟弄風月、須是澄懷於景色之先、得趣於意象之表、斯襟懷與皓月同朗、意興偕清風共適、若如文士之酷嗜篇章、俗流之沉酣聲色、吾恐吟風眞是捕風、弄月反成捉月矣、

宇宙內事要力擔當、又要善擺脫、不擔當則無經世之事業、不擺脫則無出世之襟期、所謂一口吸得海乾、喉中不濕、兩拳打敎山碎、手上無痕、眞高品也、（以上原本菜根譚）

陶淵明形影神詩併序　貴賤賢愚、莫不營營以惜生、斯甚惑焉、故極陳形影之苦言神辨自然以釋之、好事君子共取其心焉、

形贈影　天地長不沒、山川無改時、草木得常理、霜露榮悴之、謂人最靈智、獨復不知茲、適見在世中、奄去靡歸期、奚覺無一人、親識豈相思、但餘平生物、舉目情悽洏、我無騰化術、必爾不復疑、願君取吾言、得酒莫苟辭、

影答形　存生不可言、衛生每苦拙、誠願游崑華、邈然茲道絕、與子相遇來、未嘗異悲悅、憩蔭若暫乖、止日終不別、此同既難常、黯爾俱時滅、身沒名亦盡、念之五情熱、立善有遺愛、胡可不自竭、酒云能銷憂、方此詎不劣、

神釋　大鈞無私力、萬物自森著、人爲三才中、豈不以我故、與君雖異物、生而相依附、結託善惡同、安得不相與、三皇大聖人、今復在何處、彭祖愛永年、欲留不得住、老少同一死、賢愚無復數、日醉或能忘、將非促齡具、立善常所欣、誰當爲汝譽、甚念傷吾生、正宜委運去、縱浪大化中、不喜亦不懼、應盡便須盡、無復獨多慮、

人生無根蔕、飄如陌上塵、分散逐風轉、此已非常身、流落成兄弟、何必骨肉親、得歡當

作樂、斗酒聚比隣、盛年不重來、一日難再晨、及時當勉勵、歲月不待人、

昔聞長者言、掩耳每不喜、奈何五十年、忽已親此事、求我盛年歡、一毫無復意、去去轉欲遠、此生豈再値、傾家時作樂、竟此歲月駛、有子不留金、何用身後置、

仲蔚愛窮居、遶宅生蒿蓬、翳然絕交遊、賦詩頗能工、舉世無知者、止有一劉龔、此士胡獨然、寔由罕所同、介焉安其業、所樂非窮通、人事固已拙、聊得長相從、（以上陶淵明）

長繩難繫日、自古共悲辛、黃金高北斗、不惜買陽春、石火無留光、還如世中人、即事已如夢、後來我誰身、提壺莫辭貧、取酒會四隣、仙人殊恍惚、未若醉中眞、

月色不可掃、客愁不可道、玉露生秋衣、流螢飛百草、日月終銷燬、天地同枯槁、蟪蛄啼青松、安見此樹老、金丹寧誤俗、昧者難精討、爾非千歲翁、多恨去世早、飲酒入玉壺、藏身以爲寶、

生者爲過客、死者爲歸人、天地一逆旅、同悲萬古塵、月兎空擣藥、扶桑已成薪、白骨寂無言、青松豈知春、前後更歎息、浮榮何足珍、（以上李白）

人問寒山道、寒山路不通、夏天冰未釋、日出霧朦朧、似我何由屆、與君心不同、君心若

似我還得到其中、

登陟寒山道、寒山路不窮、溪長石磊磊、澗闊草濛濛、苔滑非關雨、松鳴不假風、誰能超世累、共坐白雲中、

東家一老婆、富來三五年、昔日貧於我、今笑我無錢、渠笑我在後、我笑渠在先、相笑儻不止、東邊復西邊、

夫物有所用、用之各有宜、用之若失所、一缺復一虧、圓鑿而方枘、悲哉空爾爲、驊騮將捕鼠、不及跛貓兒、

世有一等愚、茫茫恰似驢、還解人言語、貪淫狀若猪、險歌難可測、實語起成虛、誰能共伊語、令教莫此居、

貪人好聚財、恰如梟愛子、子大而食母、財多還害己、散之即福生、聚之即禍起、無財亦無禍、鼓翼青雲裏、

不須攻人惡、不須伐己善、行之則可行、卷之則可卷、祿厚憂責大、言深慮交淺、聞茲若念茲、小兒當自見、（以上寒山）

太行之路能摧車、若比君心是坦途、巫峽之水能覆舟、若比君心是安流、君心好惡苦不常、好生毛羽惡生瘡、與君結髮未五載、豈期牛女爲參商、古稱色衰相棄背、當時美人猶怨悔、何况如今鸞鏡中、妾顏未改君心改、爲君薰衣裳、君聞蘭麝不馨香、爲君盛容飾、君看珠翠無顏色、行路難、難重陳、人生莫作婦人身、百年苦樂由他人、行路難、難於山、險於水、不獨人家夫與妻、近代君臣亦如此、君不見、左納言右納史、朝承恩、暮賜死、行路難、不在水、不在山、只在人情反覆間、

賣炭翁、伐薪燒炭南山中、滿面塵灰煙火色、兩鬢蒼蒼十指黑、賣炭得錢何所營、身上衣裳口中食、可憐身上衣正單、心憂炭賤願天寒、夜來城外一尺雪、曉駕炭車輾冰轍、牛困人飢日已高、市南門外泥中歇、兩騎翩翩來是誰、黃衣使者白衫兒、手把文書口稱勅、迴車叱牛牽向北、一車炭重千餘斤、宮使驅將惜不得、半匹紅紗一丈綾、繫向牛頭充炭直、

母別子、子別母、白日無光哭聲苦、關西驃騎大將軍、去年破虜新策勳、勅賜金錢二百萬、洛陽迎得如花人、新人迎來舊人棄、掌上蓮花眼中刺、迎新棄舊未足悲、悲在君家

留兩兒、一始扶行一初坐、坐啼行哭牽人衣、以汝夫婦新嬿婉、使我母子生別離、不如林中烏與鵲、母不失雛雄伴雌、應似園中桃李樹、花落隨風子在枝、新人新人聽我語、洛陽無限紅樓女、但願將軍重立功、更有新人勝於汝、

長安多大宅、列在街西東、往往朱門內、房廊相對空、梟鳴松桂枝、狐藏蘭菊叢、蒼苔黃葉地、日暮多旋風、前主爲將相、得罪竄巴庸、後主爲公卿、寢疾歿其中、連延四五主、殃禍繼相鍾、自從十年來、不利主人翁、風雨壞簷隙、蛇鼠穿墻墉、人疑不敢買、日毀土木功、嗟嗟俗人心、甚矣其愚蒙、但恐災將至、不思禍所從、我今題此詩、欲悟迷者胸、凡爲大官人、年祿多高崇、權重持難久、位高勢易窮、驕者物之盈、老者數之終、四者如寇盜、日夜來相攻、假使居吉土、孰能保其躬、因小以明大、借家可喻邦、周秦宅崤函、其宅非不同、一興八百年、一死望夷宮、寄語家與國、人凶非宅凶、(以上白樂天)

晴窻日初曛、幽庭雨乍洗、紅蘭靜自披、綠竹閒相依、榮利若浮雲、情懷淡如水、身非天外人、意從天外起、

國命在乎民、民命在乎食、聖人雖復生、斯言固不易、盧惠豈足尙、敎人以姑息、虛名豈

足尙敎人以緣飾、

良月滿高樓、高樓仍中秋、午夜冷露下、千里寒光流、何人將此鑑、拂拭新磨休、照破萬古心、白盡萬古頭、

人老秋更老、山深水復深、高木已就脫、慧禽空好音、筋骸非曩日、道德負初心、賴有餘編在、時時尙可尋、

惟南有美橘、惟北有美栗、厥包或頗同、厥味信不一、天地豈無情、草木皆有實、物本不負人、人自負於物、

山横暮靄中、鳥逝孤煙外、殘菊憂霜摧、幽蘭懼風敗、患難人不喜、富貴人所愛、我心自不有、愛憎豈能賣、

水寒潭見心、木落山露骨、始信天無涯、萬里不隔物、脫衣挂扶桑、引手探月窟、不負仁義心、區區五十一、

愛重寄文房、慇懃謝遠將、兎毫剛且健、筠管直而長、辯錄新詩藁、閒抄舊藥方、自餘無所用、足以養鋒鋩、

忽忽閒拈筆、時時樂性靈、何嘗無對景、未始便忘情、句會飄然得、詩因偶爾成、天機難狀處、一點自分明、

有水善平難善直、唯繩能直不能平、如將繩水合爲一、世上何憂事不明、

煙樹盡歸秋色裏、人家常在水聲中、數行旅鴈斜飛去、一簇樓臺峭倚空、

著身靜處觀人事、放意閒中鍊物情、去盡風波存止水、世間何事不能平、

當年有志高天下、嘗讀前書笑謝安、豈謂此身甘老朽、倘無閒地可盤桓、棋逢敵手纔堪著、琴少知音不願彈、非止不才能退默、古賢常恨得時難、

仁者難尋思有常、平居愼勿恃無傷、爭先徑路機關惡、近後語言滋味長、爽口物多須作疾、快心事過必爲殃、與其病後能求藥、不若病前能自防、

祇恐身閒心未閒、心閒何必住雲山、果然得手情性上、更肯埋頭利害間、動止未嘗防忌諱、語言何復著機關、不圖爲樂至於此、天馬無蹤自往還、

買卜稽疑是買疑、病深何藥可能醫、夢中說夢重重妄、牀上安牀疊疊非、列子御風徒有待、夸夫逐日豈無疲、勞多未有收功處、踏盡人間閒路歧、

物如善得終爲美、事到巧圖安有公、不作風波於世上、自無冰炭到胸中、災殃秋葉霜前墜、富貴春華雨後紅、造化分明人莫會、枯榮消得幾何功、

老年軀體索溫存、安樂窩中別有春、萬事去心閒偃仰、四支由我任舒伸、庭花盛處凉鋪簟、簷雪飛時軟布裀、誰道山翁拙於用、也能康濟自家身、

善惡無他在所存、小人君子此中分、改圖不害爲君子、迷復終歸作小人、良藥有功方利病、白珪無玷始稱珍、欲成令器須追琢、過失如何不就新、

自古大聖人、猶以爲難事、而況後世人、豈復便能至、求之不勝難、得之至容易、千人萬人心、一人之心是、

事到急時觀態度、人於危處露肝脾、深心厚貌平時可、愼勿便言容易知、

文章天下稱公器、詩在文章更不疎、到性始知眞氣味、入神方見妙工夫、閒將歲月觀消長、靜把乾坤照有無、辭比離騷更溫潤、離騷其奈少寬舒、

天道有消長、地道有險夷、人道有興廢、物道有盛衰、興廢不同世、盛衰不同時、奈何人當之、許多喜與悲、

半記不記夢覺後、似愁無愁情倦時、擁衾側卧未欲起、簾外落花撩亂飛、

老而不歇是一惑、安而不樂是二惑、閒而不淸是三惑、三者之惑自戕賊、

立身須作眞男子、臨事無爲淺丈夫、料得人生皆素定、空多計較竟何如、

安樂窩中三月期、老來纔會惜芳菲、自知一賞有分付、誰讓萬金無子遺、美酒飲教微醉後、好花看到半開時、這般意思難名狀、只恐人間都未知、

安樂窩中甚不貧、中間有榻可容身、儒風一變至於道、和氣四時長若春、日月作明明主日、人言成信信由人、惟人於日不相遠、過此何嘗更語眞、

得自苦時終入苦、來從哀處卒歸哀、既非哀樂中間得、此樂直從天外來、

人之爲善事、善事分當爲、金石猶能動、鬼神其可欺、事須安義命、言必道肝脾、莫問身之外、人知與不知、

事到患來頻、何由得任眞、就新須果敢、從善莫因循、盜亦自有道、人而或不仁、義緣無定體、安處是行身、

欲作一男子、須了四般事、財能使人貪、色能使人嗜、名能使人矜、勢能使人倚、四患既

都去、豈在塵埃裏、

這般事業人難繼、此個工夫世莫傳、窺牖知天乃常事、不窺牖見是知天、

可必人間唯善事、不由天地只由衷、莫嫌效遠因而止、更勉將來更有功、

人說崑崙多美玉、世傳滄海有明珠、世傳人說恐無據、今我家藏乃不虛、

天聽寂無音、蒼蒼何處尋、非高亦非遠、都只在人心、

人能言語自能窺、天意無言人莫欺、莫道無言便無事、殆非流俗所能知、

林下居常睡起遲、那堪車馬近來稀、春深晝永簾垂地、庭院無風花自飛、

何者爲君子、君子固可修、是知君子途、使人從之遊、與義不與利、記恩不記讎、揚善不揚惡、主喜不主憂、

能懷天下心、肯了人間事、豈止求于今、求古亦未易、

何處是仙鄉、仙鄉不離房、眼前無冗長、心下有淸涼、靜裏乾坤大、閒中日月長、若能安得分、都勝別思量、

人生長有兩般愁、愁死愁生未易休、或向利中窮力取、或於名上盡心求、多思唯恐晩

得手、未老已聞先白頭、我有何功居彼上、其間攘臂獨無憂、

目時然後視、耳時然後聽、口時然後言、身時然後行、前不見厚祿、後不見重兵、惟其義所在、安知利與名、

人貴有精神、精神反不醇、有精神而醇、爲第一等人、不醇無義理、是非誰怒喜、怒以是爲非、喜以非爲是、怒是善人疎、喜非小人比、敗國與亡家、鮮有不由此、娶妻娶柔和、嫁夫嫁才美、安得正婦人、作配眞男子、

聖在人中出、心從行上修、金於沙裏得、玉向石中求、

好事固難將力取、賢人須是著心求、浮生日月無多子、時過千休復萬休、

不多求故得、不雜學故明、欲得心常明、無過用至誠、

曾聞不若見、曾見不如經、既用心經過、何煩口說行、改詩知化筆、醒酒識和羹、料得人間事、無由出此情、

前有億萬年、後有億萬世、中間有壽人、未過百來歲、出口無善言、行身無善事、徒有人之身、殊無人之貴、

百病起於情、情輕病亦輕、可能無系累、却是有依憑、秋月千山靜、春華萬木榮、若論眞事業、人力莫經營、

天雖不語人能語、心可欺時天可欺、天人相去不相遠、只在人心人不知、

所謂十分人、須有十分眞、非謂能寫字、非謂能爲文、非謂眉目秀、非謂衣服新、欲行人世上、直須先了身、

君子改過、小人飾非、改過終悟、飾非終迷、終悟福至、終迷禍歸、

前有億萬年、後有億萬世、中間一百年、做得幾何事、叉况人之壽、幾人能百歲、如何不喜歡、强自生憔悴、

慮少夢自少、言稀過亦稀、簾垂知日永、柳靜覺風微、但見花開謝、不聞人是非、何須尋洞府、度歲也應遲、

有客無知、唯知自守、自守無他、惟求寡咎、有屋數間、有田數畝、用盆爲池、以甕爲牖、墻高於肩、室大於斗、布被暖餘、藜羹飽後、氣吐胸中、充塞宇宙、筆落人間、暉映瓊玖、人能知止、以退爲茂、我自不出、何退之有、心無妄思、足無妄走、人無妄交、物無妄受、炎炎論

之甘處其陋綽綽言之、無出其右、義軒之書、未嘗去手、堯舜之談、未嘗虛口、當中和天、同樂易友、吟自在詩、飲歡喜酒、百年升平、不爲不偶、七十康强、不爲不壽、（以上邵康節）

茅簷長掃靜無苔、花木成畦手自栽、一水護田將綠遶、兩山排闥送青來、

城郭山林路半分、君家塵土我家雲、莫吹塵土來汚我、我自有雲持寄君、

撲撲烟嵐遶四阿、物華終恨未能多、更應陡起三千丈、始奈重山複嶺何、

終日看山不厭山、買山終待老山間、山花落盡山長在、山水空流山自閒、

偶向松間覓舊題、野人休誦北山移、丈夫出處非無意、猿鶴從來不自知、

沉魄浮魂不可招、遺編一讀想風標、何妨舉世嫌迂闊、故有斯人慰寂寥、

自古驅民在信誠、一言爲重百金輕、今人未可非商鞅、商鞅能令政必行、

謝公才業自超羣、誤長清談助世紛、秦晉區區等亡國、可能王衍勝商君、

千載紛爭共一毛、可憐身世兩徒勞、無人語與劉玄德、問舍求田意最高、

十年歷遍人間事、却遶新花認故叢、南北此身知幾日、山川長在淚痕中、

紛紛擾擾十年間、世事何嘗不强顔、亦欲心如秋水靜、應須身似嶺雲閒、
飛來峯上千尋塔、聞說鷄鳴見日昇、不畏浮雲遮望眼、自緣身在最高層、
日暖草如積、山晴花更繁、縱橫一川水、高下數家村、倦憩鷄鳴午、荒尋犬吠昏、歸來向人說、恐是武陵源、（以上王荊公）
不復微雲滓太清、浩然風露欲三更、開簾一寄平生快、萬頃空江看月明、
得福常廉禍自輕、坦然無媿亦無驚、平生秘訣今相付、但向君心可處行、
古寺高樓暮倚闌、野雲不散白漫漫、好山遮盡君無恨、且作滄溟萬里看、
志士山棲恨不深、人知已是負初心、不須更說嚴光輩、直自巢由錯到今、
故舊書來訪死生、時聞剝啄叩柴荊、自嗟不及東家老、至死無人識姓名、
終南處士入都門、少室山人補諫垣、畢竟只供千載笑、石封三品鶴乘軒、
散樸澆淳萬事新、腐儒空有涕沾巾、唐虞不是終難致、自欠臯夔一輩人、
簡斷編殘字欲無、吾兒不負乃翁書、絕勝鎖向朱門裏、整齊牙籤飽蠹魚、
我生學語即耽書、萬卷縱橫眼欲枯、莫道終身作魚蠹、爾來書外有工夫、

少時喚愁作底物、老境方知世有愁、忘盡世間愁故在、和身忘却始應休、

獨立柴荊外、頹然一禿翁、亂山呑落日、野水倒寒空、憂患工催老、飄零敢諱窮、漁歌亦何恨、悽斷滿西風、

萬事不挂眼、終年常避人、荒畦荷鋤晚、環堵結茆新、病馬何勞斥、輕鷗未肯馴、雖慚門市卒、聊作葛天民、

用短定非癡、愛閒眞復奇、飯香貧始覺、睡味老偏知、畦地閒栽藥、留賓靜對棊、餘年猶有幾、捨此欲何之、

貴已不如賤、狂應又勝癡、新寒壓酒夜、微雨種花時、堂下籐成架、門邊枳作籬、老夫無日課、有興即題詩、

壯歲志天下、崎嶇無一施、高談對鄰父、樸學付癡兒、補柵憐鷄冷、分糧憫雀飢、吾生忽至此、惆悵鏡中絲、

路擁新霜葉、溪餘舊漲沙、栖烏初滿樹、歸鴨各知家、世事元堪笑、吾生固有涯、南村聞酒熟、試遣小僮賒、

儲藥如丘壠、人愚未易醫、信書安用盡、見事可憐遲、錯自彈冠日、憂從識字時、今朝北窗臥、句句味陶詩、

山近雲生易、人稀鳥下頻、瘦篁穿石竅、古蔓絡松身、熟摘巖邊果、乾收澗底薪、經過不相識、喚作避秦人、

抱甕窮園叟、還山老布衣、死邊常得活、鬧處偶容歸、釣恐魚吞餌、棋憂客墮機、此心君會否、洗盡百年非、

睡美精神足、心空忿欲輕、讀書無定課、飲酒不成醒、日日東軒坐、時時北渚行、最奇烏桕下、側帽聽秋鶯、

紙潔晴窗暖、粳新午飯香、嗜眠爲至樂、省事是奇方、孤蝶弄秋色、亂鴉啼夕陽、詩情隨處有、信筆自成章、

老厭人間事、閑知造物功、草生三徑綠、花發一窗紅、幽境囂塵外、流年嘯傲中、所嗟儕輩盡、論舊只春風、

師友彫零身白首、杜門獨學就誰評、秋風棄扇知安命、小灶留燈悟養生、踵息無聲酣

午枕、舌根忘味美晨烹、少年妄起功名念、豈信身閒心太平、

我是天公度外人、看山看水自由身、薜崖直上飛雙屐、雲洞前頭岸幅巾、萬里欲呼牛渚月、一生不受庾公塵、非無好客堪招喚、獨往飄然覺更眞、

平生涉世似虛舟、不著胸中一點愁、已用浮雲看富貴、肯緣華屋歎山丘、戴溪寒釀千峰雪、嚴瀨聲酣七里秋、好景人間隨處有、未埋白骨且閒遊、

月昏當戶樹突兀、風惡滿天雲往來、太阿匣藏不見用、孤憤書成空自哀、吾輩赤心本貫日、昔人白骨今生苔、滎河溫洛不可見、靑海玉關安在哉、

利名爭奪兩皆非、生世寧殊露易晞、老冉冉來誰獨免、塚纍纍處會同歸、聽歌莫惜終三疊、縱獵何妨更一圍、醉臥日高呼不醒、笑人霜曉束朝衣、

此心何敢慕輕肥、尙媿無功飽蕨薇、浦面鳥銜殘靄去、柳陰人荷一鋤歸、病嗟短髮紛紛白、老覺初心種種非、百步空庭著明月、黃昏手自掩荊扉、

埭西小店酒新篘、一醉今朝覺易謀、從曠劫來俱有死、出靑天外始無愁、功名未許妨高臥、風月猶能賦遠遊、造物向人元不薄、卷簾萬頃鏡湖秋、

人生各自有窮通、世事寧論拙與工、褭馬革心空許國、不龜手藥却成功、早朝玉勒千門雪、夜坐蓬窗萬壑風、借得奇書且勤讀、小兒能績地爐紅、

節節足足雀噪檐、朱朱白白花窺簾、坐旁設酒隨時飲、床上堆書信手拈、寓世無求猶役役、杜門不病亦厭厭、春濃日永有佳處、睡味著人如蜜甜、

西戍歸來鬢已霜、生兒又過乃翁長、眼明身健殘年足、飯軟茶甘萬事忘、學廢僅能書姓字、客來嬾復倒衣裳、山園寂寂春將晚、酷愛幽花似蜜香、

自許山翁嬾是眞、紛紛外物豈關身、花如解笑還多事、石不能言最可人、淨掃明窗憑素几、閒穿密竹岸烏巾、殘年自有青天管、便是無錐也未貧、

水雲深處小茅茨、雷動空腸慣忍飢、外物不移方是學、俗人猶愛未爲詩、生逢昭代雖虛過、死見先親幸有辭、八十到頭終强項、欲將衣鉢付吾兒、

鏡水西頭破茅屋、紹興初載舊書生、門無車馬終年靜、身臥雲山萬事輕、三釜皆傷貧藉祿、一麾今幸老爲氓、斷蓬不是無飛處、莫與飄風抵死爭、

利欲驅人萬火牛、江湖浪迹一沙鷗、日長似歲閒方覺、事大如山醉亦休、衣杵相望深

巷月、井桐搖落故園秋、欲舒老眼無高處、安得元龍百尺樓、
習氣深知要掃除、時時徧忿獨何歟、呼童不應自生火、待飯未來還讀書、世態詎堪處看、俗人自與我曹疎、作詩未必能傳後、要是幽懷得小攄、
急雨初來已瀉簷、淸香欲散更穿簾、年開九秩尙不死、坐對一編殊未饜、人笑黠癡俱得半、自憐貧病每相兼、說梅古謂能蠲渴、戲出街頭望酒帘、（以上陸放翁）

擊柝詞、（告行人也四更不言言無及矣） 鐘初鳴、夜一更、讓汝王孫公子貴人行、嗚呼貴人、爾行冥冥無燭令人疑、有燭令人驚、鉗爾口、輕爾足、無縱橫、貽爾辱、
夜二更、禁始嚴、王孫遊入金谷園、金谷園中多媚子、王孫自輕乃如此、嗚呼歸來、無令束縛却乞哀、
鼓三敲、漏欲交、公子迷且醉、相將上危橋、嗚呼危橋、古今稱險、下有深藏毒龍之黑水、上有百年欲斷之腐板、王孫汝勿遊、失脚悔之晩、嗚呼王孫、情不可恣、待汝賦歸去來辭、已是鐘鳴漏盡時、
衣何必文繡、食何必膏粱、埋何必吾子、死何必故鄉、是何必自己、非何必他人、利何必

獨我、害何必汝分、

何地不可化、何時不可畢、纔有住世心、便落俗人識、乾坤有時盡、何況金與石、骨肉偶爾合形氣、霎時析、長短不須論、回頭皆瞬息、解得無生藥、長生竟何益、

題陳希夷睡圖、 休想睡著、休躁睡不著、無心睡著、自然睡著、 又 横枕一曲肱、高蹺兩隻脚、天下亂如麻、夢中渾不覺、

作事莫從心、發言休任口、聖賢兩字訣、惟是一不苟、

山河無定主、風物易從人、當年隋氏柳、又入李家春、

只覺世礙吾、便知吾礙世、一世敵一身、到處無存地、

債事緣多躁、成功爲耐煩、兩事堪訓人、治絲與解環、

後瞬非前瞬、來息是再息、莫戀一刻閑、耽汝萬年日、

是罷不是罷、掩口休題、你說你是、誰認誰非、愚夫識淺、昏人見迷、自家明白自家知、

寃枉不寃枉、只休作聲、越辨越惱、越認越輕、水搏浪起、石擊火生、人心不明鬼神明、

人善與人惡、只是休管、直言取恨、心言不感、你正他非、他許你短、禍福由他不怨俺、

任他占便宜、我少何妨、身外之物、都是餘長、讓得有味、爭取無光、萬般不似好人香、

大凡關係語、切莫開脣、你與他厚、他豈無親、你丁寧他他囑付人、翻來翻去到你身、

（以上呂新吾）

茅堂小構東山麓、一榻蕭然萬慮忘、幽鳥日來非有約、野花不種自生香、隔溪牧笛元聲在、度歲田芹眞味長、此景願同天地老、安車休遣到山陽、

不才何幸生同世、也列冠裳江漢東、不抗不隨公亦我、能舒能卷我猶公、千松嶺上清風外、雙柏階前玉雪中、此際願言何所似、虛懷端與太虛同、

至誠通化藥通神、遠寄衰翁濟病身、我亦有丹君信否、用時還解壽斯民、

我欲庭前木葉疎、病枝衰蔓手披除、從今燕坐無通塞、來往風煙任卷舒、

江浮雲影抱層欄、雲外青山一水間、盡日依闌看不足、杖藜欲去更回環、

江風飛雨上雕欄、庭樹蕭蕭景自閑、向晚浮雲遮不盡、好山渾在有無間、

欄外溪光溪外峯、重重平遠杳連空、長將兩眼安高處、擾擾都歸俯視中、

松菊相親莫厭頻、紛紛人世只紅塵、自憐寡與眞堪笑、賴有清風是故人、

彩筆描空空不染、利刀割水水無痕、人心要靜如空水、與物自然無怨恩、
甕牖前頭翠作屏、晚來相對舊儀型、浮雲一任閑舒卷、萬古靑山只麼靑、
生涯千頃水雲寬、舒卷乾坤一釣竿、夢裏偶然伸隻脚、渠知天子是何官、
帆力劈開千頃浪、馬蹄踏破五陵靑、浮名浮利過於酒、醉得人間死不醒、
白日一醒塵土夢、靑山誰計髑髏春、時當可出寧須我、道不虛行只在人、
風泉祇向夢中聞、身外無餘可寄君、當戶一輪惟曉月、挂簷數片是秋雲、
莫怪林園有廢時、林園廢處獨君知、色還山岫聲還水、黼淡文明又一奇、
悶見戈鋋匝四溟、恨無奇策救生靈、如何飲酒得長醉、直到太平時節醒、（以上雜錄）

萬松野人言善錄終

門人　津沽陶覺民
　　　瑯琊夏雲欘　校字

跋

讀萬松野人言善錄竟不禁愀然以思矍然以起大聲以疾呼曰霜鐘一杵萬夢齊醒矣乎僕從野人游今纔七稔耳中丁國變野人戢影香山不獲常相見見則必有名言至理飫吾耳而饜吾心脫書之紳紳且黚脫銘之座座且剎猥以塵冗筆懶强記而輒忘恒自疚焉客多野人出是錄見示受而誦之習聞者居十之四而弱新得者居十之六而强是蓋野人憑數十年閱歷窮數十年研求擷羣籍之菁英闡教宗之精蘊融會而貫通之乃成是作益歎野人以先覺覺後爲已任志愈切而願愈宏言恢之而彌廣也夫古之所謂三不朽者首立德次立功又其次乃立言故凡以德見以功見者類不必有言其立言者皆有故而非得已明道以教人也紀事以傳世也著述吟詠以淑性而見志也非是無苟作者也非是即作焉而後未必傳也言善錄之作庶幾古立言者然野人之作此豈僅願以立言博不朽固將借三寸毛錐作度厄津梁正人心扶世道宏獨善以蘄兼善耳則其言也乃德之徵也即功之符也世之讀是錄者若僅於文字中求之僅以立言稱之殊負野人一片苦心矣茲當剞劂蕆事謹綴數語於後以誌韋

佩耆在丙辰春仲吳縣樊毓鏊子鎔甫謹跋

萬松野人言善錄
師曾

己未三月

京師再版

言善錄再板序

言善錄之初出也海內君子以爲能以華言言教理故不脛而走未幾初板告罄比國雷教士以爲經既言信德由耳聞必由言在華言華此通例也析辭擅作是不華言也惡望其聲入心通華言則雖誦詩書村嫗必加敬此華與不華之別矣不獨在華然在他國亦然今所錄於言教理雖不詳盡但欲詳盡先習其言未始非嚆矢也況所錄皆語錄之精精頗詳盡乎時戊午秋萬松野人病消渴

未及增删故一仍其舊再板之相伯馬良年
七十九因復爲之序

跋

余之識萬松野人因言善錄也言善錄每述明季西洋人譯著有爲余所欲見而不可得者靈言蠡勺七克其尤著也童時閱四庫提要即知有此類書四庫概屏不錄僅存其目且深詆之久欲一覩原書粵中苦無傳本也丁巳春居京師發願著中國基督教史於是搜求明季基督教遺籍益亟更擬倣朱彝尊經義考謝啟昆小學考之例爲乾隆基督教錄以補四庫總目之闕未有當也已而得言善錄知野人藏此類書衆狂喜貽書野人盡假而讀之野人弗吝也余極感野人野人亦喜有人能讀其所藏並盼他日彙刻諸書以編纂校讐之任相屬此余訂交野人之始也顧野人僊矣雖年未滿六十然生平用力至勤及今精力已遠不如昔雖欲復事鉛槧一展卷而目眩矣言善錄中言將重刊靈言蠡勺以餉當世久而未刊者亦以校讐之未得其人也余今未至野人之年故野人再版言善錄猶得爲野人執校讐之役且因是得復讀言善錄一通以寡其過余之幸也使余至野人之年未知精力如何又未知能有野人之年否余心悚然懼吾德之不修而又不能竟余曩所欲竟之業也則少壯眞當努力矣校刊既竣野

人願余一言因即書此以自警一九一九年四月新會陳垣跋

萬松野人余先兄斂之英華也晚年息影於平西香山山有松萬株因取歲寒後彫先進禮樂之義以爲號焉先兄幼時嗜書成癖嘗獨坐缸中爇香照讀其勤勗有如是者旣而學大進然每謂仕途非我涉地故屢徵不出嘗漫遊南北以求有道之士以爲不能立德亦須立言乃創設大公報于津門數年間著述遍行海內士大夫之深知先兄者較余知之尤詳其後以用力至勤精神疲憊乃退隱香山自謂將死爰將古今中外哲理名言彙爲一編名曰言善丙辰書成未幾告罄己未再版先兄嘗欣然曰不圖樂善者乃大有人也至乙丑冬而余兄逝矣其生平所著如也是集安蹇齋叢稿罪言蹇齋賸墨俱已刋刻尚有春蠶等集未付印行惟皆非先兄精意所在先兄精意所在仍爲言善錄今再版又罄而索是書者仍踵相接乃由其摯友及門人醵金付印三版余并贊襄其事時距其沒已七年矣撫兹遺編頓憶往事益不自知其百端之交集也噫

壬申冬月英杸謹識

一九三二年十二月

※ 安蹇齋叢殘稿 ※

解題

《安蹇齋叢殘稿》：《安蹇齋文鈔》、《安蹇齋詩鈔》、《安蹇齋題跋》，1917 年鉛印本。綫裝，一册，本書所據底本爲上海圖書館藏本。封面題簽題「安蹇齋叢殘稿」，内封題「丁巳三月初版/安蹇齋藂殘藁/春霖署耑」，卷首冠《安蹇齋叢殘稿小序》，末署「丁巳閏二月受業張秀林謹序於香山静宜園輔仁社」，卷末附《跋》，末署「丁巳仲春門人津沽陶覺民謹跋」。

《安蹇齋文鈔》，半葉十一行，行三十一字，四周雙邊，雙對魚尾，書口上端鎸「安蹇齋叢殘稿」，版心鎸「文鈔」及葉碼，收論文及書札十三篇，内中《關外旅行記》亦收入《也是集續編》；《安蹇齋詩鈔》，行欵同《安蹇齋文鈔》，版心鎸「詩鈔」及葉碼，收英斂之詩作十三首附王君山、熊希齡詩作各一首；《安蹇齋題跋》，行欵同《安蹇齋文鈔》，版心鎸「題跋」及葉碼，卷首冠《安蹇齋題跋小序》，末署「丁巳仲春晦日受業張秀林謹序於香山輔仁社」，收題跋四十六則，卷末有按語，末署「秀林附識」。

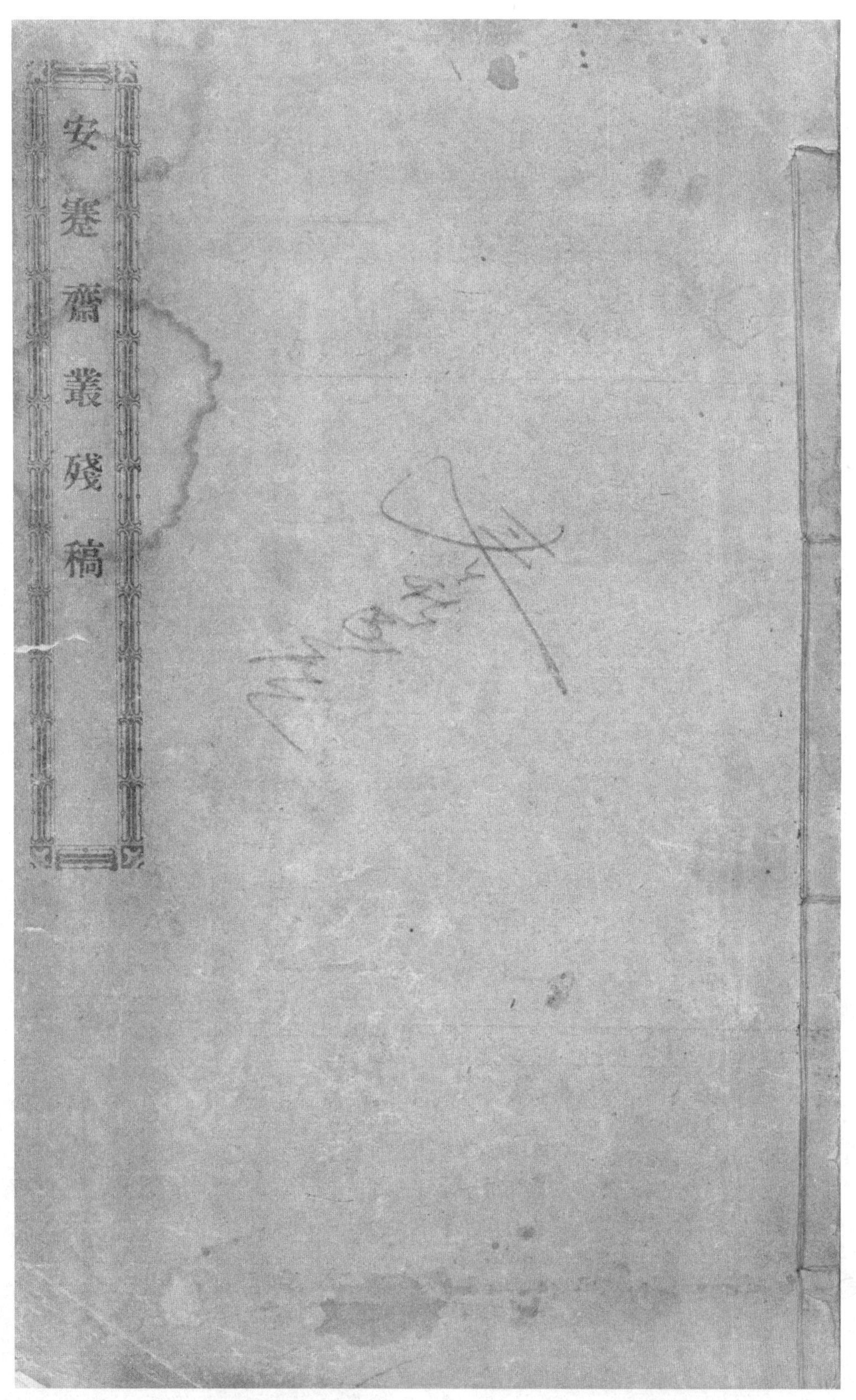
安塞齋叢殘稿

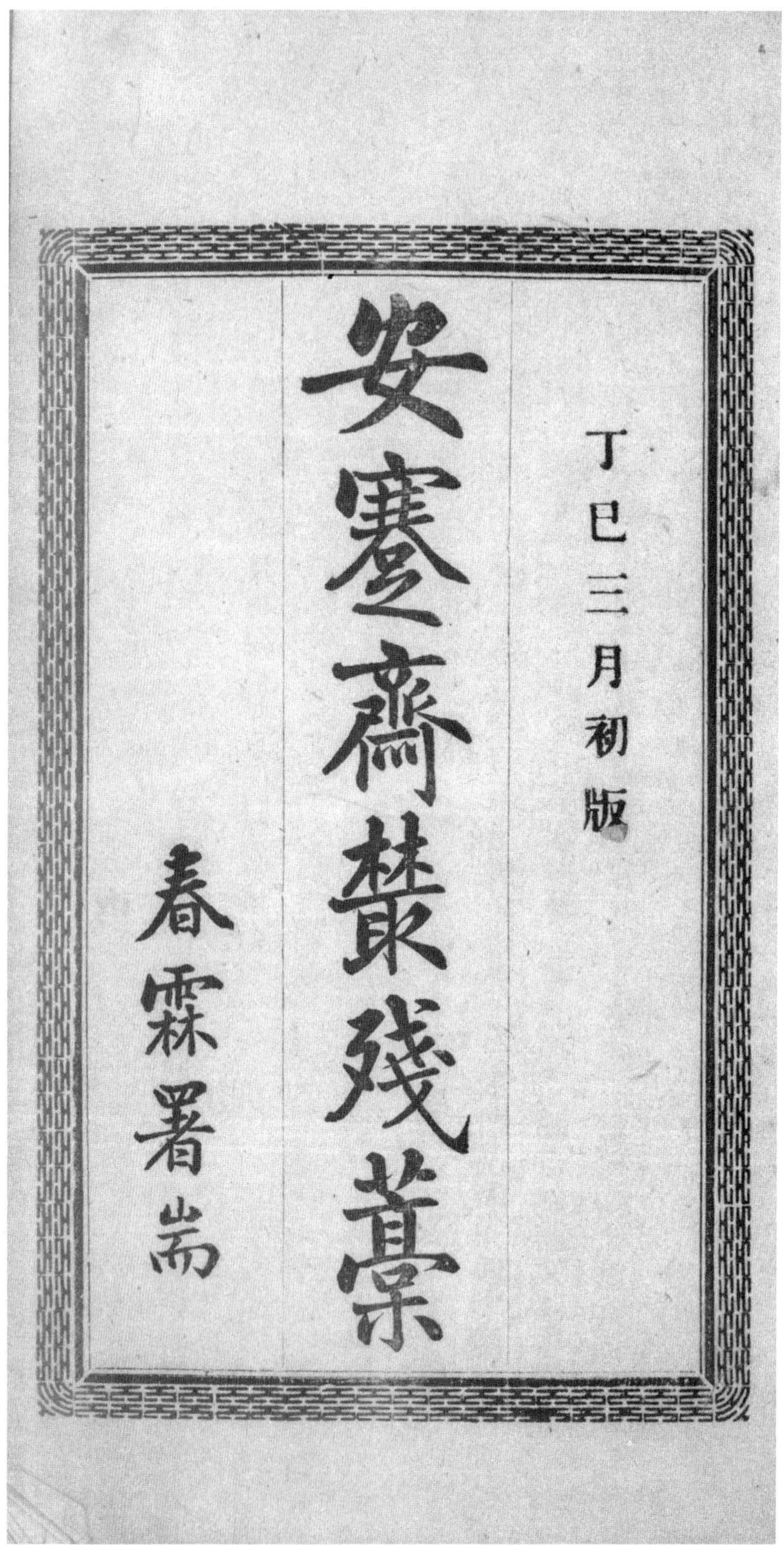
丁巳三月初版
安蹇齋叢殘藁
春霖署耑

安蹇齋叢殘稿小序

叢者吾　師安蹇先生曾有正續也是集之刊所選文若干篇併詩十數首而自序亦言嘗一臠足知全鼎之味無事連篇累牘也嘗聞吾　師自幼能文詞喜吟咏弱冠時所作已爲識者擊節歎賞中年後創大公報於津門拈毫染翰十數年之久然稿皆散佚不自珍惜秀林自來輔仁社二年餘搜尋吾　師舊作詩文復得若干其識見之高超詞句之伉爽皆卓然可傳之作誠所謂珠藏川媚玉藴山輝者每一披讀不忍釋手於是私彙成帙併贅數語以誌其原起云

丁巳閏二月受業張秀林謹序於香山靜宜園輔仁社

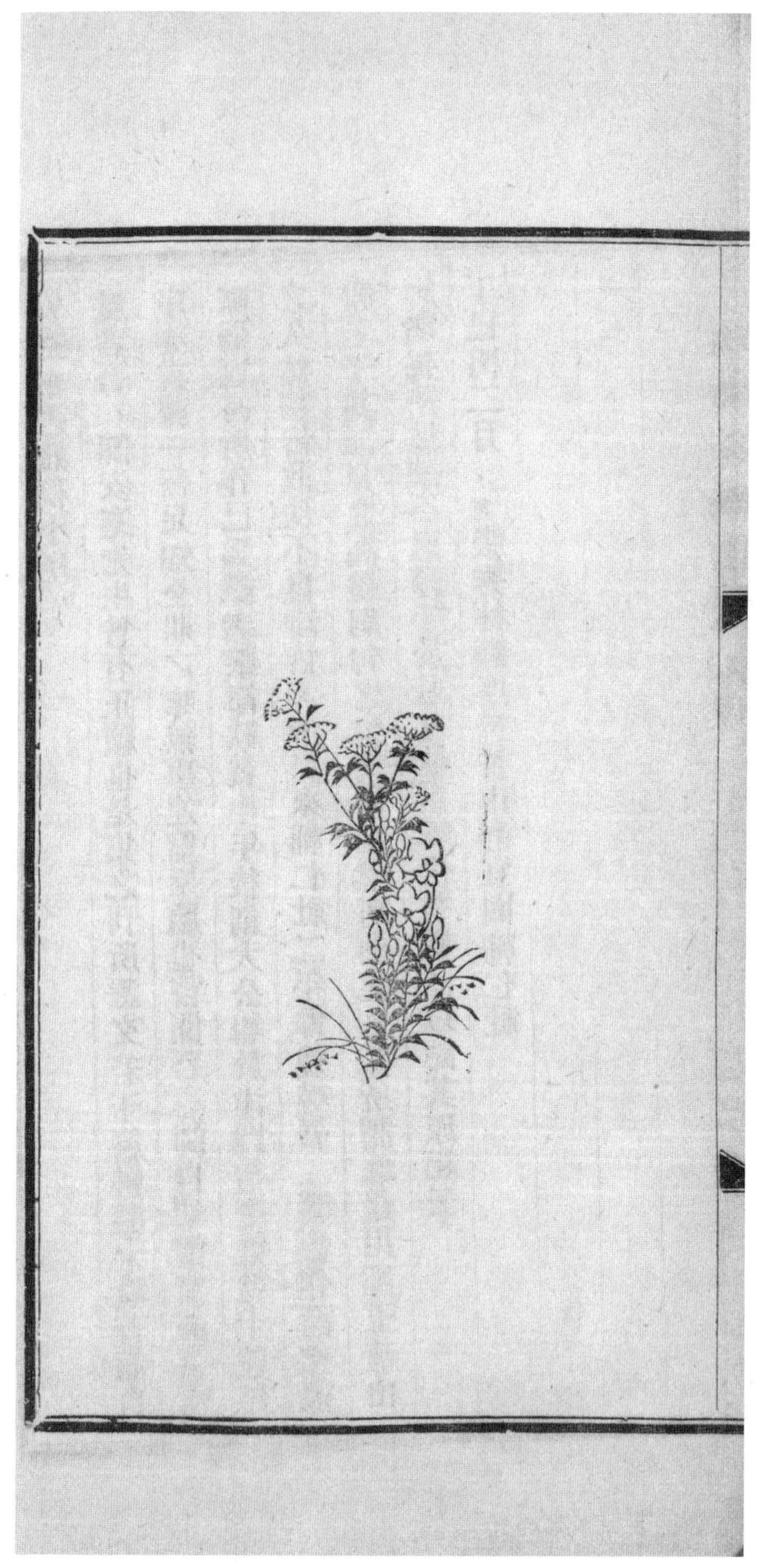

罪言存略書後 乙未

曩嘗涉獵諸書識郭筠仙侍郎于衆高賢之口如曾文正目公爲丁未四君子又謂芬芳悱惻乃著述之才李肅毅謂公質直太過曾劼侯則言無敢作奸於公前者胡文忠呼公爲南嶽長老望其大發慈悲恭邸亦有洋務精透之語合觀於此公之品誼學識槪可想見繼讀公之罪言存略一書乃摺奏三章書信三首一種直梗之氣溢于言表似有不得已之苦衷憂心悄悄沈痛鬱結頗有吁嗟嘿嘿之歎亦可悲矣雖無楊海二君戇直之言實具二公之氣槪謇謇諤諤不愧古大臣之風無怪乎表而出之序而贊之也或曰人臣以道事君不可則止馬周恥管晏暴君過得身後名故臨終將生平奏疏付之祖龍田錫危時封疏五十三奏悉焚之恐藏副以賣直以彼例此或未盡善予曰不然彼一時此一時彼一事此一事

未可相爲比例公書中有云天之生此民使先知覺後知先覺覺後覺見天下人長此終古一無省悟欲發明此義爲天下任謗此書之所以刊布豈汲汲於微名者比哉方今大開海禁五洲相通實爲洪荒奠定以來之變局人猶泥古而不曉因時變通之道以喧囂之議論虛憍之意氣欲折衝外侮豈不難哉黃子壽中丞所謂風氣未開不能强之使開風氣既開不能强之不開正合公所云氣機一發不可遏抑中國士大夫自怙其私以求遏抑未有能勝者也夫聖人之治天下亦不過因時制宜量爲調劑耳斷不硜硜然墨守常經相與執滯近世士大夫博學泥古者多緣平日讀書攻帖括之文究心時務者鮮一旦筮仕習爲應酬拜會之事及至頭角崢嶸官居人上相與長進者不過驕矜傲睨耳惓惓繫念者不過子女貨財耳是誰焦憂勞苦肫肫懇懇爲世道人心計者無怪乎語時事則爲不能行之空言語洋務則冥然悍然持茫昧之公義民間鴟張無識之氣不惟不知禁

過又從而導之悮國貽羞不知自省公有慨於此思有以拯之遇事發明不憚詳盡至於謗讟刺譏徧士大夫口亦不暇恤而高談如故且謂使我囁嚅伈俔苟順士大夫以訾訴洋人爲容悅貽悮天下非惟不屑爲實亦不忍爲所以肫肫苦口任怨任謗冀幸多得一人通曉洋務即少生一衅端無論士民不知考求此義甞引爲大咎故凡肇衅啓侮之端誤國貽羞之事一閧之議論茫昧之莊言在上者當引以爲鑒戒不當反相崇奬如此傍諷曲喻終不能達甚至援引無賴逼處憑陵側身天地至無容身之處嗟乎其志悲其情苦矣余小子生而卑賤不敢妄知天下事同乎流俗合乎汙世雖非心之所甘又不能與名公鉅卿相周旋得聆大義不過手執一編徒附私淑之列與之所至筆以識之前因志君物故不能與之剖析是非作泰西記辯以見志勍侯作古不能與之折衷至當作曾侯記辯以示人今公遠在數千里外即使健在亦不能爲之執鞭曳屨故亦以鄙俚之見膚淺

之言爲蚍蜉撼樹之舉非敢妄自高攀強作解事實緣數年來所遭之辱所懷之情頗與公有針芥之合諳之既久知之獨詳今特錯綜其言登之報末想與公刊書之意不致北轅適越獨公于篇末論教數語殊失其實使予有不得已於言者則千得一失雖賢哲而或然千慮一得在至愚而莫廢也公自謂至西洋見其學校風俗猶存古意不覺憮然自愧然此風俗之善非教道使之然耶詎容以傳教比於鴉片而加以鄙薄之詞哉則又疑公於此未暇深求姑就目前采論矣使教果非眞正無益有損豈能容於康熙之世疊奉特旨以廣宣傳耶曾文正固先言之矣至流傳既廣良莠難齊而教規則懲惡極嚴萬無少貸世人猜忌情濃吹毛論刻激以不得其平則亦何辭不得還何罪不可誣公亦自言之矣尚何待予刺刺不休搖唇鼓舌哉欲知畢竟是非而爲精細研覈者請閱前具辨學諸書可也

曾侯日記書後 壬辰

曾襲侯劼剛以元輔勳臣之嗣具折衝樽俎之才出使英法著有日記一本曾經印行遍傳遐邇予自坊間購歸暇時偶一披閱見其排日記事見聞言行無不畢具因歎高明之用心至嚴且密斷非汶汶汩汩者所能幾及萬一也惟其間記法蘭亭言教堂中善男信女誠不多覯等語謂不誣罔斷乎不可予自二十二歲信教以來至今已近五載此等謗誣聞之不知凡幾然平心察理度情未見其言之所以是處蓋古人謂責人者重以周恕己者輕以約雖在賢人亦多不免又云人雖至愚責人則明人雖至明恕己則昏是誰能設身處地爲呂新吾先生之六恕乎或彼識見有未到聽聞有未眞力量有不及心事有所苦精神有所忽微意有所在試論教士自幼修道白璧持身一日之中誦禱大半小心翼翼終日乾乾於斯二語洵無愧怍論宣講則舌敝唇焦論懲過則鞠躬盡瘁出外方傳教則苦辱不辭爲病者終傳則風雨莫阻苦身克己非但託諸空言因發願獻身誓守規誡非任意所之毫無顧忌者比也論女修之

課亦極嚴密工作有定起臥有時立仁慈堂收撫無主嬰孩立養病院調治內外各症其殷勤勞瘁見之者或不堪憂惻怛慈祥受之者每至感泣即侯之記中亦謂法良而術仁歎爲可敬是彝良爲人所共具不容泯滅何得誣云善男信女誠不多覯耶教士中縱偶有一二輩或因事故艱迍未能盡職或因遭際乖繆而蒙清議亦正在哀矜勿喜之列豈可遽謂舉教中人都不善耶或曰我中土之人不信教士有所誣罔情或然耳彼西人生長其間耳濡目染見聞較確果教之與人純無一疵安見其不欽服何多方指摘也曰是非到底自分明愛之加膝惡之推淵亦豈當得兩間之公理又豈是左袒偏枯者一手可掩得天下目耶不觀夫中土所稱大儒賢者孰有過於周程張朱者乎然當時後世非毀之者指不勝屈以大程之和氣一團尚有劾其趨向僻異者周子則未免近老之譏橫渠之言誠有過者至朱陸異同爲未了疑案後之推尊誦法者各就所近先入爲主爭執是非

迄無定論即有明人爲之調停書無慮數十百卷亦未能合之使一也今之謗教者地無論中土西洋人無論搢紳草莽果皆原始要終洞澈本末者乎果皆言純行粹圭璧持身者乎不過局外呶呶逞其雌黄之口以嫉妒之情爲苛刻之論而已如記中清臣自言生平讀教書甚熟於其荒誕不經愚蒙可笑之語常腹誹之予不知其所讀者何書及何教中書也以臆斷之絕非吾天主教中之書姑就已經譯以華文者言如主制羣徵引述諸端率皆確實精妙之理經常不易之道國初諸大老歎爲奥博宏贍嘗愧不能究極其説眞道自證則言性言道眞實可憑引據駁疑針芥莫誤教之何以明而無昧誠而無僞全而無缺俱縷析而條分之洵牛毛繭絲細入無間世有遊於聖門者當善言之彼靖臣輩未能深造有得信口率爲譏評亦何怪其言之乖繆予恐其自誤者復以誤人故不得不一申辨所以讀侯日記固歎其才德兼備克紹前輝獨惜其所與論教者非深明教理恪守

教規之人故侯亦不得悉教中無昧無僞無缺之正道致徒觀皮相而持流俗之論也嗟乎

蒼說

蒼側朗切上聲京中諺語凡事之卑下不堪者皆謂之蒼按蒼者蒼耳子也李白詩不惜碧金裘遂爲蒼耳欺即此物也或曰蒼當作傖或作駔未知孰是丁酉五月朔日承差頤和園燈下無事某邸命作此說因援筆戲成之

蒼公者不知爲何許人蓋出身貴胄而非泛常庸俗之品彙匹儔也嘗於大庭廣衆之中揚言於人曰蒼之爲言茨也觀於目無可悅之色嗅於鼻無可聽之香掇之有棘手之憂觸之有刺膚之患雖非巨惡大慝或致戕生要其無益有損爲世詬病故世人避之惟恐不及也夫蒼之在物致如是之多憎而蒼之在人反如彼

之多利運會所際風氣所趨有令人不得不與世推移而揣摩簡練者焉始吾行年三十也孜孜力學慎行謹言以聖賢自命而立志之堅篤行之勇疑聖賢或未必有我之肫誠然而上不見知於君中不見信於友下且致誚於妻孥羝羊觸藩進退維谷於是退而自省始悟凡今之赫赫烈烈榮耀當時者無不由蒼之一字致之也吾始改轍而學焉始吾以剛方見憚者今可以媚悅取容矣始吾以拘謹受謗者今可以誇詐沽譽矣由是而五年其效見矣果得擢授某職矣人之讚之者亦隨之而至矣學之有獲此願不虛而鼓舞之情更精進不已由是責於人者惟恐不刻應於世者惟恐不虛生於情者惟恐不乖發於論者惟恐不謬如是者未二年而復升授某職矣人之讚之賀之者盈於庭矣於是喜而不寐以爲得趨世之密訣取青紫如探囊將來之壓倒一世青史標名者悉由此致之耳由是於蒼之一道擴而充之神而明之純以神行不以跡合孜孜汲汲日就月將年且知

命矣其建樹當非世人所及矣而誰知有大繆不然者而吾猶故吾也其致力不爲不專其用心不爲不密而其效則毫無使吾安能不愠於人之不知耶豈趨下之理亦道大難容調高和寡耶抑吾之蒼入於旁門左道而不自察耶爲之仰而思之坐以達旦者累日吾始恍然悟豁然釋始知吾之蒼較當世名公巨卿之蒼有遜一籌瞠乎其後焉一息尚存此志不容少懈固將棄吾之舊蒼以效當世之新蒼舍吾之小蒼而就當世之大蒼以期吾與蒼合一不蒼至極處而不已也於是爲蒼說以自勵併示世之有志於蒼者

廣益錄發刊詞

大塊受造飛潛動植人獨稱靈豈不以其具靈明能理想別善惡知是非乎然造物雖賦人以靈明而復與人以自主可善可惡能是能非不若動物之一成不變各效其能也由此觀之然則萬物中最樂者爲人而最苦者亦爲人何則萬物無

心任運隨化其生也何榮其死也何哀不過擾擾芸芸點綴宇宙而已惟人也則不然自墜地而哺撫而少壯而老大一生境遇變遷不同而喜樂悲哀亦無定且也有飢寒以迫之有病苦以擾之有室家以累之有名利逸樂以欣動之而人之幼學壯行畢一生皆在競爭旋渦中雖欲不爭不可得也但人之爭而不同於物之爭凡恃以謀此生存競爭者若持己之方若處羣之道要皆有古先哲人標其軌則昭其訓誡即所謂教道也天下各國凡顱圓趾方之儔飲食生活而外莫不有教雖演進之道層壘而高代有不同而教之包括人事小之自一心一身大之至家國天下皆不能出其範圍由此觀之教之於人不亦重哉今者五洲大通優勝劣敗之勢既不能有所掩飾假借於是形而下者聲光化電凡可以厚民生利國用者吾國莫不亦趨亦步極力仿效獨至於形而上者爲西國千百年來所競競奉守之物絕不一加探索亦可怪矣謂吾名教中自有樂地不待他求也則我

國數千年來所食之報亦既彰明較著矣而一德同風化行俗美從未一見則又何哉近且人心日偷風俗日薄無論西國何等善法行之有效者一至我國無不貽淮橘爲枳之譏論者則曰非變法之爲難實變心之爲難然則心何由而變乎亦曰惟此教道而已矣僕亦國民一分子非敢驕矜自滿但既有所知敢不獻此愚忱用伸愛羣夙願然不惟言者諄諄聽者藐藐而見憎觸忌納侮招尤不知其凡幾行且意懶心灰矣近當破籓決籬舉國翻新之際人心激蕩而不知所極止倘無良美宗教以繼其後則社會團體何由而集合舊染汚俗何由而滌除是誠危急存亡千鈞一髮之會也今廣益錄之刊實爲我同胞謀此眞實之教道造此眞實之幸福但眞道之理若大海汪洋於地球取之不禁用之不竭得深則深得淺則淺此中奥博宏贍疑似是非萬語千言不能盡其究竟固非區區之篇幅一時所能賅括亦惟望我同胞虛心實力探索研究勿憑耳食勿逞臆斷然後從善

去惡舍妄求眞方不負此戴天履地萬物之靈而天道無常百祥百殃要惟視我同胞自求之如何耳是爲序

廣益錄傳單

報紙之關於人羣社會稍具常識者皆能言之於布帛菽粟之外儼然一必需品誠哉其密切也近人每言欲知一國文野程度之高下當以其國報紙之多寡卜之雖然此猶有未盡然者就京津目下而論近半載來報紙之勃興多不可勝紀其盛如蠅之逐臭其繁如蚊之成雷而街市喊賣報紙者其聲則如急雹之打屋瓦其狀則如狂雪之撲人面我國進步之猛誠出人意料哉乃返觀靜察之則社會之亂象紛呈風俗之澆漓日甚下堂見蠆出門觸蠭擾擾紛紛不可窮詰所謂增高程度者果如此乎想一經詰問而人必不能以前語爲答矣僕今爲易一言曰欲知一國文野程度之高下當以其國報紙之邪正卜之如此立言庶無語病

乎至報紙之關於人羣社會是則誠然以其浸潤濡染默化潛移有不知其然而然者我國目下之各報紙雖間有一二守正不阿作中流砥柱者然碩果晨星一齊衆楚亦退處於君子道消之勢其餘紛紛藉藉無不忿戾乖張邪僻誣罔非志在掊擊則意圖敲詐爲社會之蟊賊擾世界之和平其次則標榜優伶揄揚娼妓勸嫖誘賭蕩檢逾閑或揑造奇異以煽惑鄉愚或假借公益而圖收名利凡此類者汚陷國民則有餘墮落人格而不惜殊使仁人疾首志士痛心一國如此尚有程度之可言乎嗟乎自由自由人間無窮之罪惡皆假汝名以行之吾國此時適丁其會矣本社同人有痛於此體愛人如己之訓言盡匹夫有責之天職爰不揣固陋爲廣益錄之刊數月以來雖不脛而走銷路日增然較之時下各報則滄海一粟九牛一毛渺乎小矣切望各處主教司鐸會長先生俯念下忱協力贊成盡心推廣則正道可期日明邪說不難日熄人心果能去邪就正國勢自爾轉危爲

安矣況我當今教宗必約屢諄諄勸諭教中多組織正當報章以挽頹風而培善信爲莫大之希望誠以報之一物其力强其效速其影響於人羣社會者遠且大惠迪從逆要惟視其嚮導之者如何耳今同人雖不才敢不竭其一知半解敬爲我同胞翊善輔仁之助尤望同志諸公教之助之俾區區志願日益發達而獲一德同風咸蒙眞福之樂其快慰爲何如不勝禱切盼切之至

某報發刊祝詞 乙卯

風俗之隆汚民智之開塞何自乎曰其遠因則視教育之美惡其速效則在報紙之良否而已蓋教育者範鑄國民之型模而報紙者則督促國民之鞭策也近世歐美各國無論通都大邑窮鄉僻壤莫不設有報館爲之鼓吹一切發皇一切故其國勢澎漲民智開通殆非我國所能望其項背故其稱報紙爲政府監督國民嚮導豈過譽哉我國自通商後日報亦隨之而起然旋開旋閉現如曇花者十居

八九且因濫厠匪人致跌其聲價是以束身自好者流多屏而不觀戊戌以還始有博達英明者出略具世界眼光各供所學爲之一發異彩迨新政推翻而亦相隨聲消跡滅此後則忽盛忽衰薰蕕混雜而光明正大始終不渝者亦碩果僅存矣今某某諸君組織某某報於津門觀其廣告洵有別開生面一鳴驚人之概雖然報尚未出吾不得妄爲毀譽盖揚之則有標榜之嫌抑之則有訕毀之誚嘿而不言則又有失交誼之雅無已則雖沿流俗祝頌之文願竊附古人箴規之意或亦諸君笑而頷之者乎古之言曰可與樂成難與圖始雖然天下事其有始無終進銳退速者比比然也是創始雖難而守成更難矣夫報者一國輿論之代表也業報於我國之今日亦綦難矣人民程度未到高而倡之則有道大難容之憂俯而和之則有同流合汙之咎其能不即不離隨機啓發循序提挈而俾之行遠自邇日就月將者乎雖然尤有要者必須有諸己而後求諸人無諸己而後非諸人

世未有以其昏昏能使人昭昭者也要領既得復能貫之以愛羣保種眞精神百折不回眞氣骨一團熱火爍我同胞範鑄道德鞭策窳惰急起直追補教育所不及安見其不轉弱爲强化愚爲智與東西列强並駕齊驅而有揚眉吐氣之一日乎諸君勉乎哉鍥而不舍金石可鏤已謹此爲祝

擬設京師養老養病殘廢孤寡四院啓 乙卯

文王發政施仁必先鰥寡孤獨伊古以來有國家者未有不如此而能收人心者也西洋爲善會淵藪淺識者但震其富强機巧爲我國所不及而孰知社會一段黏合力人羣一點生命魂全由此善會蘊蓄而成之者乎是以覘人國家者每以此爲教養之先事也我國善堂不爲不多或始勤終怠或有名無實或效未獲而弊轉滋其故何居良由組織者雖激於一時不忍之彝良而不能貫注以宗教眞精神是以無堅定耐久之德而每貽人口實爲前途障碍殊堪痛也民國締造百

度維新於凡向者腐朽穢垢之爲咸宜摧拉刮磨而一新之所以振一國之氣維萬姓之心者至重且要獨至於慈善事業勇倡而力行者尚未多見徒使外人獨專其美亦國家之大耻矣夫仁政之最要者莫如使鰥寡孤獨者生命得所依而人生之最苦者莫如老病殘廢者顚連而無告此等窮民尤以京師爲最多若不爲設法安揷歸納勢必流離載道貽累仍在公衆而影響且及於國家此創設養老養病殘廢孤寡四院實爲根本要圖者也雖然言之非艱將望政府爲堯舜猶病之事或令地方盡痌瘝在抱之懷乎無論鉅欵無着擔任無人且難收款不虛靡功歸實際之效熱心者縱具有毁家紓難之忱執行者安必抱捨身救人之願此徵諸往事所以虎頭蛇尾名存實亡者之多也△△等妄不自量敢效其愚擬糾合同志募集基金於京師特建以上四院用仰贊發政施仁之心冀一洗有名無實之誚務期用一錢得一錢之實益拯一人遂一人之生機維持人道者即所

以鞏固邦基者也深望政府提倡於前士夫挽推於後人之好善誰不如我持以定力必觀厥成倘有以徒託空言難徵實效爲疑者則有上海已辦諸成績在△△曷敢妄自矜許亦惟有仰賴諸大君子提倡維持以共成此善舉而已創難因易挹彼注茲庶廣睦婣任恤之風收駕輕就熟之效廣厦千間孤寒有托慈心一點福壽無疆行見義粟仁漿悉化醴泉芝草社會幸福國家榮光皆自諸大君子熱誠所賜也

與某公論金正希奉教事 乙卯

僕數載山居謝絕人事以致與尊處音問久斷且因無事以塵清聽也昨由山來津得讀致舍弟手書藉悉種種永歷軼事乃因某公所譯洋文加以考證其間頗不精審登報不過引人知其緒而冀再有所發明耳此文既承許可爲之私慰惟金公之事明見不以爲然僕願聞其究竟敝社藏書無多苦難疏證更兼不通西

文於彼時西鐸私記未能遍爲訪探不過蛛絲馬跡以相印證耳倘先生另有所證祈詳以示我亦讀書論古關於教中先達掌故之端不可不加之意也前曾令耐友作金正希集書後一篇茲抄呈台鑒在僕之意以爲金公旣不幸早殉國難其遺書又非手自編定當其生時其交厚亦不以其信教爲然故於其傳中多代洗刷之語然情實不能相掩東鱗西爪確鑿之證甚多如其上徐相國書眞誠懇切豈有飾詞乎而魚山則謂其不就徐薦因徐善泰西故一若此時翻然悔悟者此語可欺愚人難逃明者之鑒也又如其寄程子芳書沈痛已極可謂針針見血矣此等人豈爲小小利害所動者後又有囑其家人不可自盡之言是確守聖教之規也乃又一書云賊至可自焚又云臨死不可忘作佛事以金公之人豈反復昏憒若是况佛事者皆爲死後始作若臨死作者其爲教中聖事無疑諸如此類謂非人之改竄吾不信也因魚山獨謂公暫入歧路不久必當還惜公闌入異道

恐後世不爲士林所稱頌也鄙見之理由倘多今不及一一請正望先生明以教我書至此忽憶往年讀李合肥全集有人奏參□□係天主教人萬不可用李爲之復奏云□非天主教云云係天主教非天主教即以定人之邪正及可用與否一何可笑後世之人倘讀此疏但以此爲證又安知□公晚年悔改之景况乎明末淸季相隔甚遠人情則同世人羣詆天主教意謂以金公之學之品自足千古何可加此汙點况其初年亦曾研究佛學即以佛教之事改之亦情理之常不足異也讀金公致徐程二書謂爲信道不篤見理不明不可也惟個中人始能知個中滋味此韓子所謂辨古書之眞僞當必另具隻眼非逞臆說事獨斷任意牽合附會所能得者也况人既嘗珍饈者必不再嗜糠粃既經滄海者必不震眩汙潦然在愚昧之流顚倒錯亂瞀於利怵於害即爲改遷者或所不免若金公者非其人也鄙見如此不知是否倘望教之是幸

與某公書 甲寅

前承賜示大集捧讀一通覺其中牢騷憤悶侘傺無聊未免有嫉惡情深言之過火者當即擬盡區區愚忱爲之注出一質商之復慮淺陋之見繆妄之談或恐涉於冒犯遂爾中止荏苒光陰倏忽數月今當社課之暇再將大集紬繹周始因念我先生虛懷若谷殷殷下問之情是不以僕爲不肖而引爲知己倘僕虛與委蛇從俗諛頌是孤先生之盛心矣曷以副諈諉眷愛之情是以不辭僭妄而一吐其欵欵

伏讀集中自慰自勵自娛自愧諸篇足徵乾惕之懷不因拂逆而少懈志古之聖賢豪傑亦何外是而克得所成就孟子困心衡慮之言固非詭爲說辭而作人慰藉語也蓋人能透澈此理則窮通順逆無不怡然自得順受其正反是則憂愁煩惱顛倒迷離束縛焦煎自墮苦趣此學道者所以貴心得論人者所以尙實踐也

蘇東坡以一文人而晚年見道如超然台記發明禍福悲樂之眞物內物外之别故其貶謫海外雖蠻烟瘴雨之鄉窮愁顚倒而俯仰自得是眞能超然物外巧於自適者矣若韓昌黎則不能自克婉轉呻吟悲傷拂鬱非上書求用則撰文送窮使千載下讀之不能不憐其志卑而鄙其見狹也夫人所貴於學者亦求其在我而已獨善兼善各隨其境之所遇不移不屈一準其身之所遭非然者榮辱因人悲歡任物是無自立之我也無自立之我則悠悠忽忽隨境轉移與陳白沙所謂飢能食渴能飲忿而爭憂而悲者相去幾何此所以讀大作自勵自愧諸篇而不能不服其壯志欽其精修也至於自歎誌悲諸篇則不免近於怨尤有傷忠厚夫君子亦期其俯仰無愧而已至於榮辱順逆非所計也故鄙意以爲此等文字不惟不宜輕於著筆且此等思想亦不宜時置心頭何則著於筆則不惟無足勸懲且貽人狹隘之譏置於心則必致日增憤懣反害吾浩然之趣此不可不愼也至

於憂教務傳教說等篇則痛切透達先獲我心洵匡時要務縱一時不見采擇後必有鑒而行之者以眞理必得最後之戰勝無須急躁也閣下爲今之計既荷此麻寵靜處山中斷絕紛擾正宜隨境養和寢饋書史所謂領現在可行之樂補生平未讀之書以理學涵泳其性天以文章煅煉其筆路不妨朝研夕討百鍊千錘務使融澈爛熟而後已則將來才學識之三長德功言之三不朽豈異人任乎人患無志耳患不爲耳有志者事竟成上天不負苦心人此固古人閱歷經驗之言夫豈欺我狂妄之談恃愛無忌是否有當惟我先生海涵而曲量之幸甚禱甚

答友人 丁巳

奉到還雲併大作數十首反復披誦覺深情雅誼文采風流迥逾常格至誤承獎飾處未免愛不加察使我感與慚幷也僕於詩之一道向乏研究即偶有寫意之作亦倔疆拗折不諧格律有如野狐外道乃承足下譽揚如此復虛懷請益僕誠

不知何以答盛意也無已則仍本前上蕪函之言一芟世俗酬應僞謙直供愚淺下忱以備采擇可乎竊謂詩者固足以徵學詣然非所以爲學詣也若疲精役慮惟此是躭如王維之走入醋甕延讓之拈斷吟髭專精攻苦功力所至即使驚風雨泣鬼神亦不過於騷壇中爭一席位置耳何與於國計民生耶更何關於身心性命耶此僕向來所持之宗旨故於此道不惟甘作門外漢且不欲竭此心血以求深造也夫以己之不欲爲者而鼓勵他人爲之似於至誠之道不合僕固知士各有志然足下既虛懷下問以圖進益敢不以其大者遠者期之顧徒斤斤於語言文字之末耶茲有鄙人覆友人書一通及前刊主制羣徵一本似足資高明研究之助用特奉呈至於靈言蠡勺則尙未付印也匆匆不盡欲言

寄某女士書 丙辰

前奉玉照承綴數行頗致慨白髮不公浮萍若寄廻環捧誦曷勝感歎感歎無已

遂不免以淺陋之辭妄瀆聽聽冀有以舍妄即眞超生滅死者非敢矜其腐鼠上嚇鵷鸞也誠以我輩誼同骨肉又以年來人事之閱歷學識之經驗光陰則誠過隙之白駒無法延駐而生命之脆薄又誠泡影之不可把玩也靜言思之不能無驚怛此吾人所以不能不尋此生靠得着者而一探討之故請高明以拙著言善錄作研索之嚆矢也乃至今三月之久竟未蒙隻字下頒豈此書作洪橋故事耶抑以鄙言爲不當耶然祝禱之私固未嘗一日恝置山中讀書作字之外萬事盡付悠悠所惓惓不能去懷者惟故人參證之一大事忽復歲暮敬致問詢倘望便中示我數行以釋企仰之懷匆匆言不盡意手此順頌歲禧

覆某女士書 丁巳

按此篇 慕玄父先生見之稱爲痛切詳明發人深省亟欲刊佈公之世人吾 師則謂此篇以一函視之雖甚長以一帙視之則甚短且文俗意

淺徒貽笑方家執以不可但生等終不忍割愛謹附於此以爲參證者之嚆矢焉秀林謹識

得覆書滿紙凄苦之詞一把辛酸之淚王郎斫地靈均問天有不足喻其悲憤者使人讀之大有哭不得笑不得之致不止悵惋悼惜失歡短氣也今特本道義交情抒悲憫志願一芟世俗諛奉故套直布胸臆爲我賢妹陳之望高明虛懷舍己反覆參覈以期痛自振奮而力自超拔焉

夫修道家有所謂大死一番之名詞不有大死不能更生不生決心不能直往今台端正值所謂聖凡人鬼禍福關頭矣夫一歧向九天安樂萬端一歧入九幽憂危百思其幾雖微去取在我故一念清淨烈焰成池一念驚覺航登彼岸亦惟在大發勇猛苦海回頭懸崖撒手而已且天下本無事也蠶作繭以自縛蛾投火而取焚是獨不可以已乎人生境遇固萬不同富貴福澤以厚吾生究不如貧賤憂

戚玉汝於成之爲得也豈不聞世又有庸人多厚福語乎吾無厚福正造物之不以庸人處我此非强作解人姑事排遣已也歷觀千古聖賢豪傑其有不從殷憂艱苦中得來者乎且人但知富貴如浮雲耳而孰知貧賤亦浮雲耶統世上光榮羞辱快樂煩惱何者不浮雲乎而其中究有不浮雲者在則此靈明眞我是也倘謂一切俱空並知識而亦泯滅則大自在矣究其能否泯滅能否如願以償此權似不我操既爲受造老病死苦終不能逃出造化之外請看雙林疽發弟子悲號其圓明湛寂果何在乎何如存順沒寧安時處順一效從來賢聖孜孜自勉之爲得乎

若謂妄希賢聖則吾豈敢豈不聞求則得之有爲若是諸語乎求之在我我生應求者也舍而不顧而於安逸快樂世上不可必得者或於虛無寂滅世人不能畢至者而妄生希冀艷羨亦只見其緣木求魚磨甎作鏡徒勞而罔效

至謂擾擾衆生無適非苦是固然矣冒此萬物靈明之虛稱而攖彼千災五毒之實禍較彼披毛帶甲蠢頑無知者各適其性何天淵也此一疑問統世上各教宗皆未嘗澈得底裏倘非以人類肇興以來繩繩繼繼相傳之教道解之而終不能得其的確正解矣故此等道理雖欲非之而無可爲是也雖欲攘之而無可爲尊也然而是矣尊矣而人之多不樂從者何耶曰無他私欲而已矣

古人如登如崩之喻最爲痛切凡夫樂於放縱自恣者無不以造物主爲虛誕以神魂不滅爲狂妄然凡抱此等觀念者其效果或近而顯或遠而晦皆無美善可言者也

近日歐戰之逞其兇殘滅絕人道豈非由三五無神派之哲學所釀成者乎此亦絕大之教訓矣奈何世人昧昧不之察也

夫憑生衆庶順其血氣之性莫不安逸快樂之是躭而世之可以足吾欲者豈惟

有盡且每得其反比例焉是以始而興我生不辰之慨者浸假而怨天尤人矣浸假而覺天地雖大不能載我之愁矣摎逼不已失性而狂易者有之愆尤之積失望而戕生者有之造物生人賦以些許聰明反不如氓之蚩蚩出作入息飢餐渴飲之得安其天矣夫豈造物之不仁乎亦人自取之耳

達者於此反復推尋故非拋捨一切而不能得所自適所謂大死一番者不惟割棄生平種種福樂更當剷除生平種種願欲苦樂順逆一皆順受其正而有一堅定不移之方針者即煉罪立功希合主旨以待身後而已不然何所爲而然哉莊子云善吾生者乃所以善吾死也然所謂善死者非含殮畫翣諸事之周備明矣其故顧不可深長思哉

世之半開眼假道學者流每聞此等道理無不遽加鄙斥曰此乃以大貪止小貪以大私易小私之騙術耳豈眞有所得哉且夫天者理而已矣聖人之修德無所

爲而爲也果如所云然則古今之祭天者祭理而已矣人窮呼天者呼理而已矣孟子存心養性所以事天者果無所爲而爲乎凡世間眞實道理必須名正言順理得心安且爲古今人人秉彝中所自有乃爲至當反是則未有能澈大本大源者也

今不嫌詞費再爲粗淺之喩以明之如人子之事奉父母也無所爲而爲乎抑有所爲而爲乎若無所爲而爲則烏鴉反哺羊羔跪乳是矣然禽獸無識率性冥行不足稱述獨至人類之行爲全視其心志之所存以判是非美惡與順其自然者不同今謂孝道爲無所爲而爲似於言未順於理未得也至論有所爲而爲其中亦分二種一事奉父母養志承歡專爲崇德報本此人所嘉許者也一事奉父母服勞奉饌意圖賙受產業此人所鄙賤者也夫純正孝子斷不爲賙受產業始行孝道然亦斷非絕對爲舍棄產業始合孝道也至於父母之心亦斷非以子之能

舍棄產業始得其歡慰更斷非以子之終於流離困苦始滿其願望此兩情交感有感斯應理固如是也

再如有司之理民政除暴安良人必頌其賞罰不謬孔子之作春秋褒善貶惡人亦頌其賞罰當然緣人類性情見善祝頌見惡咒詛所賦於天者然也獨奈何至於造物大主反冥默無知一任邪正混淆善惡同盡竟背其所賦好是懿德之性乎凡此屏棄主宰鄙薄身後等論調杲屬名正言順理得心安乎今世之自命新哲學者最忌有主宰今世之自命不迷信者最忌言身後是非我愚陋小子所得知矣不惟非我愚陋小子不得知恐千古中西所謂聖賢者亦不得知也

今賢妹既稱百憂鑠骨萬念灰心恰合大死一番之境界最爲入道之階梯至於所言願此知覺早滅則又似造化由我矣所言不作永生之望則又似甘心永苦矣至於擬自此後無論遇何困苦雖千災五毒視如天職所應受者則又似古之

所謂槁木死灰之至人矣獨至於靈魂有知死後福樂等事則拒之甚力若將浼焉者此等心理則似未能本古今之公性盡個人之良知一加推勘恐不免襲無神派之故智矣

此等道理吾素自信頗能敷陳然不能扼要括以數語倘連篇累牘則絮聒爲嫌且不知何語適足副高明印證者更不知何語適足釋高明痛苦者無已則仍請平心靜氣多閱拙著之言善錄也言善錄雖承獎飾但又言所苦日行之事每難與所引格言相符殊使人不解所謂矣竊謂此書雖無甚深微妙處然所徵引者於探本闢邪持身涉世諸端亦可謂廣矣今竟無微塵蹄涔之助想非日有遺矚即或神有不注耶吾每語人曰吾之所以汲汲援人於道者豈樂陷人下喬入幽棄甘就苦哉實緣確有見得眞假是非久暫之所在推己及人非惟友誼所宜然亦此彝良中同善之懷耿耿難泯迫之使不得不然耳

前於賢妹之讀陶詩有所不滿者非謂陶詩不佳也因其於身心性命之指歸尙隔一塵未足爲啓發淬礪之助今讀來書乃知於陶之恬淡自適樂天知命處尙無所得不然何悲苦憂傷竟至於此嗟乎獨學無友則不得賞奇析疑此古人所以貴良師之訓誨益友之琢磨如張橫渠之撤皋比董蘿石之棄瓢笠二公之翻然改轍雖出於大勇然使無明道陽明之遇其固不得有此則甚矣離羣索居之足慨也

至論賢妹之學問詞華人莫不詫爲祥麟威鳳在閨閣中固今世之僅見者獨惜遭家庭之變故感身世之飄零百憂叢集激而成此衡以常情無怪其然然在知道者觀之隨風而偃逐波以靡不惟無以自拔實更苦中加苦倘能放開古今眼光勘透聖凡結果斯正煆煉淬礪之良美機關也不然困心衡慮而不能得所增益豈不孤上天降此大任之寵錫哉

每見世上聰穎特達之流其遭逢不偶者晚年多喜崇尚浮屠或事禪悅或遁頑空以爲解脫排遣之計究之果能深造有得足以自利利他者則尚未之或見惟見其互矜秘密相詫高深直有同眩術耳近年來竊不自量頗欲究其情實意圖質證乃搜羅佛經禪集竟至數十種之多而耐心披閱孰知愈讀愈覺無味因衡以科學名理途術其間矛盾齟齬相違相伐處幾於觸目皆是然則古今聰穎特達嗜之如飴者其故何在不過因其具有出世思想較世俗所汲汲者不同而人既厭世易爲所入又因自晉唐來帝王每多崇尚迭經文人才士藻繪附益自覺娓娓動人津津有味耳

或曰子之闢佛姑無論其當否然而痛加駁斥一若不相爲謀者而自家吐詞落筆時時不復自覺反樂襲用其語者何哉即如此函中所用詞句其出於佛書者已指不勝僂豈非入室操戈自違其例者乎曰僕之非佛學謂其於大本大源處

旣極背謬且因其不能輔世澤民而徒爲社會人羣害耳至其詞句本我國千百年來習慣引用者且語修省之事亦視他詞較爲痛切易於指點耳此非依違肯綮所關係似無不可也

或又曰入主出奴黨同伐異從來如是雖賢智且不免但子謂救世之教肇自太初五洲公認獨爲人羣之正軌然歐洲教戰之禍門戶之爭誰是誰非茲不具論卽以我國自明迄今著書立說攻擊教理者實繁有徒豈無一二當理者乎明達者似無須此攻彼袒加膝墮淵但各遵所聞各行所知斯足矣曰此中大有辨別凡事於邪正利害之關係豈可苟爲混同姑事牽就便足稱爲中正和平之論哉非鄙人頑固性成喜於自封自大也往者於謗毀教理之書裒集不下百十種就其或專攻者或旁及者曾一一加以參考雖其自命言之成理證據昭昭然按之事實非失之誣罔即出之嫉忌此但可以惑局外人之視聽斷不能服個中人之

心志即如命理初豈非以讀破萬卷尙論千古自命者獨其涉及教中事直是句讀未明義意未悉即妄加以排斥使明眼人閱之不惟可笑尤屬可憐下此者則吹求於品節之微掇拾於事爲之末指鹿爲馬捫燭叩槃自悞悞人最堪痛憫倘有能破除俗情誠篤好學之士則不爲徐閣老李太僕不已也

然則道高謗興德修毀來固爲人間之事實哉不然老子所言不笑不足以爲道天下莫能知莫能行天下皆知美之爲美斯惡矣諸語胡爲乎來哉由是觀之道大莫容調高和寡古今初無二致也僕緣今讀覆書證以去歲大駕來山時之語氣似已不同覺賢妹近來於教道似有所諱避恐不免亦沿世人之常見矣故不避冗沓旁溢及此雖詞句鄙俚次序紊亂然自信實爲有物之言非敢逞其喋喋妄瀆淸聽倘有不以爲然處如不遐棄請便中一一示下僕山中多暇儘可供其所知上贊高明須知此乃身心性命所關世上各事無有比此更爲値得者矣

初印此稿時與手民約定當在四五十版今印至此估計餘篇斷不能足數而前經刪汰諸篇又爲吾　師所不樂附入者不得已因將也是集續編中關外旅行記一篇重錄以足成之此記雖爲十年前之舊作情形已有不同然稽採國是者亦可藉此以覘今昔之盛衰優劣云　秀林附誌

關外旅行小記 戊申

僕賦性迂愚動多膠滯學不貞遇素乏涵養以致鬱鬱多病憤火時興親厚憐其愚而憫其孤也屢相規諷示以隨境養和明哲保身之道僕良言入耳詎無情感然終未能遽易其初也歲戊申初冬柴君敷霖以僕日就尪羸食量銳減拉同作關外之游乃於初九日清早赴金湯橋步購票登小火輪赴塘沽並購搭赴營口之船票是晨大霧極濃兩岸莫辨八時後起碇霧氣尤重汽笛嗚嗚作聲以警來船九時過大直沽後觸岸膠舟拖帶良久無效候潮升始得開行近一點時霧晴天宇開朗空氣澄鮮兩岸楊柳嫩黃深碧交相掩映時有一二團瓢點綴樹中更兼短草衰蘆隨岸曲折彌望不絕僕以風塵齷齪鬱鬱長年乍臨曠野如脫籠鳥覺一草一木無不生情別饒雅趣況當茲明瑟水木皎潔天光一棹中流游行自在其有不悠然神遠浩然自得者哉僕性雅愛秋末冬初之景象嘗謂其色慘淡

者類志士之憂時也其容淸明者正志氣之如神也其氣凜冽者即剛果不阿具拔除兇邪之威稜其意蕭條者乃澹泊甯靜有泥塗軒冕之志趣是以秋之既至也陰霾晦溢百沴頓消蚤虱蚊蠅諸邪辟易且百穀登場秋成慰望發洩既畢藏密待時奈何世人羣悲秋而樂春也近睹抵塘沽寓時利和小火輪公司時利和者取意於天時地利人和也塘沽街市不大旅店甚多往年大輪不能達津時南北旅客多集於此故燈火連宵極形熱鬧近則海河疏濬輪船長驅直入該埠陡形冷落此贏彼絀固難乎其爲調劑哉晚飯後公司遣華安小輪送至大沽訪友夜分歸時明月當空金波萬頃兩三燈火遠浦微明少時薄霧挾夜潮俱來捕魚之船若隱若現但聞款乃入耳漁歌遙答澄碧天空萬里如水恍然作蘇子赤壁後游也快甚

初十日早登赴營口船見鳩形菜色之男女艙內外皆滿擁擠不堪幾無插足地

且兒啼女號極形嘈雜覩之良有不忍舟人爲予等覓一室亦隘穢難堪時南風大作天氣將變乃議棄船票換乘火車遂復將行李携回闆近日往來營口各船爭相跌價意圖多載乃船面之人毫無遮避一遭風雨任其吹淋並聞前此遇風時被浪捲入海中者七八人且此等事已非一次既無苦主亦無人過問嗚呼中國人命之賤乃若是乎往年讀黑奴籲天錄至其形容慘苦之狀每泣不可仰今且目擊而身遇之矣嗚呼安得我賢明長官於夙夜勤勞之外一察及此爲約束限制之以保我民命哉

夜近十一點赴車站大風極冷購二等赴營口票登車後人甚滿有守車兵臥於座位僕乃旁立待之該兵毫不推讓一似火車專爲彼輩優待室者至唐山有偵探員登車突前向予詰問僕乃未能奉公守法爲恭順之答詞以素惡彼輩妄擾行旅也旋又換一幹員向前遽問曰汝係何班者汝曾出使日本乎彼言出使日

本云者想即曾游歷日本或留學日本之謂也予不禁爲之捧腹今而後僕又得剪辮易服之利害一問題焉僕昔嘗妄謂髮辮之有百害無一利且謂剪辮易服爲勇猛改革之起點故不惟自發議論且徵文焉不惟徵文且躬先實行焉誠以爲世界大勢所趨而此豚奴之誚歧視之情在在均形其羞辱至於不便工作油膩汚衣猶其小焉者也今數年來僕所獲之利益不過行李過關時洋員稍斂其蠻横之氣火車購票時票房倘訛索大洋可以理折之不受其欺其次則西人之公園可以一涉足焉人力車夫兜攬坐客呼以大人焉至其種種妨害則有不可勝言者矣第一有革命黨之嫌疑倘一經旅行則偵探見之如飢狼之攫食如餓犬之奔骨苦苦盤詰呶呶不休殊不知北京之炸彈安徽之刺客何一爲剪髮者所爲乎人果圖謀不軌正當混俗和光使人不覺安有標奇立異自安眼線者奈偵探諸君偏與無辮者爲難使無辮者不得其自由嗚呼危矣苦矣其次則閒行

鄉野羣兒噪呼一切購買多索價値村犬遇之而狂吠小兒見之而驚啼至於官塲尤相側目而其徽號則非毛子即洋鬼也其他妨碍倘難枚舉無怪知交中之剪辮者近且一一蓄留矣黨同伐異庸碌固然習俗移人賢者不免嗚呼開創之人物固稱爲破天荒哉

夜於車中無所見只有冷而已天明十一日七點後抵山海關出關後北面山巒層疊迤邐不斷至溝帮子換車東南行漸不見山數百里彌望斥鹵窪潦之地雖有隴畝之跡似久不耕種者倘經農學家研究想不至終此曠廢是在得人矣薄暮抵營口河極寬購票乘汽機渡船約一小時始達碼頭因稅關設此故必須東西横渡數里之遙也然則車站倘修於稅關對岸豈不便民利商乎此中情形非匆匆過客所得知不敢妄加議論登岸後停行李於愼記赴匯海樓西餐友人以馬車來迎赴東首青堆子友人處宿夜微雨

十二日七點後河干散步泥濘難行河中停泊火輪十數隻按營口本名沒溝營街長近二十里寬三五里人烟稠密商店繁盛爲東三省最要門户近自日俄戰後日人來營者累萬盈千生意亦夥其間三大利權爲日人所經營者一飲水一電話一輕便鐵路午刻友約源記西餐飯後於愼記作大字聯極久頗足消遣也十三日天明起同友出游沿大街西行直至西首天后宫未見一茶肆按中國各省風俗但有數十户之小村落必有一茶社爲聚集地今營口以二十餘里之長街數十萬衆之人民竟無一茶肆實怪現相也天后宫前有一茶攤於彼小坐聞一老人言該埠繁盛遠不及昔自輪船通行後中國帆船鋭減十倍近自火車通行而三省運貨之五六套大車亦鋭減十倍夫此十倍之車船養人幾何各人能否改業抑或失業不得而知嗚呼强存弱亡優勝劣敗念之令人心悸入天后宫看碑訖乃南行東轉數里後遥見一圓式高亭行近聞呫嗶之聲遠達

戶外乃清眞禮拜寺附設一小學堂也惟寺門高標新月式土爾其國旗夫回教入中國已千數百年久隷爲中國之氓今乃高懸土旗爲教門之標識乎爲種族之標識乎是不可不研究之一端也近午游歸飯後復應友人求作大字良久晡復出向東南隅游至土園荒冷無所見

十四日嚴寒六時起乘馬車赴牛家屯日本車站（牛家屯一帶爲中國巡警不及之地聞每至夜分時有刼搶之事亦旅行者一害也）七時後開向東南行漸入山環至大石橋停有時同車有日本小兒及幼女六七人背負書袋係由營口至此讀書者凡赴學之兒女搭車俱不索值大石橋車站極大一切房式建造皆日本風身行其間渾不知其爲彼爲此也由此折東北行午後三時抵奉天車站乃僱轎車沿輕便鐵軌行兩旁俱日本商鋪及旅館約數百家觀其景象似無甚生意者至西邊門有新建鐵柵一上書陪都重地四字入柵兩旁皆中國鋪戶大

致極似北京景象間有一二日本商店栅門外北面爲新修之公園公園北爲各國領事館園基頗爲寬敞有新建大小數亭而所栽短松無逾三尺者當車馬奔馳之孔道旁黄塵如霧大失園亭幽雅之致似此構造不免有黄金虛牝之慨中國新政大都此公園類歟進城訪友舊雨數輩相見甚歡即約於海天春晚餐奉天自戰事後百物騰貴較津滬各埠尤昂聽鼓諸公雖月得數百金大有長安不易居之歎一友寓於旅館中房舍僅四五間頗不便適月尙須出洋五十番餘可類推矣有綵房一項商店貨色極全俗謂上至綢緞下至葱蒜亦他處所未聞也

晚主於城內友人家

十五日午後大風極冷偕友赴北陵一伸瞻仰出邊門後北望大似北京德勝門外遙望黄寺景象行七八里近陵一帶短樹叢茂周圍數里正面宫門内有石象駝馬等對立而青松翠柏拔地參天鬱鬱蒼蒼極盤拏蒸蔚之盛進宫門爲方城

中有享殿城前門爲三層樓極高峻城後門上爲聖祖仁皇帝御書太宗文皇帝聖德碑碑甚高不能細辨字句此後則陵寢矣城之四角有樓乃空無所有瞻眺既畢始歸進城後至女子師範學校晤呂梅生女士女士受聘來奉主講已逾二年女學生二百餘人彬彬頗有進步沾彼時雨坐我春風亦人生大樂事也陪都舊俗女子無纏足醜德無短衣陋風所有女生皆長身健碩落落大方此爲各省未有大强人意事也

奉天城周圍約十里共八門城內街作井字式東西南北每面二門俗呼以大小別之正面者則東大西小側面者則南大北小其實門式相同並無大小之別也城之中爲大內舊將軍府在前街之左側府左爲新公署東三省總督駐節處也大內正面爲大淸門前之東西柵門亦名爲東華西華宮內正殿爲通政殿東面爲飛龍閣西面爲翔鳳閣正殿後有最高之三層樓爲龍鳳樓即藏歷代玉牒處

也左右二小所爲東西兩宮再後則爲神殿殿宇雖不崇閎而一切整齊且數百年來亦未損壞至於飛龍翔鳳兩閣內收藏寶貴品物極多東閣內有太宗御製天然鹿角椅極工巧其法係以鹿之頭骨處作椅背將角枝向下倒挿承以木座座心以籐編製極精細倚背之板嵌以硬木上有純廟御製詩頌此椅惜其詞未記也有大熊兩隻楦以稻草長約八尺爲乾隆時吉林將軍阿進呈至所藏銅器大小尊彝之屬自三代以下有八百件之多紅綠鏽色斑駁古趣盎然爲外間不多經見之物至磁庫則爲樓七楹上下列置皆滿大小器件數千自明以下至乾隆爲止青花五彩淨地窰變皆近今稀有物也至西閣則有純廟御用蟒袍一襲刺繡工細蟒身純以小珠嵌成平均無跡毫無損傷且未變色純廟御佩小刀兩柄柄以鑽石嵌成精緻整齊寶光射目意者或彼時西洋教士供奉內廷者所製腰刀五柄各有名稱鐫於刀上其柄或青玉或白玉另鑲以五色寶石堆成花樣

更有朝珠一挂通身皆係珍珠徑圓至三分之大佛頭則爲青金石背墜係一天然精圓珠大如拇指盔一頂黑地嵌以珍珠週有唐古忒字更有寶燒瓶一個高約七八寸白質豆青彩琢以花有乾坤交泰瓶一個製頗巧其瓶高亦七八寸式如長項罇瓶肚則以銀錠扣相聯合能活動而不能分離提起由縫隙乃見其中更有極紅小瓶一個亦外間未有之物也有雕漆小盒一個大約五寸玲瓏剔透色近黝暗至於字畫則自五代以下宋元明及國初諸名家極夥皆裹以錦囊貯以本匣上海近出之神洲國光集惜乎不能得此十之一且無此精品也各幅或有名人題跋或書恭進大臣姓名項上皆有御覽之寶至於美術像眞品中則無過於西清續鑑之所繪國朝各省制錢（如同福臨東江等字之錢）及三代以下泉幣刀布之類或錢面綠鏽間以紅瘢或字跡糢糊已經土蝕維妙維肖形狀逼眞閱者每疑爲眞品嵌入紙中者及以手捫之始知皆爲紙上所繪眞神乎技矣

其他種種尙難徧舉

謹按我國自維新以來凡强國利民之舉無不步武西法舍短取長大之朝章法律文事武功小之器具房廬舟車服御近且設市場以興商務造公園以樂游人立習藝所以教養惰民拓種植園以研究農事獨至於博物之院美術之館尙缺如焉夫我國爲四千年之古國開化獨早文物最盛直駕全球而上之今乃窳敗陳腐因陋就簡日形退步大有一落千丈之勢顧不大可哀乎夫欲使一國文明進步必先使人民有優美志趣高尙感情然後層累直上馴致富强今歐美諸强國無論矣即日本新進一島國凡通都大邑無不有博物院美術館之設焉化私爲公與民同樂法良意美爲益無窮今我國以無數寶物閟藏幽閉一任其塵封蠹蝕消磨於無何有之鄉不惟淹沒靈秀使希世珍奇抱投暗之憾且使國民乏觀摩之益失競進之心閉其優美感情阻其高尙思想不寧惟是且使外人入國

觀光者但見其窳陋不窺其精華輕藐之情既生愛重之心何有在上者盍一審其利害得失亟效西法爲博物院之設乎

或曰所貴於寶物者識稀則品貴數見則不鮮且韞於櫝則倍形珍重炫於市則易惹禍災況以帝室之秘玩向市廛以雜陳不惟啓輕褻之端且恐致慢藏之誨古人深意不可忽也曰惡是何言也試觀我中國古今收藏家不曰子孫永寶則曰不出戶庭夷考其實則不出戶庭者反多移於外國子孫永寶者未見延及三世其弊則在不以公而以私也今各國之典型具在成效昭然利害得失無待刺刺是望大有權力者以大公無我爲懷詳切奏陳請建設帝室博物館於通都大邑之軒敞妥適處將久秘不宣日就淩替之品物公之國人一國之寶物以一國之衆共賞鑒之共保護之既免監守自盜之虞復免湮沒不彰之憾一舉數得何樂而不爲哉

十七日早如常午同友江南春飯歸寓梅生女士來談近作詩章僕學殖荒陋俗塵八斗興似竹枯胸爲茅塞久矣女士去後因枯坐無聊乃勉强依韵塡砌四律姑附於此以博一笑

恥將屈宋作衙官作古從來我自歡落筆萬言匡時策揮戈一叱折衝鞍眼中易涸千行淚胸次難平萬丈瀾獨有嶺松强人意孤高臘盡不知寒

傲骨從來不畏寒偶從邊塞試征鞍不經破壞難言治惟有殷憂始得歡豪傑趨時同中酒英雄造世總因官競存優勝參天演擾擾徒興萬頃瀾

日新機局若翻瀾盲進勞勞擾百官不識民天事邦本可憐葛暑竟裘寒一家哭切千家哭萬姓歡空數姓歡百度待興民智昧不堪愁思壓征鞍

興嗟髀肉久離鞍壯志而今未肯寒痛我何方奠磐石憐他平地起波瀾不圖疇昔干戈忿遽易今朝槃敦歡豈計傷廉與傷惠但無災患且居官

十八日清早起偕柴君赴新車站回津友人挽留不忍遽別意極殷厚至堪銘感此次僕以病出游原無目的行雲流水隨地盤桓惟因柴君略有私務回津料理因念同出同歸亦免長途寂寞故與在奉友人更訂後約平原十日飲姑俟他日凡事以留有餘不盡爲佳此次興未盡而遽返者亦勉制僕粗豪之素性從事含蓄意也開行後見河水已冰三五兒童於冰上嬉戲關外天氣早寒於此可見二等車中幷未生火寒威凜冽中人欲僵至三等車則男女擁擠疊足而立致難轉側觀之使人氣悶夫天下事無比較則不能定其優劣論其是非今但論營口達奉天火車中日鐵路各一兩相比較則我中國相形見絀之情眞無國格矣試略言之日本之車極潔淨中國之車極穢汚日本之車有煖筒中國之車有爐空設尙未生火日本三等客位多時即行添車中國三等客位待之不如猪狗何則比如人畜猪三十必備圈以容納之若添畜至五十斷不能仍用三十之圈令其互

相蹉踏必擴其圈地使之從容也今我火車售票無定數人加多而不添車不知多加一車於管理人有何損少加一車於管理人有何益也或曰去歲十一月十六日東車行至溝帮子時天寒風緊轉瞬間即凍斃四人如此凍斃行旅已非一次僕乃詢問凍斃者作何處置曰不過搭於站旁次日掩埋而已又何處置之有嗚呼人以貧窮始出外謀生乃消息隔絶落得無名男子因凍身死八字可憐凍斃車中骨未必非春閨夢裏人念之爲悲痛不勝也雖然僕因此乃更有所悟今三等車中雖十分擁擠而不加車者想正官長仁慈之懷令其相偎取煖或不至時有凍斃之事歟嗟嗟中國人命之賤大地所無於乘船則如彼於乘車又如此抑或官長乃代天行道以過人滿之患以節生齒之繁耶嗚呼非吾淺識者所得知矣

車中與客閒談客乃津人久商於營奉間者告僕曰中日兩國火車之優劣幾於

事事懸殊搭中國車除頭等客位略得自由外餘者皆處於奴隸地位即如票房之訛索（車價零數不應索大洋而硬行使客出大洋任彼找還不按市價僕於各站屢見之心爲不平乃見票房貼有告示其中有搭客多方取巧及格外體恤等字樣嗚呼以資搭車乃受此等體恤長官知乎不知乎忌諱直言之國其效果乃如此）查票之呼斥三等車中賤人而過到站不宣告地名向車守問話不以禮回答其他瑣碎諸端不能盡述至日本之車則不然無論何等搭客彼輩皆以商賈之道相待非若中國以官長面孔相臨也且尤可異者日本之售票房專收日本國幣中國之售票者中國之錢反多挑剔不收若裝運貨物則更不同凡由營至奉從中國車運貨者至溝帮子則有稅由日本車則無稅中國車不惟有稅且抑勒阻難袖中暗遞之物非滿掛鈎者之意則不能速行也凡此種種中國官長知乎不知乎若不知而一任其腐敗則有曠職守難逃失察之咎若知而故縱

則其罪不容誅其心不可問是直狼狽爲奸爲叢驅雀蠹國殃民之尤也嗚呼國之興衰强弱豈有他繆巧哉一則實事求是奉公守法一則因循敷衍蔑理循私云爾僕聞其言頗中肯綮非妄爲訕謗者比因發公德心爲附錄於此倘言者無罪聞者足警使賢長官得藉以整頓萬一乎則不枉僕此次冒冷衝寒采風問俗意矣

由我國火車之不及外人乃更憶及郵局僕在津於初六日早致奉天一函爲告友人於初八日晚車迎接眷屬之事詎意此函至十三日晚始達又於十三日早七點前在營口總局門外郵筒親置一函致奉天囑友人十四日晚車相接至十五日午後始達又於奉天十四日午前置郵筒致本城一函至十六日午後始達以此三事質之居奉天友人友人乃責僕曰君係自取煩惱也倘有要信何不送之日本郵局日本郵局既速且妥從無悞事者嗚呼人欲愛國難乎其爲愛矣欲

推廣郵政收回利權者其聽諸

由郵政而推及電報由電報而推及銀行莫不條條相反大相徑庭僕亦不暇一一絮聒徒招嫌忌矣總之中外政治之異點於根源處迥不相謀一則用人行政量才稱能顧惜輿論自不得不以國利民福爲目的一則用人行政情面賄賂不恤人言量資本之多寡視情面之輕重以爲相當之補償而謀求得遂者既欲收還血本復欲優獲子金所以剝商困民孳孳其不足者亦勢使然也商剝民困累及全局國於何利當權者豈盡彝良滅絕毫不省識必誤國殃民而後快乎然頹波既墮跌宕掀翻竟不自主於無可如何之中利害兩權莫己爲切此所以倒行逆施趁火打劫者之多也笑罵由他好官自做尚不失爲識時俊傑何樂而不爲乎嗚呼一國而演成此鬼蜮世界人人自私同羣相賊欲競勝列强生存大地也得乎使愛國憂群之士直無涕可揮矣（日本電報價値之廉不啻倍蓰日本之

銀紙大小各幣到處一律流行中國之銀紙各幣則滯累困難言不勝言且大小洋之折兌匯撥一出一入喫虧極鉅不知何年我商民始脫其苦也噫）

或曰子於官長之苦心孤詣德政善法曾不一加頌揚而專毛舉細瑣妄事攻排雖曰志在警奸貪而恤困苦得毋詆毀過當乎且天下事旁觀者每不諳當局之苦言之匪艱行之維艱也

僕乃答之曰天下事無比較則不能分其優劣僕固先言之矣非若俗語所云長他人威風滅自己銳氣甘心作虎倀爲狐媚也且凡身經關外者倘非豚魚之愚誰不知利弊優劣之誰屬所不知者惟我貴官長者而已尤可怪者在他人則近悅遠來稱頌不已在我國則吝嗟怨歎怒不敢言凡稍具前識之明者能不驚心怵目思傾萬斛熱血爲滌刷此莫大之汚點乎此有心人所以不能已於言者豈有他哉

僕此次游於營口者不過二日游於奉天者不過三日所見聞者不過什一於千百已有如許可傷心可痛哭者倘知而不言則天良有所不忍但言之無濟則罪不在我過有攸歸至舍大言小不嫌瑣碎者亦自有說夫國家政治之犖犖大者遠慮深謀或爲吾小民知識所不及或爲吾小民利害未躬親遽加論斷每有隔膜誤會之譏今耳觸目接躬與膚受瑣碎諸端既爲個人利害之所繫且爲長官聰明所難周故聊一敷陳冀或得進步改良民受其賜古人云不矜細行終累大德凡事勿以善小而不爲火然泉達徐事擴充則弊除利興自蔚爲治化之盛矣諸公識此意亦知僕之呶呶不休者出於公而非出於私倘望當道諸公絕其私而布其公則國民幸福邦基鞏固吾之天職於是乎亦云盡矣

是日午間於二等車中尚不十分寒冷憑窗領略風景憂悶暫忘殘柳未彫遠山欲睡因憶及鍾味蘺子爵(鍾公名祺庚子全家殉難)甲午歲關外諸詩頗能寫

其胸臆爲低徊吟誦者久之撫今追昔感慨流連不知其爲悲爲憤也因附數詩於此以公同賞

馬首重迴意惘然天經地義豈空談名揚帝里身難隱生入遼疆死亦甘氷雪四山寒且滑輪蹄千里再而三先鋒殉節元戎貶赴敵彌教義憤含

人出榆關馬不停雞聲茅店幾番聽亂沙碎石來遼水秋柳斜陽過廣甯旅雁叫殘新月白寒鴉飛入亂山青春明恩遇渾如昨蓦憶蕉園涕欲零

馳驅千里飽風霜地角天涯問舊防旅跡眞教遼地盡憂懷直共海天長賢才在野時誰補險要無人事可傷立馬金山形勝地不堪民物久荒凉

軍營秋色雨蕭條恢復佳音久寂寥君辱甯教臣不死飯餘只有恨難消

熊岳南來氣候溫亂山滄海杳無垠停鞭忽聽村氓語如此巖疆坐付人

峰頭石立宛愁顏訪古揮鞭客思閒苦戰連年成浩刼世間多少望兒山

車次錦州停時略長見二三等客座紛購食物關外一帶沿站所售燒鷄頗肥美作金黃色價亦不昂每隻約洋兩角有零惟售茶水者頗覺欺人以薄淡之半開水一碗即索十文之銅元一枚因二三等客車槪不備客飲水（日本車則有飲水）人皆乾喝至站時紛爭購飲倉卒未遍及而車已開行不意行路難至今猶爲中國絕唱也

於錦州車站見一友人面目頗熟惜忘其姓字因向之探詢該處新政光景友人乃能指陳利弊侃侃如數家珍言近有一線光明倘經引伸類長毅力實行堪爲國利民福惟中國歷來官事有才志者權力不屬有權力者才志不及所以遇合之難千古同慨也比者有金錫侯君名粱者以官京師不得志鬱鬱適茲土蒙菊帥賞識俾知旗務昨派來錦調查一切以爲新政入手公之來此不十數日挈領提綱有條不紊計分調查事爲八項一土地二戶口三營制四財政五生計六教

育七政俗八歷史

計分整頓事爲五條一旗務變通二官制改併三兵丁安置四地畝整理五欵項清查

計各事臚列十六表一調查總表二各城統轄表三地畝表四旗倉徵收錢糧表五戶口表六官兵原額及曠缺表七官兵俸餉地畝數目表八兵餉實數表九官兵隨缺地租詳數表十額外欵項數目表十一副都統協領正雜各項進欵表十二副都統協領掌管事宜表十三承辦差員事務欵項表十四學堂表十五旗務變通辦法表十六副都統裁缺交代事宜表以上皆調查所得併清出現款及每年餘欵各二萬餘金擬移作整頓旗務籌辦生計之用此皆化私爲公不動正款者也倘再清查地畝將歷年積弊一律剔淨則所籌出者尚可十倍以此練兵興學設工廠興農業其後利不亦大乎錦州試辦果收其效他處踵而行之又豈僅

三省蒙福而已哉僕聞之未加可否謹爲嘿記其說緣與金公叨屬知交倘從而揄揚之恐蹈附會標榜之誚夫我國由立憲預備之發表自當首及滿漢消融之問題顧消融滿漢則非裁旗不爲功以旗人二百餘年盡服兵義務不准謀事他項生產數百萬素無營業之人一旦口粮遽裁將嗷嗷其何待哺此籌畫八旗生計之大問題生焉但茲事體大久無妥適之謀畫雖曩者延君錫九之條陳羅羅井井切實可行然久之闃然無聞想當權諸公繁劇旁午於此重大之件未敢輕易解決也今以金公之大才細心卓識毅力倘得於彼久安其位盡展其抱負迨成績昭然各省仿辦所關於中國前途者詎小補哉僕喜極故不嫌其詞費爲附識於此

過錦州後無甚可紀迨日薄崦嵫朔風料峭同車之人皆寒噤畏縮有如蟄蟲更有一七十餘之老人涕泗長垂僵偃欲死見之令人酸惻僕乃憤然向車守詰問

既設火爐何不生火然則此項煤炭皆爲爾應得之陋規而轉售之耶車守乃亦忿然向僕曰吾亦願生火也但此項煤炭由何處領取君勿妄事挑剔少安勿躁可也僕殊不解其語往時冬季搭車實見有火然則今日或爲時尚早猶未發煤耶絕不至有無處領煤之理入夜一燈如豆燐燐似鬼火且無燈不漏人行其下每致汚衣至三等車中黑暗尤甚八時抵山海關寓於同豐棧

十九日早進城一游午乘轎車赴南海經日本兵營衆兵正在修路從事鍬畚極爲踴躍過此後邱垤高下樹木扶疎曲折盤旋頗饒幽趣數里中高柳長楊遮避天日聞皆前葉志超軍門駐紮時所植也少時過法國兵營兵亦修路按兵丁無事修路既便行人亦勞則思善之一端也再南爲德國兵營刻下已交還中國闃寂無人但餘數行鉛房而已抵海邊萬里長城盡頭處爲英國兵營但有印度兵數十駐守該處基址頗高原爲澄海樓樓已傾圮前面有海關安設之燈杆夜間

懸燈以爲航海者標的高基上有純廟御製詩碑半就剝蝕更有成廟與大臣聯句詩兩碑一爲祁寯藻書一爲姚文田書皆傾倒瓦礫中台下一碑欹立有天開海岳四大字石面糢糊無年月姓字可考然審其字勢似不甚古或明時物也台下少西一巨石俗呼爲老龍頭東望海岸水中一石矗起如塔俗傳爲姜女墳台上瞻眺良久天風浪浪海山蒼蒼大有超然物外之致台下正西爲龍王廟已一片瓦礫矣再西一廟爲海神廟係乾隆時敕建有乾隆御製詩殿中神像一無所存爲庚子聯軍駐紮時銷毀院内傍牆平列二碑係鮑春霆所書一曰北燕傳五桂一曰西蜀有三蘇句既平泛字亦俗劣不知何所取意也再西半里許則爲天后宮此廟雖爲民建然頗得形勢基址高約二丈以上由東面入門升階爲院落一所正殿三楹東西配殿各三楹前面一廳四周繞以石欄樹木周匝茂密再升階數層又一院落爲正殿三楹東西配殿各三楹前一牌坊高聳此乃廟之主殿

也一切神像亦凈盡無存已作西人消夏處西面一抱厦頗得勢繚以短垣俯臨清溪澄澈見底游鱗可數大有濠梁妙趣僕乃左瞻右眺逸興遄飛流連不忍遽去

山海關之勝景固在南海而南海一帶則以天后宮爲最勝處天后宮基址既高負山面海頗利眺遠而其尤得勢者爲廟中西面之抱厦憑臨一望北則峯巒層疊極崚嶒崇峻之觀西則遠山隱隱起伏迴環作拱抱之狀而東南縱目則碧海接天蒼波無際洋洋乎大觀也百尺欄杆橫海立一生襟抱與天開兩句堪以題贈况是日天氣極爲晶朗嵐光海氣融合蕩漾滌魄怡魂身置其間洵有浩浩凌空飄飄欲仙之概斯時也僕塵襟頓洗俗慮全消海鶴閒鷗願將終老不復問人間事矣已而夕陽在山淡霞照水蒼茫暮色漸幕眼簾不得已回首歸途北面白雲如帶斜繫山腰知爲城市晚炊餘煙結成匹練以娱歸客也無何冷雀投林啾

啁作響時見三五村人或驅犢作謳或荷鍤長嘯相與穿林渡澗而歸回棧後飯罷旋臥睡極酣穩

二十日早七鍾後搭火車行數刻至湯河下換乘開平火車至秦王島安頓行李後至海邊游眺見由岸上作兩碼頭伸入海中甚長大沽封凍後最便之碼頭也旋登小山至海關所設燈杆下坐眺山作紅色草木不生而三五洋式房舍迤邐相間皆西人避暑處惜是日風作天色將變無甚可觀惟有驚濤拍岸而已迴憶庚子新春由此履冰登舟南下時景況已有天淵之别移時歸秦王島街市一遊該街面積周圍不止十里然皆散漫疏落作蕭條狀商店雖亦不少皆冷閙無生意因向一茶肆坐聽村人談此次玉牒經過時縣中徵索差徭大有鷄犬不安之勢各舖戶挨家征收多者一元少者數角農民則以地畝計算尤可異者不論商民凡見其家有水缸棹凳杉槁之類皆以紙條貼記云備皇差之用且尤可怪者

凡見略大樹木亦從而貼記意若將伐以待用者民人懼則出貲以了合之亦非必爲砍伐尚有恩德也並聞該村有某磚窰差人則勒令出土坯二千運送山海關備用然此等土坯若以大車運送數十里凸凹之路不免盡成虀粉若從火車運送則爲費甚大不如向山海關就近購辦之爲愈也卒之亦蒙差役寬免折錢以去僕生長京師從不解差徭之事前聞此次恭送玉牒大典由火車行一免向年之繁擾不圖臨榆一縣所屬各村卒土報効竟至此極此爲長官所命乎抑爲差役假端勒索乎不可得而知也或沿路各州縣皆如此乎抑獨臨榆一縣如此乎是亦不可得而知也姑附記於此以闕疑

二十一日五更即起搭秦王島火車至湯河昨日午後兩次向秦王島車站詢今早開車時刻據該站售票房以薄怒不耐之面孔答曰明早無車開行後訪之他人始知每早俱有車開但須早爲等候而已嗚呼中國鐵路執事各人何其一道

同風若此豈其德慧智術一脈相傳演成此派乎八點後換通車近暮抵津車中無事以泰西名家小說自遣時行囊中携有賊史一部讀之不覺將僕素日之憤悶牢騷一時牽起茲節錄畏廬先生該書小序數言即作僕此次旅行記之結束云

英倫百年前庶政之竅無異中國特水師强耳迭更司極力抉摘下等社會之積弊作爲小說俾政府知而改之此書專叙積賊意在卑田育嬰各院之不善而司其事者又實爲製賊之機器竊物爲賊竊國家公款亦爲賊而竊款之賊即辦賊之人英之執政轉信任之直云以巨賊管小賊可耳

又云顧英之强能改革而從善也吾華從而改之亦正易易所恨無迭更司其人舉社會中積弊著爲小說用告當事耳

安蹇齋詩鈔

貧病吟 甲申

昔人云病中滋味不可不嘗窮途景況不可不歷余小子慣貧善病況味備嘗因作此吟以自厲

怪得昔人說歷病病來翻領一般靜欲淡情枯萬妄消竟於危難窺眞性天將大任於是人顛倒拂亂困其身試看古來大豪傑強半淬礪出奇貧吁嗟貧病不須恥善處翕人反深矣若不安分妄貪嗔災禍煩憂且蠭起我生何幸得遭斯困頓眞匪伊所思行止惟期義所在萬事從天分付之

述志吟 戊子

弱冠事漫游結想海天空昂藏頗自負志在建奇功振翮思高騫恥將流俗同憎不知艱難寧解安困窮不謂所願乖顛躓攖厥躬厥躬屢顛躓漸消縱橫志動輒

殃咎來大爲形神累鬱鬱無由伸數灑窮途淚憤志投毛錐干將思一試黔驢幾何能遼豕徒自異倀倀竟何之逐逐成底事昏昏朝暮間歲月等閒寘嗟予小子華彼蒼未終棄寵眷牖厥衷頓釋繆妄意補牢固未遲策鞭良非易寘樹愼其支薄冰凜厥墜監觀赫赫臨爾心思勿貳嗚呼念此悽且慚握筆情先醉韋絃示不忘五字聊爲記

附王君山司鐸和作

擾擾含靈者所務多虛空不識眞主宰負厥造化功飲啄天地間爭逐鳥獸同大夢終須覺噬臍悔無窮安得知幾人憮然返厥躬厥躬具靈根孰能奪其志長生原可期惜爲習俗累紛紛淪喪者言念堪垂淚聖教有至道君已自嘗試其味足飴心珍饈何以異朝聞夕死可惟茲一大事旁門與左道均在所當寘愧余無寸長緣何蒙不棄盛譽汗我言錯愛感君意一紙琬琰書百朋難與易

鏗鏘金石鳴錯落珠璣墜主誠崇相愛交道貴不貳噫嘻我心豈無情未歆渾

如醉願君勵神修名在天鄉記

讀王公詩再步前韵

一聆天鐸奏頓使俗襟空始知聖人事過化存神功此心言秉彝萬古四海同究

厥眷寵邀所致各有窮夫豈私曲然罔克在自躬順昌而逆躓聖狂判一志擾擾

攘攘者俱爲私情累歧途喚不回傷哉堪痛淚逐逐習俗沿從不虛心試豁然渣

滓消到此方知異奈何茫茫然視作等閑事買櫝竟還珠大寶懞惘賓不肖惡劣

身誠何主不棄導引矜恤之異膺實不意眷重責非輕副難邀何易少不慎厥持

崩然如傾墜努力愛春華乾乾無疑貳嗚呼神師勵我言和醇飽且醉短章一再

吟永矢銘心記

寄意

聖賢事業在彝倫豈外彝倫說潔身莫怪矯廉陳仲子亦緣世少可干人

大隱從來朝市居潔身須自潔心初孤山未是眞閒地鶴子梅妻累未除

贈馬背船庴客

君爲馬背船庴客僕寄池魚籠鳥身道義論交原貴淡肝腸期許務求眞傳來湖海山川句羨煞東西南北人經濟文章堪妒爾奇才何富我何貧

萬里行程萬卷書元龍豪氣慣凌虛不逢楊意空懷賦若遇屈平合卜居志氣自堪追管樂遭逢端不負嚴徐他年圖上麒麟閣相揖無忘訂笠車

有笑予詩爲點鬼簿者作此答之

消瘦非關吟句苦詩成點鬼慣堆塡元輕白俗從吾性不羨飄然李謫仙

留別

僕僕風塵牛馬走矜矜遼豕徒自守粗疎最厭事雕蟲坦率時欣說屠狗鯫生性

本成荒怪才苦支離德苦險大器難將作棟梁小就聊爲熟稊稗良師益友喜苔岑時淺翻能契洽深愧同不舞羊公鶴空負殷殷屬望心萍踪此日將他託兩地睽違無蕭索果爾海内知己存自然比鄰天涯作

讀主制羣徵偶成 調寄大江東去

森森象有是誰匠成者偌大天地山峙水流靈秀毓日月繫天昭麗寒暑以時晦明不爽萬物區厥類仔細思量能事洵稱獨至　說到自然而然究無根柢總是懸空擬不識惟一眞主宰相牽恫懞淪貳或陷利名或迷驕逸擾擾堪垂淚回頭猛省我生豈等閒事

滿江紅 論詩

滿目干戈是誰曾一詩退虜亦不過遣興消閒推敲旁午摘句尋章何所用搜腸嘔血徒心苦問羣生康濟更何能時艱補　擅雕龍誇繡虎巧摹擬工步武總魯

班門前掉弄大斧無題輕褻鄙義山薄倖猥邪羞小杜歎少陵每飯不忘君眞千古

賀新凉删改舊句 示內

往事卿思否廿年來幾嗔幾喜相偎相守漫道悲歡如水去題起心頭都有轉瞬間誰榮誰咎笑拔荆釵閒指點一椿椿欲說還搖手想從頭一夢久　已廿壘壘居人後更誇甚弓開百石書翻二酉縱馬天津橋畔路輕捷一鞭如溜到而今猶挂人口待遣串兒遊學去挽鹿車共向西山走甘藜藿同白首

附熊秉三先生和作 前調香山弔古

城市囂難處正思量枕流漱石滌濤塵土重訪故宮搜舊跡是否夢泉甘露更惹起悲凉今古歷數翠華人去後看銅駝閱盡風霜苦興與廢等朝暮　雄圖霸業今何處只空餘危牆敗堞無人迴顧賴有書生能好古收拾棘荆禾黍幸

留得江山如故更上層樓窮遠目怕斜陽一角籠煙樹殘影外又笳鼓

癸丑除夕丹徒馬湘伯通州張季直兩先生同來山中度歲甲寅元旦相與登梯雲山館張蔚西成七絕一首云

曉來嵐彩四山浮雲外晴光杖底收獻歲願教成吉讖年年常伴赤松游

今歲梯雲山館已由張公捐欵修葺完整復如前約惜馬先生以病未能到乙卯元旦天氣晴和相與談讌其中一時極爲歡暢當此時局沸擾舉世惶惶此樂詎可多得僕本不知詩率寫四絕聊伸鄙懷亦打油歌類也

久拚身世等浮漚貴賤悲歡一例收獨有天人悲憫念未能一日去心頭

二老誠爲天下老力將砥柱挽狂瀾愚公之愚不可及誰毀誰譽平等觀

抽閒又作香山會豈是徒矜風雅來莫笑山林經濟拙民天邦本要栽培

從來貴賤同一死畢竟賢愚各不同浮世愛憎冬夏日人間趨舍馬牛風

奉答通州張季直先生二律 有序

癸丑甲寅兩年除夕先生俱來山中度歲蔚西元日詩有獻歲願教成吉識年年常伴赤松遊之句昨乙卯除夕先生已經南歸此約遂虛丙辰人日忽奉到先生除夕見憶詩睠懷舊跡一往情深併承索山中娑羅子於南中試種且約俟先生八秩覽揆辰同賞此樹僕本不知詩且已多年不作韵語兹感殷殷雅誼在遠不遺雖學邯鄲步弄班門斧亦何敢辭非惟投桃報李用以爲好要亦藏骨浹肌敬備不忘云爾

兩度山中此守歲拈毫分韵互爭奇感君春樹暮雲意寄我草堂人日詩遊伴赤松徒有約坐看蒼狗竟如斯樹人樹木先生志豈是無聊慰藉辭

先生能不改其樂小子誠不堪其憂磅礴難名援溺志拘墟徒愧潔身謀寸心不滅空千刼大海能容納百流已就人間三不朽更期崇有溯源頭

主制羣徵奧博宏贍爲我國絶無僅有之作前重刊藉重題籤以廣其傳使人得識眞理靈言蠡勺精微翔實由有形推至無形從本性達至超性絶非機鋒啞謎恍惚迷離便詫爲甚深微妙者比亦擬重刊願同參證更請品題

丙辰秋日了劄餘纒逝將終隱覺民出紙索書率成俚句寫畢循省頗自慚恧既甘憫嘿何復饒舌殊不如右軍辭世帖之曠達也

中國不亡無天理此言吾揭十五年生氣漸減竟殘燭頹波日下眞逝川是非顛倒混淆日旦晝霿昏晦暝時有强權處有公理無愛惡時無是非倒行逆施吾豈屑智盡能索聊潔身是非一任悠悠口小築無勞寫畏人側身天地更懷古迴首風塵甘息機堪笑少陵殊不達一腔憂憤又奚爲

安蹇齋題跋小序

吾　師安蹇先生自癸丑退處香山立輔仁社備有古今書籍萬卷名人法帖亦百十種用資諸生之探討而吾　師雖年逾知命猶終日手不釋卷嘗訓諸生曰讀書當先辨明是非美惡然後取長舍短庶不致徒勞罔效至於書法雖爲小技然亦文人學士之所重爲精神上之美術我國千百年來所不能廢者生聞而誌之但苦學力不到識見膚淺或致買櫝還珠叩槃捫燭之虞每見吾　師於讀書玩帖之際興會所至輒信筆識之卷尾發表其意見既不妄褒亦不輕貶而是是非非足爲後學之圭臬斷非阿其所好加膝推淵者比也秀林因私喜曰是足爲啓發後生識見之秘鑰矣遂有彙集題跋爲一帙之志今歲丁巳仲春讀書之暇乃從事檢錄不日成帙因顏之曰安蹇齋題跋雖吉光片羽無異拱璧兼金敝帚之享大雅或無譏乎

丁巳仲春晦日受業張秀林謹序於香山輔仁社

題金忠節公文集

幼時讀書即欽金忠節公之道德文章至今年壬子秋日始聞馬相伯先生言金公中年奉天主教甚誠篤因亟覓公文集讀之見有上徐文定公書一篇所言尊奉主教之意極爲懇切毫無疑義而爲公傳者猶多方廻護以爲之諱飾其亦不明教道之眞義而去公之志遠矣

先此覓得公之傳略一本多雜以詭誕之說毫未涉及公之奉教辯論始末殆以流俗之見目天主教爲異端惜公闌入而代爲諱之耳此亦如吳子墨井世人但珍其書畫而傳記多諱其入道傳教事或稱爲飄洋不歸或謂其晚年仙去世俗心理舉皆如此此中國之所以不昌也今二十世紀五洲大通眞僞邪正之辨了然優勝劣敗之勢亦不得掩飾假借而守一先生之說者雖極冥悍當亦知所返

矣

文中凡關教理者多經改竄以語氣意義前後不合故也明眼人自辨之

題顧亭林文集

崑山之學與二曲純然相反生平精力皆用之於語言文字之末無怪其不以陸王爲然也讀二曲答書數通亦可了然大概矣

題劉海峯詩集

略閱諸詩襟懷不高超詞句不清醒而一種自命不凡處徒見其淺陋無養學無心得也雖然謂其不通固屬太過但勞勞畢生所得僅此亦何貴災梨禍棗自供其陋耶

題劉海峰遊黃山記

此文平鋪直叙頗爲清楚然不如曹賓及之記情趣悠然使人神往也

題劉海峯再與吳閣學書

韓愈之上宰相書爲後世所詬病劉以愈自況尤爲可鄙此皆不知爲己之學中愈之祟者也

題王若虛自祝生日見滹南遺老集

僕數十年中從未於初度辰知爲生日也其自祝與人祝更無論矣此外情懷頗與此老爲近

題蘇黄尺牘

蘇公晚年好言燒煉黄公晚年崇尚浮屠是以每爲儒者所不滿然二公皆克一死生齊得喪淡泊自甘樂天知命要不可謂非豪傑之士兹讀兩公尺牘雖其間不盡精要時有未脱文人習氣處然一種超乎流俗氣概千古尚凜凜如生也

題原板蘇黄題跋

是書之刻似板橋集但字體之蒼老飄逸不及耳然學者果能時時把玩亦頗可療庸俗之病

題木皮子

滿肚皮的憤懣牢騷發爲呵神罵鬼之談亦離騷之後一篇奇文也

題時人所譯馬哥博羅遊記

通閱全編譯者每以己意妄加批評其强作解人鄙陋可笑處不一而足嗚呼人之智愚不可掩如此後之學者當慎其筆墨也

題王丹麓晫今世說

從來文人習爲誕夸自相標榜者往往而有然未見自著書自稱讚與述他人之德行等量齊觀且層見疊出如此之不憚煩者是亦古今之創格也或所謂內稱不避親者耶

題六泉別墅筆記

通閱各篇固屬發於忠愛然冬烘之氣太多難稱通品也

題四爲堂焚餘草

勦襲於皮毛餖飣於詞句毫無心得者也但以文字論亦俗淺無味捐資刊布者可謂無識矣

題劉仁航所著孔教辨惑

孔教之所以不行其弱點太多以其本非宗教尙何足辯閱至傳教五洲段不覺失笑教理且不論而肯傳教於一鄉者誰乎他人且不論即著者肯犧牲乎

題士禮居藏書題跋記

輪扁以書爲糟粕謂古人與其不可傳者俱去矣然得魚未始不由於筌舍象亦何能喻理是以書可貴也後世藏弆家誇多鬪靡美惡雜陳不論事理專求皮相

雖縹緗萬卷終日摩娑何殊骨董之賈鉛槧之傭誠可惜也

題程山三世詩

秋水先生詩格高調古藹然儒者氣象讀之令人憤平躁釋　龐舟叟詩清奇豪放鬱塞之氣溢於行外淋漓慷慨有不可一世之概　統讀七古諸詩得豪放磊落之趣傾山倒海吞吐大荒矣

題張廉卿與張煦堂書

自三代而下孔孟皆非遇時者天豈至今始衰老耶此眞自命古文家之口吻也戴方劉姚以至上溯韓柳皆不免此等乖繆之見然後知所謂古文家者必具一種迂腐窮酸氣乃爲合格也

張稷若天道論畢竟多見道之言非此等以古文家自命者比也

題佛經

佛經敷衍道理每故分門別類誇多鬬靡五光十色意在眩人視聽其實細一按之毫無倫序可言非果有輕重先後之當分別也且其字面雖異而意義無甚差別者甚多總之崇尚分別者莫如佛經如一乘五律三藏八篋等數目字層次字無經不有而最不講分別者亦莫如佛經如講至玄奧處則疊以無無非非等字痛掃之必至使人不可捉摸而後已所以世間各教理再無過佛經之齟齬枘鑿者矣

題萬松老人從容錄

予自癸丑退處香山靜宜園日居萬松中因自號萬松野人嗣著萬松野人言善錄凡例中亦言與元萬松老人既非相襲固不相謀也幼時曾見老人語錄今特遍訪始得此集因記數語

題寒山詩集

僕於三十年前初讀寒山詩於全唐詩中後蒙日本德富蘇峯贈以單行本因喜其別具孤冷情懷時時爲人寫之至其涉於輪廻荒誕諸篇僕另有說以闢之固非以將無同作善惡混之論者比也

題三教平心論

徵引雖似淵博然當此科學大明時代不攻自破又豈能如辯學遺牘之源源本本而指明眞理之所在乎不知者閱僕此言必不免笑爲醯雞自封之見也

題四十二章經

此經想必宋以後人摹仿儒者語錄而爲佛言者也不然何與他經如是我聞之格調逈不相侔耶況又有既得男身生中國難等語此豈非中國人自居天朝之舊習流露於不自覺者耶

題遺教經

此經以苦行勵修爲本尙無荒誕乖繆處然而後世之僧徒大都與此背馳也

題主制羣徵

主制羣徵一書係遠西湯若望所著闡道精深實操天人之元鑰淸初諸大老歎爲奥博宏贍即置之周秦諸子中亦爲别開生面之傑作惜近世流傳絶少此本鄙人抱殘守闕珍爲枕秘者垂三十年茲見眞理日晦人心日非非有切實精當之名言不足以喚醒塵夢而挽廻狂瀾爰出是編重刊倂請馬相伯先生作序文一篇更將淸初諸大老贈湯公壽序賀文若干篇附印於後以備知人論世者得識當時梗概

題辯學遺牘

天學初函自明季李太僕之藻彙刊以來三百餘年書已希絶鄙人十數年中苦志搜羅今幸覔得全帙内中除器編十種天文歷法學術較今稍舊而理編則文

筆雅潔道理奧衍斷非近人譯著所及鄙人欣快之餘不敢自秘擬先將辯學遺牘一種排印以供大雅之研究是書乃利子瑪竇與虞德園銓部辯論佛教與天主教之異同及駁蓮池和尚竹窗天說四條其中推闡至理如剝繭抽絲詮釋精微如迎刃解竹豈機鋒啞謎恍惚迷離便爲甚深妙義耶乃四庫提要竟浪加評斷謂各持一悠謬荒唐之說以較勝負於不可究詰之地此等强作解人訶墻罵壁之談在今日眞不値識者一笑讀者果能用名理途術以科學眼光虛心探討自恍然於天人之故而正其指歸誠瞿曇之檃栝人道之津梁也

跋辯學遺牘

虞德園銓部事跡無考無從證其生平惟於朱彝尊日下舊聞引用書目內見有德園集下注虞淳熙三字該集爲銓部所著無疑惜亦無從搜訪以窺其學詣此外所見者惟論衡一序盖虞亦喜論理而尙懷疑者也至竹窗隨筆釋氏中目爲

勸善之書竟有捐貲重印以廣其傳者書中所記輪廻果報戒殺諸事大都村媼之談誠不免荒唐悠謬奈何世人竟不一究眞妄是非而冥行迷信如此乎亦可憐矣

丁巳之春承新會陳援庵先生晾以浙江通志中虞淳熙傳始知德園集有六十卷之多然其書終未易求又承晾雲栖法彙內蓮池見利牘後與德園書斥利爲邪說詈利爲么魔且謂格之以理實淺陋可笑蓋信從此魔者必非智人云云嗚呼道之不同不相爲謀竟至如此夫瞽不信日將謂無日乎不過自供其頑陋而已可慨也

題曹賓及黃山游記

孫文定南游記一篇浩浩萬數千言寫景叙事通篇一氣呵成固世間有數文字獨其於岱宗一節極力描摹登泰山小天下一語若河朔諸州星羅棋布中州沃

衍咸陽險阻皆可指數云云未脫文人駕空夸大之習爲新學者所詬病曹賓及黃山游記一篇雖專爲一山而作但文筆簡鍊羅羅淸疎誠不愧其所自言舉似情狀一語至登立雪臺望後海一段及篇末結語使人讀之殊不知手舞足蹈心曠神怡者緣其爲人人心中所欲言而人人筆下又不能曲折暢快以出之者眞妙文也曹之生平未詳亦不知尙有他著述否數十年來閱書獨於施愚山集中見有題曹像讚一首蓋一貴介公子而恬退不仕者乎

題五方元音

秦西以阿（照京音讀）哀伊敖烏爲諸音之母此眞母也以其爲天地自然之序且只有母音而無子聲也中國以宮商角徵羽爲諸音之母此但得其似也而於元音之中已羼入子聲矣創法者未能澈其源流所以自唐宋來講韵學之書無慮千百終不能使人了然每見老學宿儒終身鑽研一語及反切便墮五里霧中此難怪

也因古之創法者未能究出眞實根源而多方繳繞使人舍近求遠殊爲可惜僕無暇未能一一疏證另成一書以告世人聊以待之來哲即此數語恐解我所謂者亦不多也

題三希堂

竟日較閱各帖雖同爲一底稿而摹刻大有出入竟至優劣懸殊以此悟不可但就一孔之見以評斷古人也即如某帖中所摹永興汝南公主墓誌毫無神采及後得見眞跡始驚其玉潤珠圓與帖中有天壤之別又郭汾陽草書出師表鉤摹者但得其彷彿耳一日於某處得覩眞跡神采奕奕眞生龍活虎爲之胸膈爽暢者累日嗚呼美術之感人也深矣此三希堂殊非善本多有走失之處佳者尚不逮十之二三也

書爲六藝之一固屬形而下者然終身鑽研疲精役慮竟有不能窺其涯岸者嗚

呼生有涯知無涯之感不堪爲門外漢道也

泛論宋人之書遠不及唐以其既乏古雅趣味而筆力亦頗弱劣耳

題蘇東坡書

潑墨齋中東坡送梅花帖頗具超然之趣此中所刻蠢俗全失丰神矣

題黃山谷書

統觀諸篇皆緣刻工惡劣故點畫糢糊毫無神韵此本惟當陽一段尚佳與他迥不同也

題米元章書

學書至今年已四十終不解米家書之妙處惟覺其既俗且滑惡劣之氣撲人世之讚之者眞莫名其妙也

題趙松雪書

無盡居士僧堂記一文頗超脫且痛切爲平常不可多見者松雪之書亦流利可喜足作山中淸玩也

題迺易之書

此册迺易之所書挺拔而不流於枯燥圓潤而不流於臃腫初學玩之足得書法正軌詩亦雍容和厚無輕浮靡麗習氣可貴也

題張來儀書

卷內張羽所書懷友詩初視之似病寒瘦細玩之則挺拔流利別具一種幽澹之趣宜時一披閱以滌塵襟

題唐人殘碑

此帖雖殘缺糢糊然鐵畫銀鉤神采照人慧目人當會心於皮相外也

少陵論書貴瘦硬字外出力中藏棱之語堪題此帖也

題潑墨齋帖

時局鼎沸百無一可焦憂煩懣惟展玩古人法書尚得片刻快悅何必嗟困窮但看眼前溷𤸰猶多不及我無須傷老大莫論身後生存尚作未亡人

題寶賢堂傅青主跋

連日讀霜紅龕詩神思爲之一快憶此帖有青主先生一跋筆法峭拔因檢出觀玩惟惜糢糊太甚秖得其大概而已

題古寶賢堂帖

年來嗜好消磨都盡獨此披閱古人法書嗜愛之情不能蠲舍眞成結習矣

題劉文清公眞蹟

書法雖爲小道然非天性相近加以畢生精力不能造其妙境有清三百年來書

家雖代有其人然若板橋石庵兩先生匠心獨運生面別開者實不多覯

僕書俗劣可愧看來四十猶如此便到百年亦可知可慨也

辛亥之歲患病於津門約兩月之久未嘗下樓日惟以披玩各帖作消遣此中趣味大足娛情悅性未可與不知者道

嗚呼先生精妙非常人所及也不勝望洋之歎

此册所集不及曙海樓之精亦不逮清愛堂之妙

世之學公書者不惟依稀彷彿但得其皮毛且染一種蠢拙頹敗之習學我者病此語若爲公發

丙辰臘月風雪連朝閉戶擁爐書帖是對實人生不易得之清福也此册石庵先生書不盡精美然其佳者實有行神如空行氣如虹之妙其妙處雖不離形跡而絕不可以形跡求也

甲寅春日偶於書肆中見一老人持此求售遂購之數年中所搜羅文清字種數甚多此篇別具洒落之致後半不甚佳妙

石庵先生書法之超妙固爲世所寶愛獨怪先生每不能寫月字無論大小眞草凡月字皆惡劣眞不解矣

題劉梁合册

石庵書乃能於極拙滯中爲極秀媚非後人所及也

每見人以劉梁兩家合册梁豈得與劉同年語耶眞不解矣

題成親王臨古帖

曩弱冠時極愛詒晋齋各帖覺其秀美可愛迨後閱歷既多乃覺其稚弱頗未詣老到處今觀此册雖不能與古賢抗衡然究非時輩所及

題澄清堂帖

癸丑十月初九日廉南湖過津贈此併南湖四美畫册畫移贈藴華此册留作紀念然未解其妙謹待學識造詣有進證之

跋曾俟園墨跡

明道先生作字甚敬云非爲字好即此是學白沙先生謂法而不囿肆而不流借游藝以陶情調性僕於書法源流無所知然最愛披閱古人名跡自珂羅板之法行於所謂希世之寶者雖寒士亦得飽眼福今觀俟園書雍容大雅假以歲年戛戛乎造於古不難也

跋徐進之殘幅

咸豐季年先生寓於京西萬泉莊日以吟詩作字爲事曩見張氏所刻各種頗有拔俗之概此幅非得意之作承甯子楓都戎見貽援衡山補東坡赤壁賦例妄爲續貂後六十年丁巳二月誌

跋靜宜園全圖

香山靜宜園爲淸皇室五園之一自庚申遭兵燹後殘毁迨壽歲壬子由喀拉沁王福晋及英淑仲女士等向皇室請領保存藉以興辦女學女工蒙前隆裕皇太后慨然付畀衆乃推英華經理其事暇日踏勘舊跡併證以日下舊聞考倩烏君希之詳繪此圖一年而蕆事既以誌前朝之勝跡復爲抱殘守闕者之助焉近已將見心齋梯雲山館韵琴齋三處陸續修葺此後倘能日就月將非敢望復其舊觀庶使數百年勝跡不致日就湮滅是亦愛國者之所心許也夫甲寅九月

以上各段不過僅就吾　師於書眉卷尾信手揮灑者檢點抄出如此耳至吾師平日口中評論未經命筆或寥寥數字不成片段者較此不啻倍蓰姑待日後追錄編輯以備賞奇析疑之助秀林附識

跋

此篇編輯蕆事以之似諸友人友人慨然歎曰中國自海禁大開新機輸入動輒步法東西乃慕鶩舍鷄併華夏數千年來固有之國粹亦至羣相唾棄屏諸淘汰之列而文學於是乎寖衰矣乃又有所謂報館文章者餖飣糟粕泛濫支離此唱彼和習而不察斯文之弊乃尤甚焉以言夫詩則詩道之微也已久昔龔定庵氏謂略工感慨是名家是詩道之衰微人才之消乏概可想見今讀安蹇先生之文痛快淋漓毫無依傍至其詩格調之高神氣之古出入康節山谷之間雖所選止二十餘首而言志寫情一脫風雲月露之浮靡然則斯篇之輯其後學之津梁歟起衰繼往將於是卜之予聞之矍然起曰子之言當否非所敢知顧僕之意尚不在此竊以自有清末季世道人心之壞已極士大夫飾智巧以逐利祿其知尚廉恥崇名節者殊少見焉先生退隱香山淡然與名利相忘結社講學相尚以道毋

亦君子以身易俗之意歟貪夫廉懦夫有立志端在聞風興起者矣至文中如覆某女士書痛切詳明示人以身心性命之指歸際茲天下滔滔尤足發人深省而其中所云汲汲掖人於道豈樂陷人下喬入幽蓋同善之懷迫之使不得不然耳其悲憫志願如見肺肝而先生之所以爲先生者益可知矣是豈昌黎作書詆佛之類所可同日語哉原輯舊作都百餘首經先生見之謂爲浮泛無用因痛加删汰僅存此寥寥數篇至於題跋則同門張仲實檢抄於書眉卷尾其用力亦可謂勤矣此外未經檢出者尚不知其凡幾學者於此果能引伸類長足爲讀書論古之助固非予輩阿好之言識者當能鑒之此後吾　師如另有新著或同人再有所得仍當隨時付梓公諸世人是亦弟子輩應有事也

丁巳仲春門人津沽陶覺民謹跋

安蹇齋隨筆

解題

《安蹇齋隨筆》，1920年據英斂之手稿照相版印，封面題簽題『安蹇齋隨筆』，署『庚申春初孫壯題』，綫裝，一册，本書所據底本爲上海圖書館藏本。多係英斂之1917年冬及1918年手書雜感，惟末一篇書於宣統三年（1911）秋。

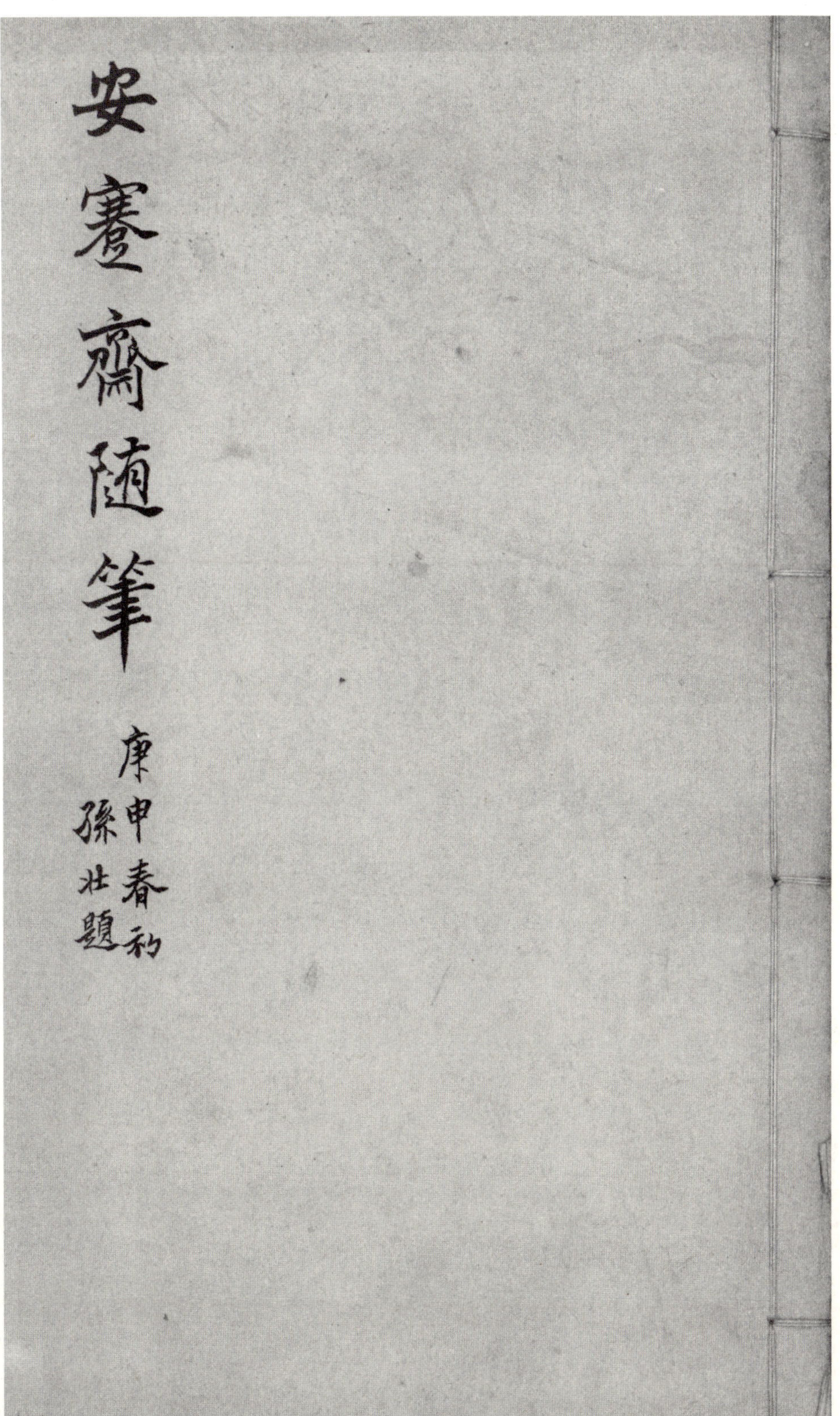
安蹇齋隨筆
庚申春初
孫壯題

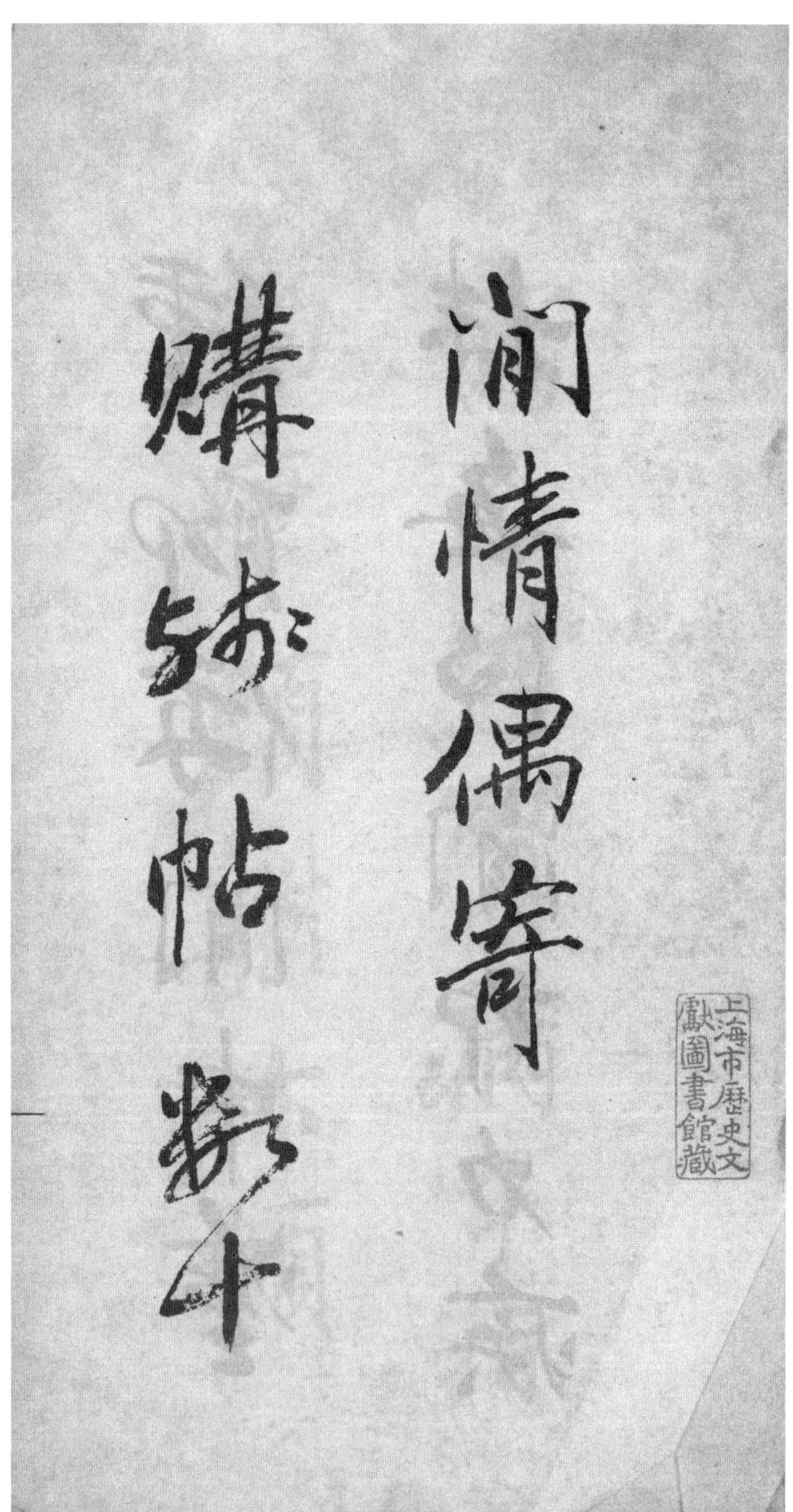
閒情偶寄
上海市歷史文獻圖書館藏

種聊復閒中塗
抹每得閒即為疾

寫之因臂病手指
拘攣頭腦亦須

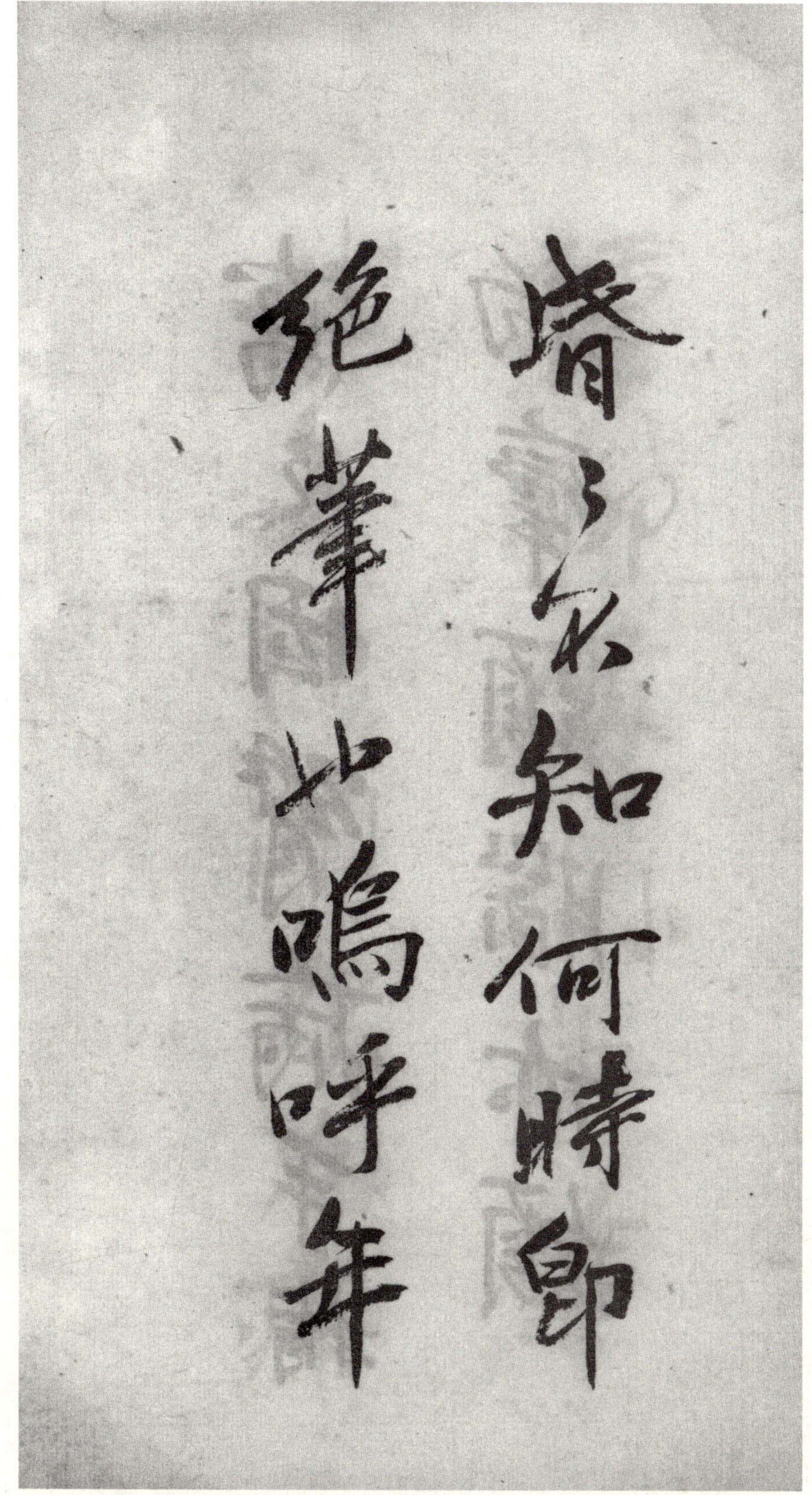

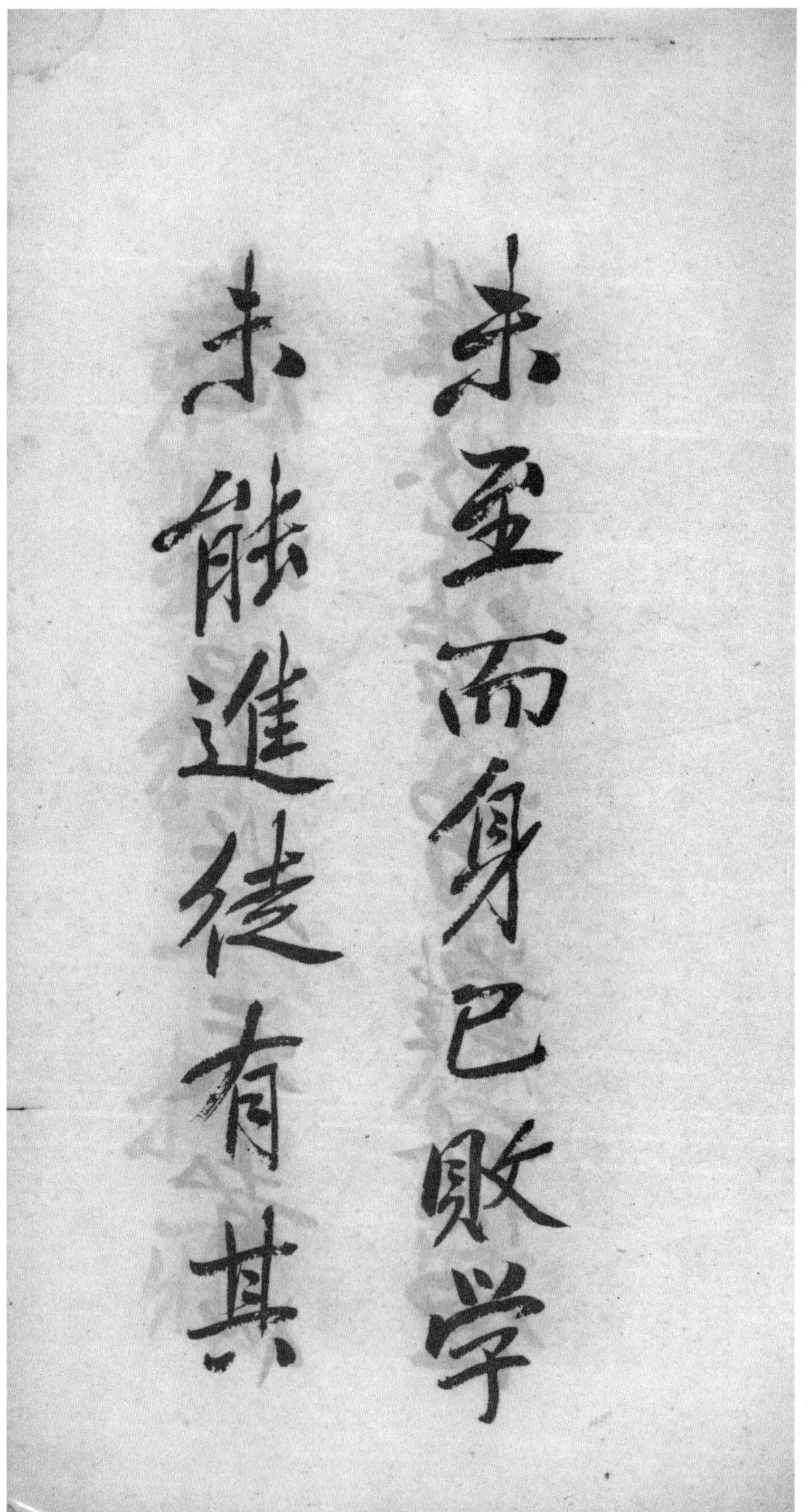
未至而身已败学
未能进德有其

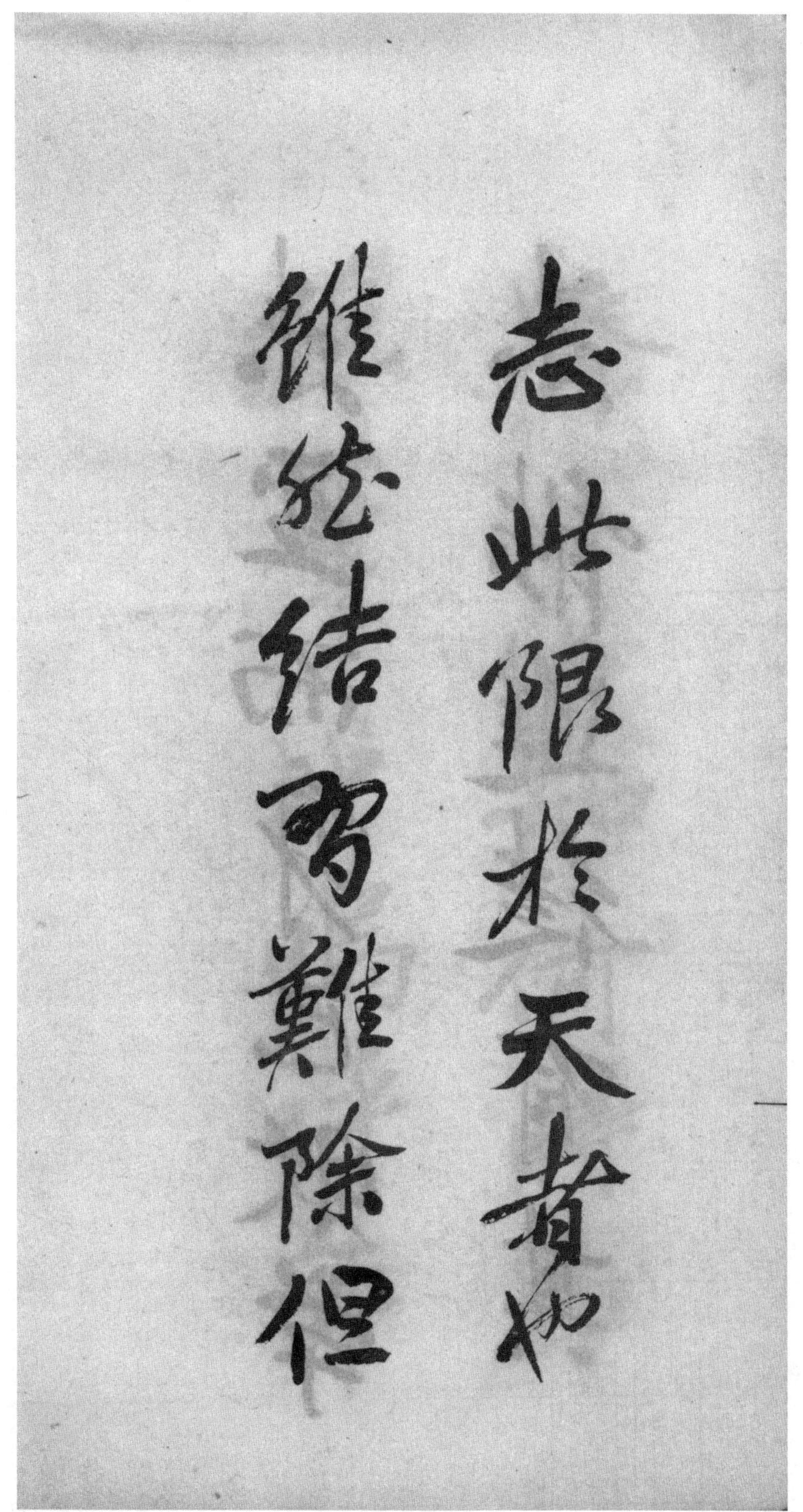
志此限於天者也
雖然結習難除但

能握管日便塗

鴉數行工拙雅

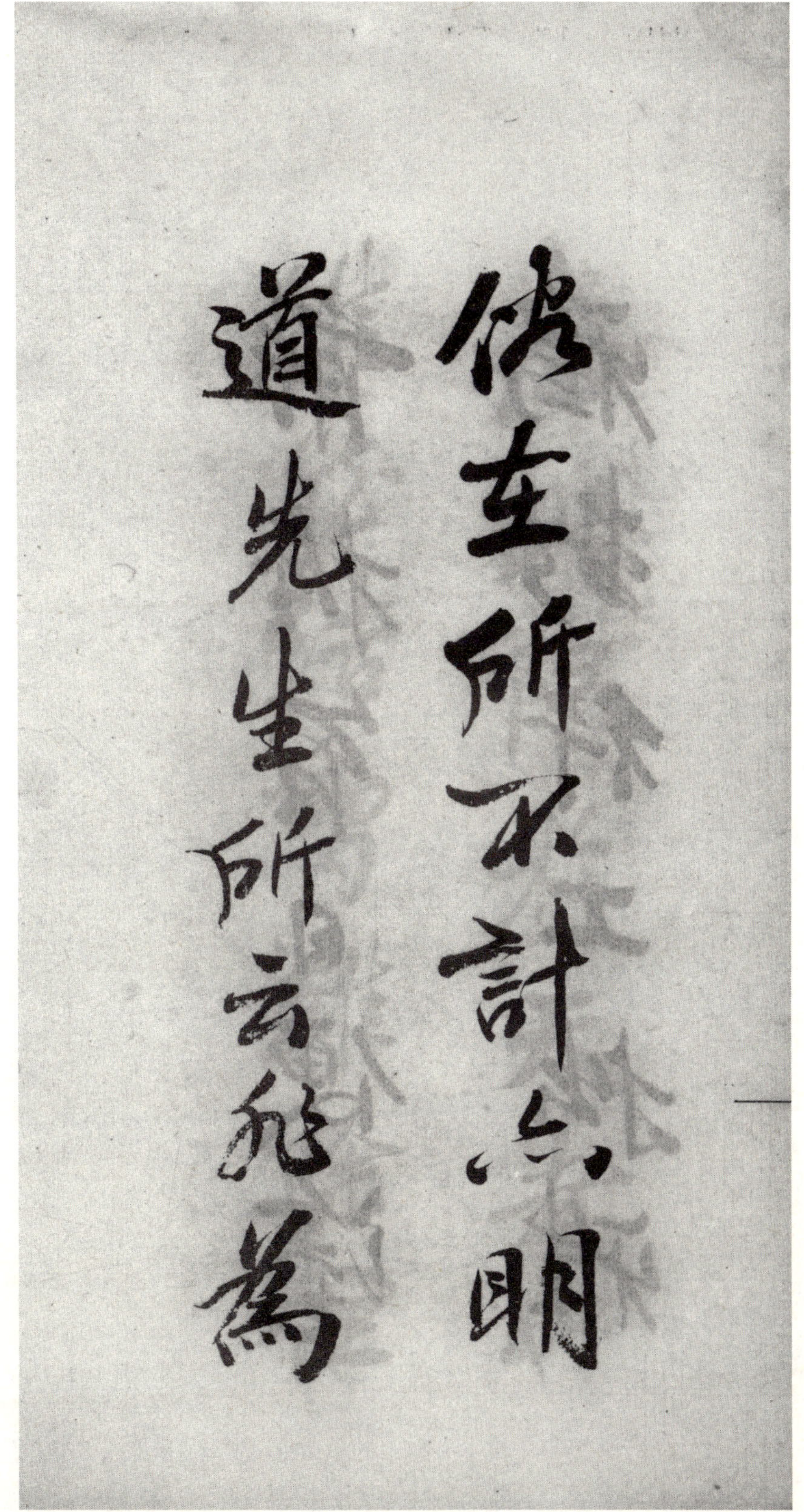

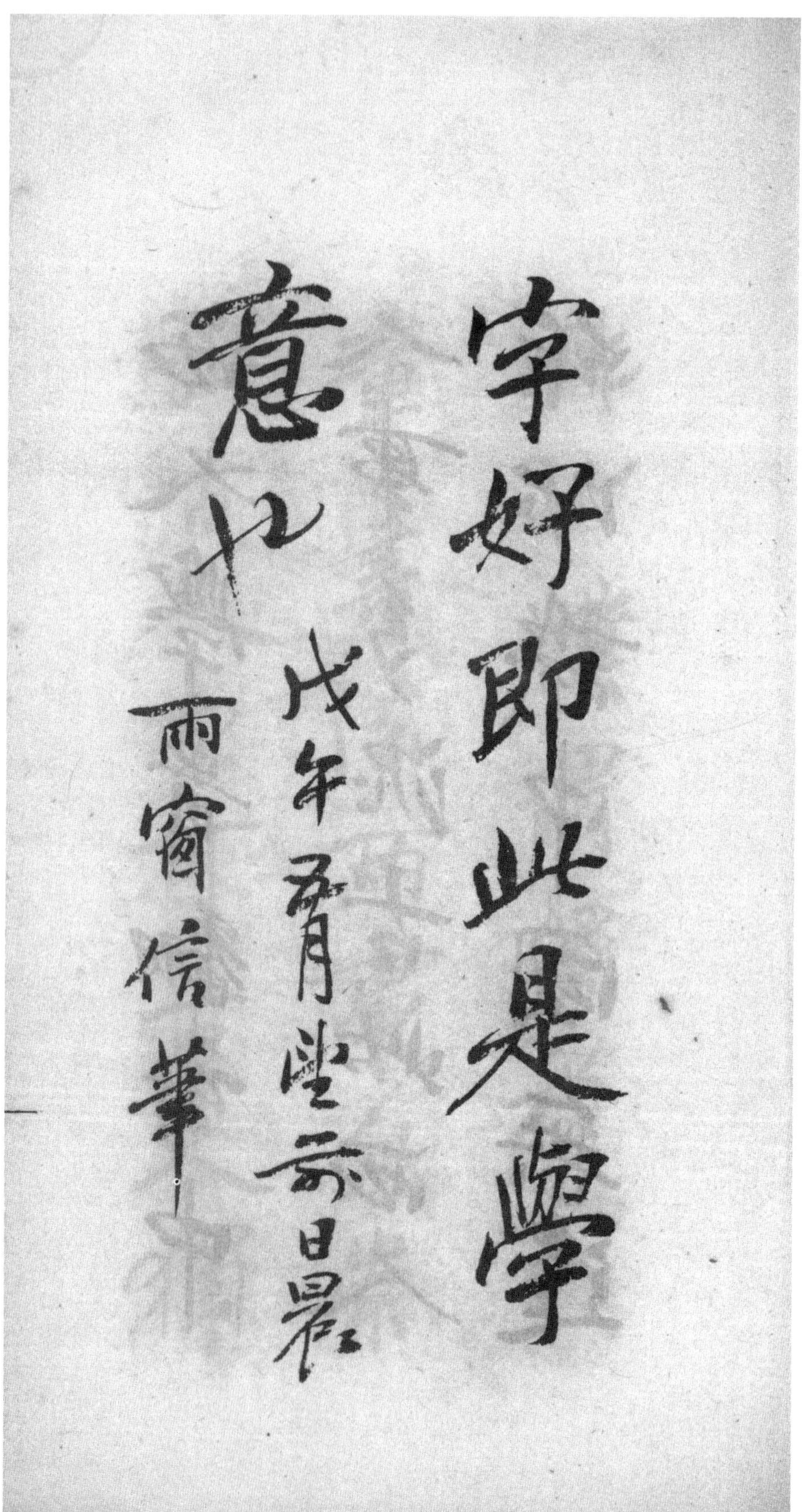
字好即此是學
意也
戊午年五月望前日晨
雨窗信筆

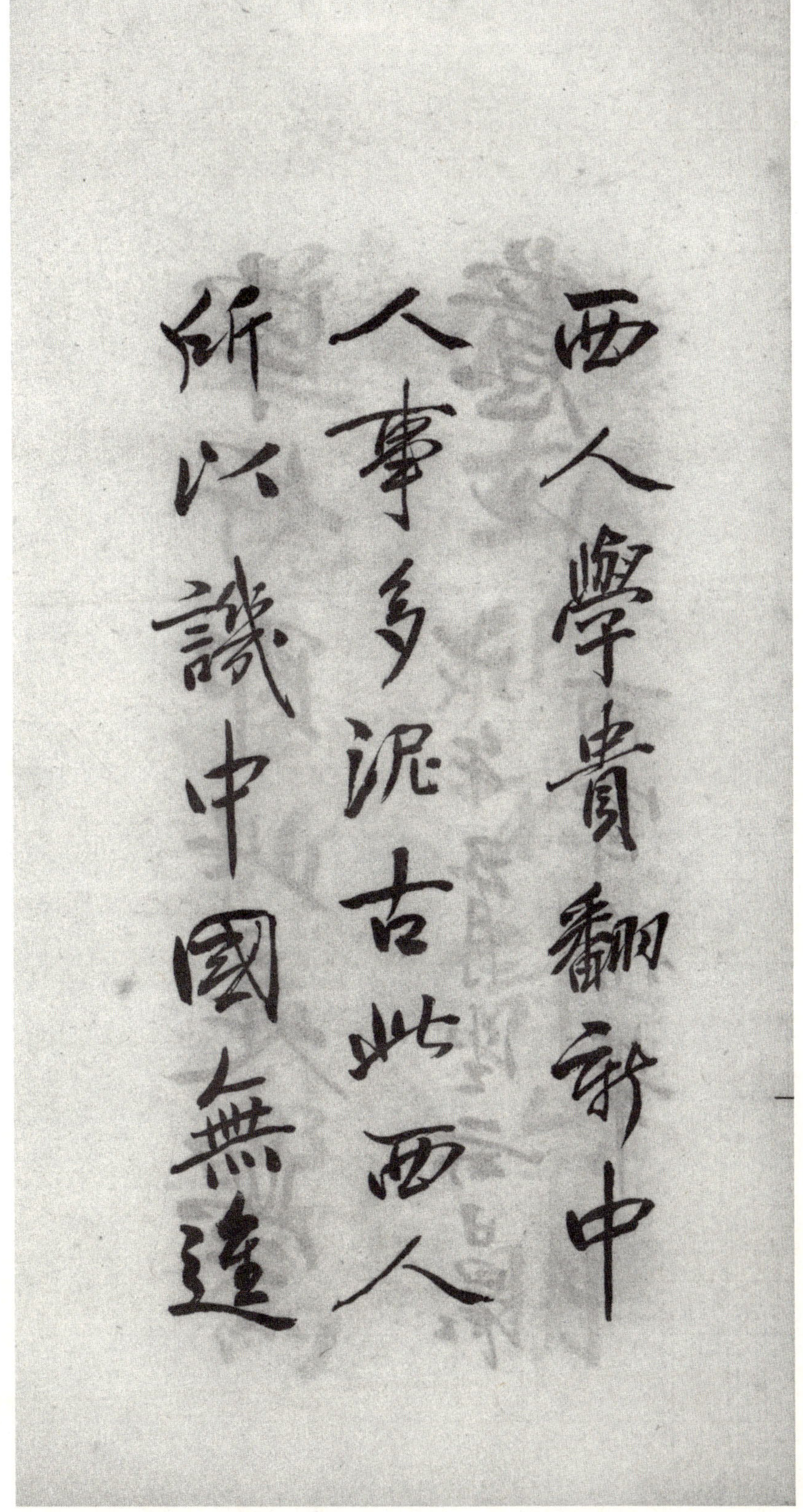
西人學貴翻新中
人事多泥古此西人
所以識中國無進

化也儀謂獨於文

章書法兩事能崇

於古人不可古人獨

到〻處皆人萬不能
及所以氣運之說亦
非全無理道因舍此者

無可為維如試問西
洋文學家有不崇
拜亞利斯多得蘇格

拉第者手所谓金时代银时代之文章判然不同绝非强作分别

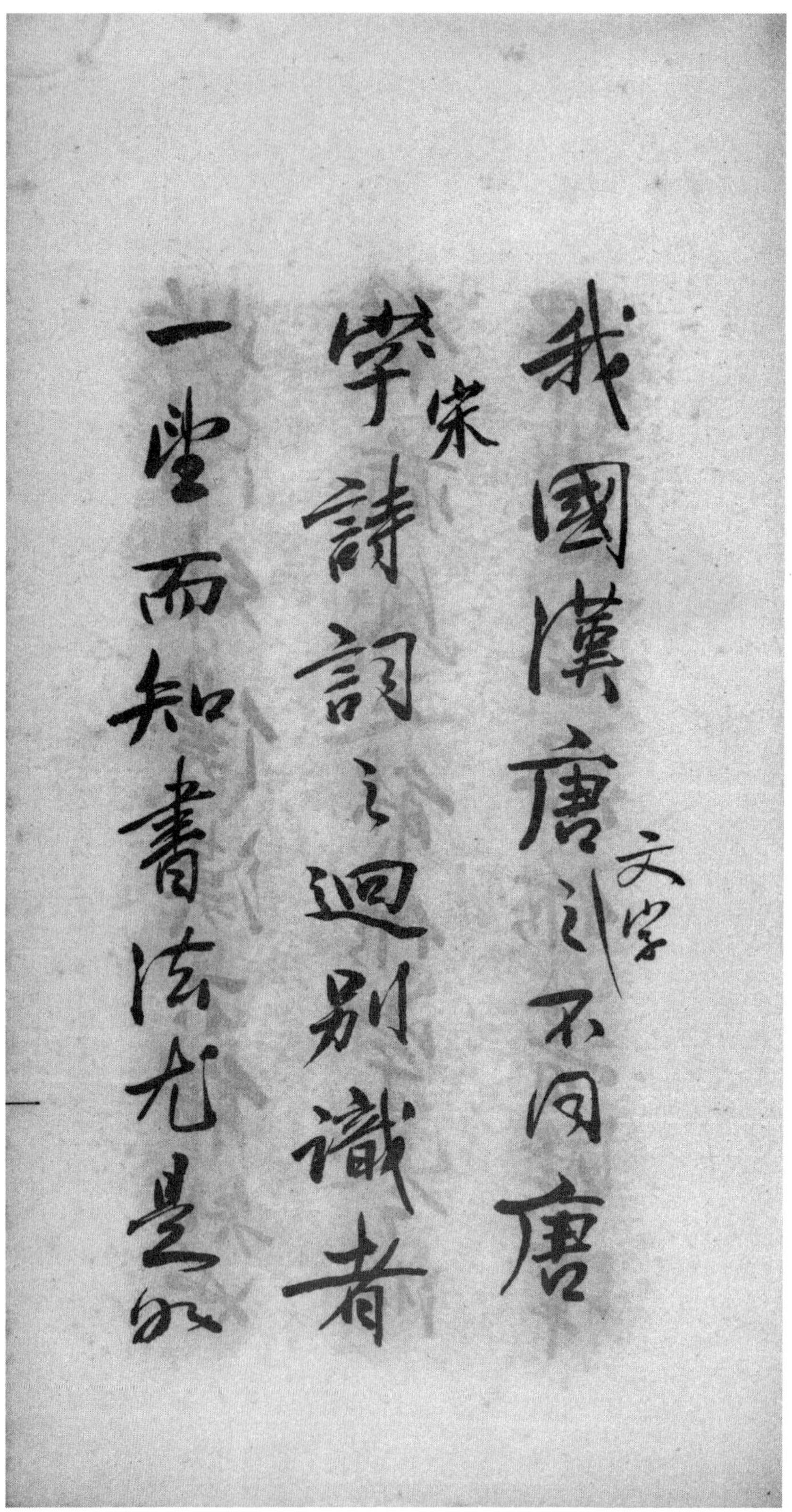
我國漢唐之文学不同唐
宋詩詞之迥別識者
一望而知書法尤是然

此門外僕漢不能知如
臂病後不能作字今游
歸怱怱思作書信筆

記此意賑修其詞句

所謂祇可自怡悦也

戊午五月初七日晡刻

病瘉後力疾書寫半為

遺悶半為記事備忘不

能握筆時則此冊亦遠

家豆珍矣一日内子淑仲嘗
君予云何名心之不退也予
告之曰吾書維忘勞結

習已深舍此無以為道明
道所謂非為字好即此是
學白沙所謂以正吾心以陶

吾情以调吾性予敢窃取
斯意孔子谓博奕犹贤于
此岂不亦贤于博奕乎戊年

二月初六日酉刻信筆寫於
鄭圃慈幼局男孩所之局
長室北窗　斂之識

今年晏客於且樓所約者劉潤琴馮公度金拱北張展雲初於樓上观書冊繼於樓下飲讌相設甚歡此緣皆為

慈仿局事故有此酬唱也
耳自還居參山以來久不涉
足假肆凡酒食徵逐一概謝
絕每誦放翁自嗟不及東鄰

叟至死無人識姓名向無限
感歎飛閣於冷齋鳴高亦實
以世俗種種或攀緣要挾或言
不及義無味已極可誠視之如

渙如今為拯災慈善予聊一
破例共為雅同其趣然異畢矣家
玄以維步覺疲倦從未甚不
真特提筆識此
丁巳十二月廿三日
晴甫敘之

僕書法之劣終甚於
帖背塗鴉兒者無好
之有玄縱明病發

汝手指拘攣恐此後
不能作字矣而索字
者絕
絕多僕豈得春蠶

自惜不自供其醜乎
余所寫帖背四冊已
經摹元甫備帖換去

今伯恒又出家所藏帖
囑攜還便中一一為
之塗抹僕不禁自笑

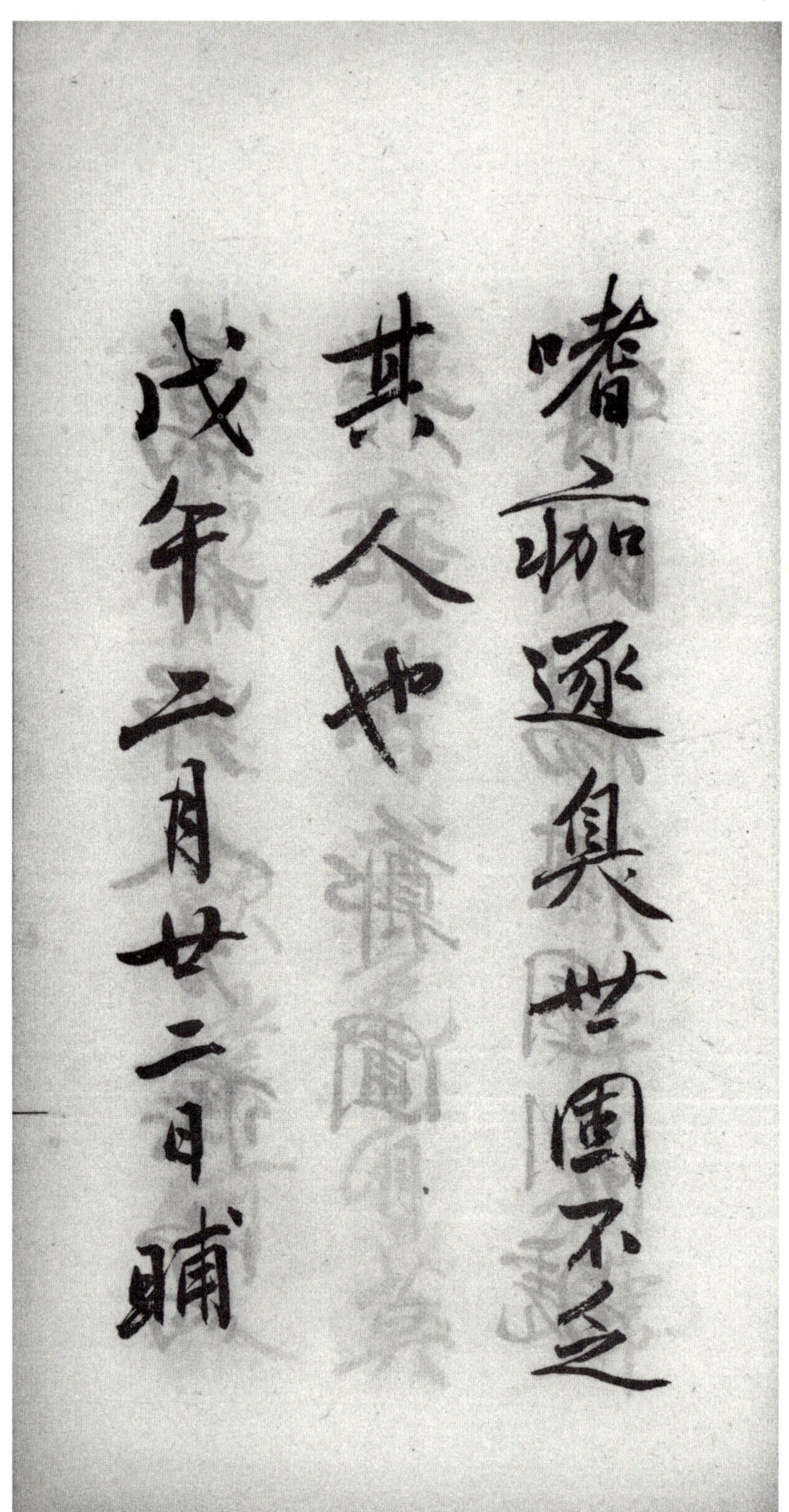
嗟亦如遯奧世罔不之
其人也
戊午二月廿二日晡

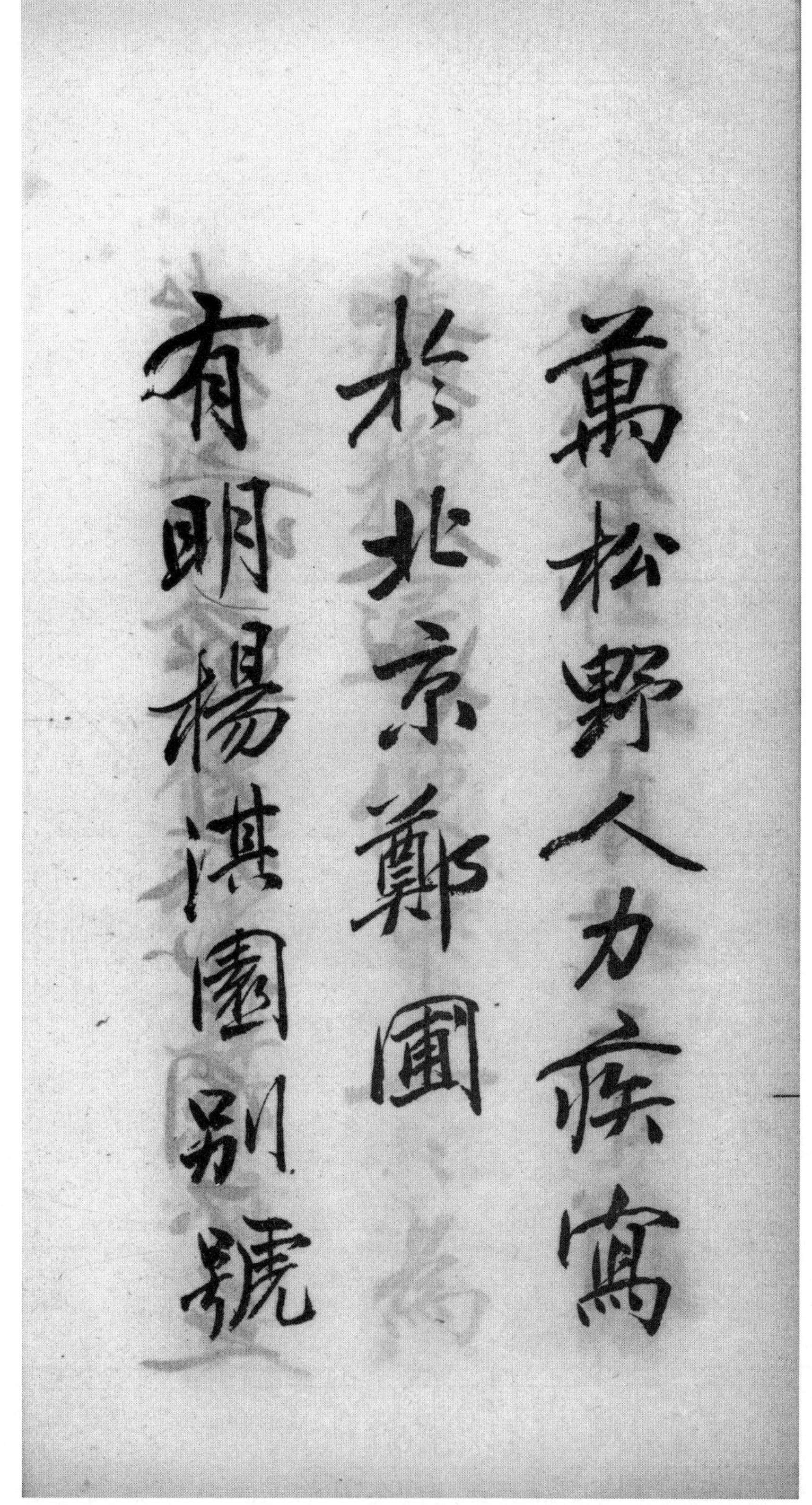

萬松野人力疾寫
於北京鄭園
有明楊淇園別號

鄭圃李我存別歸涼庵皆不免有莫我知也之歎僕何人

斯敢妄效顰乎今

之亦名鄭圃者寔緣

地水災善後之慈幼

爲儕居鄭鄉之花園名符其實殆有所寄託也

二月廿二日晡

信筆

馬上征鞍(衘)頭喊叫一樣归
為有達將何采竊更
不如株守此板橋詞中

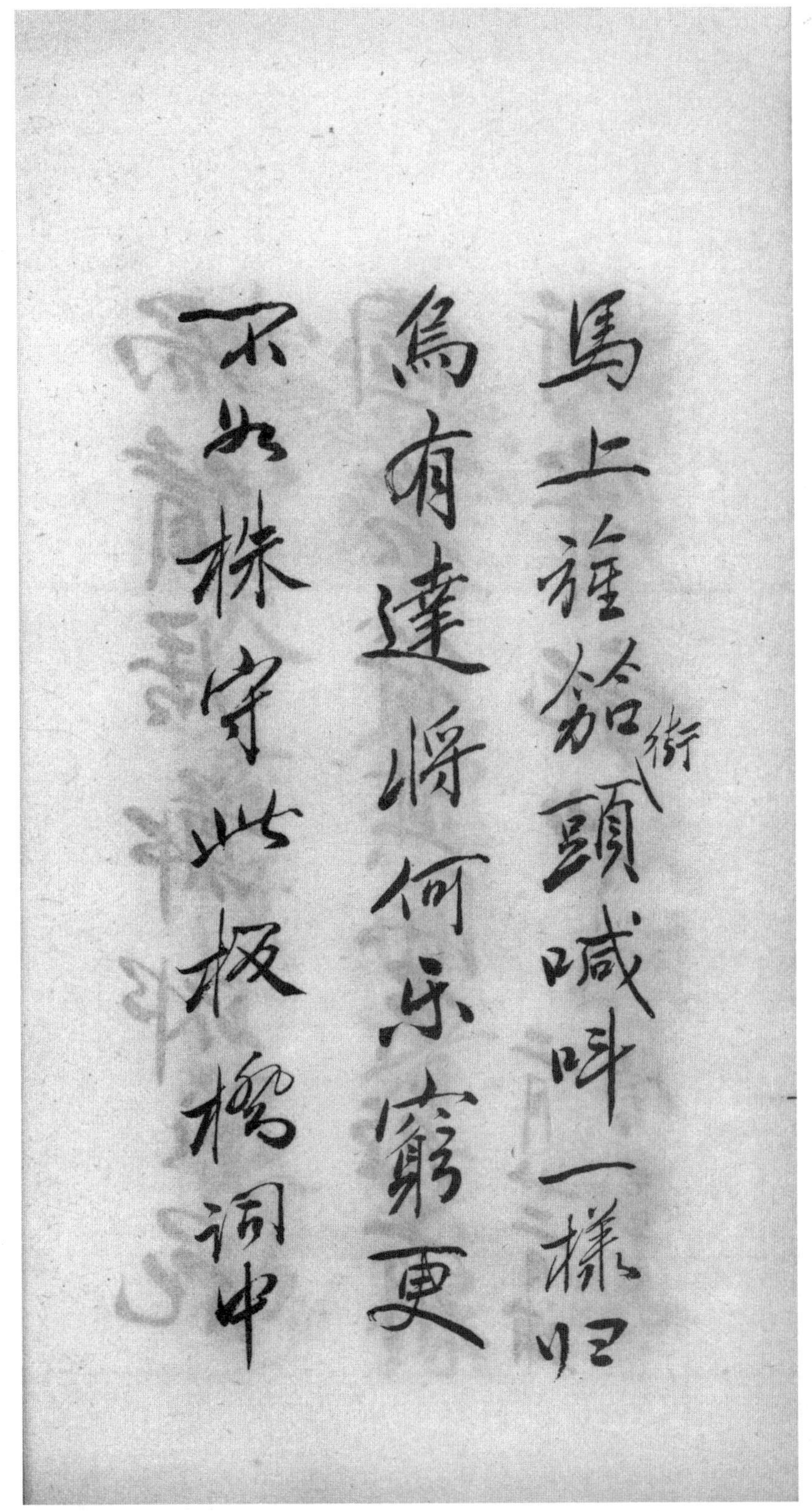

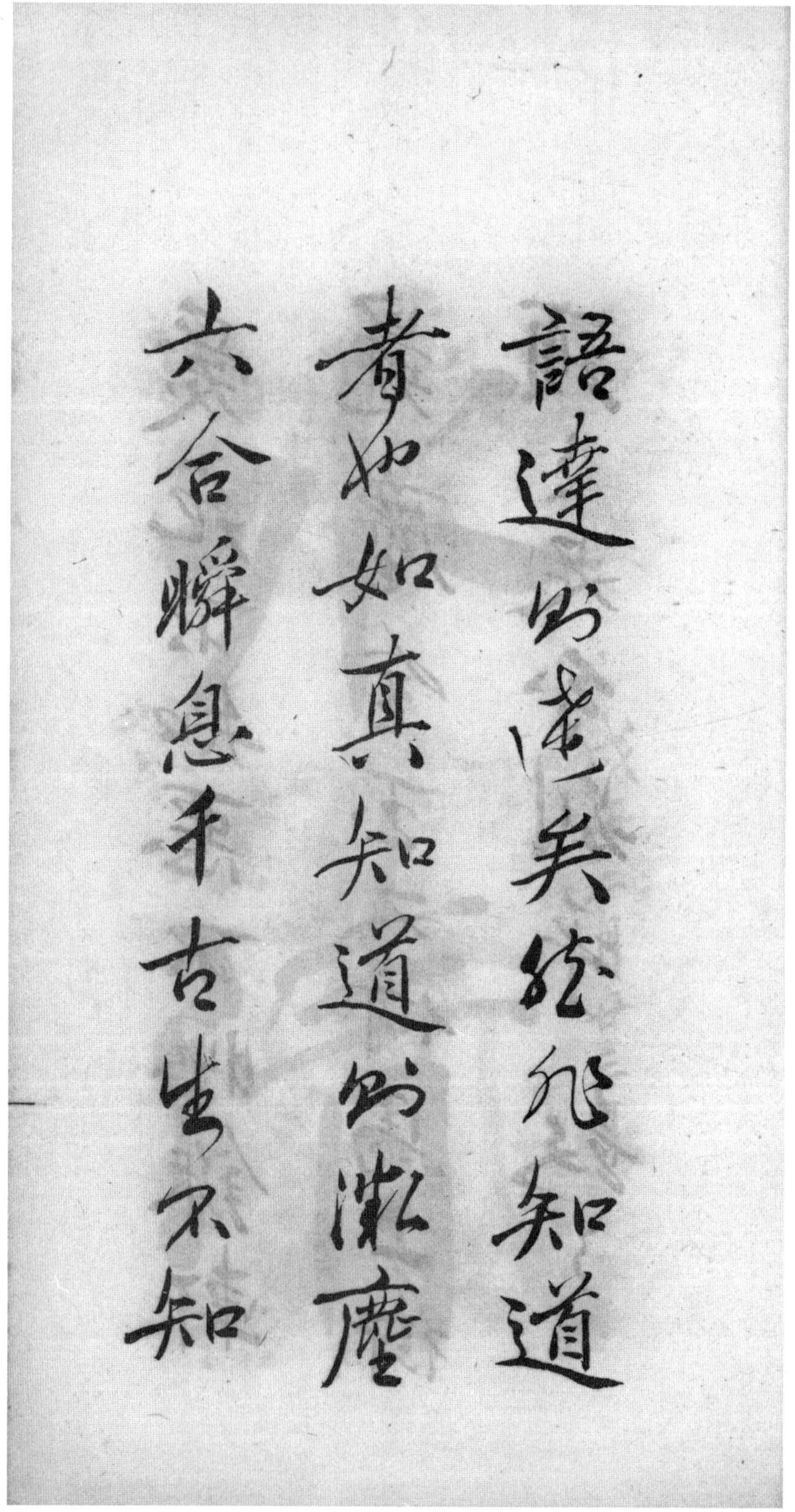
語達此道矣終非知道
者如如真知道此微塵
六合瞬息千古生不知

愛苑不知惡不眡銖軒
冕塵金玉又何馬上街
頭之足分別乎敘之

水清
戊午二月廿三日

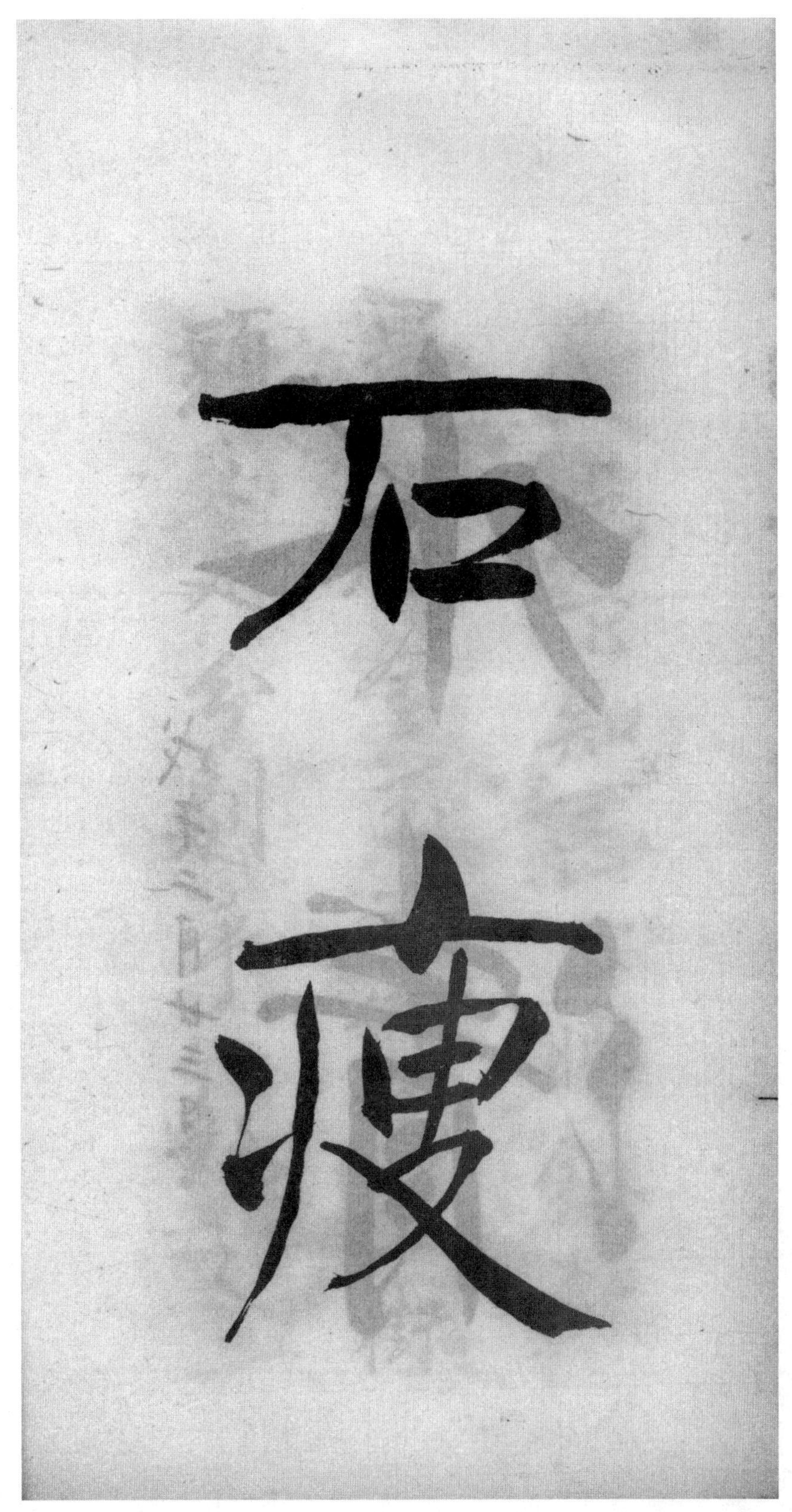
石瘦

曲室一

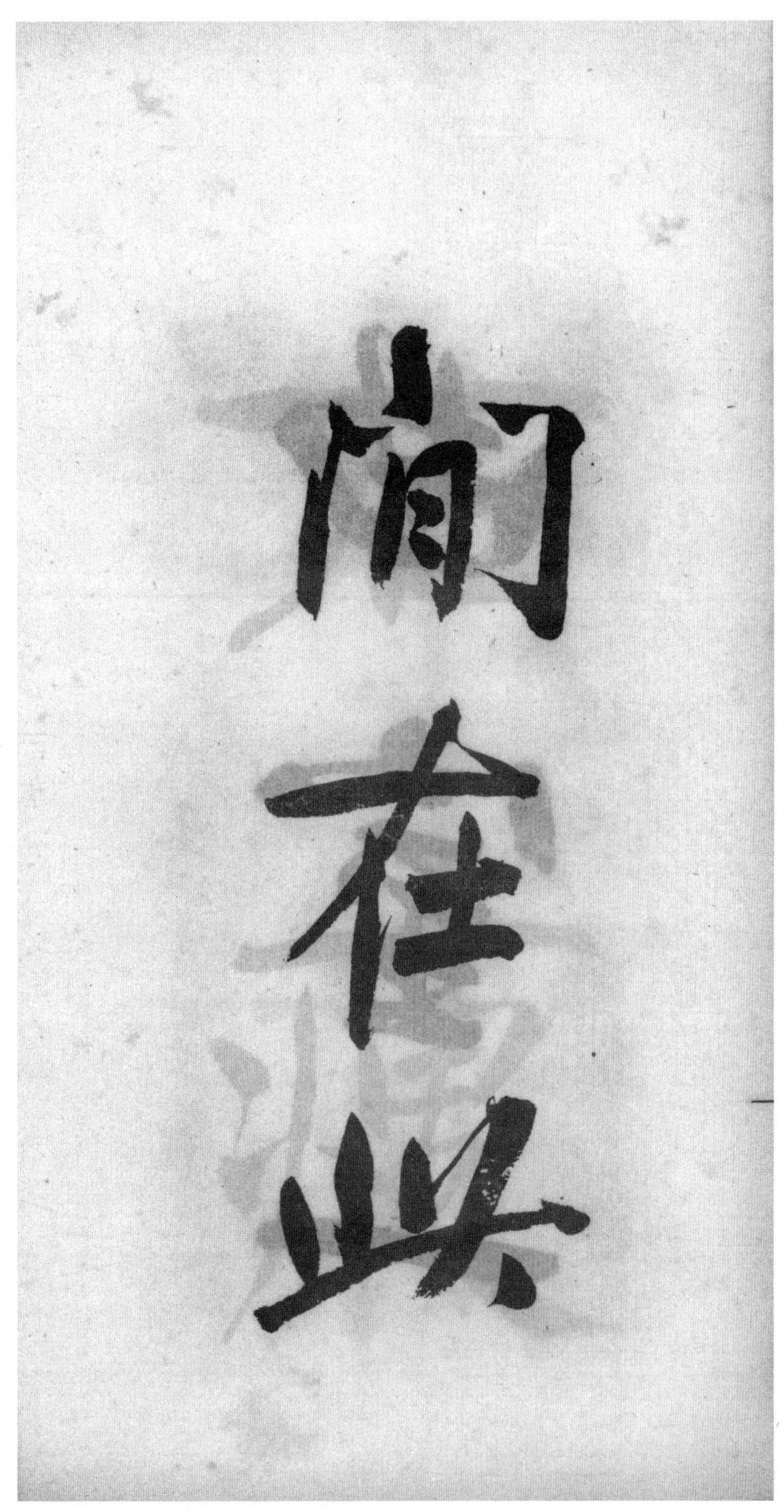

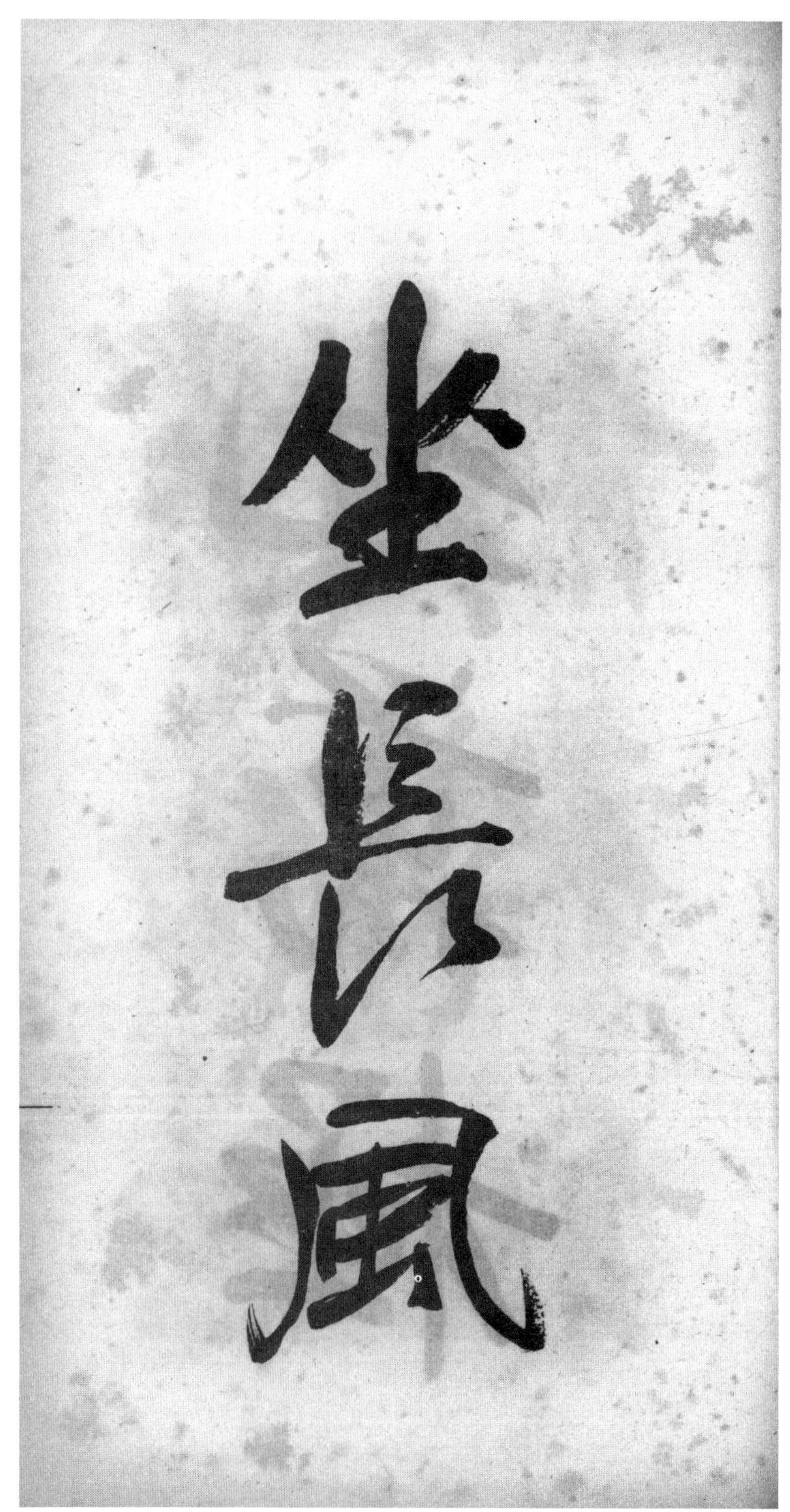
坐長風

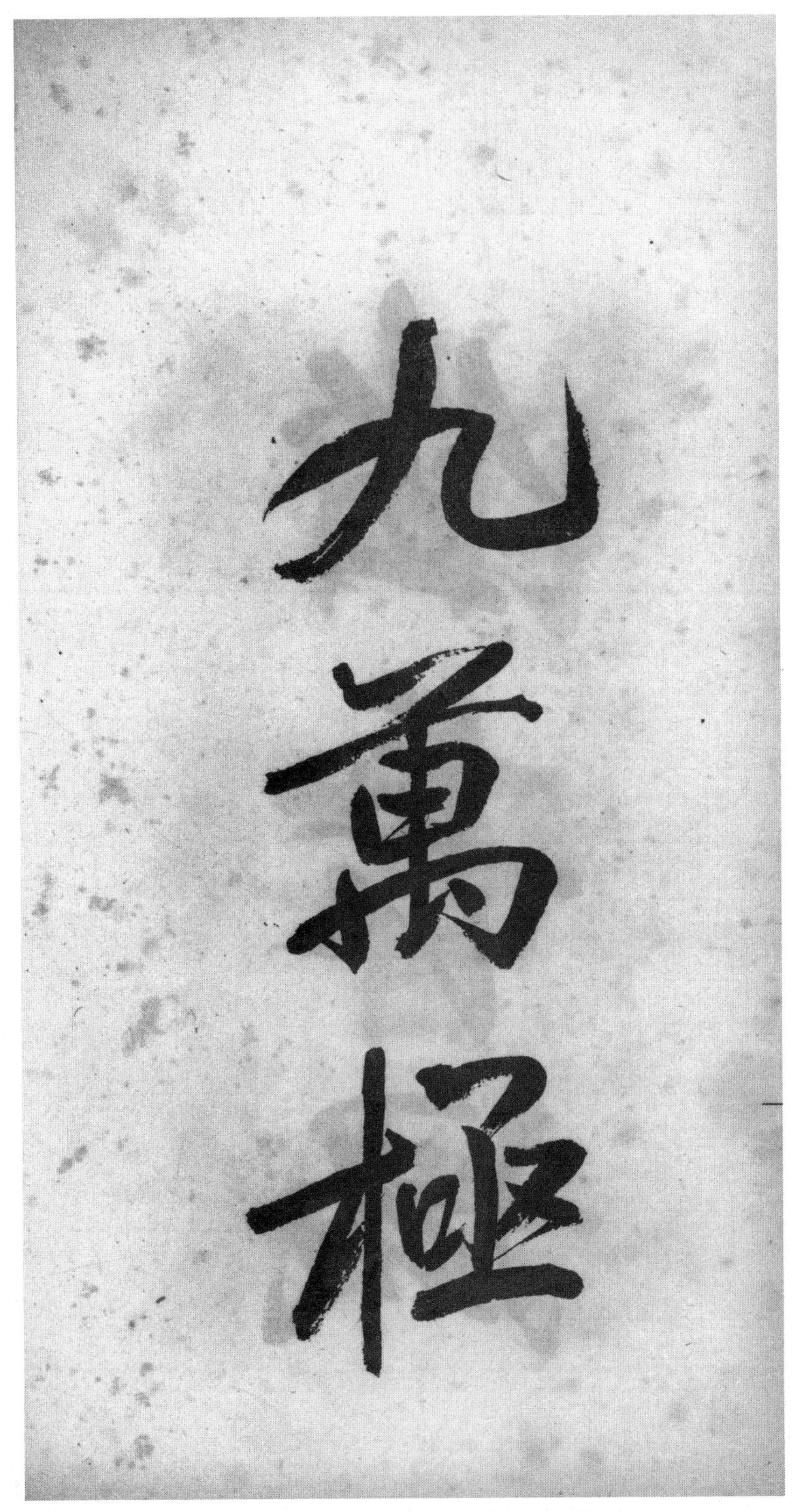
九萬極

其游

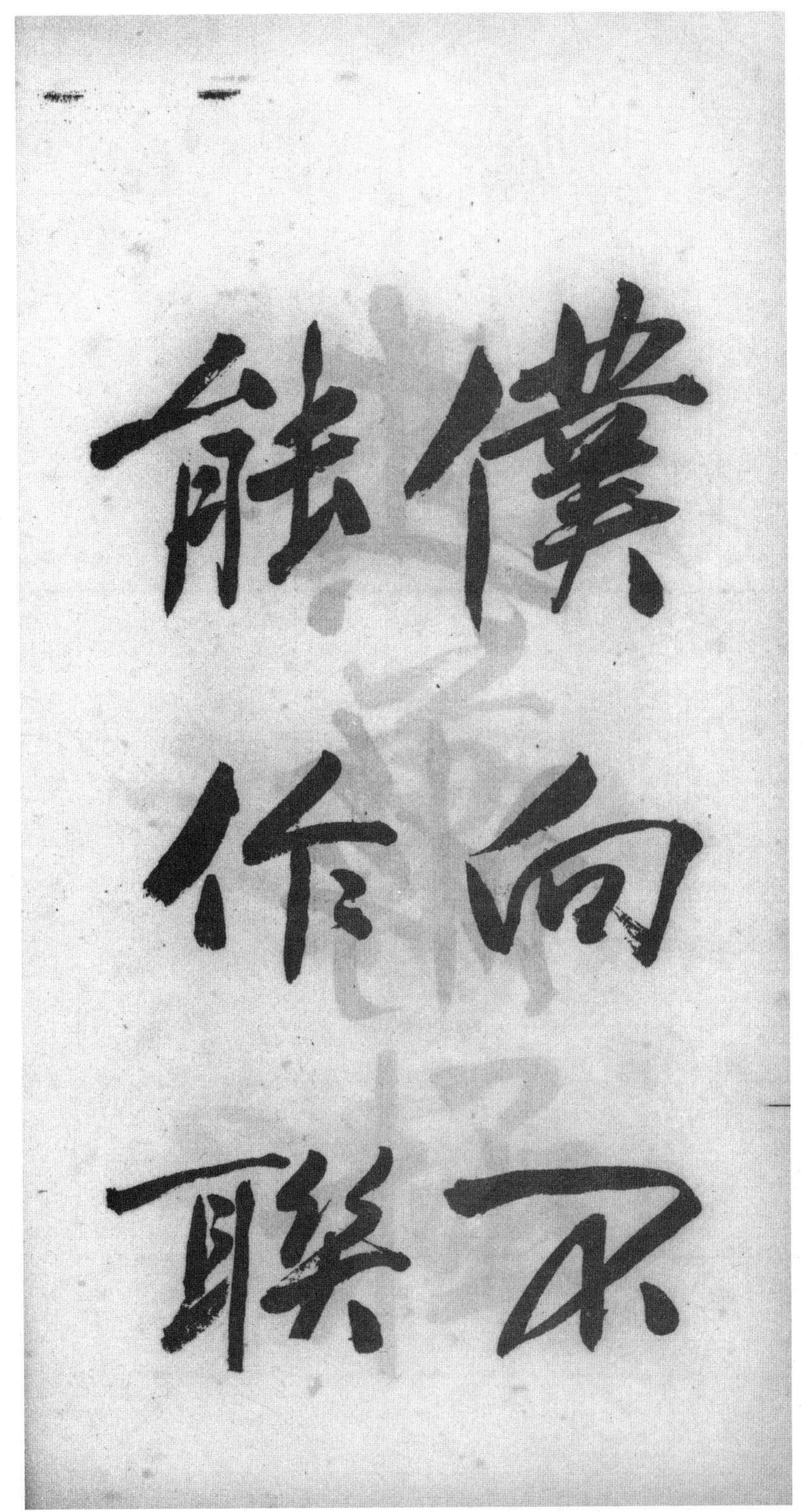
僕向不能作聯

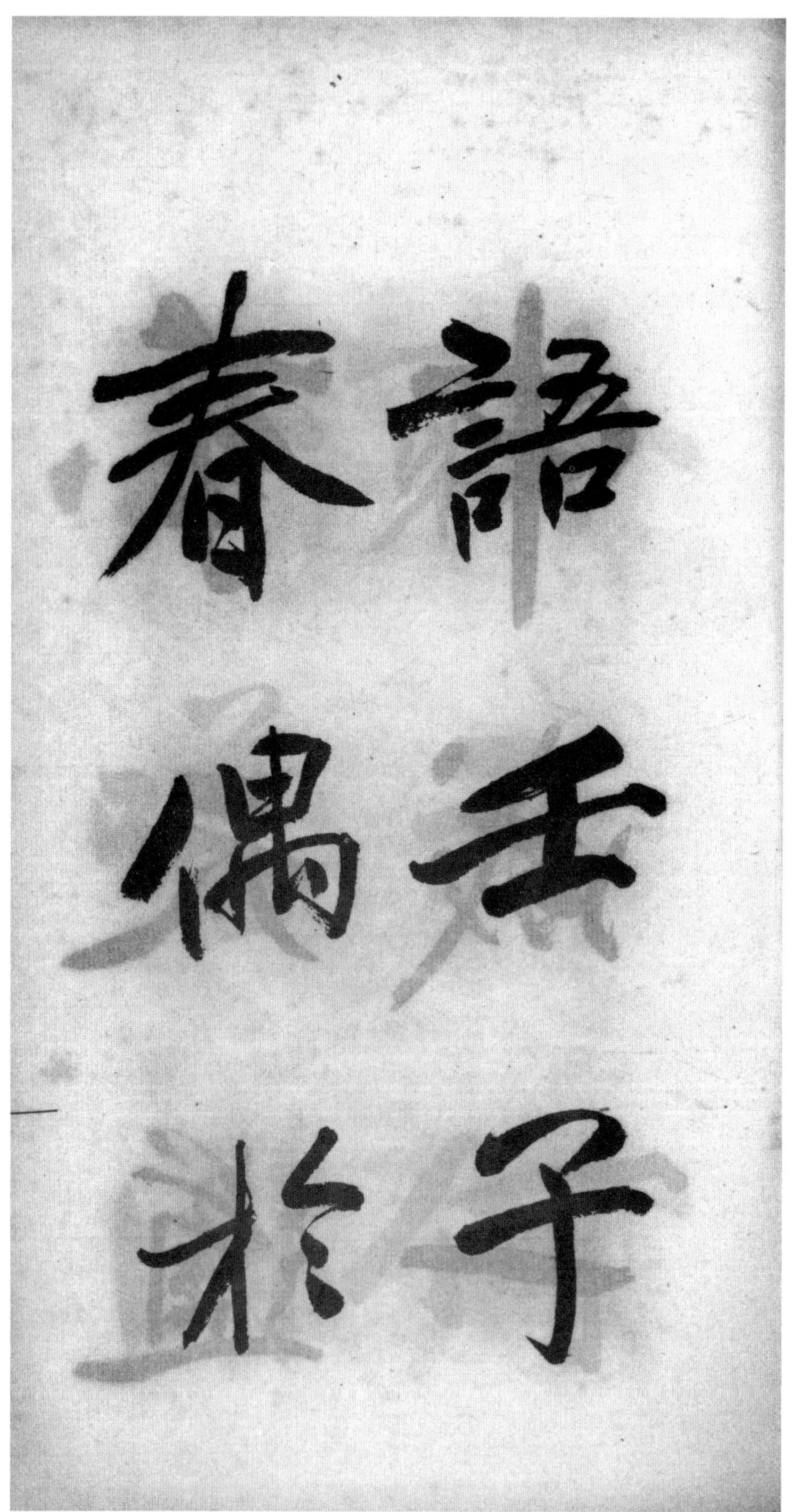
語壬子
春偶於

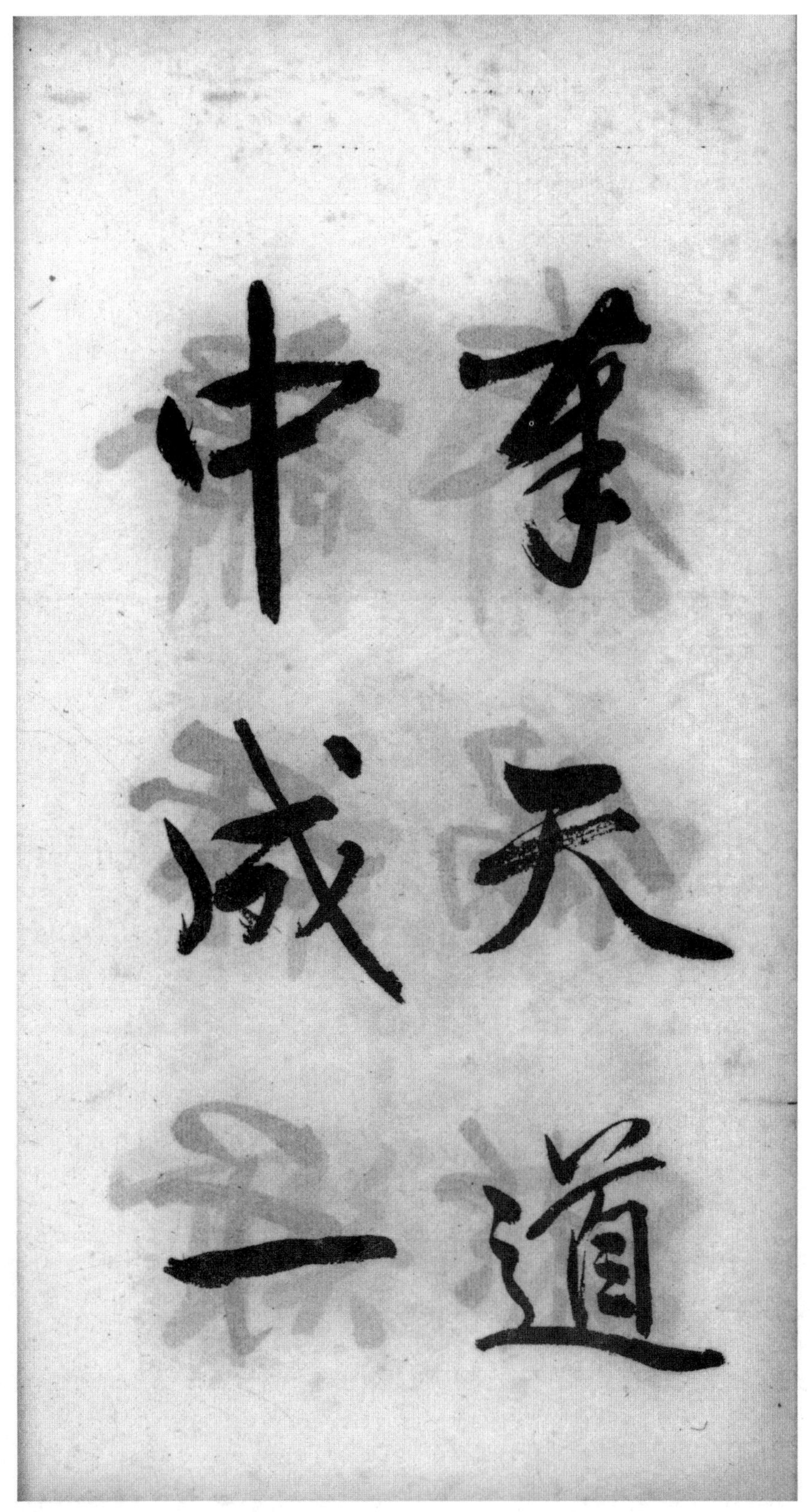

塞天道
中戒一

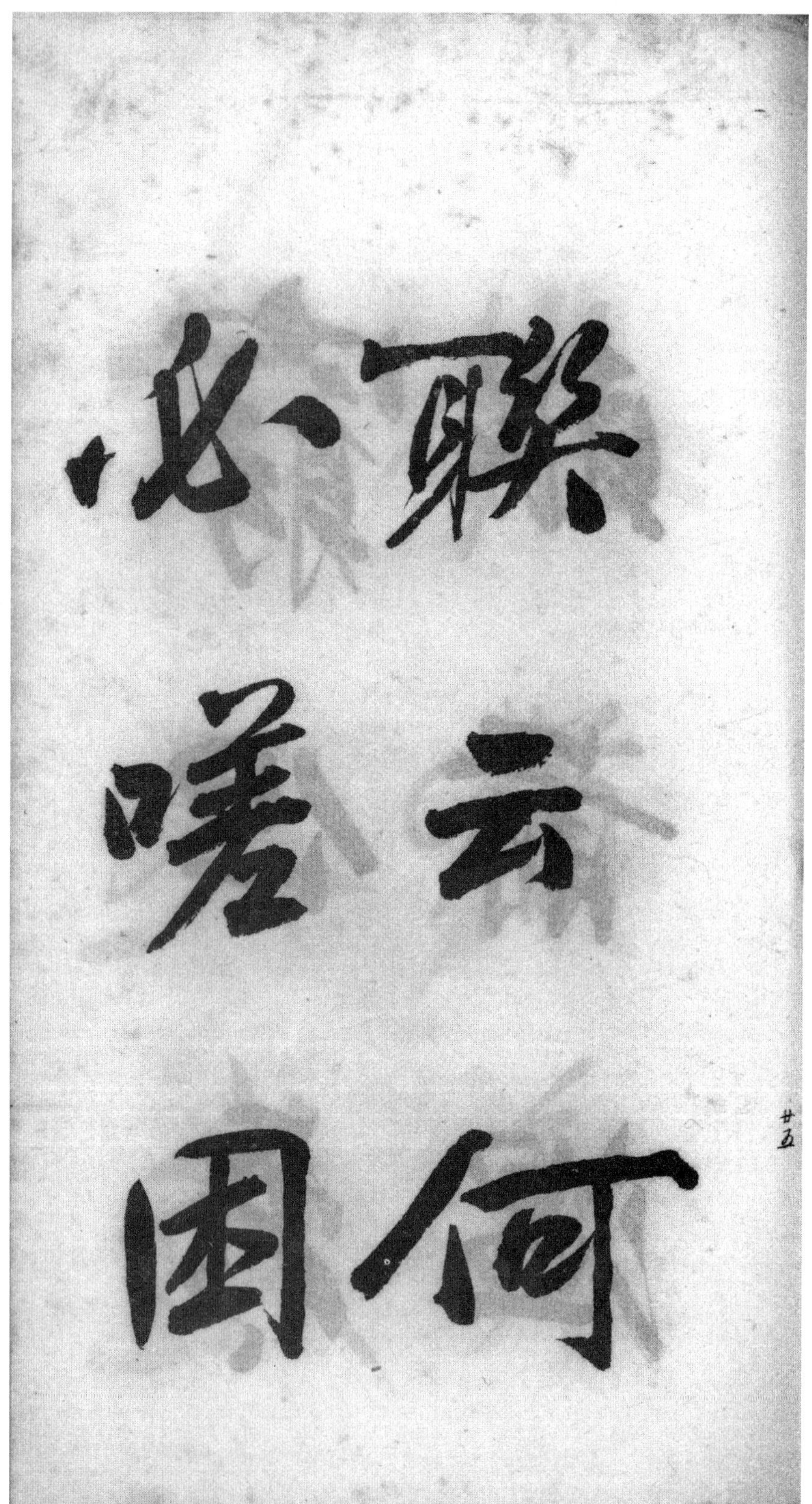

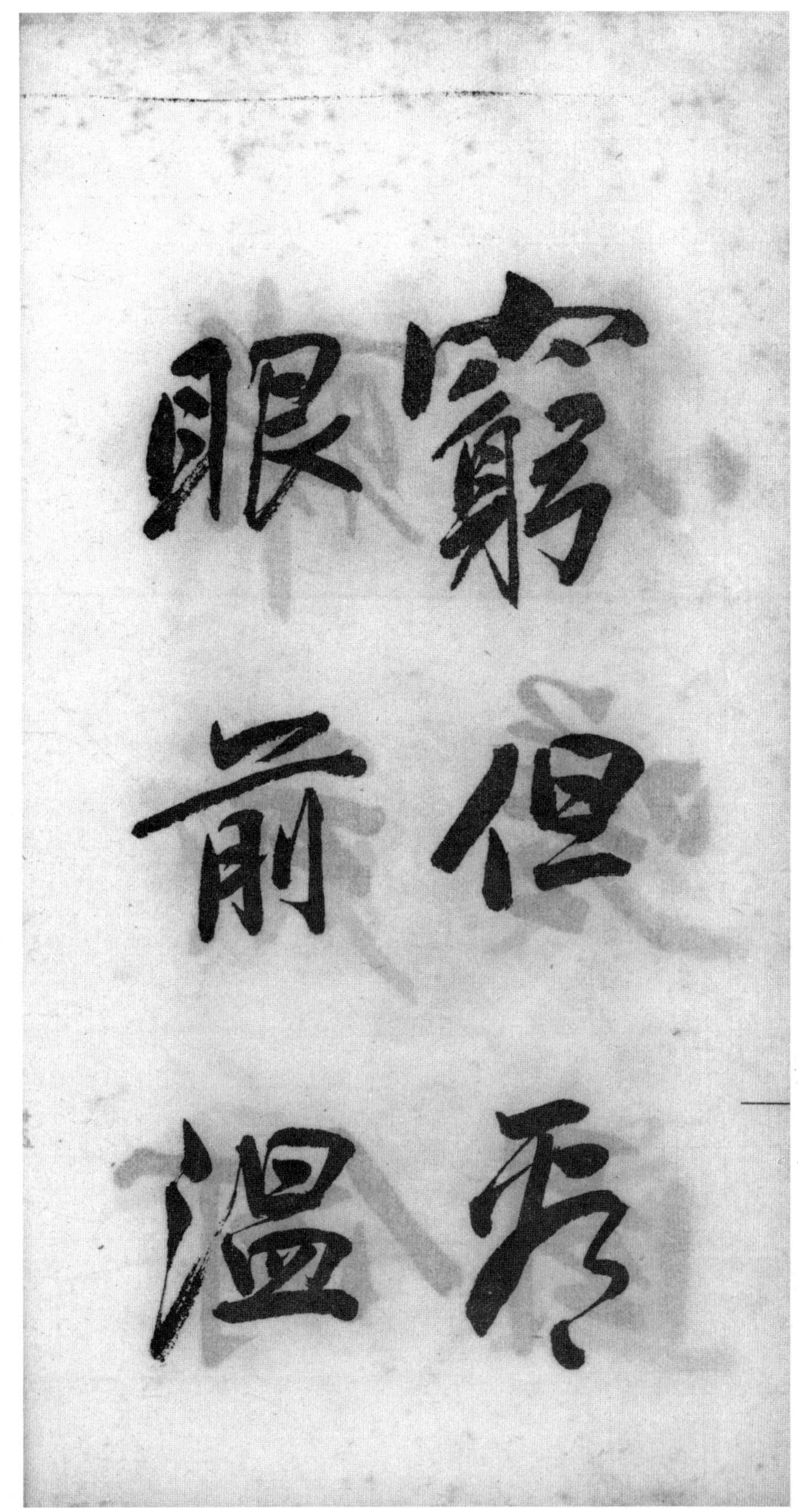
窮但
眼前溫

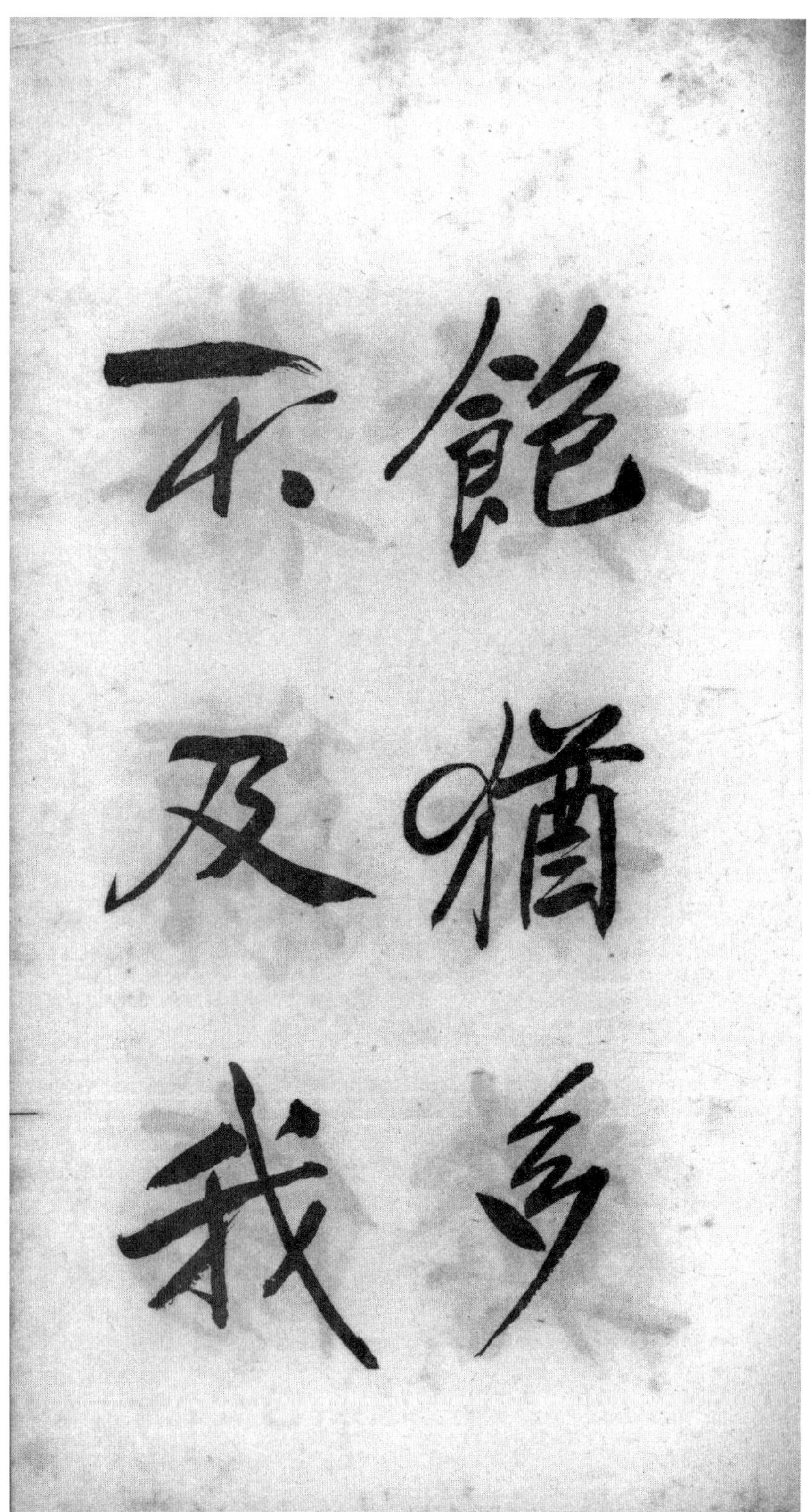

飽酒
不多
及
我

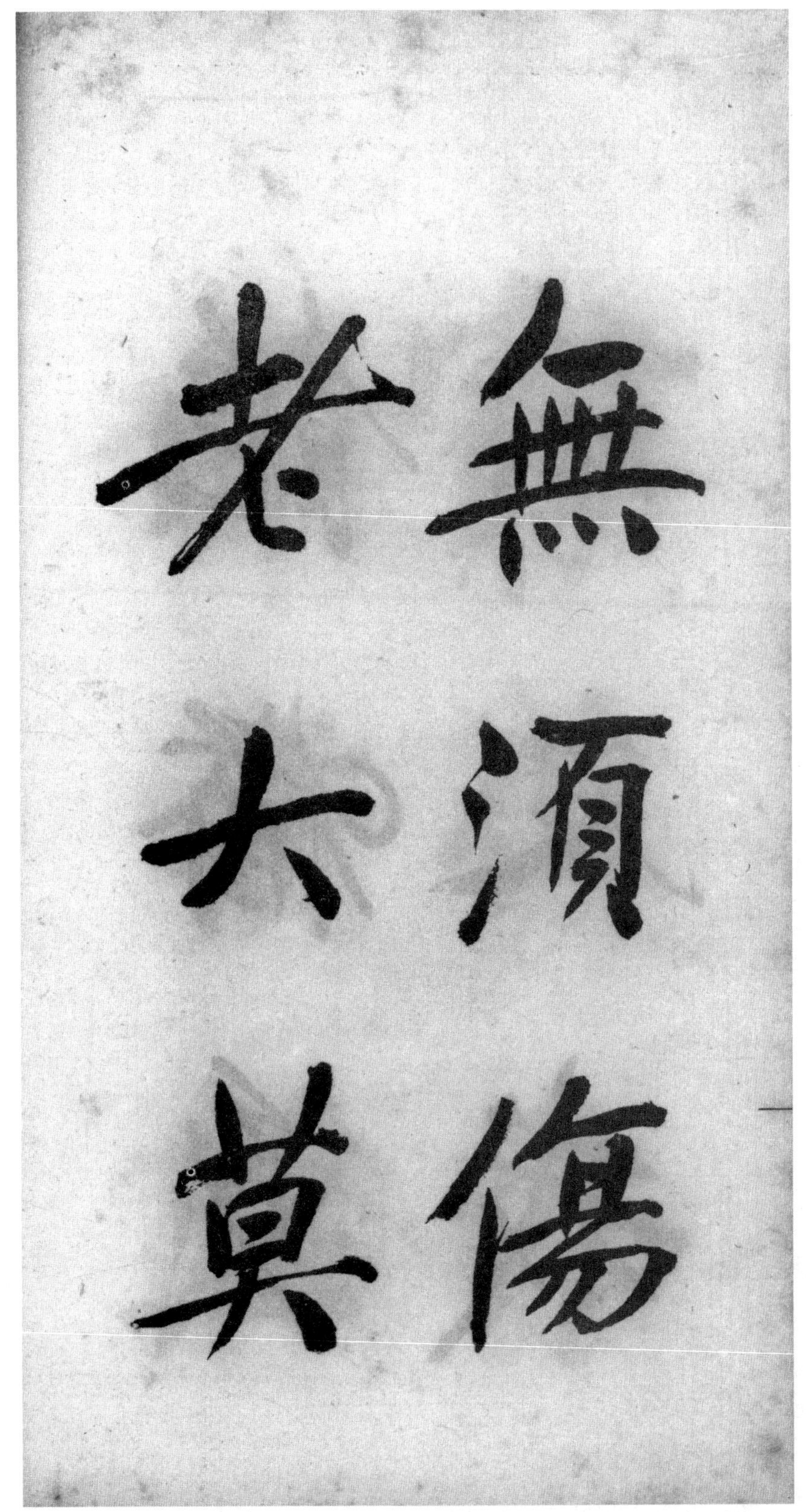
無須傷
老大莫

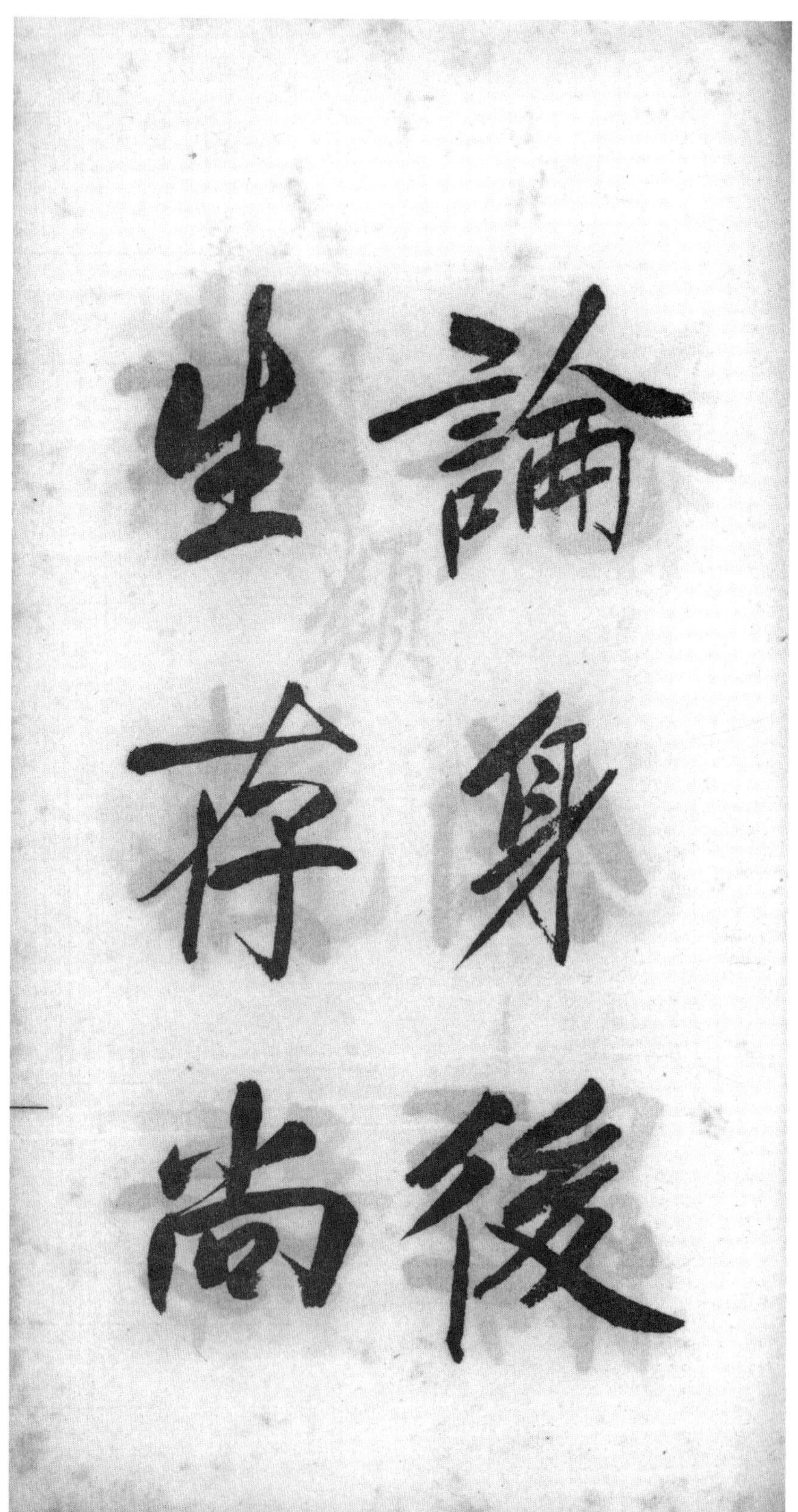
論身後
生存尚

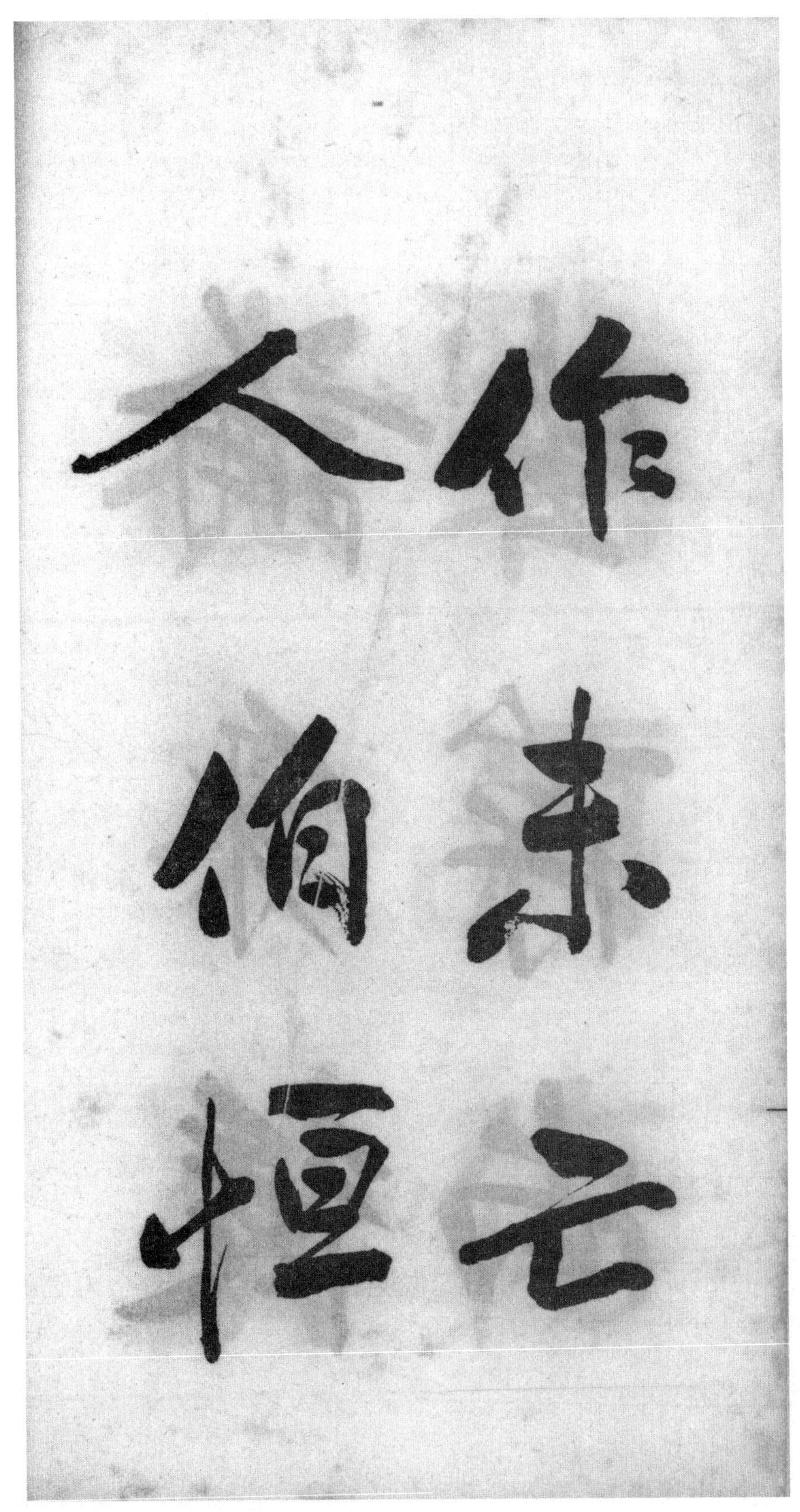

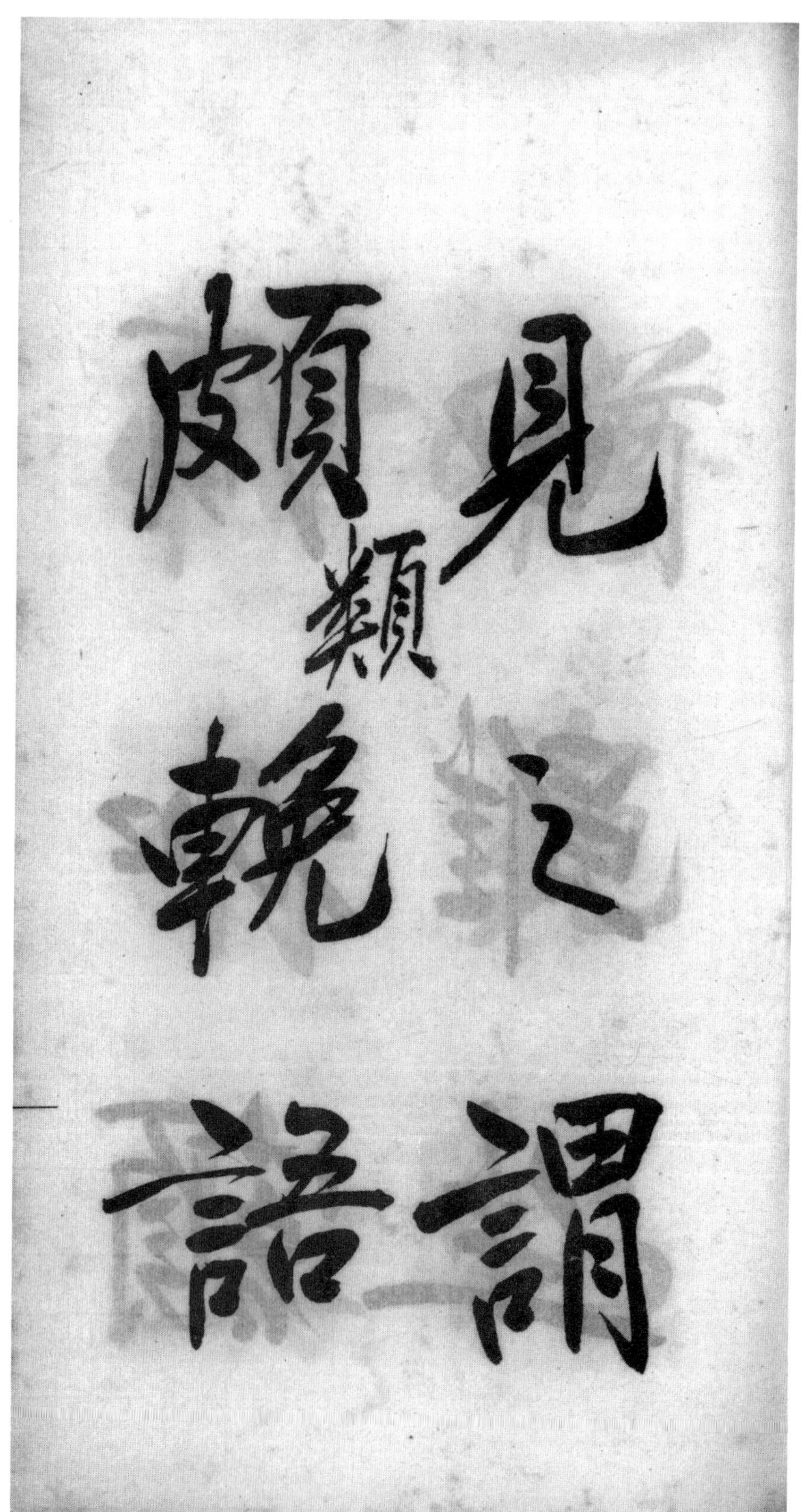
見之謂
頗類輓語

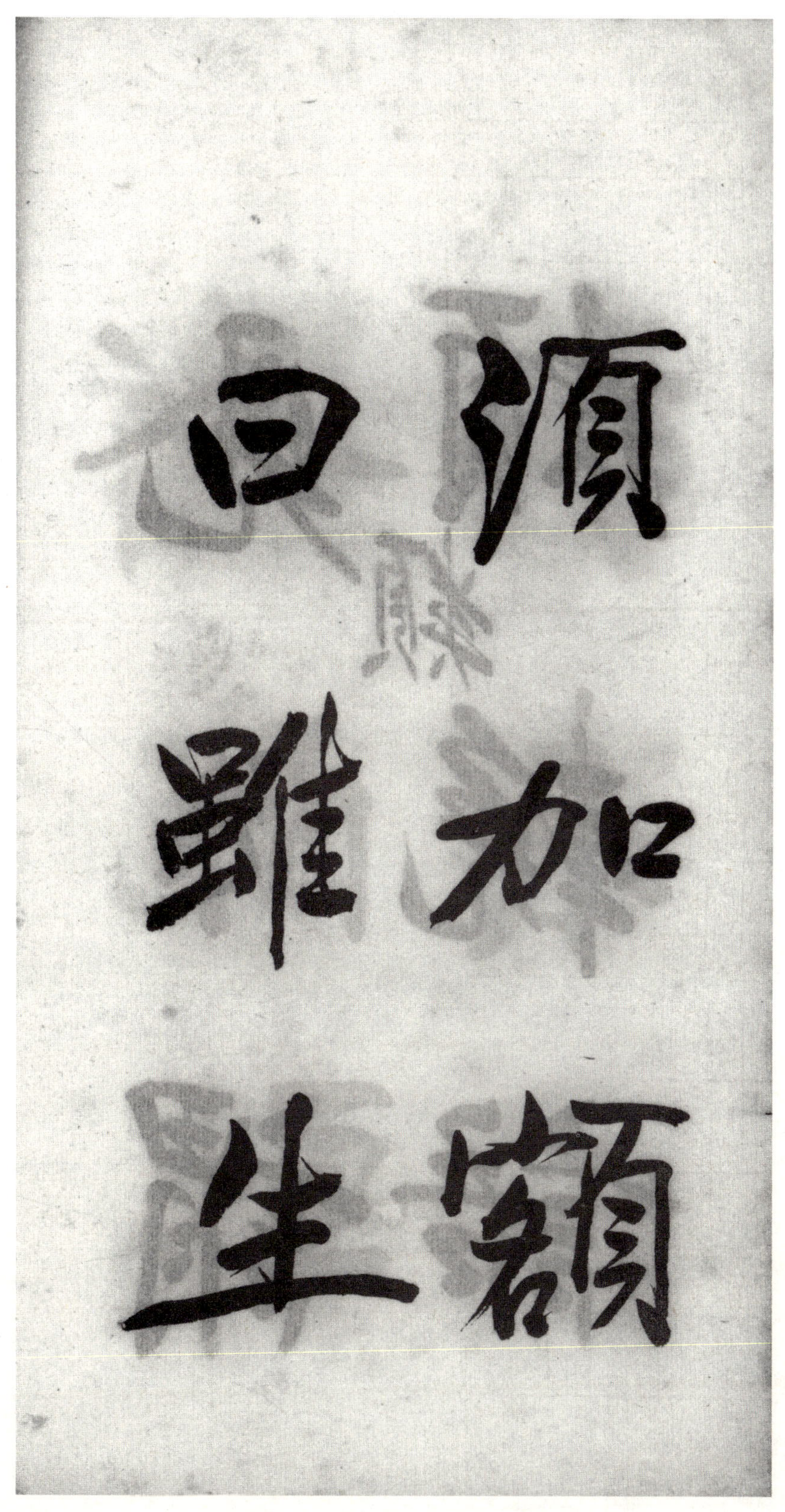

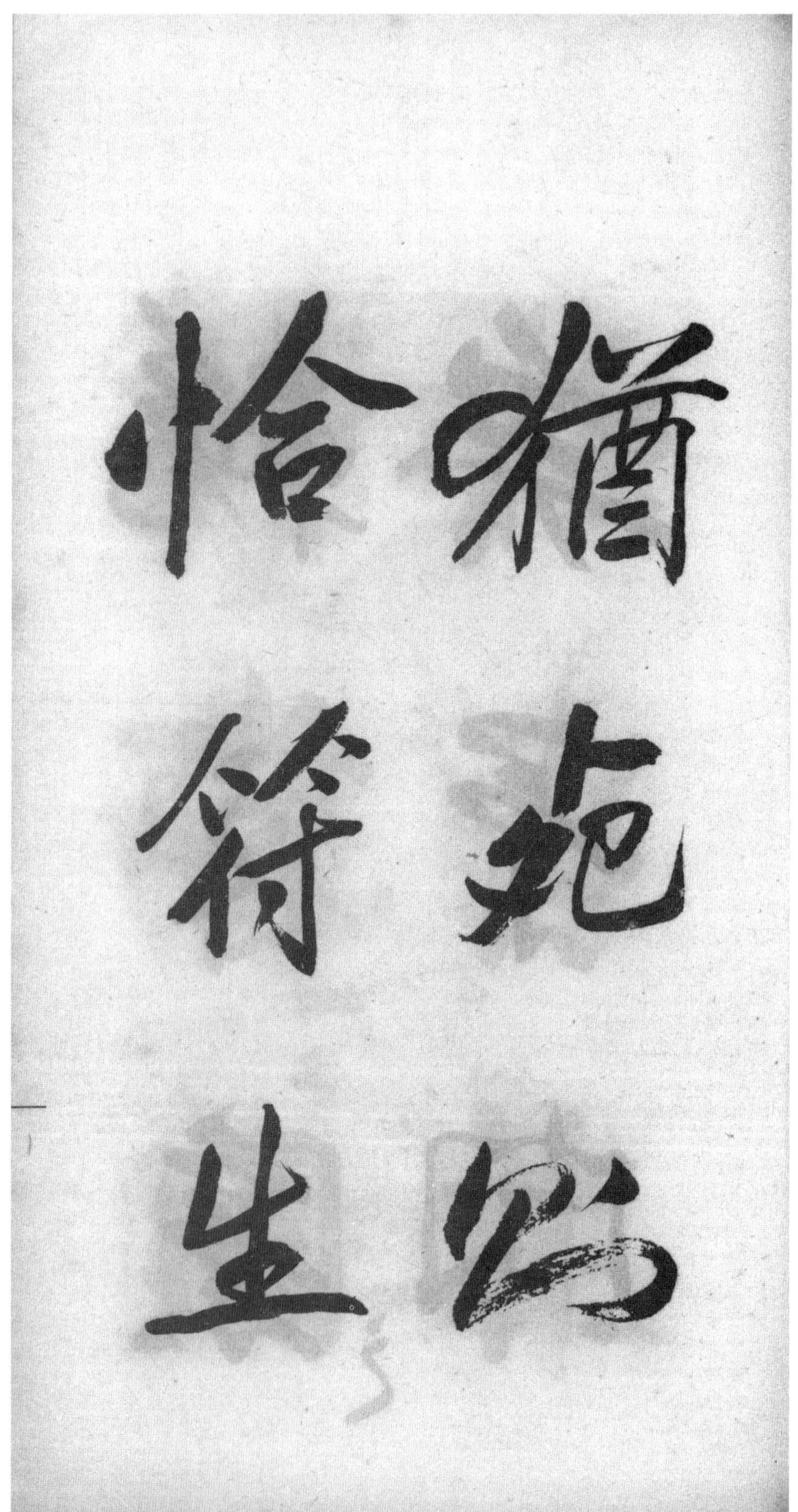

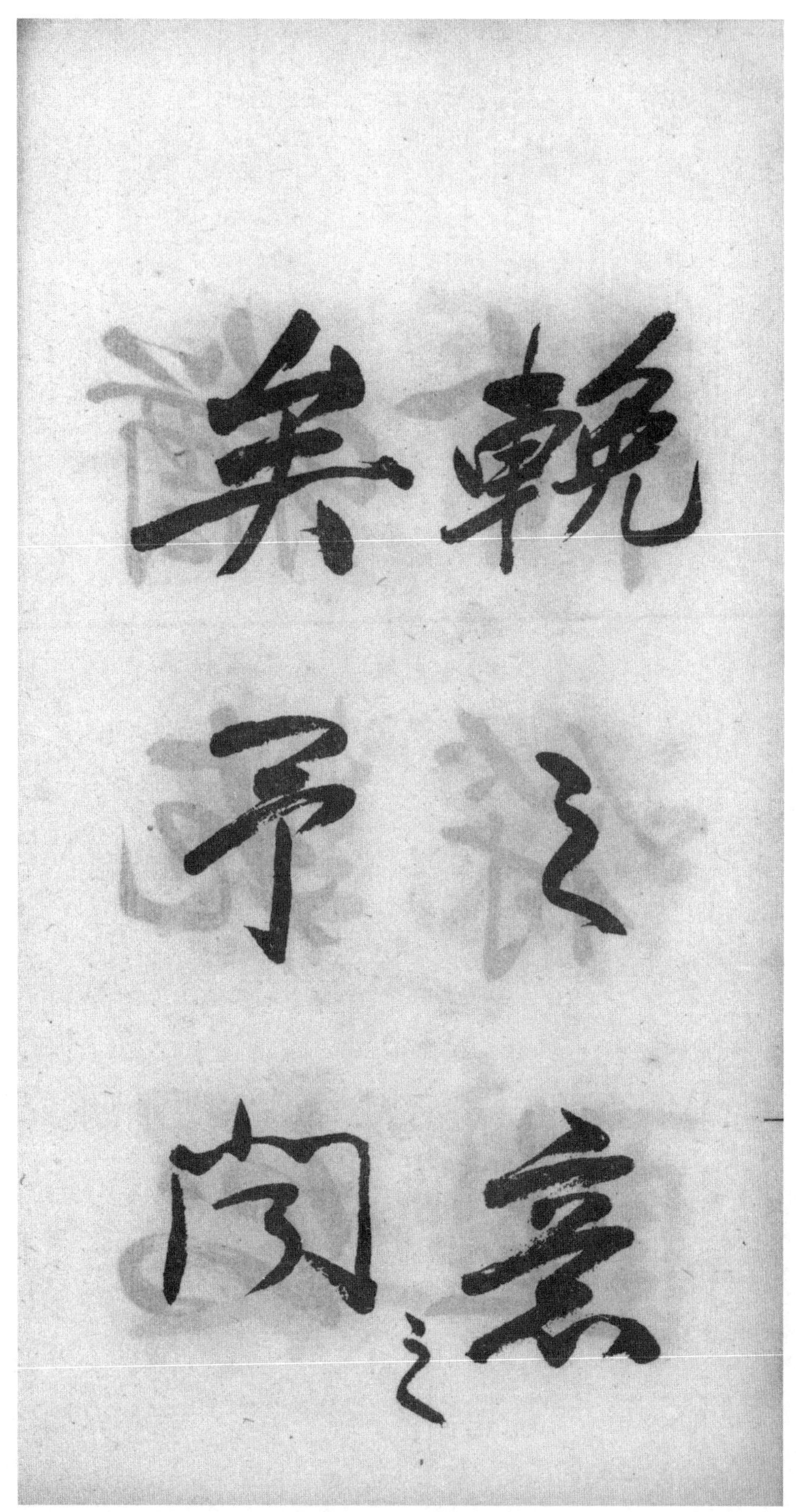

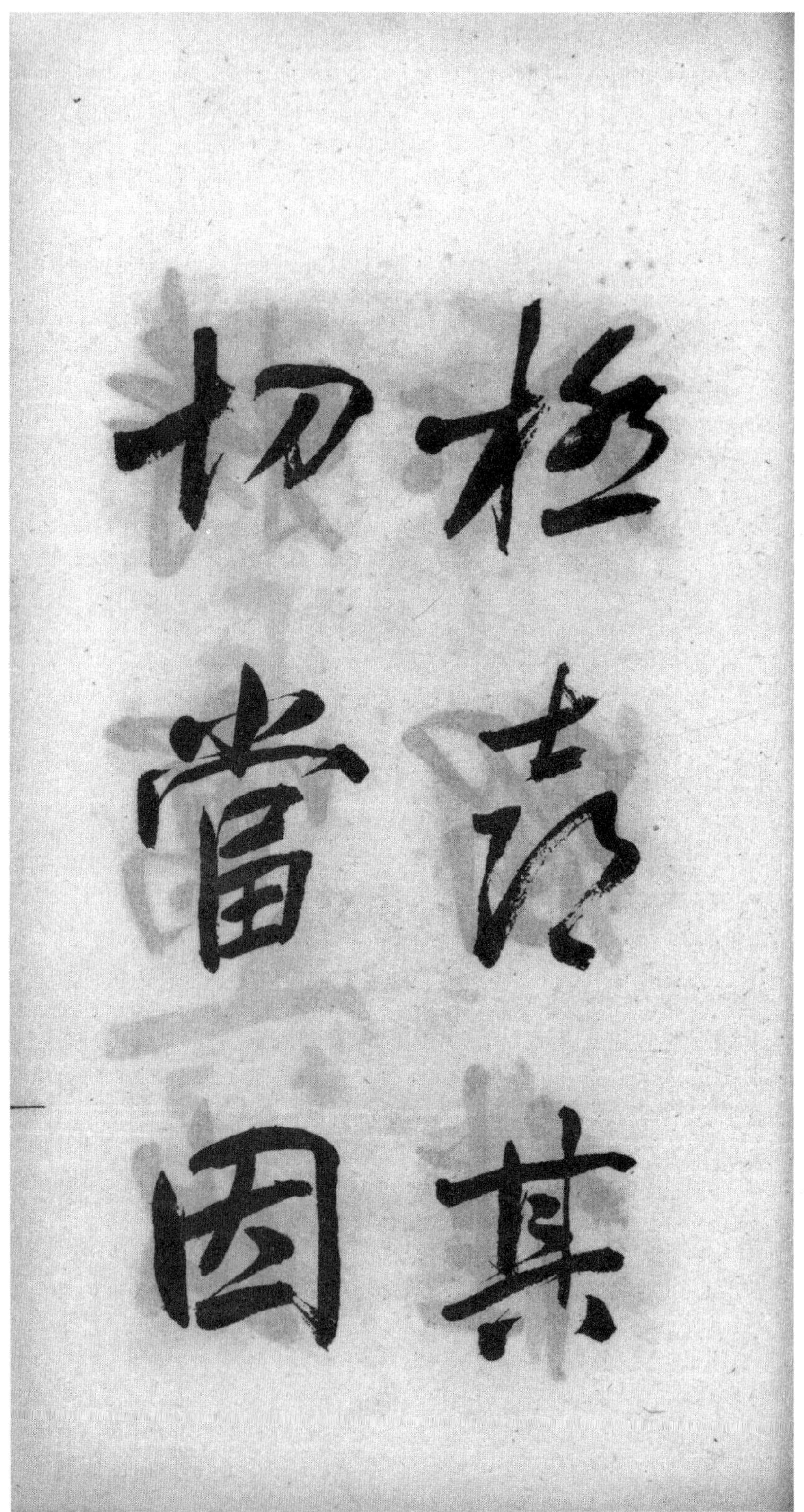
極法其
切當因

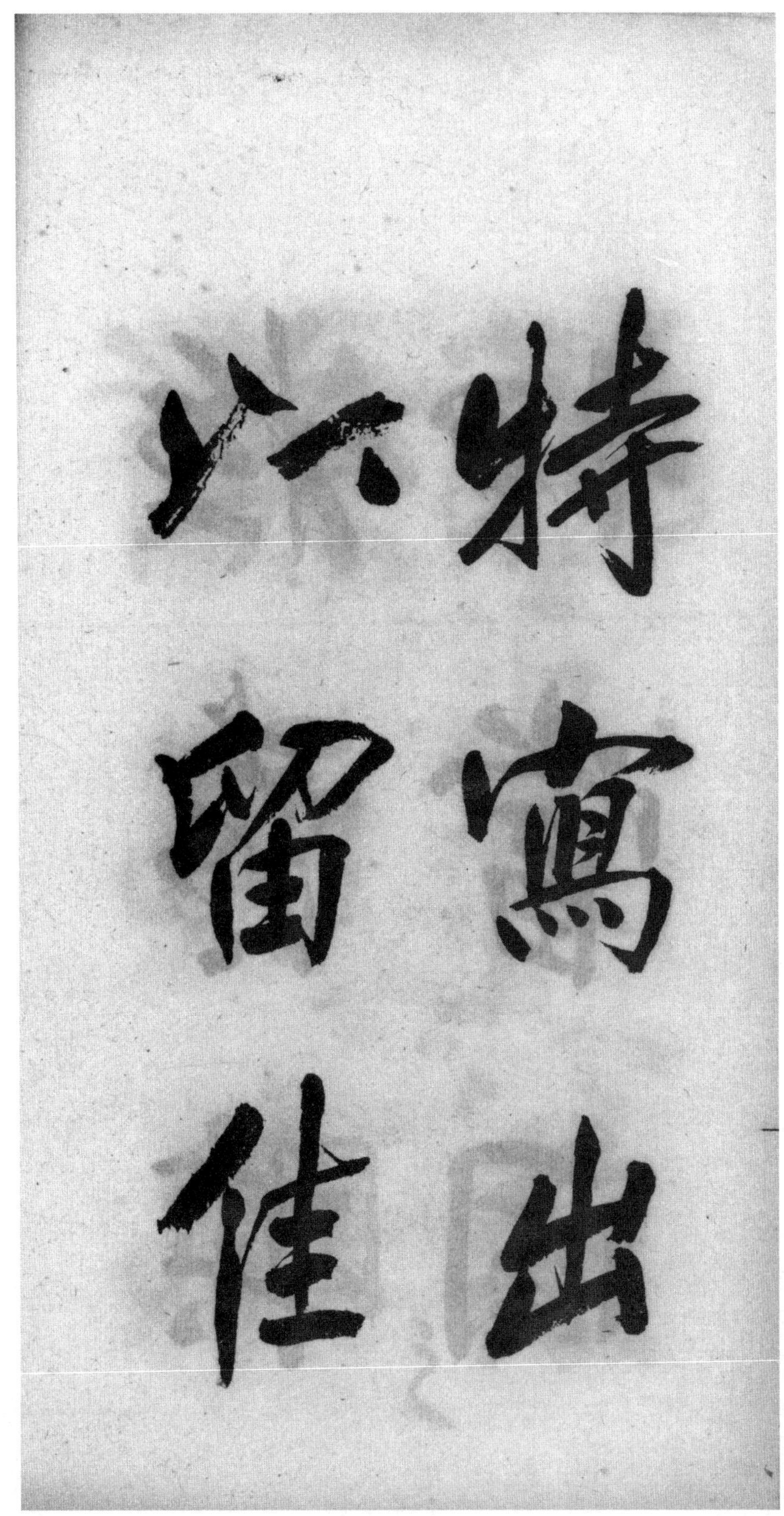
特以
寫留
出佳

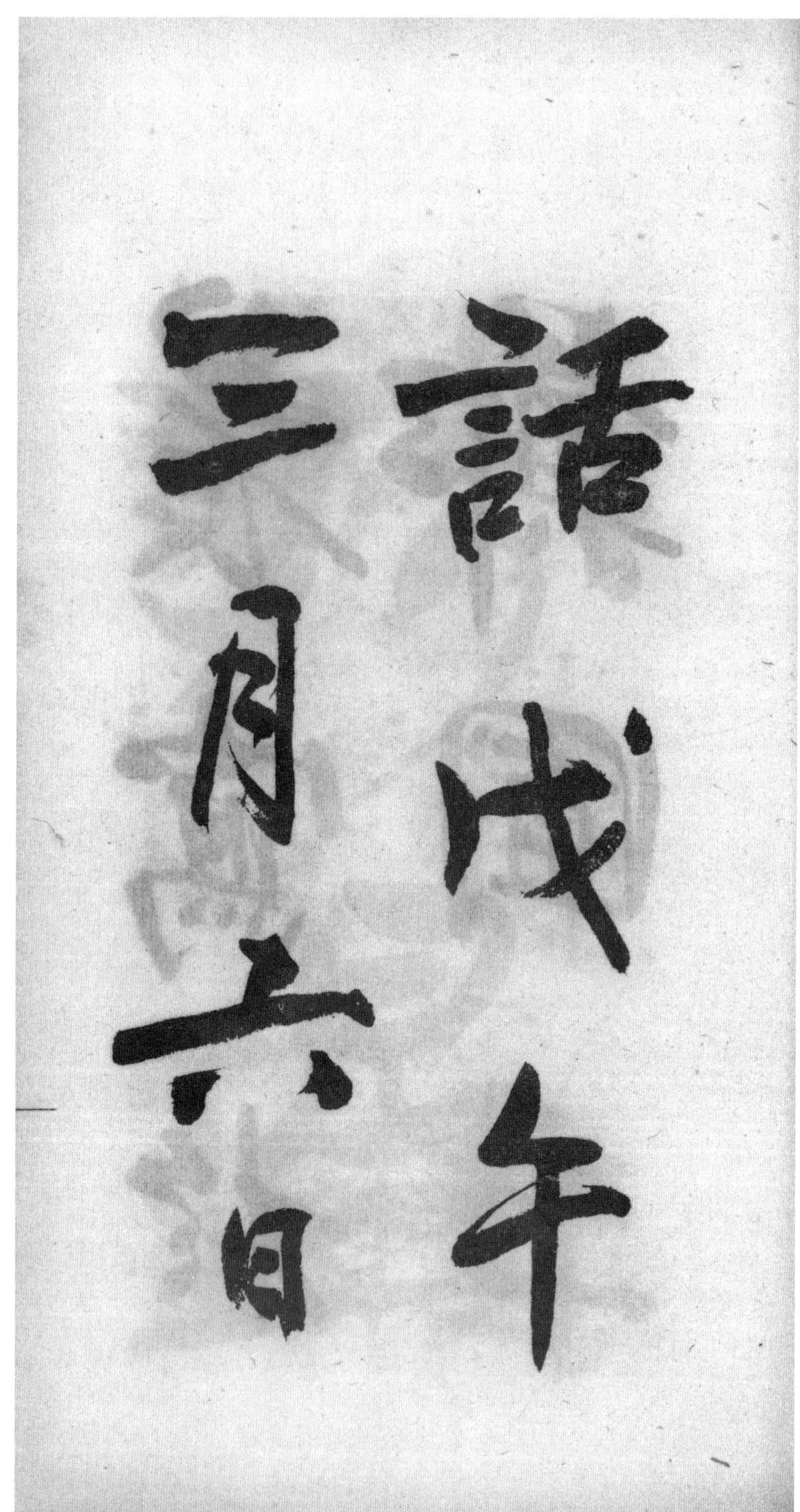
話戊午
三月六日

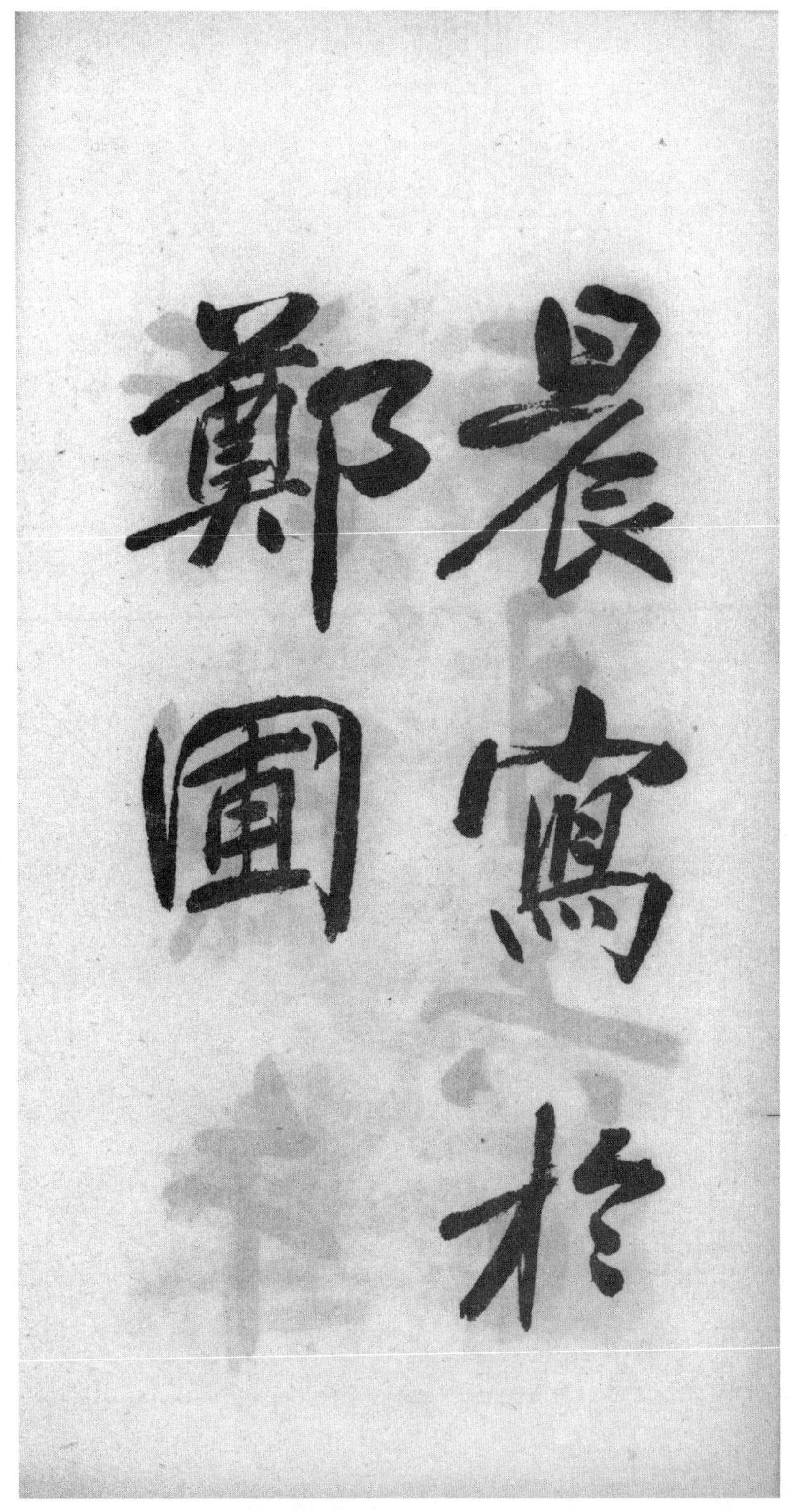
晨寫於
鄭園

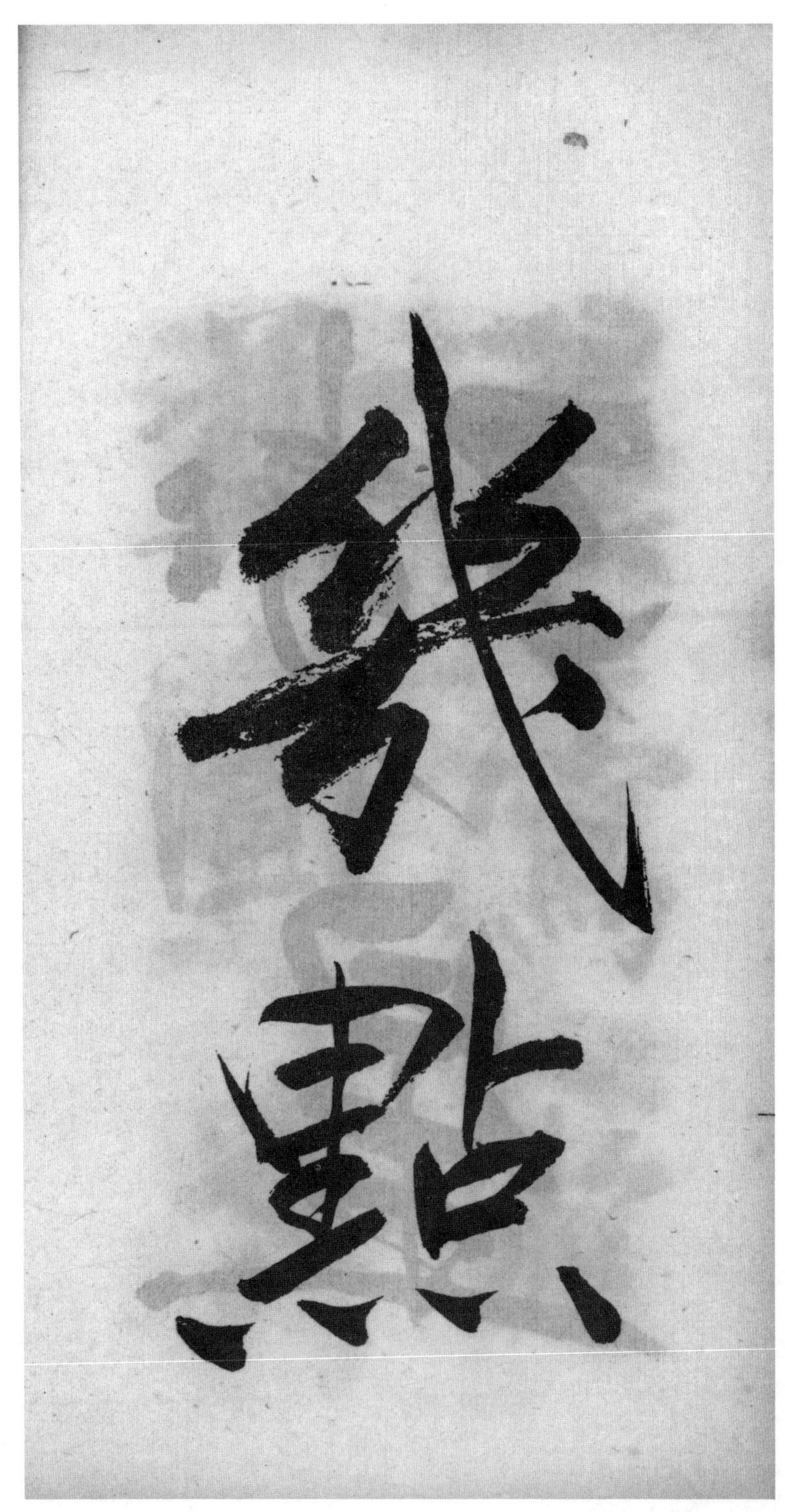

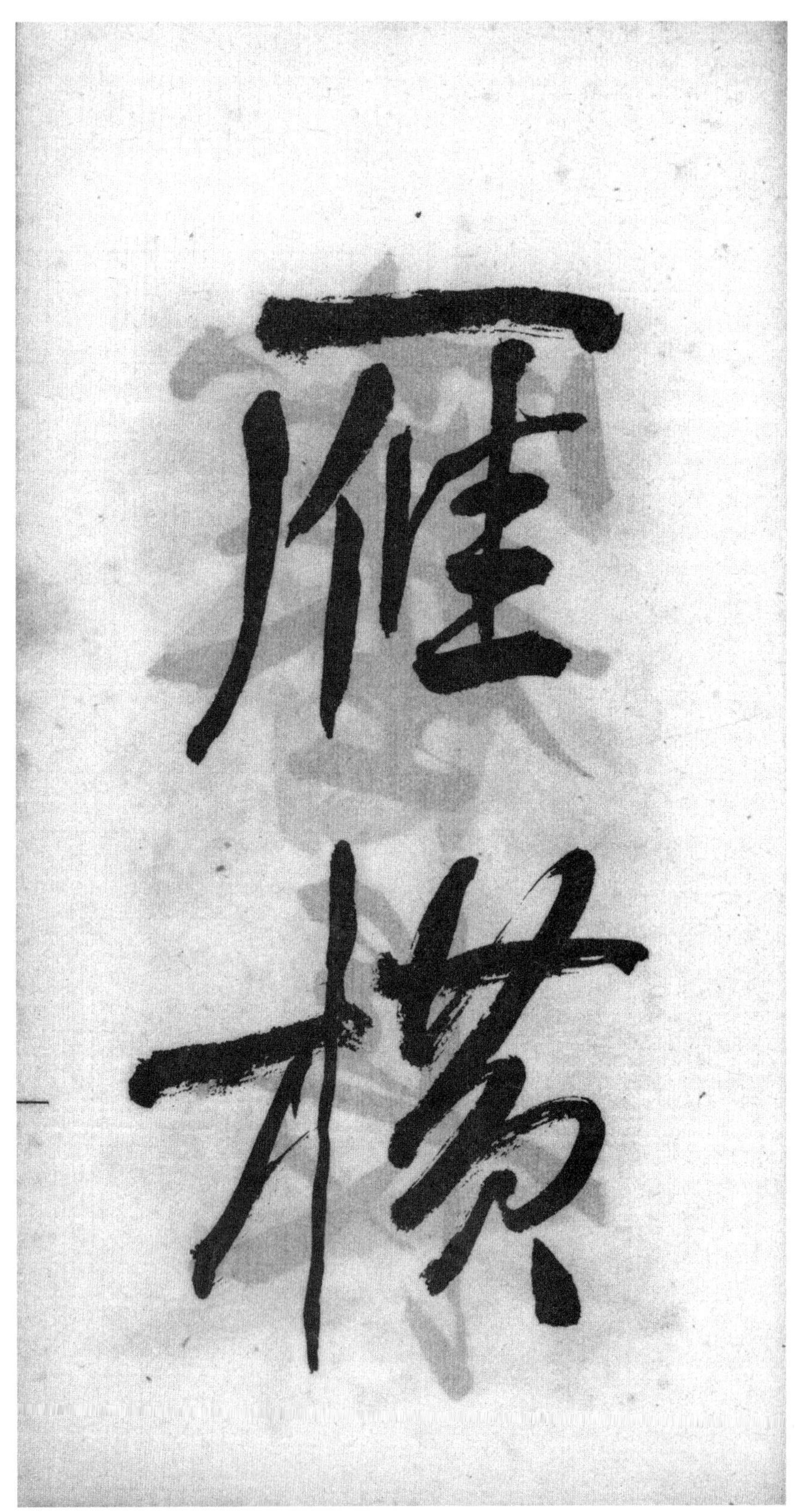
雁横

寒衣

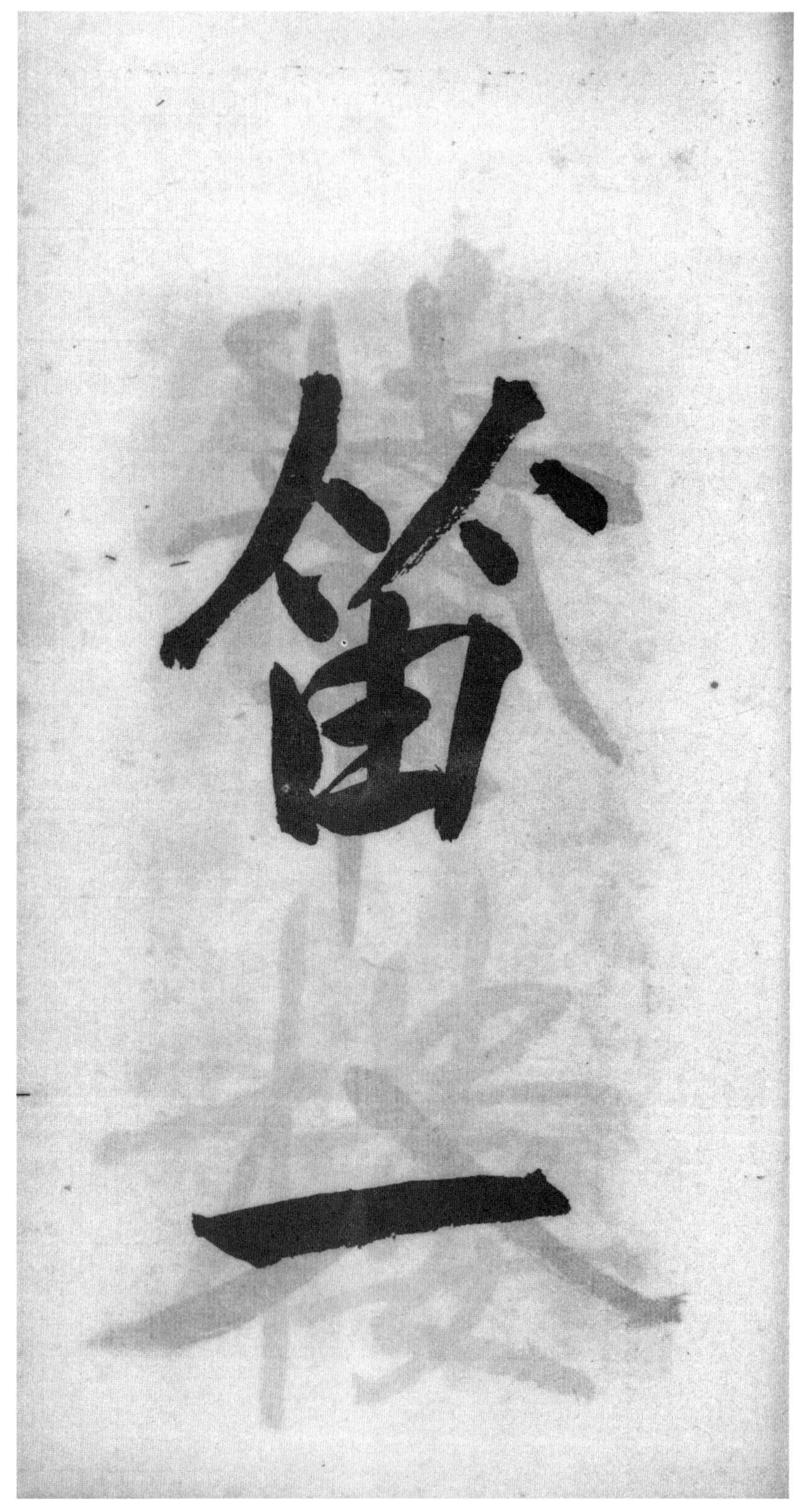

第一

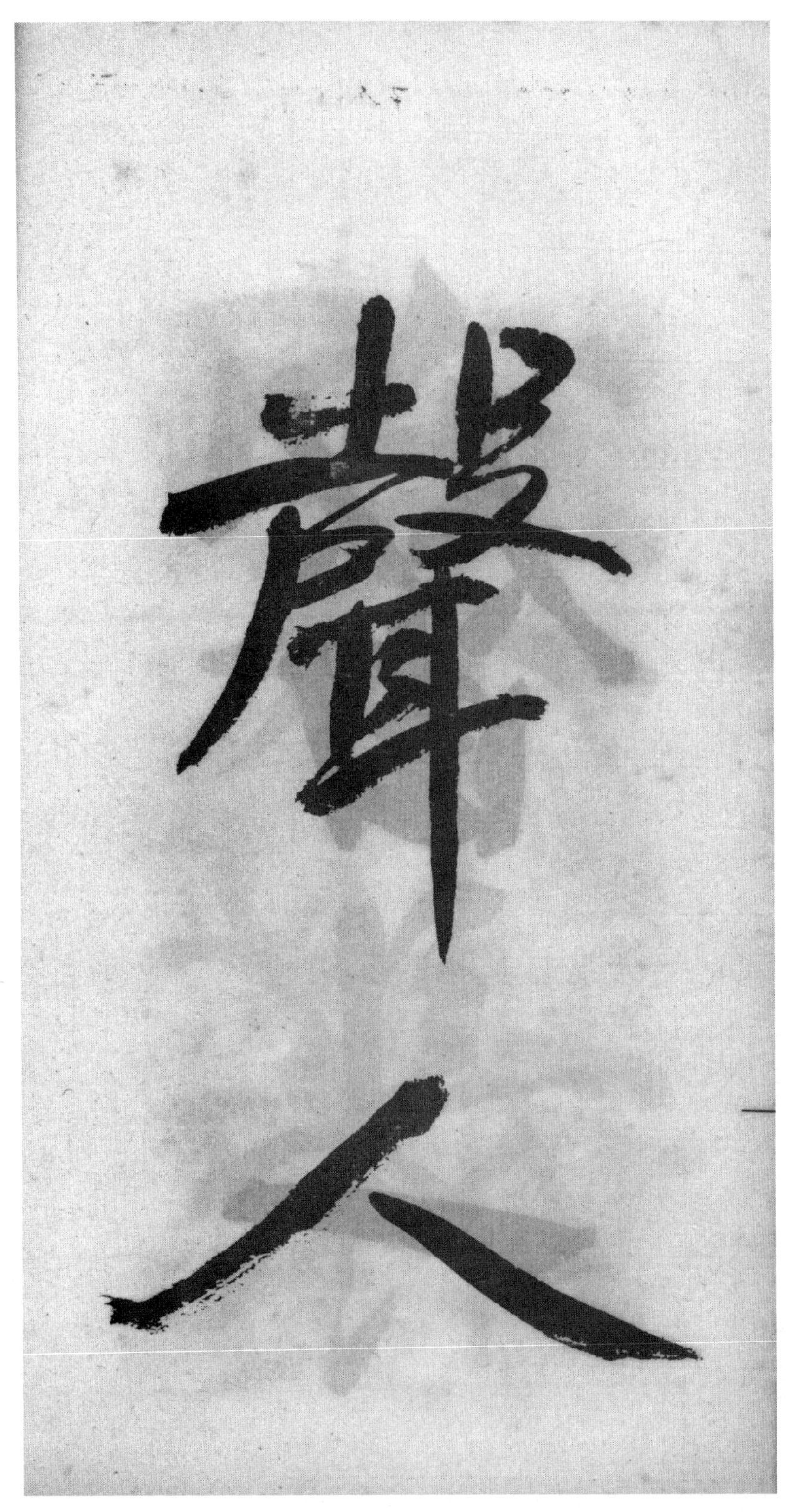
聲人

倚樓

數日來自胃病發後恐此
後即不能作字矣適此帖由
津寄回坂時時提筆以試指
亦甚覺喫力且不從心耳
十二月十八
晨

豈是至親向我疎者

慵見老閉門居近来渐

喜知问邻免惱毯康

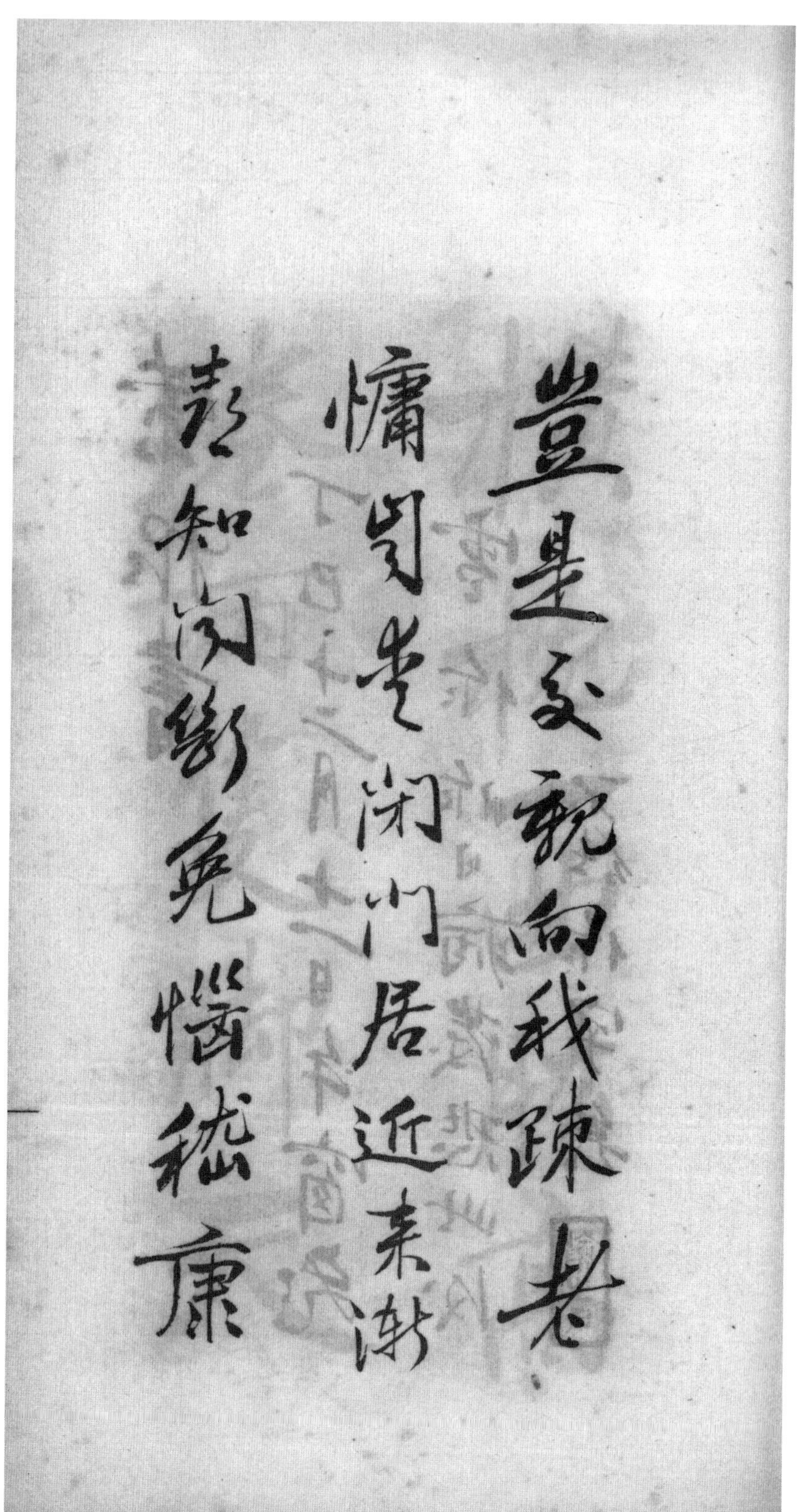

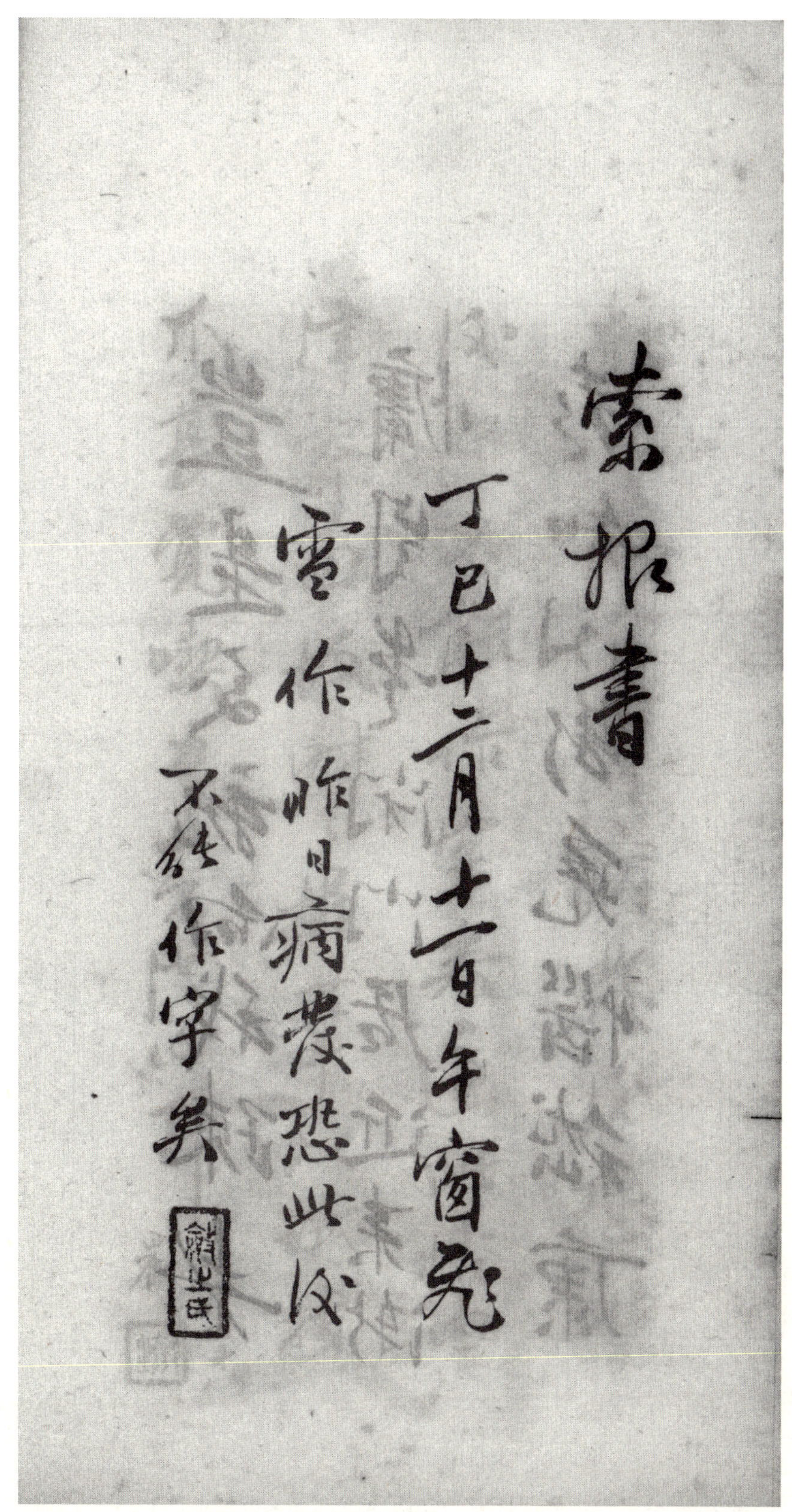
索報書

丁巳十二月十一日午窗完

雪作　昨日病發恐此後

不能作字矣

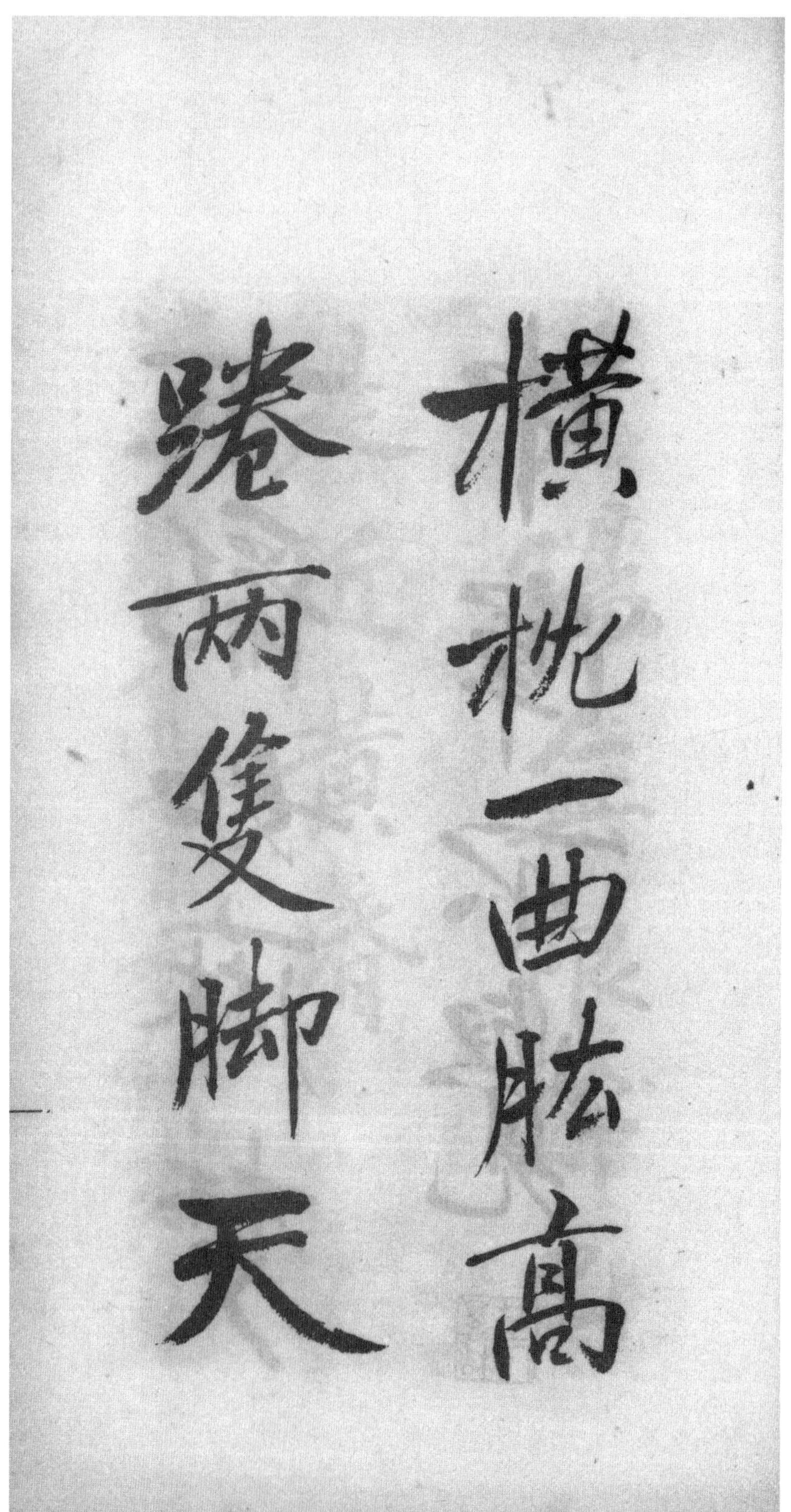
橫枕一曲肱高
蹺兩隻脚天

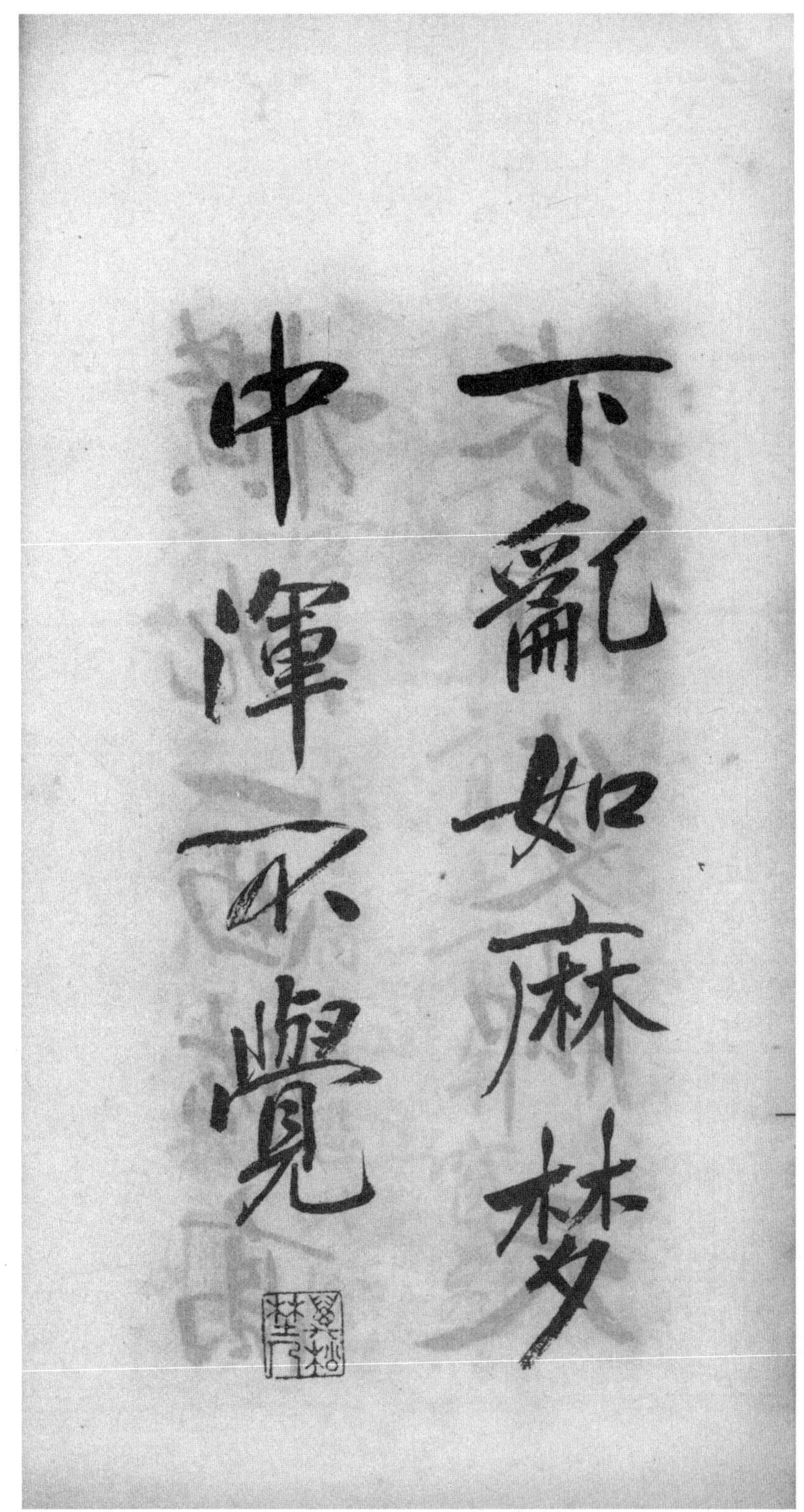
下亂如麻梦
中渾不覺

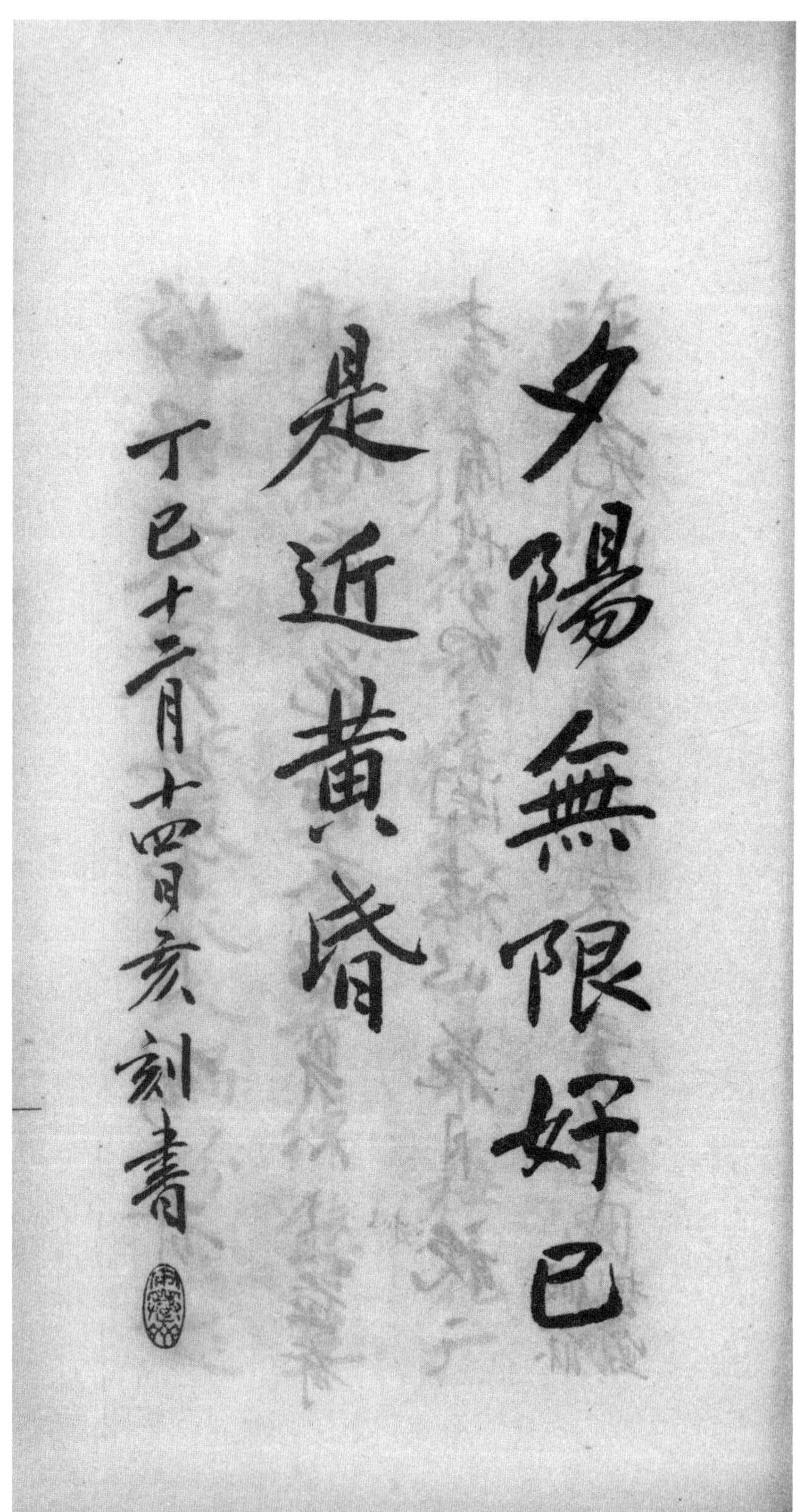
夕陽無限好已
是近黃昏
丁巳十二月十四日亥刻青

得好友來如對月，得奇書讀勝看花。好友爲身心之益，奇書有性命之關。諸以花月視之，未免淺之乎視友與書也。

假寐起寫

昨午偕内子澂仲至護國寺一游於花市購天竹一束梅花一椿歸而置之几上清香綽態生趣悠然當此天災人禍紛至遝

来来際而僕以不富不貧貧家世
半隱半顯顯行藏蕭閒自在惟
適適安其樂天知足曷其有極
丁巳嘉平除日晨光初上三寫
於且住為佳樓　敘之氏

遺書於子孫未必能讀
假此消歲月聊以自娛
枕上擬題書樓聯惟不甚工耳
丁巳十二月十三日雪窗筆

四十

近年来精力大不如昔
讀書過多則周身不
爽惟作字頗尚意味

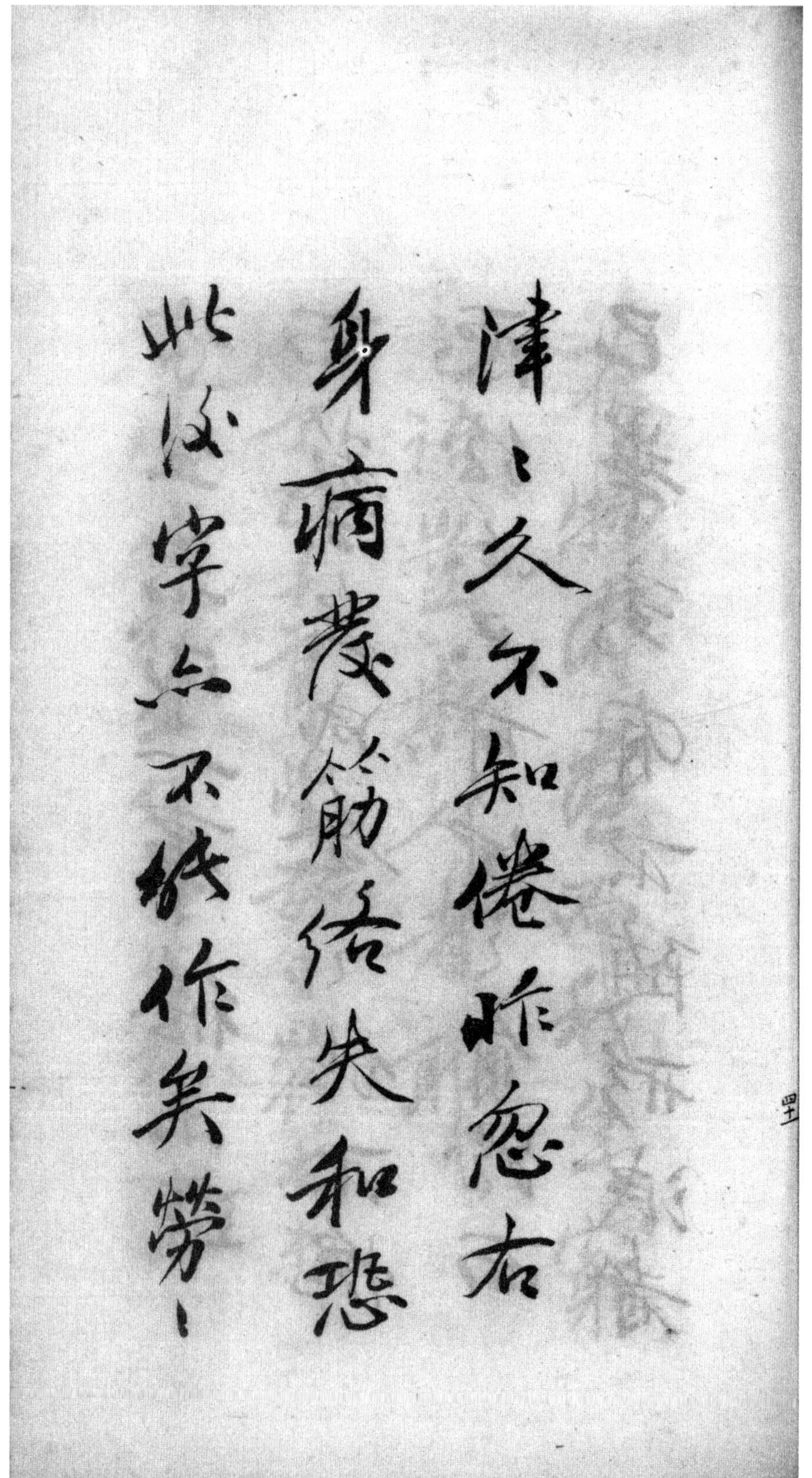
津〻久不知倦，昨忽右
身病發，筋絡失和，恐
此後字亦不能作矣。勞〻

平生未成一事德未進
而藝無成念之能不愧
恧然亦只可付之自然而
已畢竟有不隨形泯者

在物有盡而我無窮之語豈欺人者耶

1918

丁巳十二月望前日晨起光来

曦作於且住為佳樓

僕自為慈幼局已離山八
閱月入夏以來病體支
離天氣炎熱又困山中
小有建築乃回山小住兩

旬所建之房於山坳樹杪間擬題曰萬松深處雖為深處未能望遠可謂奧曠兼具不身臨其境者

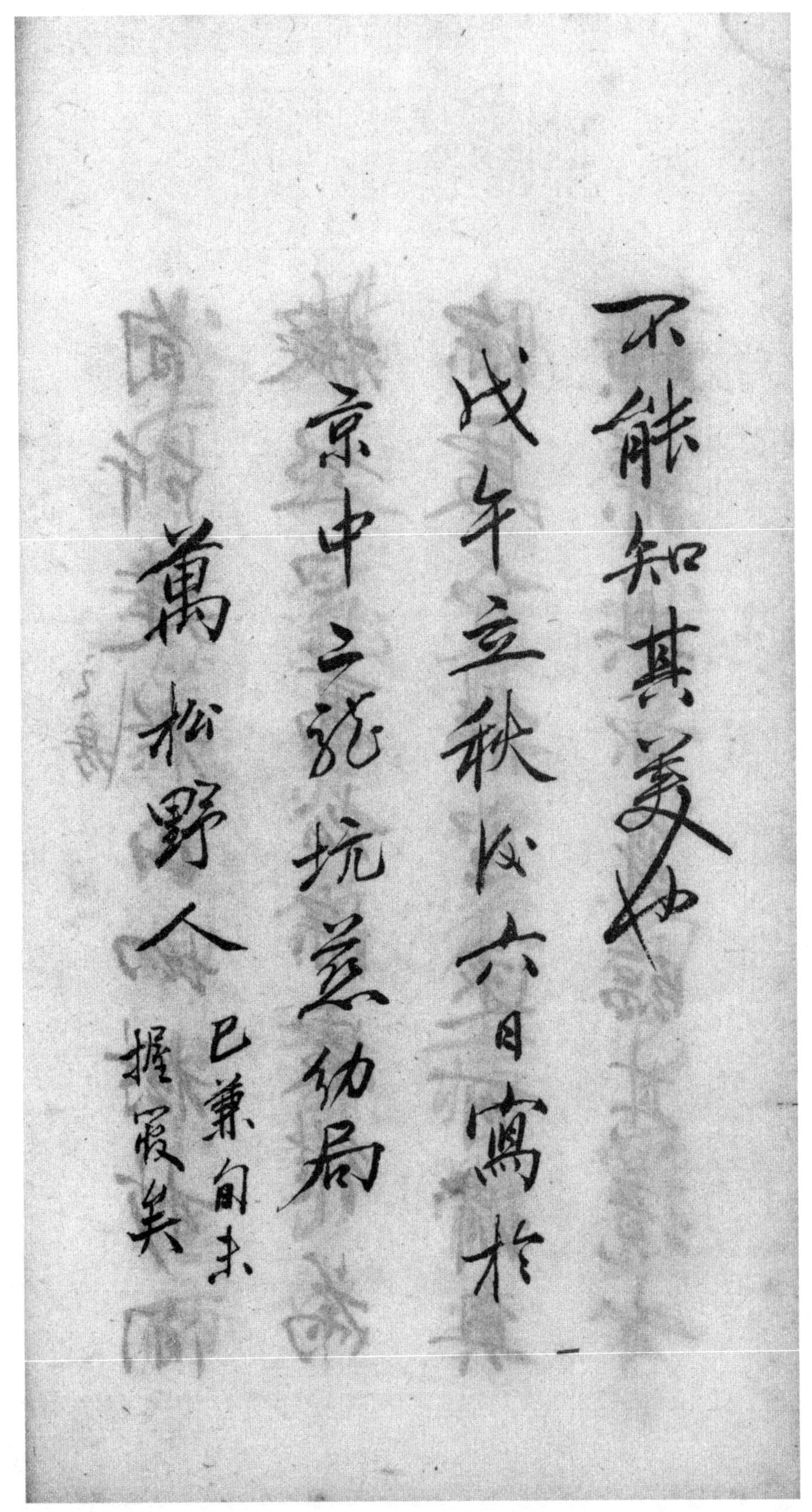
不能知其美也
戊午立秋後六日寫於
京中之龍坑蒜幼局
萬松野人
巳兼自未
握霞矣

僕自回山久未作書前於
萬松深處之北就舊有
高基建一亭名之曰半
山擬聯數付一回天半

朱霞常擁護滿山
翠栢自相親一回亦興
亦曠各得其半有香
有色獨推此山一回半

村字郭間凭眺山樹山

雲月拱依一回字月讀書

半日靜坐四時山色四時

松聲皆不長愜懷抱

為才力所限文因之病
不耐思索率爾再作矣
戊午九月十七日午前
偶筆

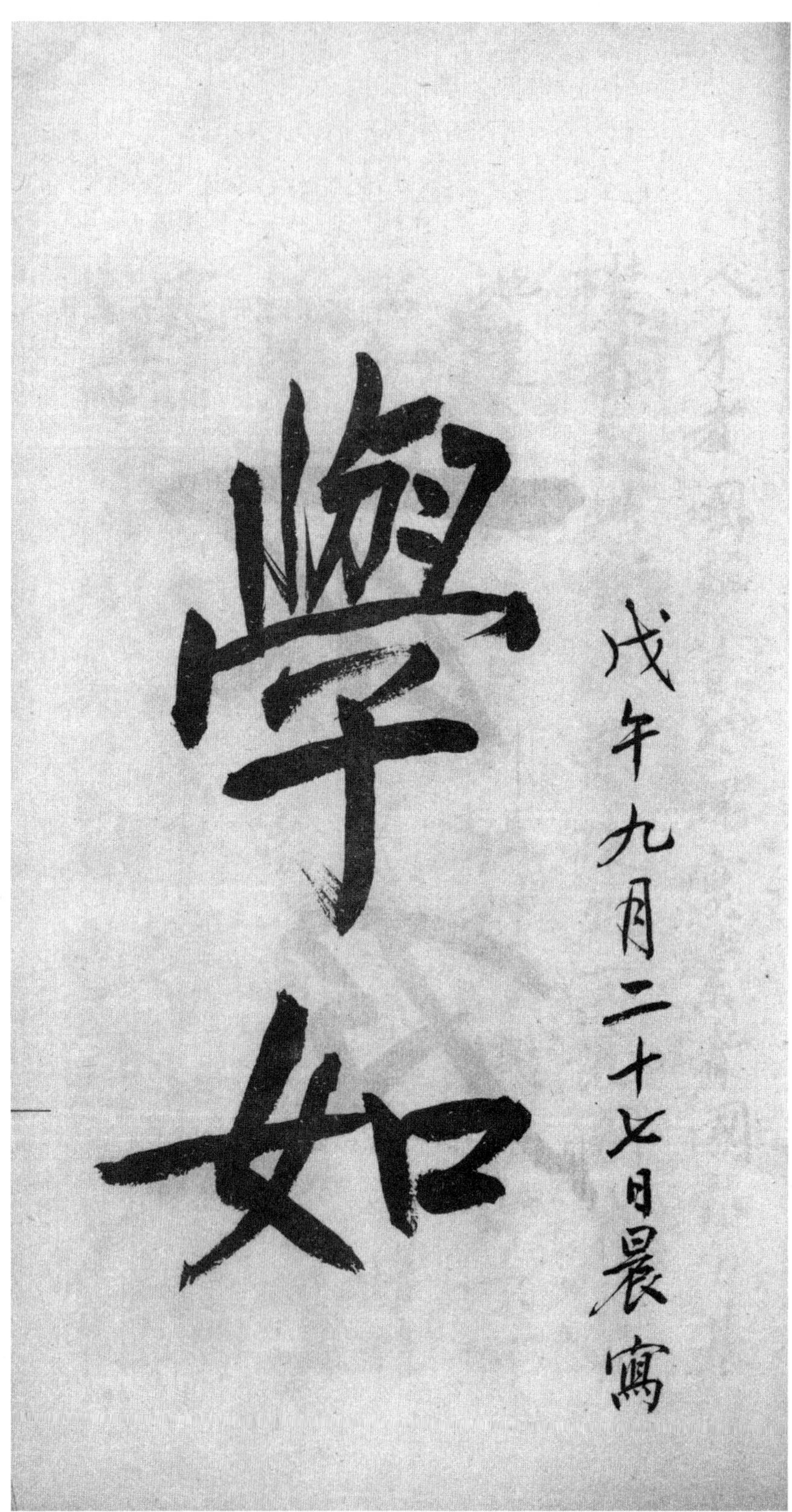
學如
戊午九月二十七日晨寫

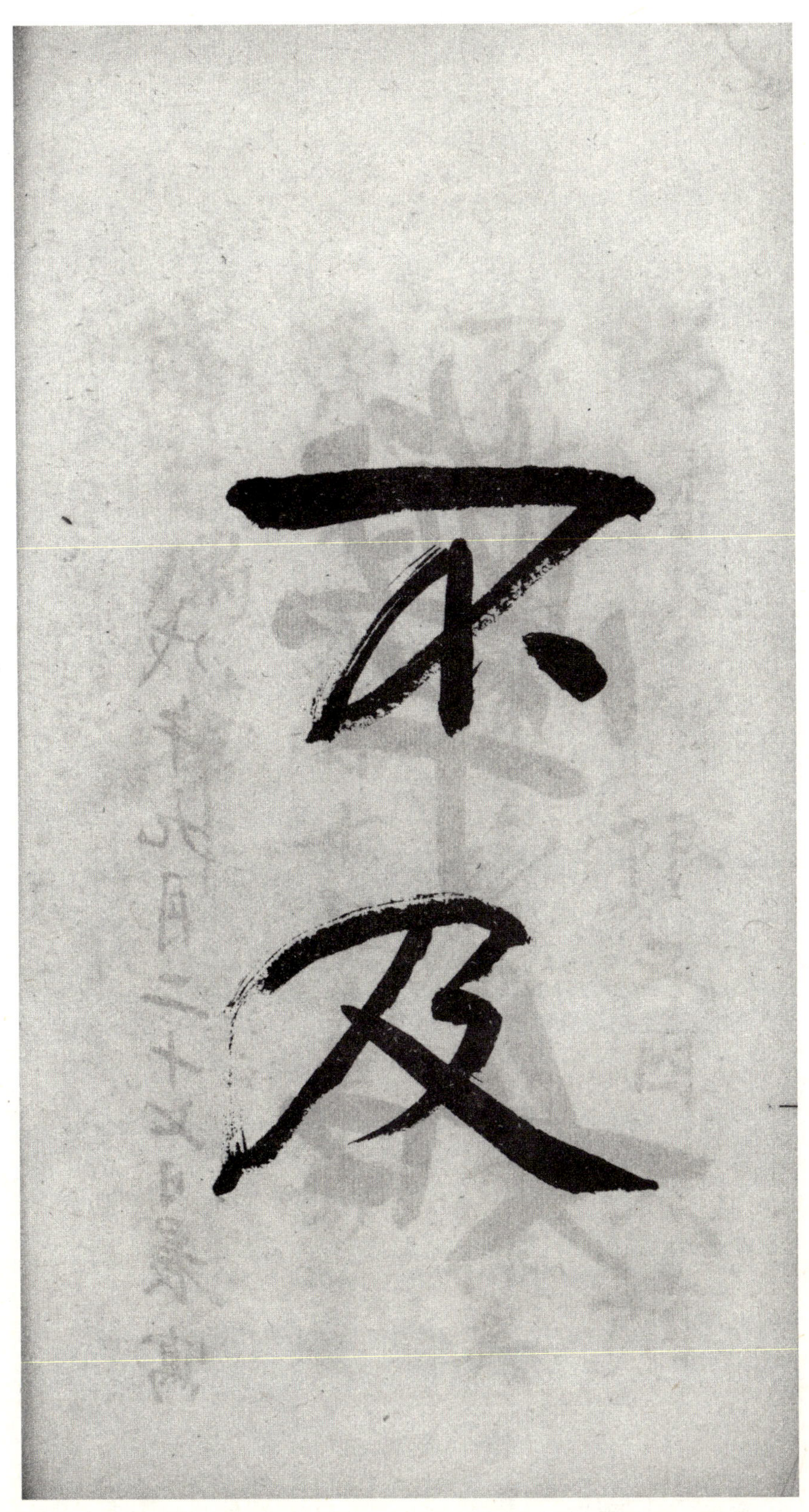
不及

人才者國家之靈魂實業者國家之基礎苟失此命魂基礎必不克圖存於大地遑言競勝於列強此有國家者不可不知也雖然此人才實業必有以培植輔翼之者始獲日益發皇苟摧抑扼塞使不得其長養之道必相與消歇亦惟有日就枯萎而已我國自大敗疊辱

後競言憲法矣顧方針無定暮四朝三弔詭譸張不可窮詰每一評衡索然氣短直無可當其希冀者今觀求新机器廠成績圖乃不覺油然復生其欣羨之心矣雖然人亦知求新主人當其草創經營堅苦刻厲舉世非之而不加阻之定力乎今既既致

幸臻此境洵無愧於國民之傑矣能培植長養使獲續吾國之命魂固吾國之基礎者是在吾國之強有力者矣往者僕嘗為 主人書臨川詩曰撲撲之煙嵐從四阿物華終恨未能多更危陸起三千丈始索重山複山嶺何

主人顧而笑曰此正類吾眼底情形也固

四十八

無之厰中今當更爲易一詩曰飛來峰
上千尋塔聞說雞鳴見日昇不畏浮
雲遮望眼祇緣身在最高層
主人顧之當亦有以自慰矣
宣統辛亥新秋毅之英蕤書於津門

萬松心畫

解題

《萬松心畫》，1922 年據英斂之手稿照相版印，封面爲師曾篆字題簽，題『萬松心畫』，綫裝，一册，本書所據底本爲曹洪江先生藏本。亦爲英斂之手書雜感。

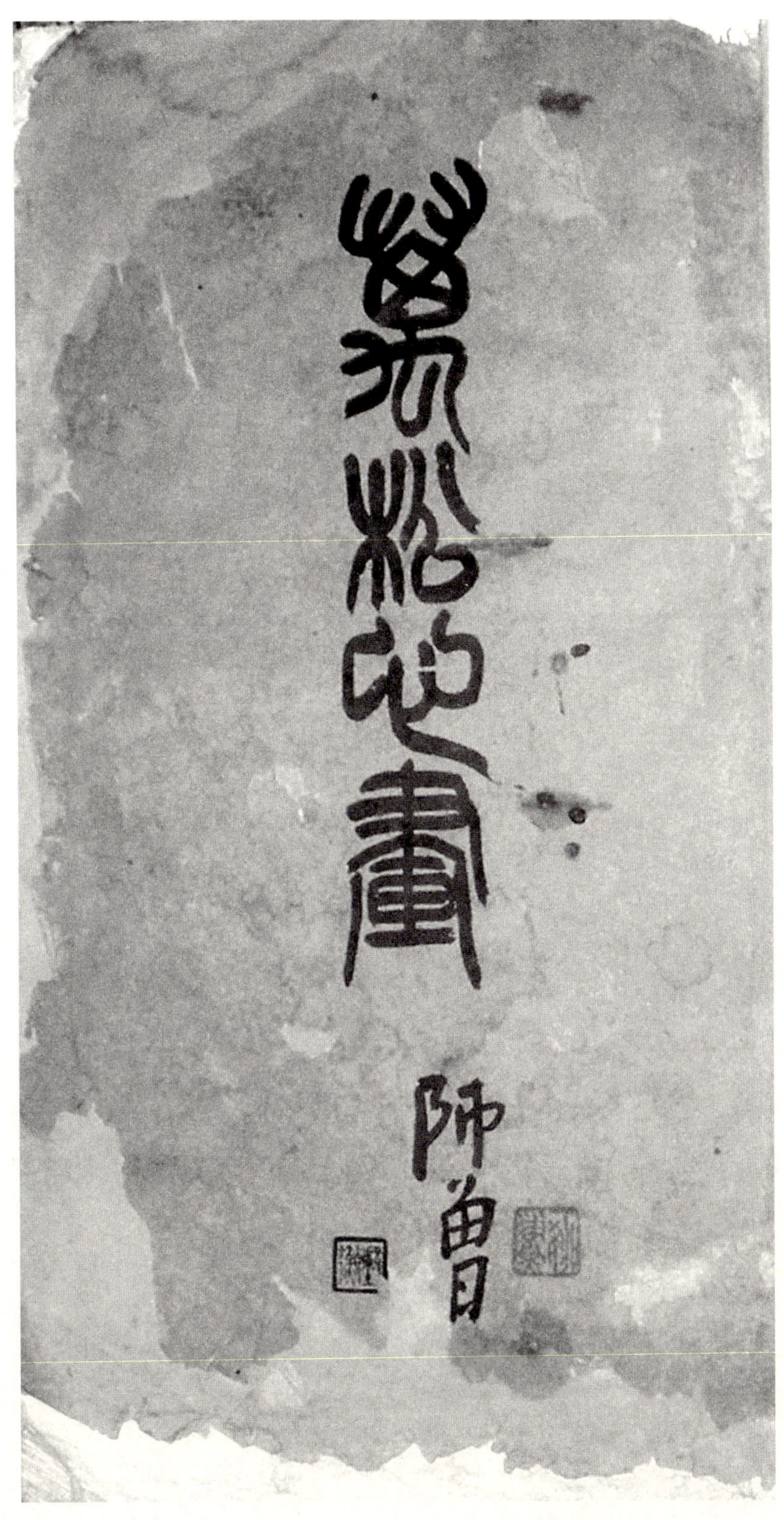

385 萬松心畫

不意之及

辛巳之秋月

崇儒

敛之寄

武林

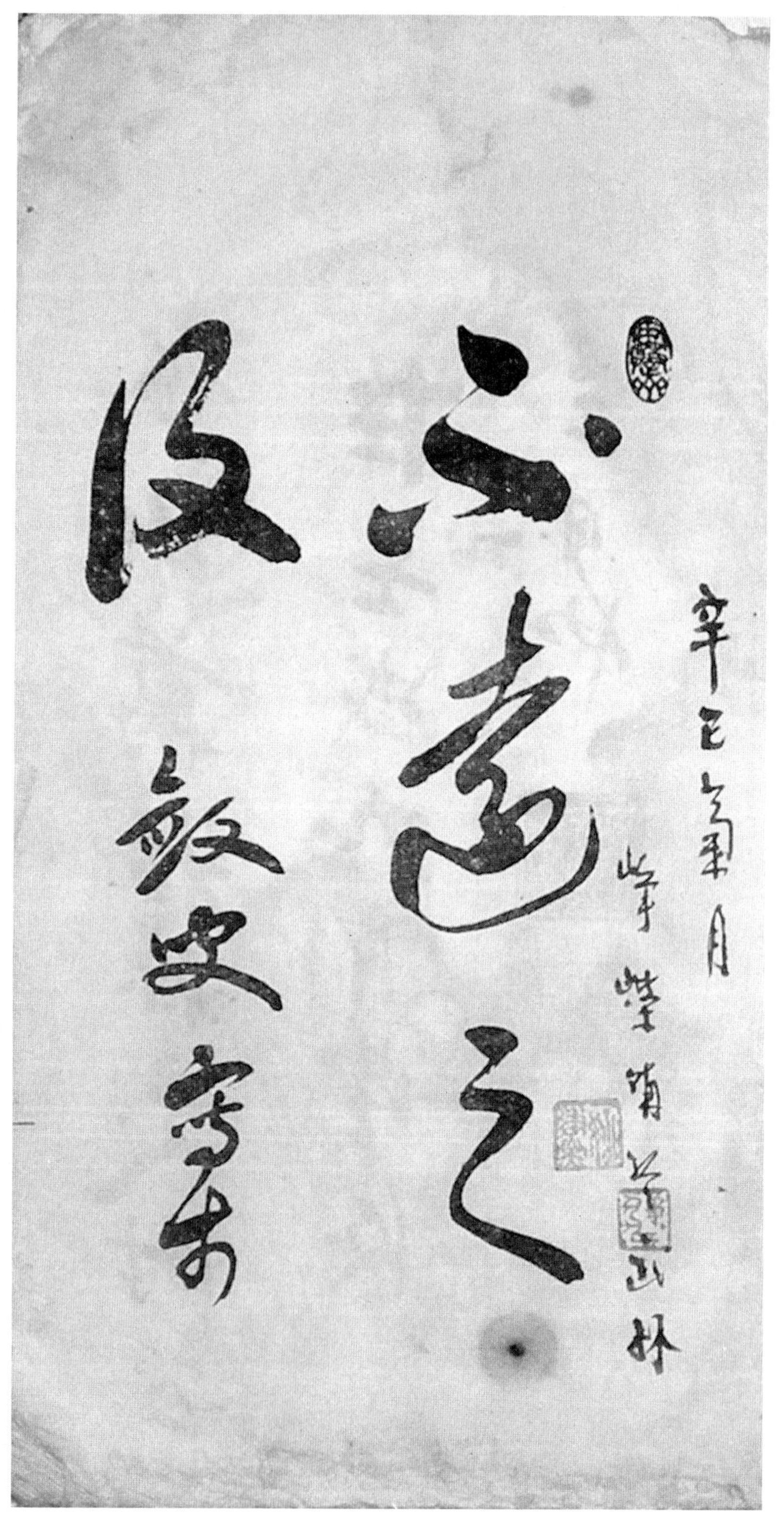

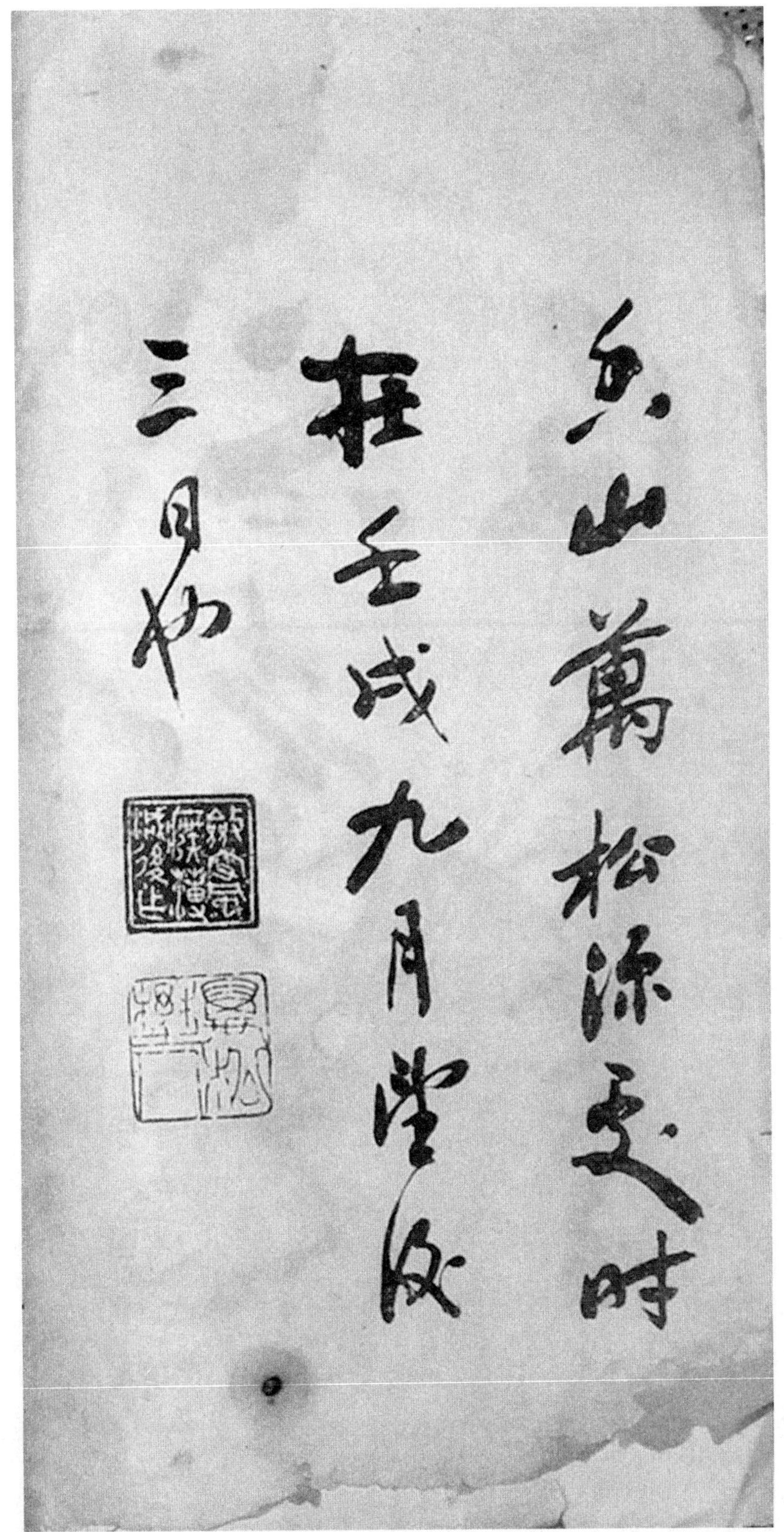

兵山萬松源丈時
莊壬戌九月望後
三日也

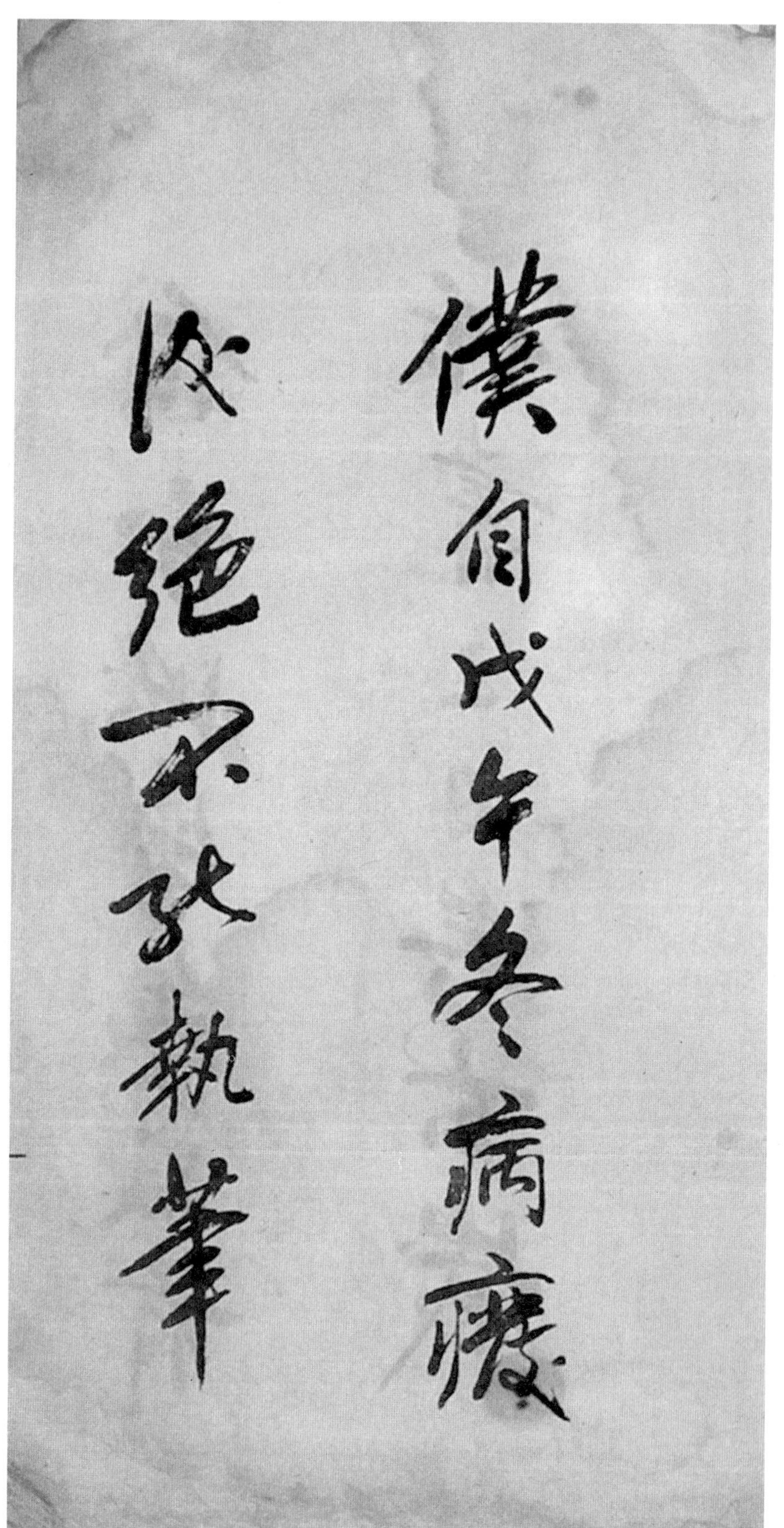
僕自戊午冬病廢
後絕不敢執筆

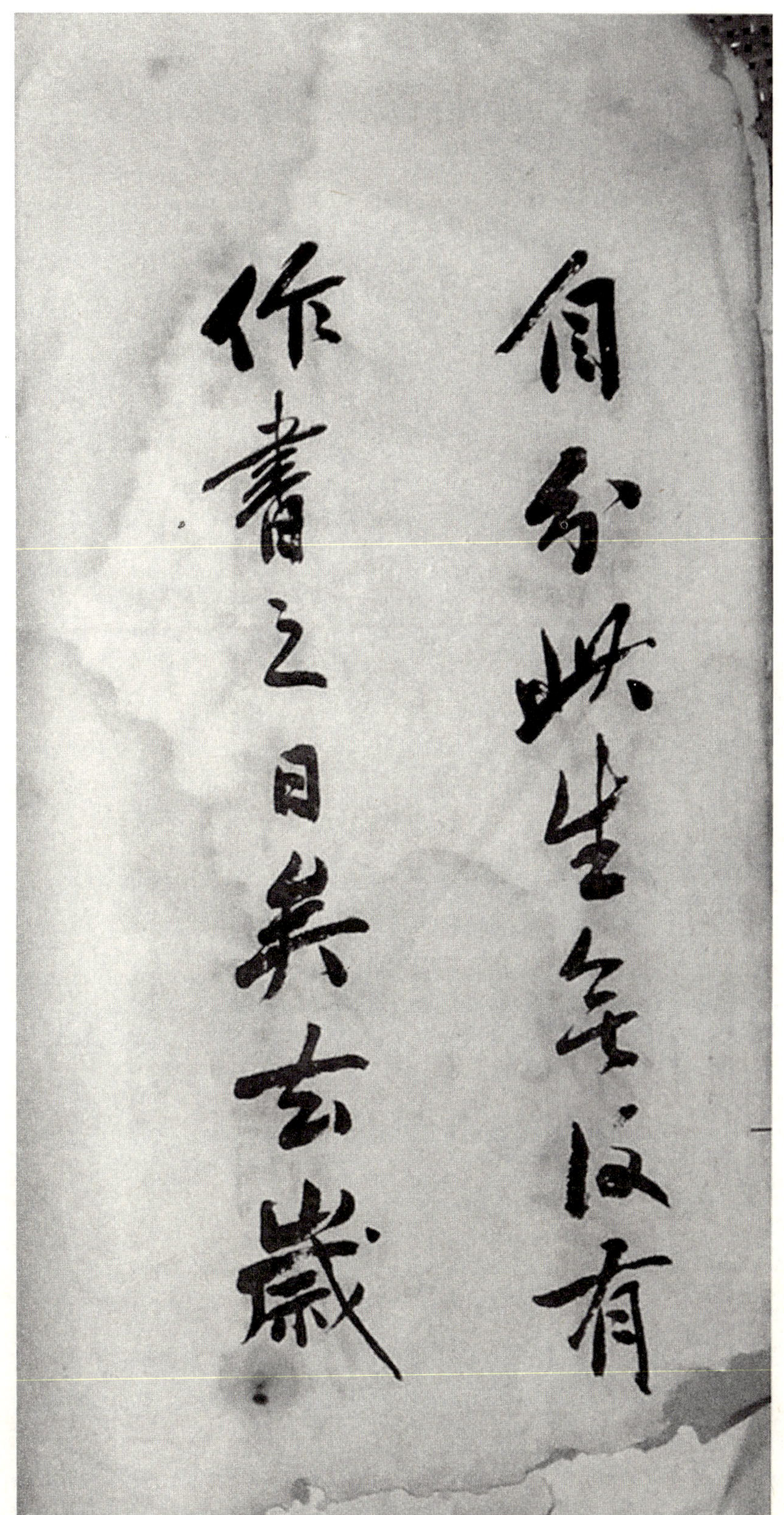
自分此生無復有
作書之日矣去歲

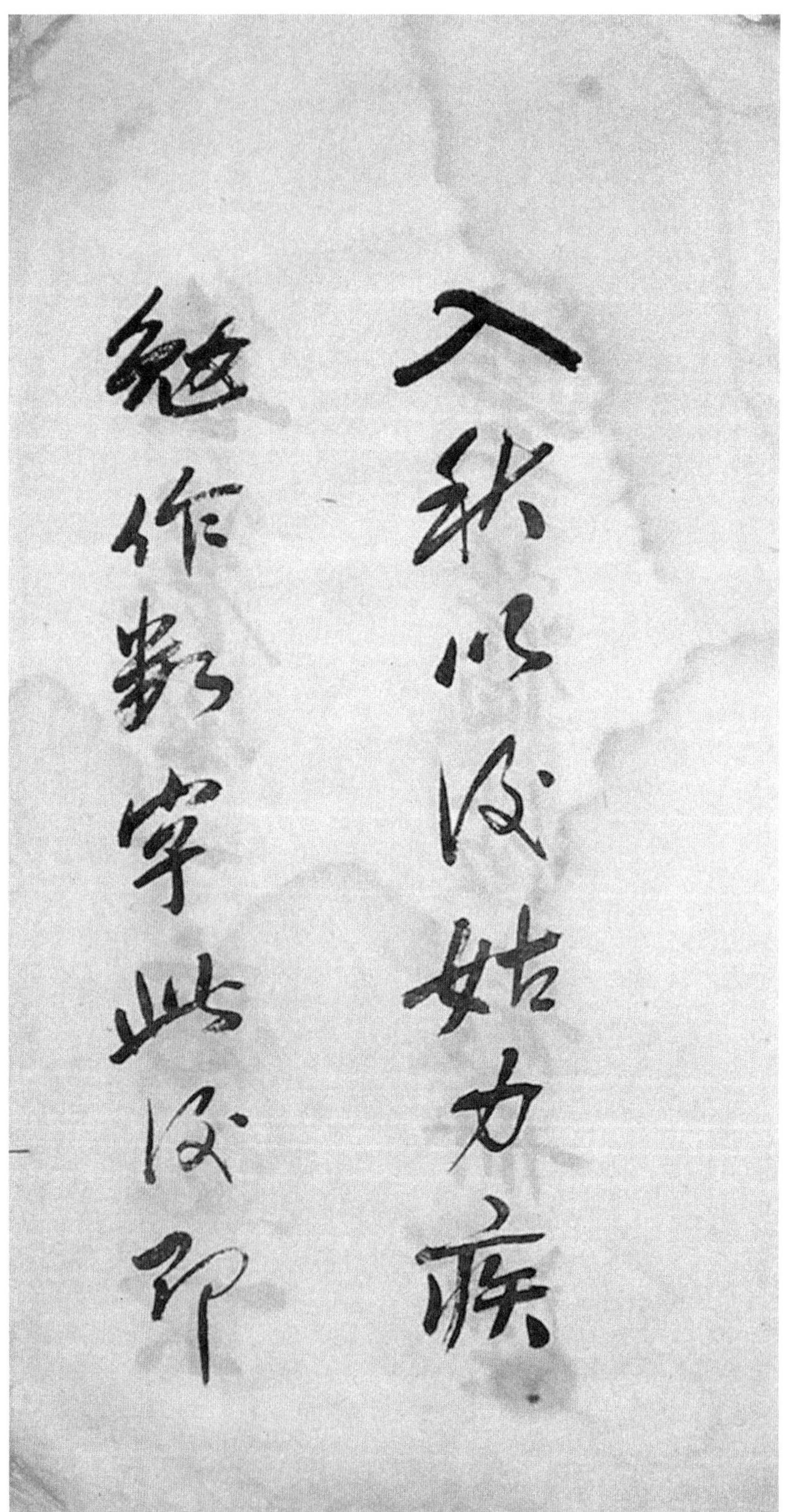

入秋以後姑力疾

勉作數字此後即

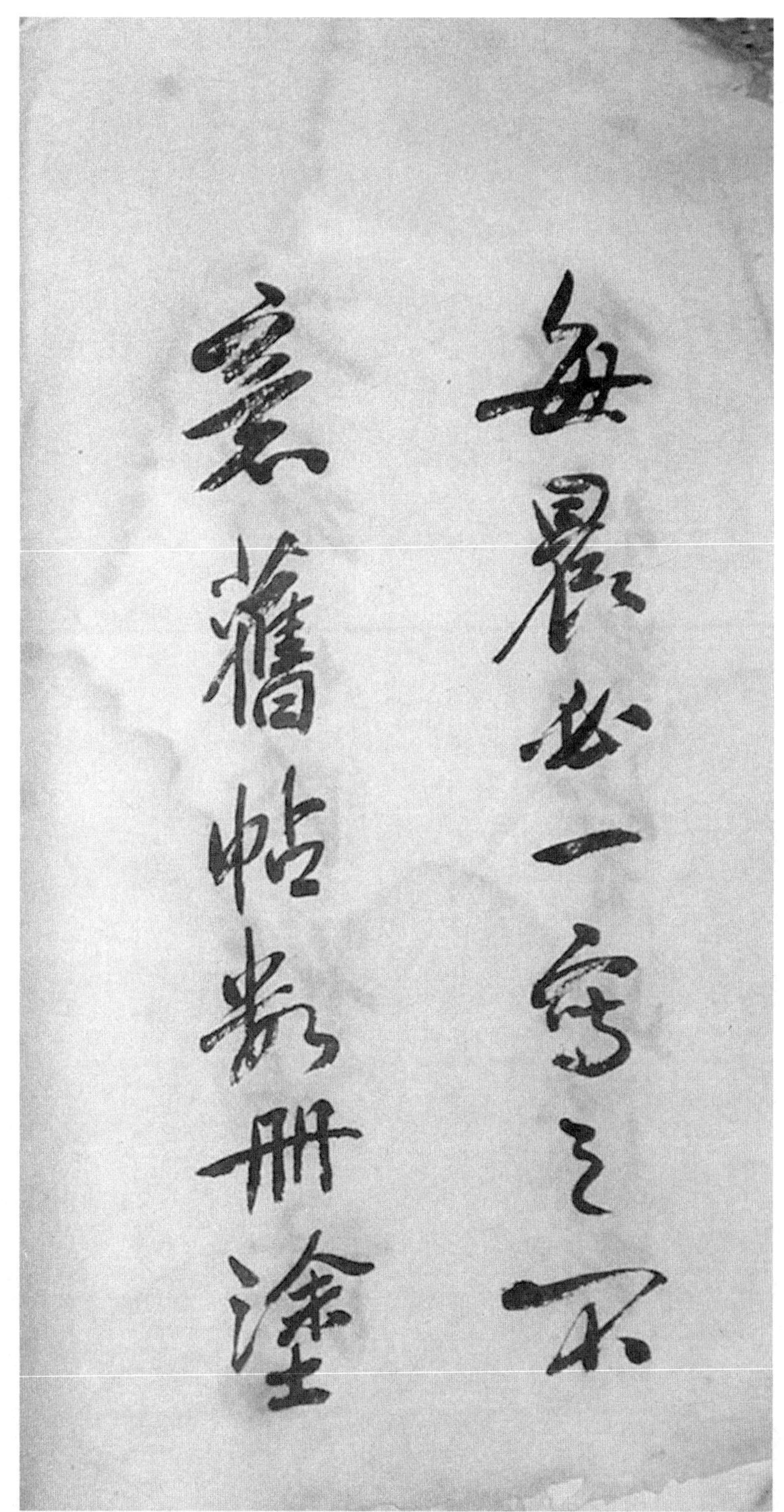
每晨必一寫之不
忘舊帖數冊塗

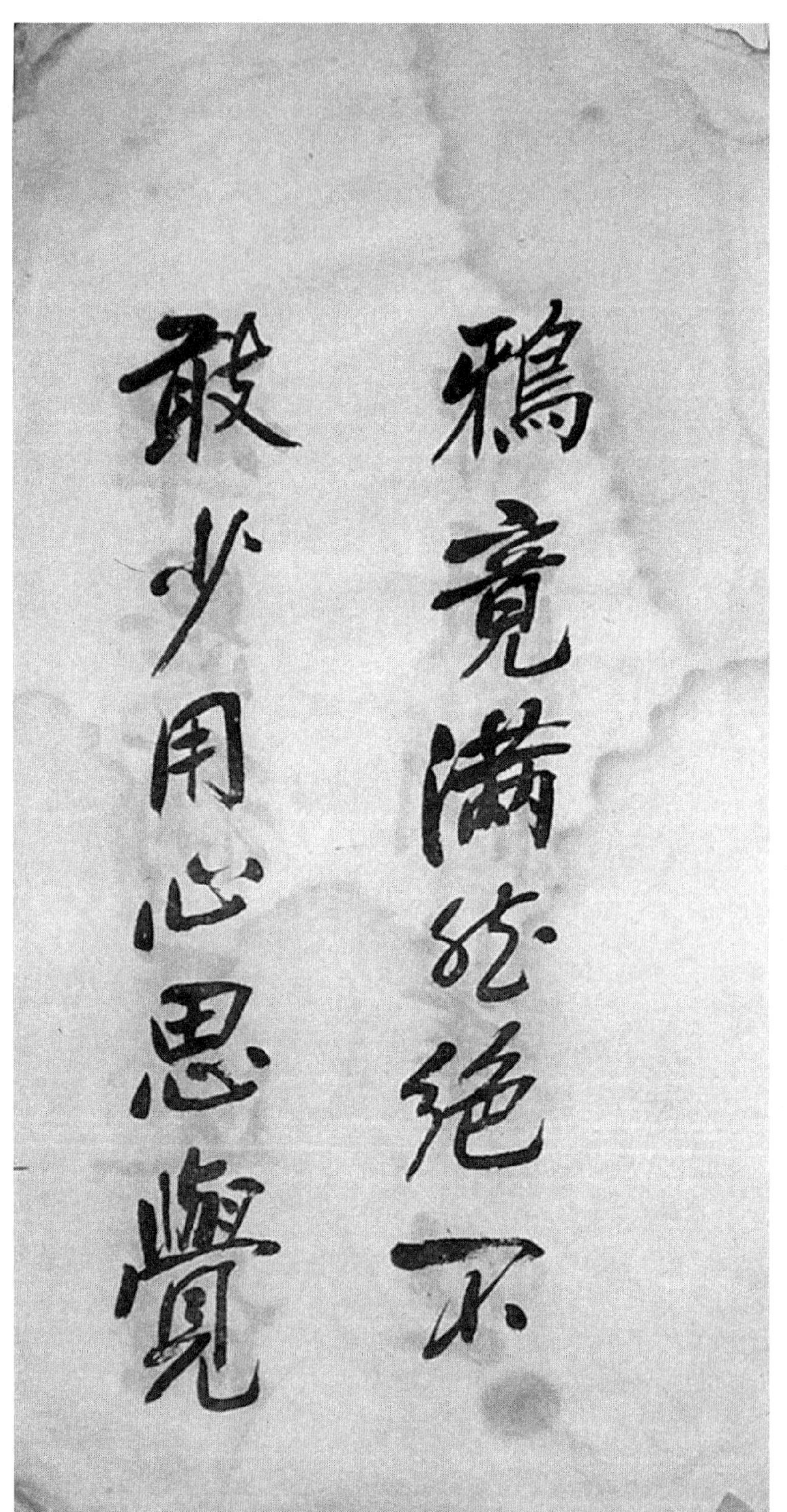

鴉竟滿紙絕不
敢少用心思覽

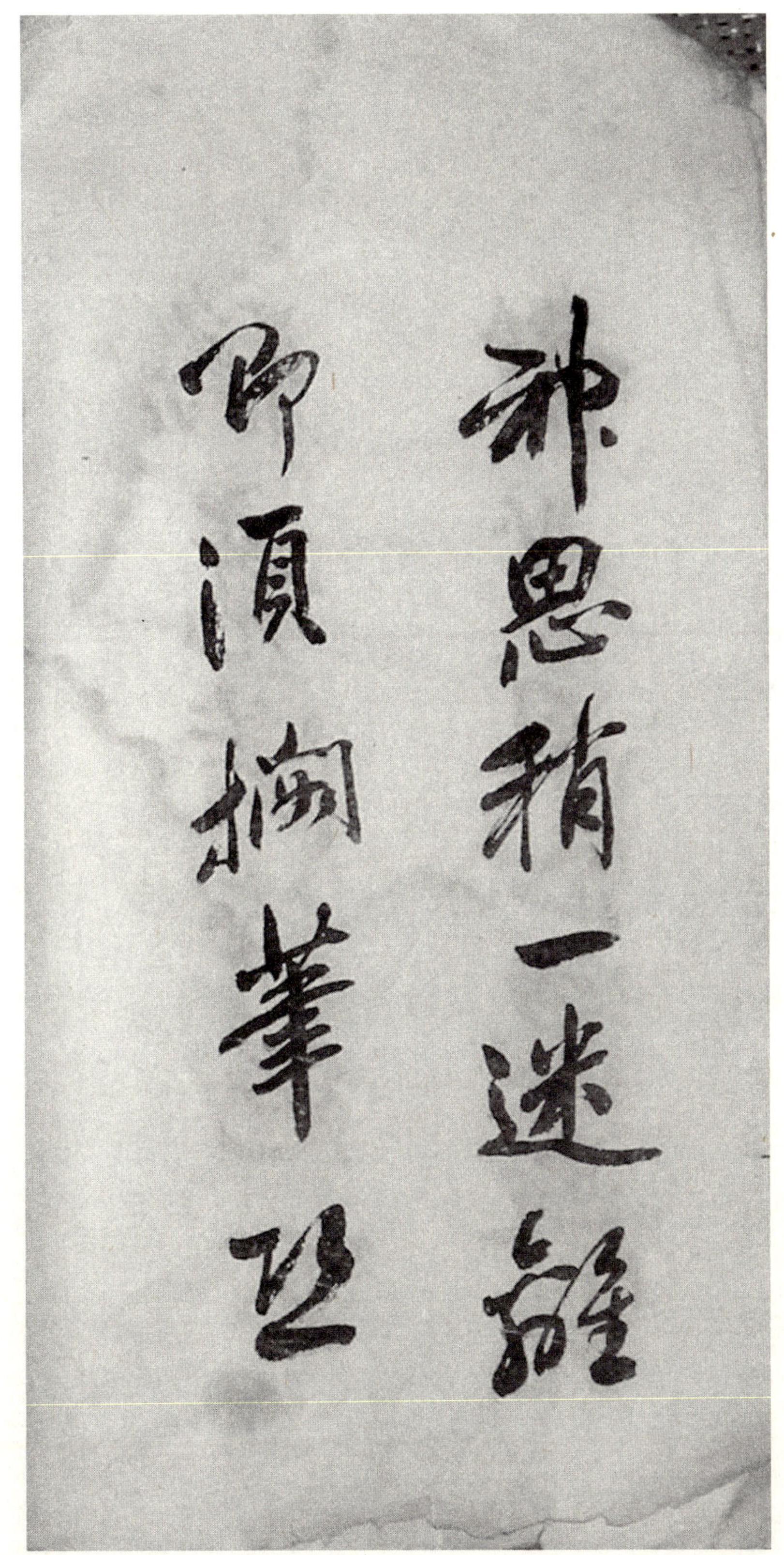
神思精一迷離
所須擲筆飛

舊病復發勿
迓至儀來之素

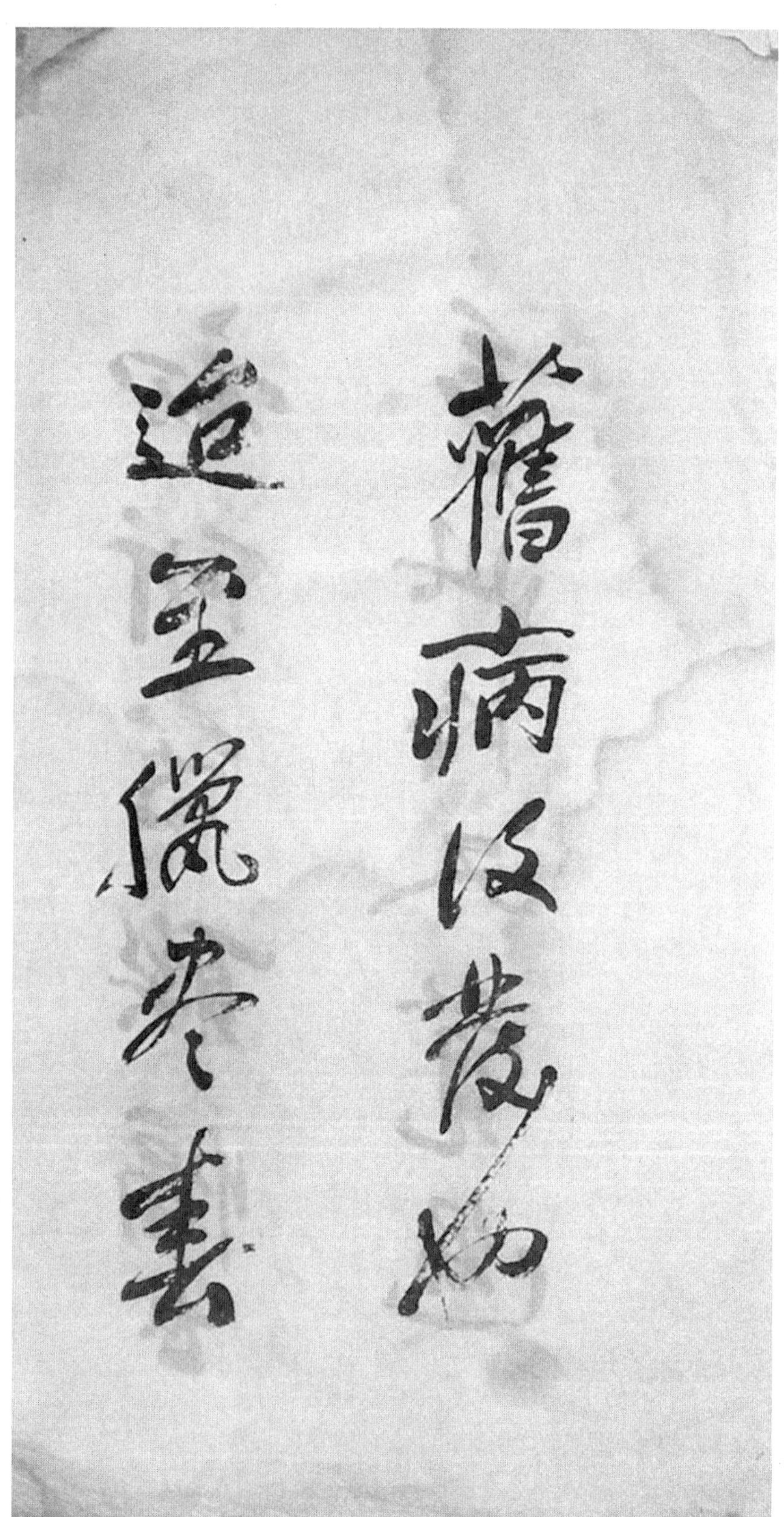

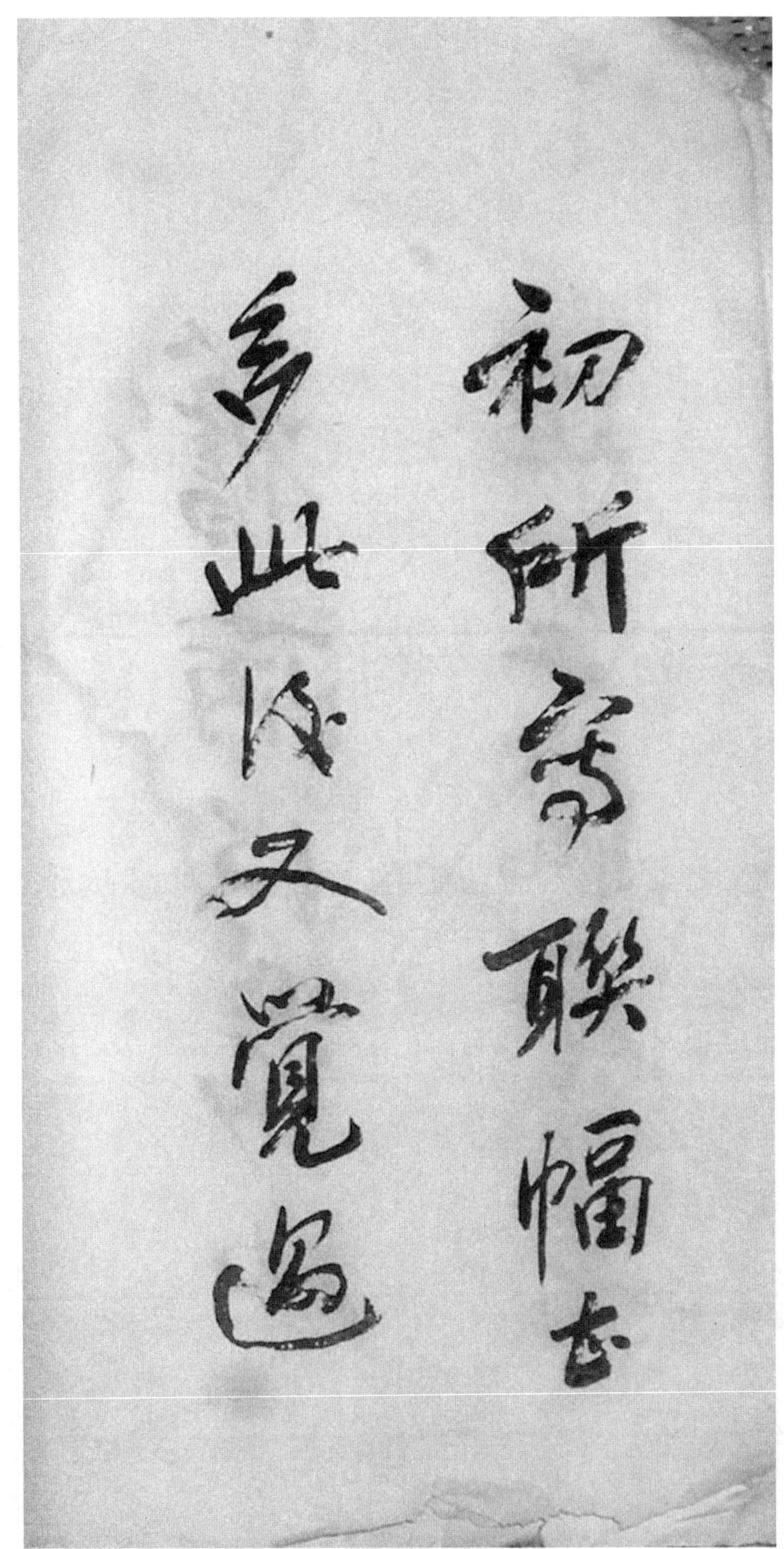

初所寄聯幅去
多此次又覺過

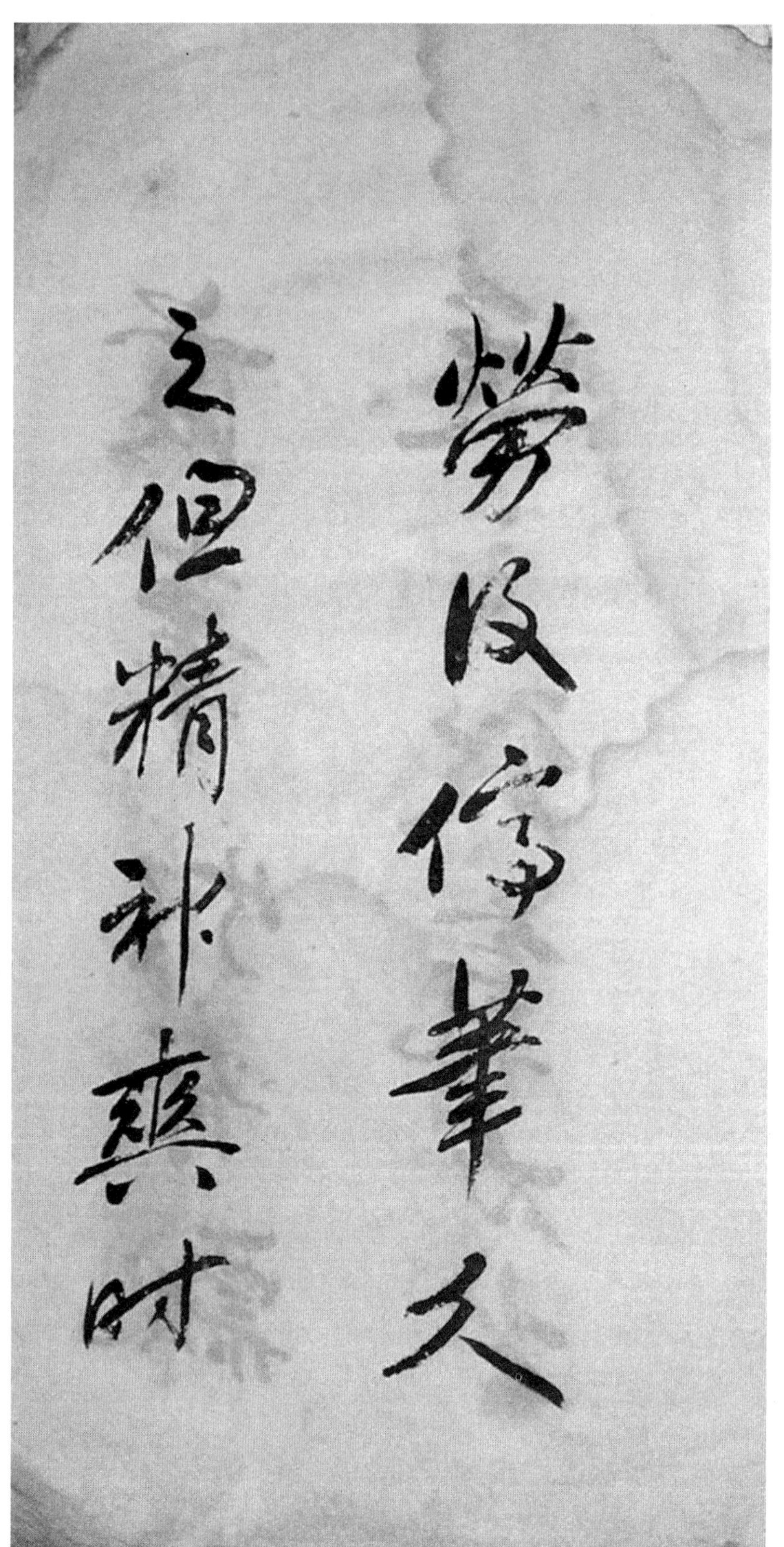

勞及傷筆久
之但精神蘇時

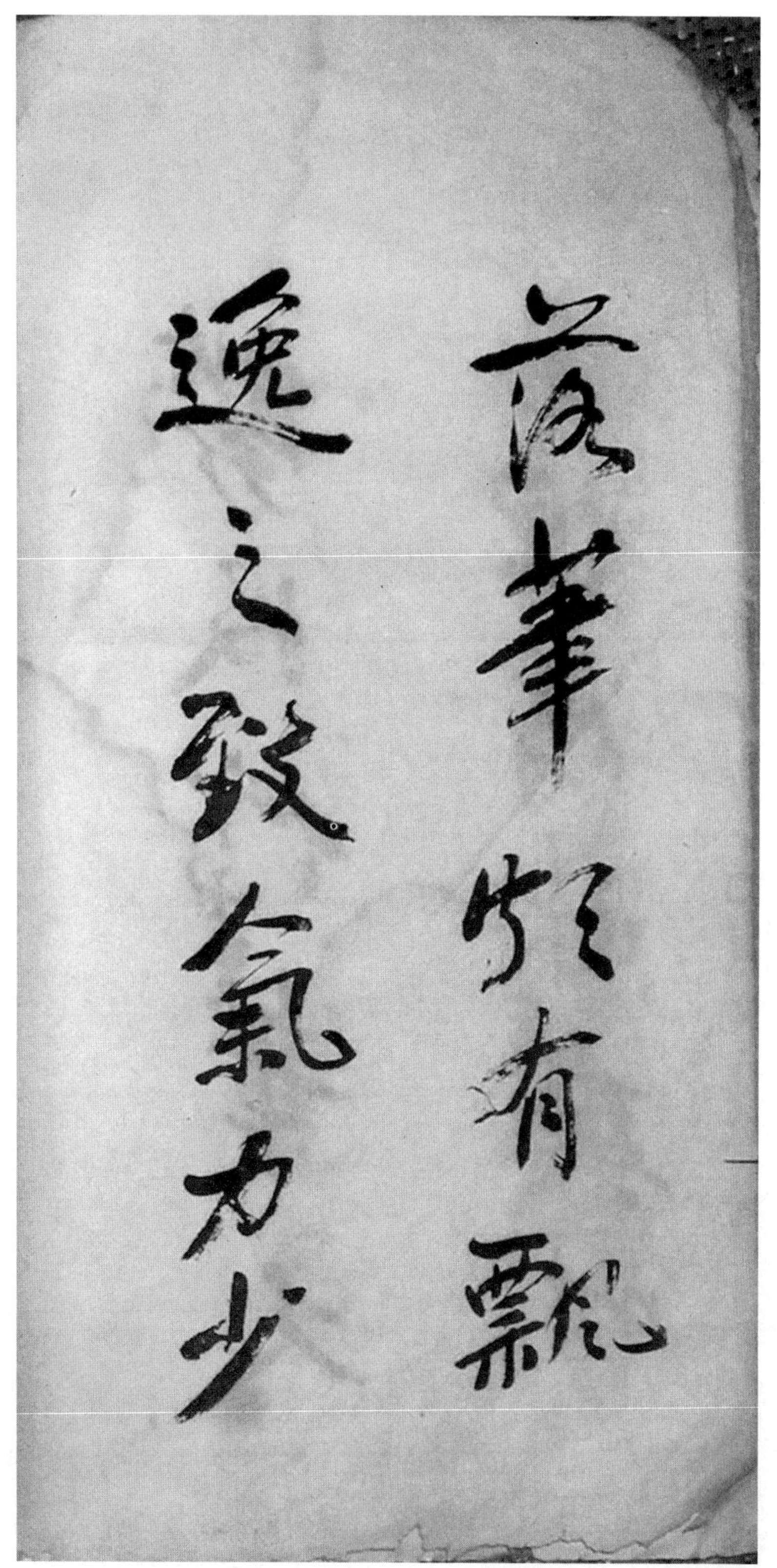
落筆必有飄
逸之致氣力少

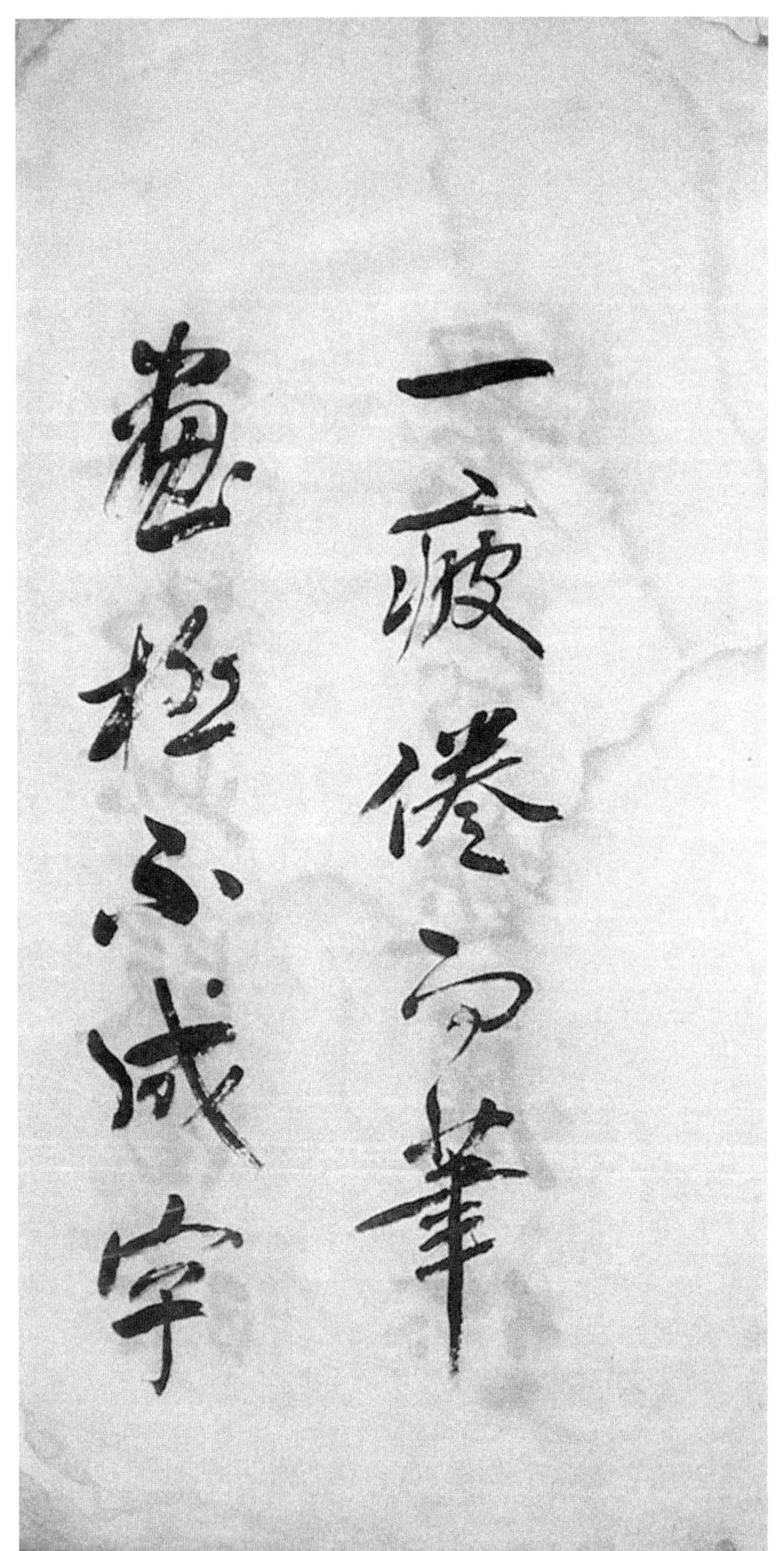

一疲倦而筆
盡搁不成字

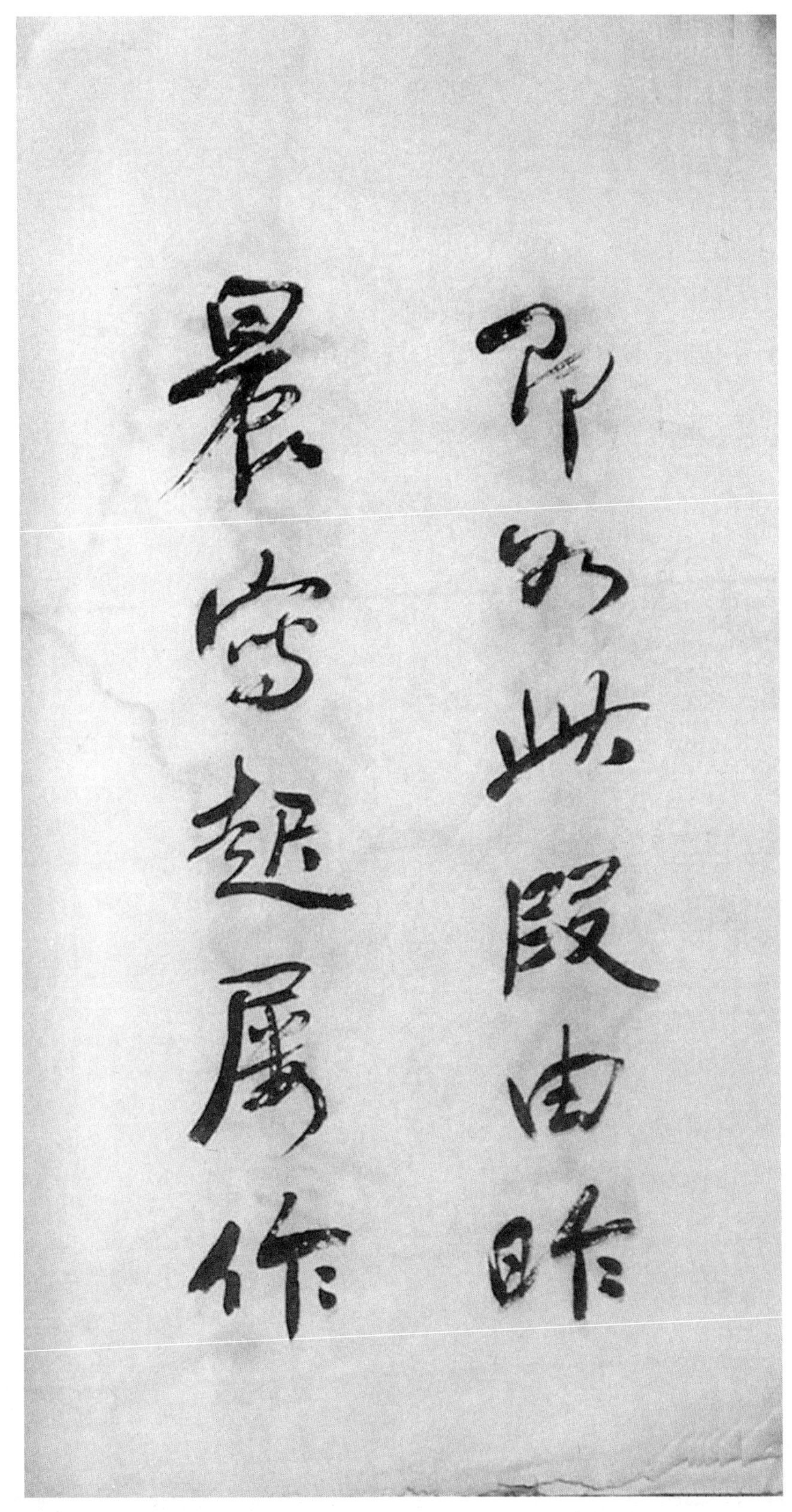

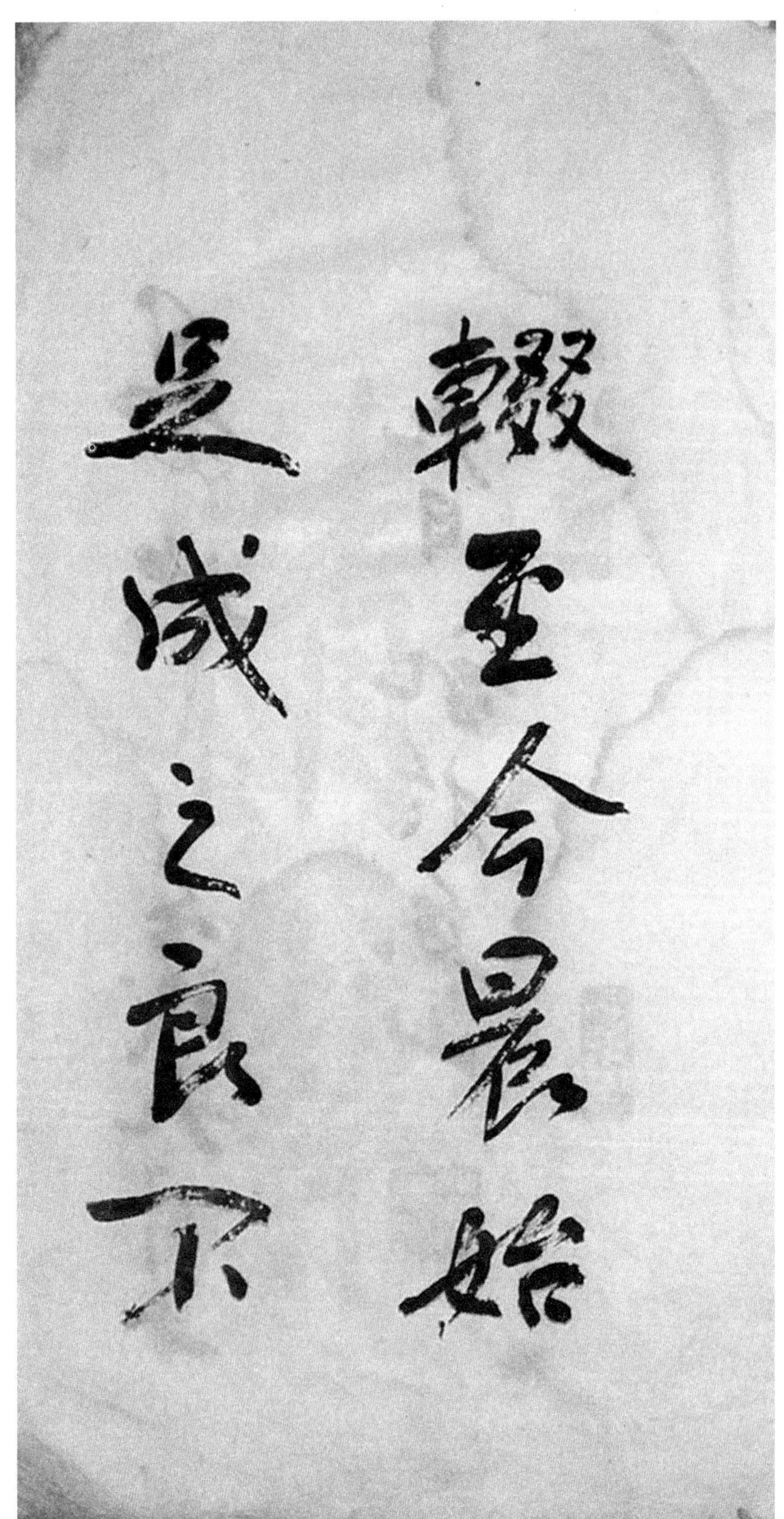

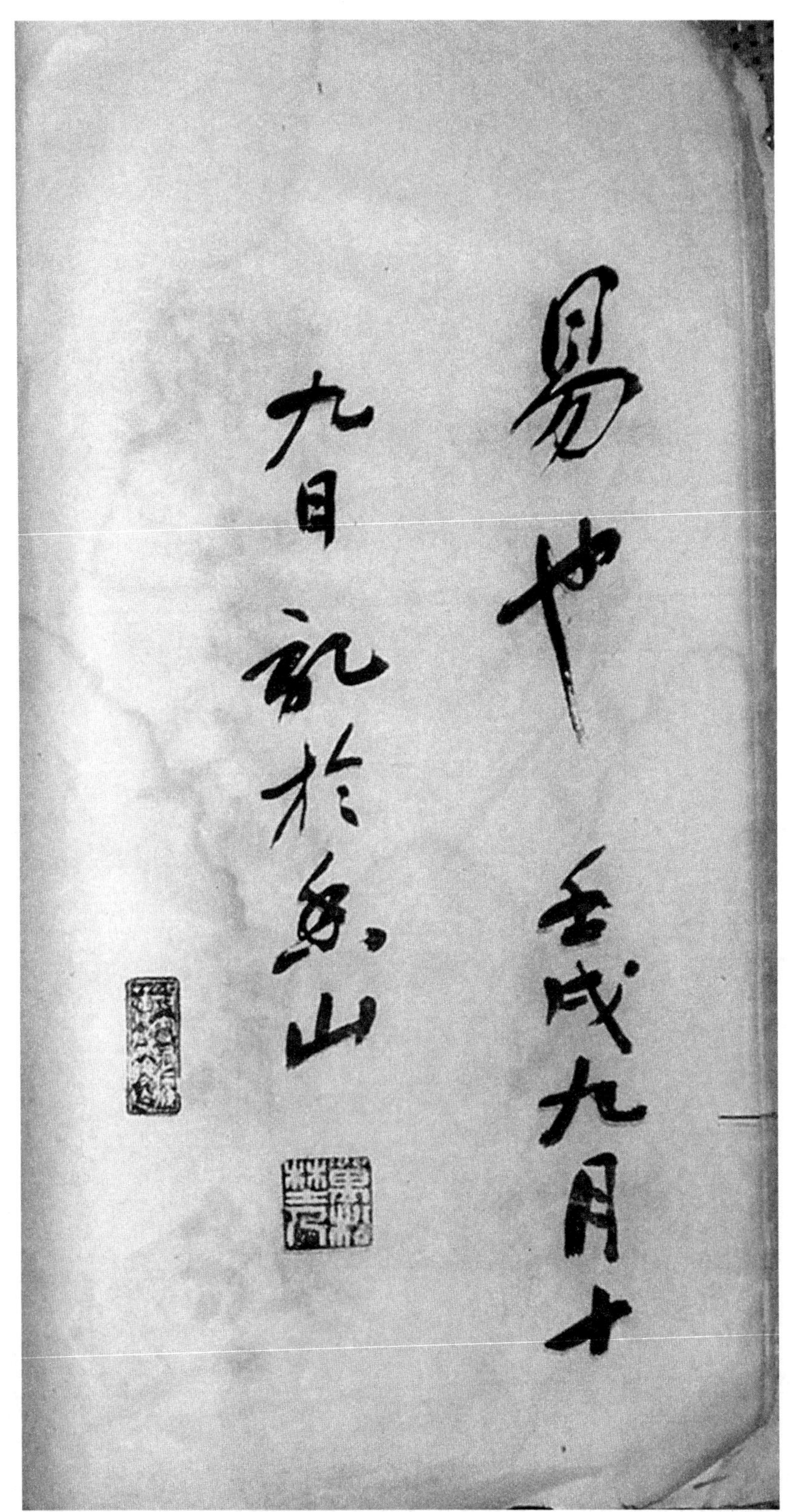
易也 壬戌九月十
九日記於魚山

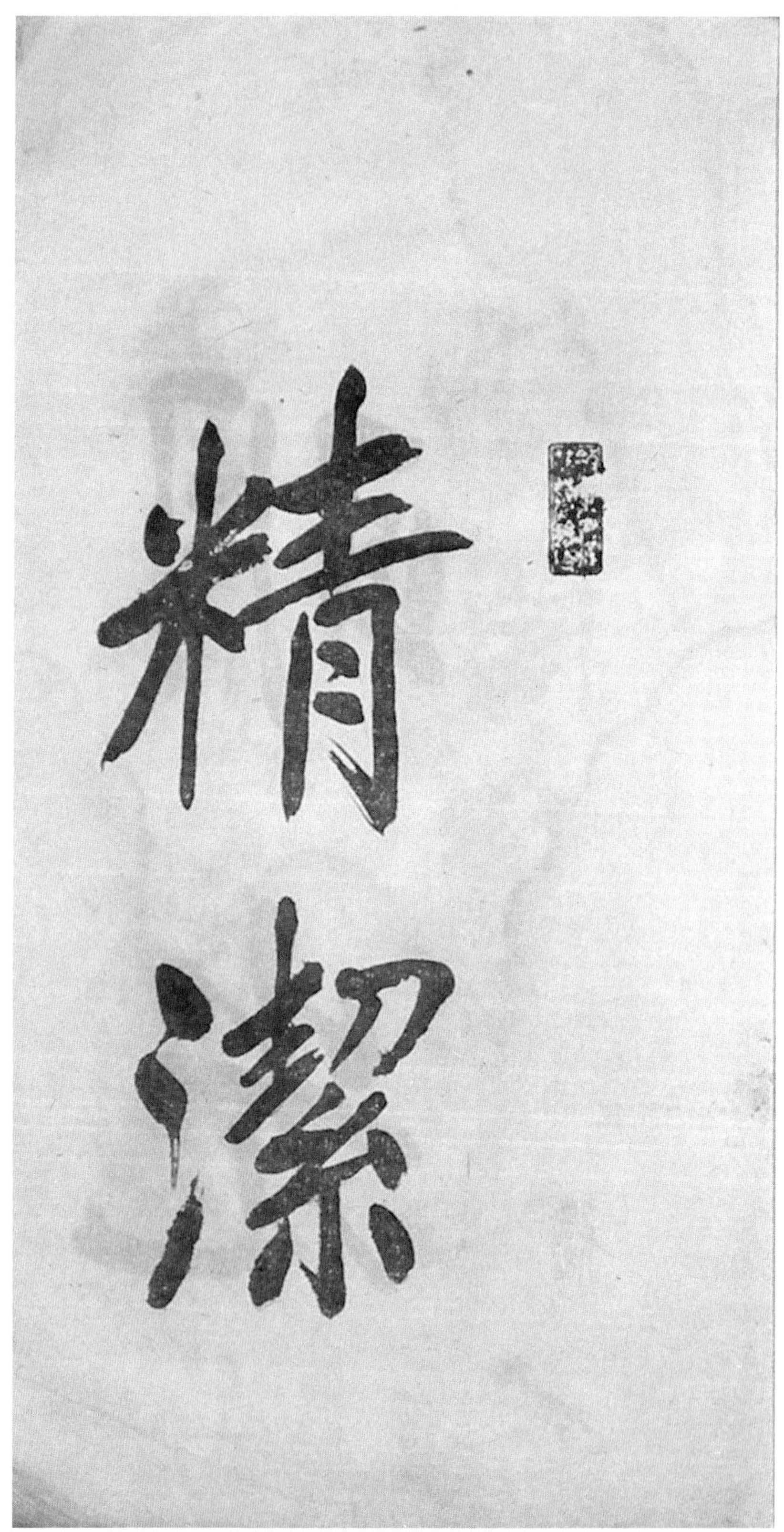
精潔

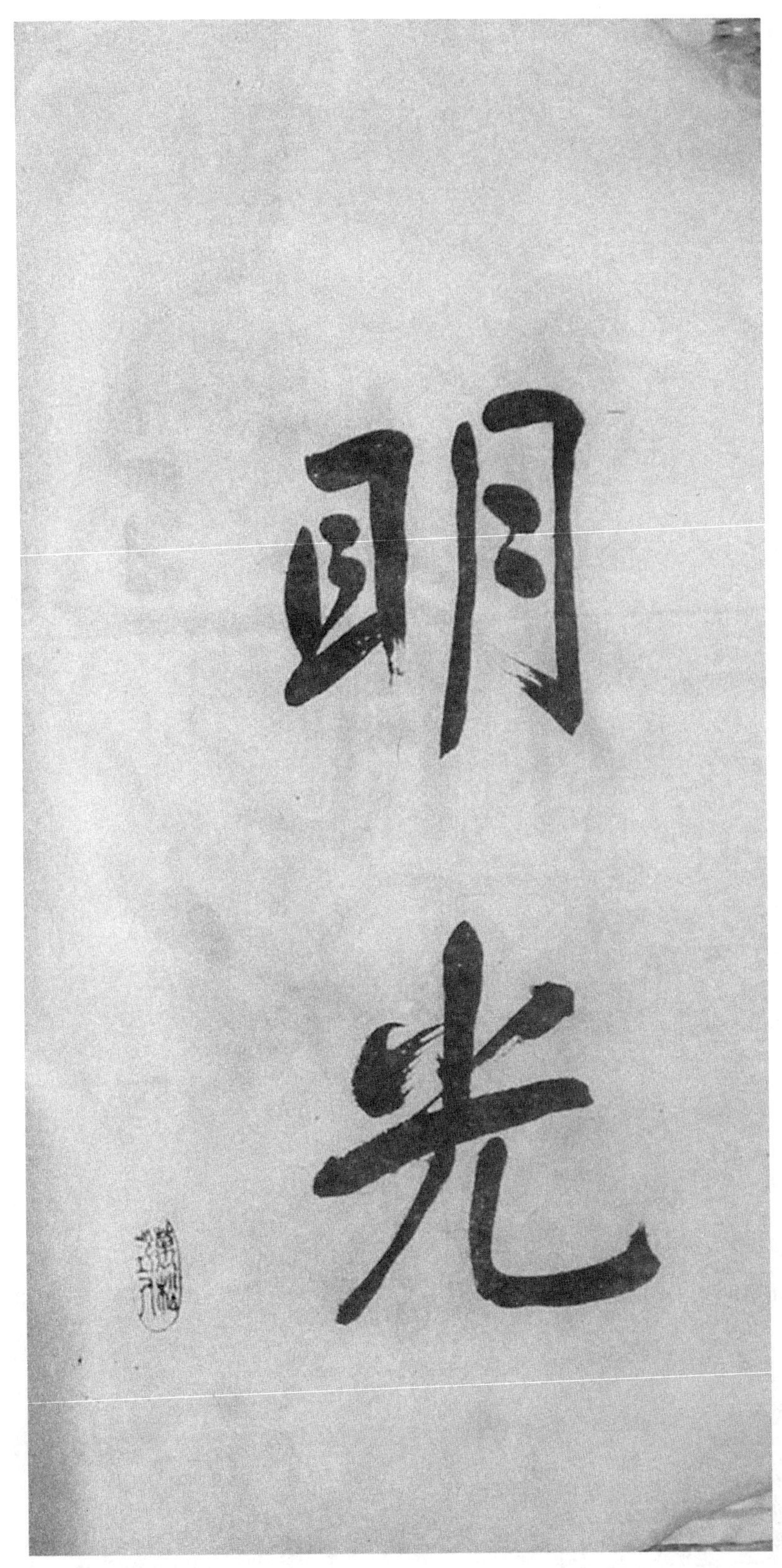
明光

聖瀾昂山
驚破碌天

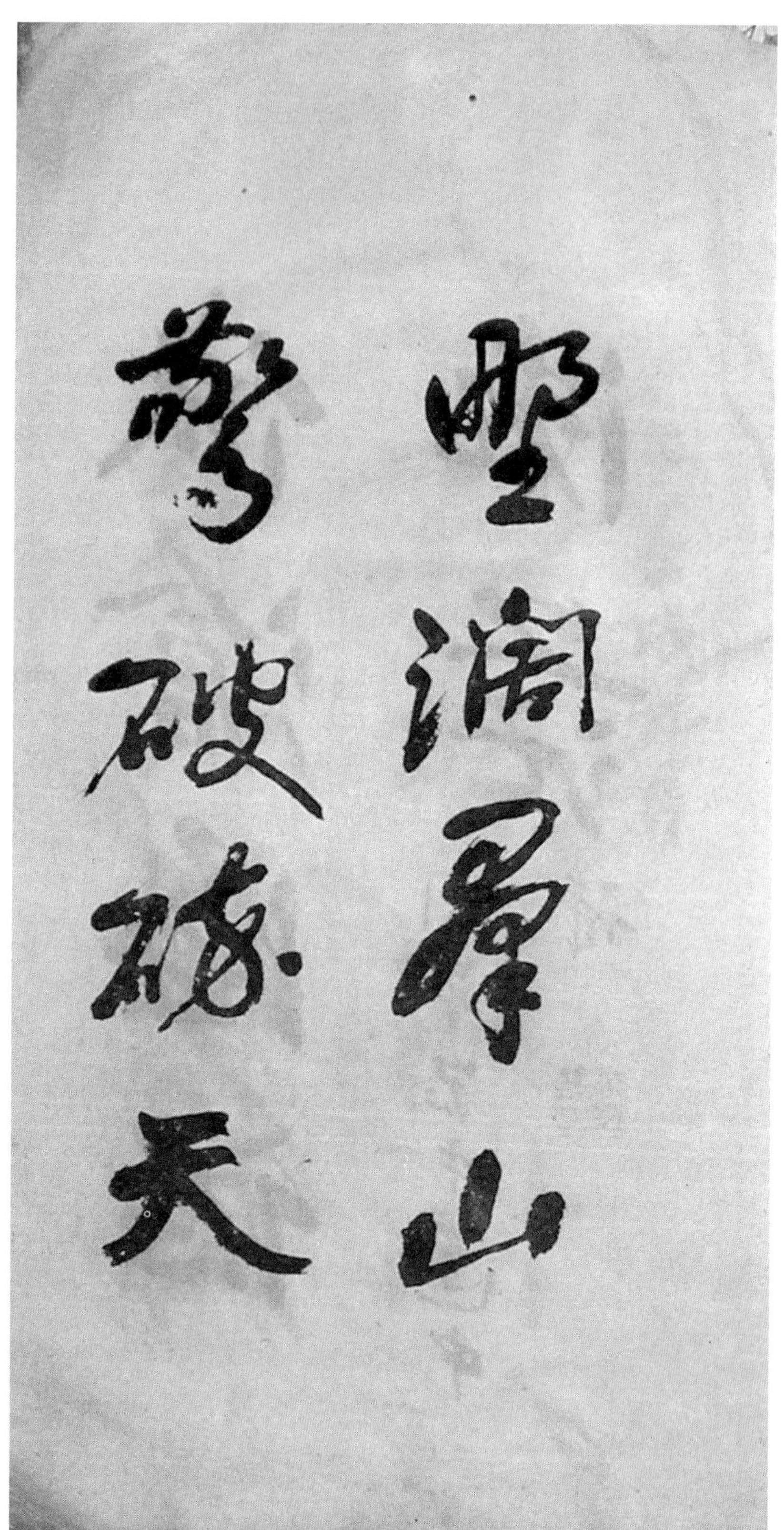

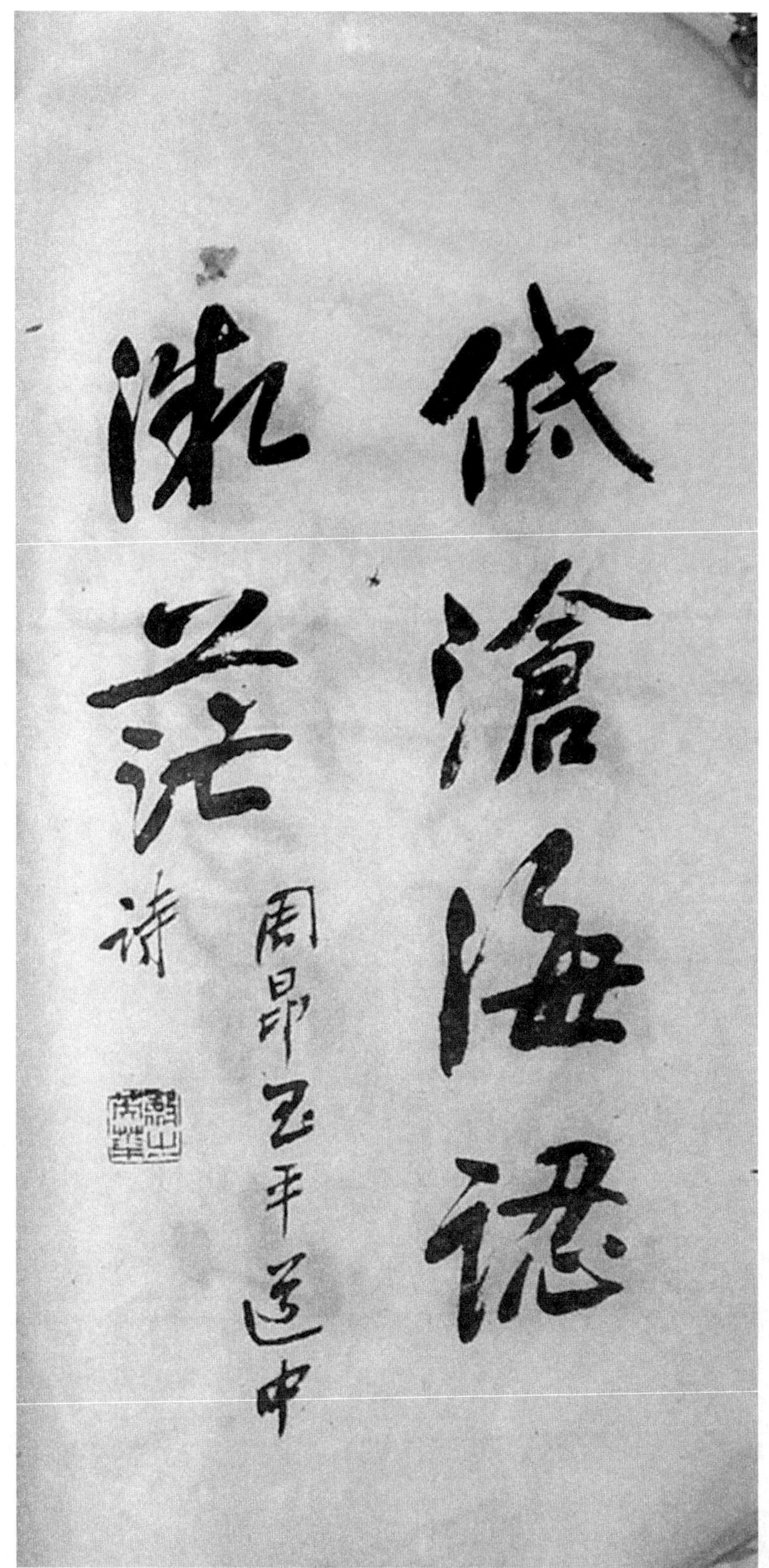

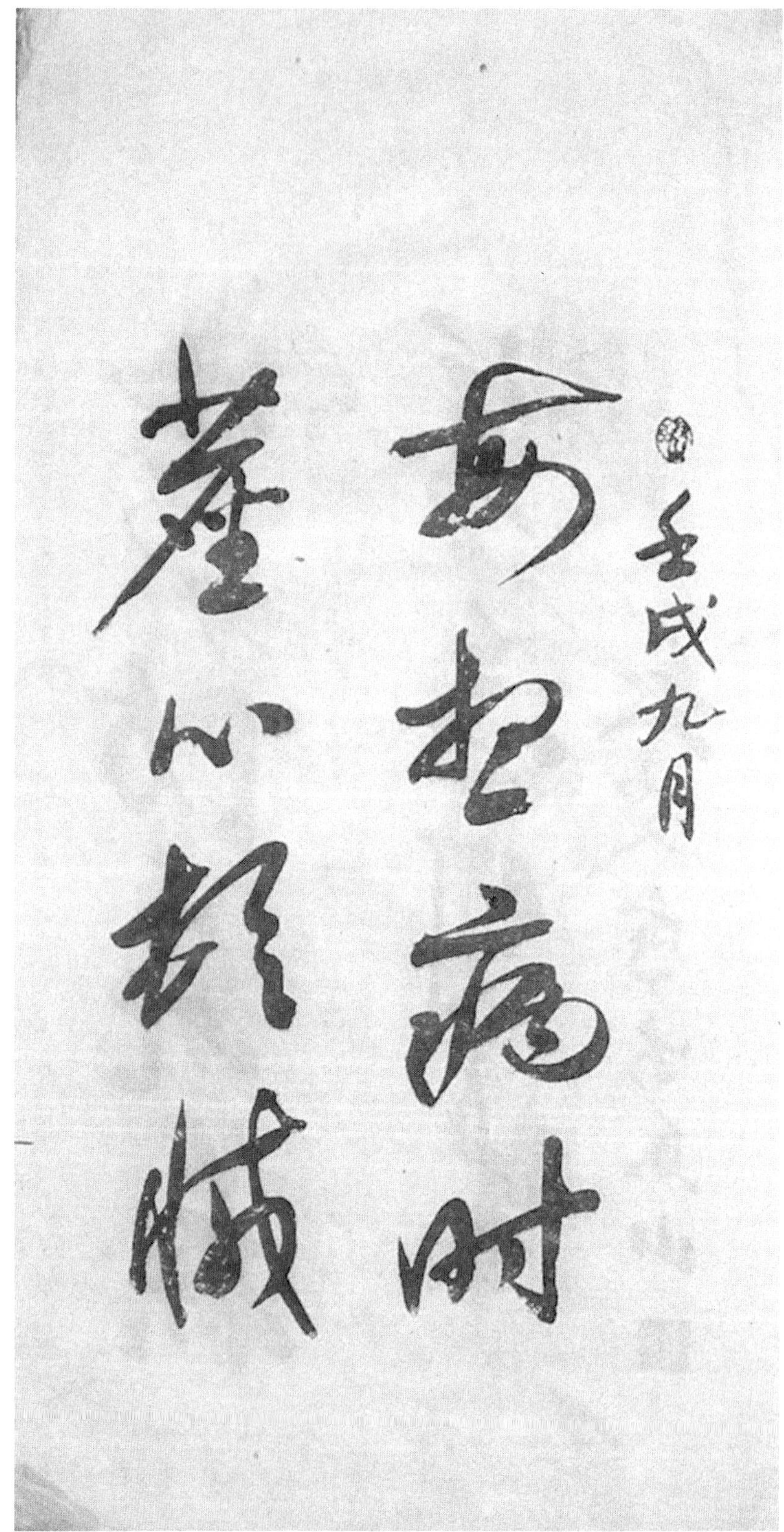
壬戌九月

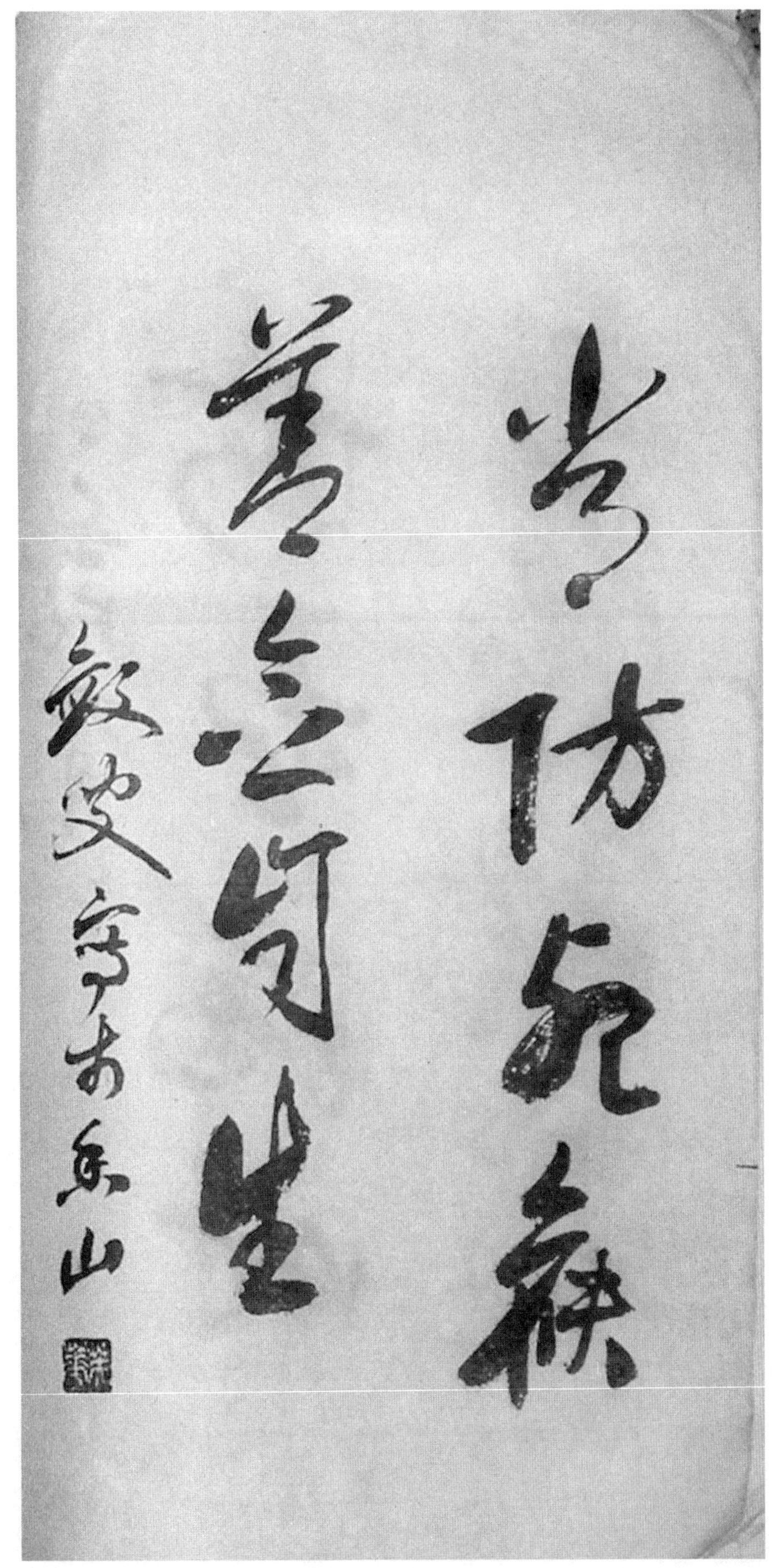

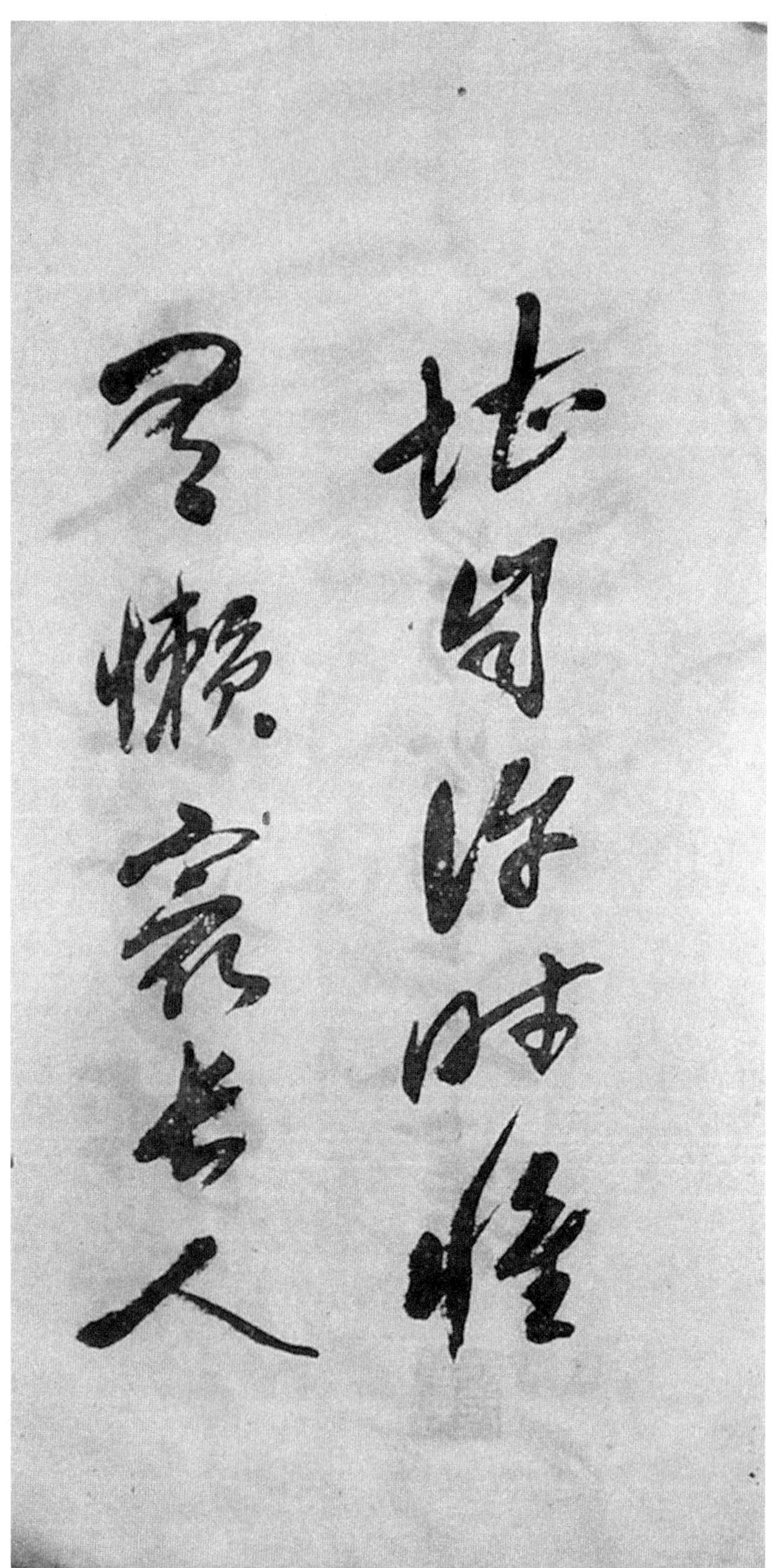

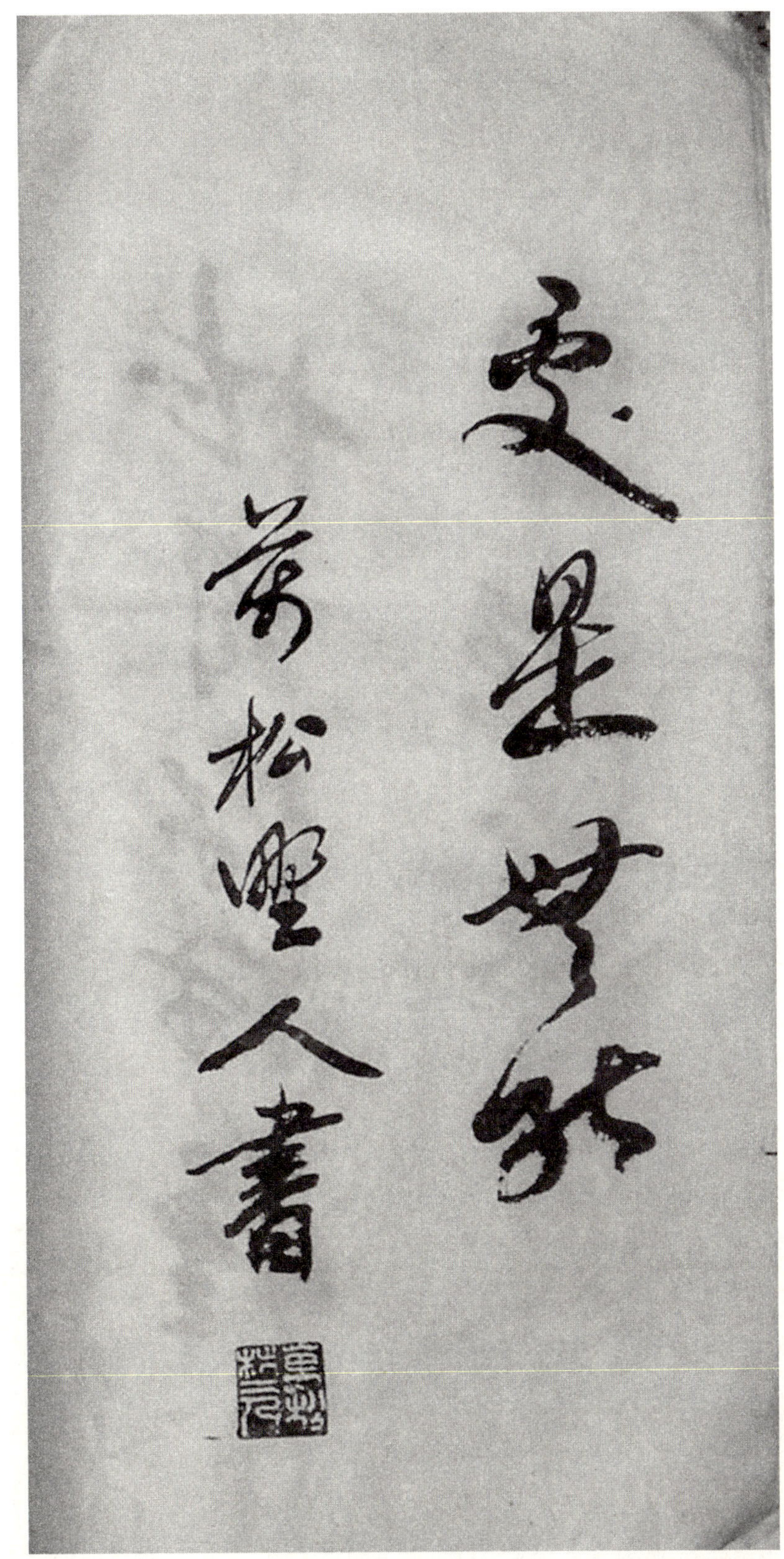

昌黎谓一年春好
在草色初萌东坡
谓一年好景在橙〻

黃橘繞屋會心處了不同也僕還居東山篆徑十載而雪之

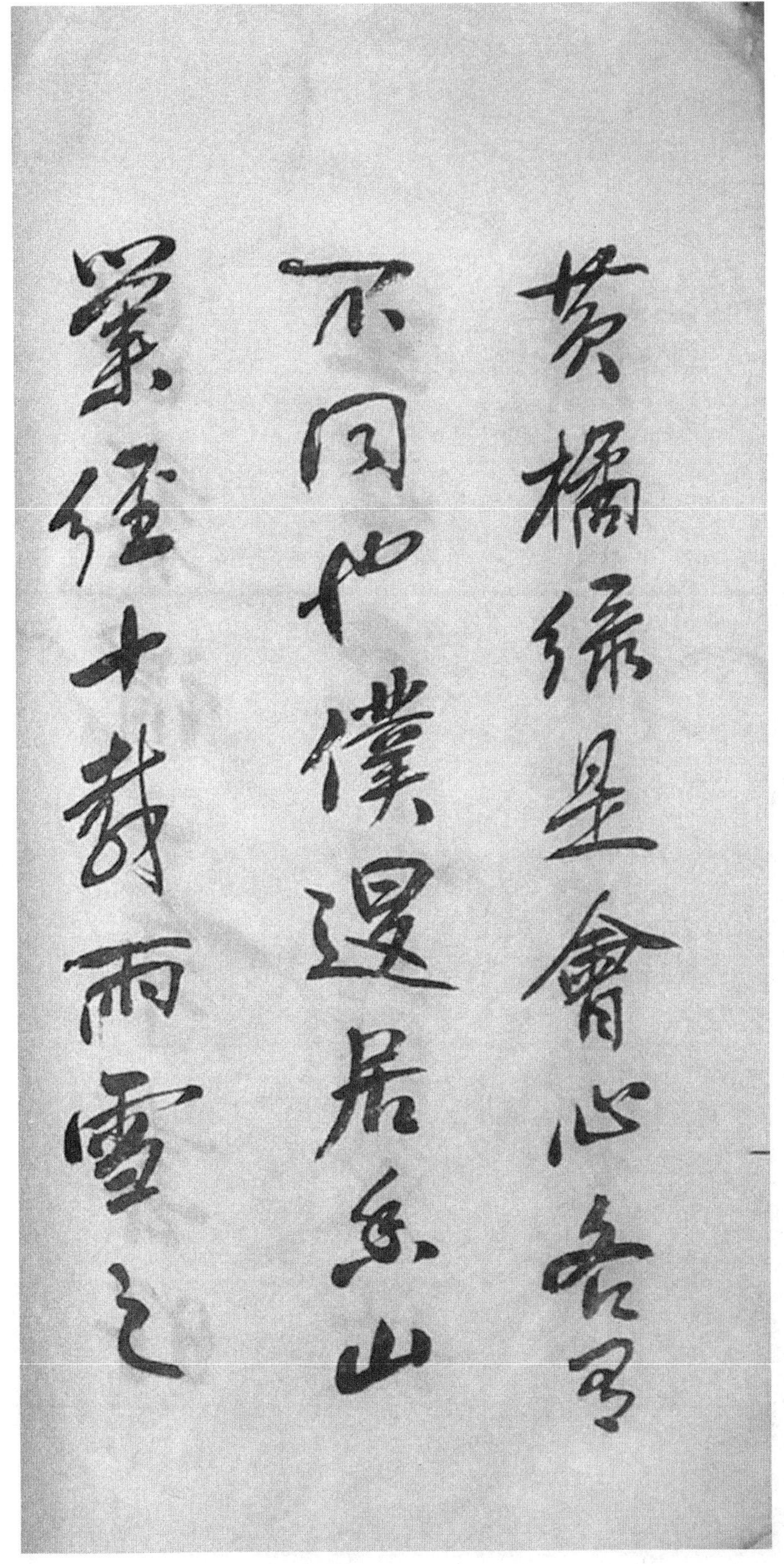

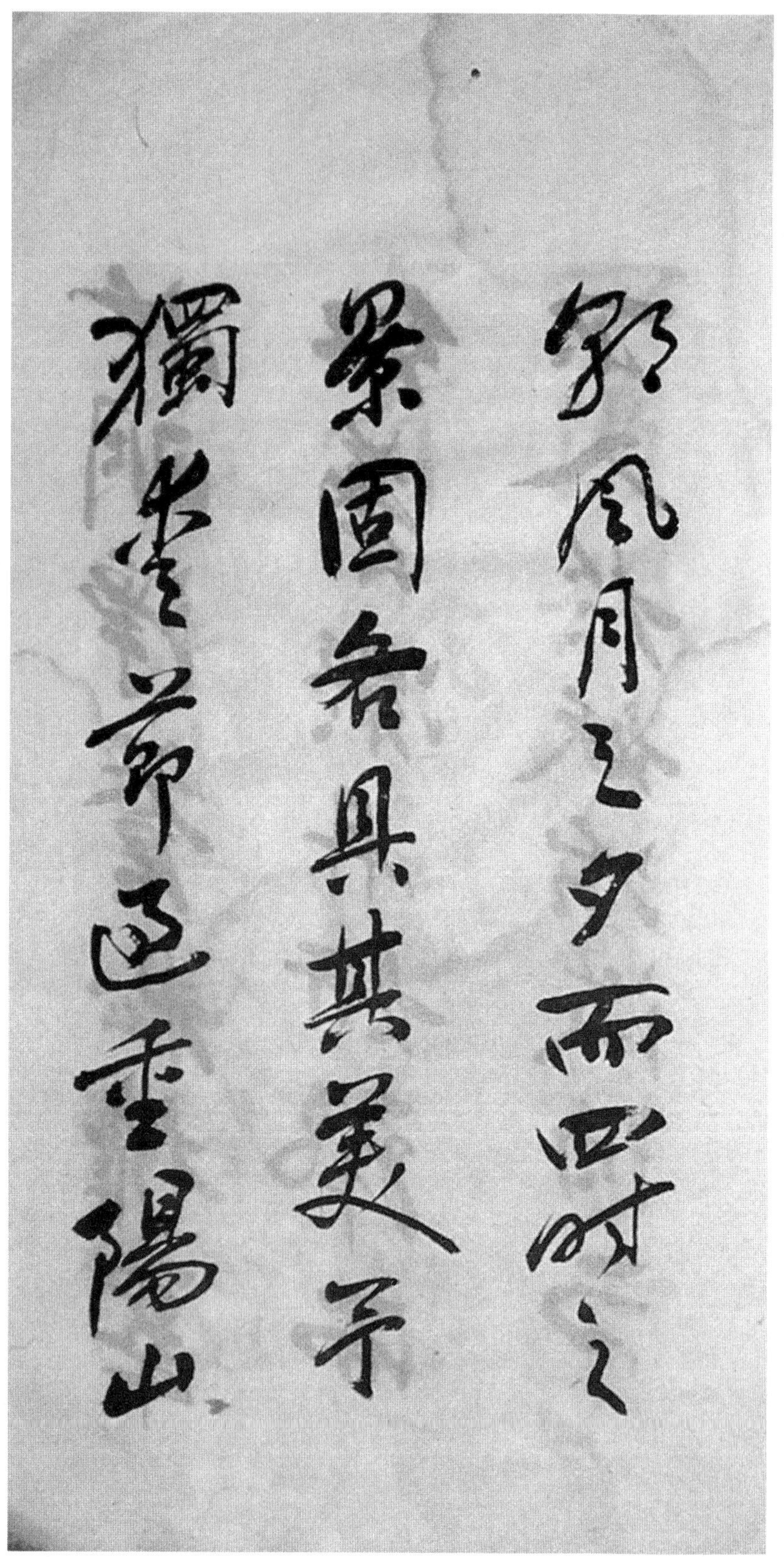

夫風月之夕而四時之
景固各具其美予
獨愛節近重陽山

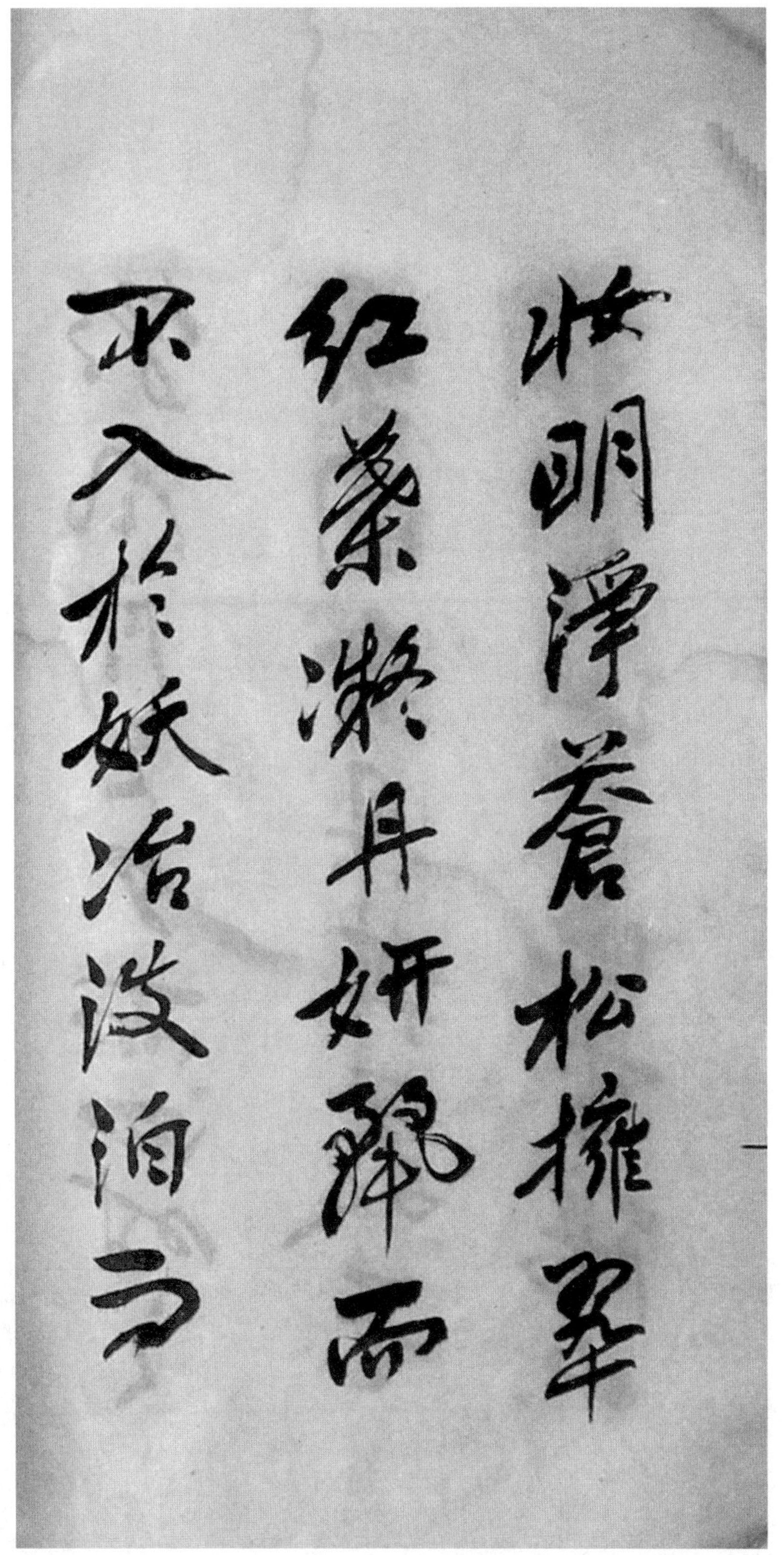

妆明淨蒼松擁翠
紅蕖灩丹妍豔而
不入於妖冶波泪□

不滯於枯寂快同賞

心有飄飄遺世之想

十九日午後又寫

筆太粗

雜以細小

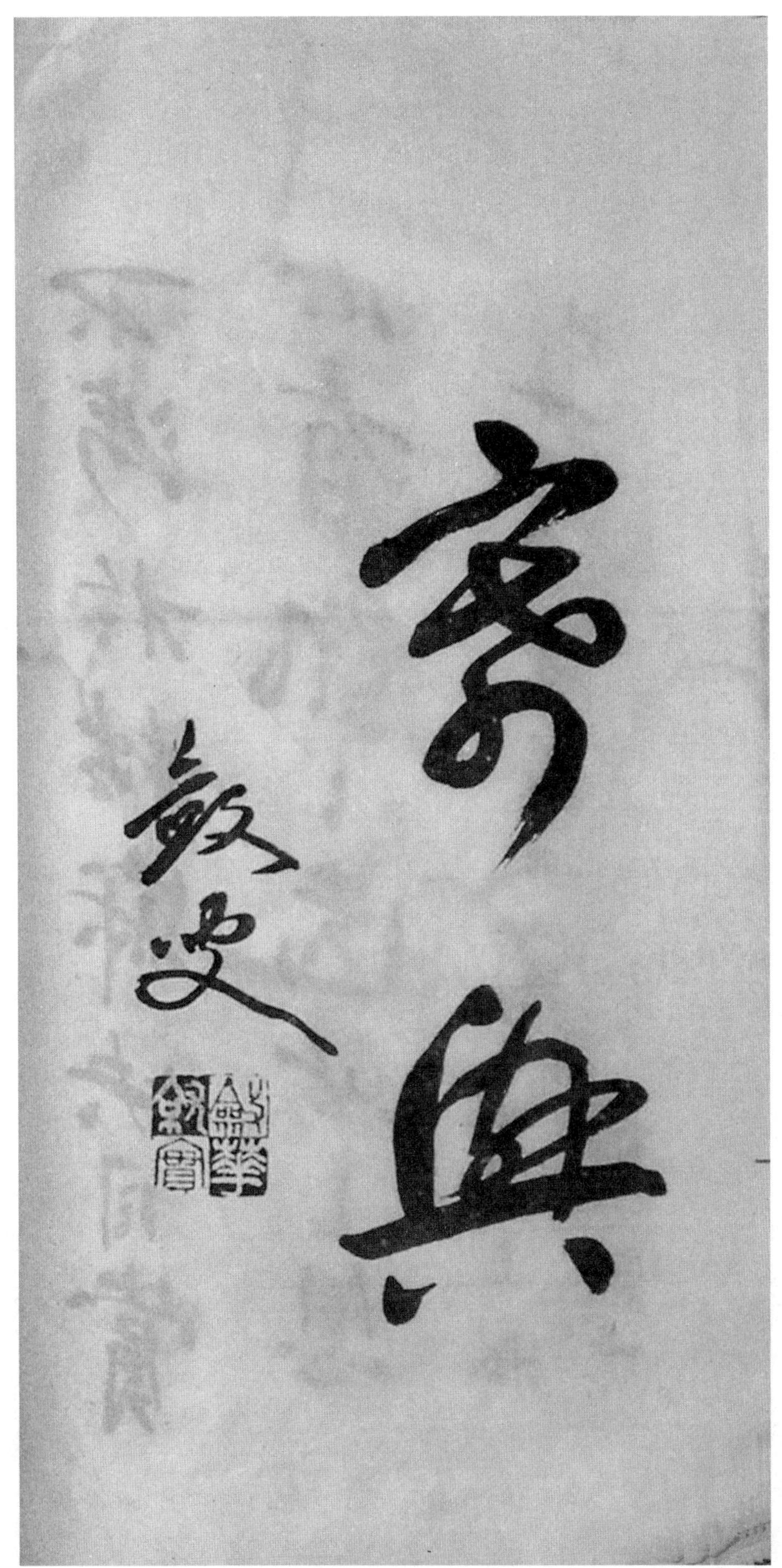

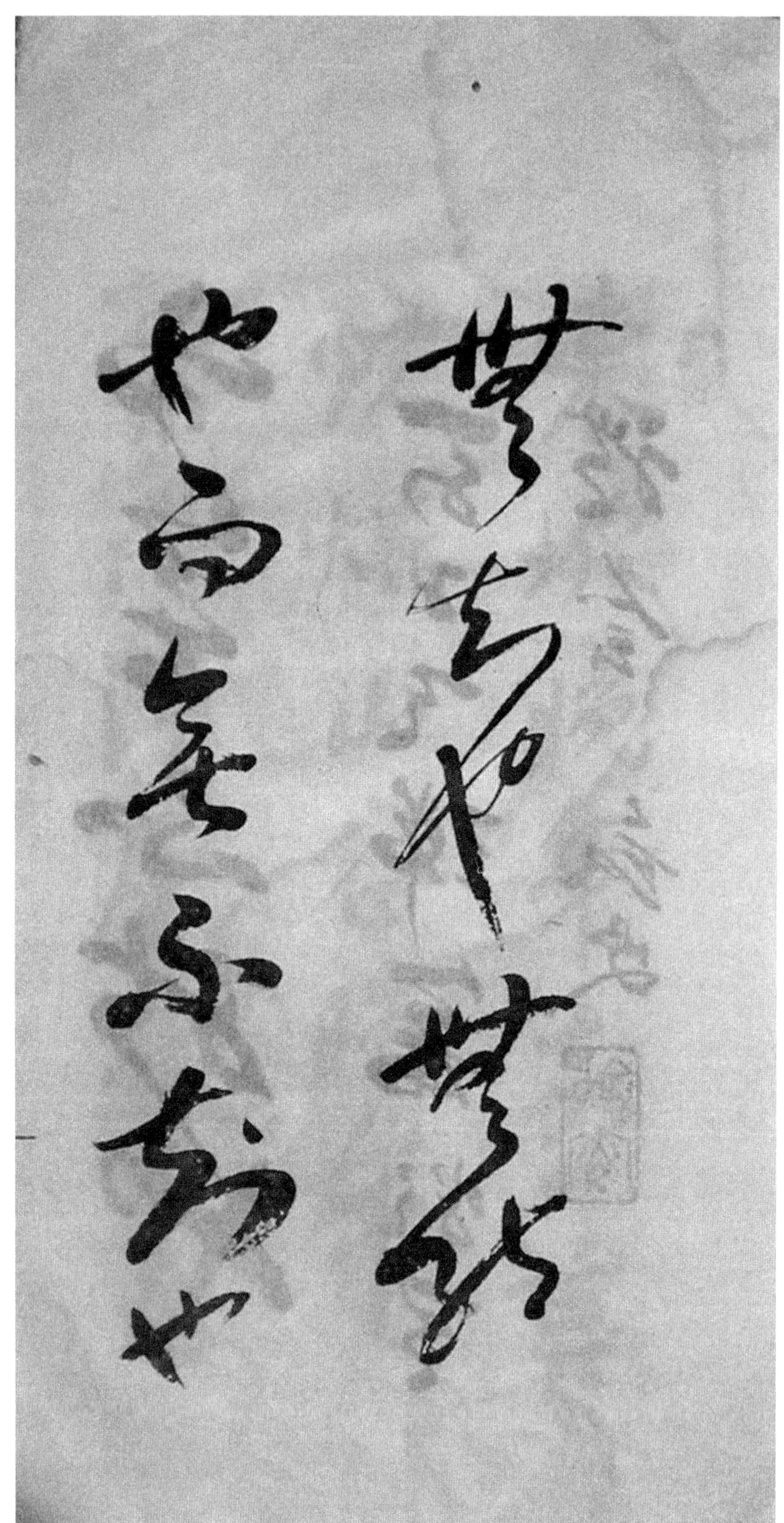

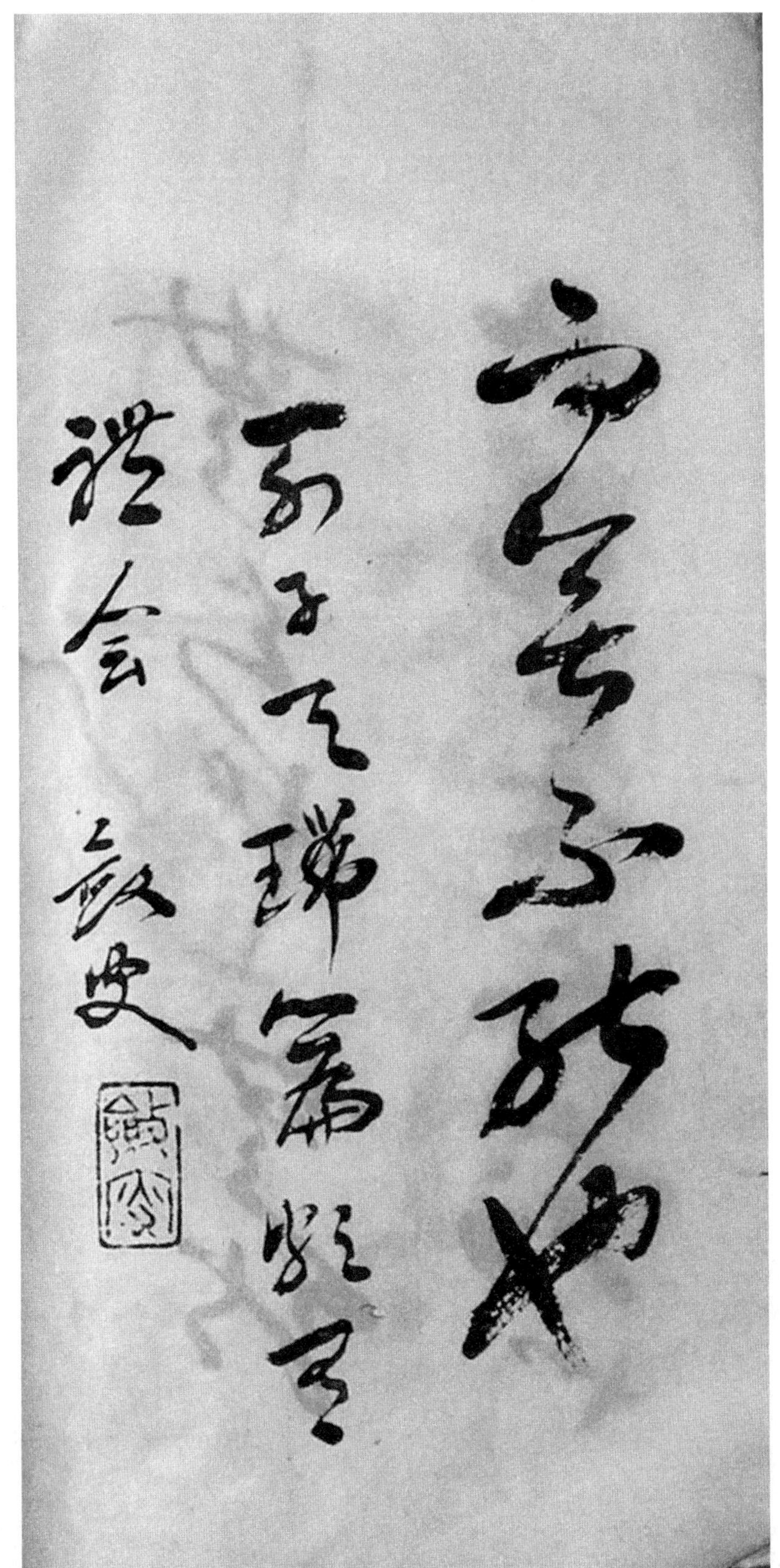

東坡晚年七古一言
饒煉山谷晚年
崇尚浮屠是以為

儒者所不滿於兩公惜竟一疵生齊仰喪沒消自甘樂

天知多不可谓非
特出人物盖读两
公尺牍维民间不

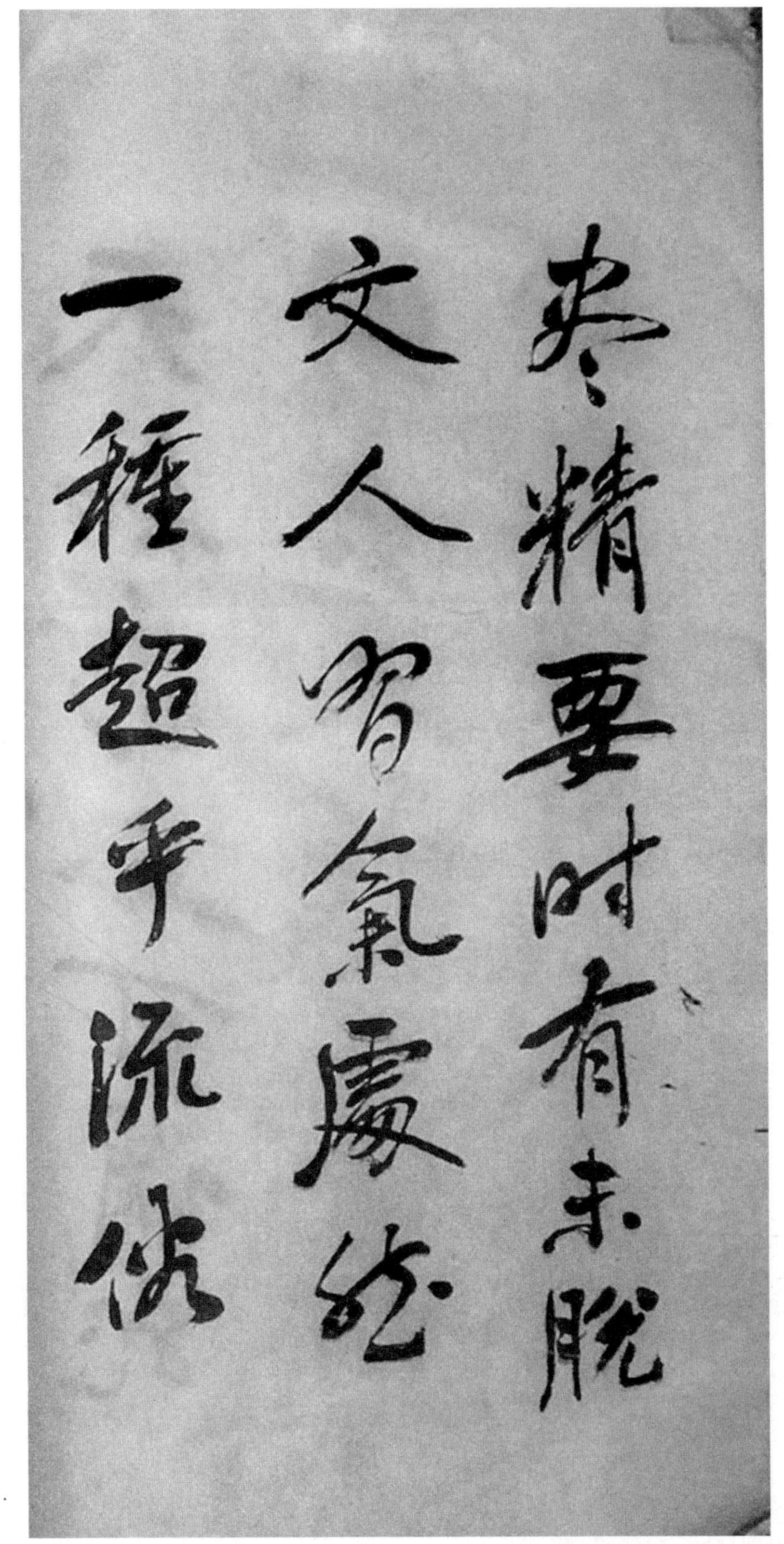
精要时有未脱
文人習氣處絕
一種超乎流俗

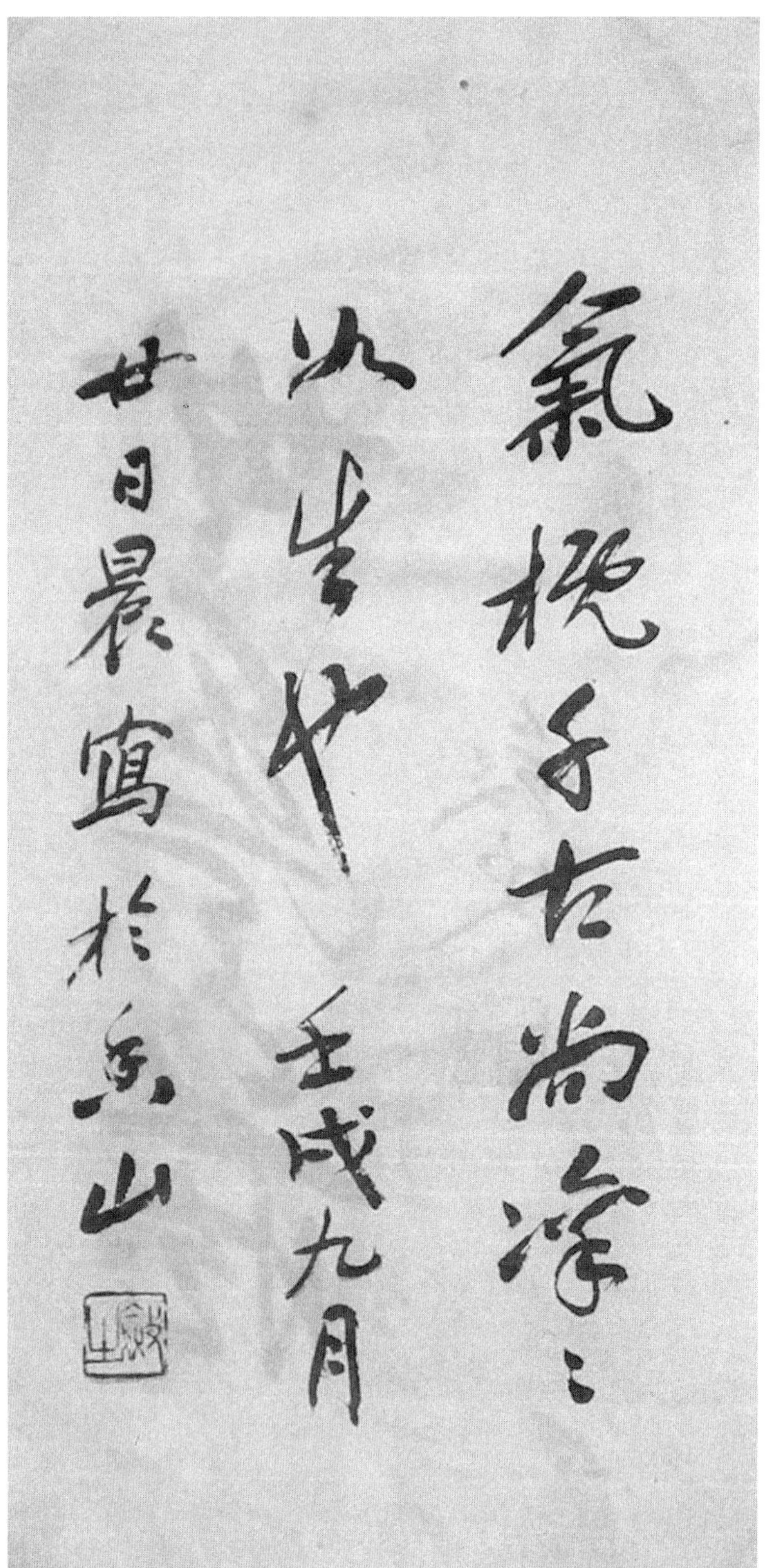
壬戌九月
廿日晨寫於魚山

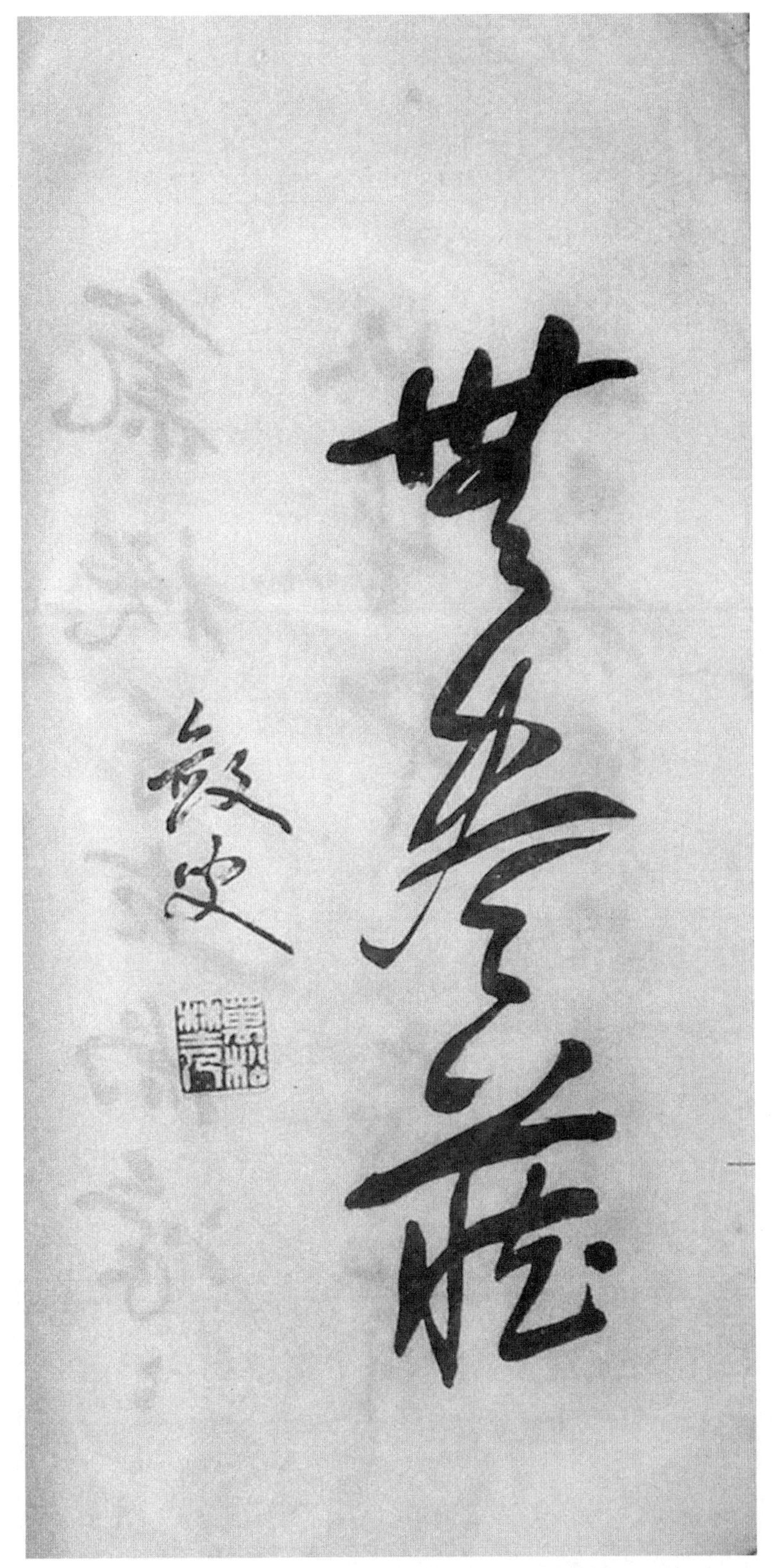

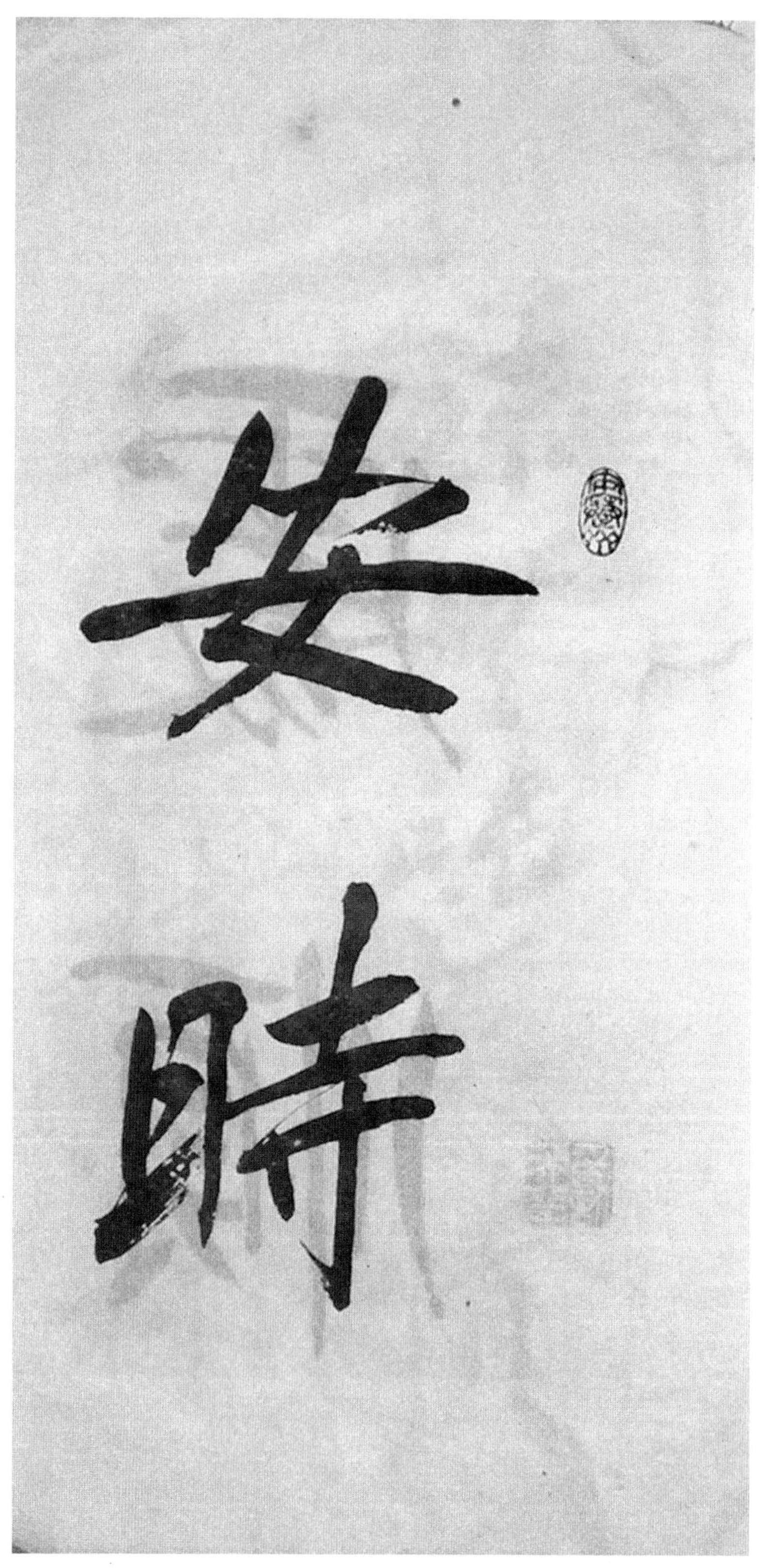
安時

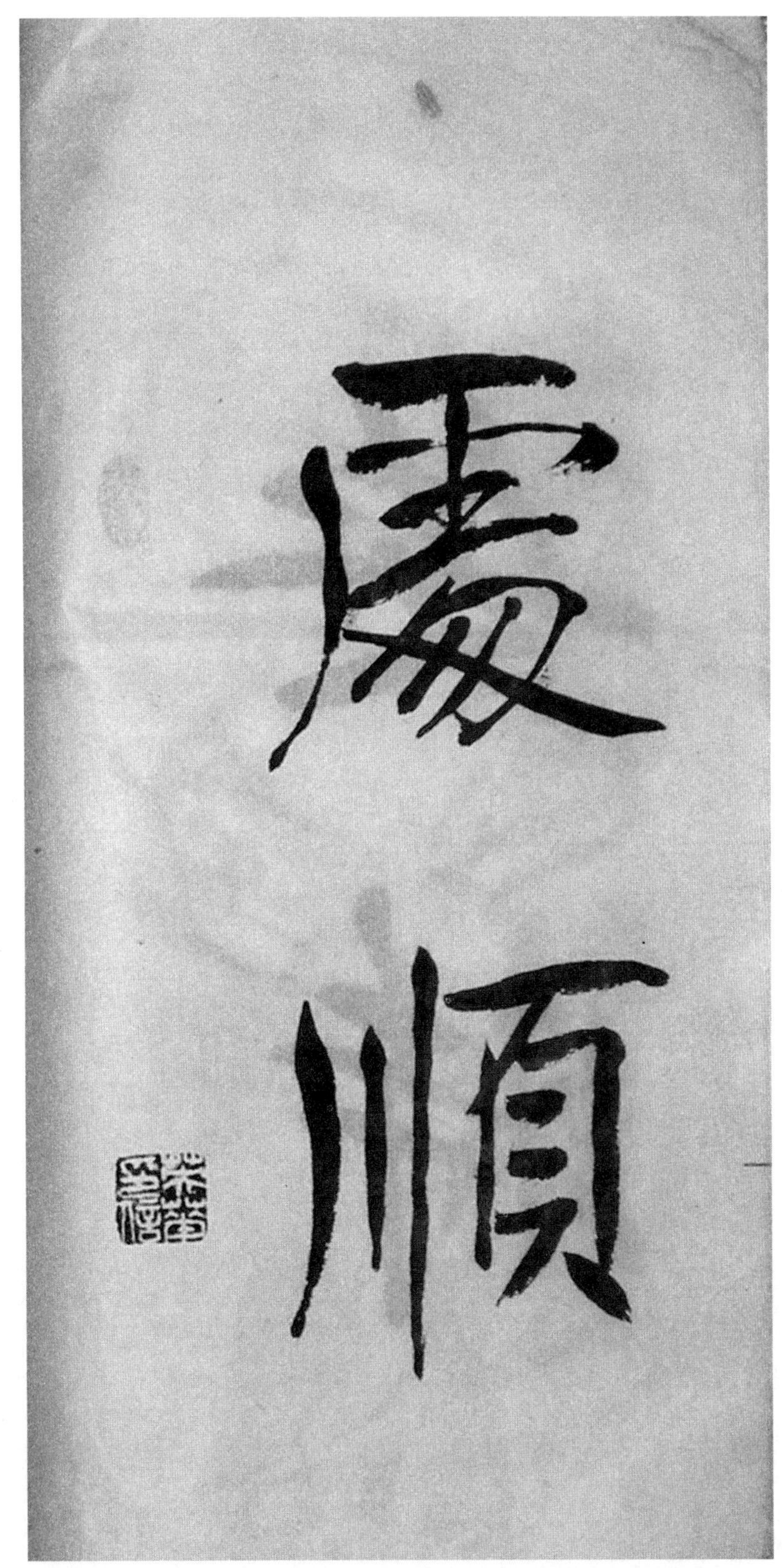
處
順

味世味交情
交道材示材

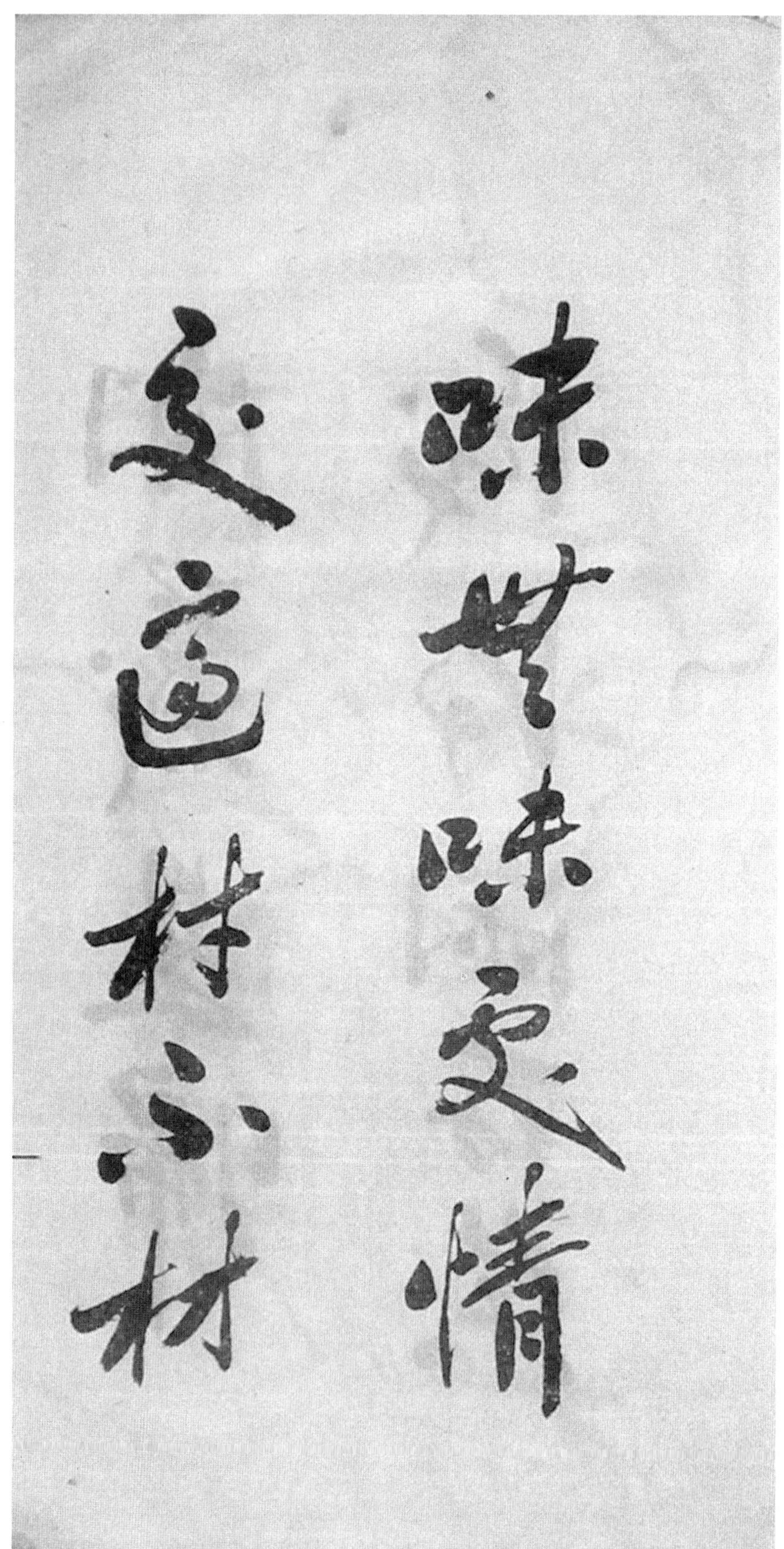

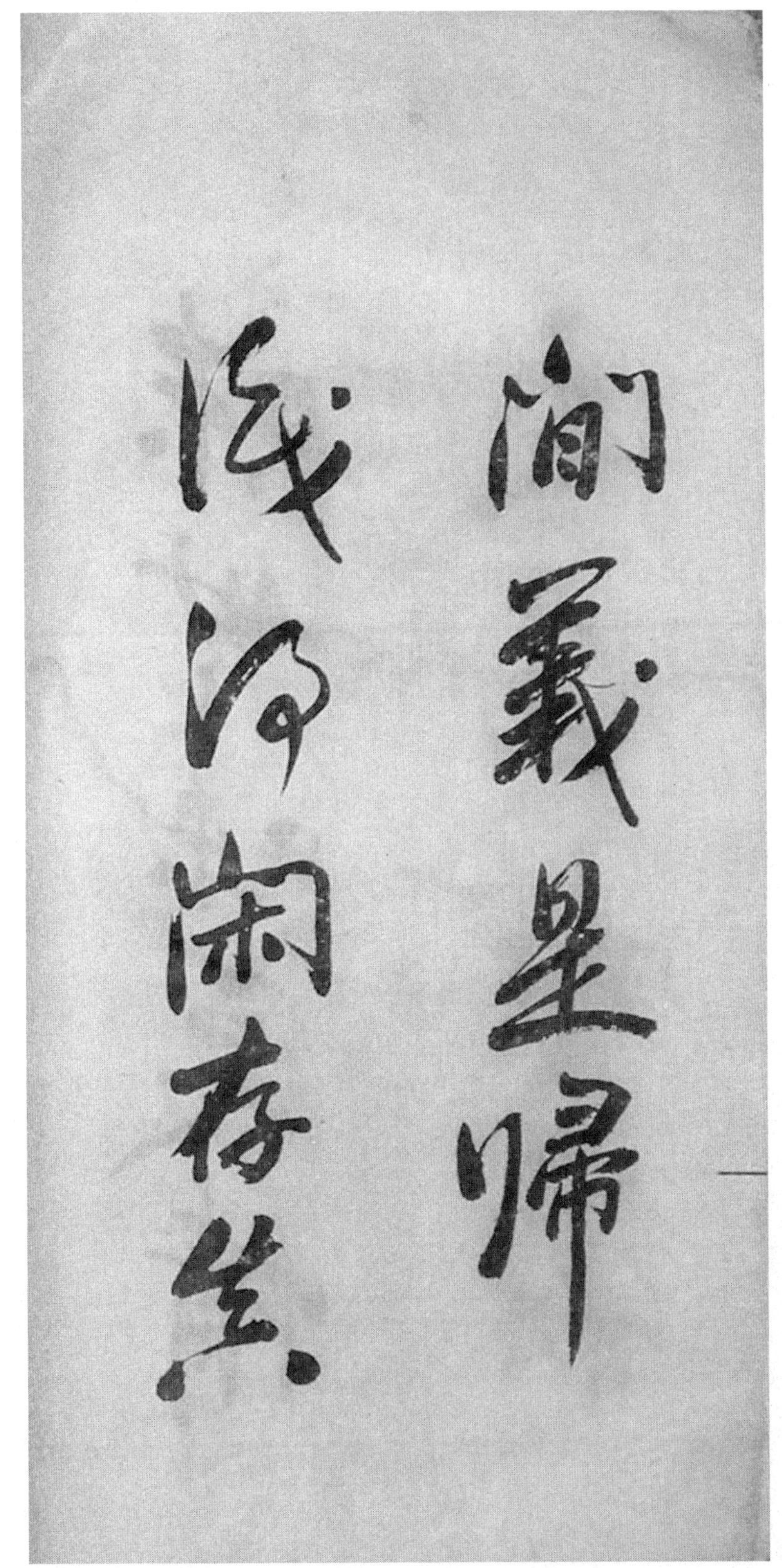

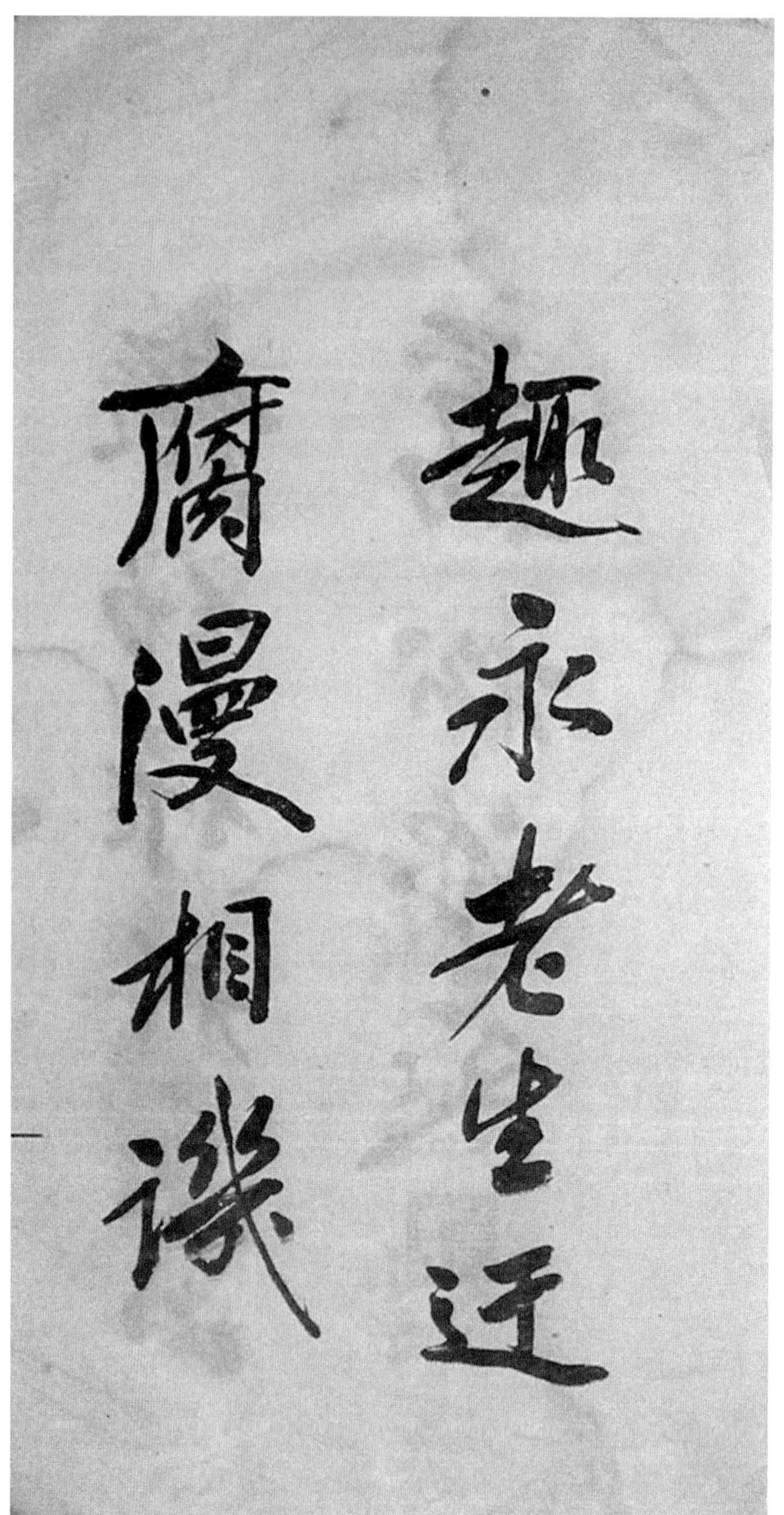
趣永老生迂
腐漫相識

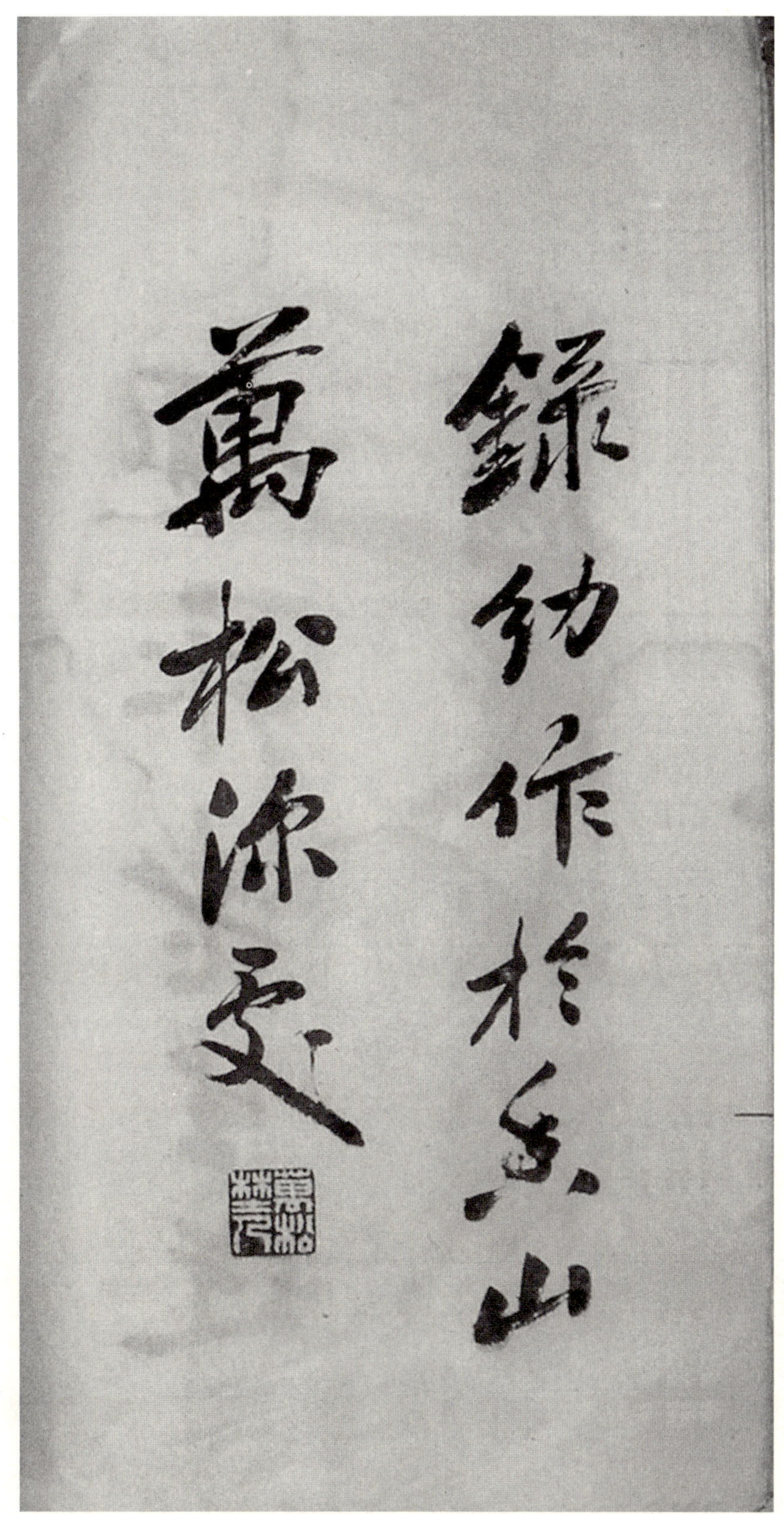
錄幼作於魚山
萬松源叟

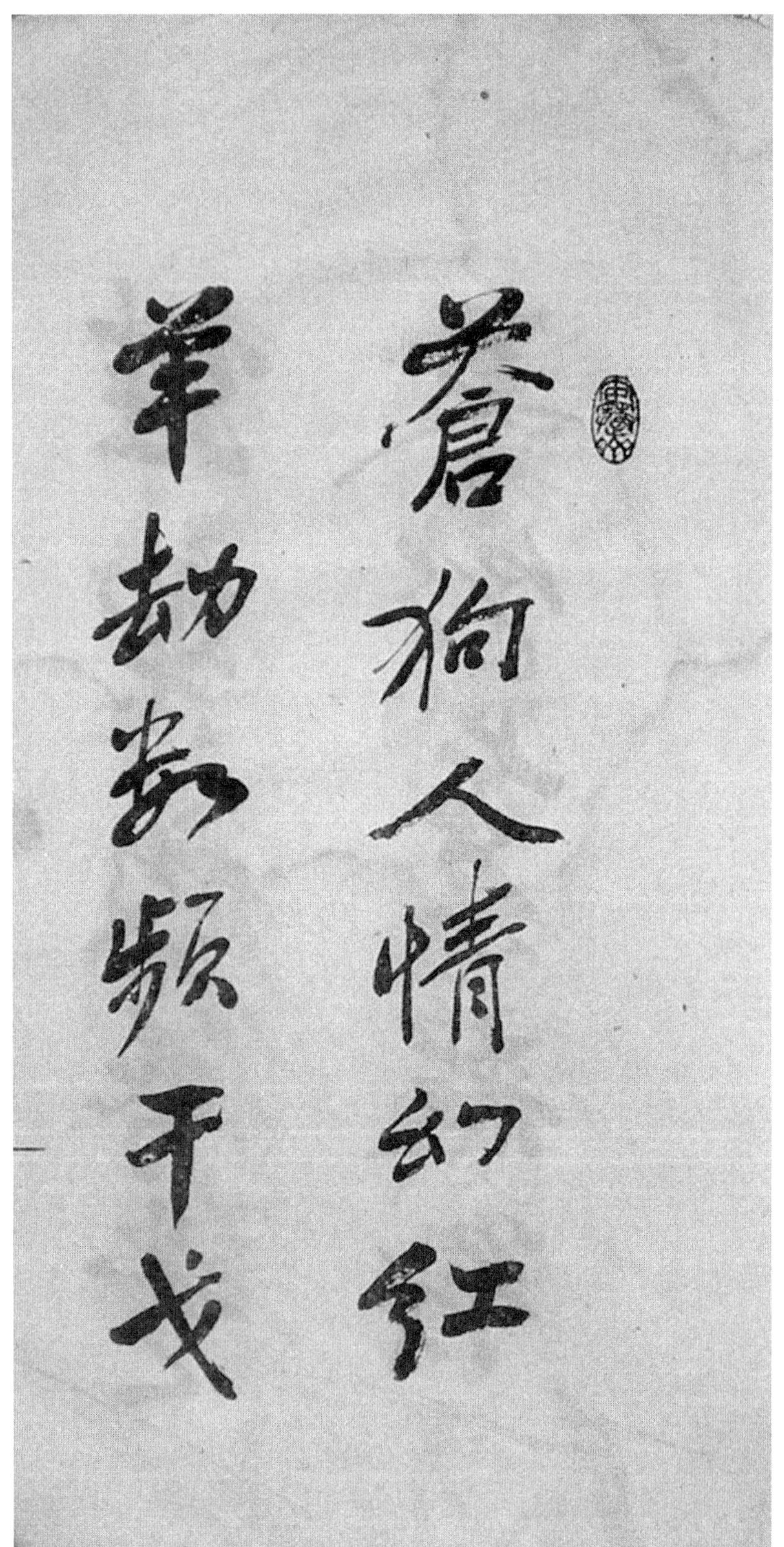
蒼狗人情幻紅
羊劫數頻干戈

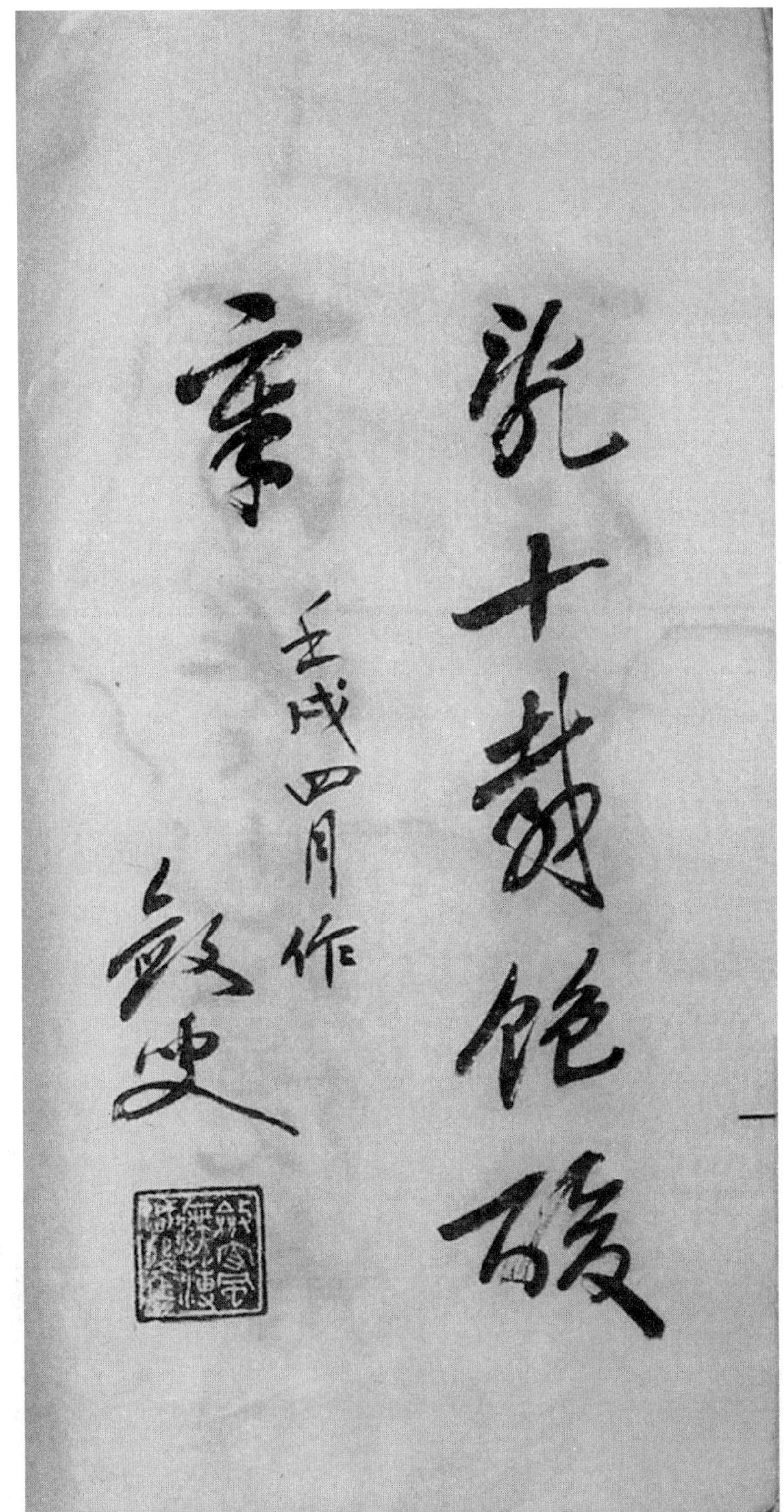

氷十載艷破
寒
壬戌四月作
鈍史

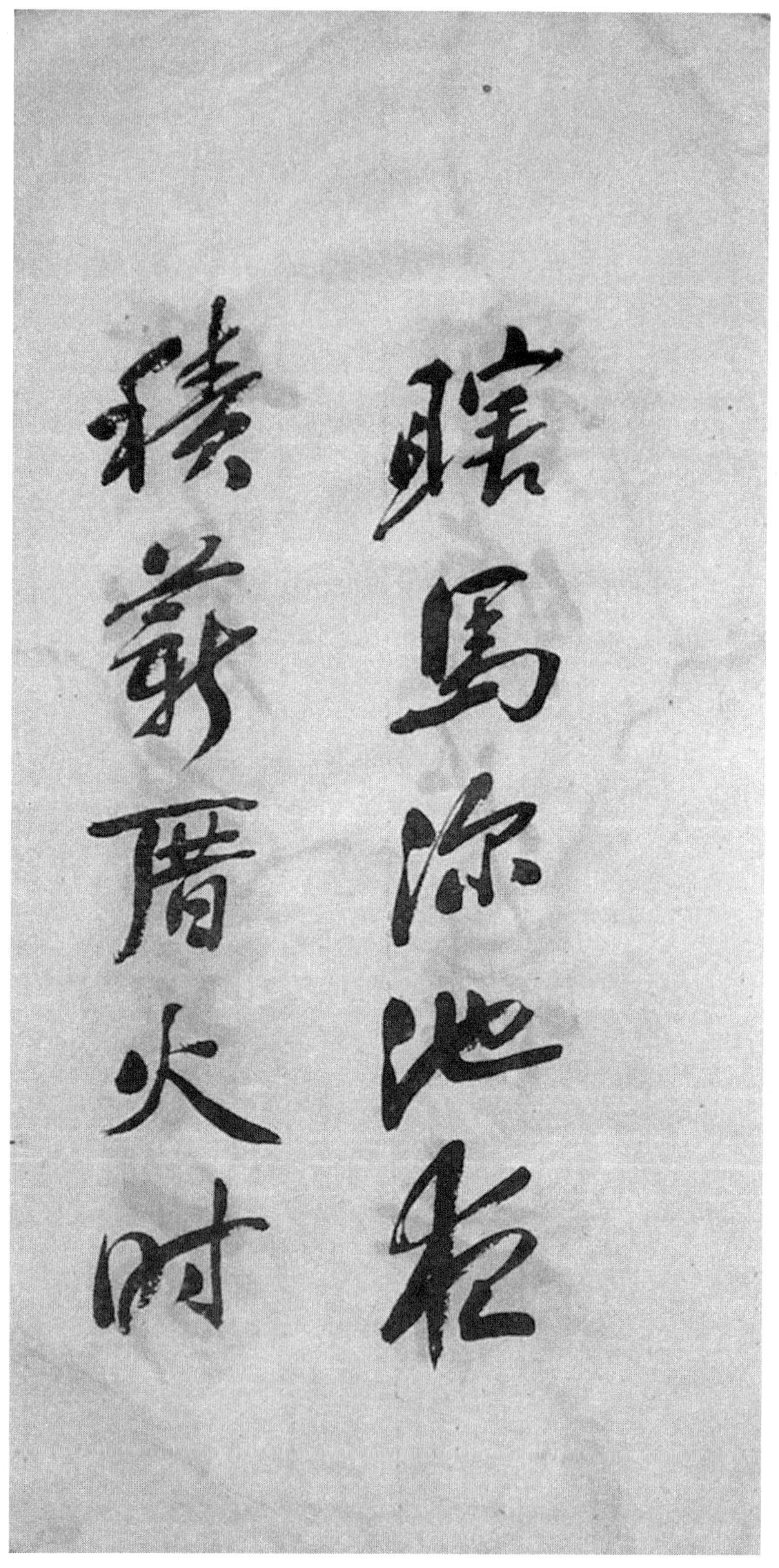
積薪厝火时

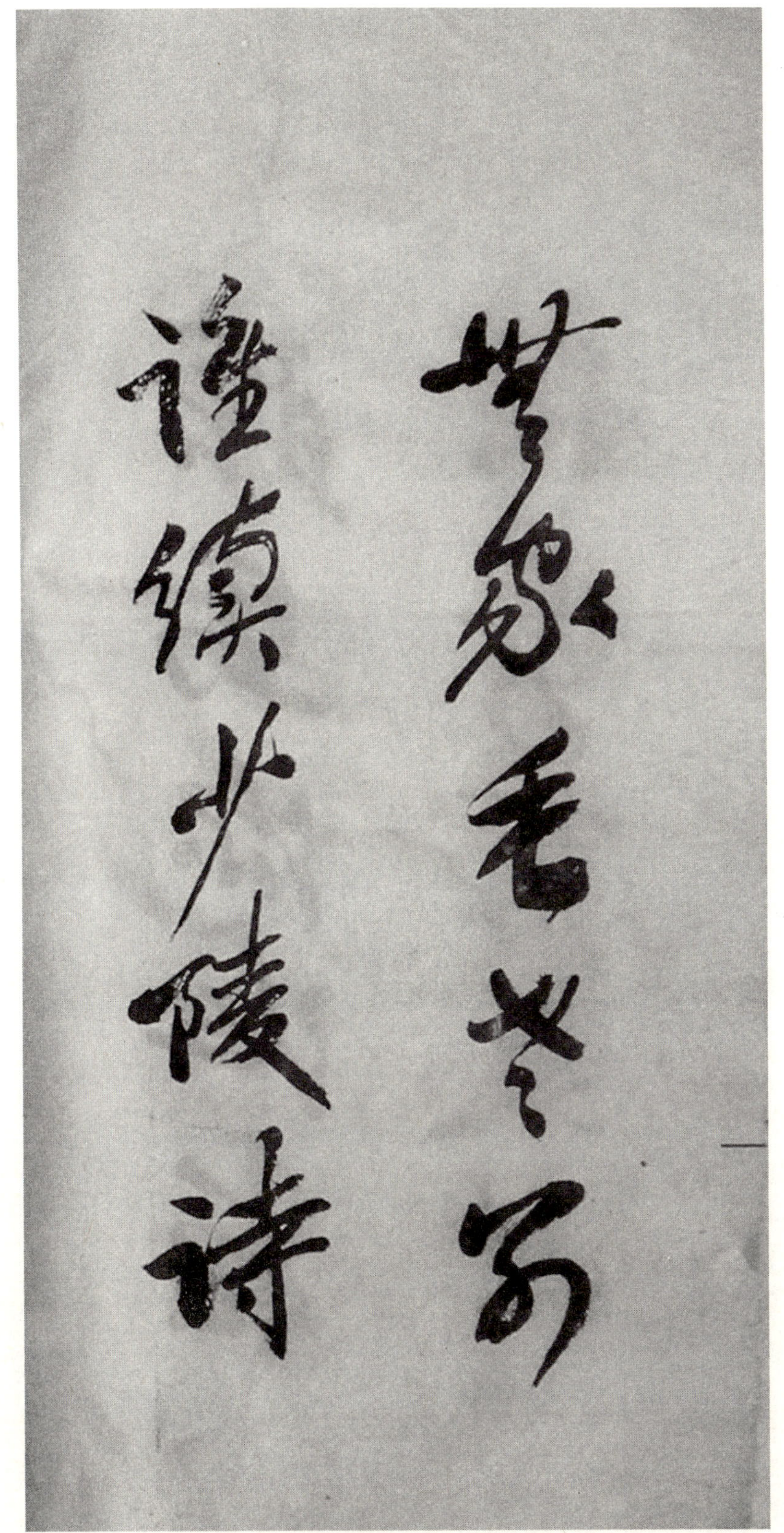

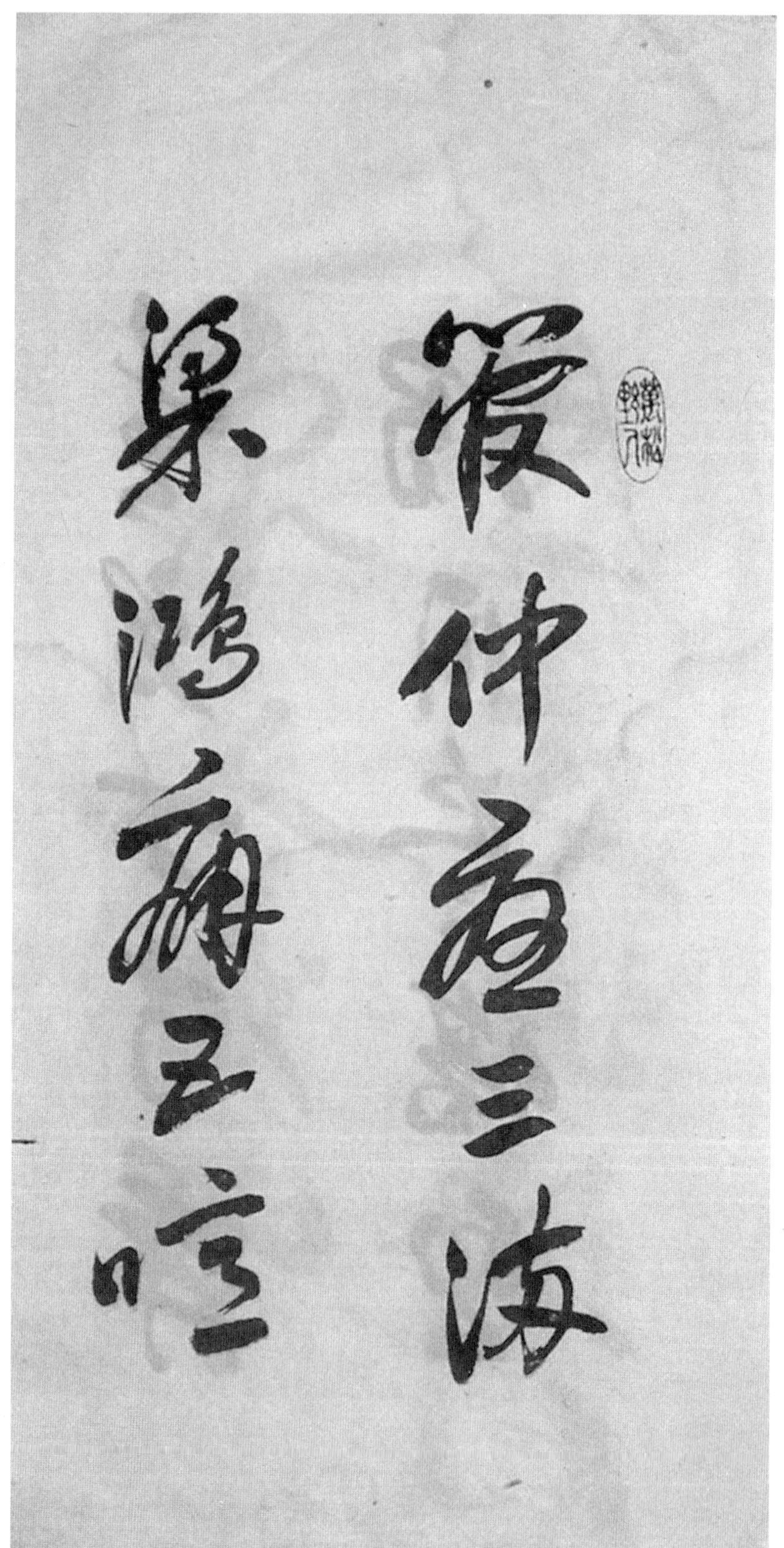

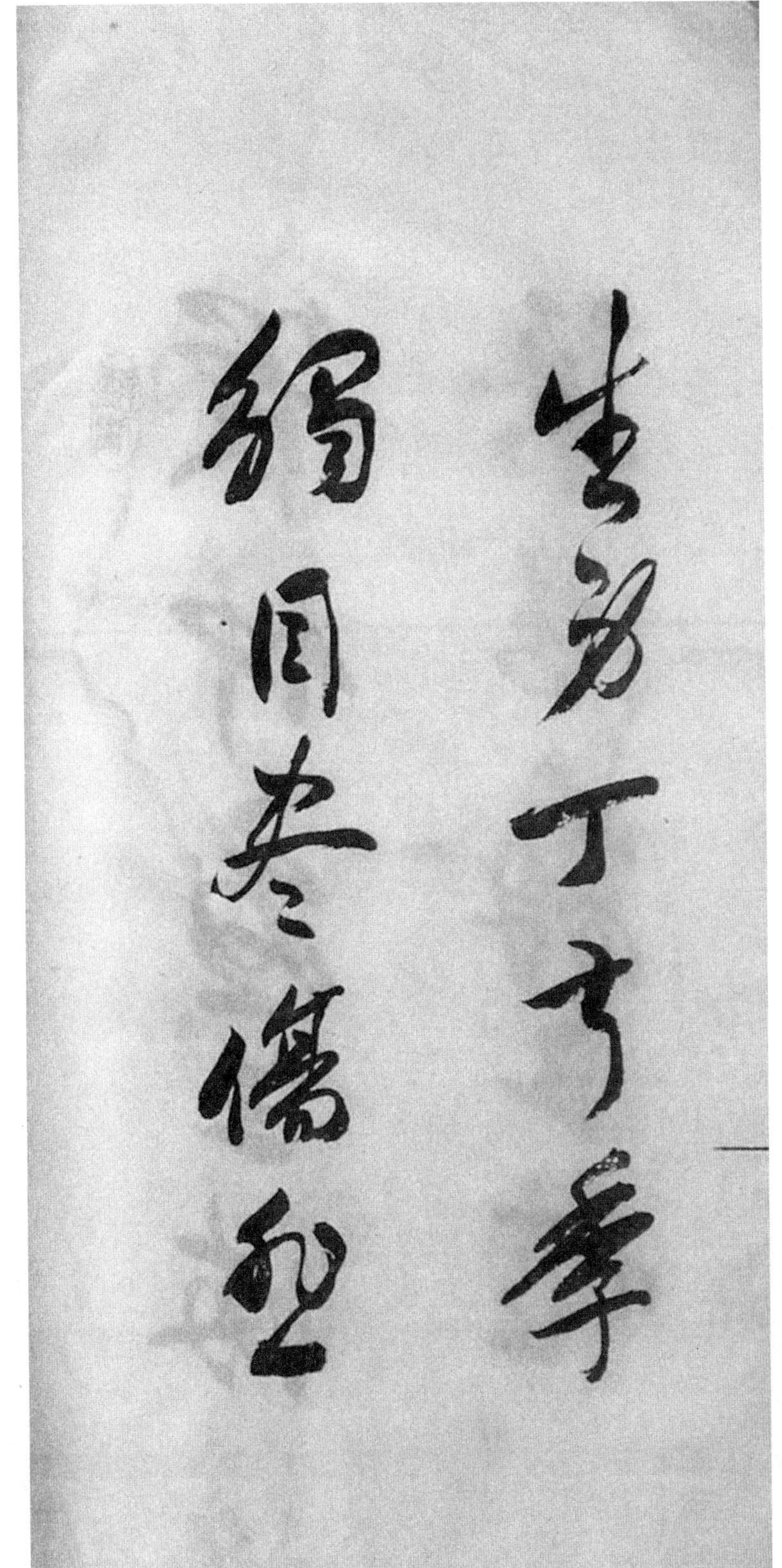

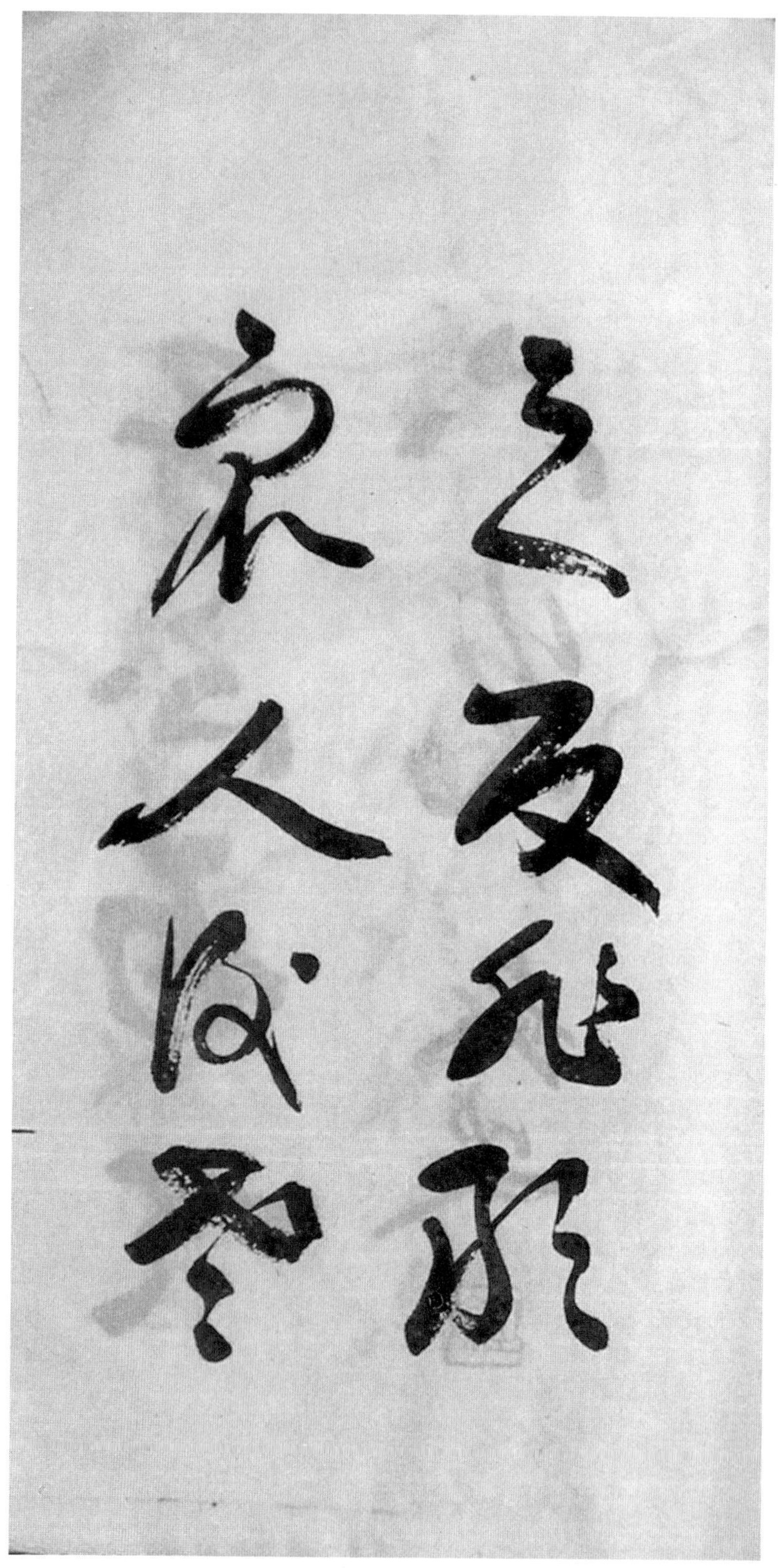

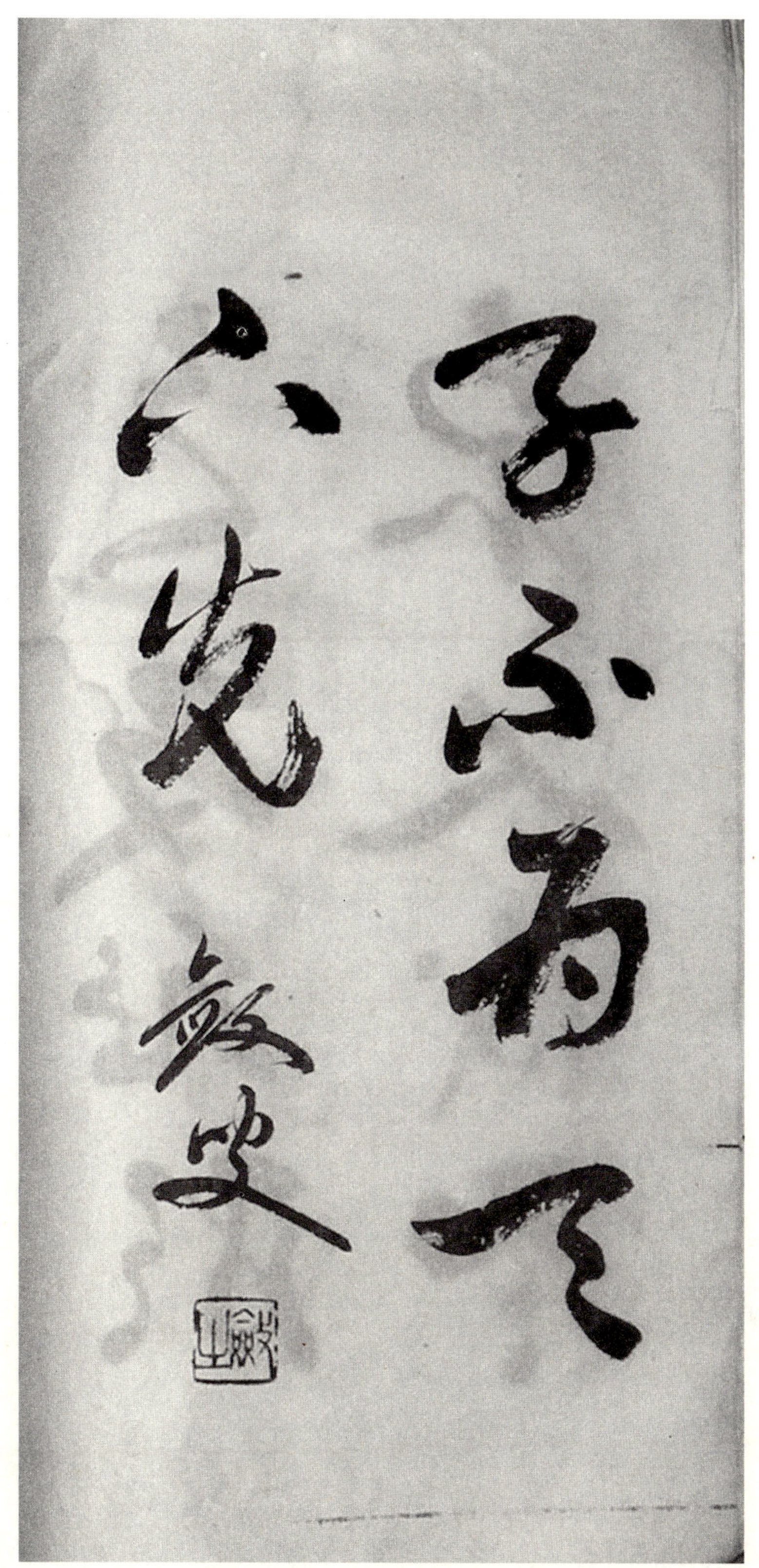

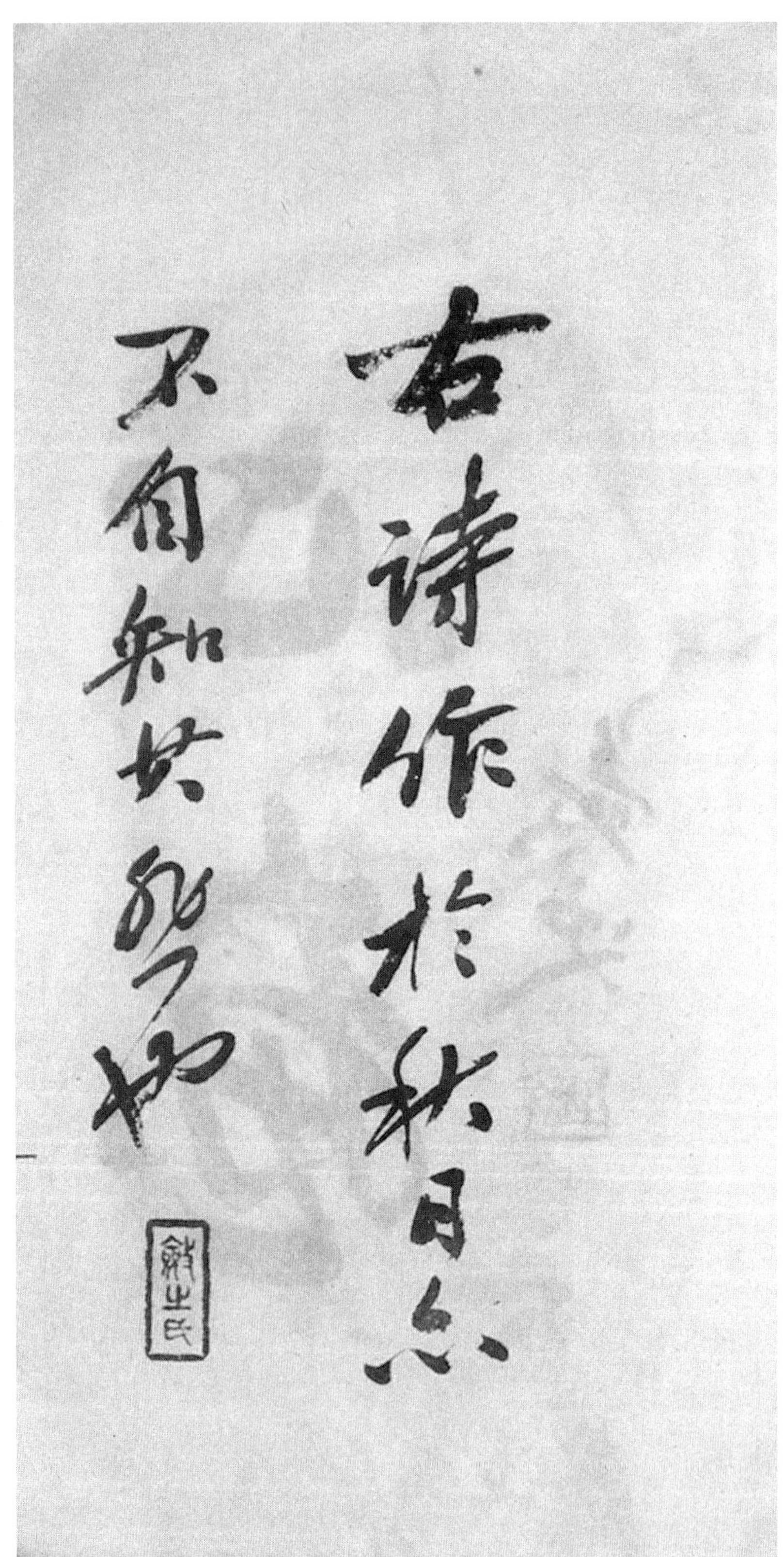

右詩作於秋日然不自知其然也

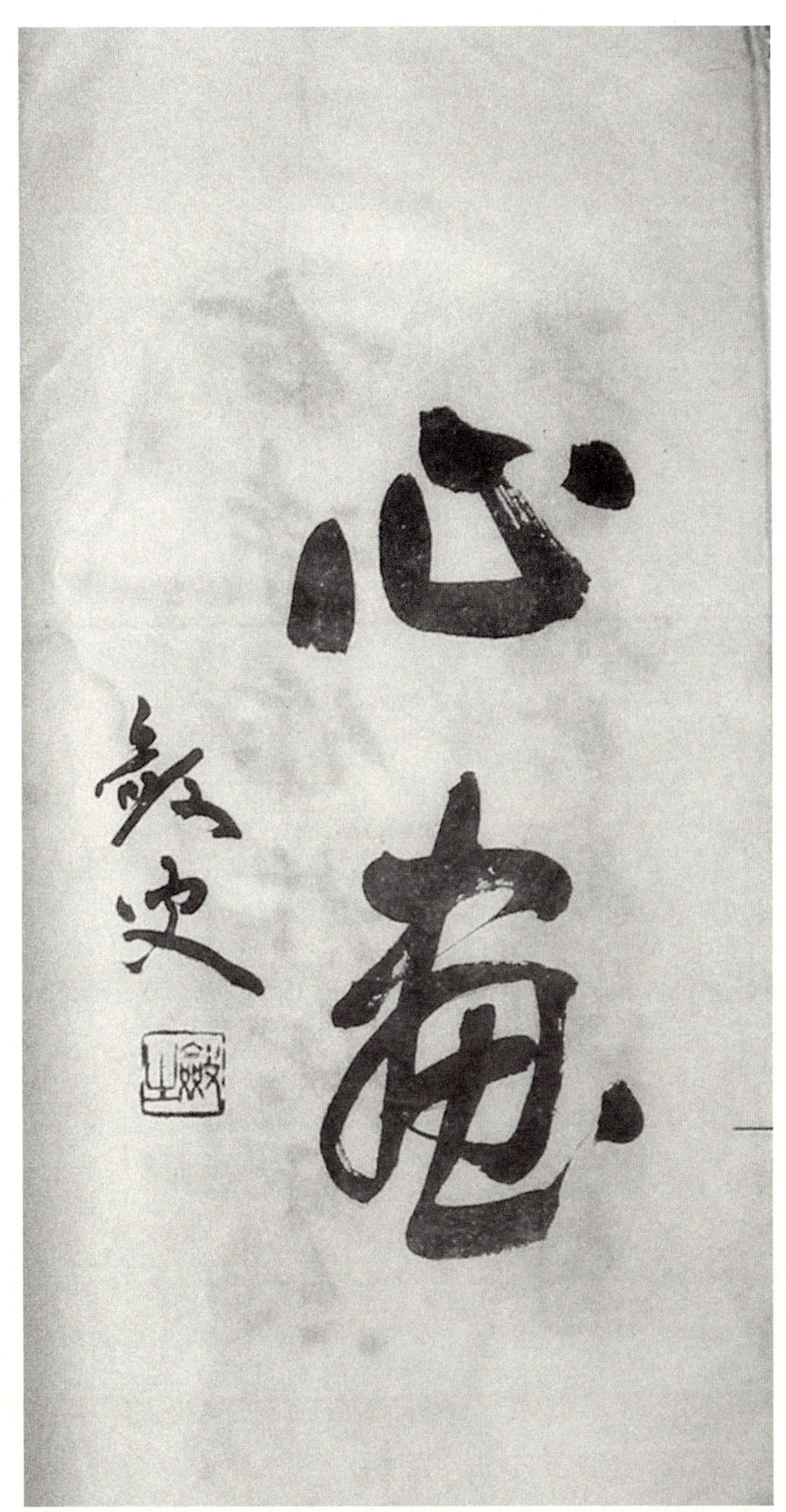
心庵

力疾書此紙墨不
稱情意手系殊難
登大雅之堂時壬戌

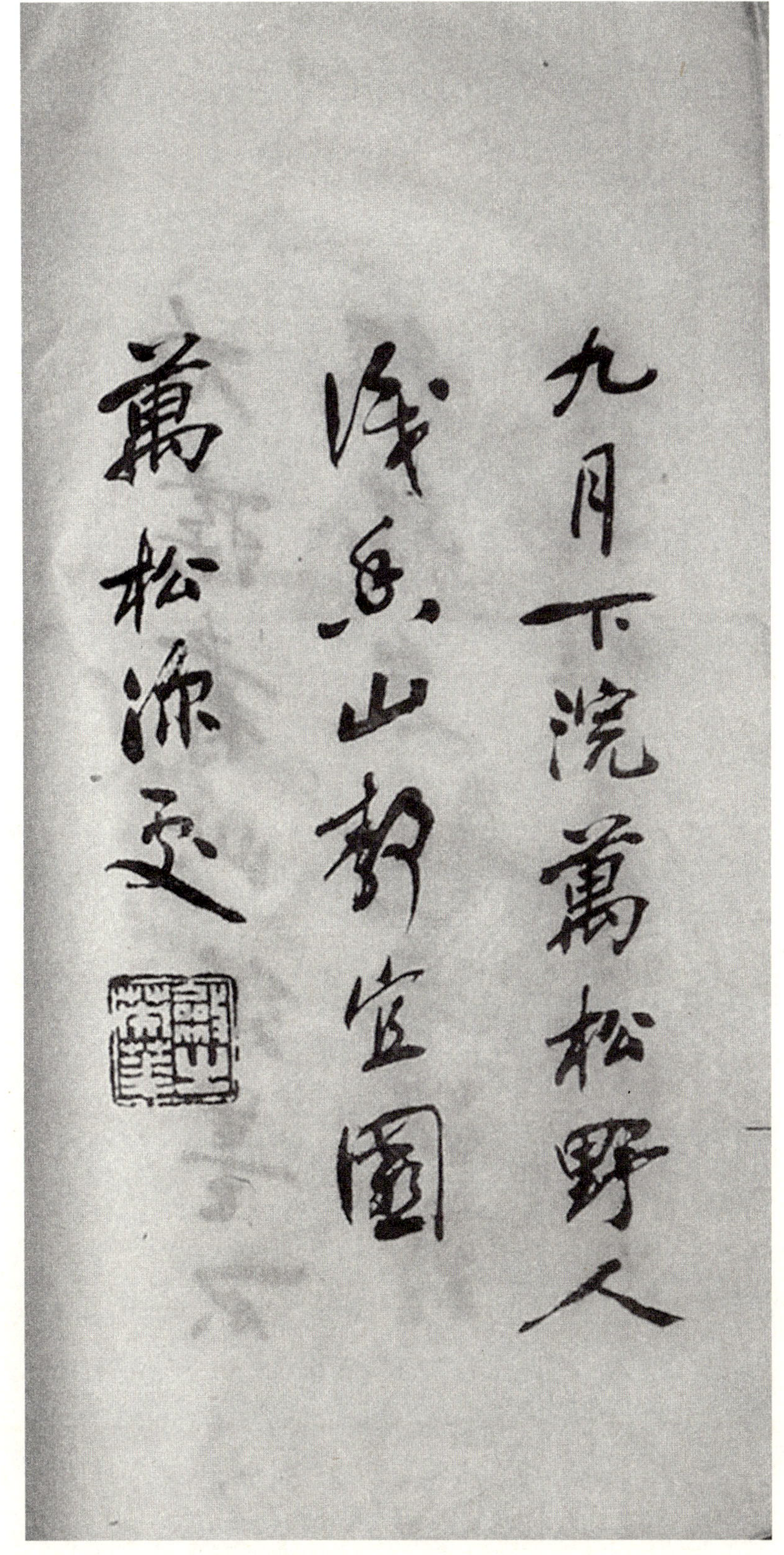
九月下浣萬松野人

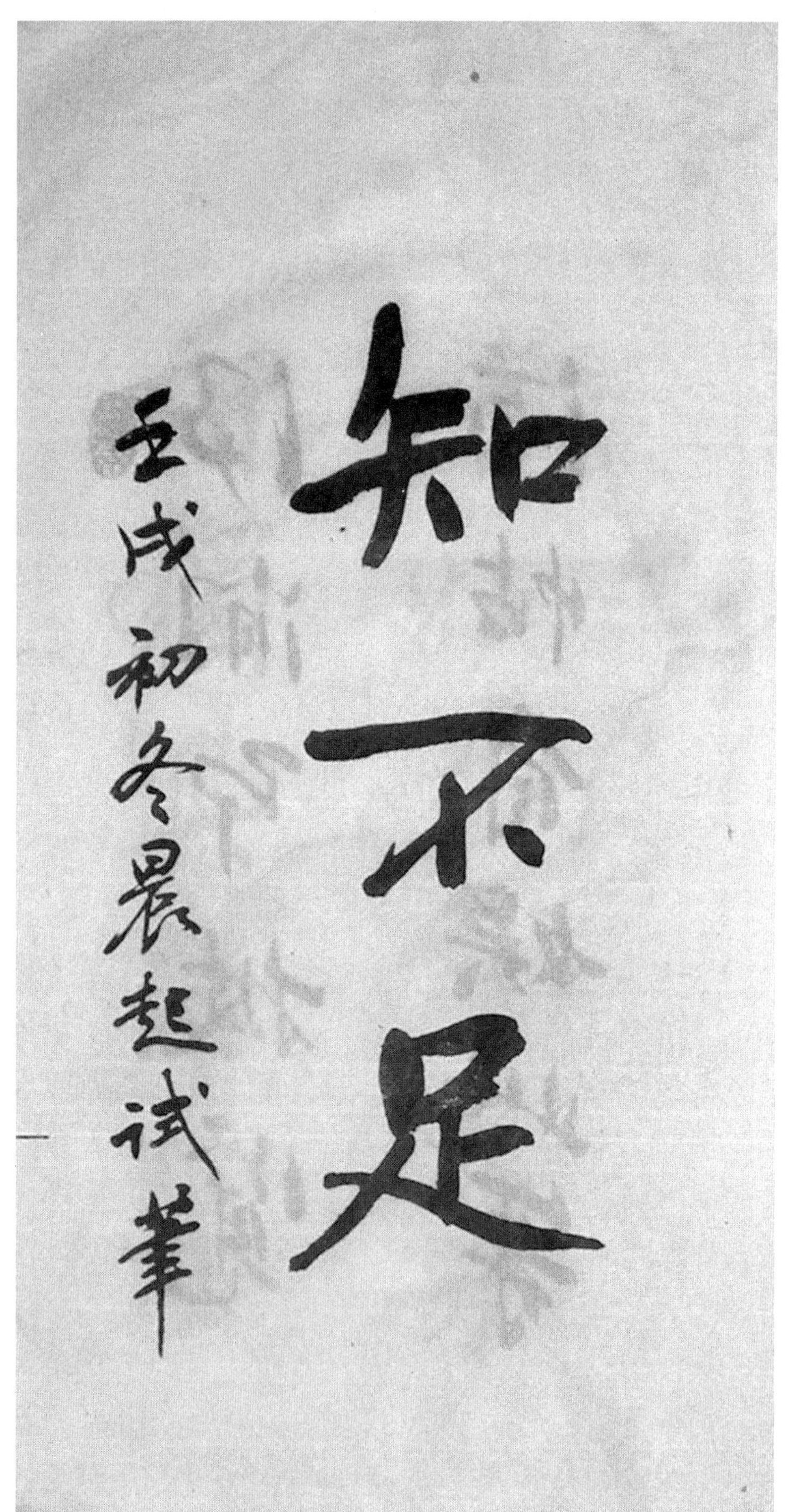
知不足
壬戌初冬晨起试笔

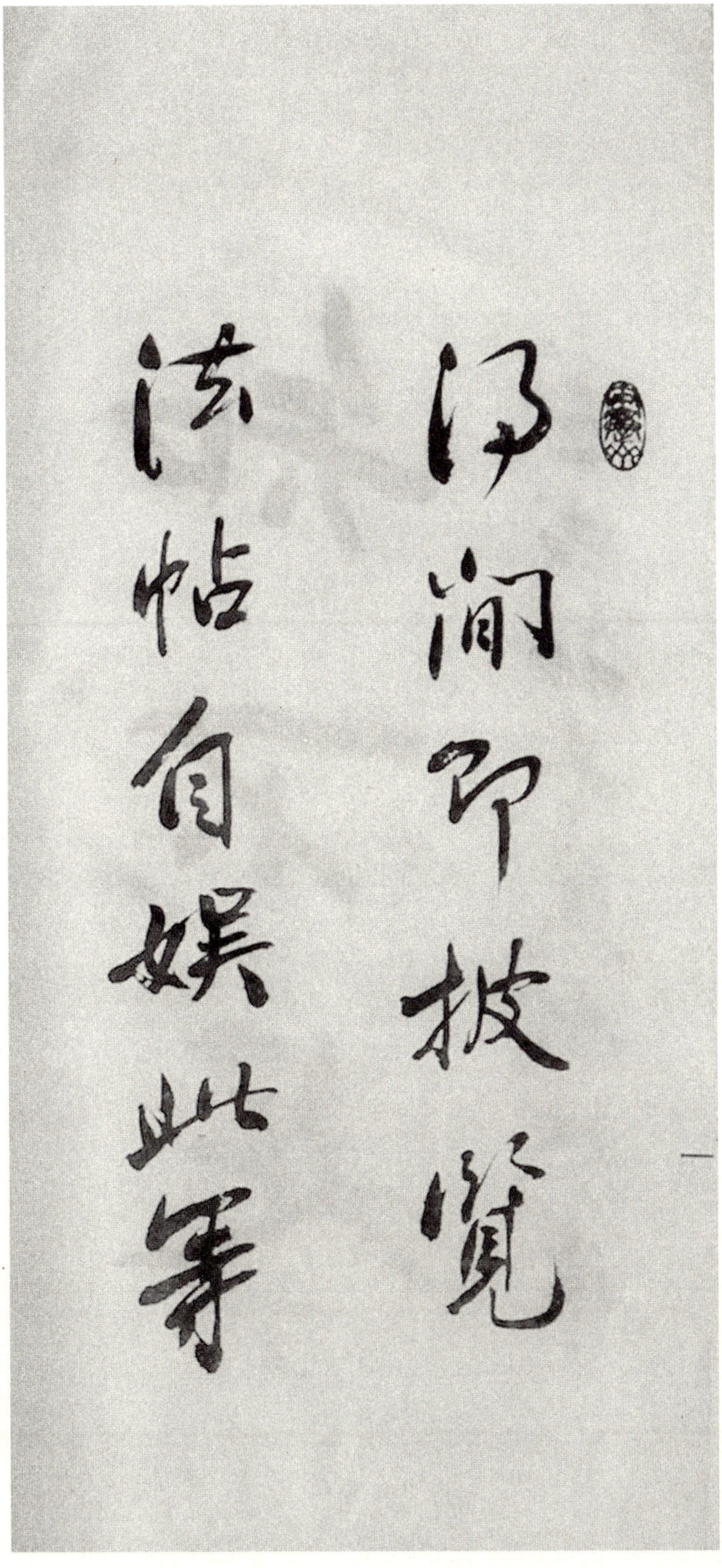
得閒即披覽
法帖自娛此等

嗜好為我東方

所獨具語以西

人絕不解其趣
味且無論的人

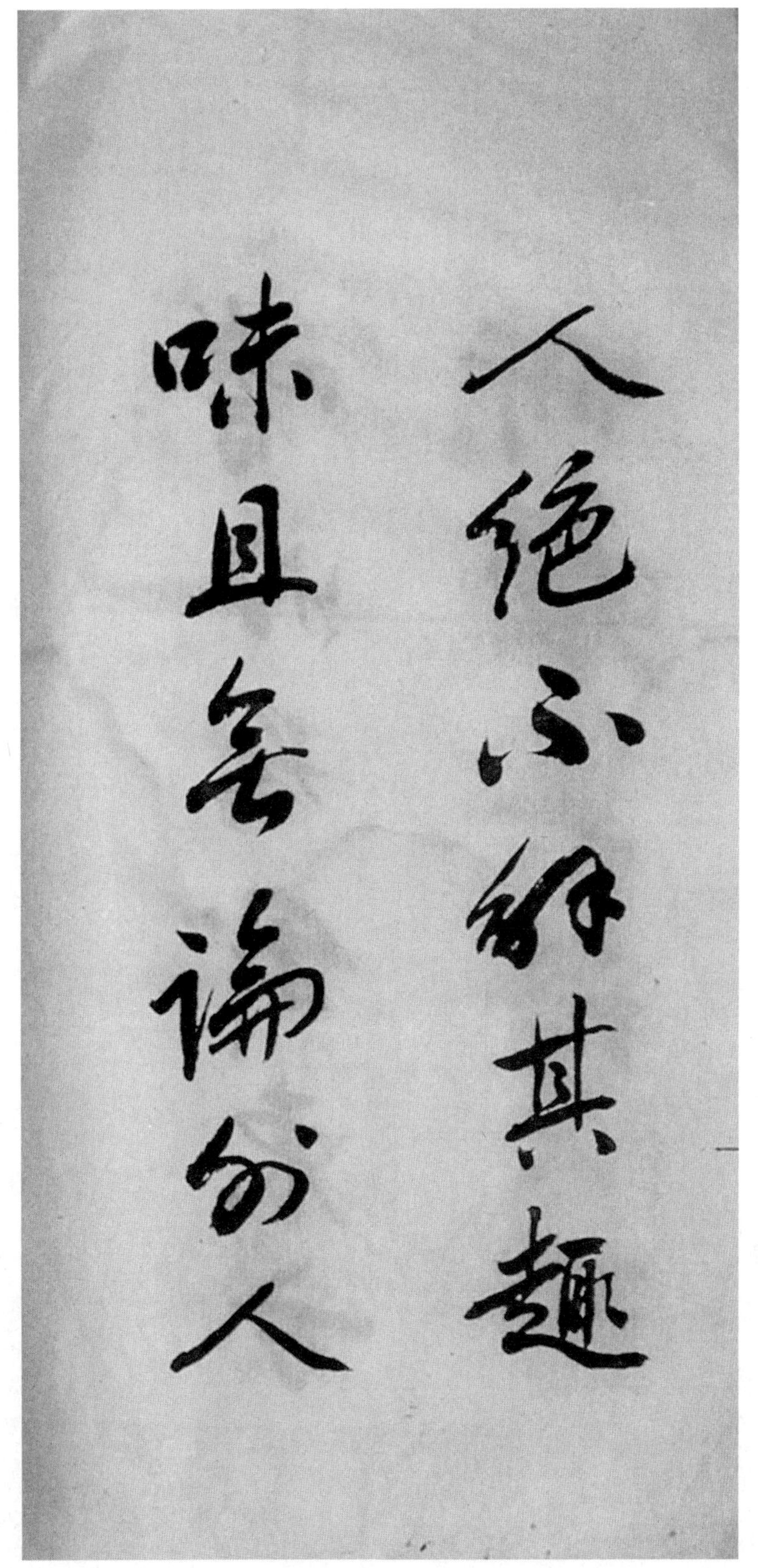

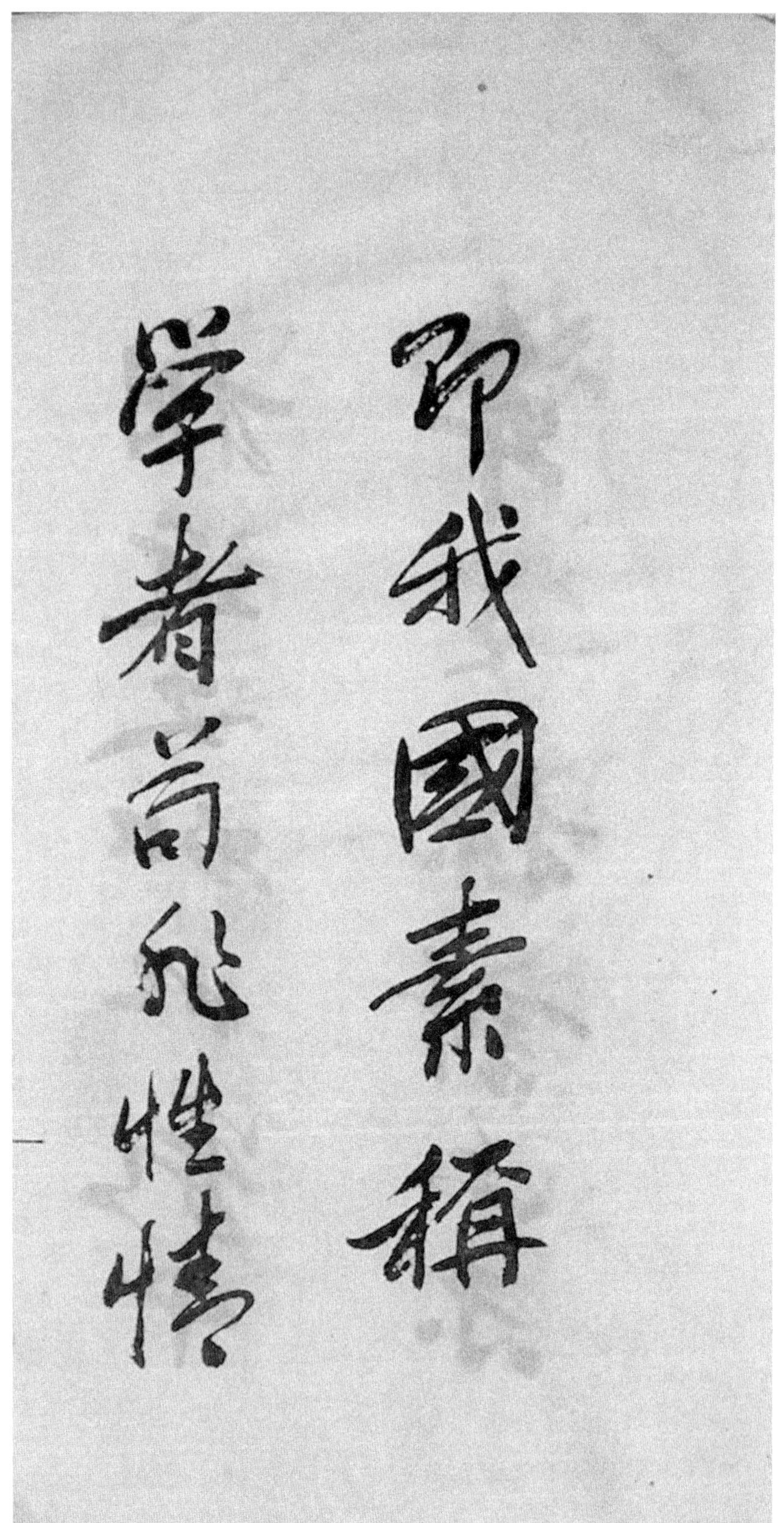
即我國素稱
学者苟能性情

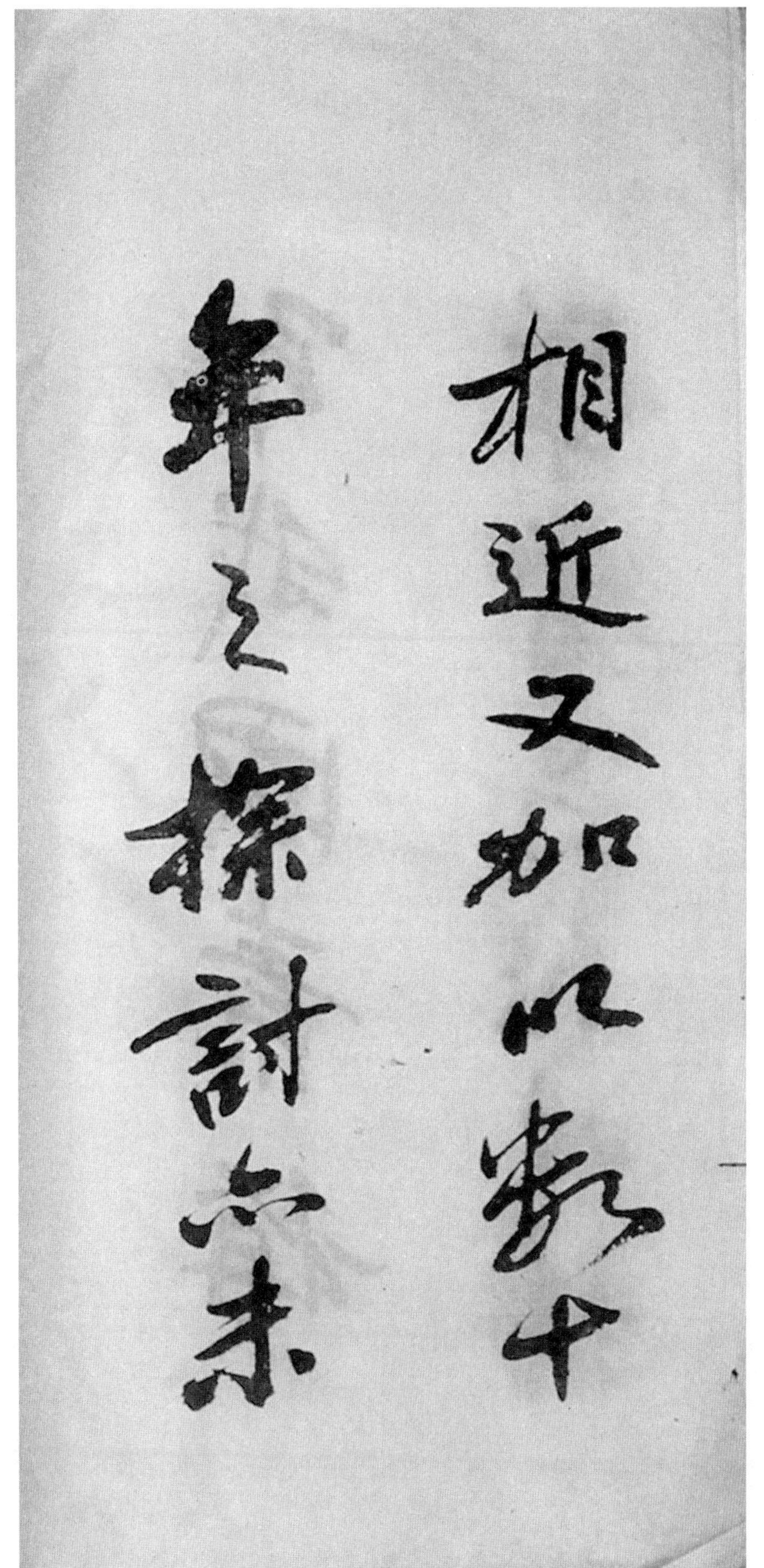
相近又加以數十
年之探討亦未

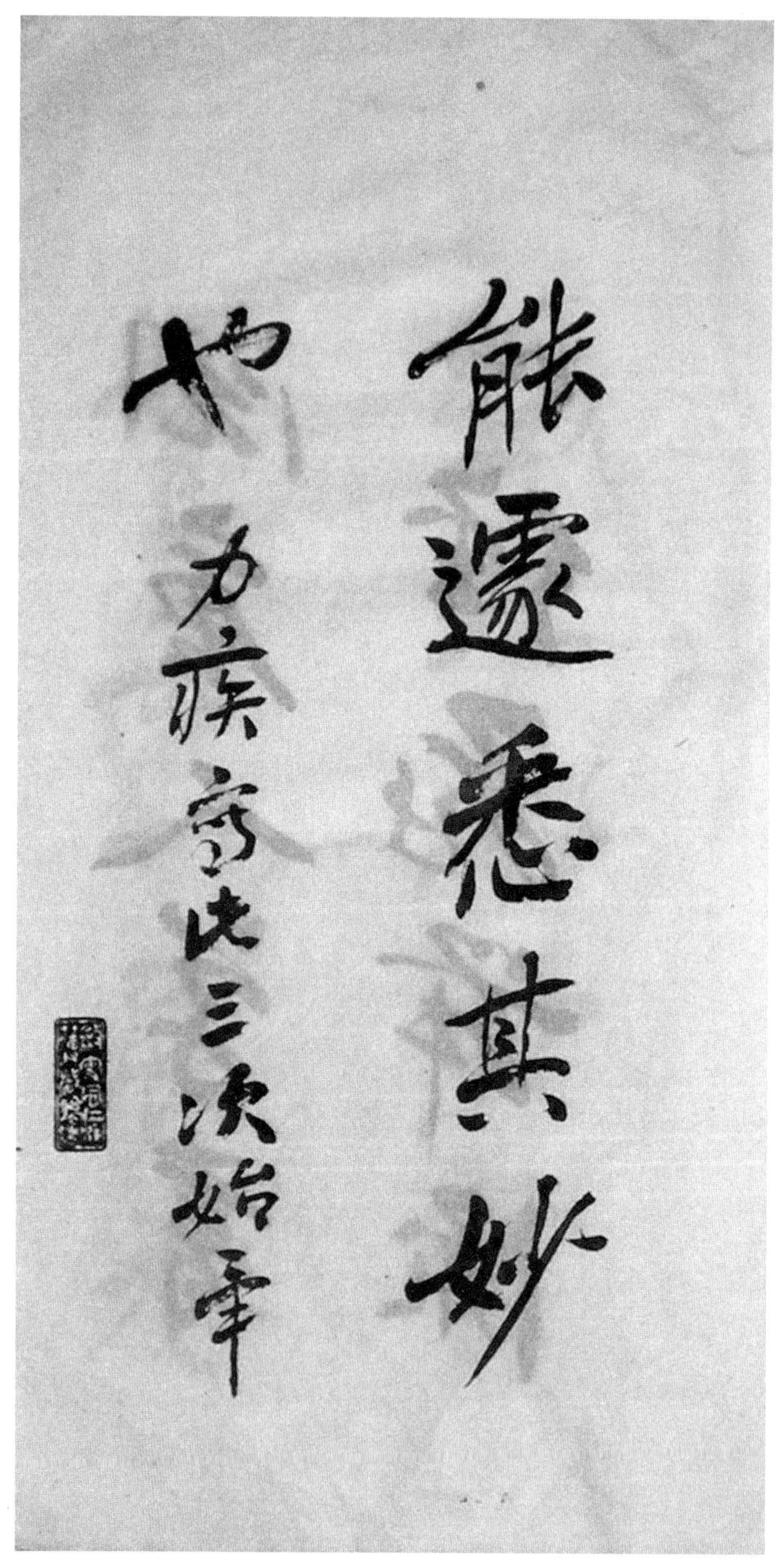

能遽悉其妙
如力疾寫此三次始畢

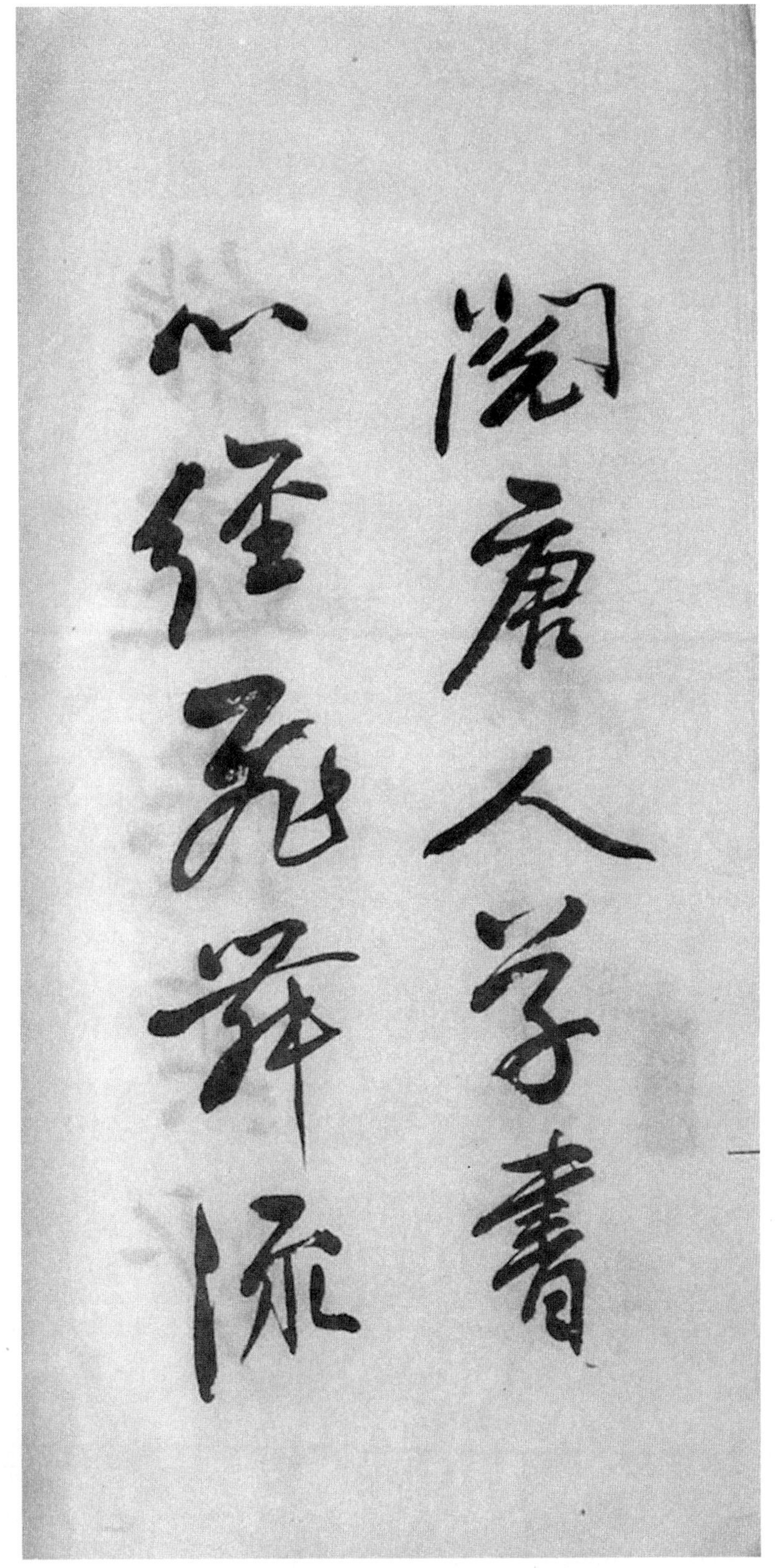
閱盡人間書
心經飛羅流

勤必風馳電
掣無一展卷

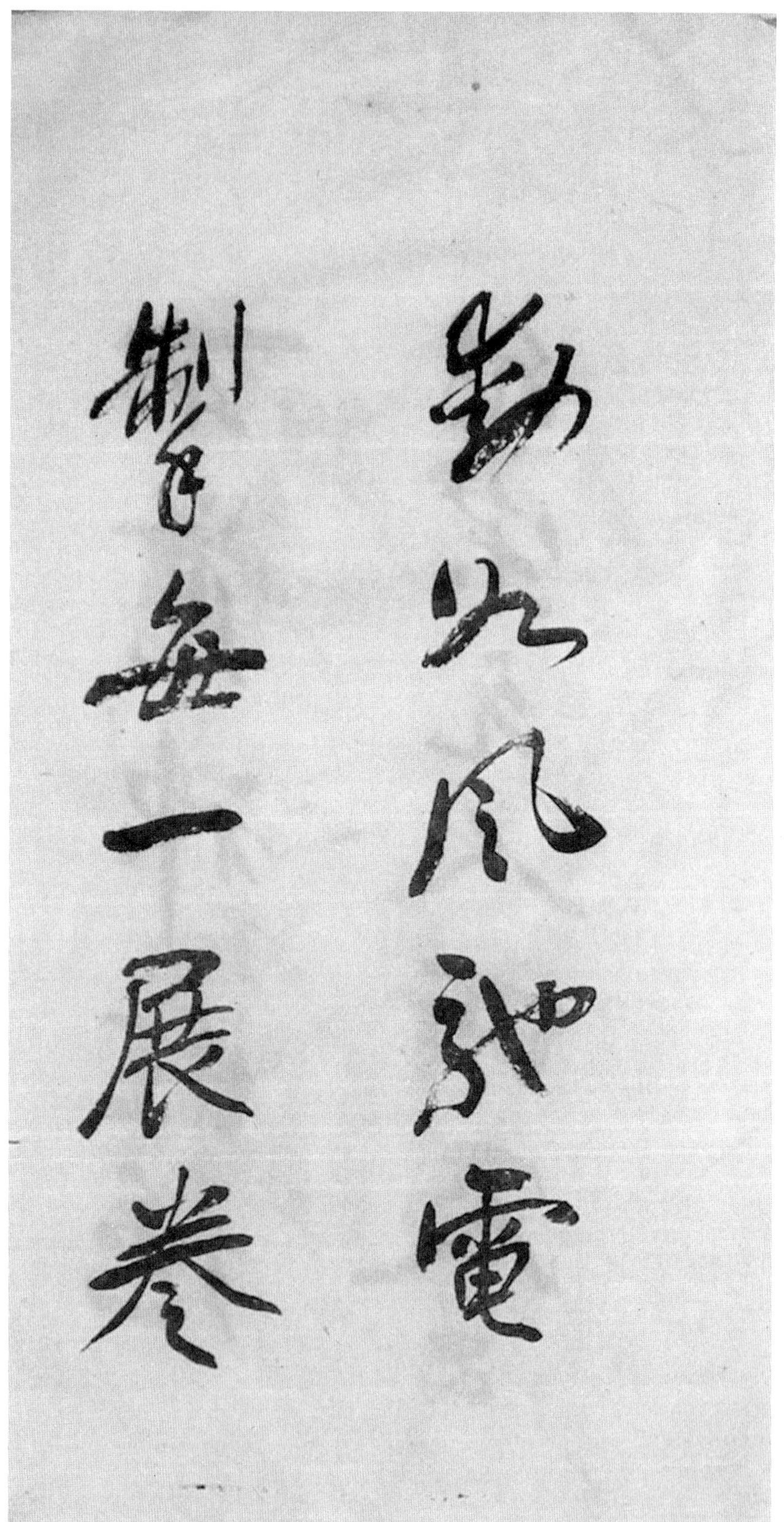

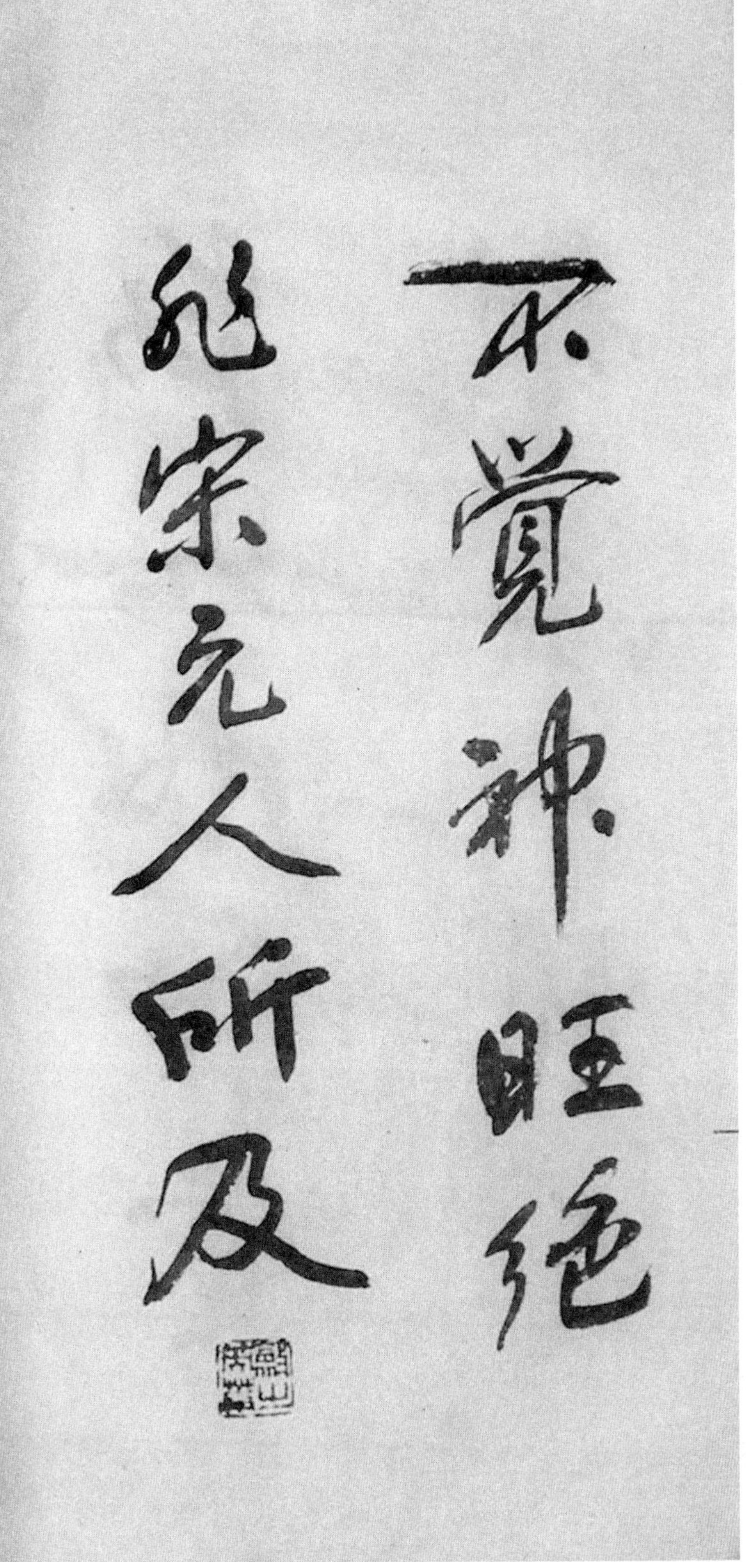

心跡

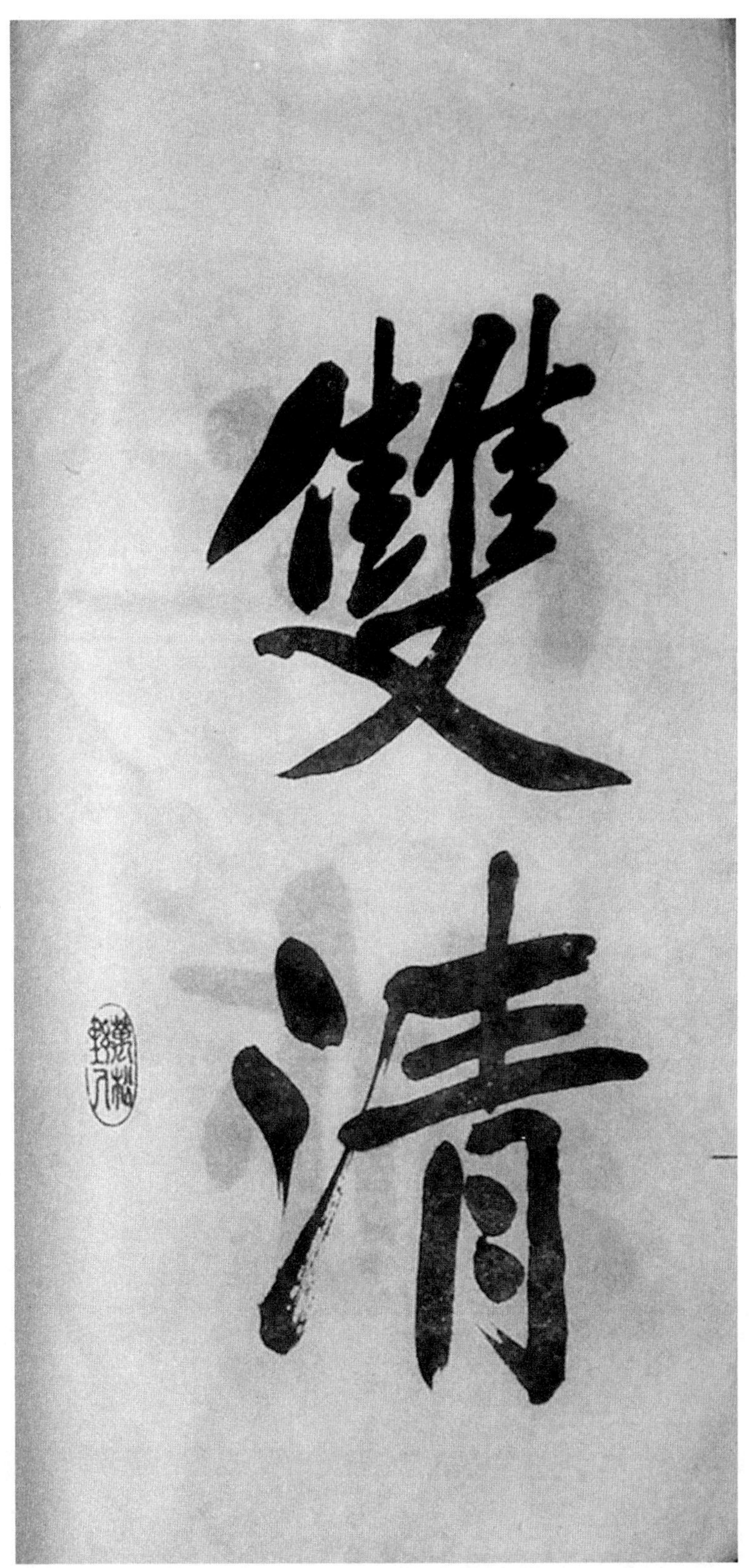
雙清

淡墨尤為米書辭
世帖不易多得筆意

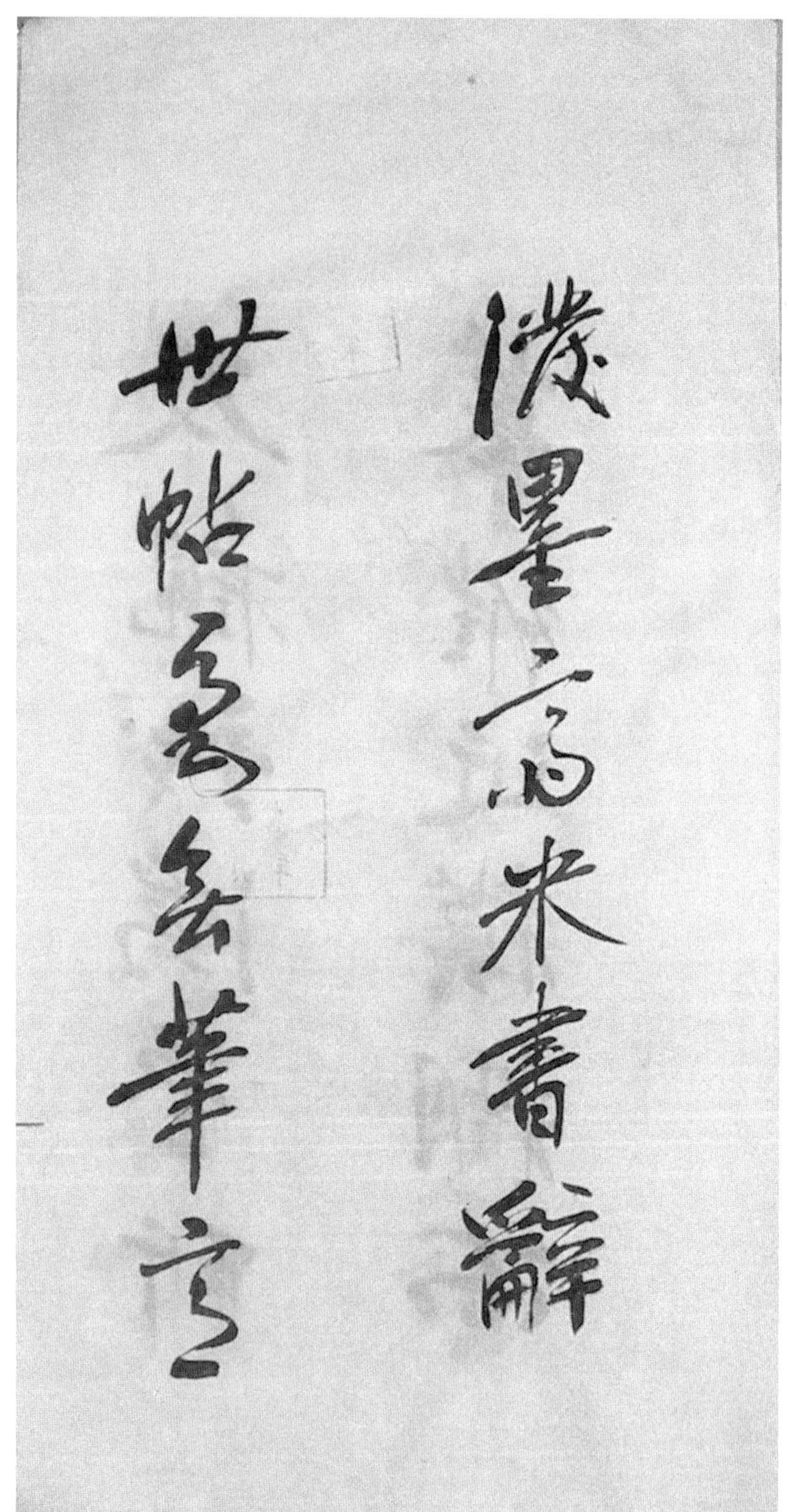

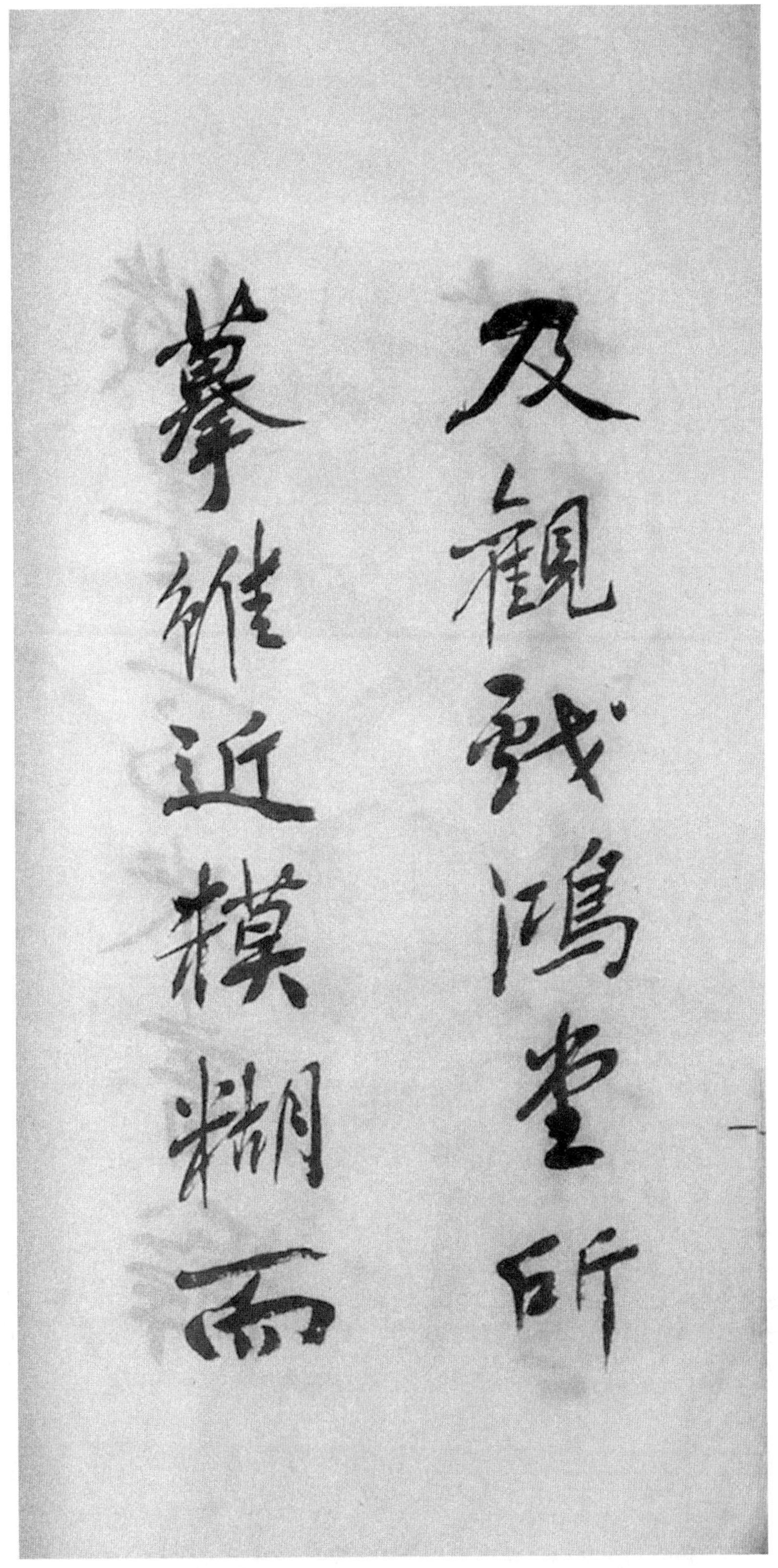
及觀戲鴻堂所
摹雖近模糊而

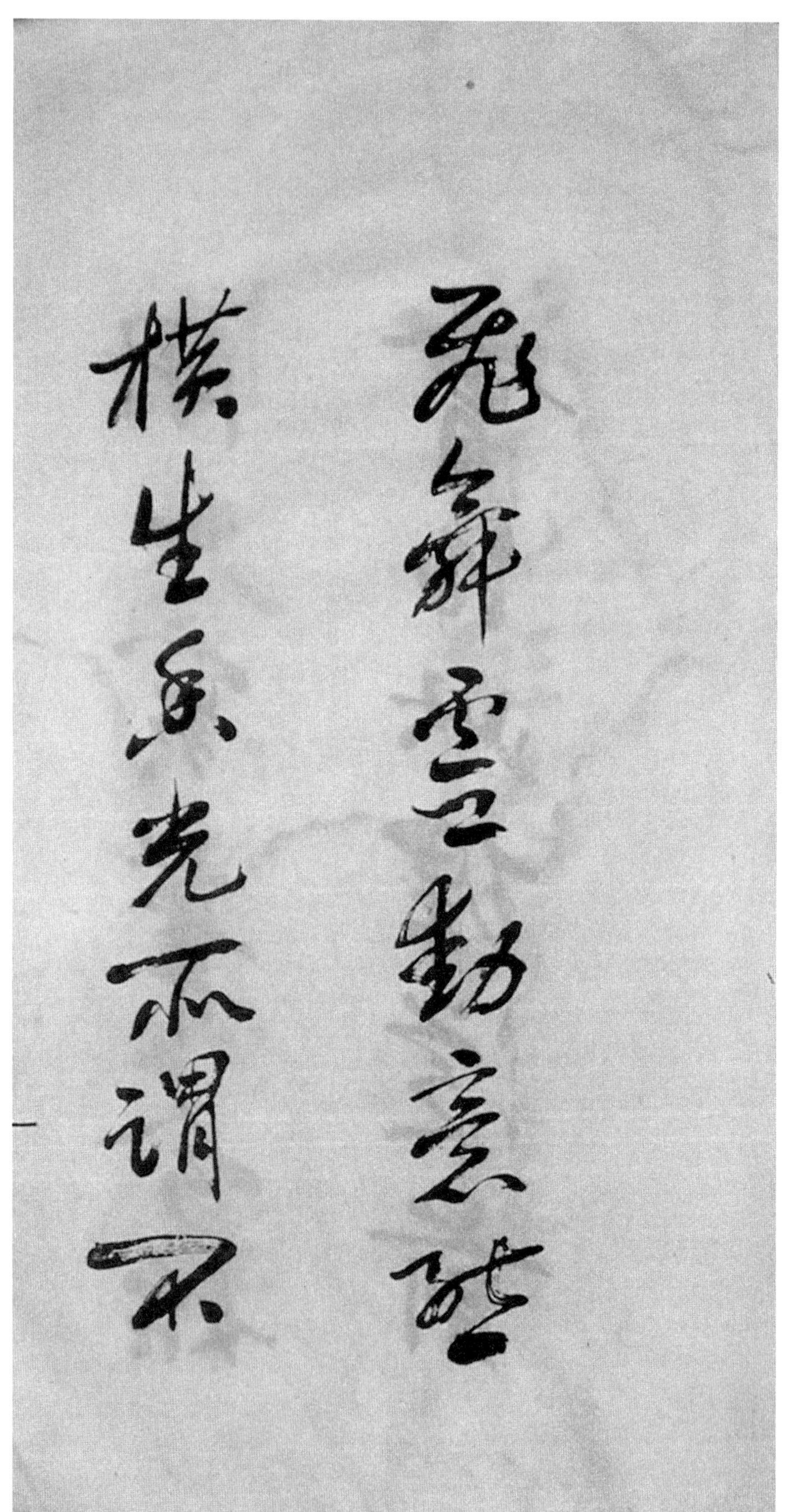
飛舞雲動意態
横生風光不謂不

用一齎華合始
會如此理況前

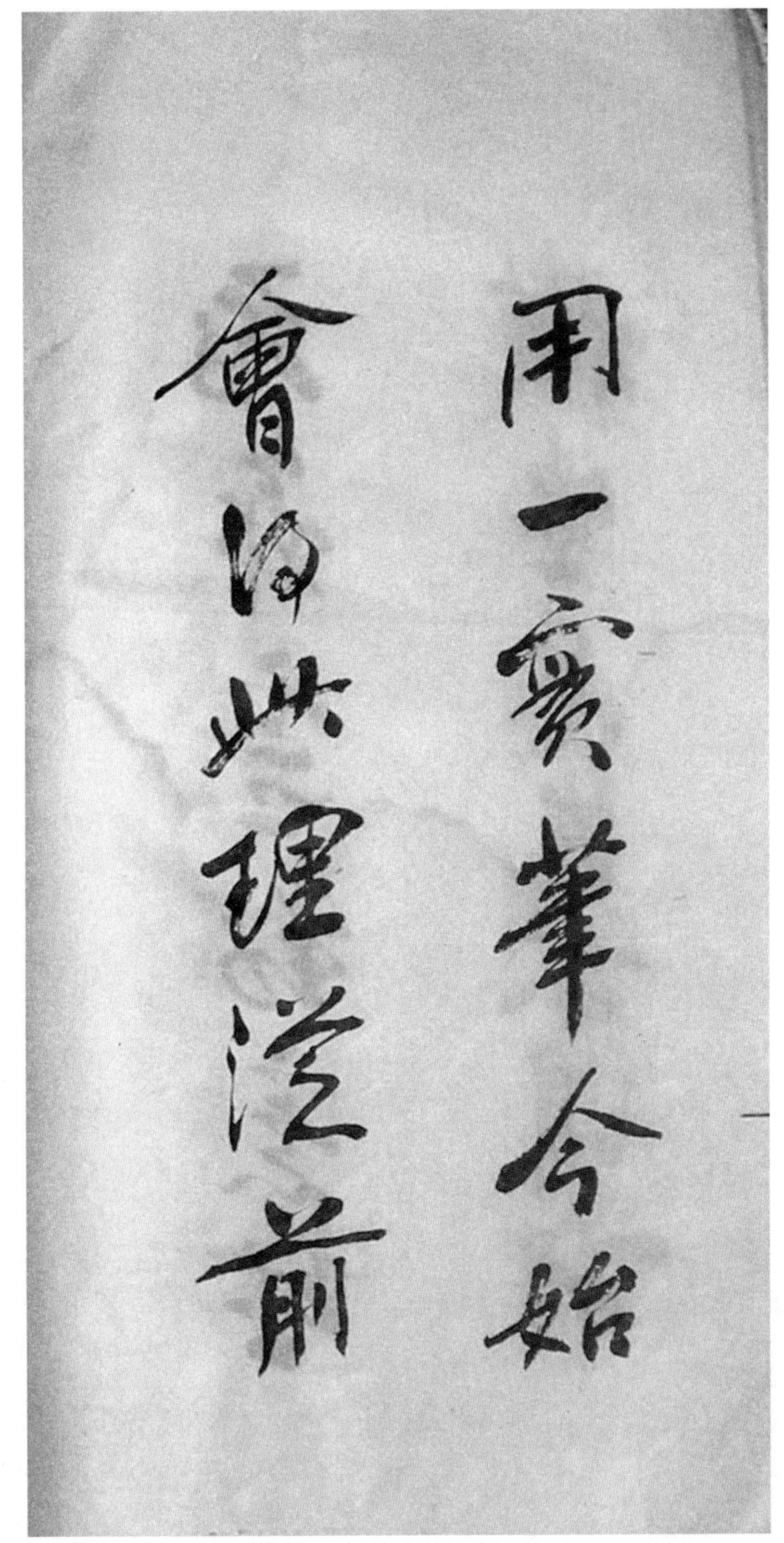

所見乃僞即摹刻失其本者也

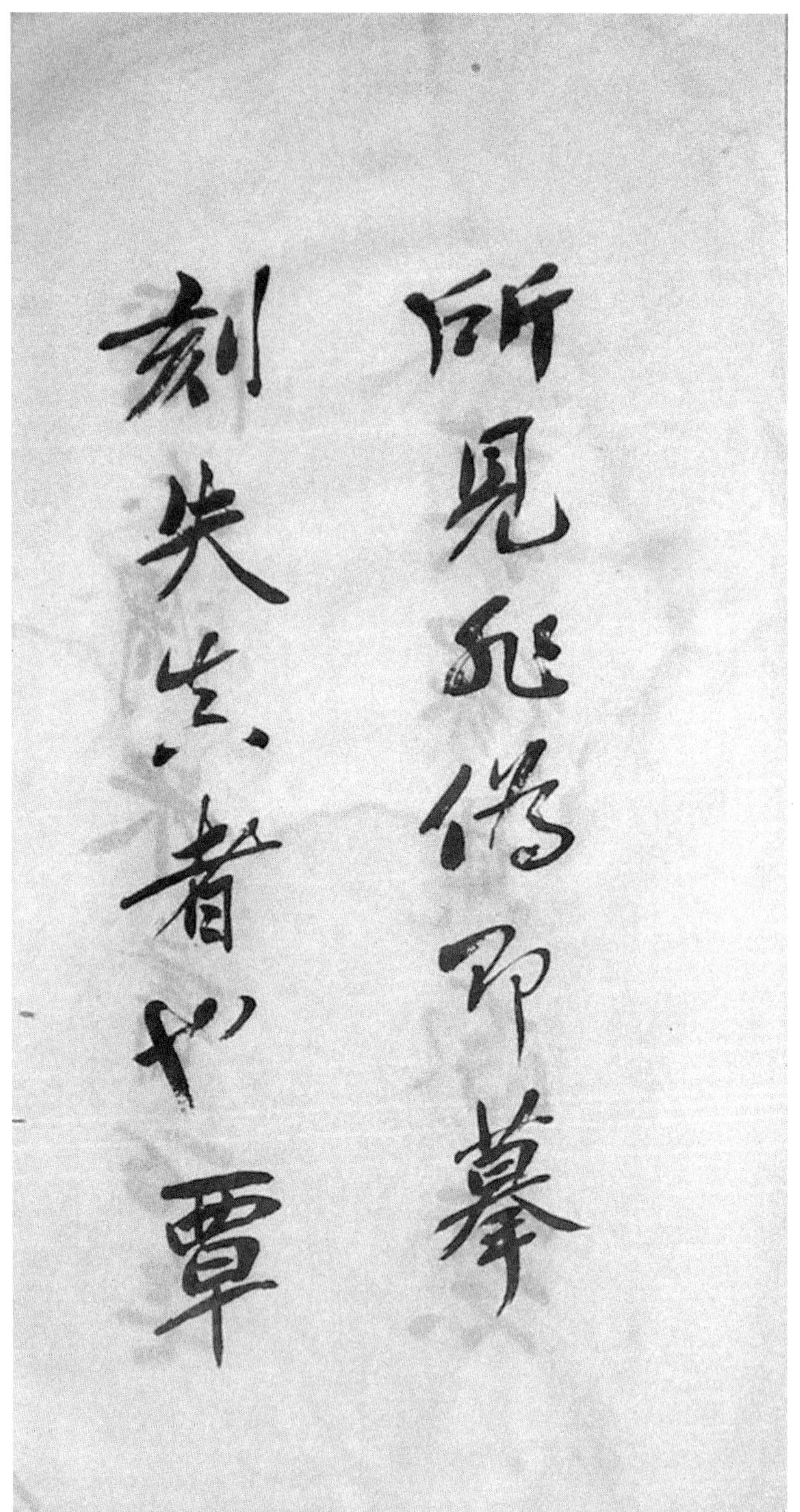

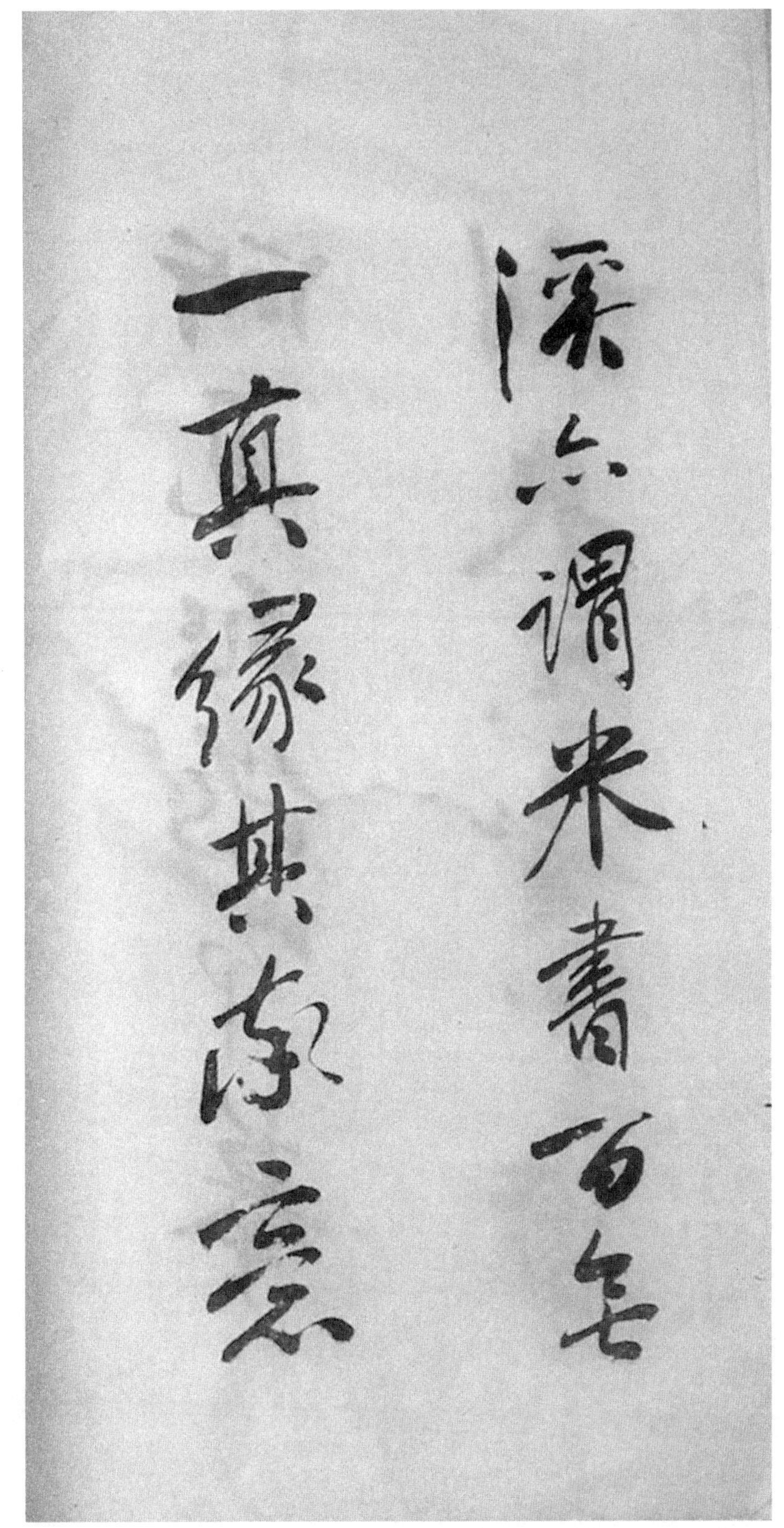
深亦謂來書百卷
一真緣其象忘

放肆易為流俗

長所依託而自合

神雖高豪擊千
里殊難掩没者

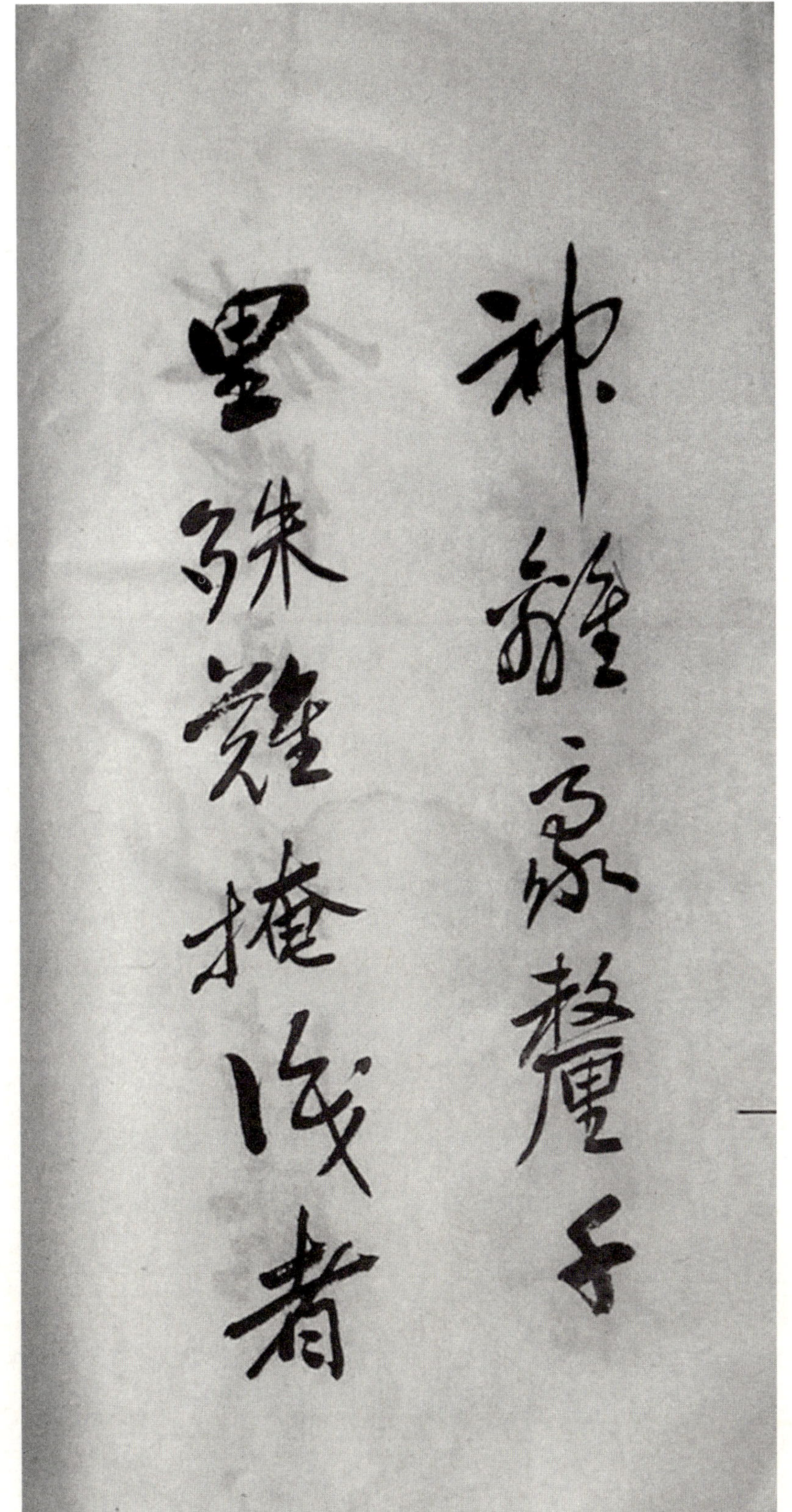

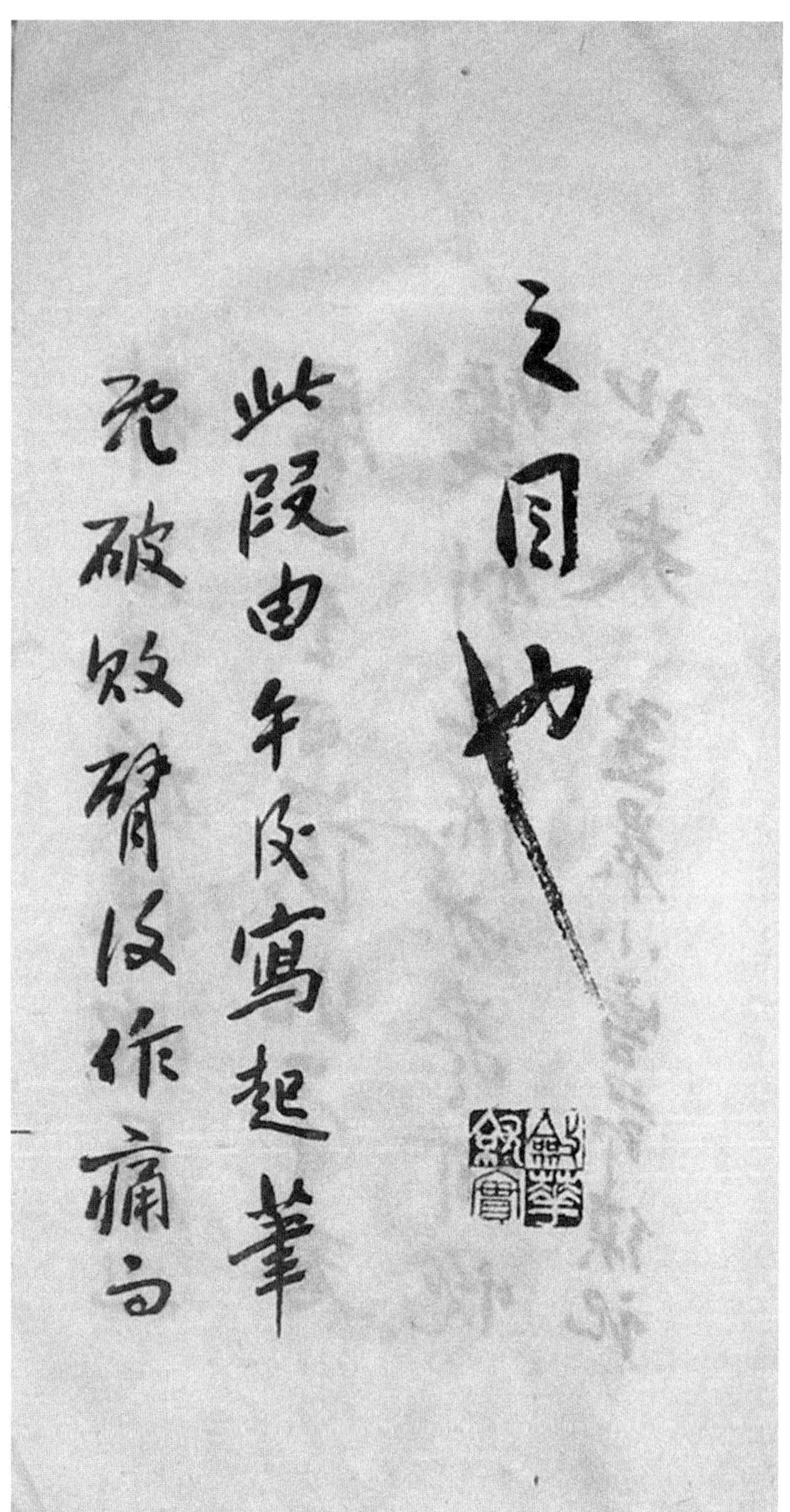

之同也

此段由年後寫起筆

[illegible]破敗殘後作痛句

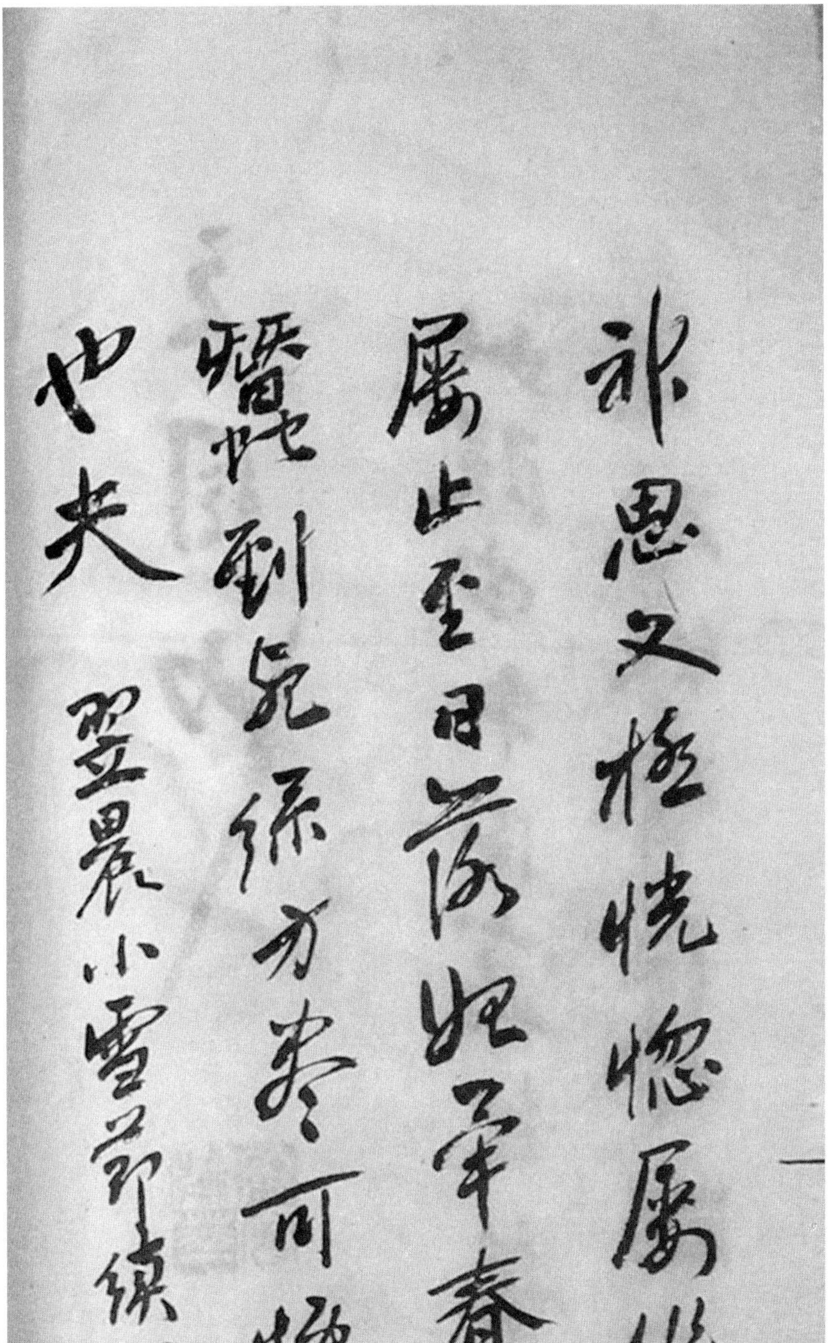

神思又極恍惚屢似

屢止[?]至日上海[?]姐[?]年春

蹭[?][illegible]到死係方來可惋

也矣

翌晨小雪節續記

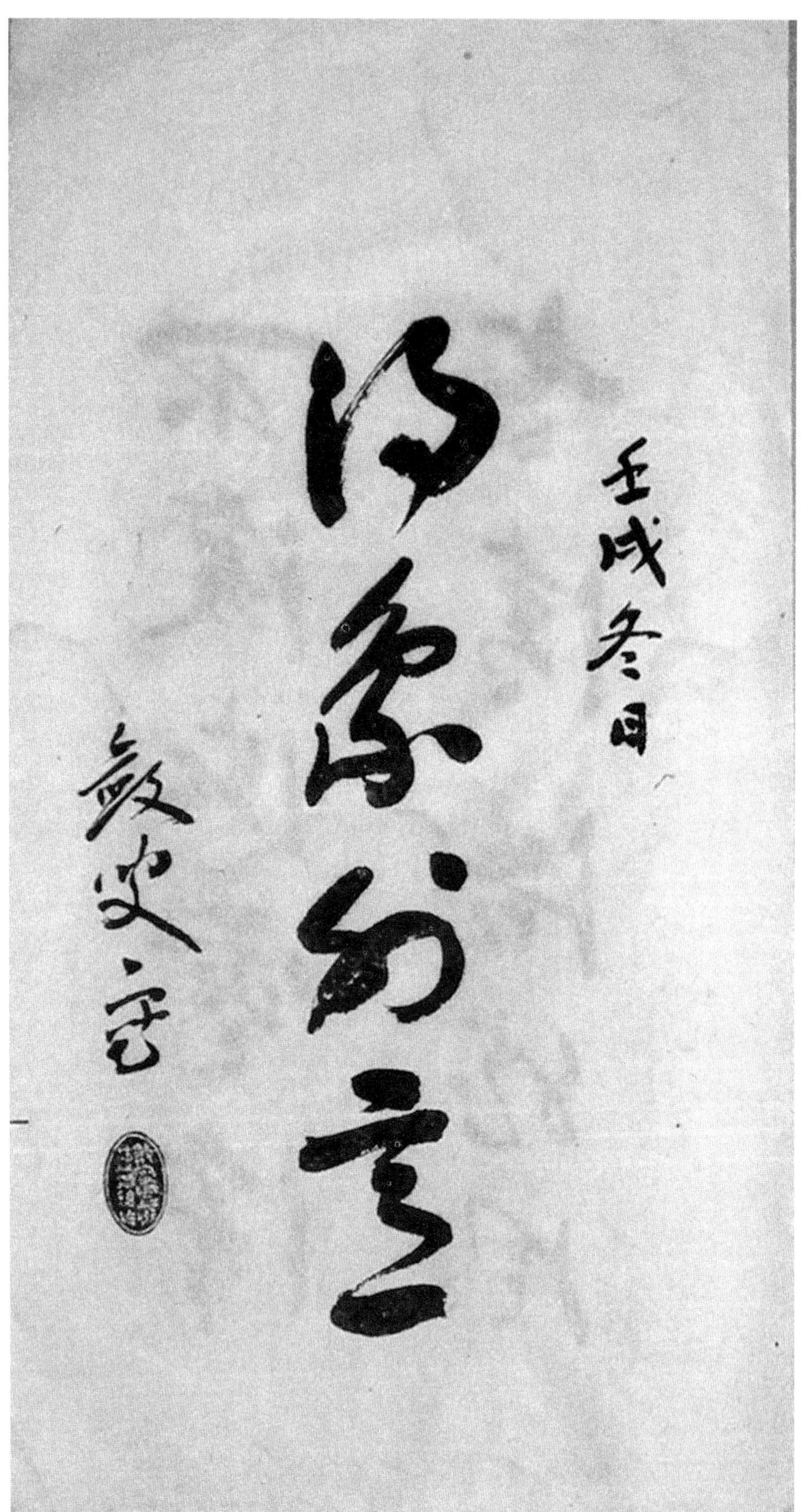
壬戌冬日

不渡澠電澤
古清浩蛇風

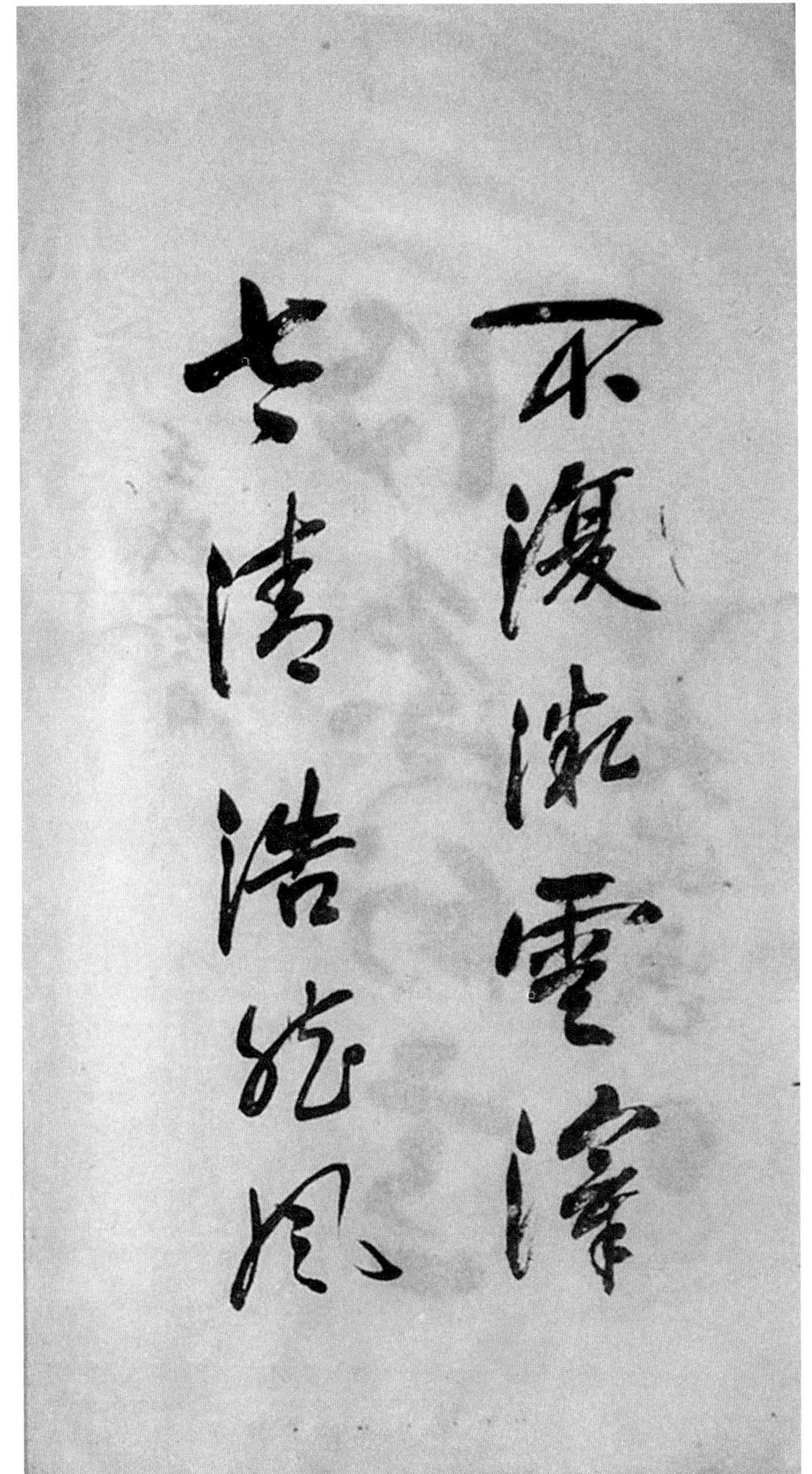

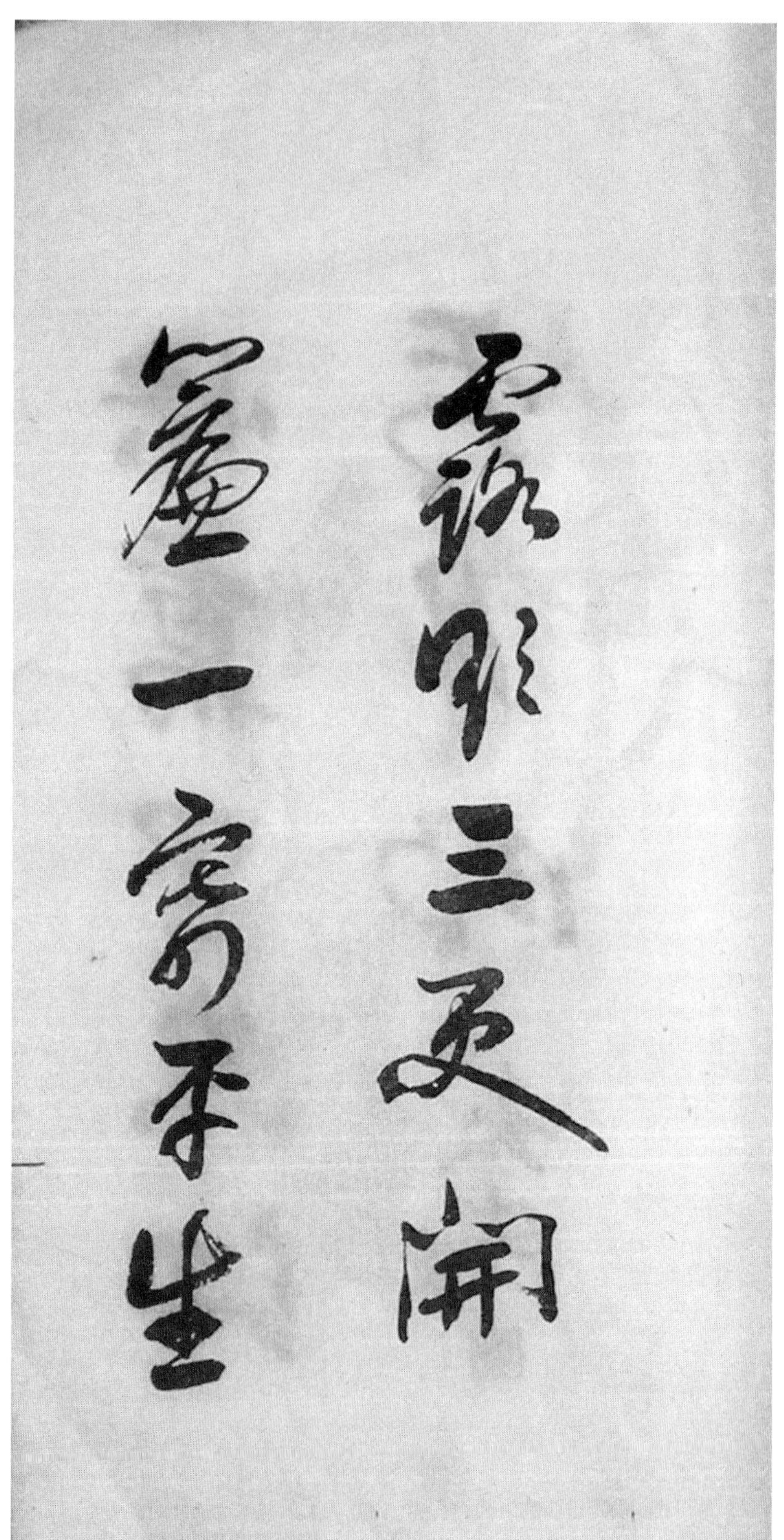

快萬里忠江天月明 敏史

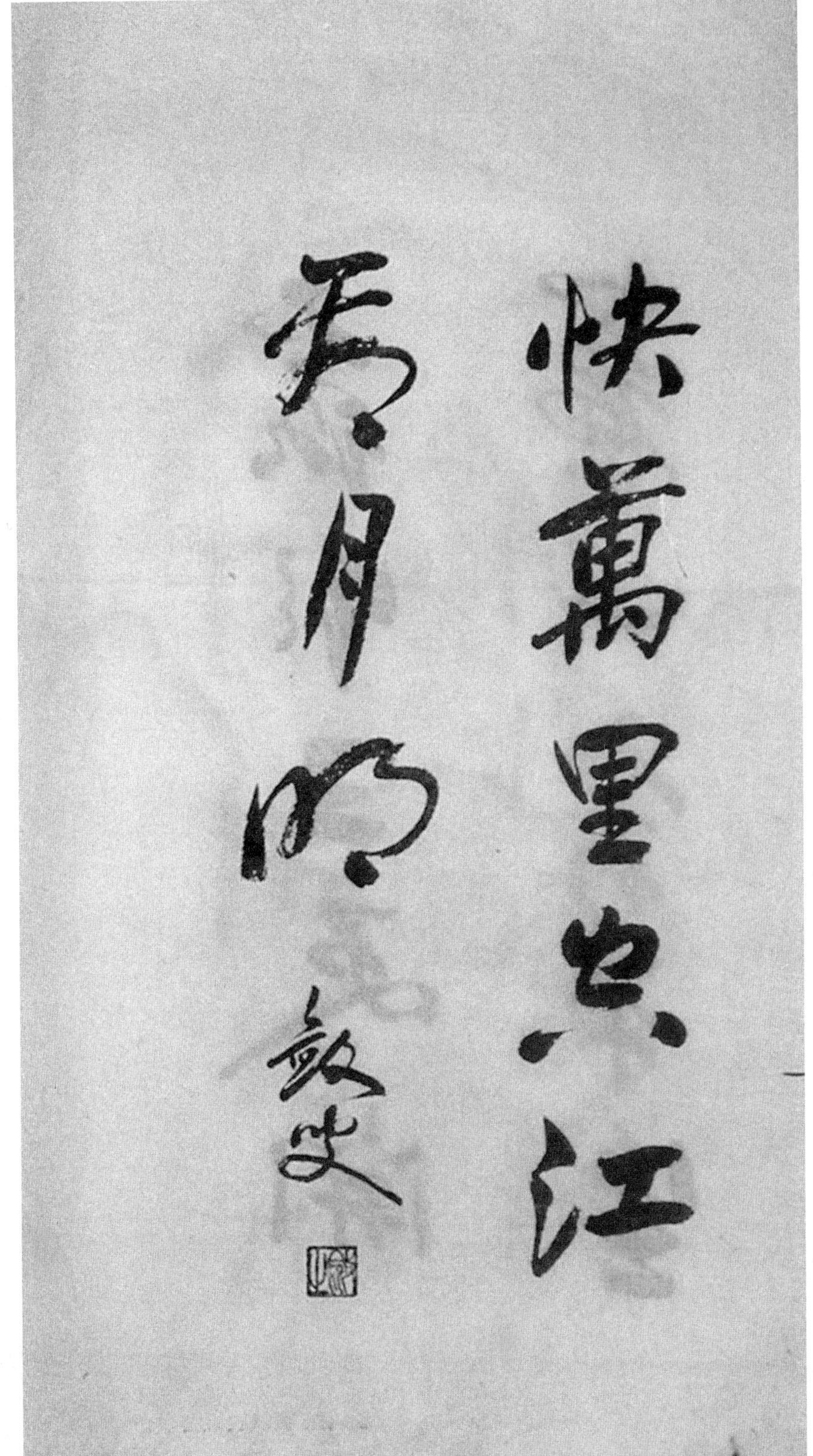

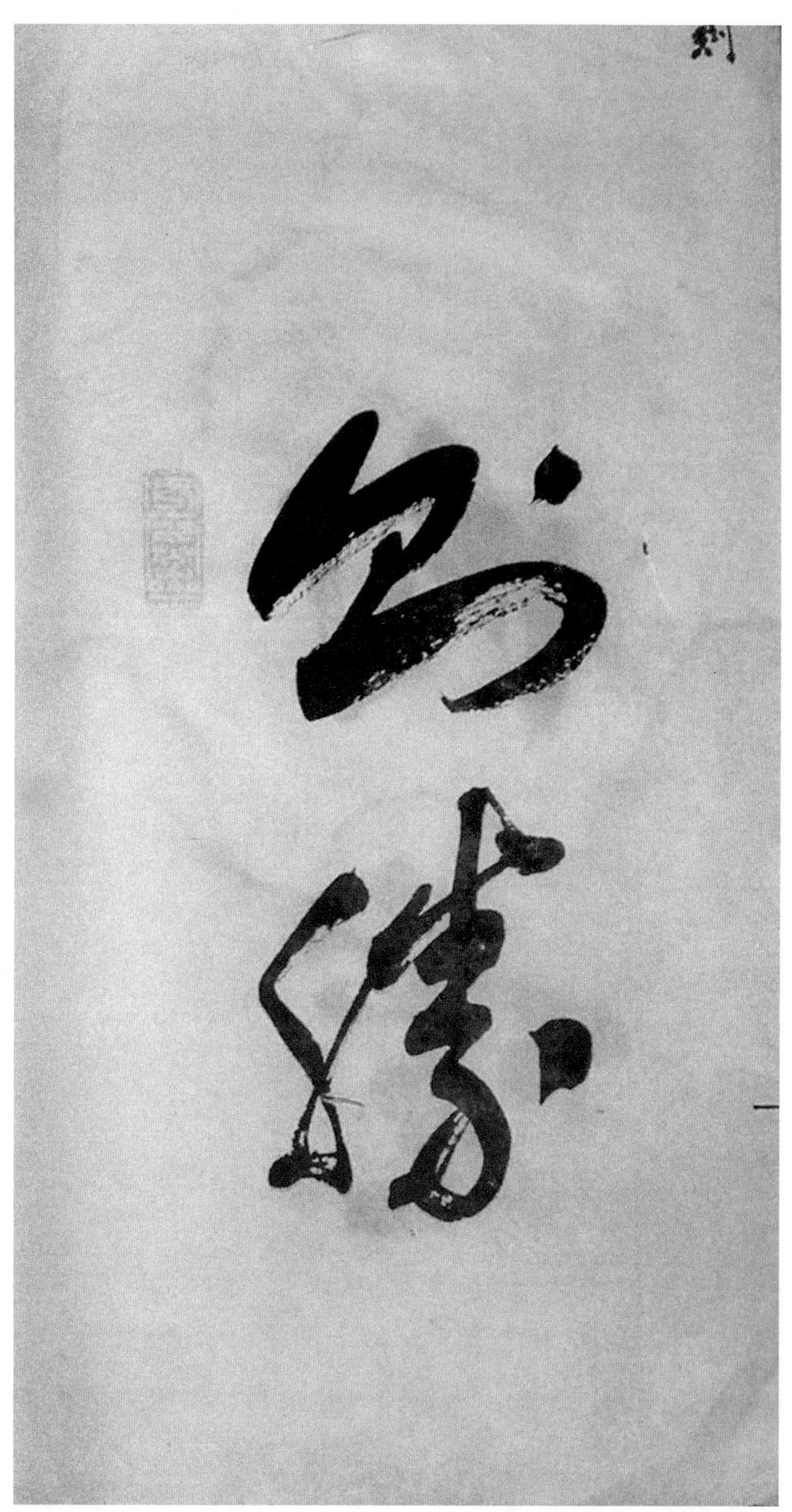

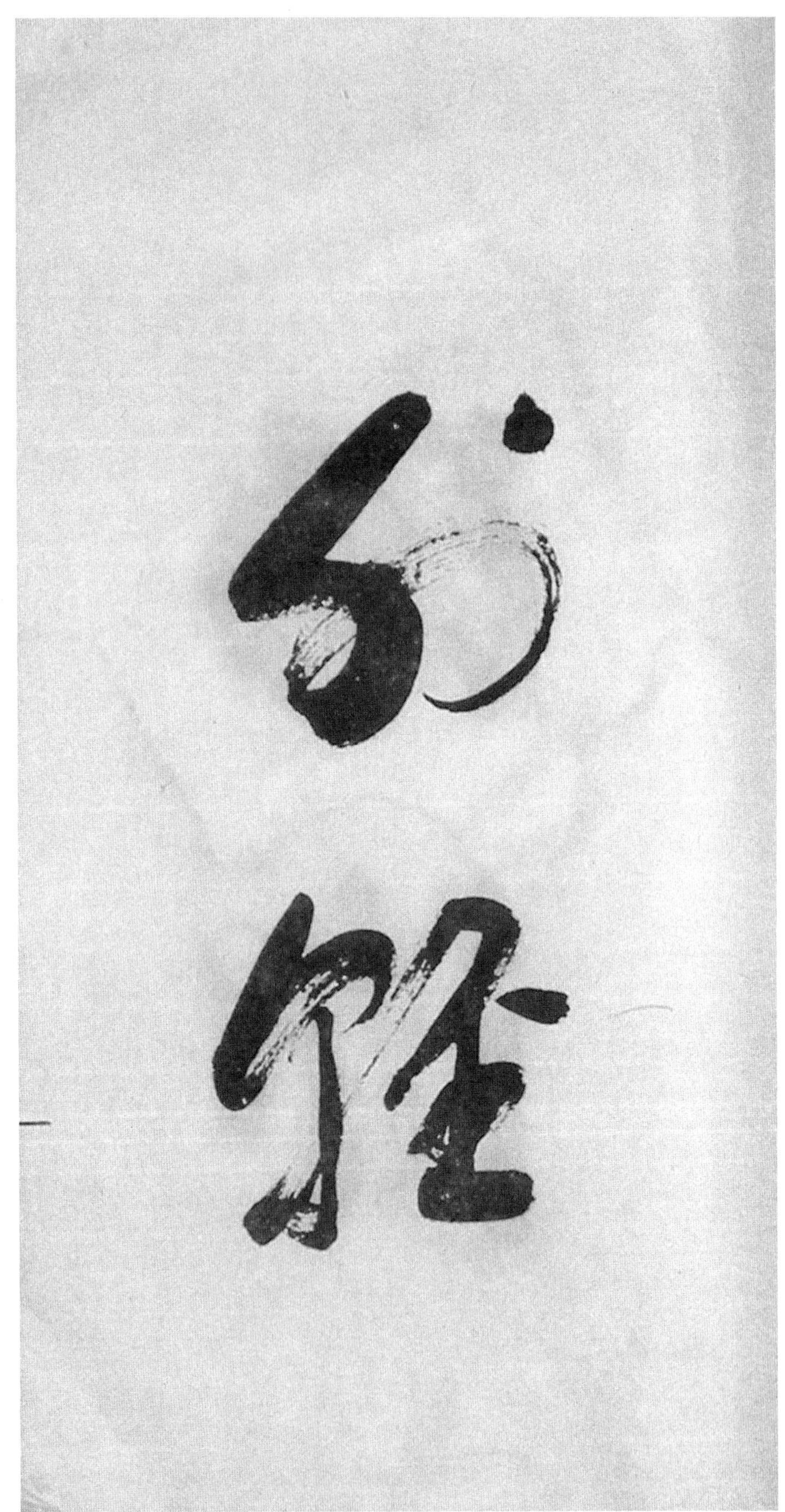

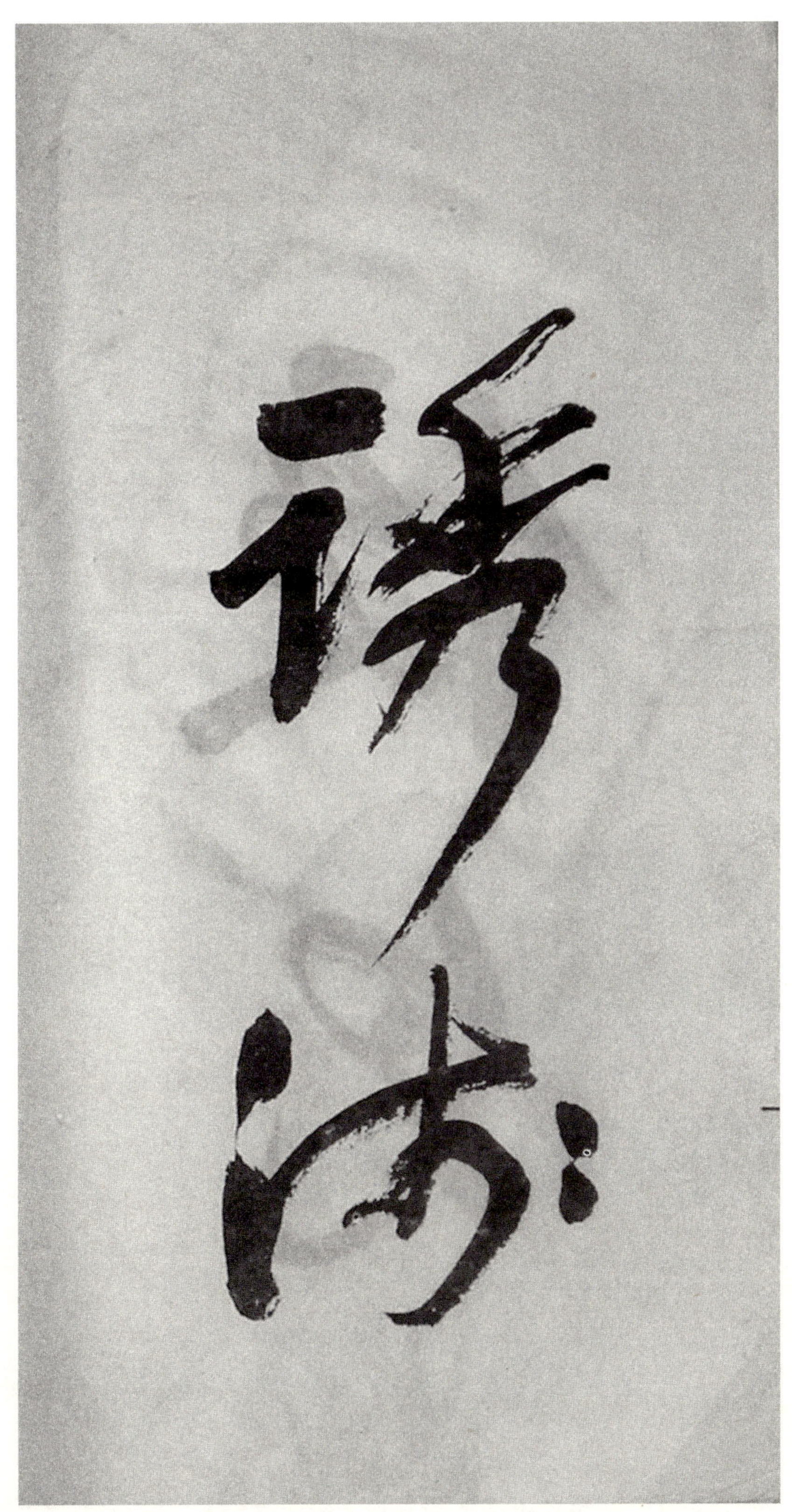

英歛松雪人書於魚山

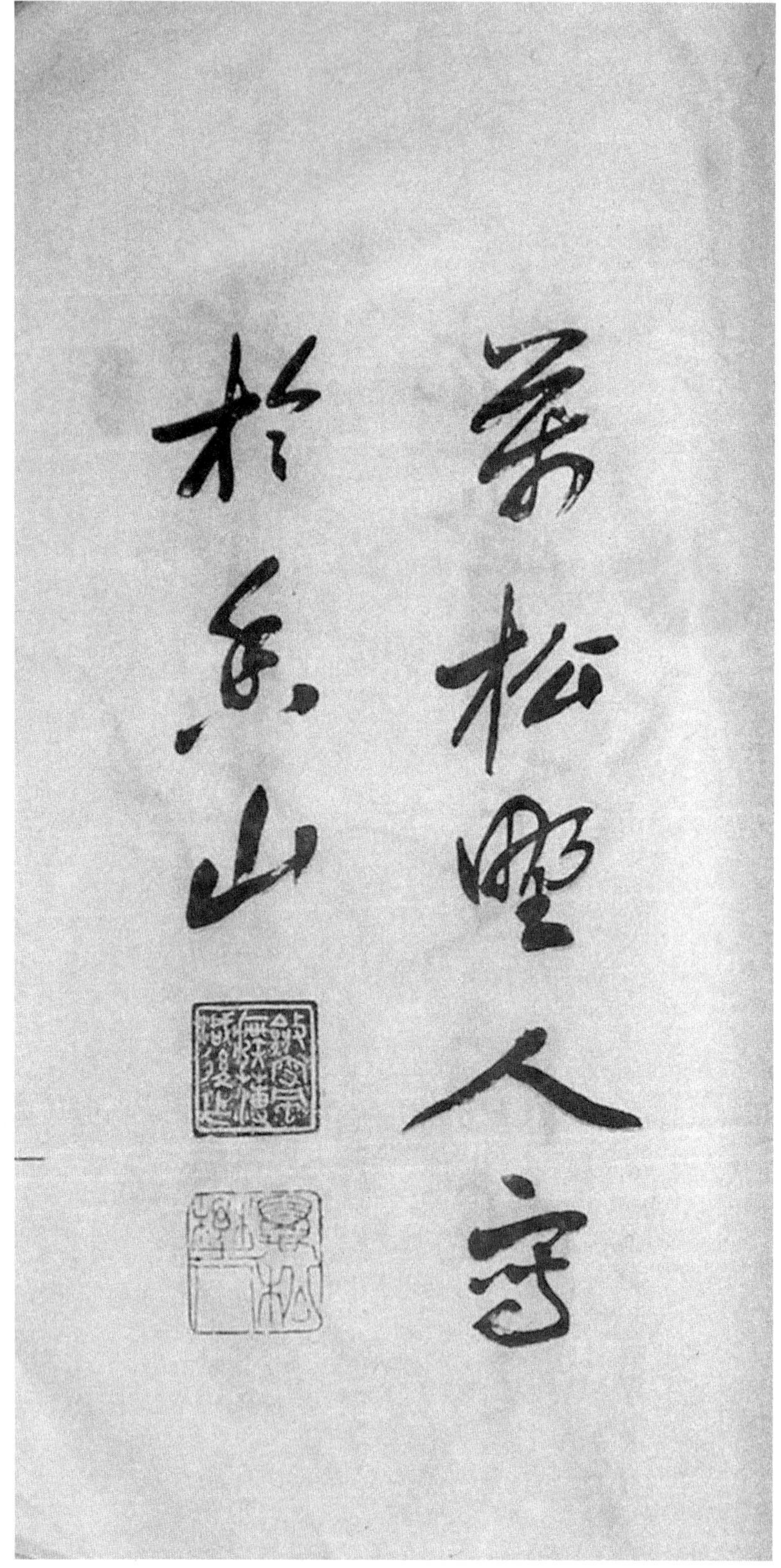

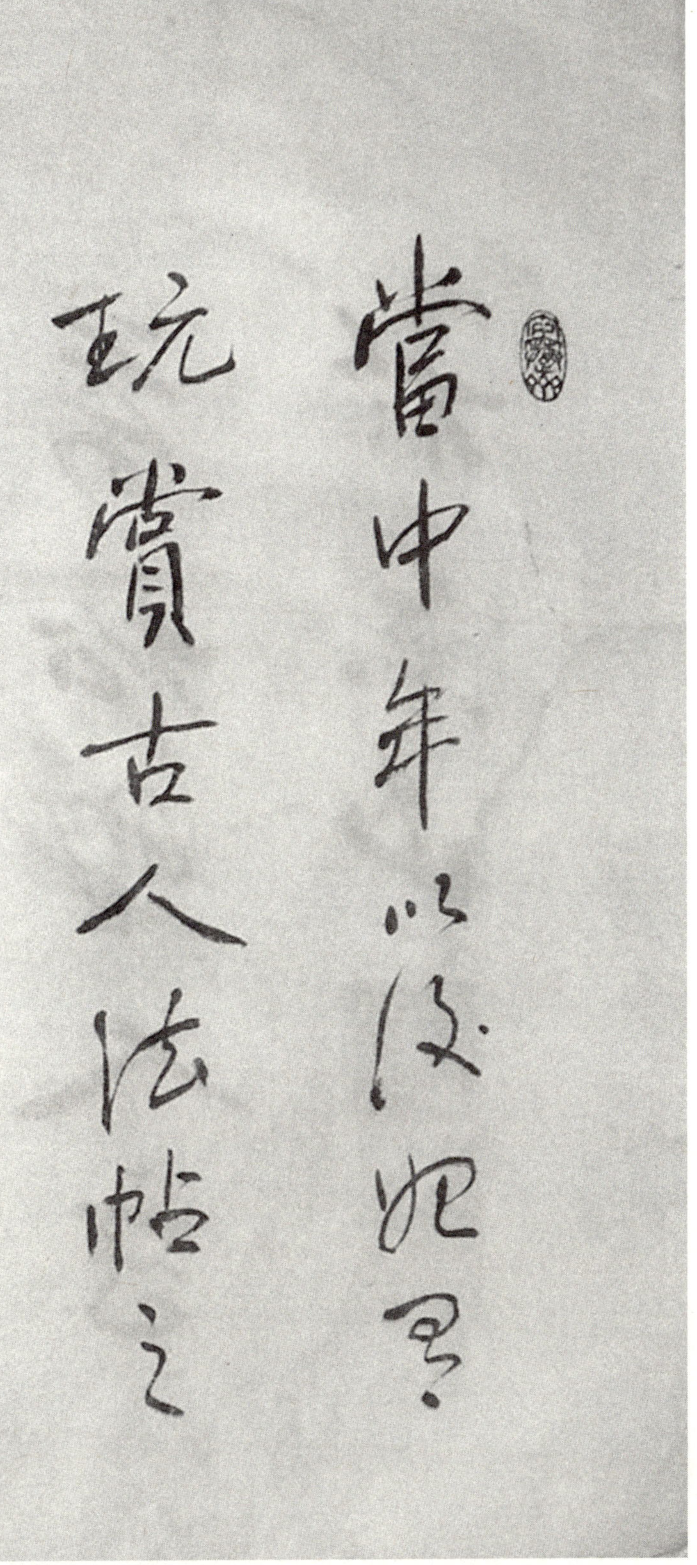
嘗中年以後始畧
玩賞古人法帖之

嗜好自珂羅版之
流行所謂希世之

寶者寠人子皆得

飽眼福二十年來

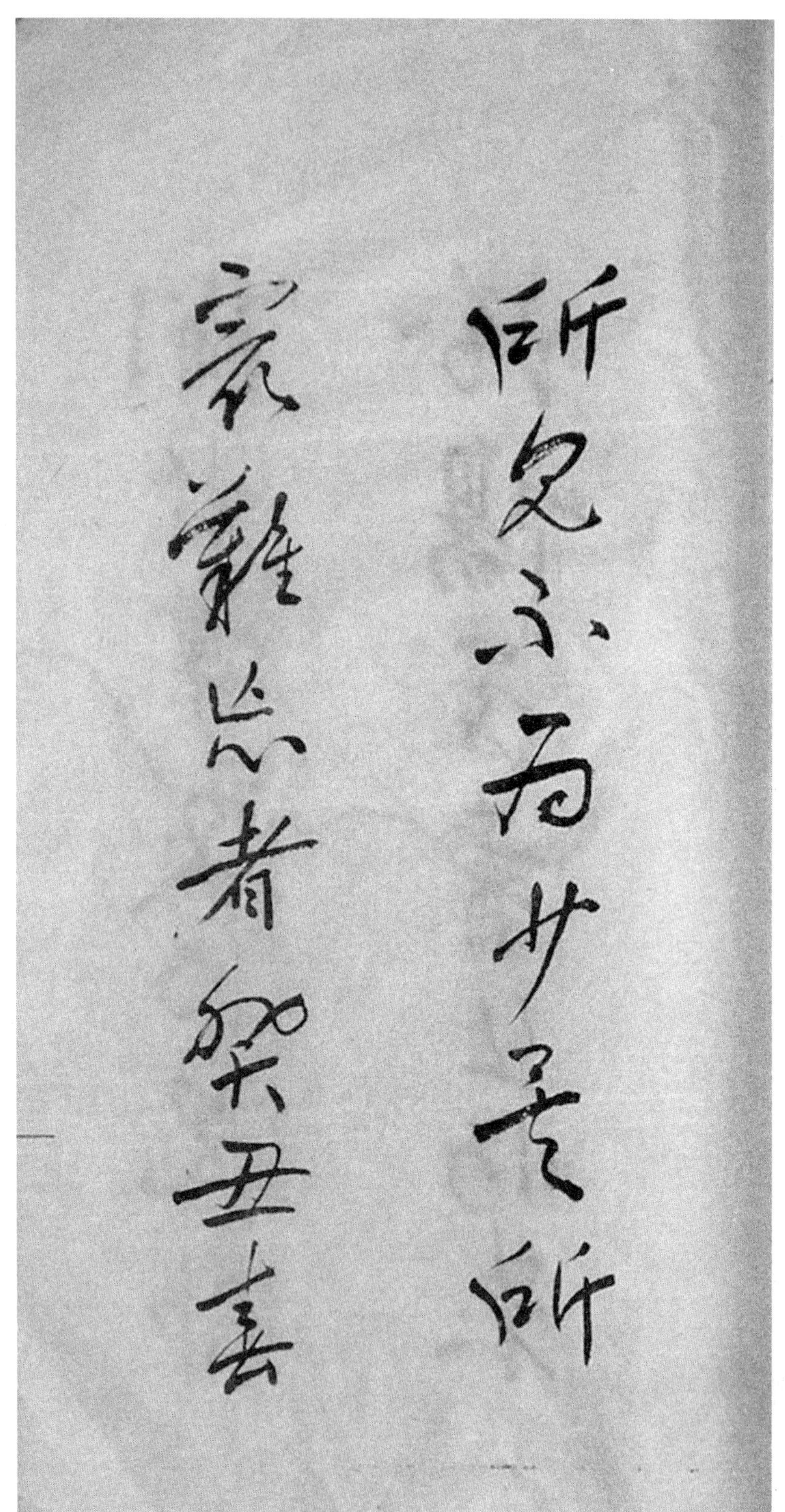

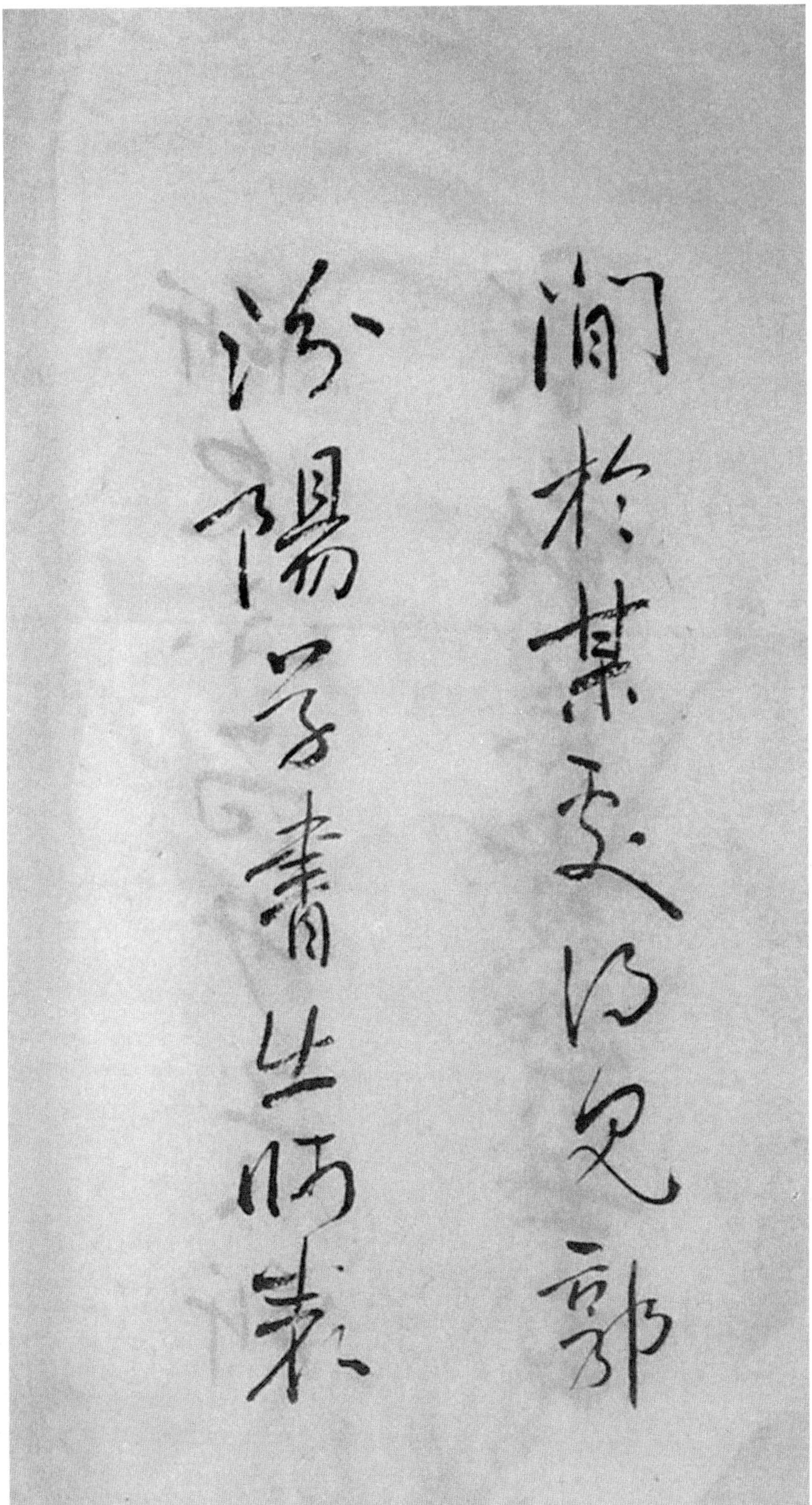

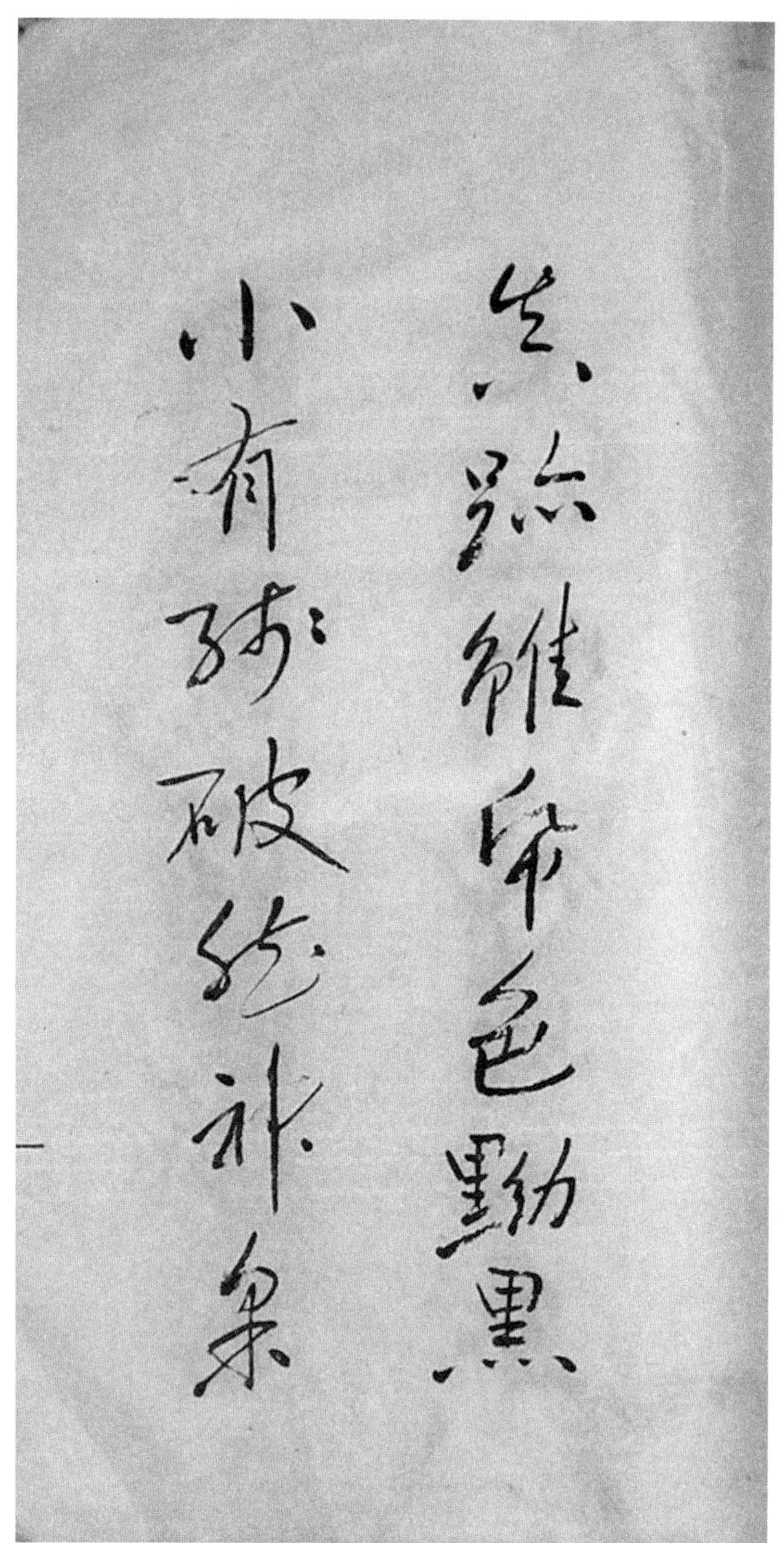

照人兒舞腰潤為
之心曠神怡左界

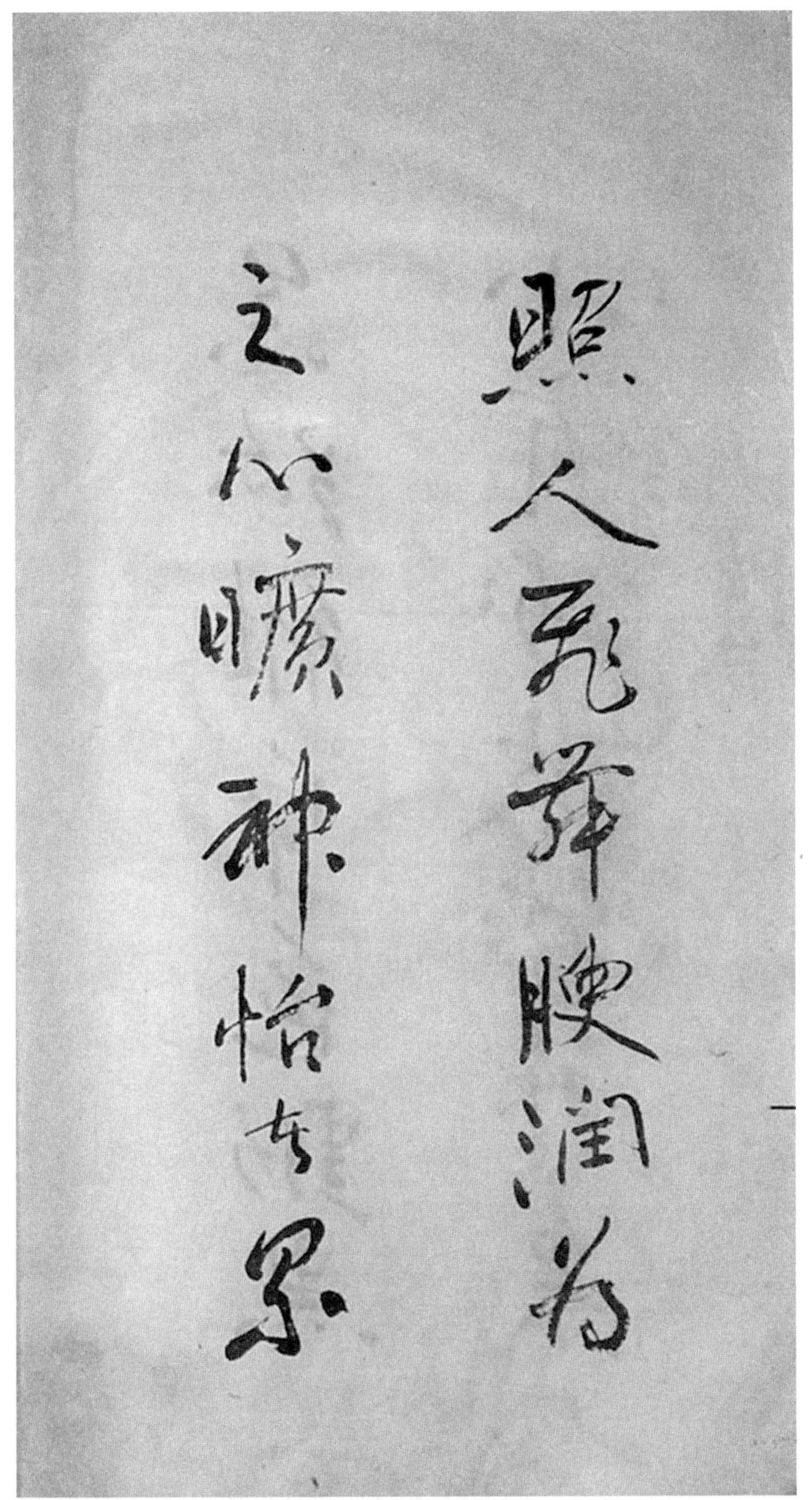

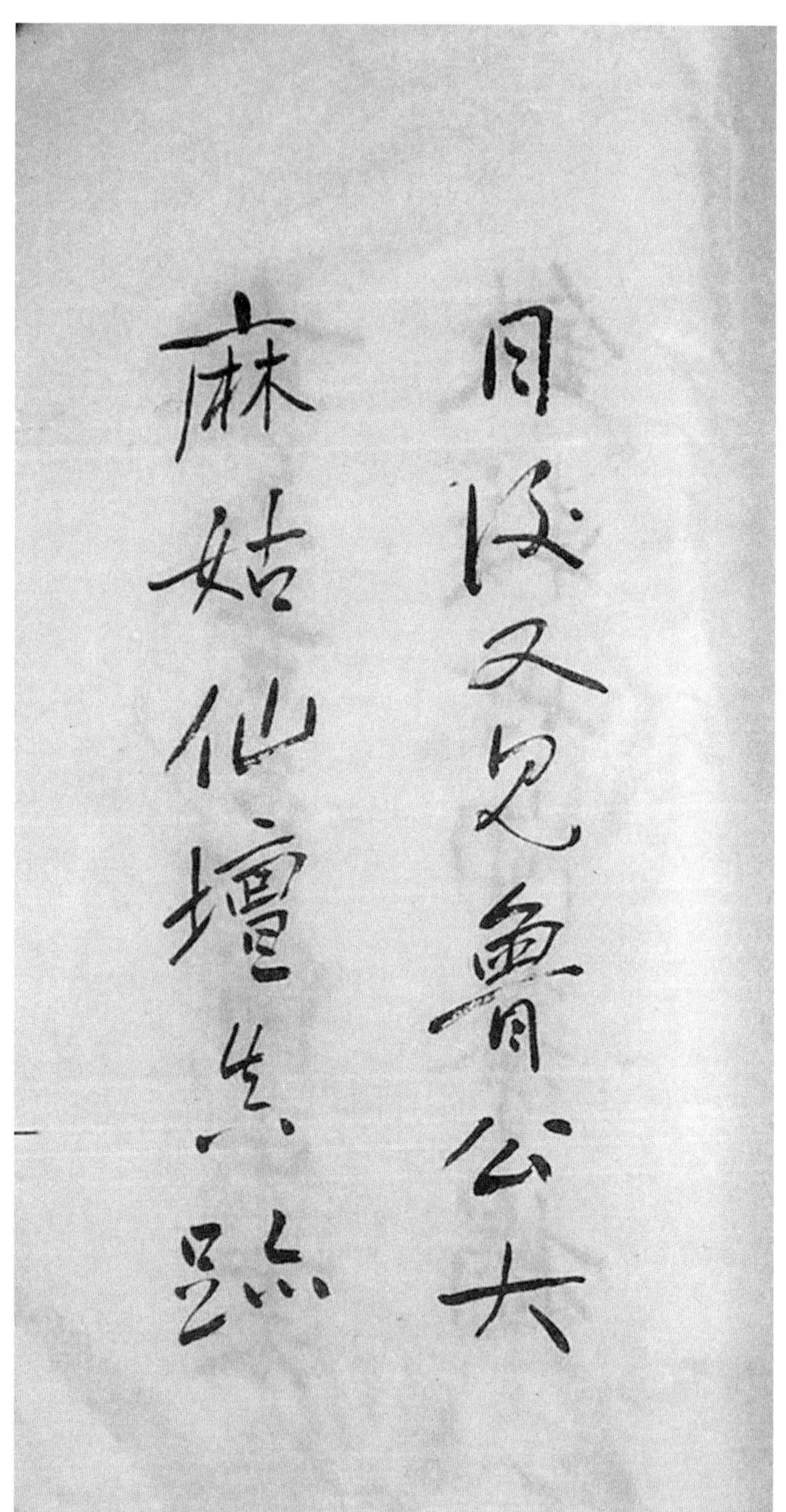

同時又見魯公大
麻姑仙壇焦點

古香古色綿中裹

鉄轂世間摹搨

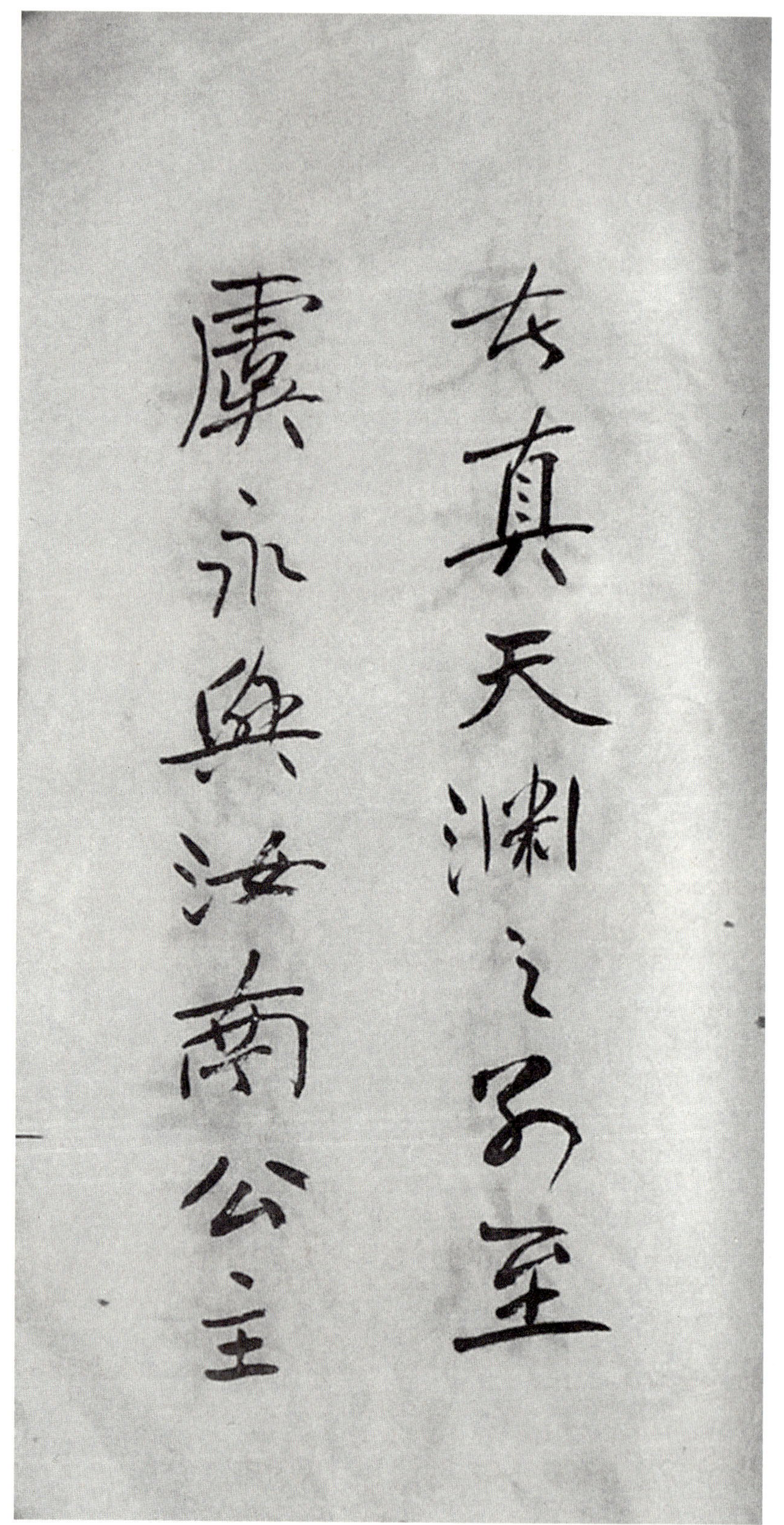
右真天淵之子至
虞永興汝南公主

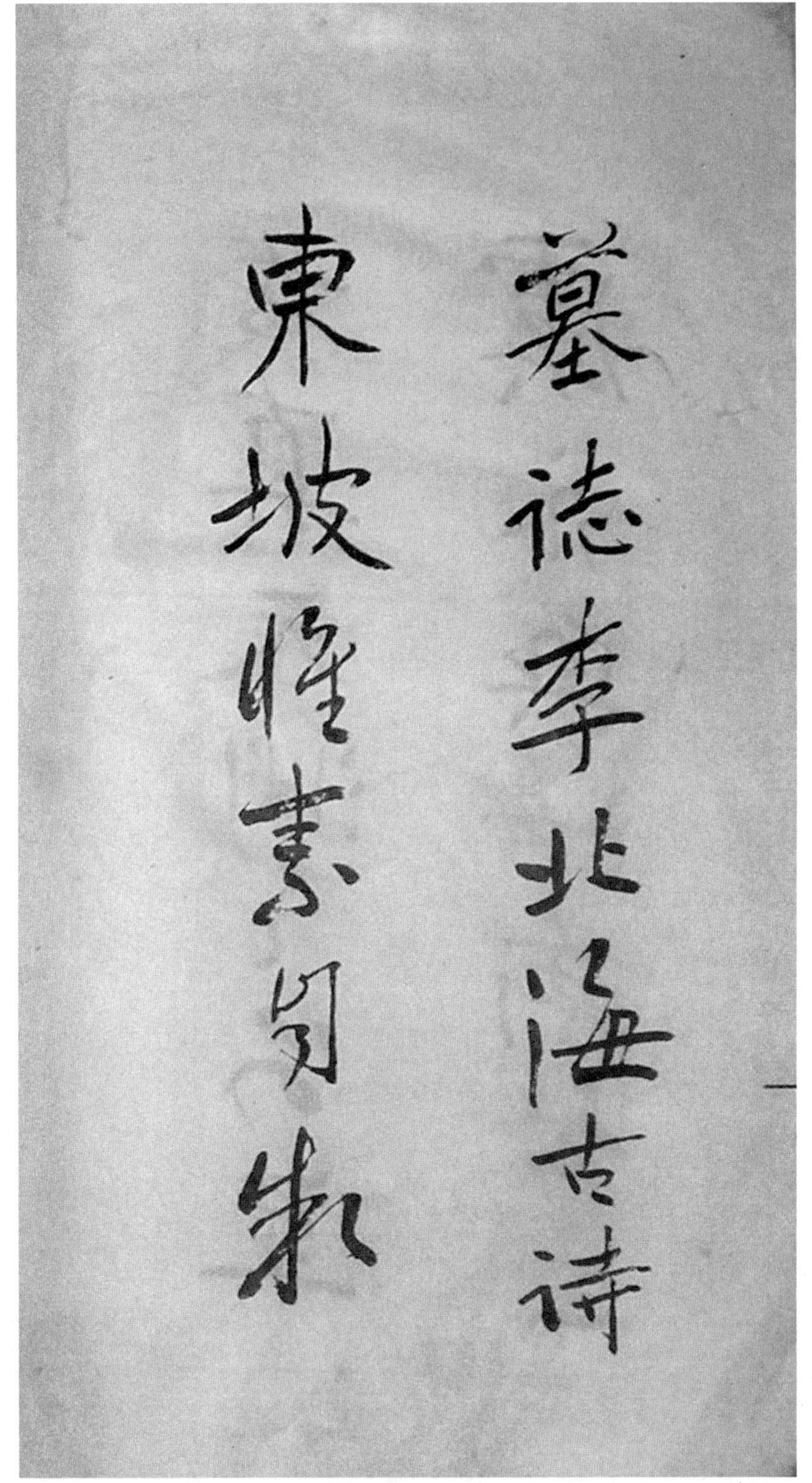
墓誌李北海古诗
東坡

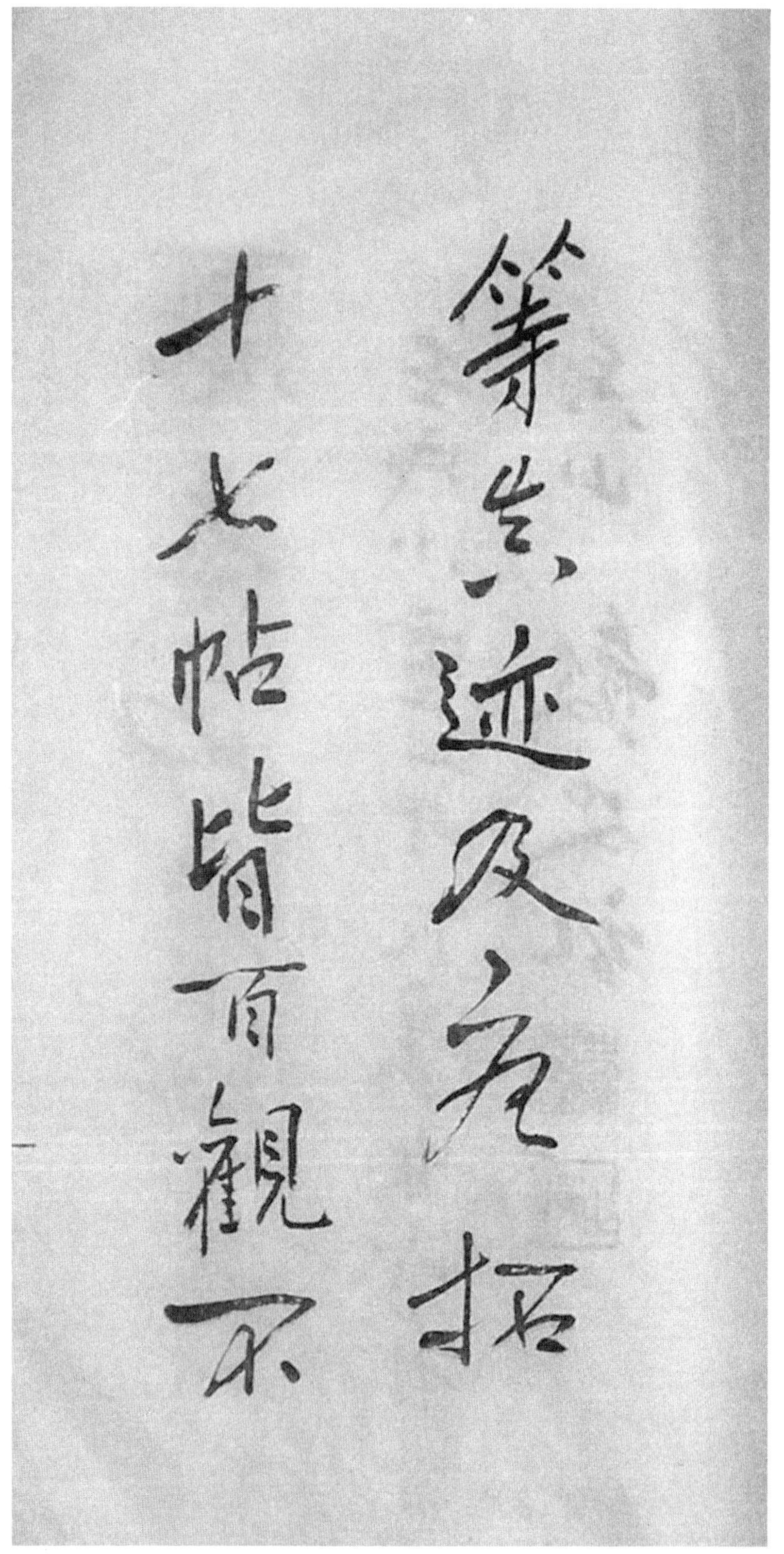

等真迹及先拓
十七帖皆百觀不

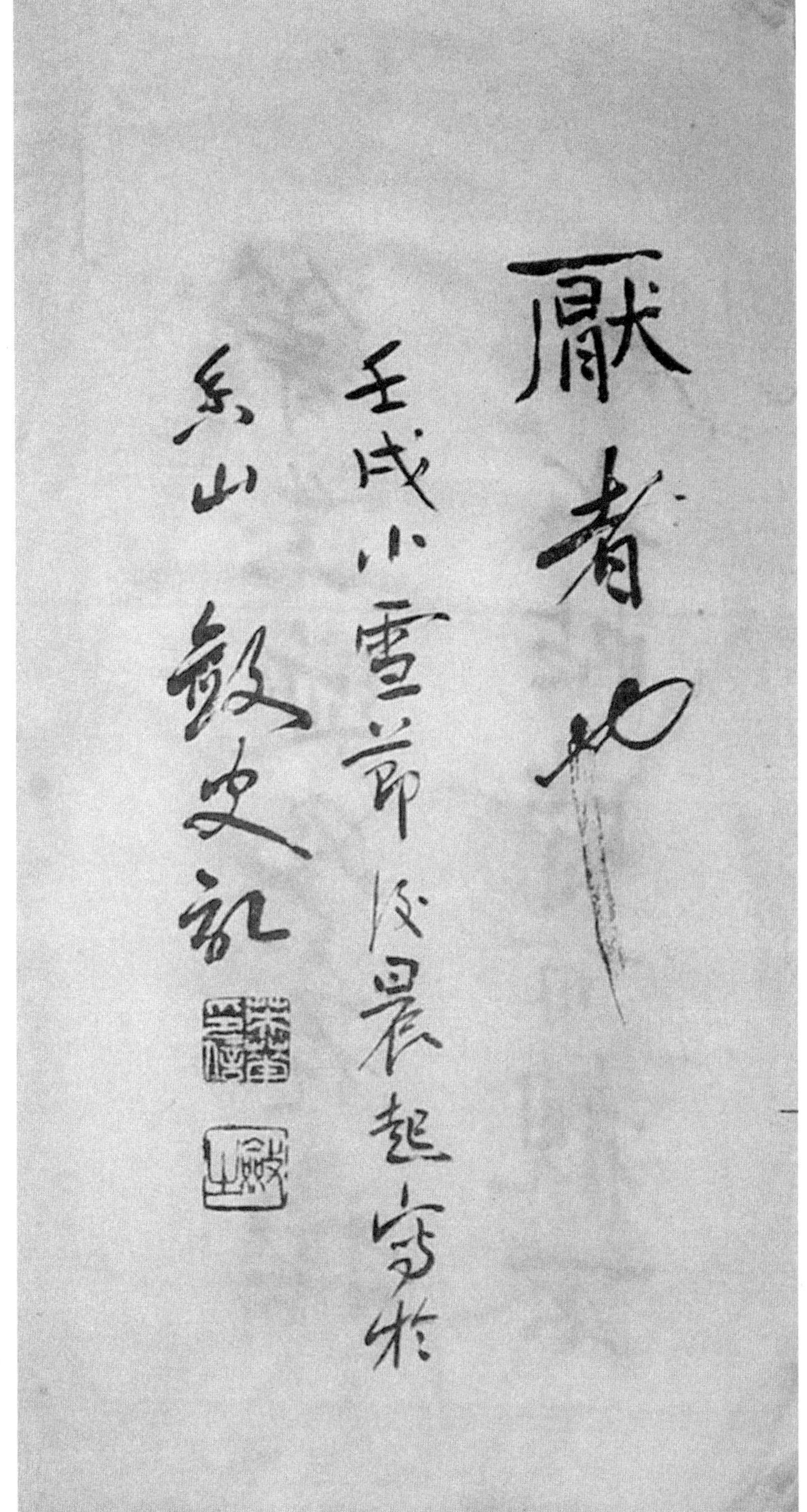

厭者也
壬戌小雪節後晨起寫於
樂山 毅史記

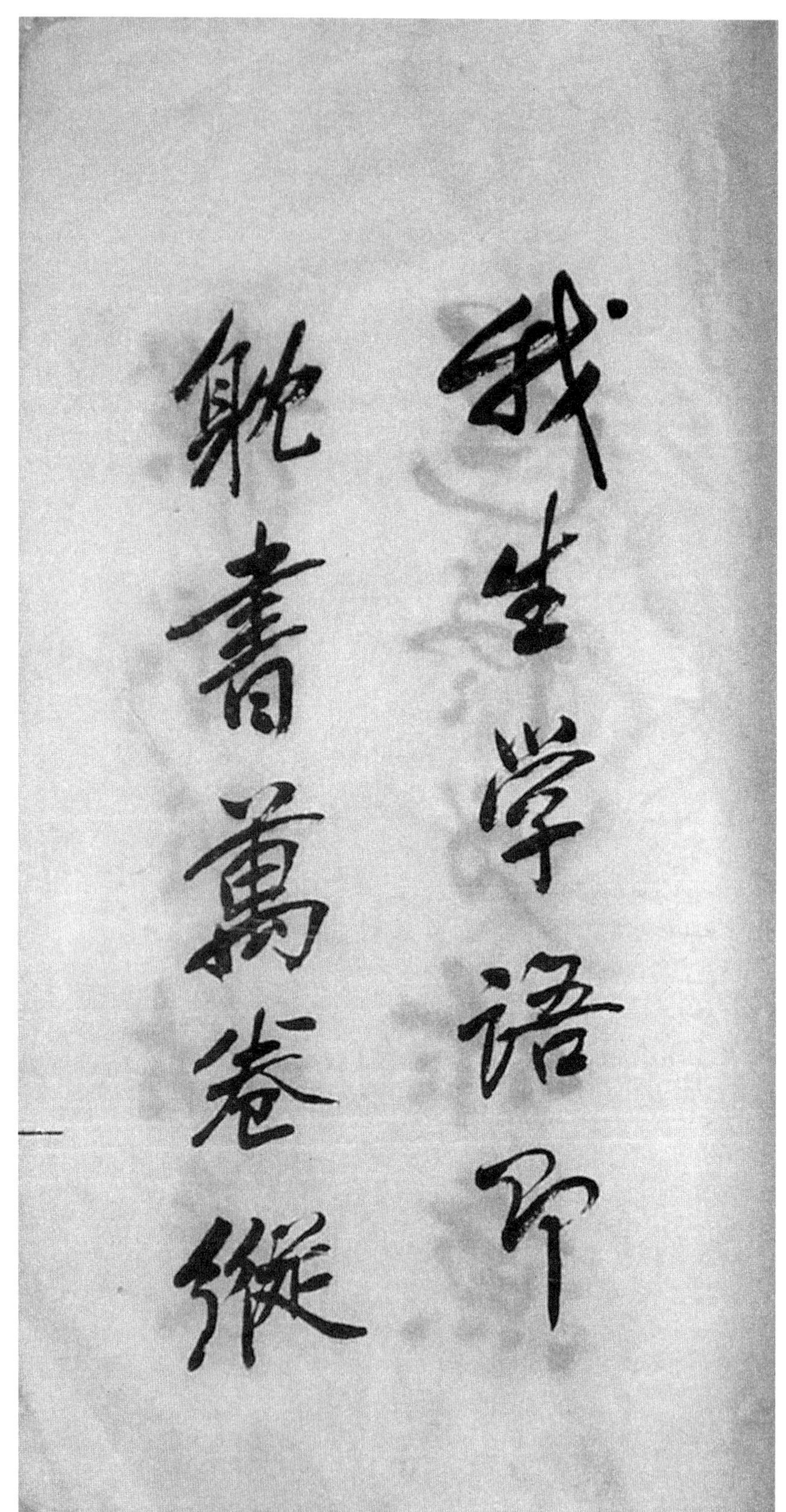
我生學語即
耽書萬卷縱

横眼明枯尾
追修方作魚

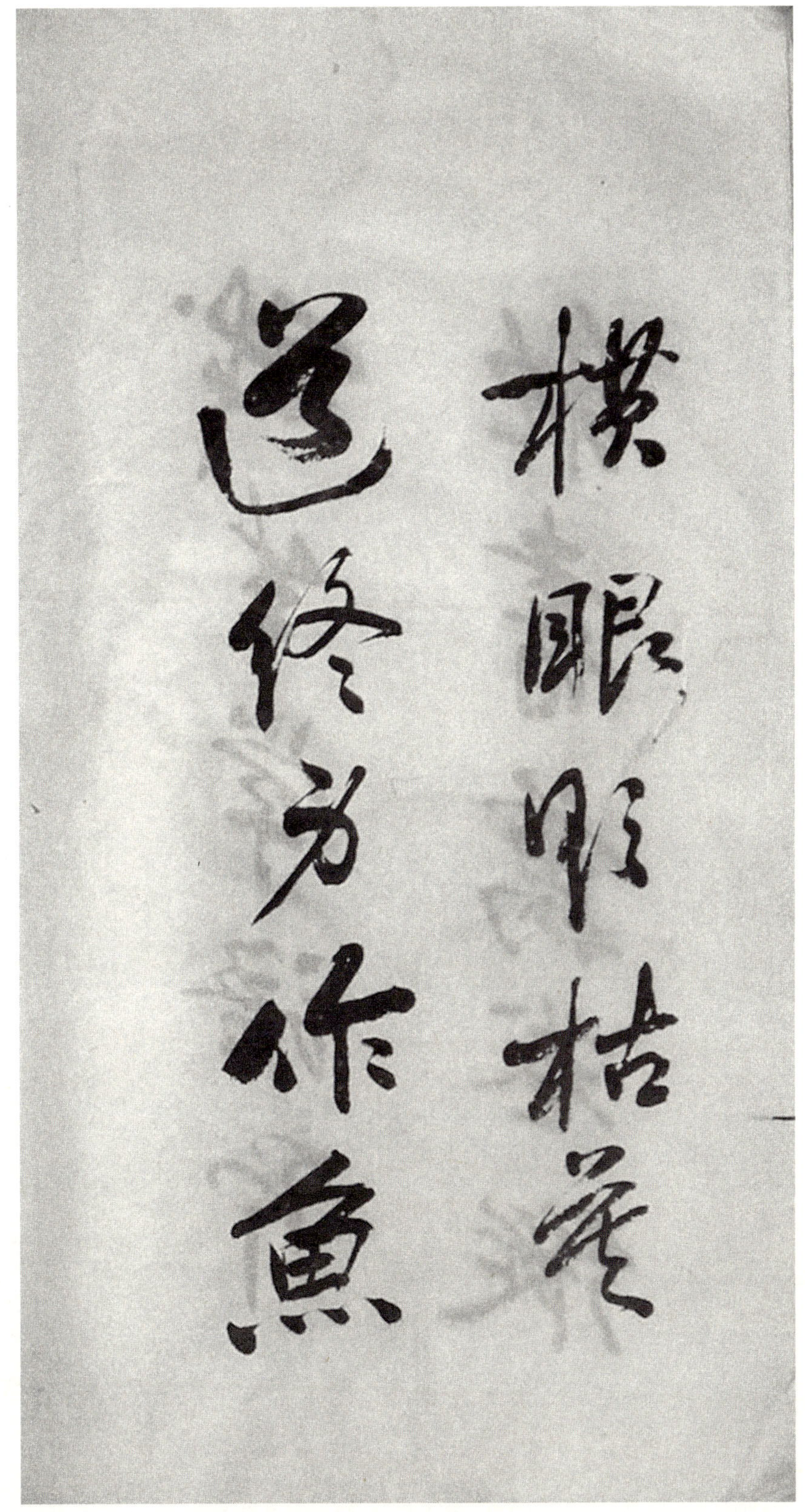

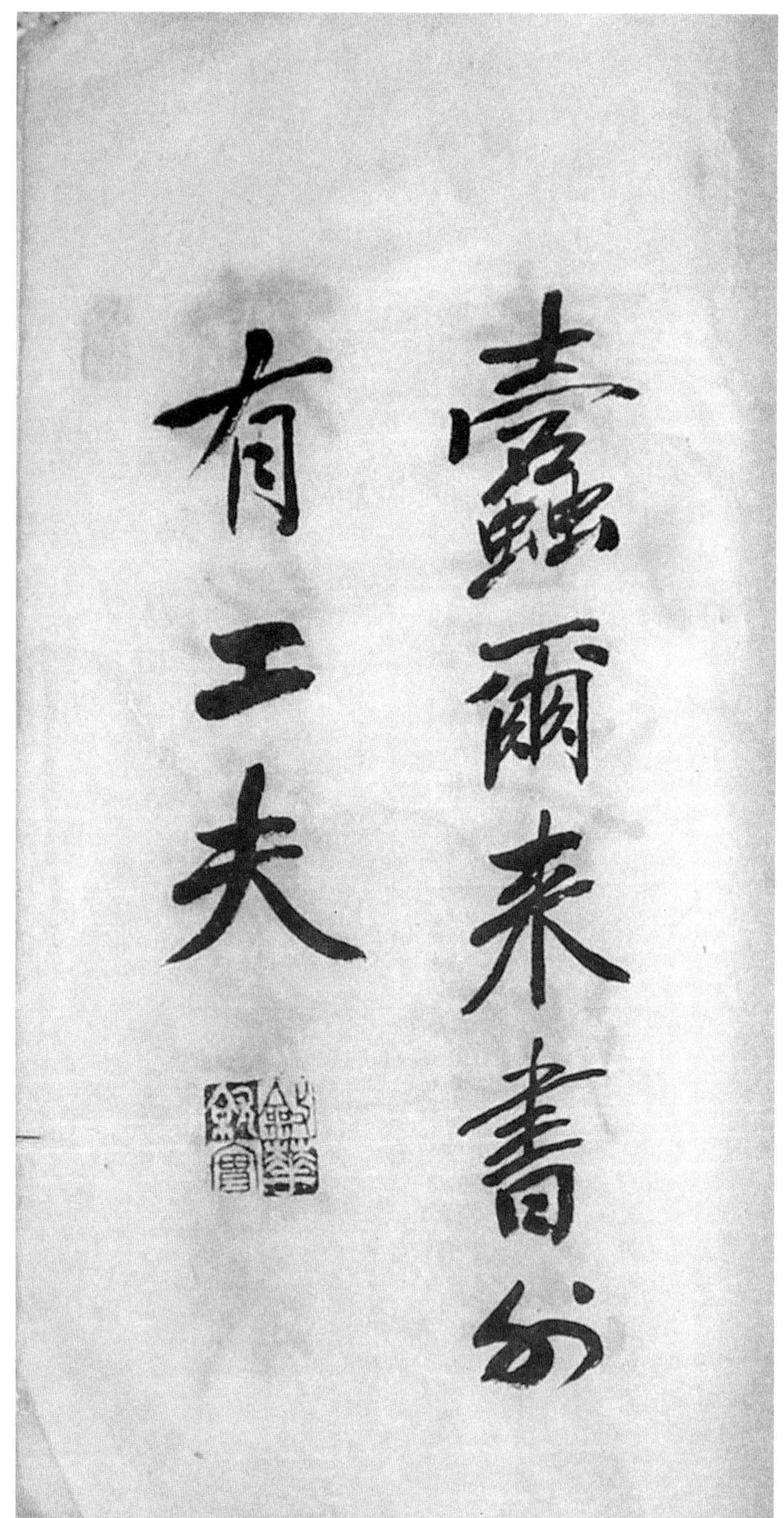

囊爾來書尚有工夫

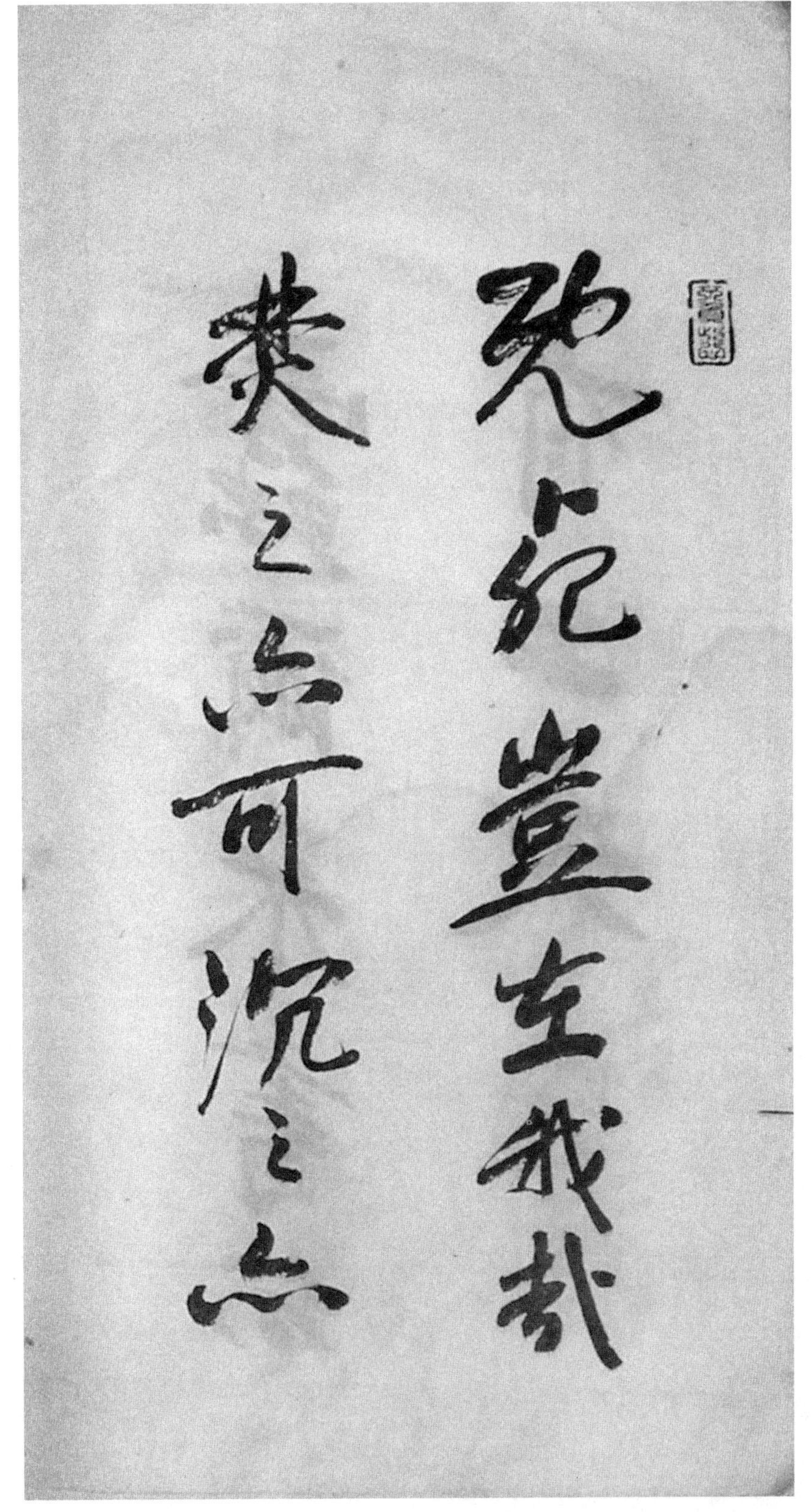

可憐之、可憫之、
亦可哀、亦可棄。

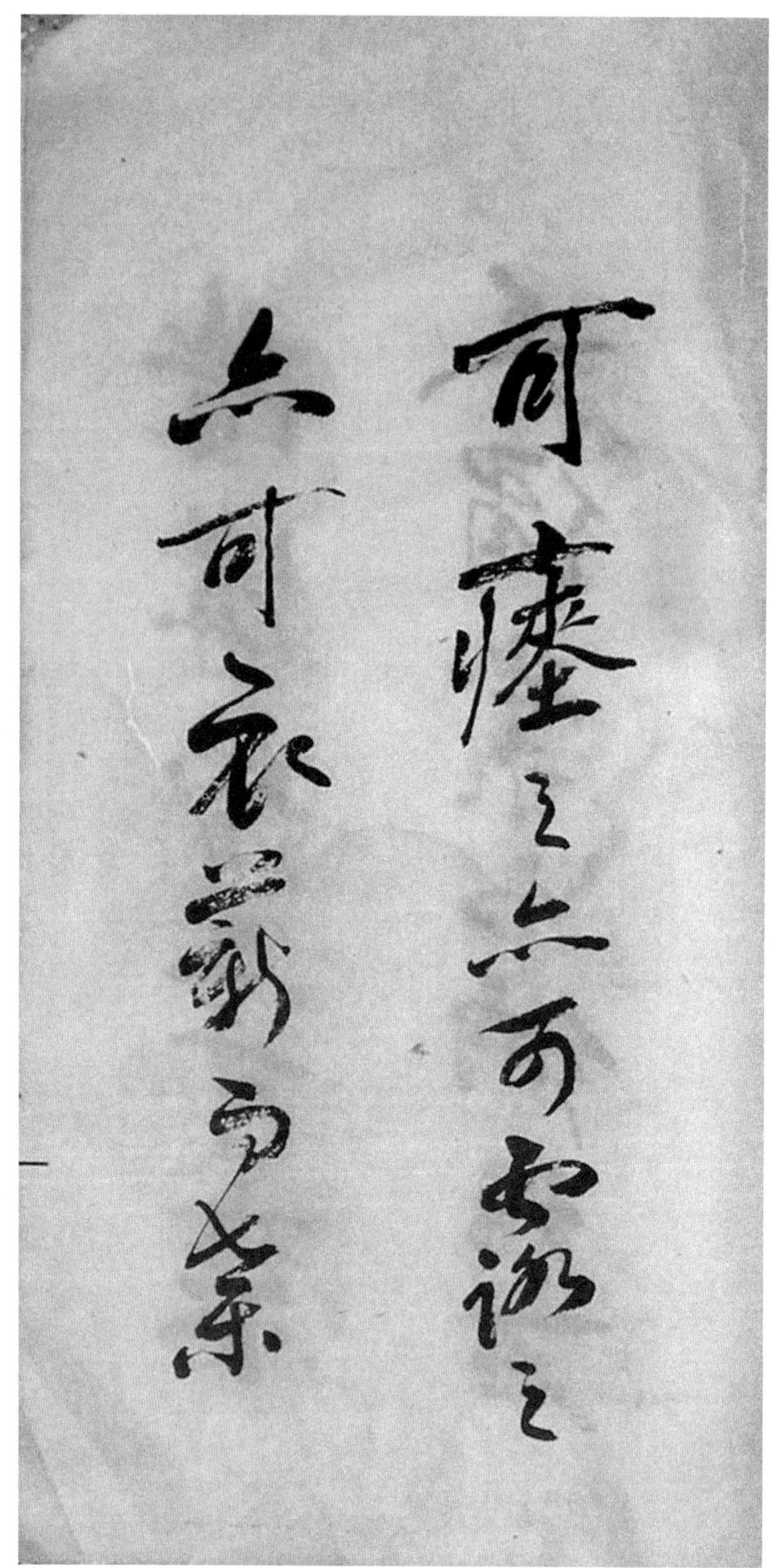

諸溝壑尒可衰
又緝堂示句納詁石

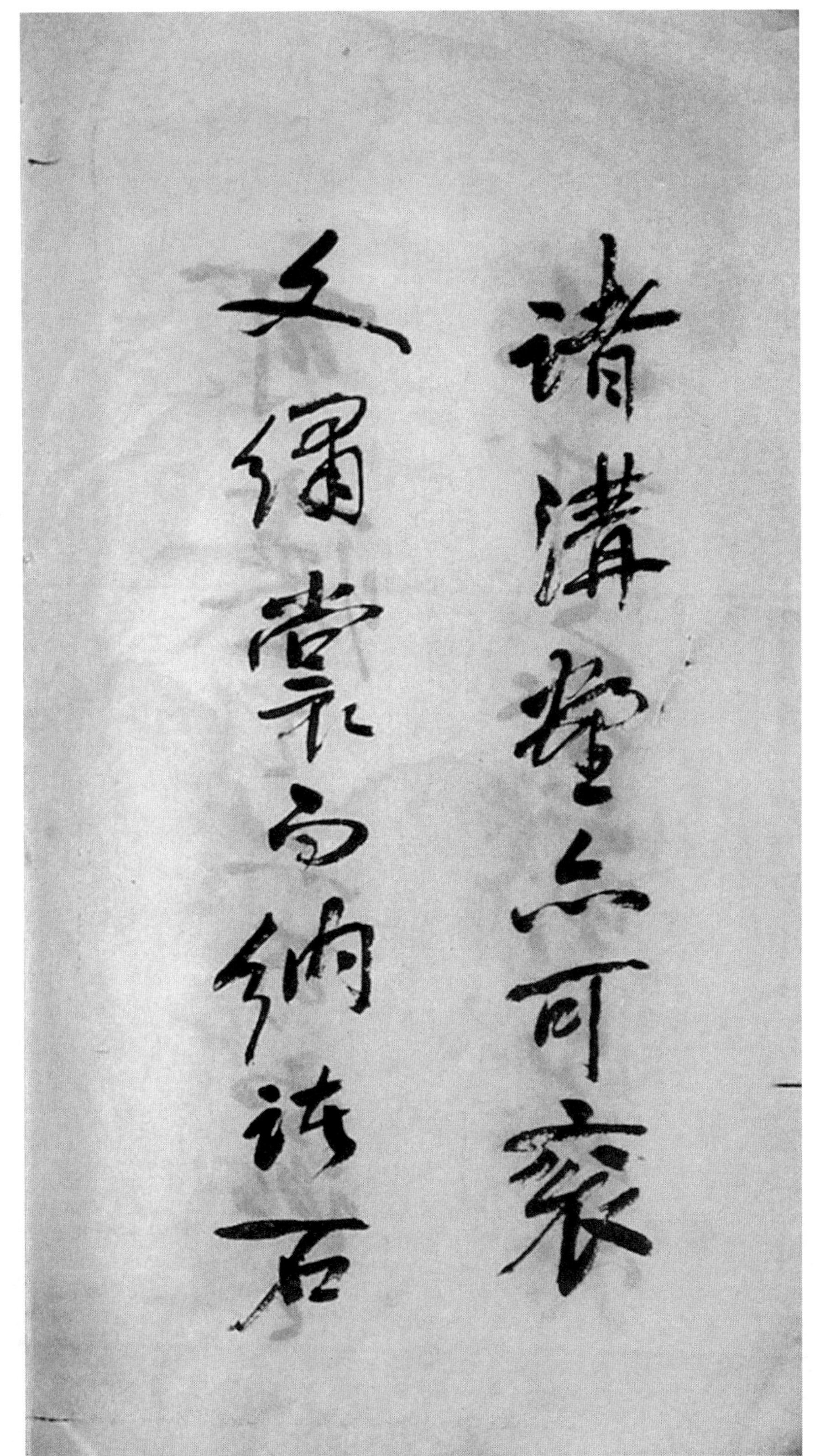

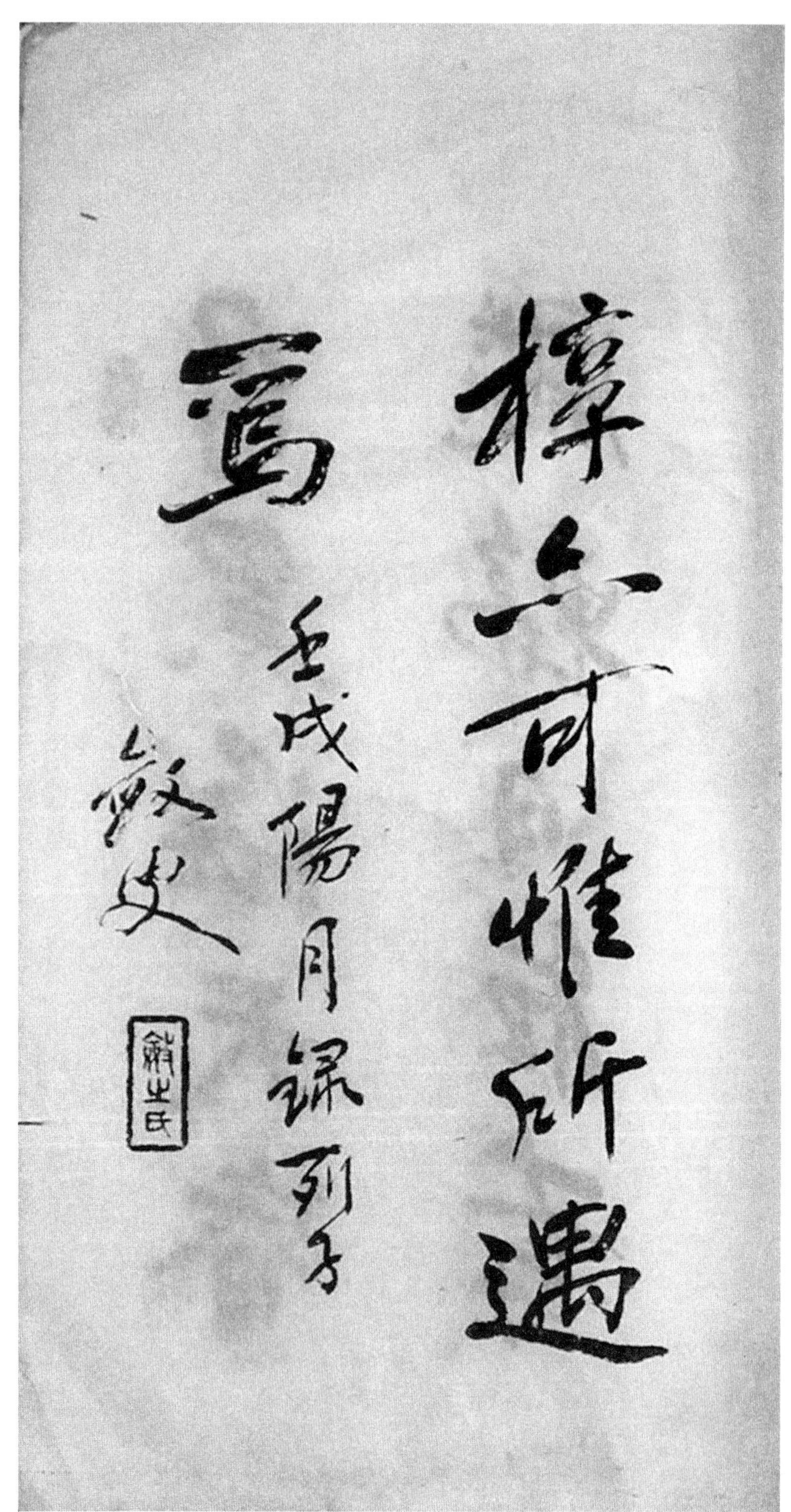
壬戌陽月録列子
斂史

月黑海天皆飈輪日烜赫

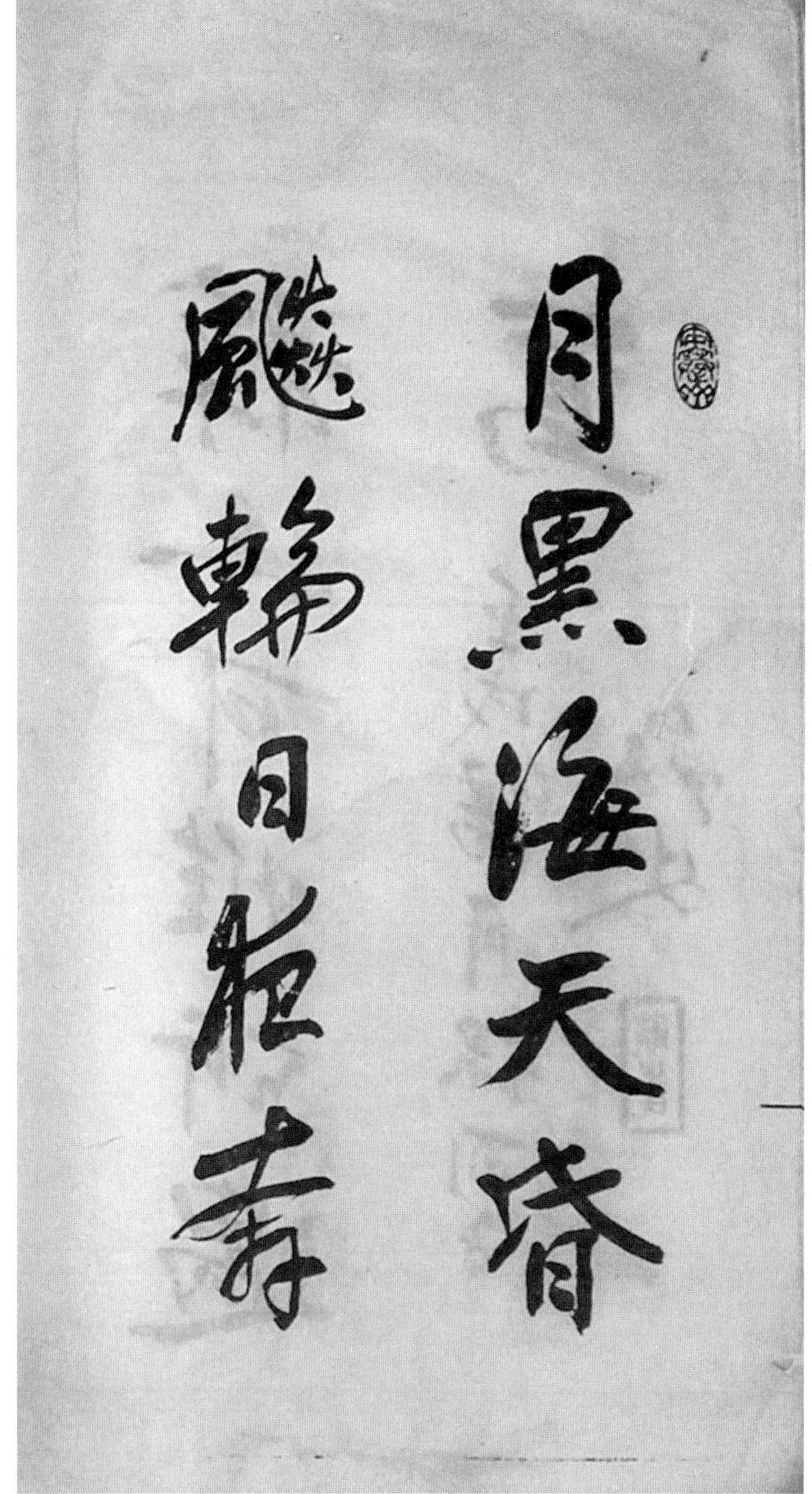

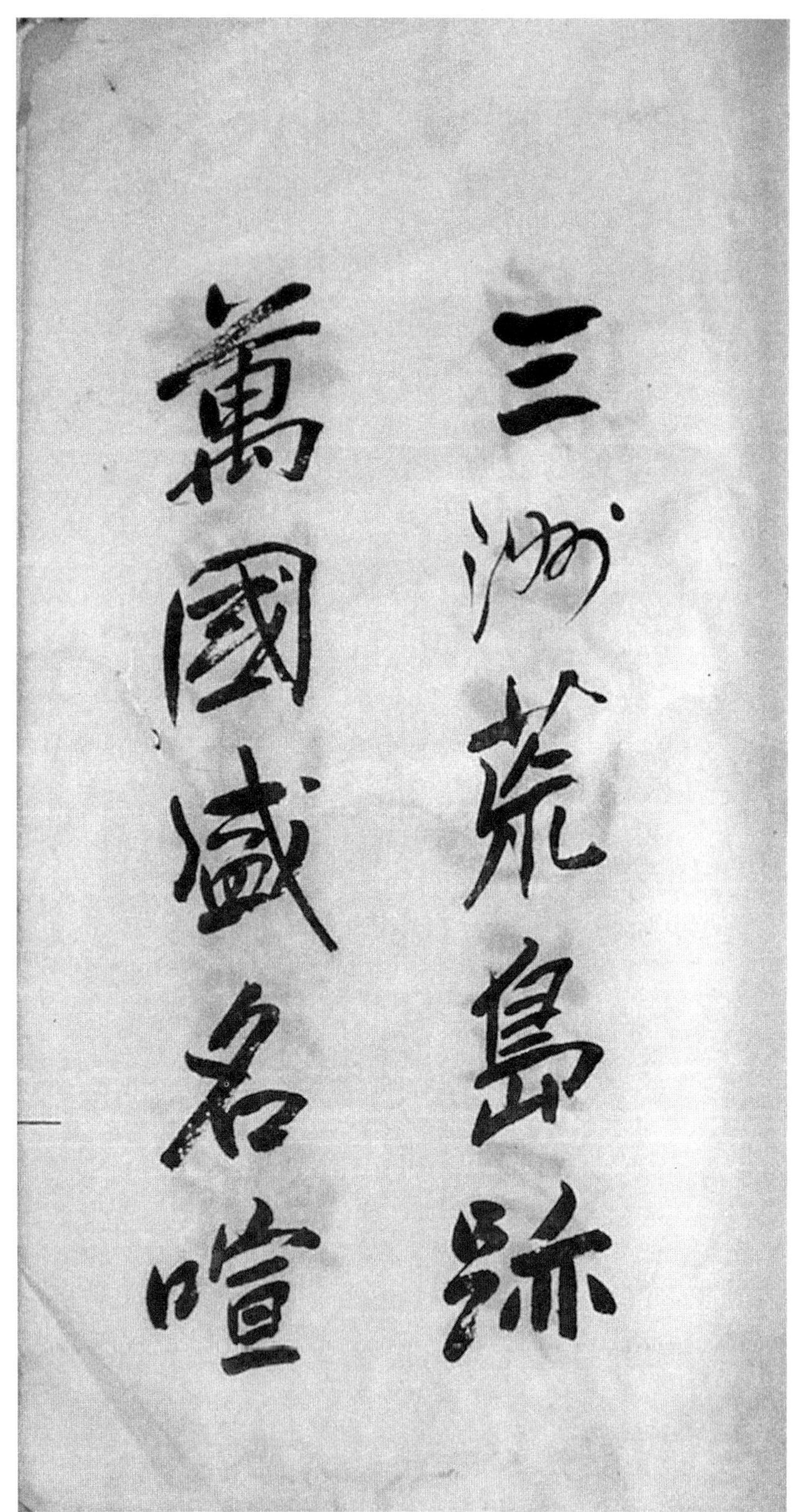
三洲荒島跡
萬國識名喧

世道浮難斬
身心迈益平

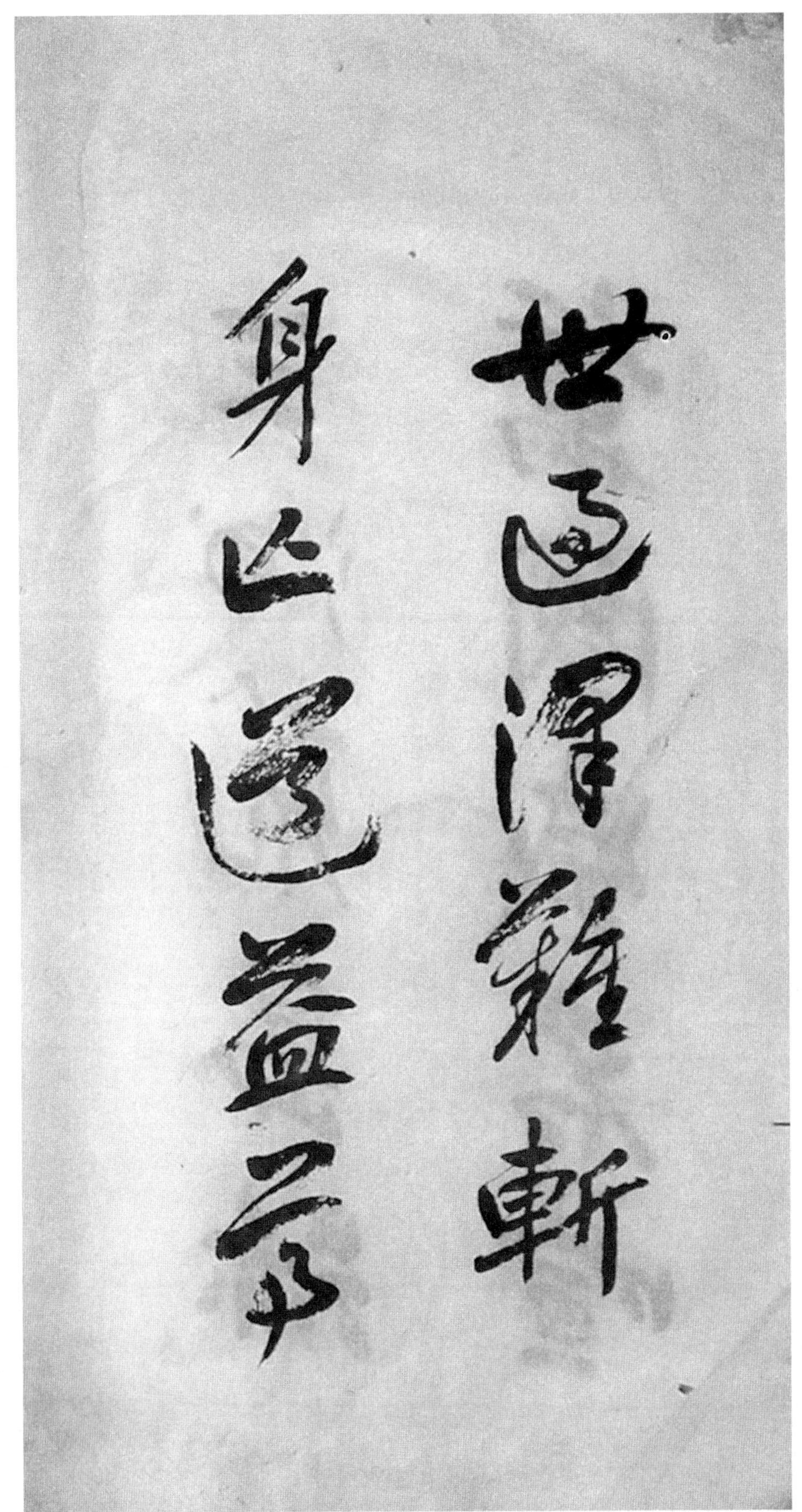

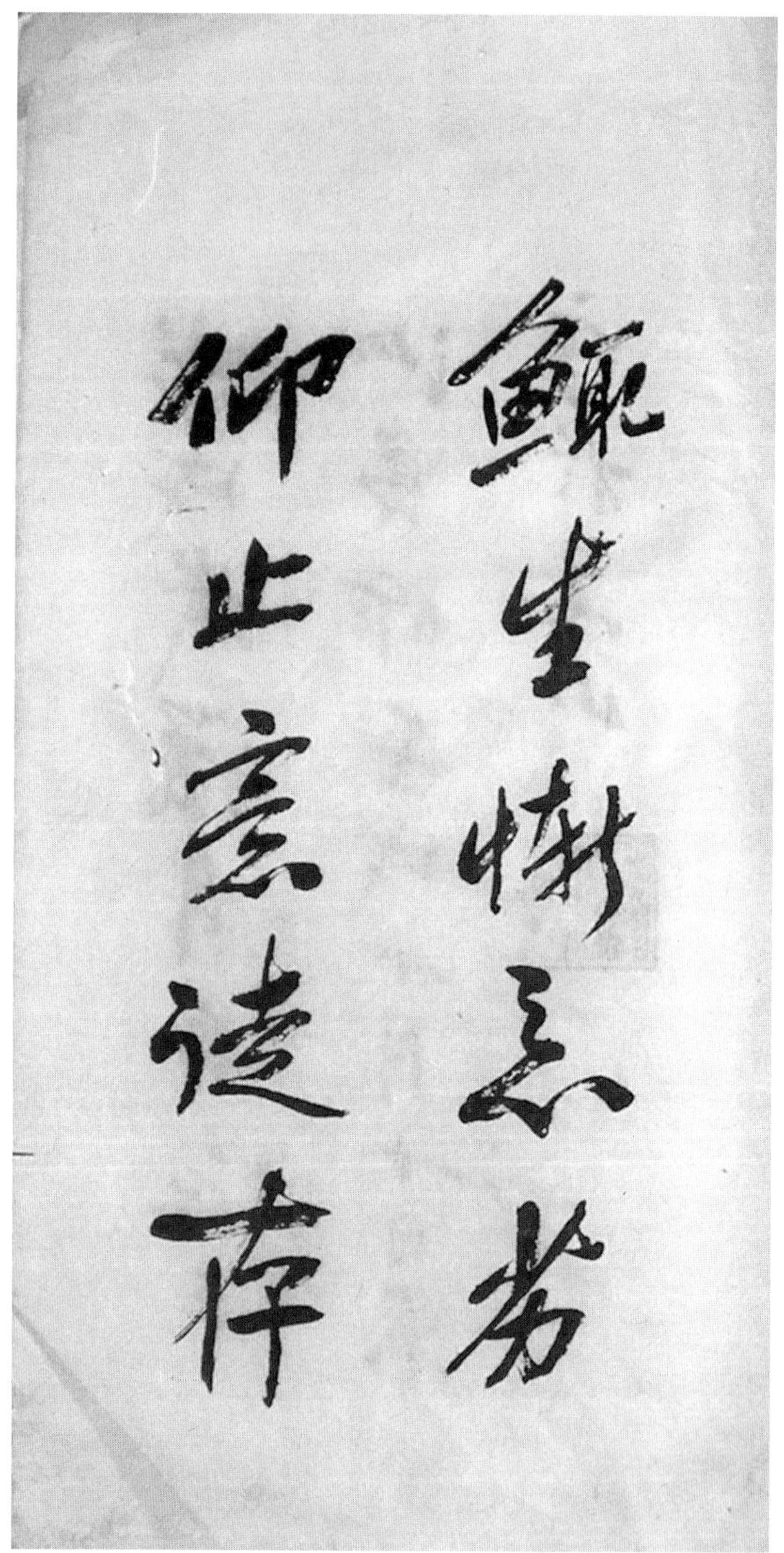

戊戌歲臘月再過三
洲島作 壬戌十月十日晨
寫於東山

原長英尺二十五寸

病窩三年未北執筆之業荒蕪未知

佐藤白子□季商陽月 敏文

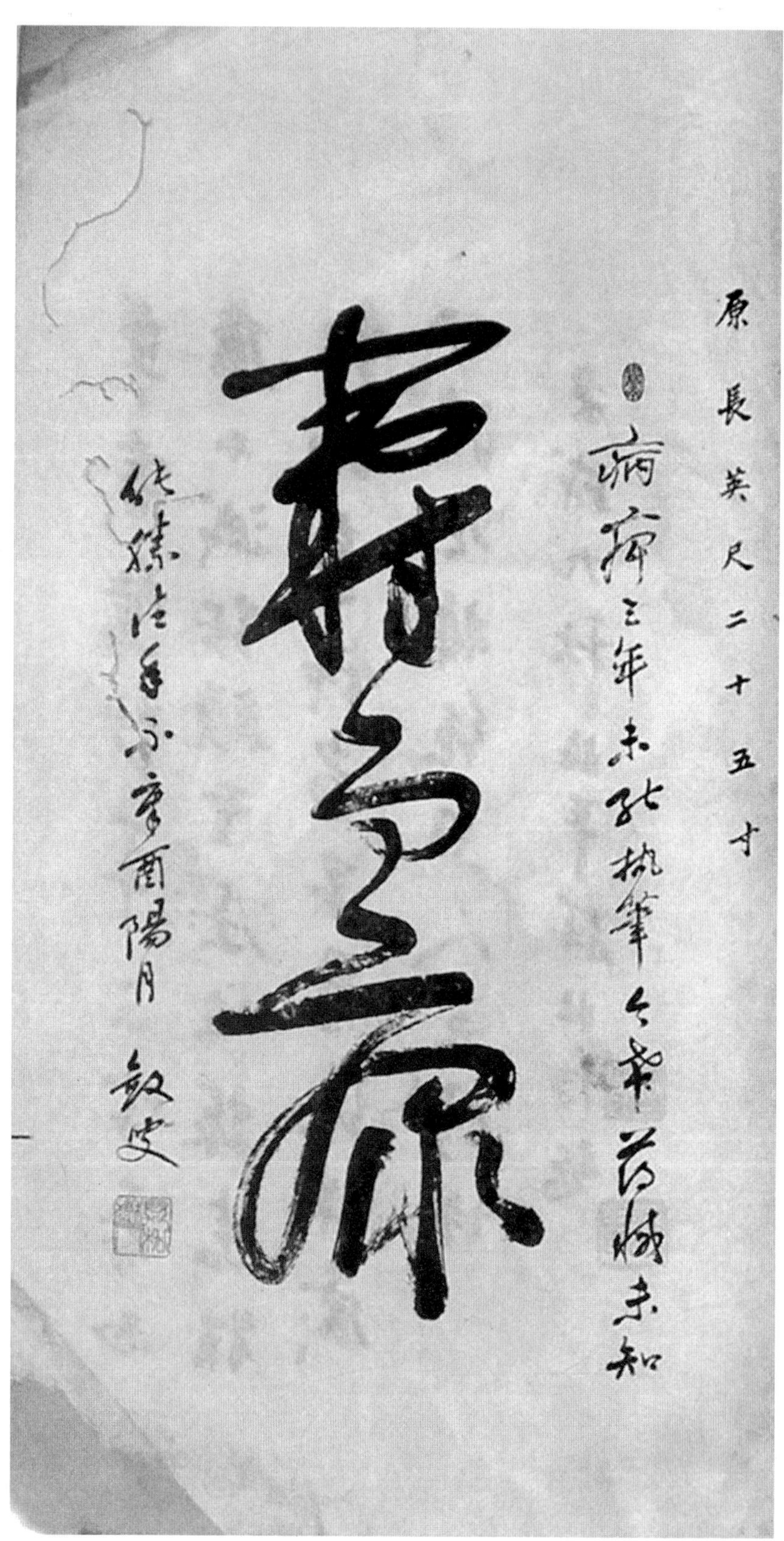

草書驚妙筆三字壽而康不減張顛聖居然懷素狂銀鉤兼鐵畫玉蘊復珠藏此法今將絕同人又擅場

壬戌九秋 北平孫壯拜題

三斤元

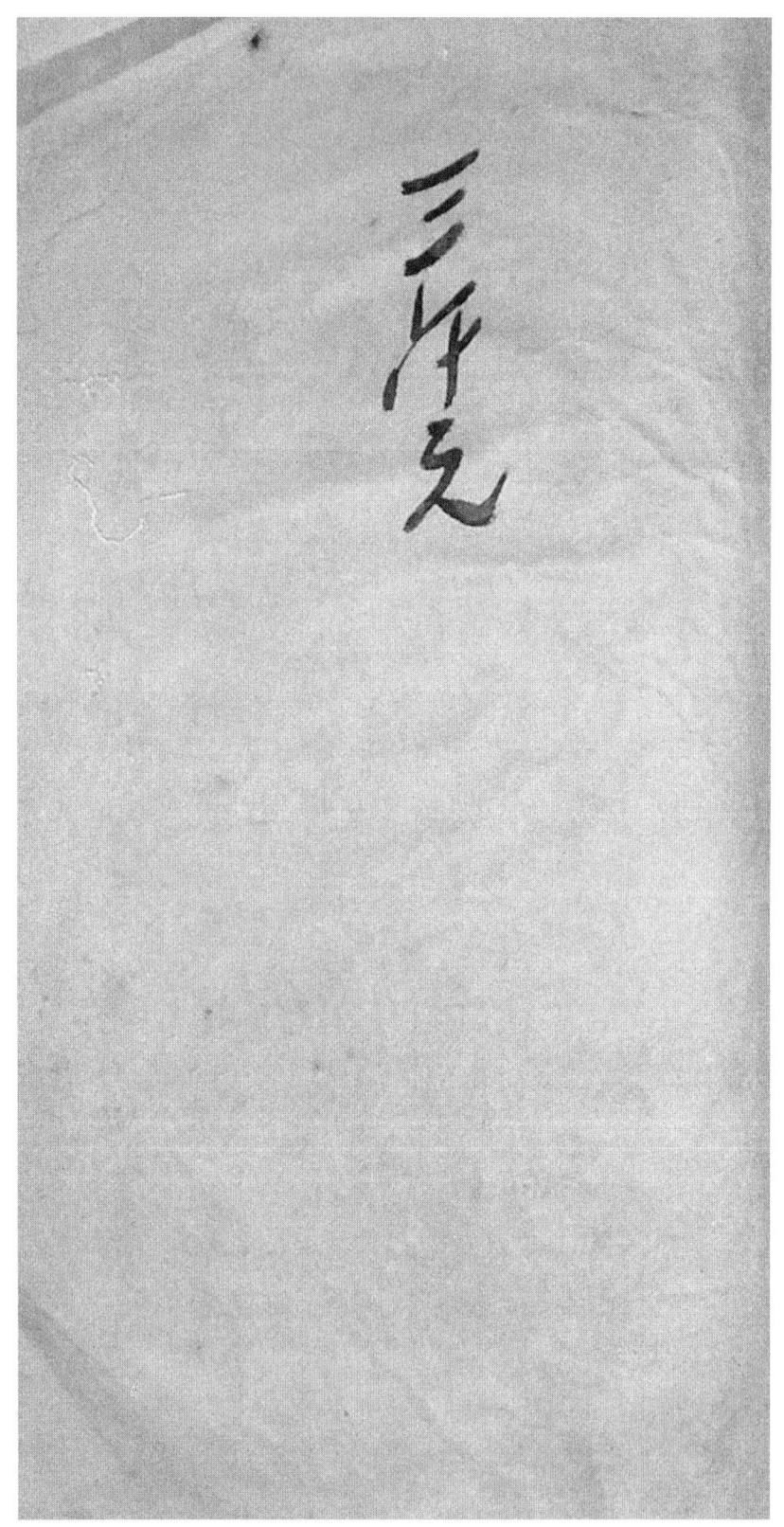

※ 蹇齋賸墨 ※

解題

《蹇齋賸墨》，1926年鉛印本，半葉十一行，行二十七字，四周雙邊，單黑魚尾，書口上端鎸「蹇齋賸墨」，版心鎸葉碼，綫裝，一册，本書所據底本爲首都圖書館藏本。

封面題簽題「蹇齋賸墨」，署「商逸」，内封篆字題「蹇齋賸墨」，署「北平孫壯題」。卷首冠《蹇齋賸墨序》，末署「歲在乙丑冬十一月武清郭家聲識」；次《序》，末署「尉西居士張相文」；次《序》，末署「丙寅正月蓬萊慕玄父」；次《蹇齋賸墨小序》，末署「甲子九秋蹇叟識」。正文首卷卷端題「蹇齋賸墨」，次行題「蹇叟口授　冬心柏秀手鈔」。卷末附《跋》，末署「一九二六年一月三十日新會陳垣謹跋」。此書係英斂之門生於其卒後彙編印行，末葉署「門生陸伯辰校字」，計收札計三十三則。

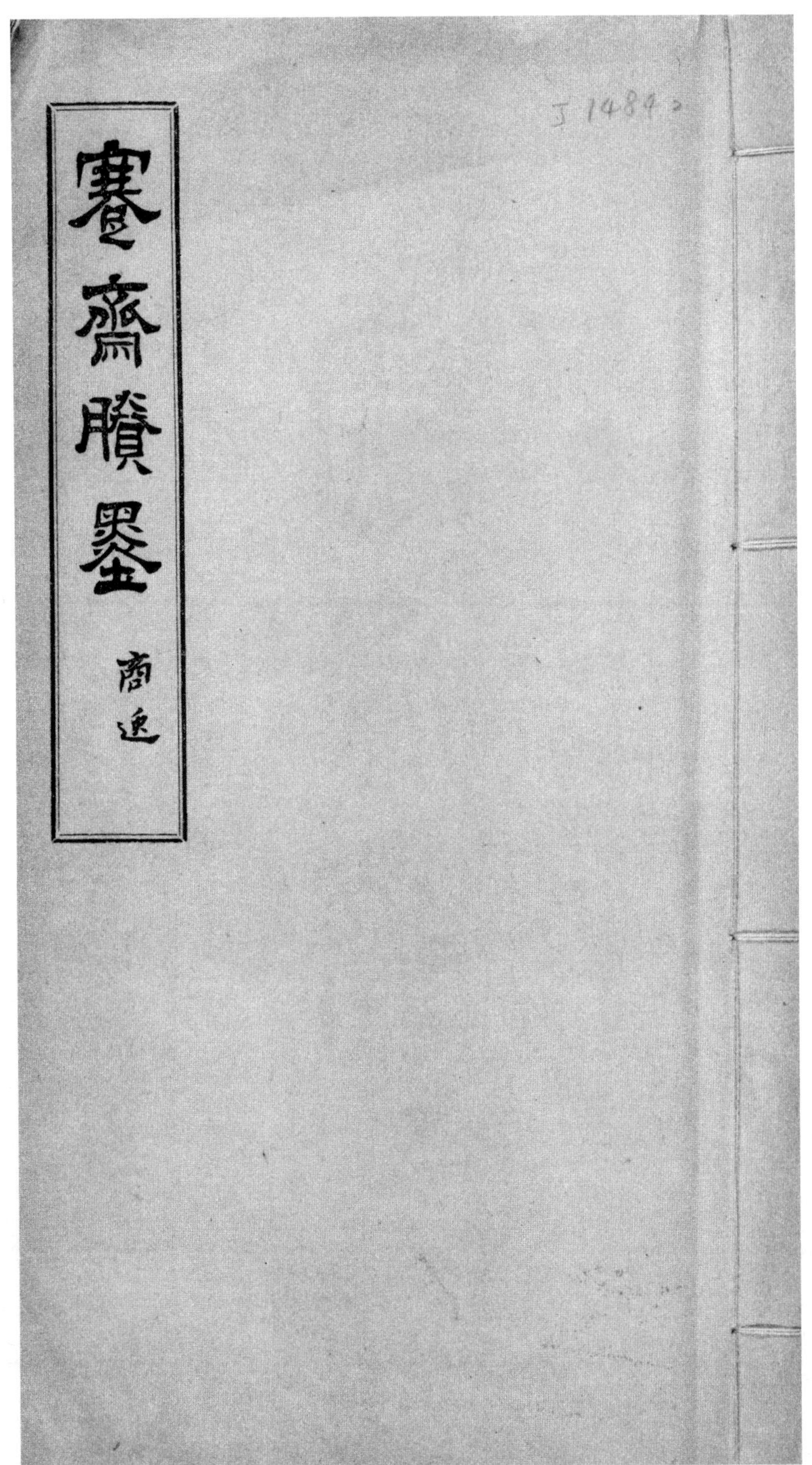
蹇齋賸墨
商遹
J 1484

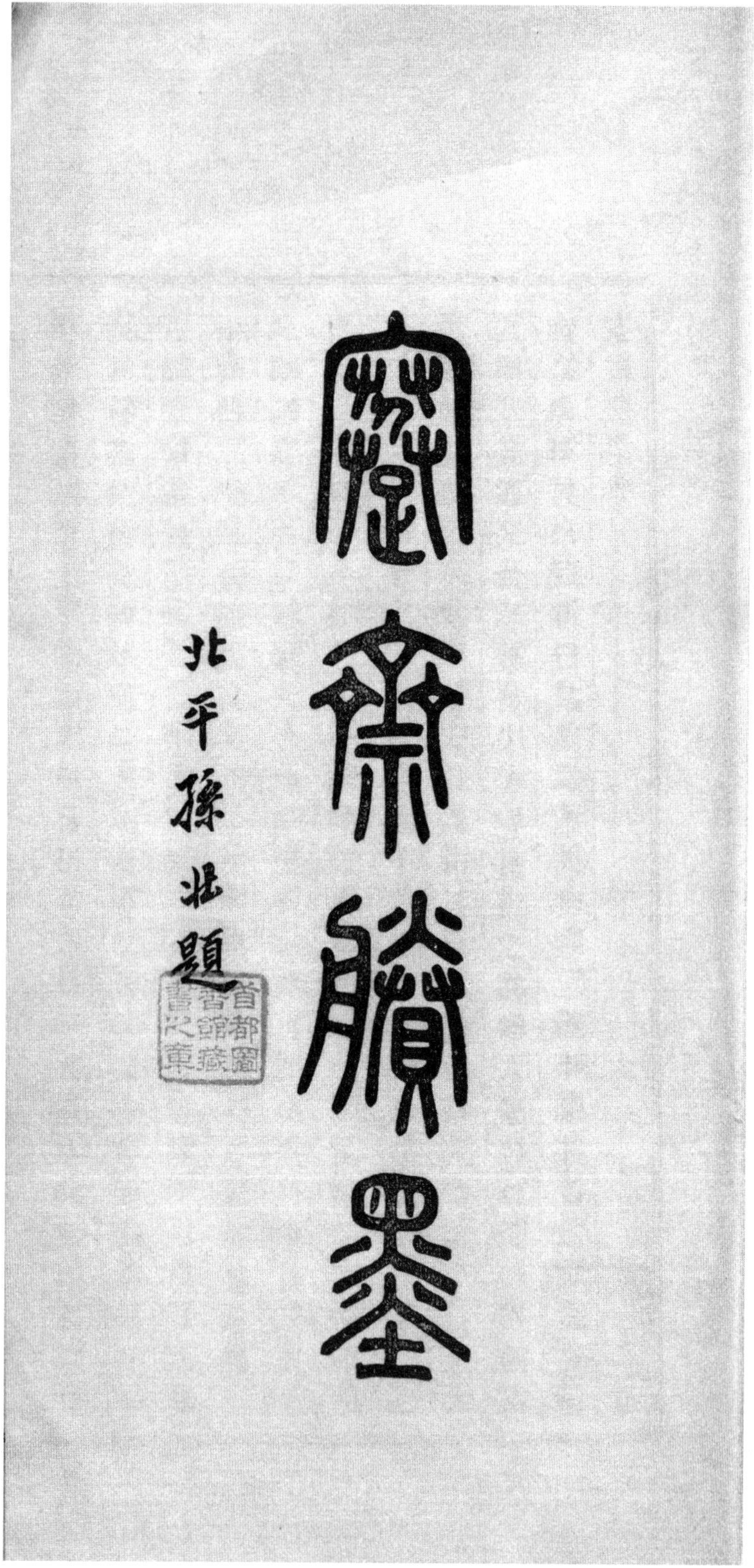
寒齋臆墨
北平孫壯題
首都圖書館藏書之章

蹇齋賸墨序

昔在戊戌於格致新報見斂之函問物理三數事識其名意不能忘越三年辛丑迺介吾友蔣梅生楘得見斂之其爲人磊磊有節概與談當世之務於新舊癥結變革方計無相扞格者乃始訂交斂之方創辦大公報於天津招余主筆政會他故不果偕乃賦詩四律贈其行有十七史從何處說五千年局至今翻諸語既揭報端今閱世已二十餘年斂之猶誦之不去口爾時兩人意氣之投合從可知矣自時厥後或五六年或四三年時而相見或數相見見輒出所述作相質證如也是集言善錄蹇齋叢殘稿皆是也年來世變奇詭中國益潰爛不可爲吾輩曩昔視爲癥結所在變革所急尤無復可言歷刦餘生見則相戒絕口不得挂時事無復上下議論之樂且相顧各垂垂老矣頃復出示蹇齋賸

墨二卷皆近歲養疴餘暇追憶影事口授所成者予久蟄京廬應求闐寂讀兹别錄頓觸前塵益不自知其百端之交集矣噫歲在乙丑冬十一月武清郭家聲識

序

乙丑冬十一月丁酉余友英君斂之卒於西華門里第既卒哭其門人陸伯辰集英君遺文一小册曰蹇齋賸墨以示余蓋以余與斂之交最久能知斂之之深也余自清季橐筆北方既二十餘年於茲矣自恨性落落每寡所合獨於斂之相視莫逆久而愈親其始也斂之創辦大公報於天津余適主持高等女校每間一二週輒相聚聚則議論激昂指陳時政貶斥達官貴人不少貸暨清帝遜位余既離津去而斂之亦退隱香山靜宜園憔悴悲傷已非復曩時意氣而憂時感事則一於文字發之生平尤工書法晚年病廢稍間輒以揮毫爲樂每得佳字常挾以贈予竊怪斂之性質直與人絕無世故周旋不知其何獨厚予若此也嗚呼今斂之往矣此後厚予者何人攬斯文也蓋不勝泰山梁木之感

奐慰西居士張相文

序

蹇齋賸墨者吾亡友英斂之遺著也斂之爲人仁厚長者其胸中浩然習天主教而獨深知教義寛和慈惠遇人無所擇皆能盡其歡說學問淵博喜爲辭章下筆千百言立就嘗主天津大公報所爲論議皆關天下至計顧終不得大有以爲垂老病廢而遂卒也悲夫此書即其病時口授諸女筆錄而成甲子之秋曾嘗刊印乃至今再逾歲而斂之之喪且將期矣馬相伯先生寄余書曰莊生言善其生所以善其死斂之能善其生死果復何憾而吾輩不無耿耿蓋善人君子難得而易失而世人倏忽若此交游零落可哀也斂之負高世才而不能施於天下其可自見者蓋僅殘編斷稾而已不尤傷哉斂之所著萬松野人言善錄安蹇齋叢殘稿俱已刊刻惟此書實其生平最後之作尚有春蠶等集佚

稍加校理即付印行庶後之人考其筆墨馳騁之能詩歌詠歎之志亦足以見其人矣丙寅正月蓬萊慕玄父

蹇齋賸墨小序

蹇叟病癈後不能觀書不能作字枯坐一室長日無俚固不能一任其槁木死灰也而腦際數十年之襞積斷簡殘編雲興波湧因以喉舌代筆札命小女作抄胥或一日數紙或數日一紙不復計其爲人爲己聊謝飽食終日無所用心之譏而已竊念既可自怡又豈不堪持贈而拉雜絮聒蹇齋賸墨於是乎成甲子九秋蹇叟識

蹇齋賸墨小序　一

蹇齋賸墨

蹇叟口授　　　　　　　　　冬心柏秀手鈔

陳白沙先生論書法

予書每於動上求靜放而不放留而不留此吾所以妙乎動也得志弗驚厄而不憂此吾所以保乎靜也法而不囿肆而不流拙而愈巧剛而能柔形立而勢奔焉意足而奇溢焉以正吾心以陶吾情以調吾性此吾所以游於藝也

僕幼時粗解文字後讀儒門法語中陳白沙先生禽獸說即頗知警惕乃徧覓先生著述而讀之光緒戊戌臘日舟過江門題先生釣台云自然忘己標宗旨出類軼羣天挺才瞬息古今塵六合却嫌多事釣魚台台旁一酒樓頗得景懸一聯云無事此靜坐有約當重來亦題一絕云

江門日夜水東流兩岸風光一閣收何日重來此靜坐傾樽閒遣古今愁回首忽忽已二十六年矣

彭蓼漁

彭永年先生齡號蓼漁又作了餘學問淵雅品節清介雖年逾古稀猶酷嗜筆墨其書法之精妙幾與虞褚抗衡殆近世所罕覩惟其孤高之性遠出凡塵一切詩字從不留稿生平所寫蘭亭當在數萬篇以上字跡重疊紙成墨色當庚子聯軍逼京時礮聲隆隆而先生於室中猶作字不輟僕每過訪輒向其案頭强掇數紙乃其字跡重叠中往往夾以信筆寫懷之作茲錄數詩係從重叠字中刻畫想像以出者詩如下

爲書在執筆縱橫靜運行不偏復不頗順勢求中平枯澁久不厭精純姿態生鍾王跡猶在顏柳嚴刻成虞褚信敏妙蘇趙寫聰明正直寓萬

法側媚非所經嗟予好斯道自少時經營臨撫名跡遍玩日復勞形即今年已老此筆猶未停自信閱歷久是道識慮精筆法本無法其法出中誠乃知一藝微皆與道同衡

殘毫故紙老生涯仄案孤燈閱歲華自恨未將凡骨換昂頭空仰二王家

未竟臨池夢欲醒悔從薄藝悞眞乘試看雲上神仙侶幾個拈毫說入能

逸少風流久濫觴或眞或僞到吾行偶將今古來相較自笑遺羞翰墨場

不是傭書便作詩一心寧耐混淸時傍人誤謂多淸福甘苦年來只自知

邇來家國勢胥同消盡脂膏即有終不戰不爭紛自滅別開機局困英雄

老病無能離動轉依人代作守戶犬朝夕都城轟大礮拚此區區敢離遠

老來惟餘一女甥相依爲命困危城瓣香晝夜神天爇早施威靈共太平

老病危城裏傷心事撫孤捨生思取義垂死恨難如是乃關天命何須問世途礮聲今漸息車駕看長驅

謔聯

文章之有俳偶乃兩間自然之妙雖儷白妃青不登大雅之堂然鉤心鬥角亦足助人興趣至於後世輕薄學子專事譏訕雖不免有傷忠厚

然最爲中國文人之能事大庭廣衆酒罷茶餘無不引爲談資以博嗢噱張佩綸爲御史時矜才使氣鋒芒特甚及甲申中法之役馬尾敗歸發往軍臺期滿蜷伏於合肥幕中時賦悼亡合肥以女妻之有人於夜間榜其門一聯云國辱幸生還竊欣罪滿軍臺搖尾作北洋佳婿妻嬌惜夫老縱使歡騰甥館何顏對南海冤魂楊士驤繼袁世凱督直時力圖見好寮屬以官家錢恣意揮霍臨死前夕猶對客高唱二簧飾終之典諡以文敬有人戲以聯云何謂文曲文戲文聲出若金石烏乎敬冰敬炭敬用之如泥沙王壬秋爲民國總統聯云民猶是也國猶是也總而言之統而言之横曰傍觀者清雙關入妙又有傳該聯下加何分南北不是東西八字者未免謔而虐矣又有俚語聯云男女平權公說公有理婆說婆有理陰陽合曆你過你的年我過我的年傳聞曾文正與

左文襄意見每不合曾謂左曰季子有何高與予意見竟相左左答云藩臣徒悞國問爾經濟有何曾甲午中東之役有擬爲東海傳奇者其實並未成書只有章回目錄百聯譏諷時事辭頗冷雋惜已亡失如衛達三臨刑呼桒市劉坤一忍淚出榆關即其中之一回也至失牛莊請停吳帥吹之上聯不復記憶矣而當時所傳最工穩之一聯云宰相合肥天下瘦司農常熟世間荒亦何其巧哉

且樓記

且樓者萬松野人入城市時寄所也爲樓三楹充棟惟書上額且住爲佳四字復篆一成聯云萬卷藏書宜子弟一家終日在樓臺雖室僅容膝庭僅旋馬門外市聲嘈雜而野人處其中每當夕陽西下憑欄而坐若甚自得焉或曰是擾攘者抑何興趣野人曰不然君豈不聞向闤中

能取靜從閒裏看人忙二語乎是吾之所以且住爲佳也或又曰子號萬松或有慕於元之萬松乎曰否吾之隱於香山實有萬松日與樵牧爲伍實爲野人偶來城中勾留數日即返實爲且住凡吾之一名一字皆無虛設但因鄰有高樓巋然故羣又呼爲小樓云

閹宦碑文

明季大璫最好修建廟宇其碑文每囑託當時之名公鉅卿假圖不朽而撰文者自敦身分多含譏帶訕使閱者暗笑不然則蕪雜堆湊不成文理僕幼時好事探討所見者大都如是獨於望兒山下迤東不里許隴畝中一片瓦礫一山門巋然如靈光之僅存後有一碑碑末一偈云本寺開山今幾代驚風駭雨山門壞我將上命祀西山下馬虔誠拜三拜發心便結歡喜緣運瓦搬磚爲修蓋卜墳願作寺西鄰我魄長安佛

長在語雖淺近尙屬別開生面今已四十餘年此碑不知尙在否

雲貞女史寄夫書

閨閣筆墨出於僞託者常十之八九不然則稚弱俗淺足以驚當時傳後世者百十中不一二見也世傳乾隆時雲貞女史寄夫書浩浩數千言典贍風華情文並至似非捉刀者所可代辦惟見於各書者辭句小有不同而其姓氏亦不能指定或作牟或作毛未詳孰是至其書後所附七律六章擒旋纏綿格高調雅眞百讀不厭者也

當年夢裏喚眞眞此去追隨若比鄰愛寫團圞邀字識倫占榮落問花神堪嗟失意飄零日翻得關心屬望人別有憐才誰一語年來消瘦不關春

早自甘心百不如肩勞任怨敢欷歔迷離摸索隨君夢顚倒尋思寄妾

書幟影近皆疎筆硯簫聲久已謝庭除斐萋休更縈懷抱猶是堅貞待字初

未曾蘸墨意先痴一字剛成淚幾絲淚縱能乾終有跡語多難寄反無辭十年別緒春蠶老萬里覊愁塞雁遲書罷小窗人靜悄斷煙冷袖阿誰知

搔首雲天接大荒伊人秋水望迷茫可憐遠戍頻年境幾斷深閨九折腸井臼敢云虧婦道荻丸聊以紹書香孝慈兩字今無負即此猶堪報數行

鶯花零落懶搴帷怕見簾前燕子飛鏡裏漸髡雙鬢角客中應減舊腰圍百年幻夢身如寄一綫餘生命亦微強笑恐違慈母意藥囊偷典嫁時衣

十五年華付水流綠窗不復喚梳頭殘脂剩粉盤絲閣碎墨零香問字樓千種凄凉千種恨一分憔悴一分愁儂親亦未儂親養似此空花合罷休

遇人不淑之慘史

乾隆三年二月間江南寧國府宣城縣生員陸揚生好賭迷墜術中將其妻焦氏賣銀償賭其妻述詩十首藏懷自縊知縣驗殮時揀出原詩具詳督撫轉奏奉旨給帑建祠旌表詩錄下

風雨凄凄倍慘傷鶉衣不耐五更凉揮毫欲寫衷情事提起心頭已斷腸

風敲庭竹正喧嘩百轉憂愁只自嗟燈火未知成永訣今宵猶放一枝花

生死應知是宿緣人生百歲亦徒然寄言堂上須珍重切莫悲傷損大年

靜掩柴扉只自知妾今視死已如歸可憐梁上呢喃燕來日窗前各自飛

是誰設此迷魂陣籠絡兒夫暮作朝身倦囊空歸臥後枕邊猶自聽呼么

獨坐茅堂積恨多生辰不幸命如何世間多少裙釵女偏我微軀受折磨

香浮寶鼎繞清煙叩禱神前訴可憐但願兒夫情性易一坏黃土亦安然

人言薄命是紅顏我不紅顏命亦慳遺下青緗巾一幅請郎細看淚痕

斑

生如寄旅死如歸妾命如絲心已灰遙致吾夫休早出牀頭幼子守孤

幃

誰人不願樂餘生我樂餘生勢不能今日遼陽化鶴去他年華表訴幽

情

題子遺柏

已未春植樹節僕率京中慈幼局諸兒童來山熊公希齡汪公大燮與僕各手植一柏以爲記念其次則令諸兒工役等續植之迨數月後所植三千株皆枯槁以死獨僕手植一株則欣欣向榮至今更日見茂盛夫種柏三千不爲不多矣獨活一株不爲不少矣雖欲不矜其異不可得矣今特名之曰子遺柳州云無召公之德恩剪伐及之故書以祈後

之君子保護僕敢取則焉

聯語

聯語工妙膾炙人口者盈千累百美不勝收自梁茝林楹聯叢話等刋佈後選錄諸家踵事增華目不暇給僕今猶有所錄者或爲淺陋所私得或爲多數未盡知聞述數行亦奇文共賞意也侯官嚴幾道先生爲我國維新鉅子中西學術俱有根柢其輓李文忠聯雖寥寥數言眞所謂不著一字盡得風流者也聯云使先時竟用其謀知成功之不止此倘晚節無以自見則士論又當如何彭雪芹登泰山聯云我本楚狂人五岳尋仙不辭遠地猶鄒氏邑萬方多難此登臨何其妙造自然如此幼時行地安門外白米斜街見一聯云白雪遠山圖開大米斜陽新柳春滿天街眞雕琢無斤斧痕幼見黃鶴樓聯一本古今名公鉅卿之作

甚夥予獨愛一聯云誰曾將此樓一拳搥碎我也在上頭大膽題詩覺其天才奔放非雕蟲篆刻者所能及又一聯云爽氣西來雲霧掃開天地慽大江東去波濤湧盡古今愁亦雄渾可喜莫愁湖聯云山色湖光都歸一覽英雄兒女並艷千秋保定府城外一酒肆聯云孔三乎曾三乎六乎道成一貫堯一中舜一中兩中引盡三綱横曰悠久無疆該處十二觔酒爲一罐無漿者未攙水也某處一煙館聯云重簾不捲留香久短笛無腔信口吹鄉村一富戶發喪演戲娛賓戲臺聯云好（如字）樂（音樂之樂）非同好（去聲）樂（洛）於戲（如字）即是於戲（平聲）横曰弔者大悅亦想入非非矣馬相伯先生集聖心聯云我愛之心兮以心體心以愛還愛爾情猶火兮惟火生火惟情引情又集莊子句云善其生所以善其死存諸已而後存諸人僕嘗集云大體小體必擇所養天爵人爵務愼其修又云質之

在旁臨之在上視於無形聽於無聲又云無外慕無詭隨爲大英雄本色時戒愼時恐懼是眞聖賢工夫嘗見有爲子授室者一聯云撫躬不是孩提責備端從受室起轉瞬即爲父母劬勞須自育兒知義嚴而辭婉堪作警戒又君子造端乎夫婦聖賢首重於人倫亦較三星在戶百輛盈門等爲佳庚子後僕與柴君敷霖創設大公報於津門伊擔任招股僕擔任撰著前歲柴君逝世僕乃輓云溯大公報創設之初君誓捐產我誓捐軀彼境彼情忘懷不得迨共和國成立而後俗益日偷人益日壞此時此際瞑目爲佳去歲日本地震一友竟壓斃於橫濱某旅館樓中僕乃爲輓帳四字云樑柱其摧又一聯云傷心一炬玉石俱焚樂土竟成焦土慨想劫灰龍蛇同盡有生何若無生今秋內子淑仲逝世輓云今朝忽到眼前竟先予逸不日便臨頭上毋爲爾悲壬戌秋杪偶

寫一聯云至此一寒范叔終欠老實不因人熱梁鴻究屬乖張又改云坦白爲懷范叔一寒胡至此和平接物梁鴻因熱又何妨近日偶憶人生都是可憐蟲句欲覓一對久未就因囑伯恢爲對之伊乃集句十數僕但取二句尙屬貼切一爲大地竟無乾淨土一爲舉國竟成喪家狗僕乃力疾特寫多幅分贈友朋以作今日紀念

戊癸之際雜詩

往者丹徒馬相老嘗譽僕記憶淵博南通張嗇老嘗笑僕詩多語錄氣顧淵博則淵博矣然瑣屑而不得綱領語錄則語錄矣然泛濫而不識精華其實僕之伎倆多從盲辭小說中得來自幼灌輸腦中甚難滌刷而開口即是搖筆即來已雖知之亦奈何他不得自戊午病癈不能執筆者三年亦不能少事思索然積習難忘偶有所感則命人代爲寫出

鄙俚之辭今亦不忍歸諸泡影特拉雜錄下以留鴻爪

十年歲月去堂堂安得清心領妙香雖有鏌鋣一人敵徒傷洴澼百金方娛情翰墨惟羲獻入目辭章獨漢唐寡與自憐還自笑踽涼莫怪老夫狂

蹌蹌濟濟擁才賢踵事增華亦可憐此日靜宜偏不靜昏朝無間聽喧闐

從來得失本相因世事何須太認眞園是主人身是客問君還有幾年身

從古欺人總自欺只因一念判公私可憐同是雞鳴起義利關頭各背馳

私恩小惠任牢籠多少賢豪入彀中久假不歸憐爾拙一生心計總成

空

桃李沿山松漫谷鮮妍蒼翠鬬東風不知澗愧林慚否退谷而今有退翁

姹紫嫣紅鬬曉妝芳名不愧喚勤娘憐他冷淡爲生活獨向清秋趁早涼

壬戌四月紀事詩

壬戌四月住於香山直奉之戰起南望盧溝橋一帶烟霧彌漫火光閃灼而崩訇之聲不絕於耳戰後敗兵四竄殺燒淫掠慘不忍聞小民何辜罹此荼毒眞所謂擲萬衆之頭顱逞一時之意氣竭九州之膏血博數姓之尊榮究之此仆彼起朝敗暮興昨日元勳今朝國賊是獨不可以已乎猶憶七修類稿載有一詩云中原不可生強盜強盜一生不可

除一盜才誅羣盜起功臣盡是盜根株紛繁擾亂再無有切於此時者矣吾輩小民生當此際亦惟有忍泣吞聲任運隨化而已當戰事正烈時既不能出外閒游因於室中指導學生作詩法則以爲消遣除爲諸生删改字句外自復擬作數首聊紀當時景况若謂流連咏歎盡相窮形步武少陵之詩史則非鄙陋所敢望焉

蒼狗人情幻紅羊刼數頻干戈繼槃敦暮楚更朝秦殺戮一何慘焚燒太不仁共和眞共亂十載飽酸辛

管仲憂三滿梁鴻痛五噫生身丁叔季觸目盡傷悲瞎馬深池夜積薪厝火時無家垂老別誰續少陵詩

舊說狂馳子今逢混世魔半天聞霹靂平地起風波念念思專制聲聲講共和人民亦何罪終歲苦干戈

擁兵相逐鹿借報互吹牛兒虐千夫指英雄一旦休腿粗人共抱井落石齊投是否暴相易還須看後頭

兩軍兒焰冲天盛萬姓哭聲匝地悲兵是金剛爭努目民非菩薩盡低眉呼天不應飢難療佞佛無靈願豈隨無論雙方誰勝負殺燒淫掠任施爲

香山頂上之刻石

梅蘭芳名傾倒一世初不知其爲男爲女也壬戌夏以某偉人招往香山避難蘭芳乃於山頂石上刻一梅字不篆不隸大逾六尺見者無不歎賞因憶昔人有贈綠林詩云相逢不用相迴避世上於今半是君今乃反其意爲一絕亦聊伸羡慕之意云耳有友人引吳梅村王郎曲作六言一詩中有恨無江南御史句未免太殺風景

歐史特標伶者傳魯論著美宋朝文萬人崇拜千人羨世上王侯那及
君

題九忠四節三孝圖

僕賦性偏激動多膠滯幼時稍解文字後讀楊忠愍左忠毅諸事跡輒痛澈心脾結轖終日十七八時讀明季諸野乘其痛尤不可言猶憶某書一序文曰嗚呼國運之興衰成敗天乎人也人乎天也僕每讀史至國破君亡之際未嘗不掩卷欷歔而不忍多讀者嗟乎天步之艱如此人謀之失如彼天人俱失何以爲國嗚呼痛哉又明季謝秋水先生之子龎舟叟弔某將軍之詩其起句曰萬古幾興亡茫茫一天地多事是何人留此忠孝字凡類此諸篇章生平最愛讀最不忍讀生當亂世憂能傷人未老先衰偷存視息今承息侯以瓜爾佳氏九忠四節三孝圖

屬題聊將四十餘年往來於腦際之斷簡殘篇口授抄胥藉以塞責至於生死成虧是非利害姑附莊周之不論不議可也甲子中秋

于歡軒

于歡軒目力迴絕常人能於方寸象牙刻五千字又傳聞能刻七千字字跡渺小非顯微鏡不能辨且尤奇者字之筆畫結構頗有神采僕於十年前擬七律一首然不識其人未嘗將詩寄贈恐人亦不免笑我於無佛處稱尊也詩如下

絕技空前獨擅奇世無顯鏡更誰知雕蟲常恐性靈損貫虱偏矜目力宜蠻觸誓師文浩浩蟭螟射策字絲絲神工鬼斧誠堪詫道德全文一寸披

法可盦

法可盦良乃桂文端之介弟也晚年隱居望兒山下望兒山者志書所稱百望山者也當光緒癸未甲申間僕曾游其處廬舍已經破敗而蓬壺一角篆額尚存不數年間聞其後人將樹木盡伐房屋盡拆而牆壁所嵌碑碣亦皆搗毀無存迨前歲深秋同內子由香山東行重訪其處過紅石岡後見衰草秋山掩映於夕陽殘照之下別有一般慘淡景况山下荒塚纍纍而遺跡杳不可尋撫今追昔曷勝感歎當咸同間先生居此春秋佳日最好游覽於西北一帶大小名勝題詠殆遍僕幼時得其手寫稿本（先生有漚羅盦詩集刻本乃道光間梓行以後者不知復刊否）誦讀甚熟今尚能述出數詩錄下

春風桃李遍山坳倦客行吟出近郊樂水渾如魚在藻移家好似燕營巢安排茶具連三雅料理圖書共一包自是神仙多眷屬葛洪遺韻漫

相嘲

村僻無更鼓身閒安薜蘿閉關生客少開卷古人多自守三緘戒常吟

五噫歌山林與廊廟相較果如何

望兒山是西山首西北峯巒數十層風雨欲來遙作勢柴門引領看雲

升

盛伯希

盛伯希祭酒昱詩文書法名重一時至於金石掌故搜羅探討亦極淵

博惜早逝未克竟其能事鬱華閣遺集係其門人所編遺佚甚多僕幼

時得先生手書辭稿今尚憶南歌子一闋云

鞭影斜陽墜釵盟仄月移爐香斷續一絲絲莫是郎心如此說相思

玉燕描窗格紅蟢落壁衣燈花卜了又還疑再聽明朝窗外語鵁鶄

鐵希梅

鐵希梅齡乃前河南巡撫豫東屏山喆嗣學問書法與盛伯希分道揚鑣各擅其勝中同治癸酉舉人屢困春闈猶憶其於某年得補郎中乃遞呈力辭猶願會試論者謂其有鼎甲之望惜卒未得售竟早故著述翰墨一無所傳僕幼時記其題志伯愚弟兄同聽秋聲圖七古一章亦附我賸墨中與知者共賞

塵堁汙人牛馬走讀書三十今五斗拂弦昨夜懷西堂僧彌當時出予右不謂君家讀書圖使我四顧獨躊躇六一居士昔麟鳳苦志無乃傷荻蘆君家同聲相競美晨葩粲粲見門子俱懷陸氏東西頭每憶許虔窗戶裏鐘言慷慨氣益奇吾於伯子想見之仲也翩翩有佳致風流不異孫叔嬴東下大江走巴蜀遠景樓前延遙矚才名早及單于台家世

故在眉山曲百越山水天下聞高牙大纛今將軍東府紅桐賞淸日半
牀黃葉吟宵分靑燈如豆兒時樂乃是歐陽籠中藥賢士文章聚於此
橫行闊視淩標格薊城秋色珠江烟西郊送弟忽一年不愁石景茱萸
酒便見丁沽綠楊船君持此圖來相要我有傷心空西笑鬢絲禪榻夢
前塵長風吹襟上壺嶠

志克庵

志克庵剛於同治初年爲總理各國事務衙門章京我國與歐美各國
和約後充第一次呈遞國書大臣著有初使泰西記光緒初隱於玉泉
山下養水湖築陶復居曾有自撰一聯云乘長風破十萬里浪歷三載
繞一大週天文人學士過訪題贈詩詞四壁粘滿無慮數十百首其中
以蜀人梅野愚五律二章最爲超脫而長春帆七古一章最爲飄逸茲

特記出

寰宇幾滄桑西風鬢欲霜地通身毒賈贄接佛蘭王豪氣空雲漢詩懷拓海鄉未堪時事棘來對甕山蒼

荷陂數千頃陶穴三兩間漁樵隨侶偶花鳥共幽閒時聽水鳴澗相邀雲住山樂天原不老何必駐童顏

陶復主人居陶復風塵不同名利逐當年曾乘萬里槎忠誠能使蠻夷服今日閒閒對水鷗慣向荷花深處宿四山寂靜月明中長嘯一聲天地肅

崔念堂

慶雲崔念堂道咸間作縣令有詩稿逾千首古今體皆甚平穩幼時極喜披閱今特述其七古兩首至其新樂府數章頗別開生面堪作箴銘

亦述兩首

問君胡爲杯在手樽中偶有問字酒問君胡爲坐無氈囊中從無造孽錢人生四十不稱意每將閒事作忙事一端老硯磨復磨妻孥亦笑酸吟多大兒學文苦不好小兒喃喃覓梨棗中子十歲懶學書信手塗抹成墨猪淵明責子說天運天運茫茫安可問一日有酒一日仙醉來舉首望青天

今聽雨聲愁昔聽雨聲喜人心自不同雨聲常如此憶昔燈前最有情雨聲滴瀝和書聲今宵聽雨苦殘更三更四更天未明雨聲苦與愁相逐瀟瀟一夜打秋屋

有後娘有後爺鐵心腸也隨邪有後娘無孝子輕則逐重則死有孝子無後娘古之人有王祥

使心用心反弄已身仰天而唾逆風揚塵君不見商鞅作法還自斃請君入甕君須記

嚴又陵

嚴又陵先生當光緒中葉久居天津辛丑後與僕過從頗密後雖南北睽違然魚雁往還仍不絕迄今存先生手書尚數十百紙可裝成巨册尚未暇清理也近坊間所印先生詩文鈔不知何人編輯遺漏頗多茲先錄先生爲僕所書一律及甲辰出都留別同里諸君子七古一章

四條廣路夾高樓孤憤情懷總似秋文物豈眞隨玉馬憲章何日布金牛莫言天醉人原醉欲哭聲收淚不收辛苦著書成底用豎儒空白五分頭

中國山川分兩戒南嶺奔騰趨左海東行欲盡未盡時鬱律嶙峋作奇

怪幔亭拔地九千尺一朵芙蓉倚天碧建溪流域播七府未向鄰封分一滴江山如此人有然學步羞稱時世賢舊學沈沈治根柢新知亹亹窮人天共說文章世所驚誰信閩人恥爲名入朝見嫉古來有黃鐘瓦釜方爭鳴憶昔戊巳游王畿朝班邑子牛尾稀即今多難需才傑郭春榆侍郎張燮均珍五光祿侍御鄭最丹京兆沈濤園京兆皆奮飛孤山處士謂畏廬徵君音琅琅皂袍演說時登堂可憐一卷茶花女斷盡支那蕩子腸諸公且盡乘時樂酒琖詩鐘恣歡謔君知國有鶴乘軒何用神驚燕巢幕乾坤整頓會有時孤忠報國天鑒之但恐河清不相待法輪轉日嗟吾衰深慙厚糈豢非才手版抽將歸去來頗擬廬岑結精舍倘容桐瀨登釣臺長向江湖狎鷗鳥夢魂夜夜觚稜繞豈獨登臨憶侍郎還應看月思京兆

畏吾村李西涯墓

帝京景物略載李文正公祠近皇城迤西孝宗賜第也久析爲民居嘉靖乙酉麻城耿公定向首議贖還爲公祠又載墓在畏吾村萬曆中鄰人取土幾露前知宛平方公從哲封樹之按今西安門外迤南仍存李閣老胡同之名而其遺跡則無考至公墓在西直門外五里大慧寺西嘉慶三年經翁覃溪方綱會同法梧門式善及大宛兩知縣重加封樹並立祠堂墓前一碑約五尺石極堅緻碑文不長爲覃溪極經意之筆側面則刻翁法及兩縣令七律各一章而以梧門詩爲最佳近當我國破壞劇烈時代恐數年後蔓草荒煙一付諸莫可指點之列矣茲特將法詩錄出以存掌故

西涯宅廢水空存又叩禪扉訪墓門病衲斜陽剪榛莽牧羊秋雨嚙松根僅留詩句傳湖海不復齏鹽計子孫三百年來誰過問暮鴉黃葉畏

吾村

積水潭

帝京景物略云京城之西堤海淀天涯水也皇城內之太液池天上水也游則莫便水關志有之曰積水潭曰海子蓋志名而游人不之名游人詩有之曰北湖蓋詩人名而土人不之名土人曰淨業湖曰德勝橋水一方耳土人曰蓮花池水一時耳蓋不該不備不可以其名名土人曰水關是水所從入城之關也云云此明季之情形也至乾隆時擴西湖而大之易名曰昆明故御製詩有西堤此日是東堤之句至水關在德勝門之西里許從城下作劵門設鐵柵引水以入臨城一石橋以便東西通行橋南乾隆時積土爲高阜建匯通祠於其上周圍水繞儼成島嶼而樹木叢茂望之入畫光緒初間士大夫猶時讌集於此壁間題

詠甚多厥後漸就頹敗阜之北面柵門短垣俱毀而牧豎雜遝無復清幽之趣矣猶憶光緒庚寅辛卯夏際有數公倡和題於壁上書法秀勁韻則爲蓮蟬更有五古一章寫該處情景甚切今但記其起句云王城如海大鱗次塡官府狂走覔清幽竟夕瞠無覩咄哉西北隅天工巧綴補云云一日仲春雨後僕同友人偶游其處友指壁上蓮蟬韻云此等詩句作於夏間若於此時則不能復和矣僕乃率爾戲和二章對於淺陋者固可誇示然自大雅觀之則牽強湊泊不免貽續貂之誚也

日暖冰開候風和雨過天閒情問綠水佳句讀靑蓮水泛忘機鷺門停不繫船勝游方未已從此擬聯蟬

芳草蒙茸地輕雲淡蕩天觴聯逸少禊社續惠公蓮生意參新柳詩情問小船壁間佳句遍語雪愧秋蟬

甘露庵

京西山脈來自太行連岡疊岫上干雲霄把抱廻環爭奇獻秀而一峯一嶺各有其名志書所載士人所稱往往歧異文人學士偶爾一游形諸載記或吟咏殊難劃一近畿之甕山玉泉香山諸名勝自遼金以來時見諸篇章至於幽僻之山水游者既難記載自少倘不遇具柳州霞客之癖者一惟任其憫嘿終古耳迨明末清初之際連類編纂搜集較廣者如帝京景物略日下舊聞春明夢餘錄等爲談京畿掌故者所必依據至乾隆時御製日下舊聞考雖至一百六十卷之多然其中錯悞無考者亦殊不少足見代遠年湮時殊事異欲爲翔實無悞之撰述源源本本如指掌紋者戛戛其難也昌平之西一帶崇山嵯岈犖确草木不生帝京景物略所述金章宗游此鐫駐蹕二字觀野燎而獵召其酋

長擎毬俄而自擎自賞歎曰美乎哉無人見之須臾石羣起若觀章宗益自喜灌以酪故石頂至今白存此等讕言固無足辯然其處石怪峯奇亦可想見山有口曲折而入數里盡頭處甘露庵在焉四面山石壁立絕不能攀陟水自石壁流下淙淙不絕而千百年來石已成槽山頂亂石皆若浮置如惡鬼如猛獸千百其狀僕弱冠後曾一游其處一道士喬裝作態吐屬俗鄙故一宿而還當時曾作七古一章以記其況

我聞庵名自幼年幾番欲訪嗟無緣殷殷徒有探幽想風塵日苦俗紛纏今因抱疴來問道天時人事適相巧歷盡崚嶒險仄路中間別有天地小數椽茅舍誰結構萬簇怪峯自環抱升階入室問主人主人鄙諺冬烘腦解渴飲我山頂泉充飢食我黑羊棗夜悄山深萬籟寂到此俗腸都蕩滌笑我難窺數仞牆怪他怎面十年壁我生性本迂怪成懶與

世人作趣迎何時跳出塵網外洒洒瀟瀟樂性情

道成書院雅集啟院在滬南壕自時庚子四月也

東道堪慚敢續修暮春之禊西成慰望快同登喜雨之亭綠肥紅瘦補餞千金難買之春荷靜稻香藉消長日如年之夏有堂當綠水喜魚鳥娛情開戶對青山邀雲霞供養炊黍割鷄非關盤飧市遠雙柑斗酒猶賴山妻久藏下走思齊有道幸月旦當前請益陶成欣風流在望聊假碧雲幽境擬陪玉麈清談傾樽開釀盛會豈次道堪遺蒔竹養花小園較蘭成殊勝况既見君子最難風雨之來但已過陽春不卜桃李之夜良辰謹訂雅集勿慮

輔仁社課序

隱居求志閉戶著書尙矣顧非庸陋如僕輩可得妄攀而僭擬者然山

居多暇寢饋惟書二三子又不我遐棄數千里負笈遠來浹洽一堂揚搉千古斯亦濁世之至樂矣每當誦讀之餘述舊感時間託毫素管蠡所及竟効他山以盲引盲之譏知所難免但念人事浮萍韶光逝水此後勞燕西東何以識今日高山流水會友輔仁之樂爰摘社課各若干首付之鉛墨人手一編以爲他日邃密商量俯仰興懷助若云矜其一得標榜鳴高則非吾徒志也乙卯秋日

香山靜宜園爲皇室五園之一自咸豐庚申遭兵燹後殘毀迨盡而松柏存者尙有萬株入民國後日被偷伐歲壬子冬由丹徒馬相伯先生倡議屬舍妹貞叔內子淑仲聯合喀拉沁王福晉領銜向皇室請領保存藉以興辦女學女工蒙隆裕皇太后慨然付畀衆乃推僕經理其事篳路藍縷經營保護不敢矜爲苦心孤詣然修補破敗教育孤寒業業

兢兢惟恐有負次年先將見心齋樓臺廊榭傾者扶之缺者補之北面之廳旁一龍頭爲水所從入顏之曰清如許西面臨池之樓顏之曰得月軒東面臨池之亭顏之曰知魚亭其餘有匾額者則仍其舊修葺既畢慮其空曠乃爲輔仁社之組織備古今書籍數百種招學生十數人肄業其中數年後期滿始各散去丁巳直隸水災發生熊希齡君充善後事宜督辦邀僕於京中立慈幼局收養被災子女事關慈善不敢自逸允以純盡義務嗣以城中山上兩處照顧難周乃議遷局於園內改名慈幼院該院基金既豐改組後規模宏大分科別股名目繁多隱然具小政府之模範僕以疎野多病之身生平既未涉足宦途故寮屬之才具毫無所習非關人棄之如遺實亦我避之若浼矣茲因述輔仁社之緣起而不得不畧涉及香山今昔變遷之歷史使後之人得明眞相

若謂安肆詆毀標榜鳴高則大非守拙安蹇言必由衷之素志也

元也里可溫考跋

僕與二三子立輔仁社於京西香山靜宜園抱殘守闕日惟故紙堆中討生活數年中所擬考索之題曰太古中西同源考曰唐景教碑考曰元也里可溫考曰清四庫總目評論教中先輩著述辨皆東鱗西爪略得梗概丁巳春忽承陳援庵先生以搜求教中三百年前之著述走簡相詢僕喜不自勝因傾筐倒篋供其一得乃承先生以敏銳之眼光精悍之手腕於也里可溫條傍引曲證源源本本將數百年久晦之名詞昭然揭出使人無少疑貳迴視僕輩所挾眞兎園册子矣因亟商之相伯先生爲付手民以公諸世嗚呼安得先生於鄙人所擬各題一一爲之針膏起廢則訂訛匡謬啟瞶振聾不獨鄙人之私幸矣丁巳三月

附陳序

此輔仁社課題也輔仁社者英斂之先生與其門弟子講學論文之所余嘗一謁先生先生出示輔仁社課中有題曰元也里可溫考余叩其端緒偶有所觸歸而發篋陳書鉤稽旬日得左證如干條益以輔仁社諸子所得比事屬詞都爲一卷以報先生先生曰善願以付梓余自維謭陋況値旅居藏書絕少涉獵多有未至也先生曰是胡害補遺訂誤可俟異日余乃重理其稿並經馬相伯先生爲之點定乃付刊而識其緣起如此一千九百十七年五月十日陳垣

按陳君初搜輯關於也里可溫之證據作十二門條理分明論斷切當僕一見之傾服無似因亟爲刋布乃不三月陳君更加博采所獲資料及有力之証據竟至加倍僕乃再爲續刋此後陳君又有所獲復自行

爲增訂三版之役夫也里可溫四字聯爲一名詞中國士大夫數百年中絕未注意至錢大昕元史氏族表則謂不知所出而魏默深元史新編則竟武斷爲回教之師獨洪文卿元史譯文證補始指明爲景教之遺緒其名由西文轉譯而來也自陳君之書廣爲傳佈後東亞漢文學者始恍然於此久晦之名詞其爲功亦大矣繼此陳君又有摩尼教入中國考火祆教入中國考兩書出而迴視纂輯四庫全書者之評斷眞不値一笑矣至癸亥冬陳君復有元西域人華化考之作該書徵引廣博界說精詳參考之書至二百餘種固非以多爲勝也日下舊聞引用之書竟至一千數百種不較此尤勝乎然彼不過剪裁抄錄之工而疑似並陳是非互見陳君乃能鈎稽羣籍共一爐而冶之縱橫貫串按科學步驟使人一目了了爲難能而可貴也故僕一見便題其上空前傑

作四字又豈敢偏私阿好徒騁其固陋之談耶

敝帚千金

僕自壬寅後爲開風氣牖民智特日草白話文數百言登於報末內分五類一開智二闢邪三合羣四勸戒纒足五寓言積壘成帙後復另行刊布名曰敝帚千金賤價出售人頗樂取數年中綿延竟達三十册甚至再版三版緣其文字淺近最合多數程度也十餘年後仍有人向僕討索僕反一册無存去歲承孫君伯恒搜檢舊篋獲得首册見寄首頁有嚴範孫先生一序僕久已忘之矣兹特錄出俾當時景况不致湮沒淨盡也

文言不可以諭俗俗不徧諭則教育不能普及教育不普及則民族日趨於拙劣處羣雄角逐之世將不可以倖存近頃以來吾國志士主張

是義者日衆文章鉅子往往內閎其瑰麗奧邃之詞而下規乎謠諺說部之體若京話報啟蒙畫報杭州白話報之類皆已風行一時爲益甚廣而都門英君斂之又於所爲大公報中日綴數行以寓諷戒積年餘乃最集爲一册而索序於予君之爲人純而理强固而慈惠不喜張新學徽志而眞有愛國之誠故其發之於言深切而平實無過高過激之論所謂爲言既易知感人尤易入者也且君籍隸京中能爲京語者宜莫善於君今制高等小學中有習官話一課官話者京語也吾見是書之不脛而走也光緒甲辰上巳天津嚴修謹識

訪鶴

當甲午中東之役疊敗大辱時翁相國有鶴飛逸乃親書訪鶴兩大字下注不傷毛羽送還酬銀若干兩傷毛羽酬銀若干兩榜於正陽門洞

中意者其或故示整暇乎抑全無心肝乎是不敢妄爲斷定也當時有
人以詩嘲之云軍書旁午日徬徨常熟尚書訪鶴忙從此都門添韻事
風流不減半閒堂又前者所記甲午時一般酸刻學子曾爲東海傳奇
目錄百回痛譏時事久已遺佚昨承伯恒搜檢舊篋竟得其稿親爲送
至惟其中若干條今久時遷事異苟非熟諳當時景況者竟茫然不知
所指且有當時不明眞相而隨俗揣測涉入誣罔者亦不少茲再摘錄
十數聯聊佐談資
葉志超假勝邀眞賞左寶貴死難鄙生還陶然亭老妖忞狂嘯張之洞
大地得迴翔狂姪少惱聞雙眼拔花翎老優伶悶受兩頰批李掌志國
舅熱河解兵符珍貴妃冷宮受刑杖罷海軍萬言謨左相講洋物一切
諉醇王韓邊外奮充前敵隊漢納根購買後膛鎗伊將軍賂招犬羊戶

永侍衛戰歿鳳皇城勵孤忠鄧世昌犬殉主難受私囑衛汝貴馬載妾逃陸路元戎束身就獄海軍大將覥面降倭馬賊全歸吳鳳柱翰林公劾李鴻章堅換約詭稱海嘯秘宣示屢起廷諍招烏合強假湘軍號失牛莊請停吳帥吹師奔弟逃吹犢客幸脫虎口君辱臣死姓駱人竟占鰲頭皇太后六旬大慶衆臣僚一例升官王文錦王文韶天津叙祖譜李鴻章李鴻藻地府打官司徐用儀優柔留政府安維峻忠戇發軍臺翁叔平兩番訪鶴吳大澂一味吹牛

此傳奇目錄最後一條云旅順島割歸日本頤和園傳搭天棚二語作結屬對既工寓意尤微至蓋即此足見當時宮中府中苟且荒嬉之概矣又當時傳一聯云國亂出孝子家貧顯忠臣蓋翻諺語而成者謂當甲午冬東訊急時京官之挈眷出走者先在部署遞呈請假

託辭回籍省親其不去者則皆貧無貲斧不得已而强留者也琴石附識

歇後語

相傳某甲誕辰而故友某乙甚貧不能備禮顧礙於情而又不得不往祝也乃貯冷水一瓶相見舉瓶而言曰君子之交淡如甲遽答曰醉翁之意不在何其工穩敏捷如此揣其情形當爲人偶得此聯特託出此事以實之耳幼時復見一學幕集四書歇後五律一首尤妙今倘能憶之其詩云拋却刑於寡來觀未喪斯只因三日不博得十年之半折援之以全昏請問其待到子由子棄甲曳兵而

驕矜者不自知非

某甲自詡能畫其實東塗西抹毫無是處而不自知其非也一日見友人執箑謂之曰吾與君繪一美人以增雅趣何如友心雖不善之而無

如何也越數日詢之曰美人繪成乎甲答曰美人則未作完而竟類於鍾馗矣友曰鍾馗亦善不尤有逸趣乎曷速成之越數日復詢之甲答曰鍾馗今又不似矣乃類於太湖石奈何友曰奇石果具瘦透之致米顛見之下拜豈不尤饒雅韻請亟成之及數日後甲謂友曰今太湖石亦不似竟變而爲半陰天矣友無奈遂聽之又數日甲自將扇來忸怩而言曰請君用一純黑面子更覺雅緻也嗚呼世之愚而自用而且文過飾非終不自承爲錯悞者皆某甲類也夫繪美人而竟類於鍾馗繪鍾馗復類於太湖石而終乃塗抹竟成一純全黑面亦可謂下喬入幽每況愈下者矣

愚謬者終無是處

甚哉中庸之難能也某翁有甲乙丙三僕性質各異互有所短甲性喜

多言然言多不中故恒見憎於人甲不自知也乙性購物懶論價值是以每多浪費乙不自覺也丙性蠢蠢每得賞賜從不知謝殊無禮也一日翁各責其過並誡之曰過則勿憚改不然吾皆不汝傭也三僕唯唯皆矢改過自新請觀後效一日翁過友人奕家內少子落井甲來報翁傍立久不言及翁奕畢問曰汝何事來此甲曰公子墮井矣翁憤然曰公子墮井似此危急之事何不早白甲曰主不曾責僕多口招憎乎待問而後言是遵主誡也翁雖怒亦不暇較遂命乙往市購櫬乙購二而歸翁愕然曰購二何爲死吾一子尚不足乎乙曰主不嘗責僕購物貴乎今以一價購兩物反不美乎翁悲怒交集惟有切齒頓足而已少頃雨大作片時之間大水泱泱橫流街巷翁有要事須出命丙背負以行途中謂丙曰彼二人者皆蠢頑類猪豕不可化誨汝誠出彼等上也回

家當有重賞言未畢丙即擲翁水中長跪謝賞翁至此而氣憤塡胸眞無術可施矣嗚呼凡事之矯枉過正過猶不及其爲害一也朱考亭曰扶得東來西又倒信乎中庸之難能也

辯才無碍

利馬竇氏義大利人也當明季萬歷時入中國居恒手不釋卷經目能逆順誦精及性命博及象緯輿地傍及勾股算術著述甚多當時士大夫樂與之游王肯堂鬱岡齋筆塵曾錄其交友論加以删潤文字中改易通順者固多然致失精義反落平泛者亦不少而李卓吾亦取此書入叢刻中厥後各叢書列其著述者不勝指數足見利氏不止一代閩人也當五年前友人陳援庵博稽羣籍旁引曲證爲李之藻傳一篇僕乃與利氏所著辯學遺牘及艾儒略所著利先生行蹟兩種合刊盡力

傳佈至利氏所著畸人十篇奥博淵通理文並茂有類周秦諸子久擬重刋以力有未逮而止茲錄其篇中君子希言一節以見意

阨瑣伯氏上古明士不幸本國被伐身爲俘虜鬻於藏德氏時之聞人先達也其門下弟子以千計一日設席宴其高弟命阨瑣伯治具問何品曰惟覓最佳物阨瑣伯唯而去之屠家市舌數十枚烹治之客坐阨瑣伯行炙則每客下舌一器客喜而私念是必師以狀傳教者蘊有微旨也次後每殺異醬異治而充席無非舌耳客異之主慚怒叱之曰痴僕乃爾辱主市無他殺乎對曰主命耳藏德滋怒曰我命汝市最佳物誰命汝特市舌耶阨瑣伯曰鄙僕之意以爲莫佳於舌也主曰狂人舌何佳之有曰今日幸得高士在席可爲判此天下何物佳於舌乎百家高論無舌孰論之聖賢達道無舌何以傳之何以振之天地性理造化

之妙無舌孰究之不論奥微難通以舌可講而釋之矣無舌商賈不得交易有無官吏不得審獄訟辯黑白以舌友相友男女合配以舌神樂成音敵國說而和大衆聚而營宮室立城國皆舌之功也讚聖賢誦謝上帝重恩造化大德孰非舌乎無此舌之助茲世界無美矣是故鄙僕市之以稱嘉會矣客聞此理辯則躍然喜請賞之因辭去厥明日共詣師謝語昨事以爲非僕所及意師之預示之也師曰否否僕近慧欲見其聰頴耳衆猶未信師曰若爾請復之隨命阨瑣伯曰速之市市殺宴昨客不須佳物惟須最醜者第得鮮足矣阨瑣伯唯唯去則如昨市舌耳畢無他殺也席設數下饌特見舌視昨無異客益異之主忿怒大詈之問曰舌既佳疇命汝市佳者何弗若我而惟欲辱我乎對曰僕敢冒主乎鄙意舌乃最醜物耳主曰舌佳矣何爲醜乎曰吾解鄙見請諸客

加思而審之天下何物醜於舌乎諸家衆流無舌孰亂世俗乎逆王道邪說淫辭無舌何以被之天下乎彌天荒誕妄論紛欺下民無舌孰云之大道至理易知易從以利口可辯而毀矣無舌商賈何得詐僞罔市細民何得虛誣爭訟而官不得別黑白乎以舌之謗訣故友相疏夫婦相離以舌淫樂邪音導欲溺心夫友邦作讐而家敗城壞國滅皆舌之愆也侮神訧上帝背恩違大德孰非舌乎無此舌之流禍世世安樂矣是故鄙僕承命市醜物徧簡之惟見舌至不祥矣客累聞二義陳說既正音韻祥雅俱離席敬謝教是後主視之如學士先生也

呂惠如

僕前謂閨閣筆墨出於僞託者十常八九不然則亦經人潤飾故爲標榜者也誠以按普通人類論女子體魄腦力終遜於男子此無可爲諱

者也試觀小說戲劇中所演古來奇女子無論文學武藝每每壓倒一切男人此即爲女子不及男子之確證不然則又何奇足傳何異可立哉雖然此但就普通而論耳若夫非常特出之才於萬億人中千百年內偶一見之則又不可謂其爲必無然而此等人之遭際或身世艱屯或事情拂逆甚且蒙誣負謗抑鬱以終又令人不能不疑於造物生才旣如此之難待才又如此其酷抑造物之本不憐才或才果爲造物之所忌者耶是不可得而知矣惠如女士名湘與內子淑仲盟爲姊妹僕於光緒乙巳春曾選錄其詩詞及駢文各若干篇特爲刋布惜所印無多不半年卽分散淨盡篋中僅餘一册茲特將其詩詞駢體各錄數首於賸墨中且僕確知此等筆墨絕未經人增删一字俾嘗一臠者足知全鼎之味無煩連篇累牘也嗚呼當我國破壞劇烈時代舊學日漸淪

亡以僕淺陋之見雖不敢謂惠如爲晨星之無兩然實亦碩果之僅存矣

暮春書感

過眼繁華感不禁芳菲無倚任消沉竹懷獨立凌雲志蘭具孤芳臥雪心窗度飛紅風漠漠簾遮新碧日駸駸自知錦鴂催聲急收拾蘅蕪入楚吟

秋思

檐外梧桐覆影深銀河迢遞漏沉沉蟬棲玉露遺仙蛻雁度新聲入古琴瘦盡蓮花餘苦薏照來秋水勵冰心寸懷願比瑤台月不許塵埃一點侵

橘

消得靈均頌宜居百果先秋風垂禹廟落日見吳船像合黃金鑄甘如玉醴鮮自來堅本性不信入淮遷

佛手

妙手空空者來居選佛場色沾金掌露聞有木樨香指月能參未拈花欲散將蕨拳如一粟相比太微茫

霜

烏夜啼時霜滿林律吹無射肅秋音十年已煉寒梅骨九死難枯弱草心印到畦稜疑界粉散來屋瓦似銷金嚴裝青女朝朝出更比嫦娥好勝深

乍疑疎雪落林間細看空濛薄玉顏昨夜微黃上新橘曉來一白接秋山鐘飄殘月初沉水雁逐征人正度關指點板橋朝日出馬蹄猶可認

連環

金縷曲 甲辰二月舟過京口

二月東風早正青青寄奴宮畔乍生春草一片長江天塹險暗有魚龍隱耀任飲馬當年人到想得佛貍南下日歎長城已壞誰重造千古事一憑弔 中原此日棋紛擾還彷彿南朝大局後來難料多少英雄期保國只我紅顏空老且莫對金焦長嘯一樣蛾眉難卓立想吾儕總被青山笑憂國恨向誰道

百字令 夏雨

如舟小屋聽潺湲四面響空流水想到江湖多逸興盪漾胸中雲起雪溜飛檐珠濤走檻疑有魚龍戲乘風壯志自憐人在閨裏 誰念門掩苔花蕙爐香潤多少愁滋味壓損雙眉吟骨瘦我與青山相似翠竹敲

烟凉蛙鬧雨一片成秋意銀床冰簟先愁今夕難睡

南鄉子 水仙

翠水護蓬瀛露葉風花小住停移入蘭閨應解惜惺惺知是花中女史星　香雪淡湖濱一勺寒泉合薦馨料得孤芳深自警冰心那管陳思賦裏情

三台令

無寐無寐坐聽候蟲聲細凭欄風透羅裳漸覺清宵露凉凉露凉露秋在藕花深處

浪淘沙

瀛海舊仙班往日清閒蕋珠宫裏跨飛鸞底事罡風偏惧我吹到塵寰　愁困鐵圍山何日能還一身多病苦孱顔賸得美人香草恨千古同

艱

水龍吟 柳花

綠楊城郭春晴和烟亂向千家散碧陰橋外紅香徑裏濛濛飛滿粉絮彈餘唾花吹後混時難辨但凌雲舞去馳風滾雪總算汝前程遠 點入鷗波幾片化浮萍了團圓願回頭陌上燕昏鶯曉流光已換青障香消玉臺人老一年春晚記飛來林下依稀猶想謝娘風範

疎影 蘭

鶯啼空谷早靈苗淨葉生滿湘麓暮雨欲來帝子不歸濕雲冷迷春竹楚歌不斷叢蘭怨但葳蕤冰心自束想貞芳蕭艾爲隣生香一點誰續 我亦紅塵悔墮抱青琴憔悴共憐幽獨待向瓊田呼起蒼龍耕煙親種瑤綠還愁一轉光風老空采得蘼蕪盈掬但相從露晚招魂寫入剡

溪橫幅

致英淑仲夫人書

敬啟者舍妹月前奉謁承授餐假館之情極飽德飲醇之感加以鬚眉奬勵肝胆傾推如此虛懷難鳴謝悃比維淑仲仁姊大人履祺百益福慧雙修以管趙之良儔邁孟梁之往哲引瞻吉靄曷罄頌言妹七年憔悴但讀離騷百感縈紆久焚筆硯茫茫濁世疇爲愛衆之人踽踽深閨頗乏合羣之樂喜聞吾姊天情月朗俠氣雲高潛伸私淑于瓣香更竭微忱於寸簡敢通素好或肯青垂虔請鈞安敬候玉復

與淑仲二姊訂盟書

百年罕遘人生樂在知心千里來游我輩何期聚首合蘭茝之鬱郁味洽幽芬叶塤篪之和通響參同調感君厚意我合酬言抽象管以陳詞

作鸞閨之佳話湘心如蓬草質等駑駘不合時宜每自慚其痴騃嬾趨流俗非敢矜以孤高當此遠別辭家異鄉作客空簾花落風雨如晦之時孤館鶯啼琴酒既歇之後每每悄然自感怳若有思豈不希空谷之足音結天涯之知己然而雲萍易合針芥稀投抱綠綺以獨彈折瑤華其誰遺盖蕙心紈質雖世不乏人求其慷慨瀟灑抱樸率眞者殆難其遇矣始於甲辰四月晤淑仲二姊於津門旅次其丰神散朗大有林下之風吐屬英豪豈僅閨中之秀雖爲巾幗實勝鬚眉不尙詞章自具高超元理淨抛脂粉獨明瀹泊天懷乃承不鄙庸愚深加摯愛於是班荊道故投轄頻留既冒暑以枉存亦凌晨而屢造曉窗花燦鏡檻同依凉夕月明羽觴偕醉或聽梧雨於高樓靜參幽趣或泛蘋波之小艇呼共清游喜形迹之常親益交情之無間互傾肝鬲各訴遭逢雖枯菀殊致

境有相懸何聲氣盡同語無不愜君如秋月鑒毫髮而皆清我似孤雲眷巖阿而有託以斯素好遂訂新盟指白水以無渝共青松而不改倘他日跡睽南北分隔雲泥毋忘車笠之歌致墜雲霞之誼庶友朋意氣閨閣風徽不使古人擅美於前爲今夫鶯花薈萃之區裘馬聯翩之地豈無東都名媛拾翠相逢南國佳人題紅雅集片言偶合即云道契苔岑一面纔通便欲名書蘭籍珠履金釵之隊相尙浮華錯刀錦段之貽以申投贈無何人事遷移心情冷落或因窮富而見炎凉或挾猜嫌而生怨謗或事逢難處不諒其心或意有相違輒遭其怒舊雨散而今雨來利交興而義交絕念其始見之時情深如許未有不愴然而悲者如湘與淑仲雙情交映兩意相融況世態之久諳歎頹風之莫挽方期力矯塵俗共矢貞誠誦河上之篇鑒谷風之詠當不至蹈其陋習自負生

平而令女界中有曹顔遠感奮之詩廣劉孝標絶交之論也時光緒三

十年五月日

門人陸伯辰校字

跋

燕市有高士曰英先生其爲人也不戚戚於貧賤不役役於富貴海內賢豪長者無不識也然未嘗與俗浮沈一介不以取諸人而賙恤窮乏則恆賑其所有其爲學也博聞强記貫穿四部能見其大不流於破碎躬行實踐不涉於迂談其爲文也浩瀚汪洋滔滔而不竭所謂氣盛則言之長短聲之高下皆宜也生平服膺基利斯督好利西泰湯道未之言慕徐子先李振之之風慨雍乾以後教學陵替隱然以文藝復興爲己任嘗於香山靜宜園倡輔仁社四方來遊者衆猶以爲日尚淺成效未大睹乃復著書勸學名曰罪言卒之誠動教廷聲聞鄰國於時有公教大學之設公教大學者以闡發文明保存舊學爲標幟造端弘大未能即成今甫成國學一部而先生已齎志以沒矣悲夫十年前余識先

生得讀萬松野人言善錄以爲其命名所在言善則千里之外應之也近先生病廢爲余言曩錄名言善已自謂將死今又十年復何憾哉嗚呼生死久置先生度外矣蹇齋賸墨一卷爲先生病廢時所口述街談巷議必有可觀小說巵言猶賢乎已蓋山居新語萍洲可談之屬非先生精意所在也先生精意所在仍爲言善錄一九二六年一月三十日

新會陳垣謹跋

※ 勸學罪言 ※

解題

《勸學罪言》（與《覆友人駁〈勸學罪言〉書》合刊），1929年鉛印本，由臺灣輔仁大學陳方中教授提供。1917年夏，《勸學罪言》與《覆友人駁〈勸學罪言〉書》分別刊印成書，以鉛印本發行。1929年夏，英杦將二書合刊，并於卷末附跋語，末署『一九二九年十月英杦識於北平』。

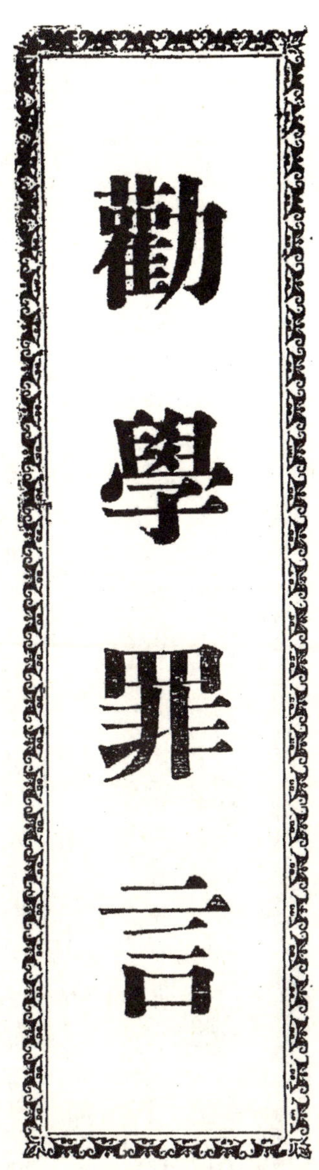
勸學罪言

勸學罪言

英斂之

夫傳教之法。固非一端。而信今傳後。流布廣遠。要不能不以文學爲第一要務。僕數十年來。驗於我國教會末流承傳之弊。每嘵音瘏口。諄諄以讀書尙學爲勸。乃聞者或淡漠置之。不加可否。或謂爲勢所壓。萬難達其願望。然究不如力加反對者之爲多也。反對者之言曰。讀中國書無用。問其何以無用。則曰不能掙飯吃。倘讀外國書數年。或於洋行鐵路郵局。充一走卒。作一通事。則可月得數十番也。此等見解。是否高明。姑不具論。然尙爲持之有故。言之成理。至於修道之士。固以傳教化人爲職志者也。其多數反對讀書者之辭曰。吾主耶穌所選宗徒。皆爲愚魯之夫。曷嘗注重文學。此後歷代大聖。或苦修或顯修。皆以熱心事主救人爲事。亦未見無學問不能升天國也。即如聖味增爵。一生以樸質聽命爲事。其謙遜愛德。遺澤無窮。固非以學問顯者。諸如此類之語。不一而足。僕始而聞之。亦勉爲帖服。不敢有所論辯。迨數十年來。以所經之事。所閱之人。及所遭之時局。一一反觀默察。審其利弊功效之所在。然後逐漸省悟以上諸言。或似是而非。或强辭奪理。或護短文過狹隘自居。或嫉賢妒能。畛域不化。而其所收效果。則成敗利鈍皆可一一指陳。而足資警戒焉。至其謬論謬言。倘不駁之。則淺人不明眞是眞非之所在。而謬種流傳。遺毒而已。倘一一駁之。則連篇累牘。絮冗爲嫌。今不敢辭費。姑於其肯要處略言一二。使執此謬見者。勿再自悞悞人。自欺欺人。而更狹隘我聖教。玷汚我聖教也。按吾主耶穌所選宗徒。大半爲椎魯愚夫。是固然矣。然其受聖神降臨後。孰非上智淵通之士乎。此何待論。至於聖教列品者。固不專在於學問。然何以多瑪斯。奥斯定等。又有博學聖師之謚乎。若謂聖教會爲博學聖師之淵藪。專爲博學鴻儒所立。吾雖至愚。斷不敢作是語。至謂聖教會專爲愚魯貧賤之人而設。想世之稍具知識者。亦斷不能承此言也。說者謂聖味增爵眞謙熱愛。非以學問淵博列入聖品。然當時請將列入博學聖師者。固已有人。但其立會宗旨。固言於窮鄉僻壤。可補耶穌會之不足。而未嘗言令天下聖教會皆當以我爲法也。至於反對諸公。又每以讀書窮理。當不得修德立功。救人事主爲辭。今爲反詰。然則不讀書窮理。即當得救人事主修德立功乎。詩書糟粕。文字土苴。即中國儒者。亦多有是等言語。然須知此乃對於執著篇章。固泥文字者。痛下針砭耳。非謂之無不識句讀不解者。即入高明之室也。

總之。本國人不通本國文字。何以接人。何以應事。論其效果。不過自絕於高尚社會。自屏於優秀人羣而已。此等是非最易了解。尙何足辯。惟我中國奉教人。獨受其毒。處於不中不西之夾縫中。故成此非驢非馬之種類。一言及中國學問則鄙薄之情。竟成第二之天性。再問其西國學問。則答以中國無此語言。足以譯之。嗚呼。其然豈其然乎。公等亦知明季畢方濟徐光啟二公。竟譯有靈言蠡勺一書乎。是書所論超性諸語。豈非世人視爲微妙玄通者乎。公等自不求之耳。倘如公等所執見解。則是合中國人。非盡通西文不可。倘不通西文。則聖教道理。終古不能輸入於彼輩腦筋矣。(近則西文亦不准其通矣)

夫我國因不崇眞主。不識眞道之故。以致政治不良。人格墮落。爲世界所輕鄙。然以地大物博。人民最衆。開化最早。四五千年之古國。豈數十年後。即能消滅者乎。即國可亡。而種亦豈能遽滅。當此景況。人倘能以聖教會之心爲心。是傳布眞道。以圖拯救之術。愈不容緩矣。豈不聞教宗訓示傳教者之言乎。爾輩到一國。勿將意國偕去。

勿將法國偕去。勿將英德等國偕去。惟應將聖教會偕去。然吾所目見耳聞者。則法教士惟歌功頌德於法。意德等教士。惟歌功頌德於意德。甚至著書立說。惟恐人之不己從。必欲我國教民。作爲彼國征服附屬之民。無不忠敬愛戴而後始快於心。更聞有荒謬者流。斥我國教民不愛彼國者。謂爲相反聖教會爲謂不聽長上命。嗚呼。傳教之士。本爲愛主愛人。始犧牲一切。而舍身救人。凡稍具彝良者。誰不感佩入骨。乃今以少數偏私不化之流。演出形跡。使其人竟如虎倀。使其教竟同罪藪。使教外稍具知識之人。但觀皮相。不察實情。何以心服。何肯歸向。嗚呼。以獨一無二純正美善之聖教會。竟被諸君作成一荊棘險仄之途。演成一偏私黨派之府。使我國中上之人。憎惡痛恨。裹足不前。嗚呼。眞道之不能廣揚。是誰之過。

前歲比國被德殘毀後。該國樞機主教某公。發出勉勵國民書一篇。反復譬喻。諄諄以愛祖國爲訓。至理名言。無論有識無識。莫不感痛。至於我國宣道者。從未聞有提及愛國者。（或有之吾未聞也） 豈聖教道理。獨於中國教民。當使之愛外國乎。眞欲索解人而不得矣。嘗見一二荒謬頑固者流。汲汲惶惶。百端抑勒。惟恐人之不受壓伏。惟慮人之來相攻擊。可惜彼未讀孟子以力服人者非心服也一章之語。是以枉勞其心。虛担其慮。而爲此徒勞無益之舉。吾作此篇。本意原爲勸學。今何竟軼出範圍。拉雜至此。不亦蹈瀆尊犯上之愆。有違聖敎誡命乎。曰否否。吾思之熟矣。此懷鬱積已數年之久。推原吾國敎民。所以鄙薄中國學問之故。其根甚深。倘浮泛言之。則不能抉除其病根。終有類於隔靴搔癢。若痛切言之。則又觸犯神權。將啟輕藐神長之漸。吾奉敎人。惟以尊神權。聽長命。爲無上之法律。吾豈不知惟其人人尊神權聽長命也。故凡遇事之腐敗者。只有隱忍受之。委爲主命。非惟不能口談。甚至不敢腹誹。此所以江河日下。日就腐敗。而無可如何也。須知神權自神權。人事自人事。吾敢信吾尊敬主敎神父之心。不後於諸君。且純正愛戴之誠。或有過於諸君者。惟其愛之切也。故望之厚。望之厚。則不能不思所以盡區區之心。爲泰山滄海之助者。緣數年來。值我國時局之變。人皆皇皇無主。實爲開敎千年不遇之良美機會。乃忽起直追。思一盡其蟻負之力而出與社會周旋。始知我敎中受人指摘。供人攻擊處。不一而足。始而猶强顏向人辯護。繼而捫心自思。不能不痛心疾首。大聲疾呼。使我謬誤者急當力反正軌。作人芳標也。因察教中最爲我國所謂上等社會第一口實者。則爲不尙學問之一端。而不尙學問之弊。則由我當權者。量狹智昧。不知以大體爲計。不能以聖教會之心爲心。以致人才消乏。百事隳墮。自處於劣敗之數。此無能爲諱者也。夫量狹智昧由於無學問而出。而受毒則在於種族。於國際黨派之觀念過烈之故。此等觀念過烈。則媢嫉之情不能不生。媢嫉之情既生。則己之不能者。不肯讓於能。己之不足者不肯認爲缺。而對於屬下。則更施以愚民之術。樂其圓熟軟媚。而惟吾命之是從。善乎昔人之言曰。媢嫉之人。不惟才德勳庸出己之上。而必不能容。即未達之士。少見鋒穎。亦防其異日之難馴。而預遏焉。嗚呼。此言也。不啻爲若輩寫照矣。言至此可以止矣。予之所懷欲白。自信爲合天理人情之正。且有的確證據者尙多。非有所畏而不敢言。正恐無識之士聞之。謂我爲挑撥惡感。渙散人心。敢與聖教爲反對。殊不知我所反對者。乃偏私之人事。非公正之聖教也。上主既賜我此知識。洞見其利害是非之所在。且鬱積竟至數年之久。倘苟且含忍。但博一馴謹樸愿之名。又安知非背其良知。辜上主之宏恩乎。或曰。聞子此等口吻。大有瑪丁路德背叛之氣概。答之曰。君勿鰓鰓多慮也。僕不過一無權無勢微末教友耳。請觀歷來背叛羅瑪自成異端者。舉皆爲主教司鐸耳。何有一微末教友乎。僕乃所朝夕惶懼。惟恐與羅瑪有背者也。今對於羅瑪。或陽奉陰違。或直相反背。或任意揑報者。正大有人在。若此之不慮。而顧於警告違背者。反指爲違背耶。或曰吾之長上。雖有所發背謬之命令。罪則在伊。我輩遵行背謬之命令。功仍在我。我不當議其是非。乃爲普信。曰此等道理。是直不以天主誡命人之彝良爲斷。而惟長上之命是聽矣。且詐語欺騙。世上人類誰不以爲罪過者。今乃亦行若無事。此等信德。非吾彝良中所能認可者也。或又曰。人不當權。自不知辦事者之苦心。局外旁觀。任意吹求。亦何所不至。且世間事。是中有非。利中有害。非具卓識者。一時豈能遽辨。曰是非利害之不易分辨。是固然矣。然在抱道懷德之士。自當於其大處著眼。高處着手。今吾所見。但知其局於偏。囿於私。但顧全眼前小利小害。而明明遺毀教會莫大之汚點。是亦可以不得已三字了之耶。此國事與教事。牽纏混雜。不當不明辨者也。至於今之所謂質揚者。不過正如於潔淨身軀上。多加瘡癩而已。內之足以消耗精神。外之不過招集蠅蚋。

使稍具心肝者。誰不痛心疾首。視爲大辱。但爲積威所壓。竟敢怒而不敢言。不過相與私下歎息而已。君應知凡吾以上所隱約其詞。痛加斥駁者。皆確有所指。不過仍爲拘牽忌諱而不便明言耳。

僕不肖無狀。於聖教道理未能深知。但本吾之彜良推想。聖教會所謂道德者。乃明白清醒之信仰。當一准於羅瑪宗座之訓誡。非糢糊昏瞶之盲從。於反背彜良正理之事。一味苟忍。即可誘爲聽命美德也。

今歸於本題。論學問之關係。更有事實證之。有明季葉。利瑪竇氏航海西來。挾其熱切之愛。堅忍之志。而其聰明智慧。又足以副之。乃孜孜汲汲於中國書史。朝研夕討。二十餘年。故所著書。不惟折服當時名公鉅卿。而餘韵流風。猶沾丐後學於不替。人以類聚相繼踵至者。遂有龐艾湯南諸公。故著述如林。彬彬稱盛。彼時聖教爲何等氣象。厥後雖朝廷時有反對。官府多方阻難。然猶幸有人得斡旋於樞要之地。聖教賴以不絕。此非食學問之報乎。今何時乎。信教自由時代也。凡向之反對阻難。皆一掃而空矣。宣揚聖道。宜乎沛然無有能禦之者。然孰知阻遏抑塞不在外。而反在內矣。種種束縛。種種排擠。眞有不堪爲外人道者。而嚴種族之辨。逞國際之威。尤以仇視於同教異會之人。爲惟一目的。諸公遽聞此言。必以予爲信口雌黃。妄肆譭毀矣。茲不得不略引事實以証之。往者前清咸同間。同文館之設。向我聘請教員。而我不勝其任。甯肯推讓異國異教之人。而不肯援引同教異會之人者。何耶。此爲往事。且係聞諸前輩傳述如此。不知其果確否。可以不論。今再以身所親經者言之。如某會欲於某處立一高等學堂。某處乃以我之權力所在。遂力加阻遏。恐他會於此伸張其勢力。此外並無他原因也。又近者某公著書立說。極力詆毀攻擊於利湯諸前輩。所陳之理由。淺陋荒謬。不過自供其鄙而已。眞不値識者之一笑。且將羅瑪宗座久貶於地獄之誣謗。引以爲證。煅煉其罪案。此等舊汚重播。究其命意之所在。吾百思之而不得其解。緣此等筆墨。爲教中教外中人西人。俱無好處可言也。繼而乃恍然大悟。蓋利湯諸公。與我既不同國。又不同會也。不然。何此公之不憚煩。而自鳴得意乎。凡此諸端。皆爲其反對學問之總源。乃支分派別。流溢而出者。無往而不與此宗旨暗合也。目的之堅。抑遏之力。竟如此。即今所收效果竟何如乎。內之求一司鐸能作數行平常通順之信者。幾如晨星矣。外之曾有一高明特達之士進教乎。効果竟至如此。曾不知自反。乃復洋洋向人曰。富貴人入天國。比駱駝穿針孔尤難。吾主耶穌固言之矣。殊不思我曾表示以何芳標。宣布以何妙理。能使人感動皈依。如古之徐李輩心悅誠服耶。使我今日之所爲。而欲得有高尚人格奉教者。必須聽憑由天而落也。且其人尤須具必要之德行數端乃可。一必須其不嫌作外國附屬之順民而且甘心崇拜之。二必須其一來便知尊崇主教司鐸之大德。而善能跪拜。出言而恭順。三必須捐棄一切知識學問。而尤不敢言愛祖國。寫至此。吾亦自覺其出言狂悖。不能無汚蔑之罪矣。吾聖教中絕無此等道理。吾主教司鐸中斷無此等主張。嗚呼。吾非言眞有是道理。眞有時主張也。但按君輩表面觀之。誠有類乎此者。凡此醜普顏色。皆足距高明人於千里之外。奈何尚不知自省自察。而猶靦然自滿自足哉。凡此皆中國教道不能廣揚之大原因也。然則爲今之計奈何。曰凡已染成此等惡習者。其毒深入腦囊。依仗人力。斷難使其省悟。但望我青年有志之士。願犧牲一己以教人而愛國者。從此每日定一時刻。作周年之敬禮。熱切懇求天主。賜我中國聖教廣揚。凡諸阻碍聖教。汚辱聖教之人。請天主大發仁慈。賜其認識己非。力返前轍。併求從此打破諸公國際觀念種族觀念。黨派觀念。而惟以吾主耶穌之心爲心。而於羅瑪之命令。嚴遵恪守。不敢陽奉陰違。稍事濛混。如此虔禱一年之後。再集合同人。竭誠盡禮。同跪於主教台前。婉詞求請。此後修道之士。於現定年限規則外。更求展限至少應在六年。以爲盡心研究中西學問之地步。然必須延聘素負聲譽。高明特達之教習。嚴定課程。必非如以前虛應故事。敷衍塞責。始克有濟。果能如此。十數年後。則必煥然改觀。不復如今日之黑暗腐敗矣。須知此等請求。絕非犯上。絕非干冒尊嚴。乃奉歷代教宗之嚴命。如某年教宗對於栽培司鐸之訓戒有曰。倘爾等科學知識。不超於世俗常人以上。何以施其訓誨。令其心服。又云。凡在司鐸者。至少必須有文學秀才程度云云。今我眼前所見年少司鐸。偶爾寫一平常信札。書法則惡劣潦草。不成行欵。字句則顛倒錯亂。不成文詞。置之中國平常商店中作一學徒。尚爲劣手。何論其他。豈非顯違羅瑪成命而自跌其聲價。自卑其品格乎。諸君諸君。當反復思之。力求學問。非我分外事也。更求諸君鑒察此篇。雖似蕪雜狂悖。正如昔人所云。言雖可惡。心實無他者也。然必須徹首徹尾貫穿讀之。若截斷數言。或摘取片段。便遽加以罪名。吾所不能承受。但望諸君憐其狂熱。憫其苦心。而勿認其爲反對聖教。散布邪說之妄人也。則幸甚禱甚矣。

天主降生後一千九百十七年六月

覆友人駁勸學罪言書

奉到手書。浩浩逾千言。反復捧讀。其一種衛護聖教。憐惜鄙人之誠。溢於言表。僕雖不肖。敢不痛自循省。以爲繩愆糾謬之助。但閣下所執之理。雖是所言之事則非也。僕倘欲一一分晰。則有如護短飾非。護短飾非。其事猶小。倘使閣下信我所言。或致擾其淡定。失其安和。則爲過甚大。故對於尊函。總以不答爲妙也。繼而思之。閣下道力之堅定。固非以鄙人數言便爲轉移者。然而鄙人理障之黏滯。又豈閣下一函所能滌蕩者乎。況既承閣下以辨明尊函之是非。諄諄相囑。豈得以苟默曲從。便全我輩之情誼乎。今謹將鄙意拉雜奉布。雖言語有類傲慢。氣象不免粗鄙。然語皆眞實。事皆有徵。請格外恕宥。而垂察焉。

來函不以拙著勸學罪言爲然。所指正處。殊多齟齬。是閣下於罪言所陳。尚未了然。故有此等悞會。至於是非之剖晰。利害之判斷。亦未能確切不浮。其總意不過欲言爲屬下者。不能指斥長上之非而已。夫敝處之景況。但能苟忍。僕亦何必躬冒不韙。自蹈訕謗之嫌乎。至於我所深痛者。何以上峰之剛愎自恣。大有朕即國家之概。緣在會者不敢言。他會者不便言。屬下者不能言。是以醞釀竟至此極也。將待其徐徐自悟耶。而十數年來目的之堅。有加無已。將待天主由天發聲警告耶。而天主從不輕易現示此等奇異。將謂我中國罪過所召。應受此等壓抑耶。則見罪孽愈作愈深。其罪尤不可逭也。思之既久。寢饋難安。是以鄙人於散漫祈禱之餘。而更思盡人事棉薄之力如此。此所以爲勸學之罪言。略寫大意。先望輸入青年熱心者之腦筋。俾其既知是非之所在。利害之所關。然後加以同心合意熱切之祈禱。再徐徐從事於盡禮之請求。倘蒙恩准。日後既得探討於中西各學問。則品格自高而是非利害。此後亦易了然。當不復似今日之盲人瞎馬矣。不然。但聽威福自擅。爲所欲爲。雖數十年後。同歸消滅。而實受其害者。則仍在我教會。仍爲我同胞而已。始而吾但知學教道理。惟以遇横逆而堅忍。且絕口不談人之是非。爲無上美德。繼而閱歷稍多。乃知辨明是非。指陳利害。倘非無理取鬧。更爲吾羅瑪宗座所嘉許。緣羅瑪本爲主持是非公道之鑑衡。況鄙人此書。非激於一朝之忿。便率爾操觚。冒然刊布者也。其間所指之事。又非捕風捉影之談。非聞之司鐸。則身所親歷者也。某公見此書則謂。但使中國人讀之。無甚效果。如能達於羅瑪則妙甚矣。某公今晨之來函。不約而同。亦以此書譯出達於羅瑪爲盼。是夕又得某公來函云接得罪言。兩次誦之。竊爲實情。無一字一句之虛假。實獲我心云云。凡此引証。非僕之敢於自矜自傲也。不過表明此書所言。尙屬近理。不致有遠於聖教而已。閣下處於上海。不知北方之情形。故發此熱愛之情。遠相訓誨。孰知我北方教友中稍具彝良修士中稍有識見者。相見之下。言及教務。無不咨嗟太息。詫爲奇變。前年有法國某司鐸。突然不辭而去。至上海始來一決絕之書。大意謂我不再居君屬下矣。居君屬下不惟靈魂不得救。且恐大喪我之信德云云。此等越禮之舉動。此公或有腦病。亦未可知。不然何以竟至如此乎。然而此中誰是誰非。局外人不敢遽加論斷。可以存而不論。至去歲僕赴張家口。於火車中遇見某修會院長。此等人當爲有德者矣。迺姓名後。遽謂僕云。某公非於世上永生不死者。君可安心云云。其意蓋謂待其死後。則一切乖謬可望剷除焉。嗚呼。此等語言。胡爲乎來哉。其情形亦概可想見矣。雖然以上所述。不過爲各人心中意見之不同。不能斷定誰是誰非。今再略以事實言之。吾北京領洗舉事。一人有由一次至四五次者。何則。一次則有一次之錢也。領洗後爲非者仍爲非作歹者仍作歹。頂神者仍頂神。燒香者仍燒香。而不進堂則一也。每年報告新領洗者。動至若干萬細詢各處司鐸。能作教友本分者。數千中不得一二人。此則我北京自矜爲中國傳教第一發達區。特蒙教皇傳旨嘉獎者也。今年報告領洗者數萬外。又有保守者二萬五千。各司鐸見報告後。面面相覷。互相詰問。皆不知保守者何在。繼而始悟乃所存不義之財。備明年領洗一次。（不可謂一人領洗只可謂一次領洗因一人可領數次也）應出者如此之數也。屬下各人。曾有不以爲然。略爲伸說者。則大加雷霆推之出室。不准再言。一司鐸謂予曰。人都是人。不如此辦理。便不得臉。種種責詈。誰堪其辱。如此辦理。便上人見喜。百般獎勵。所以不能不昧心相從。以保地位也。嗚呼。人都是人。此語作何解說。眞人格掃地矣。所以某公議之曰。如此辦法。則施洗誦經時。當加一句云。我奉長上命。爲爾授洗。方爲合格。不然受洗者既非眞心。又非一次。良心將何所安頓乎。然其間尤有不得不爲閣下告者。閣下詳情度理。當亦知爲勢所必至。絕非散布謠言也。緣領洗既有銀錢之關係。則有出而包辦者。有打折扣者。

（一司鐸告僕曰在外傳教司鐸每人每年上峯只給費四百元告以不足上峯則云吾亦知不足爾輩何不盡力爲人領洗吾則照六元一人開爾輩可隨便減發不然爾輩不力爲人領洗云云嗚呼熱心救人竟達此地步）有錢不足數欲毆神父者。有許而未給。羣欲縛神父及司事。擬投諸渾河中。幸而聞風逃逸者。此等学。故吾每聞人述及。便掩耳却走。不願再聽。其奈疊疊衆口。無可諱避。何故吾謂此等廣揚。實如於潔淨身軀上多加瘡癩也。不寧惟是。凡經此等開教處。更無望有中上人之再入教矣。因醜態百出。聲價掃地矣。關於此項。寫至此可以休矣。緣既非閣下所樂聞。亦爲鄙人所羞述也。

今再略言他事。北堂所出之法文教務雜誌。專以攻擊利瑪竇湯若望等爲事。君如不信。請購閱之。便得其詳。吾之知識短淺。不知是何取意。請君有以語我來。

天津估地風潮　（中略）

天津爲通商碼頭。公教某會士。久欲組織一美好學堂於彼。儆上峯以爲我之權力所在。以我可自辦學堂爲詞。嚴行拒絕。彼雖千方百計。終不得達。而自己終亦不辦。

夫此等學堂成立。於聖教會全體上。名譽上。有何防害。請君有以語我來。至於反對學問之事。吾處自上至下。幾有一德同風之概。緣居上峯者。既非本國人。腦中每橫亘一中國野蠻之見。既屬野蠻。安有文學之可言。教民視神父主教如天神。其所好所惡。皆奉爲模範。故於不知不覺中。已受其潛移默化之神力。此何用顯然禁止人爲學乎。雖然。尚非不顯然禁止也。我北方向來對於報館學堂。視如仇敵。百般阻遏。百般詆毀。堂中既無正當學堂。而教友有出外就學者。幾以背叛視之。此等情形。閣下亦曾聞之否耶。今再以事實証之。一日某司鐸對予曰。北堂某某司鐸。對於培根靜宜各保守求領洗者。考問道理。甚爲駭異。言此等學生。每每比老教友尤爲明白。眞令人歎慰。但是獨不敢向主教言之也云云。嗚呼。此等語言。眞令人不解所謂。竟使人哭不得笑不得矣。如此推論。此等主教。不幾成窮兇極惡人乎。非也。緣其平日痛惡憎恨學堂之情。如入骨髓。衆人爲積威所懾。是以不敢觸其怒也。至於來函又云。古昔歐洲何嘗倚賴教士與學等語。僕閱各歷史。歐洲之文明學問。皆由教士提倡栽培而來。何云不由教士乎。

閣下又言野蠻國傳教士不過略高於野蠻云云。此理或亦有之。然學問過高者。豈有道大難容之處乎。惜乎。吾中國非買定永居於野蠻地步。而傳教者程度又每居中人下也。某公曾向予言一日偕華鐸謁官府。官府詢云台甫。華鐸答云宣化府。雖司鐸不皆如此。恐如此者正復不少也。君又言若求學問則司鐸更少。此必無之數也。聖教會浪費之金錢何限。浪費之時光何限。其病根每中於見小欲速。希圖報告成績。因挾此私見。故雖致失聖教會之本意。亦不暇恤矣。吾嘗見灌園者矣。譬如每畦必須得五斛水。始足滋潤。今但灌以二斛。似省力矣。然五斛水其秧勃然茂盛。且可延至三日。今二斛不終日而地坼裂矣。秧亦萎然憔悴。二者孰得。況修道生遞嬗而升不過起首者時間略長。其後有何遲速遠近之別乎。且聖教會非數十年便休之聖教會。而但求潦草塞責。見小欲速。何爲乎。潦草塞責。見小欲速。吾但見其害耳不知利果何在也。今凡君所云云。雖出於美意代爲辯護。然豈非不悉情形。但顧其一。不顧其二者乎。君猶如此。吾尚何望焉。尚謂吾上峯不禁人爲學乎。抑吾聖教會果專專爲椎魯鄉愚所設。絕無需於學問者乎。今異教之在我國。於政治上。於社會

覆某友書　七

上。何以佔有優等勢力。亦因以學問爲號召也。就天津一隅論男女學堂無慮反教教員者。概不多見。問有公教一教員乎。其故不可爲曉乎。君又謂聖書惟其理。不惟其詞。然舍詞亦何能見理。況綴字聯句尚不能解。便欲著書。此天下各國絕無僅有者也。(關於此另有致某君書附呈)凡此之類。不惟不思改良。且極自滿自封。豈非狹隘我聖教。玷污我聖教乎

至於國際之惡陵。種族之畛域。黨派之攻擊。皆牢不可破。其違反誡命。拂逆人情之事。欲畢述之。窮年莫竟。今但略述所見久受抑勒各修士之情狀。其欲言不敢。欲忍不能。於無可如何之際。所吐露之詞曰。然則伊等未讀吾主之聖經乎。然則伊等不視羅瑪之規定乎。然則伊等未見立會聖人之章程乎。何其明明相背也。總之此輩所挾持者。惟一勢力權位之見。竟有明目張膽向華鐸宣言者云。若無我等。爾輩皆餓死矣。所以諸華鐸跼蹐如轅下駒。悵惘如喪家犬。忍氣吞聲。震懾失措者比比然也。總之絕無公理之可言。誰使吾國不能强盛乎。然則聖教會果有國勢盛衰種族强弱之別乎。此吾所以竟敢以公理爲爭。而絕不認吾輩生就永當居於奴隸地位

也。閣下所示謙遜。忍耐。聽命諸德。固爲聖教眞正道理所應爾。然則準以公理。此等道德。非但責之一方面。凡屬教中皆當勉修者也。至於在上位者。尤當樹以芳表。使人效法者也。閣下若云。凡爲善信皆係自省自克之人。萬無專事指摘人非者。凡專指摘人非者。絕無道德之可言。且誰畀汝此審判權者。以上云云。吾自思之。亦頗慄慄。纖而細察事之無關大體利害者。固可聽其自消自長。或待其時。或待其人。而後改革之。獨我與羅瑪數萬里遙隔。以言語文字迥不相同之國。此等黑暗。當於何時得見天日。凡與吾同見者。無不日夜禱盼。願將此等情形。達於羅瑪。冀有公使之來。一察其是非。但無人敢冒此犯上罪名。無人敢涉此毀謗嫌疑耳。僕何人斯。竟敢貽大妄爲乎。然實因激於公義。非爲洩其私忿也。至於保祿宗徒。因是非之關係。亦曾致書責斥於宗座。僕以位卑身賤。罪大惡極之人。萬不敢援此爲證。仍請閣下於此嫌疑冒犯之中。細審其情可耳。

君爲吾生平所最頂禮崇拜者。然蘇格拉弟云。吾愛吾師。吾尤愛眞理。故不避冒犯。

竟敢與君爲嚴重之敵抗。總之。君之來書。實出於愛護之誠。吾豈不知。揣君之意。不過恐我始而反對於人者。繼且反對於教會。終則背叛於天主。但吾之與君斷斷不休者。絕非逞氣爭勝之舉。亦實爲光榮天主。廣揚聖教起見。故敢揭其積弊。指其謬妄。而痛切言之。倘無决癰滌潰之人。此等蘊毒。何日得消。而覆轍相循。終古無改良進步之望矣。此鄙人發言之本意也。

以上喋喋數千言。非惟不敢自矜爲理得證確。而予且深滋懼焉。君之來教。雖於事實有所隔膜。終不外以責己恕人。力求自振爲理之正。洵有德者之言。僕之所言。縱使情眞事實。終不免出位言高。有同指摘他人目中之細木。而且求全責備。旣重且周之過。尤爲難免。雖然矢當弦上。不得不發。亦自然之勢。而知我罪我。都非所暇恤矣。

降生後一千九百十七年七月

先兄斂之自幼天性沉毅慕道求學專心致志晚年遯世香山立輔仁社四方來遊者甚衆即今輔仁大學之發軔焉惟其信道甚篤以廣揚聖教爲己任故所著書如萬松野人言善錄安蹇齋叢殘藁皆爲明辨聖教所著又數印辯學遺牘靈言蠡勺主制羣徵諸書以示世人崇奉正教之途徑數年以來見教學日衰人才日乏隱然有復興文藝之志惟其愛之切也故望之厚望之厚則不能不盡其區區之心從事著作以顯揚聖教乃著勸學罪言上之教宗教宗深爲嘉許故派員巡視各省調查教育於是有輔仁大學之設創辦以來盡瘁鞠躬欲達其數十年誘掖奬勸人才之志願卒以憂勞過度遂於一九二六年正月間與世長辭是先兄得滿其素志死無憾矣至今我公教學校林立努力進行若不以勸學爲務恐終去其志甚遠其效亦微值此需用人才之秋勸學烏容或緩惟前此所印勸學罪言皆以告罄而四方來求者益夥故欲重刊是書並附覆友人駁勸學罪言書以餉我教中青年庶可復振作其心志繼續弗已將見聖教大與人才蔚出爲公教生無上之榮光也

十一

一九二九年十月

英枎識於北平

※ 益聞録散見詩文 ※

題道末先生集　〇壽常愛讀湯公語今日開編恍遇君我友爲之尤感切幾回約我哭君墳〇宣道偶揭　宣揚眞道遍遐荒大衆咸明照性光拯世濟民非小惠歸根復本見康莊乾乾翼翼昭前聖戰戰兢兢荅後王夕死朝聞誠不偶碑傳景教已初唐〇前題　調寄大江東去　森森象有是誰匠成這偌大天地山峙水流呈毓秀日月繫天昭麗寒暑以時晦明不爽萬物區厥類仔細思量能事洵稱獨至　說到自然而然究無根底總是懸空擬不識惟一眞主宰相率懵恫淪貳或陷利名或迷驕佚擾擾堪垂淚回頭猛省我生豈等閒事　薊北英斂之稿

題道末先生集，宣道偶揭，前題　調寄大江東去，1037號，1891年1月28日。

〇和友人感懷詩　杞人憂天何爲者緣渠身任天之下理亂不聞漠視之果哉曾歎無難也杜老非關愛多愁萬目時艱淚常瀉諸淵苟生眞個多責纍直死何其寡伴食徒聞懷慎盧過秦難覓長沙賈嗟嗟乎安石不出民悲歎安石既出又如蒼生何世事如棋不着好一任從傍妄揣摩老蘇曾頁辨奸論迂闊未必半山遂君子易退而難進世人樂達叫疾困盤根方見干將才投暗室爲明珠恨君不見五陵侯千金之馬百金裘曲眉豐頰丰姿足自公退食何休休　英華求正草

和友人感懷詩，1073號，1891年6月13日。

乞兒行 ◯凍雲漠漠風颼颼號寒冷雀聲啾啾蕭條落瑟情何極廣厦能無杜老憂君不見披癃殘瞽衆無告菜色鶉衣何潦倒臘盡依然未製衣日昃居常不起竈幾回呼遍路三叉行人不顧徒咨嗟誰家豪華少年子貂冠狐裘七寶車哀求一錢半錢耳追隨相將二三里不生矜憫反生嗔譏呵豪奴鞭欲死吁嗟乎飽漢不知餓漢飢人情自古皆如斯行將聽命甘溝壑無使斷送者頭皮◯貧病吟 昔賢云病中滋味不可不嘗窮途景況不可不歷余長貧善病況味備嘗因作此吟以自厲 怪得昔人歷說病病來翻領一般靜欲淡情枯萬妄消竟於危難窺眞性天將大任於是人顚倒拂亂困其身試看古來大豪傑強半淬礪出奇貧吁嗟貧病不須恥善處益人反深矣若不安命妄貪嗔災禍煩憂且蠭起我生何幸得遭斯困頓窮匪夷所思行止惟期義所在萬事從天分付之◯五言俚句 美易動人情情生愛不已既種癡愛根便滋淫邪起一熾淫邪心誰復知廉恥廉恥日以喪終必滅天理天理苟滅絶不如畜類矣萬惡自因仍千邪惟所與顧因一念差遂不可底止所以修道人目不視非禮◯志感 我生端不負斯來得識源頭見別開夕死朝聞今可矣存心養性豈徒哉莫將擾擾憧憧念操去乾乾翼翼懷一刻千金難再買浪拋虛擲事堪哀 一片憂懷千萬緒人間底事得安和漫披屈子離騷賦且唱堯夫擊壤歌謝世絶貪煩自少廣交博識事尤多茫茫大地風波險何處堪營避罪窩◯原性步友人韻 惟命不于常顧命實誰命嗟哉後世人竟汨厥眞性彼非羣擅與此是誰爲競從善去惡權我實操其政奈何憒憒然昧此靈臺鏡由來一念間判然分狂聖

英華求正草

乞兒行，貧病吟，五言俚句，志感，原性步友人韻，1075號，1891年6月20日。

自在園觀荷一律 ○流水小橋東新荷綻嫩紅淸超百卉上香溢滿池中數點催詩雨連番解慍風此間眞快樂一笑有誰同 安蹇主人英斂之未是草

自在園觀荷一律，1094號，1891年8月26日。

卽事 ○殘書幾卷日摩挲苦恨光陰疾似梭欲藻才思何許得工夫典藉雨何多○雨後 積雨朝來作朗晴遠山初洗翠晶瑩烹茶磨墨花間坐得句堪欣趣味淸○栽竹 種得新篁數十竿宜風宜雨復禁寒心虛節直誠堪羨聲更琅琅日報安○題板橋集 板橋老子詩何古自出機杼不拘譜理遂情

即事，雨後，栽竹，1095號，1891年8月29日。

寫懷四律 ○欲將妙義托微辭握筆沉吟思入癡撼樹蚍蜉徒自辱笑鵬鷦鷯劇堪嗤冰鏤脂畫終無濟株守舟求亦可悲俯仰兩間靈獨稟禽行獸息果何奇 幾談莊老幾參禪說靜說空月復年聞道比鄰求外義何如名教証眞詮雖然已返無爲地未免終迷有象天畢竟是非當畫一孰迷固我誤多賢 我生不肯糊塗死索隱鈎深費苦思想入非非全舍象悟來汩汩更無辭破除舊套欣今覺識徹歧途憫世癡原始要終眞究竟一心歸主復奚疑 歸根何畏路頻更有志從來事竟成緣木求魚終不得問途於瞽總難明盡人公性徵眞道後世訛傳繆正經勿鄙赤誠爲草昧新田無穢更堪耕○寫懷兼自厲 落落行年廿有春幾番困頓且邅迍守身每恖勵斯理處世惟欣率此眞藏拙嘉謀能免拙安貧妙法在忘貧訥言敏行宜深省愛 主光須要愛人 安蹇主人英斂之草

寫懷四律，寫懷兼自厲，1100號，1891年9月16日。

寫懷用友人韻　○貿貿年逾二十來此身難復舊童孩幾回騃態思抛去一段癡情不可開斯重斯威君子德可牛可馬達人才鮿生一向成荒廢樗櫟伊誰爲度裁○讀友詩再和前韻　十年恨不讀書來空負昂藏舊日孩茅草久于心內塞霧雲從不眼中開見惟坐井思惟陋武不干城文不才幾度罷吟渾未得鄙詞聊復待君裁○和友寫懷　一生心事寄漁樵賤土食毛感　聖朝安塞自非輕玉帛希賢敢不重簞瓢率眞不樂修邊幅處俗尤嫌事榜標掃得此中渣滓淨人間何地不逍遙　靜中我亦適其天幾度登場復昧然知白自當堅守黑執經莫可與言權鋒芒豈易陶豪傑規矩應難化聖賢歲月擲人眞逝水駑駘敢不猛加鞭

英華七月二十九日稿

寫懷用友人韻，讀友詩再和前韻，和友寫懷，1103號，1891年9月26日。

昆明湖　○沉雲掃淨雨初晴日暖風輕湖上行近水遙山開畫本刈蘆舟向斷橋橫○金山　最是秋來眼界賒冷風千里見平沙一鞭得得餘殘照無限淒情歸暮鴉

英斂之稿

昆明湖，金山，1104號，1891年9月30日。

奉和趙君秀珊七律二章　○邇來此腹竟空空斷句吟哦向晚風雅與枯楞同去鶴新詩婉孌忽來鴻深思砥礪諸師友樂與優游衆冠童九月晴和閒暇裏再同西郭看霜楓　連朝積雨快新晴澄肅天光眼倍明淡蕩嶺雲聊寄意啾啁瓦雀若爲情閒編便得神思曠閉戸欣嘗趣味淸殊愧小生殘朽質也容筆墨濫竽笙○紀程四首　洛家庄　石塔聳峯頭崚嶒入望幽羣山環拱抱儼似玉泉游　拒馬河　曲折淸流急昏朝日注東來源勞溯逆發脉自雲中　涿州塔　雙塔何年建年華失記聞殘碑猶說果諫表習韓文　永濟橋　虹橋三百尺兩首石欄長永濟　皇仁廣　恩膏遍十方　安蹇主人英斂之草

奉和趙君秀珊七律二章，紀程四首，1105號，1891年10月3日。

西山訪隱夜話書此即贈信筆一揮毫無韻律聊識此情耳　○我聞君名已六年兩翻欲謁嗟無緣區區徒抱登龍想風塵日苦俗氛纏今因抱痾來問道天時人事適相巧歷盡崚嶒險仄路中間別有天地小數椽茅舍誰結構萬簇怪峯自環抱升階入室間主人一接丰姿互傾倒解渴飲我山頂泉充飢食我黑羊棗夜悄山中萬籟寂到此眞空塵世事況復高人相對談抉髓搜精發妙義我生性本迂闊成懶於世上作趨迎羡君能逃世之外瀟瀟灑灑任性情　英華斂之求正草

西山訪隱夜話書此即贈信筆一揮毫無韻律聊識此情耳，1111號，1891年10月24日。

古劍

〇鋒鋩晦斂已多年泥土層埋只自憐割腐分梨難見力盤根錯節遇無緣善操信是千人敵小試堪誇百鍊堅大器終能成顯用奇勳仗爾入凌煙〇望湖樓　望湖樓下望西山蔚蔚嵐光指顧間流水有情心共遠行雲無意趣俱閒鬱蒼松色春常在闃寂宮門日竟關勝地盤桓童冠樂與闌時伴晚鴉還〇殘秋晚眺　漠漠暮煙橫蒼茫百感幷亂峯秋欲老一水碧無情塞雁傳新恨荒砧起舊聲蕭條楊柳岸長嘯晚風情〇寫懷　一般滋味辨心頭鎮日相依假暫休有限才華滯枵腹無邊感慨動深秋茫茫大地誰知己落落孤懷自隱憂感昧無常疇測此行將聽命尚何求

英華斂之求正草

古劍，望湖樓，殘秋晚眺，寫懷，1113號，1891年10月31日。

和秀珊先生冬郊閒眺韻　〇散心郊外興何長小徑行來尚履霜最好放眸高土阜　白雲觀西一土阜高數丈頗可眺遠　不堪回首永豐坊晚山落照顏成紫遠樹含煙色作蒼往事難爲重悵望暮鴉黃葉午橋莊

英斂之稿

和秀珊先生冬郊閒眺韻，1125號，1891年12月12日。

和趙君秀珊秋興韻　○老木號秋風寒雲釀朝雨吾心有至樂不爲境所苦黃菊綻東籬綠韭茂南圃隨寓適其安時與漁樵伍○秋雨和秀珊先生韻　峭寒一夜逼山窗冷雨凄其暗壁釭蕉葉遞傳聲淅瀝竹竿時戛韻琤瑽破廬杜老情何極護菊陶公興不降幾度濕雲將向曙晨鐘呼起曉鴉哤○步秀珊先生冬郊韻　木彫山瘦小陽天散步郊西興適然一水有情隨短岸亂雲無意出層巔荒村落漠開幽畫遠樹蒼茫起暮煙覓趣尋詩歸去後拈題分韻漫相聯

英斂之草

和趙君秀珊秋興韻，秋雨和秀珊先生韻，步秀珊先生冬郊韻，1136號，1892年1月20日。

自勗　○落落行年廿有春幾番困頓且遭迍守身每懇虧斯理處世惟忻淬此眞藏拙嘉謀能免拙安貧妙法在忘貧訥言敏行宜深省愛主尤須要愛人　靜中我亦適其天幾度登場復昧然知白自當堅守黑執經莫可與言權鋒芒豈易陶豪傑規矩應難順聖賢歲月擲人眞逝水駑駘敢不猛加鞭○滿江紅西郊散心作　散步郊西登土邱聊一抒眺衆兒童爛漫天眞踴躍歡笑四時獨推春景麗人生最是兒時妙羨嬉天哈地不知愁恣情鬧　拂襟來煦煦風翻空去啾啾鳥又流水悠悠垂楊婀婀嫣紅初放似錦花嫩綠漸銷如茵草追長歌歸去共歡言今天好

英斂之舊稿

自勗，滿江紅西郊散心作，1137號，1892年1月23日。

辛卯冬夜讀理窟辨誣章有感時事援筆爲長句如左，1141號，1892年2月17日。

辛卯冬夜讀理窟辨誣章有感時事援筆爲長句如左　○君不聞道高一尺魔高丈言雖粗俚情非爽道大難容自古然聖賢厄難徵諸往周公管蔡曾流言樂毅騎刦亦受謗巷伯何與豺獸嗟顔子會有拾塵枉金可爍分骨可消一言毀敗何須兩衆惡必察有幾人雷同毀異物惡上至公之坦覓蒙猜妙算謂迷直云罔是非公道實難昭勵行非冀城人賞名不正故言不順珠沉滄海芝覆莽叉不見至微之蟲不畏虎下士聞道自狎侮三言曾子亦殺人三人市虎儼如覩薰蕕從來臭不同正邪自古情難伍求全之毀德何傷不虞之譽實何補坦坦蕩蕩此行藏落落漠漠彼甘苦正教宣揚三百年往過來續一線傳風波平地時時起誣毀憑空處處沿一唱百和事頻釀矯詞嫁禍遂相殘無妄災來惟順受成仁取義志頗堅愛仇奇行體大造爲彼猶爲求主憐粤稽歐洲教初衍風波累萬復盈千劇苦虐死俱甘受忍苦不撓性命捐義血渠流屍山積從無背理圖苟延倀夫不解此端理但識安樂即爲美正道胡爲世不容善心何反遭慘死福善禍淫自古然好善惡惡世無異竊謂主宰本大公賞罰原不盡當世盍爲歷覽古來人每每殃祥多倒置回賢早夭更奇貧蹠惡長年且順利三字徒悲岳飛寃一鐵空爲秦檜嘗丹心常山死祿山白首平原陷希烈敲腿鼻酸楊椒山烙膚氣結左忠毅曠觀古來被艱迍強半忠臣與義士間有賞罰得當者用爲警勉昭正制世賞世罰俱當然人疑身後無升墮或當或否俱參半此正天主深奥義吾人分所當欽崇至尊天主獨無二萬有真原造化宗鑒觀赫赫無爲治享之以德歸以誠勿貳爾心修身俟吁嗟乎功無勞不成德無苦不立被難信友可無傷常念死歸生爲寄已矣哉遂殃遂祥聽所之沒吾安也生吾事 - 英斂之草

第十四冊六四

春日大風　○陽氣升騰候盡根鼓盪時乍疑蕉雨急渾似海潮馳虎嘯驚空谷龍拏折老枝不同搖落夜入耳莫傷悲○春郊閒步　日暖風和訣蕩天春郊閒步趣悠然小溪活活魚遊樂弱柳纖纖燕語便至理悅心貧亦富淡懷忘物欲猶全此情此景誰堪識非佛非儒更不仙　英華斂之求正草

春日大風，春郊閒步，1151號，1892年3月23日。

春日昆明湖上偶題　○六橋風景近何如探勝尋芳散步徐春色滿隄微雨後斜陽半樹晚晴初

第七四冊　一百三七

關關水鳥情相得點點沙鷗意自舒瀟灑襟懷誰可語翛然直欲問濠魚　斂之英華求正草

春日昆明湖上偶題，1153號，1892年3月30日。

村居四絶 ○幽居無事儘從容小院人閒靜不風窗外鳥啼春晝永瓶花時落硯池中 卜宅欣

居大有莊青山環繞水雲鄉柳陰長夏渾忘暑臥傍蓮溪夢亦香 昆明爽氣入秋宜泌水洋洋可樂飢載酒長堤邀客醉歸來一路晚風吹 萬木凋零天地肅亂峯夕照不知數獨向高原放遠眸寒鴉幾點悠悠去○和趙君秀珊四時詩韻 濛濛小雨潤如油無事山齋足養鳩好景一年君記取養花天氣最清幽 薰風拂柳日如年報夏初來斷續蟬何處清幽堪避暑枕琴時向綠陰眠 幾番風雨送新凉柳葉蕭疎柳色黃最是關心籬下菊傲霜晚節放幽香 彤雲脈脈色如鴉兆瑞濃飛六出花嶺上老梅眞矯節衝寒先自吐奇葩○五塔寺 曉煙籠樹認殘秋水繞寒城不住流五塔寺前橋久斷渡頭人立羨扁舟○昆明湖 沈雲積盡雨初晴日暖風輕湖上行近水遙山開畫本刈蘆舟向斷橋橫○金山口 最是秋來眼界賒冷風千里見平沙一鞭得得餘殘照無限凄情歸暮鴉○黑龍潭 黑龍潭裏水潺潺鐘送斜陽下遠山楊柳依依飄落葉數聲短笛牧童還○西郊口占 和風吹柳日初長策蹇西郊喜欲狂舉目都成佳麗句收來冗壓我詩囊 一鞭得得傍溪行柳綠桃紅慣愜情果是東風最公溥看來無處不春生 地隔紅塵三四里蛙鳴碧沼萬千聲悠然會得形中趣水在源時本自清 齷齪城中如底藭悶來惟有尋幽夢乍見青山喜不勝低徊無奈夕陽送○冬日病中偶書 風逞嚴威冷倍增硯池餘瀋盡成氷蒙頭抱膝情猶怯振起頹唐力待能 我最多人病與愁懨懨無間此春秋逍遙亦羨忘懷好其奈心身不自由 一榻蕭疎萬慮空擁衾無寐寂寥中隔窗乍見團飛雪恍惚疑當絮舞風 生平心性最多愁況復頻遭此百憂珍重鈔來擊壤稿好將和氣易嚴秋 英斂之求是草

村居四絶，和趙君秀珊四時詩韻，五塔寺，昆明湖，金山口，黑龍潭，西郊口占，冬日病中偶書，1154號，1892年4月2日。

行路口占　○房山邑北策蹇晨行有山皆秀無水不淸小徑曲折大石縱橫山雖重疊地有坦平林木幽閒時鳥和鳴人家三五豆籬茅棚冬則樵採春則鋤耕妻子嬉嬉隣里融融太古氣象和讓無爭我經此地飈動衷情願移家室來共爲朋○山中友人索書賦西江月二闋幷七絕二首　房後青山直立門前綠水常流四時好景最淸幽佳趣天然生就　且耕且讀安命隨緣隨分何求敎靈事主樂無休敬待永福身後○門外淸溪屋後山柴扉無事日常關一般淸味誰來賞只有山禽伴客閒　隱居世外絕紅塵舍妄拋虛日保眞房後青山千古秀門前綠水四時春　英斂之求正草

行路口占，山中友人索書賦西江月一闋并七絶二首，1161號，1892年4月27日。

孩童以敝箋索書戲筆走應　○是何人作此丹青傻樹呆山葦笠亭釣予樵夫都不設模糊想入夜冥冥　愛書非爲獵書名聊報肫肫致愛情信手塗鴉三五筆驚嗤痴嗜答馮生　愛寫非關博寫名兒童短箋足怡情無知難得偏珍重走筆聊爲報倒傾　偶因遣悶一塗鴉信手揮成掃誕誇多謝高明休鄙諸鯫生原不解些些○和秀珊先生卽事韻　百年人事任乘除小隱堪欣此敝廬最喜兒童閒說鬼無煩長者屢停車開編時與先賢接閉戶常將世味疎隨遇適安眞自足不勞淸夢到華胥　英斂之華稿

孩童以敝箋索書戲筆走應，和秀珊先生即事韻，1184號，1892年7月16日。

漁父　壬辰五月望前一日郊外遇雨作○雲光黯淡雨霏霏野樹成團野草肥青一色綠四圍人

第十四冊三百二九

家三五掩柴扉　黃鸝嚦嚦高低轉紫燕翩翩上下飛呈妙趣暢天機靜觀自得竟忘歸　斂之待定草

漁父，1185號，1892年7月20日。

有疑　○我生不肯糊塗死畢竟如何是悟時翫理半從非見是研思多在信生疑能無人力回天力果否無知遂有知究此本根開識者爲端歧異却因誰○有悟　徹炬何能照八荒眞明誰過太陽光有時盆覆猶離燭幾度雲遮尚易藏夸文逐追徒自苦杞人憂慮亦堪傷暢虔存養神功大泛索旁求枉碌忙○前意未盡再成一律　富貴功名不動心每於至理癖思沈廢飡豈是因乾噎入甕非緣愛苦吟壘塊如山消不盡情懷似海積來深自從打破疑團後聖域賢關可漫尋

英華斂之甫稿於京師西堂

有疑，有悟，前意未盡再成一律，1186號，1892年7月23日。

學書　○野鶩家雞定誰美春蛇秋蚓果何如右軍三昧升堂者還讓河南褚老書○示友　欲從萬有討眞原實力虛心莫憚煩曠著情懷參至理銳其進取探歸源闢邪首在能明正得意由來貴忘言自古聖賢昭事者大哉資始獨乾元　斂之求是草

學書，示友，1187號，1892年7月27日。

壬辰正月二十二日作　○一雪今朝止青天放晚晴半樓斜日照幾樹斷霞明雅趣無邊擴詩懷此倍清三農殷望慰瑞兆定豐亨　日落寒風起長空晚又陰月光看去淡雪色望來深邱壑銀花合乾坤玉屑侵嶺頭梅已放數點見天心○牡丹　香濃韵艷自堪誇難得超羣檀國華桃李區區博笑耳春來只發繞枝花○小園　柳乍舒青草乍叢小園紅紫鬭西東一般幽趣無人識多少詩情在箇中○種竹　種得新篁十數竿宜風宜雨復禁寒心虛節直誠堪羡待聽琅琅日報安○偶成　草堂幽靜晝長關六七童蒙自往還課能清閒無個事臥游粉壁米家山○觀書即題　眞光須自苦中來神慰奇編妙道開滅死超生無別術一心歸主莫疑猜　英華待定草

壬辰正月二十二日作，牡丹，小園，種竹，偶成，觀書即題，1188號，1892年7月30日。

覆鑑翁先生辨學第一書　○古人論學曰多聞闕疑曰不恥下問曰好問則裕是爲學之道極宜兼聽旁觀最忌師心自用也古人論悟曰疑者悟之堦曰大疑則大進小疑則小進是爲學之道不止闕疑有待尤貴能疑啟端也竊謂學貴探本不可泛索雜求馳神旁騖學貴心得不可尋行數墨口際耳頭疑貴善用不可叩寂課虛捏風捕影疑貴有益不可舟求株守畫脂鏤冰夫欲明道之本原窮理之極致必須曠其情懷超其志趣銳其進取切其探求由是鬱而得其通逆而化乎順頭頭是道左右逢源當其辨別之初必須據古準今旁引曲證證之以正理參之以衆情不涉離奇不囿迂腐則斟酌今古推勘是非不中不遠矣承　足下手示洋洋數百言殷殷以教理爲問虛心敏學慎思明辨之懷殊堪敬服華齒弱才庸寡聞疎學詎敢先覺自居但言及之而不言謂之隱且善與人同有知當告故不辭淺陋畧舉數端用塵　清聽來函云天地初判人類肇生未必男女二人即二人矣又不免兄姊倫常乖舛之道是　足下未深思也且不識古今殊致前後異情遂如此互提並論矣博古家考堯之二女正舜族姑妻舜于媯汭後人既得知此而堯及當時之人反不知乎知此而婚配之在當時必爲可行無阻曾不聞當時有非之者孔子讚堯亦不以此貶其巍巍大也良以太古人類未蕃傳生是賴娶二娶三尚可寬宥迨　大造降凡重訂規誡嚴著婚配之典最重貞潔之德凡奉教之國無論君臣士庶伉儷終身從不二色此古今之不同而奉命守規則一也又何疑焉所云方域遼邈人難析分諸語正不知古經紀載此等事故綱舉目張至詳且備當夫洪水既退造塔亂音分馳各國不相聞問代遠年湮事多忘失迨至古聖每瑟書契已興一二追錄迄今奉爲信史西庠中久學碩彥格致名師凡事探徵稽實褒貶極嚴從未有一人指其妄言其非者倘人非一祖所傳西國名醫查萬方人骨骼體血不差累黍華人呼母曰媽西人呼母亦曰媽華人言衆曰多西人亦有是音若此類者不一而足五洲獨亞洲偏東距他洲爲遠故被教澤畧後然於漢唐間聖教亦早流東土矣中國典籍浩刼迭興古傳所餘無幾迨經後儒黜竄改芟全迷本來面目故宣尼歎文獻無徵孟子言書難盡信此未遭秦火之先已至如此雖然餘韻流風吉光片羽非毫無徵引也易之七日來復顯係聖教罷工詩之小心翼翼自古惟欽上主若此類者亦不一而足設非一祖之傳何芥子投針若斯不爽再七日之說到處

覆鑑翁先生辨學第一書，1192號，1892年8月13日。(3–1)

覆鑑翁先生辨學第一書，1192號，1892年8月13日。(3–2)

皆然何以不約而同不六不八乎天下各國祭祀誦祈所在不廢生而有罪盡人皆知出土還土時聞斯語凡此諸端實徵公性所存不容誣罔東海西海此理此心豈若一二矯妄謬說瞽愚駭俗傳於此不傳於彼可比並乎至論各教雖出藉藉爭鳴使人迷失宗向主誠何心殊不知　天主生人賦以靈明畀以自主依違由己操縱從心但非至愚極繆護短爭長者流不難核理之是非辨道之眞妄珠目混淆何難判別再　天主雖不滅他教以衛眞教但使他教理多荒謬雜亂無統一加推勘眞贗立分不在喋喋爭勝尊己貶人也且萬有之不齊正所以彰　天主諸德並行且各無限甄別善惡正所以操施賞罰任人自願正　天主不自掩其足也妖由人興福由人致　天主何爲禁之哉人善主賞好善之德行矣人惡主罰至義之德行矣惡不即罰待其悛改至容之德行矣悔改即赦恩寵有加至慈之德行矣人但當畏威懷德感謝讚揚於畢世豈可以受造區區有限之私智妄度施造蕩蕩無垠之聖情耶以微蠡而測大海持寸炬用照八荒多見其不知量賞善罰惡　天主至公無勞多慮斷不至顛倒是非負善縱惡也凡此諸端皆由　足下閱書未全閱理不徹故更有教中教外一端云云按超性學士推論世之未被聖澤者果能畢世忠直從無罪犯且知有一造物大元感謝敬畏之死時亦蒙上升若有人已聞聖教之理頗知救贖之恩緣樂於阿世隨俗任情縱慾遂將彝良抹煞豈若罔聞或矯指爲異端或誣言爲怪誕驕狂自滿殘忍貪淫外沽剛正之名內包陰邪之險雖能巧絡人心豈得幸逃主鑒若此類者死受永罰亦何必見而後知至謂無論善惡一經奉教同登帝鄉偏袒矜奇公道何在噫此語　足下閱之聖經乎抑聞之教友乎誠若此語則眞不公矣豈不聞吾教中諺云奉教容易守誡難又云奉教須當守教規救靈事主不同兒戲事也凡爲善信之人守十誡務七祈朝夕誦經內外兼愼七日中兩日小齋一年內一次告解省身克己敬主愛人方盡教友之職他若有名無實背違主命之輩罰下永獄較未聞教者苦更萬萬　足下亦知之乎至原祖犯命惡王謀害靈魂有無天域火化諸語緣　足下於教中經書原委未悉不得其詳故有此問如眞道自證盛世芻蕘萬物眞原教理詳解主制羣徵理窟詮眞提要辨惑危言等書　足下反復披閱明辨愼思字斟句酌自能洞識是非心領神會故華亦無庸浪費筆墨鼓舌搖唇矣如以上所述諸端有不以爲然及諸書中

有難遽信仍須折辯者祈務爲暢所欲言剩析到底不可稍涉顧忌隱忍無言也若謂盡情駁斥有傷交誼然則古人郵筒往還動經數四亦無碍其和而不同若謂刺刺不休致招憎惡然則古人負笈千里尙不憚煩亦堪効其學而不厭至論泰西各國稱兵構釁弱肉强食此人事之不齊時勢所不免無關聖教者志克庵泰西記亦以此言詰諸教士自鳴得意夫不愛人者不能愛　天主固已國家稱干比戈東征西討何代無之豈皆聖教使彼然耶且今强鄰緊逼時勢使然何勞明問置之不論可也　足下宅心忠正殖學析勤素所欽佩惜於聖教道理聞之失詳考之不切故不免義理未安疑團叢起始有此間殊不知華未奉教前所疑所辨之件不止此也迨臨莅日久玩味愈深荷蒙　天主不棄始得眼界別開幸承嘿牖厥衷方識靈途終向實爲初想難及殊慶此生萬幸故知凡人欲求大道者須當窮源竟委原始要終析入毫芒播除俗見方能一往獨到特立孤行也華徒受　主恩無可爲報材庸質劣內省多愆惟於正教之理略有微知辱承　明教敢不傾懷吐露雖文粗句俚而理有淵源聊將一得之愚敬助三隅之反果克略詞會意行見舍妄即眞升墮所關良非淺鮮伏祈留意統希　見原　大君子幸甚鄙人幸甚

光緒重光單閼應鍾月北平後學斂之英華頓首拜書

覆鑑翁先生辨學第一書，1192號，1892年8月13日。(3–3)

寫懷四律有序　余幼失學長多病料纏俗務雅典都拋筆墨之役日益荒廢然藉以言志何妨蟲鳴艸間不我棄者下及芻蕘俯施斤斧不勝幸甚〇欲將妙義託微辭握筆沉吟思入癡撼樹蚍蜉徒自辱笑鵬鷃聰鵬劇堪嗤氷鏤脂畫終無濟株守舟求亦可悲俯仰兩間靈獨稟獸行禽息果何奇　幾談莊老幾參禪說靜說空時復年間道比鄰求外義不如名教証眞詮雖然已返無爲地未免終迷有象天畢竟是非當晝一執迷固我愧多賢　我生不肯糊塗死索隱鉤深費苦思想入非非全舍象悟來汨汨更無辭破除舊套忻今覺勘澈歧途憫世癡原始要終眞究竟一心歸主復奚疑　歸根何畏路頻更有志從來事竟成緣木求魚終不得問途於瞽總難明盡人公性徵眞道後世訛傳謬正經勿鄙赤誠爲艸昧新田無穢更堪耕

英華斂之氏稿於京師西堂安蹇齋

寫懷四律有序，1192號，1892年8月13日。

覆鑑翁先生辨學第二書，1193號，1892年8月17日。(2–1)

覆鑑翁先生辨學第二書 ○嗟乎正道之難明由來已爾要非一故焉所謂調高和寡物貴識稀舉鳥獲之任者是亦鳥獲其言豈欺我哉且石不擊火不見鐘不叩響不宣凡此辨駁詰難之端正爲疏滯宣幽之本故夙夕所切望者也諺云眞金不怕火煉其正教之謂乎正教之道雖大不尙旁搜雖精無庸博採凡一切事理規誡無不昭然自證隱然自信者豈若偏長一曲之學慌惝龍昭冥然悍然妄相標榜信口雌黃者乎雖然仰觀俯察近取遠求無不有眞無妄有是無非然而人之目爲異類指作妄舉者亦何在而蔑有甚至汚衊百端憑空詆毀謂爲左道惑衆異端生事此迨夏蟲不足語氷秋蟬不足語雪醯雞惟知甕大井蛙乃說天小無足怪異蓋人之難以語正教也一則先入爲主囿於見聞一則自恃鳴高不肯屈下其大故尤在聖經所云畏行則畏信之一言故畧識原委者謂正教爲非則良心難安謂是則不爲無勇不若毛舉細過遍爲吹求以自卸其不爲之過夫事 主救靈盡人之責也而肯忍辱冒難特立獨行者必賢智豪傑者流非望於媚世阿俗求田問舍之鄙夫也故愚謂欲求大道者必富曠其情懷超其志趣銳其進取切其探求古人所云爲天地立心爲生民立命爲往聖繼絶學爲萬世開太平識此意者則可與言道矣故不患人於正教之理不明但患置之不問也職此愚於前書論闢疑好問之道頗加詳焉今 閣下又謂聖教中凡諸靈奇蓋出揑造噫過矣夫瞽不信色聾不信聲將謂無聲色乎恐貽笑不免矣且凡世之謊言欺人者必有所貪求也設無一貪甘受艱勞而妄發謬論冀誘人從此愚者所不爲而況明智乎而況萬衆乎而況自古及今乎不惟此也且多舍命証之者劇苦虐死無懼無悔豈病瘋而不識利害耶非也有至可信可憑者在也善乎道未湯若望先生之言曰夫人信有主宰修身繕性自不容已豈非眞德之本乎惜哉執迷不悟而日陷縱慾貶度中也且彼不信主宰者豈自甘悖理哉或亦以無主爲是有主爲非耳知無主爲智而不知無主爲愚耳循無主行者爲富而循有主行者爲謬耳然試平心論之何世之信從主者多抱道懷德之徒而不信不從者多自欺欺人者乎何彼所謂愚者率其所不知見之躬行皆無頗僻且以利天下無難而其所謂智者恃其所知敗事傷衆爲害不可勝言乎謬行者理宜晦何昭然宣布惟日不足正行者理宜著何多方掩飾不敢告人乎何明司亂者加心美飾而明司精者反減心美而增闇昧乎不亦可怪

乎且極其所見自古及今凡縱惡者知皆明行皆當而聖賢爲不可法帝王郊社之禮可廢而乾乾昭事見無形聽無聲者總歸虛誑之事雖獲罪於主侮君子褻大人皆合於理矣可乎夫信無主者必謂萬物生於自然不知自然之說殊非究竟之旨格物者既從物生得自然又必從自然求其所以然設無所以使之自然者亦安得自然而生乎觀此諸語當恍然於奉教事主救靈意矣至謂我教與瑪哈墨教相似此言失之率爾愚勿庸辨其果否與回教相同 閣下試平心思之其能比吾聖教萬一乎 閣下又謂告解聖事與村嫗念佛免罪之見正等此則大謬不然 閣下未讀告解要理之書未沾告解聖事之恩遽發此論何異暗摸期辨蒼黃隔壁欲察媸妍亦何怪其言之舛也試畧爲言之夫佛乃負氣之儔非造物大主向之禮拜求赦何異躬犯王章求免於鄉人皆知其不可賞罰之權操之 天主人向之求之爲禮之當然況告解之端要務有五即省察痛悔定改告明補贖是也五者缺一不可欲知其詳可見於厥書此書詳明確切實爲希世金書賢智究之莫能罄其妙愚魯讀之亦能達其意豈愚之鋪張揚厲所可助其高者耶又豈不聞孟子云雖有惡人齋戒沐浴則可以祀上帝此悔罪自新 天主不棄意也未聞有與念佛免罪同譏者又古人謂彌天罪過當不得一個悔字古人以一悔字便爲極佳況五事全備乎亦何須多辨乎再愚前書於各教雖出亦畧爲剖析數端想 閣下當了然於真贋邪正矣乃今忽爲老子幻化疊出諸語駁雜於其閒此誠愚逆想所不出愚於 閣下前書未爲一一條答者非理屈辭窮也誠以見大心泰富務爲急故畧舉數端聊示肯綮若網在綱如衣得領似亦無庸瑣瑣硜硜招煩致厭矣不圖 閣下置若罔聞茫然莫辨豈誠射人射馬擒賊擒王高而不切耶然愚於 閣下之闕疑好問非敢謂其絮煩厭其窮詰且更欽其敏學服其虛心故急操觚染翰再供區區一得之愚仍冀助 閣下三隅之反懇爲虛心費力將前所呈諸書反復參觀務期水落石出玩索有得則無負於前人啓迪後人之苦心亦無孤於愚之仰望之至意并 閣下虛心敏學之初心也不勝禱切盼切之至若其間修詞粗率殊欠謙恭琢句迂愚潑無倫次則才庸學淺所致尚祈 閣下寬宥不罪

光緒辛卯冬至月既望後一日斂之英華書于安蹇齋

覆鑑翁先生辨學第二書，1193號，1892年8月17日。(2–2)

自在園觀荷　○流水小橋東新荷綻嫩紅清超百卉上香溢一池中數點催詩雨幾番解慍風此間眞快活一笑有誰同○**雨後登樓**　一雨淋漓半月期墻傾屋漏樹摧枝北風吹得濃雲去縱目樓頭喜可知○危樓白尺插大空迫暮登臨縱目雄點景喜飛雙鷺白徵晴欣見片霞紅遠山洗透兼旬雨老木吹傾一夜風解釋　屢憂災暗弭鰥生亦自感無窮

英華斂之求正草

自在園觀荷，雨後登樓，1193號，1892年8月17日。

即事　○飄來四點五點雨吹去兩陣三陣風雲破日來光皎潔葡萄架下影玲瓏　風吹風拂雲最忙雨灑雨淋山極淨岸上短草翠鋪茵池中一水明開鏡○**寄意**　聖賢事業在彝倫豈外彝倫轉潔身莫怪矯廉陳仲子多緣世少可千人○**偶題**　殘書幾卷日摩挲苦恨光陰疾似梭欲藻才思何可得工夫典藉雨無多

英斂之稿

即事，寄意，偶題，1195號，1892年8月24日。

偶興 ○西風吹落葉向晚氣淸幽溽暑纔消夏新涼又送秋韶光眞孟浪人事盡虛浮賴有知音在殘篇靜裏求

英斂之求是草

偶興，1198號，1892年9月3日。

登蕭太后梳粧樓 ○高樓秋獨上落日氣淒淸老樹鴉羣集荒階草亂生雲開新霽色風送遠鐘聲觸緒傷今古低徊無限情

斂之英華草

登蕭太后梳粧樓，1203號，1892年9月21日。

辯誣

間嘗披閱雜書作涉獵計見謗吾正教者頗多皆言之鑿鑿其實非理確情眞無偏無黨也影響之談嫁誣之論久欲伸一說以痛快剖白之使公道昭明是非得著奈枵腹無文言之不足動聽故握筆輒止者非一日矣夫人情淺近積慣成俗見異則侮見善則疑泥乎方域之見忘乎物我之分亦以廓然大公而謂衆惡必察者有幾人乎竊吾教中人廣揚仁愛汲汲孜孜無間遐邇誠有席不暇煖之勢此不過全其一視同仁民胞物與之量耳乃觸人憎招人忌今古如由一轍如沈灌之奏逐龐迪我楊光先之誣告湯若望雖久經謗白寃洗而餘囈尚挂人口頰荒誕譸張令人齒冷凡此呶呶之言聞者不察莫不以爲格言至論救世苦心是以一聞天主教三字卽仇恨萬狀欲擊欲殺也近日燒堂鬧教之事層起疊出謂非謗教諸謠爲厲之堦吾不信也竊意方今萬國相通無少隔閡自應一洗從前墻壁之見凡不根之語誣罔之言亦應概爲革除或謂奉教者無論行義何如才幹何如終不當取用噫爲此語者是眞欲將彝良抹煞而甘以頑鄙小人自居也推原其故莫非無稽之言激其毒根心也華不材敢揭數端用正諸言之妄溯天主教之傳於中土自有明中葉以迄於今雖謗毀蠭起目爲邪妄者在在皆有而鑒察眞正輸誠信向者亦代不乏人要皆奉公守法克己愛人不敢少有非理之想因教中道理觀誡極密極嚴欺於己卽欺於天主誰肯故蹈愆尤自崇罪戾故善信之士信道情深性命可失規誡不可犯華不敢謂奉教者人人明智賢良然大都兢兢相誡勉恐或畧沾罪惡而遭冥罰又何敢妄作妄爲嘗見教民之被人欺受人侮者十常八九面辱口譏只可隱忍無言往往旁觀公忿代剖是非習爲慣事何嘗恃奉教爲護符借端生事至謂教士袒護教民不分曲直抗官亂法或有躬犯王章者非匿之教堂卽縱之海外噫嘻爲此語者雖與挖眼剖心之語不同而其誣人亦屬無中生有教士深願教道流傳相安無事以遂善與人同共邀天福之意此志此情無愧無怍每有不法之徒藉端滋擾殘虐教民教士實難坐視時或代爲剖白此固情有可原理無窒礙然亦千萬中一遇耳

豈可以言大槪耶誠如所云吾更不解教士肫肫保護此無賴不法之徒究有何用好善惡惡人有同情豈教士別具肺腸好人所惡耶抑教之邪正當觀其旨義規律何如如義律皆正卽爲眞教烏得以一二人無良遂謂千萬人俱無良耶彼悠悠泛泛之口每指鹿爲馬疑蛇於弓一唱百和無從置喙雖有賢智之流當此衆人皆醉之時亦不敢獨爲醒者矣當　世祖章皇帝朝發帑建堂　賜額崇教　錫湯若望通微教師之號　聖祖仁皇帝殊恩異寵叠僕難數　御書萬有眞原額　欽頒教堂用褒正道彼亦將謂爲冒昧曲餂貽害無窮耶此非吾教中人動以此等故事傳爲佳話作護身金甲良以　聖祖仁皇帝　天亶之聰乾剛獨斷所是所非確不可易非後世淺夫俗子人云亦云吠影吠聲者所能擬　聖德於萬一也若謂天主教今昔有殊更非通論蓋教中規誡信德相傳古今一轍不敢稍有異同妄爲沿革然則何以見惡於人甚深且切至於斯極吾亦不能索解古人云道高謗與德修毁來此之謂矣究而言之雲雖善翳不能埋山水雖善淫不能濫石幸上主默爲主持不至負善縱惡不然據世人憎恨之情天主教滅絕久矣何有今日乃不惟不滅反更加增此國被難彼國必昌此時被奪他時必盛彼艱難憂殷動心忍性不啻　天主隆恩特寵玉成之也華位卑言輕喋喋招厭非不知蹄涔無益海水也正如昔人所云聞不慊意事如骨鯁在喉必吐之而後快不然聽是非之偵倒任邪正之混淆名不正則言不順使正教如珠沉滄海莠覆靈芝在他人有莫知適從之慨在吾人有莫我知也之嗟能不思所以盡區區之鄙陋挽救萬一耶故雖蟲鳴螢熠聲耀無多亦聊當掣電驚雷之振聾發聵云

節京師英華來稿

辯誣，1215號，1892年11月2日。(2–2)

率和秀珊夫子述懷韻用捲簾法　〇久不拈吟筆勞勞鎮日忙無才易索輿多病自堪傷松子難從赤石公不遇黃拙鳩藏最好免許惹炎凉

英斂之稿

率和秀珊夫子述懷韻用捲簾法，1218號，1892年11月12日。

益聞館主以越南同文報見示載敝作數首且蒙謬許清麗爽快風韻珊珊閱之不禁汗顏因書識愧　〇漫言遺臭與流芳俚句撏傳到越裳風韻珊珊承謬許中情感愧兩難忘　艸蟲應候一呻吟唧唧何嘗解擇音自愧自思還自笑不圖瓿覆重雞林

英華斂之氏草於北京西堂

益聞館主以越南同文報見示載敝作數首且蒙謬許清麗爽快風韻珊珊閱之不禁汗顏因書識愧，1219號，1892年11月16日。

送張君寅章歸保陽　調寄虞美人○春秋遞嬗何其速直把留華蹙數年風雨夜聯床話到燈殘漏盡不知長　古今揚搉惟求當快論緊何暢善相勸勉過相規此後推心置腹更爲誰○驪歌唱罷相揮涕留挽渾無計匆匆聯袂已三秋　一別能無漠漠使人愁　萍踪此日將他託兩地休蕭索交情果得此心眞縱使天涯海角亦如鄰

英華斂之氏稿於京師西堂

送張君寅章歸保陽　調寄虞美人，1235號，1893年1月11日。

偶成調寄解珮令　○烏飛兎走長繩難繫廿七年忽忽成虛度牛馬風塵太匆匆暮朝朝暮歎斯生立身無具　襪線短才羇天小見本無能敢怨儒冠誤德業功修萬千程未與一步靜思量陡增慚懼

英華斂之稿於京師西堂

偶成　調寄解珮令，1242號，1893年2月4日。

初使泰西記辨，1248號，1893年3月8日。(2-1)

初使泰西記辨

志君克庵剛於同治六年以總理各國事務衙門總辦章京　賞加二品頂戴充行人奉　國書於泰西有約各國使事既竣將所經歷見聞者著爲一書名初使泰西記至光緒丁丑恒君壽之謂其有關世道人心民生國計代爲梓行間世其名初使者以中國自與泰西和約後第一次派往　欽差大臣也前此雖有斌君友松攜同學生出洋之舉然未奉　國書不過偶一游歷故不得爲初使云迨君甲戌解組後隱於玉泉山下養水湖築陶復居闢嘯怡堂士大夫過訪無虛日飲酒賦詩極一時之盛余不才蒙君不棄呼爲忘年友故亦時相盤桓揚搉今古抵掌是非且叨承繆許歲甲申君復取是書重爲訂正增删者凡若干條余亦得與較字之役顧其書中誣毀教中者凡數則余自奉教後始知其誤信人言惜乎君已作古不能與之剖析是非求歸至當矣昨與友人談及是書其誣毀諸言友頗據爲切論余乃力辨其非指其謬誤摘其瑕衅友始豁然悟翻然悔知向者爲捕風捉影之談而無當於是非之正既而請曰今某聞快論疑團頓釋其未聞者不免仍膠執其說津津樂道先生盍將此意筆之於簡使人皆知其非不復相沿謗毀豈不更善余曰嘻是非蒙之所敢望也蓋位卑言輕學疎才陋無論言之不足污高明之耳其奈徒自取辱供其鄙劣何既而思之言之是者不以人廢理之當者奚必文佳芻蕘之言聖人采焉故不辭夏蟲語冰之誚而一効野人獻曝之愚按是書誣毀教中者不一而足如所言耶穌自係聰明磊落之士但不知道有行廢身有隱現徒炫已長大犯時忌等語不知者以爲辭嚴義正論斷切當矣殊不知此正與井蛙謗海蚍蜉撼樹類耳夫耶穌降生救贖之事古經載之先知言之迨耶穌降生後無一不若合符節當時如德亞民不信耶穌爲天主然絕不疑耶穌所行靈迹如啓聾開瞽起死淨癩諸端但此諸行實超人類之能非天主不能爲謂其事爲謊言以誑人是瞽不信日也試問其謊耶穌在世造之乎抑其既沒或後數十百年造之乎且代代相承愈傳愈廣果誰之力使之然耶或疑古經爲後人僞託故此符合是閉目不欲見日而謂無日也蓋古經於降生之先已傳各國即中國河南開封府一賜樂業家殿亦供古經四部掌故家謂其傳於周顯於漢定有依據

初使泰西記辨，1248號，1893年3月8日。(2-2)

斷非浮語他若回教不信耶穌尚世守古經而望救世者吾教中辨此諸書洵堪充棟欲引述之筆秃唇焦日猶不足欲節錄之妙緒循環不能斷割人但肯虛心實力一加推勘無不是非了然天主至道本不必有所依附自能證其爲眞然人情淺近居楚言楚不妨就近指點亦可使其易於領會於讀　聖祖仁皇帝御製詩有天路新憑天子通之句是　仁廟已信耶穌爲天主子受難贖人矣再查康熙字典穌字註云耶穌西國言救世主也是已風行天下作不刊之典矣觀此故亦無庸多辨又如所云教士散而之四方幾千人皆持其鼎俎以求魚肉等語查教士之入中國糜巨款以傳教賑米粟以拯飢其費蓋出西國公捐歲用雖贏不貲何嘗有求於中土況既爲教士必皆康濟爲懷蒼生爲念無不望世躋雍熙人民安樂則一切乖謬惡劣俱嫁禍教中道高謗興固無分搢紳艸莽耶又記一西人偶訪及中土有殘害子女不善撫養者經教士向西國捐資開堂收養之事彼謂教士藉端造謠欺哄本國剝削桑梓無良太甚云云緣法國四十年前有某主教聞東邦有溺女之風心爲不忍乃創此義捐郵遞中國專爲收養貧病嬰孩今各省傳教處所皆有育嬰之堂孩提千百成羣肥白婆娑衣履整潔長成則令之習業與之聯婚其浩大恩德洵稱浹髓淪肌即如上年我　皇太后派內臣數輩至西什庫仁慈堂遍視一切莫不極口稱嘆其法良意美顧誣云教士無良欺哄桑梓昧昧之言亦過爲刺繆復謂西人事事求精獨不解教士之用心甘受欺哄此等言語是猶飲狂泉不自知爲狂反指人爲狂類也且西人肯出多資交納教士必教士之誠信有以感孚之者不然何有索必應應且如響是其故亦可思矣即此數端已見其污衊加人言不中窾其他亦不必刺刺不休絮絮聒耳焉總之詖辭終露其蔽浮雲難掩日光德之修非難不爲功道之正無毀不成大惱於羣小不害其爲孔子毁不殄厥愠不傷其爲文王譽不加勸非不加阻蓋其在我何恤人言顧受謗不白爲害甚大名不正即言所以不順言不順即道所以不彰故聊藉區區爲力辨之如此亦義之所在不能自已非敢妄肆雌黃詆訕謗者長惜乎不能起志君於彰咸之居如昔日之抵掌是非求歸至當也悲夫

光緒壬辰臘月二十二日英華斂之書於北京西堂

和題壁　○芳草蒙茸地輕雲淡蕩天觴聯逸少禊社續惠公蓮生意參新柳詩情問小船壁間佳句遍詔雪愧秋蟬　英華歛之未是草

和題壁，1255號，1893年4月1日。

偶成　○到處息陰羞惡木沿山濯足愛清溪水流有意一何遠雲出無心任所之　味無味處情交適材不材間義是歸識得閑存眞趣永老生迂腐漫相譏　歛之英華求正草

偶成，1284號，1893年7月12日。

即事　○曉出城西雨乍晴湛然天地一澄清無邊野趣幽懷暢入耳頻來布穀聲　最喜南風麥弄黃幾家收穫半登場一鞭得得渾忘遠人語雞聲又一莊　英歛之求是草

即事，1285號，1893年7月15日。

苦雨　○苦雨眞無賴連朝未肯晴海雲翻墨色檐溜湧潮聲鏜鞳聽房漏砰訇看壁傾莫嫌詩興俚此際苦爲情　歛之英華未是草

苦雨，1297號，1893年8月26日。

贈馬背船唇客榮君霖臣　○馬背船唇客悲歌慷慨生讀書破萬卷行路逾萬程胸襟何坦蕩詩句何麗清每將匡時志發爲詠物情雖有不平遇終鮮不平鳴少年三不幸我公幸勿攖維皇施陶鑄着意在豪英劉蕡豈終困大器自晩成軒昂貴自振抗心古與衡有爲舜何人必至在專精裘馬翩翩子徒使小兒驚丈夫志萬古鄙薄當時榮自惟蹇劣質里巷不知名既無辨菽智更乏轉圜明迂訪感錯愛下問愬謏傾　君於辛卯歲膺順天鄉試辱家見訪不遇　陋室日羈絆無由一識荆匆匆已三載耿耿此懷縈昨夜讀公詩慘淡歎經營見獵徒心喜枯腸茅久橫五言達鄙悃聊同報玖瓊　英華斂之氏拜稿

贈馬背船唇客榮君霖臣，1302號，1893年9月13日。

詠墨　○幾度充松使頻頻近管城白知安易守黑辨豈能明磨練洵稱遂鑽研最入精塗鴉嗤小子腹稿自堪呈　英斂之求是草

詠墨，1303號，1893年9月16日。

病中二絶　○入秋便病都成例今歲焉能不照章一榻懨懨濵未死勉將道味換愁腸　病來事事懶張眸煩燥無眠倦枕頭忽忽臥經旬日久不知天氣已交秋　斂之英華求正草

病中二絶，1304號，1893年9月20日。

釋讀(右一行)：

病中二絶　○入秋便病都成例今歲焉能不照章一榻懨懨濵未死勉將道味換愁腸　病來事

偶題　○生平迂繆復荒唐卒性安知出處防不解自家才量淺每嗟時輩太驕狂○晨起聞鈴口占　警鈴又向耳邊催亂腦煩心意趣灰今古俱從忙裏老電光石火極堪哀○寫懷　一生心事寄漁樵踐土食毛感　聖朝安蹇自非韓玉帛希賢敢不重簞瓢卒眞不樂修遊幅處俗偏嫌事榜標掄得此中渣滓淨人間何地不逍遙○歲暮感懷　一年又見歲將除悞我韶華幾卷書可自許時惟拙繆最長人處是頑疎多愁無計堪驅彼善病行將恐負余萬縷千條縈緒候此間幽感問誰如　英斂之華草

偶題，晨起聞鈴口占，寫懷，歲暮感懷，1316號，1893年11月1日。

偶成　○大隱從來朝市居潔身須自潔心初孤山不是眞閒地鶴子梅妻累未除　英華斂之草

偶成，1321號，1893年11月18日。

舞刀　○壯志何年遂倫閒習朴刀燕安愉氣短游藝敢辭勞○挽弓　弓挽春圖弱其如力自綿一丁云可貫飛檜果誰賢○別友　驪歌唱能黯神傷淚灑西風酒一觴折柳贈君從此別滿城煙樹鎖斜陽　斂之英華未是草

舞刀，挽弓，别友，1343號，1894年2月14日。

答日本雅士西霞舫 ○醒凝苦風塵何圖遇雅人煙霞閒態迥山海毓靈眞一見渾如故三商定有因不須分彼此天地一家春

斂之英華拜稿

答日本雅士西霞舫，1345號，1894年2月21日。

贈毓君伯仁 ○子獨何爲者人皆棄斂之顯親身困頓干世學支離玉樹慚葭倚赤心感腹推憐才於世殺使我淚淋漓

斂之英華拜草

贈毓君伯仁，1374號，1894年6月2日。

賀遇知兄賜和原韻至再至三有春波遇風秋雲過月層出不窮不辭淺陋勉成一律聊以弄斧班門云 ○賀賀行年卄九來此身難復舊童孩幾回駭態思拋去一段癡情不可開貧似虞妻兼善病學同杜默更無才拋磚引玉誠何幸已見新詩二十裁

斂之英華待定草

賀遇知兄賜和原韻至再至三有春波遇風秋雲過月層出不窮不辭淺陋勉成一律聊以弄斧班門云，1376號，1894年6月9日。

讀秀珊夫子看火行拈二十八字奉和

聞說城西被火災，焦頭爛額劇堪哀。幸而水勇鳴鑼集，激桶齊爲撲滅來◯郊西散步戲成

課餘時向郊西行，鬱鬱難消寂寞情。閒與兒童弄磚瓦，任人呼作傻先生

斂之草

讀秀珊夫子看火行拈二十八字奉和，郊西散步戲成，1378號，1894年6月16日。

曠怡草堂　志君克菴別墅◯草堂

連日雨無事可關情樹色聯窗色書聲雜雨聲碧紗幽客夢黃卷古人盟消夏渾忘暑如秋得氣清◯即事

夜來微雨過前汀風送荷花入夢馨曉起關心無別事推窗先自看山青

英斂之稿

曠怡草堂　志君克菴別墅，即事，1404號，1894年9月15日。

和慕陔先生寫懷韻

◯德業修於己浮言任所之薄冰而斂攝寶樹以撐支志貫由吾立操焉爲世知輝光緣篤實切近務循持◯過亂塔寺

亂塔斜陽裏西風野草黃高低村掩映遠近樹蒼茫晚燕繞寒社秋鵰起大荒曠懷何處寄紅葉滿前莊◯偶成

放浪形骸外逍遙天地間我生多坎坷萬事任循環細雨綠楊岸西風紅葉山一般蕭淡處不讓野鷗閒

斂之英華舊稿

和慕陔先生寫懷韻，過亂塔寺，偶成，1441號，1895年2月2日。

癸巳三月十四日慧妹貞敏病歿哀痛之餘畧書數語迹其生平尙無溢美之言聊識悲感 ○嗚呼賢哉我妹貞敏歷盡艱辛㣲痾遽殞堅貞明敏特立獨行如玉之潔如氷之清父母盡孝兄弟盡愛曰敬曰誠無荒無怠端莊溫厚貞靜閒幽淸而不激和而不流在人之中出人之上春風之和秋月之朗流水今日明月前身安歸樂國萬古長春 兄斂之英華揮淚題

癸巳三月十四日慧妹貞敏病歿哀痛之餘畧書數語迹其生平尚無溢美之言聊識悲感，1469號，1895年5月11日。

憂懷 ○憂懷不可道況此寂寥天細雨濛濛霧沉雲淡淡煙酷思人不見積鬱恨難傳倘或中摧折高堂損大年 樂苦誠恒少甘貧儷孟光憐君貞且慧愧我拙尤狂兒女衷情愫詩文氣誼長手書遺滿篋一展一沾裳 安蹇主人初草

憂懷，1472號，1895年5月22日。

讀築巖舊友見示詩草謹步原韻并呈賀遇知見塵覽 ○何日揖高風不教願落空懷君千里外坐我小廬中處俗嫌標異 昔有句云處世未甘同濁俗持身豈欲效清流 從先樂道同 予署楹聯云道溯大原禮從先進斯是陋室臣本布衣 杞憂方未已遙指海天東 英華斂之氏書於安蹇齋

讀築巖舊友見示詩草謹步原韻并呈賀遇知見塵覽，1492號，1895年7月31日。

寫懷用博陵王耀東兄見示原韻卽以呈正　○自愧蒙恫三十年民依　國是最情牽馬周不遇潛夫困蒿目君休笑杞天　東望瘡痍滿目煙山河百二陷連連天戈豈樂傷人者塗炭民生劇可憐

英華斂之氏書於安蹇齋

寫懷用博陵王耀東兄見示原韻即以呈正，1494號，1895年8月7日。

頤和園備差恭紀　○春日曈曨送暖遲紅桃綠柳共生姿覩　鼇頻幸頤和苑萬代隆儀孝治時九十春光遞嬗過昆明新漲綠生波樓臺層疊輝金碧信是天家富貴多

英華斂之氏未是草

頤和園備差恭紀，1570號，1896年5月9日。

偶書三絶　○潛夫慨論時何補漆可悲吟枉自癡小子焦憂徒憤嫉老人長樂且委蛇　馬周無介難邀主季雅饒財易買鄰落落孤懷誰契合甘心蟄伏且存身　不患世人不知己立身自恨百無能戴天履地爲男子康濟羣生得未曾

英華斂之氏草

偶書三絶，1573號，1896年5月20日。

檳榔嶼劉君子秀賜和拙作再步原韻奉塵粲政　○佳章遠寄檳榔嶼翹首天南思欲癡艮友青雲勞夢想龍門何日許委蛇　千年尚友傳私淑萬里神交若比鄰快得海南劉子秀鴻才不僅苦吟身堪自許時惟有懶最長人處是無能腐詩叨賞同文報浪得虛名愧我曾　昔年越南同文報曾登敝作繆加獎許賦詩謝之有不圖瓿覆車雞林之句今劉君遠在數萬里外不棄葑菲辱和瑤章追昔撫今倍深慚感不辭淺陋率爾吟報尤望時賜蘭言慰我渴想　薊北英華斂之氏拜識

檳榔嶼劉君子秀賜和拙作再步原韻奉塵粲政，1604號，1896年9月5日。

頤和園燈戲紀盛　○聖人以孝治天下兆民媚茲惟一人幾於頤養古不廢智山仁水治性眞五園勝景此爲最後枕甕山萬水濱會當春秋佳日候鳳輦蕩蕩巡幸頻鈞天樂奏頤樂殿畫舫棹搖昆明津推恩錫類邁往古昔臣家人父子親瓊漿玉饌天廚味飲和飽德腴饒珍時在柔兆涒灘歲中秋既望二日辰內使傳宣賜觀劇天香慶節曲本新別開異境等水國聚艦爲臺百戲陳自南自北任游弋上下天光一囫圇向晚蓮燈燃水面明如星布密如鱗此樂只應天上有人間景象難比倫額手羣臣嘆觀止曠心快目尤怡神但祝　慈母康且壽萬邦協和四夷臣天庥滋至百福作熙皞永爲堯舜民　斂之英華稿

頤和園燈戲紀盛，1616號，1896年10月17日。

釋讀(右二行)：

園勝景此爲最後枕甕山萬水濱會當春秋佳日候鳳輦蕩蕩巡幸頻鈞天樂奏頤樂殿畫舫棹搖昆明津

憶秀文郎以書示文爲圓明園鑲藍旗下人　○無忝秀文名溫良意氣平吾怡安蹇劣汝奮克高明四勿銘心切三餘向學精韶光休浪擲有志竟堪成○寄河間張卓青　人生豈無樂但恨少知音徒說披肝胆誰眞置腹心至情根道義雅誼契苔岑會得忘形意微忱證短吟　英華斂之稿於安蹇齋

憶秀文郎以書示文爲圓明園鑲藍旗下人，寄河間張卓青，1655號，1897年3月13日。

漫興　○杜門饒靜趣展卷得良朋學行過時嘆名無沒世稱心雄身積弱才減歲頻增最懍虛生辱其如百不能○數日蕭閒得於蓬室飽閲書史書二十八字　枕經葄史日休休閭巷羈踪馬少游坐擁百城眞富貴何須食肉更封侯　斂之英華稿於安蹇齋

漫興，數日蕭閒得於蓬室飽閲書史書二十八字，1677號，1897年5月29日。

夜赴頤和園塗次偶成　○征袍陡覺嫩寒生跨馬揮鞭出近城棧豆難消千里志雞聲時壯五更情形勞偏喜心能逸路熟還堪駕更輕鞅掌風塵酬厚遇庸材何幸際承平○某邸以石路小驢車命作七律一首用春韵即戲占呈之　石路驢車㨾門新價廉行速喜芳春出賓不過二三百載客能勝六七人似水盈眸流得得如雷聒耳響轔轔往來最夥聽差者破帽殘靴滿面塵○感懷　誰云將相原無種自古人

夜赴頤和園塗次偶成，某邸以石路小驢車命作七律一首用春韵即戲占呈之，1679號，1897年6月5日。

論昏蒙爲風俗之害

竊觀今日風俗之憂不在貧弱而在昏蒙昏蒙之極傎倒錯亂以白爲黑以是爲非聞正言則疑之惟恐得解聞囈語則信之惟恐不堅一唱百和樂道津津駁之不勝其駁辯之不勝其辯雖舌敝唇焦亦徒勞無益是其染毒已深不可救藥矣夫小民蚩蚩見聞隘陋良不足怪乃身膺靑紫頭角崢嶸所謂達官長者而亦人云亦云借端煽惑此最爲可悲可傷者也又無論王公巨卿强半酷信異端曲説是亦風俗之害講風水之善惡論日干之吉凶偶爾寒暖畧爲變換則詫爲四時不和有時風雨畧加迅烈輒目爲災殃之兆甚至

論昏蒙爲風俗之害，1683號，1897年6月19日。(2-1)

片語皆關咎祥半夢動占禍福效卒未獲信終不移悞正事害良圖耗錢財失利益甘之而不悔惑之而不疑（理窟等書辯此最詳茲不多贅）如某員正當事務喫緊之際獻火鳥圖說謂可制火鳥且引天文爲証某營兵謂旗標須改繪龍吞日象則可制日人似此等見解豈但舍本求末隔靴搔癢乎最爲可笑可歎者也更有牢不可破之一端率皆以洋人爲公忿不問事之眞假理之是非一聞洋人好處則大怒　聞訶詬洋人則大喜曾太史廣鈞謂今士大夫避西人如九世之仇陶制軍模謂士大夫以不談洋務爲高郭筠仙侍郎罪言存畧論此鴟張昏憒情形尤爲痛切凡此茫昧之公義昏妄之莊言曾何益於事之毫末耶其大病乃在斯民上者不爲開導反相崇獎其患日深其害日烈此最爲可痛可哭者也今者津蘆鐵路將次告成悖謬昏蒙者流見已無法可阻乃遍散謠言以計撓亂謂鐵橋難成必須殺孩以祭初言須用童男數百繼則增至童男童女數千以至京城內外人心惶惶大有風聲鶴唳草木皆兵之勢更有狂妄之流向人指說親見某處洋人搶孩某處拐犯已獲洋人向官索出更有言親見鐵路兩傍九步一坑埋孩一對愚民聞之不察遽指眦裂切齒痛恨於洋人既恨於洋人則遷怒於教堂世之污蔑嫁禍未有甚於此者誠有天下之惡皆歸之意迨禍端已釀釁階已成良民遭塗炭之禍官長窮辦理之方而造謠生事之徒輕則囚枷重則大辟其他殃民誤　國之事茲不具論斯豈非昏蒙之致禍風俗之大害耶某艸莽匹夫抱此杞憂久矣每嘗深思其故總由學術不講之故也夫所謂學者豈呫嗶咿唔帖括辭章而已哉練達人情洞明世事無一非切問近思之功也誠正修齊子臣弟友無一非身體力行之事也更當通古今之變審中外之機刮磨淬礪涵育甄陶由淺入深循序漸進夫豈朝夕之速效卑小之近功哉是在有斯民之責者遍爲作育之爾

丁酉清和下浣日下英華斂之氏稿於安蹇齋

論昏蒙爲風俗之害，1683號，1897年6月19日。(2–2)

丁酉五月下浣至永定門外馬家鋪見鐵路已成觀者絡繹於途風氣爲之一變欣然識以俚言○王道坦蕩車軌同聖人因時化默融利用厚生王者事敷文振武聖人功興利革弊相時動集思廣益達目聰懷外必須安內始教化尤從富庶隆腐儒泥古動黏滯化裁推行昧變通泰西制作精格致奇咄鬼斧訝神工輪舟鐵軌法通線長駕遠馭角雌雄此日瀛寰開變局非關淫巧相推崇彼創我因欣事半羣相疑阻何夢夢事廢垂成嗟已往聚訟是非難一衷更兼黠匪故撓亂謠言遍布幾內訌及今風氣爲一變毅然改轍決一深宮豈氓樂成難慮始觀摩白叟集黃童補牢未失桑榆利速成易敗晚善終翹首快覩中興治萬邦協和休兵戎維新其命化無外四海喁喁一德風　安蹇主人英華斂之氏待定草

丁酉五月下浣至永定門外馬家鋪見鐵路已成觀者絡繹於途風氣爲之一變欣然識以俚言，1690號，1897年7月14日。

五月朔日海淀途次偶成　○曉來微雨淨無塵含潤油油麥色勻時鳥和鳴宣妙趣野花遍發暢天眞雨暘時若　皇仁溥民物熙怡　閭澤新信是承平多樂事宮車旋羽見何頻　斂之英華待定草

五月朔日海淀途次偶成，1691號，1897年7月17日。

論京中宜安插乞丐

京師乞丐之多甲於天下蓬頭垢面菜色鶉衣袁介踏災行不能盡其情鄭俠流民圖不足極其狀蜂屯蟻聚結隊成羣困坐愁城沉淪苦海冬暖號寒年豐啼飢雖處光天化日之下亦覺入愁雲慘霧之中爲農則無田地可稼爲商則無資本可籌終身潦倒無所歸依是於王者經國之道不無缺憾焉然其中非盡疲癃殘瞽不能執役者强半年輕力壯游手好閒之流近更有闖鋪中人驅逐多扮僧道之狀手持梆鼓猛力擊

論京中宜安插乞丐，1702號，1897年8月25日。(2-1)

敞鋪中不堪其擾姑擲一錢而使之去詎此丐方去彼丐又來施之不勝其施拒之不勝其拒少遲不與則口出惡言擊頭出血臥地號罵爲時愈久勒索愈多必須傍人爲之調停慨贈數百錢好言撫慰始悻悻而去凡此横暴情形毫不虛假其中懨懨待斃者視生命如敝屣苟一擊撻卽有性命之憂只可含忍不較每交秋盡冬初一遇暴寒城内關外倒斃者紛紛載道慘目痛心莫此爲甚各城雖有善局煖廠之設以有限之房屋安能盡庇成千累萬之流氓有強項之徒流爲盜賊爲非作歹勢所必然其弱者攫食於街小竊於市在在皆有凡此諸端事雖可恨情殊可憫貴官顯宦未嘗於酒地花天之下一爲體察而生哀矜之意恐今世如呂新吾作身家盛衰循環圖者寥寥焉草莽鄙夫身處困窮深得飢寒妙趣知之者深慮之者不能不切每於蕭條瑟縮酸風苦雨之候觸緒興懷不能自已聊誦杜老捲茅之吟以託懷思人皆以爲不入耳之譚嗟乎金樽買酒之流固不識箇中滋味非此輩賢於彼也地位使然耳嘗讀尚書大禹曰德惟善政政在養民孟子謂文王發政施仁必先煢獨無告古者聖君賢相無不以仁民愛物爲要政雖曰博施濟衆堯舜猶病而聖賢之志量必無一夫不獲其所始快於心斷無畏難苟安任其淪亡而不問者近日生齒日繁生計日促三代盛軌不復見於今日一切教養之道蕩焉無存徒使一二仁人痛心疾首莫可如何卽使極力施濟亦不過蹄涔海水無補大局然則其道如何曰非 國家認眞辦理仿照泰西善堂之成規不爲功閱近日出使各大臣所記泰西各國安插窮民之事法良意美成效昭然茲畧述京中乞丐情形貢其區區獻曝之忱以備芻蕘之采云

英斂之華稿於安蹇齋

論京中宜安插乞丐，1702號，1897年8月25日。(2–2)

贈榮霖臣孝廉　○君爲馬背船唇客僕寄池魚籠鳥身道誼論交原貫淡肝腸期許務求眞傳來湖海山川句羨煞東西南北人繡口錦心堪如爾奇才何富我何貧　萬里行程萬卷書元龍豪氣慣凌虛不逢楊意空懷賦若遇屈平合卜居志趣自堪追管樂遭逢端不負嚴徐他年圖上麒麟閣相揖無忘訂笠車○秋日初度有感　驚心花甲半周過壯志都教困苦磨王凱竟爭三恨事梁鴻獨抱五噫歌人情自古皆如此世事於今可奈何草草風塵秋又到無端感慨逝星河○有笑余詩爲點鬼簿者口占一絕　消瘦豈關吟句苦詩成點鬼慣堆塡元輕白俗從吾性不羨飄然李謫仙　英華斂之氏求正草

贈榮霖臣孝廉，秋日初度有感，有笑余詩爲點鬼簿者口占一絶，1706號，1897年9月8日。

安插乞丐續説

前作安插乞丐説僅述情形未及安置之法嗣見山左時若氏安插乞丐以固邦本章實補予説所未逮反復捧讀佩服良殷深願我中國有此本固邦寧之一日蓋今日中國情形誠有如時翁所謂二十餘行省四百萬萬人上下不通情朝野不相顧者而因循粉飾病入膏肓凡事務虛名而遺實効無論何等善法一轉移間弊即生於其中洵有淮橘爲枳之慨徒使側目西法者貽爲口實反相詰難蓋有治人無治法有實心始有實政方今士人讀書食古不化拘牽文義墨守常經意氣虛憍茫於事理一旦得志故亦不甚措意庶物而一種愚昧固執之流更切齒於西法有誓不兩立之概古所謂在位者不以教化爲心治民者多以文法爲拘殆又過之求其於國是民依興利除害豈易言哉而説唐虞道古風亦不過虛無飄渺如海上之三山欲一德同風重熙累洽豈不如緣木求魚北轅適越庸有濟乎民爲邦本食乃民天今日欲固本寧邦必以安插乞丐爲要欲安插乞丐必以開拓生產爲急苟能仿照泰西養民興利諸法實力爲之亦何至每年流離凍餒委塡溝壑者指不勝屈乎果能令無業流民各執其事得以自食其力再加以工代賑之妙法實爲惠而不費一舉兩得之事口外荒地甚多屯墾最便何不先以鐵路開其先聲其次再開各礦收天地自然之利化無用爲有用雖不免開創艱難經營勞瘁然人生天地間先知先覺啟迪後人君子勞心小人勞力不然何貴作之君師哉況有西洋辦理成法尤爲事半功倍非高而不切之空論其根本總在爲人上者運以精實之心持以剛果之力不狃滯於近規不盪惑於衆口事至今日不亟擇善而從尚復何待此斷非厭常喜新見異外慕徒滋擾亂之比善乎伊川先生之論治道謂安危治亂之機有三責任求賢必先以

安插乞丐續説，1716號，1897年10月13日。(2-1)

立志爲本夫以一夫之身立志不篤尙不能自修況天下之大乎其終篇則曰非不知有興利除害之方安國養民之術邊境備禦之策教化根本之論顧三者不先徒虛言耳三者旣行不患爲之無術也謹再陳管見所及以質達變識時仁民愛物之當軸者

丁酉中秋下浣英華斂之氏稿於安蹇齋

安插乞丐續說，1716號，1897年10月13日。(2–2)

推廣日報說

諺云秀才不出門能知天下事斯言也正合今日之閱日報焉夫日報之有益於人稍識時務者類能言之不庸更贅其大益以增識見明事理爲要端而知天下事猶其小焉者也外洋報館林立相習成風官民藉以知時勢是其明効大驗雖人待而知之中國自通商以來三十餘年報館亦踵事而增然不數開消旋開旋閉現存各報不過數十家然其風氣終未大開欲廣其傳殊覺不易以中華四百兆人計之閱報者定無五十萬人是八百人中無一人閱報其風將何日大開乎自封閉强學報京中設官書局報以來博采西報各論說以開拓人之識見亦頗可觀然閱者極屬寥寥宦途中人及讀書人知有此報者十無二三其他可知矣中國士人讀書攻習舉業以八股試帖爲正宗專心致志謂舍此無利祿梯階故師長相戒不准涉獵他項恐有以分其心奪其志有悞光陰而拘迂之輩又目日報爲旁務不屑留意於其間是其風非在上者

第二十冊三三

推廣日報說，1744號，1898年1月29日。(2–1)

開導鼓舞以時務取科名斷難驟移也此日報不能暢行之一故也今各報議論龐雜記述猥褻擴人知識則不足淆人聞見則有餘訪事諸人但圖蠅頭任意編造往往以毫無影響之事鑿鑿言之即有實事人亦疑之謂一虛則百虛故常有人見日報則呼之曰謠言風傳此不能暢行之二故也竊謂此事關係極大必須在上者相爲提倡宜籌以公欵濟其賠折必須定極廉之價使人易購不須深文周內使人便觀務期朝野通行雅俗共賞自京師以及各省遍設報館有總館有分局與各學堂相表裏學中所課時務諸文概准登報定其優劣借作勸懲其主筆者必求通才淹貫中西說理精當持論正大不開攻訐之風不涉淫蕩之事言必關乎勸懲事皆徵諸眞實與宜使人知各國興替之由何利當興何弊當革人之識見愈練而愈精人之才能愈磨而愈出集思廣益舍短取長此實轉移風俗之要着策勵人才之捷法視同閒章而實切務也此事非在上者力爲振興不爲功再加以鼓勵懲督之道如有條陳利弊不事勦襲切中窾要實濟於事者覈其事之大小獎以譽牌或給財若干由公欵撥給其有奇才異能發人未發利及軍國者升之總報館獎以職銜其有淆亂人心妄議國政惑世誣民者罰以銀錢治以應得之罪或有如某報互相攻揭如悍婦之罵街蠻纏逞刁者論其曲直科其罪罰屢誡不悛者令其封閉　朝廷政務遠大斷不屑措意於此然果能推行此意人才何患其不出風俗何患其不善將見推陳出新興利除弊由貧弱轉致富强駕西洋而上之又豈僅不出門知天下事之小益哉迂腐之見不知當否用敢質之識時達變之高明

丁酉臘月英華斂之甫稿

推廣日報說，1744號，1898年1月29日。(2-2)

答檳榔嶼劉子秀再步原韻 〇海內慚虛譽天涯樂遠朋自當安𨗇劣詎敢博聲稱善小幸時積
過微防日增老生慣談詥惴惴竟何能 英歛之華求是草

答檳榔嶼劉子秀再步原韻，1745號，1898年2月2日。

偶成 〇誰說蓬蒿大有人安能豪傑久風塵簑錐望脫難爲穎櫝玉求售豈見珍道義根心非假
借功勳拯世肯緣貧及今發奮爲雄者遑慾邀名不耐貧 歛之英華未是草

偶成，1787號，1898年6月29日。

過沙河口占 驢背吟哦殊失韻律但誌一時景物已耳 〇野水遠荒城荒城半圯傾聚廬千戶
儉抱郭萬山橫電線迤阡遠田禾匝地盈朝宗橋上望何近古今情〇城南北石橋各一南半圯坍北尙完
固相傳北橋監工者以報消欵巨被戮今始知寃可傷已橋北首立碑一書朝宗橋三大字爲萬歷四年建
似分宜手筆 一水清而淺羣山複且高浣衣勞婦女戲浪樂兒曹潤意含新雨晴光麗遠郊行吟驢背穩
三舍不知遙〇昌平旅月 月猶嚮夕月情異故鄉情地僻民風古山多暑氣輕空明雲漢色格磔馬牛聲
揮扇閒危坐譙樓鼓四更 城中一樓題譙樓二字魄力雄渾亦似分宜所書 英歛之華求是草

過沙河口占，昌平旅月，1800號，1898年8月13日。

※ 大公報散見詩文 ※

大公報序

歲辛丑同人擬創大公報於津門至壬寅夏五而經營始成推都門英華氏董其事報之宗旨在開風氣牖民智挹彼歐西學術啓我同胞聰明願維淺陋既懼且慚茲當出報首期竊擬爲之序曰忘己之爲大無私之謂公報之命名固已善矣夫徒有其名毫無其實我中國事往往而然今此報得毋亦妄爲標榜而夜郎自大濟私假公乎抑果是是非非源源本本而一秉大公乎要之自亦未敢定其如何也凡事於初創之時譬如人當幼稚志趣雖佳歷練尚少精神未旺疎漏必多迨久而久之或能取長舍短推陳出新漸入自然折衷一是故本報斷不敢存自是之心矜愎自用亦不敢取流俗之悅顛倒是非總期有益於國是民依有裨於人心學術其他乖繆偏激之言非所取焉猥邪瑣屑之事在所擯焉尤望海內有道時加訓誨匡其不逮以光我報章以開我民智以化我陋俗而入文明凡我同人亦當猛自策厲堅善與人同之志擴大公無我之懷顧名思義不負所學但冀風移俗易國富民强物無災苦人有樂康則於同人之志償焉鄙人之心慰已　英華斂之甫

大公報序，第1號，1902年6月17日。

本館特白

啓者本報以牖民智化偏私爲目的自出版以來謬承海内不棄遠近函購輾轉求索日不暇給同人議將報體精益求精茲擬設題徵文廣羅切時論說不拘體裁不限時日藉以導同胞之思想覘實學之進步非日筆乾權借墨潤也 諸君有願敬業樂羣以文會友者惠示大箸與本報宗旨不背敬爲登報表揚並酬以書報等件以識欽佩茲將論題贈例附下 開官智法 開民智法 和新舊兩黨論 和民教策 信教自由合羣保國說 中學爲體西學爲用辨 招商自辦鐵路議 廣收礦務利權說 新疆殖民議 搜中飽爲公用說 第一等贈亞東形勢圖一分鐵路電線圖一分大本新政眞詮一部送閱本報三個月 第二等新政眞詮一部送報兩個月 第三等送報一個月

安塞齋主擬

本館特白，第37號附張，1902年7月23日。

奉和　　安蹇

霖雨蒼生起渭濱，詎論守舊與維新。五千年史翻新史，四百兆人陷溺人。轢古凌今惟此理，國楨邦本總斯民。冥頑錮習何時破，載筆躊躇日愴神。

大公報　第五十九號　七

奉和，第59號，1902年8月14日。

清醒居士撰，安蹇附註：和民教策，第82號，1902年9月6日。(2-1)

論說

和民教策 續前稿

一興新學 邪說息矣然此猶是抑勒之使不得不息所謂民既知其當然猶不知其所以然也今議多設小學堂以興新學各城鎭由紳民籌欵創立其教學之法茲不具論各鄉村由官籌欵創立選四十歲以上之通知西學大意者充鄉村小學堂之教習由官厚給其脩金毋須令學生自備凡在鄉村小學堂教學之法講西學時不必謂係洋法其天文地理不必謂係洋人考驗得之者蓋仇洋仇教之事以鄉村間爲最甚恐其移仇洋仇教之心而惡西學不特不足以化其愚適足以起其疑而激其怒也故須以權變之法循循誘之如此則數年以後村民漸知西學之大概其信邪之心自不復萌信邪之心不復萌則其視天主耶穌之教自無可異視天主耶穌之教無可異則其心思見解無不平矣無不平斯和矣

一定出教之例 前某君議欲和民教必嚴定入教之例是亦爲正本清源之一法予謂與其定入教之例不如定出教之例蓋教士之傳教本以勸人爲善爲心故不特人之已善者可入教以擴充其善卽人之不善者亦可入教以潛化爲善故入教之例可不必嚴特以人類不齊人心難測眞心入教者固多而藉入教爲名以欺壓良弱者恐亦不免教士雖勤加勸勉而其退出教堂後所作之事教士又安得人人而查之又安得人人而隨之及至恃强滋鬧釀成事端論者不察遂歸咎於教門之不善是亦未免屈教士之心矣今議請教士嚴定一例如教民中有犯大奸大惡如奪人田產戕害人命等事者一經査出或經人指訴訊得實情卽將其逐出教門之外無任其壞教門之聲名其餘諸小過則准其悔罪無須令其出教如此則教民皆各束身自愛勉爲良善平民之仇教者無隙可乘從此民教之間必無不平之事無不平之事自無不平之心矣無不平斯和

矣

以上五條竊謂於民教之間或不無小補惟有深慮其不能辦者二事一改刑律一設陪審此二事者實爲和民教之關鍵爲中國今日之必當辦者固不止於民教之間有所裨益也所願有發政施令之大權者採擇而施行之則幸甚矣

中國閉關自守之世一治一亂迭爲盛衰要皆不甚懸殊自大開海禁萬國交通以來實爲四千年未有之創局而數千年因陋就簡尊己貶人積習相沿牢不可破乃一戰再戰國威日挫疆埸日促於是先識之士知非變法不爲功乃言變法者垂四十年而寸效未獲百弊叢生其故安在有謂爲政府持之不力者有謂爲人各懷己私者有謂爲地大人衆難以遽變者有謂爲國庫空匱無力立變者凡此云云雖各具其理而皆非探本之言也鄙人體之最久思之最深敢以一言斷之曰無教化也謂中國不强不富人皆受之不辭謂中國無教化將四萬萬人羣起而攻中國方詡詡自恃所强人一籌者正在此節而遽以無教化三字加之不亦誣乎顧爭空言不如証實事以急公論以愛羣論以訟獄論以武備論以學堂論以善堂論以街道論外國者皆有實際皆得其益中國條條莫不相反亦不必瑣瑣引證徒費唇舌人果平心一思無不知其孰優孰劣此無宗教之精神但言變法不能變心之所以無濟也或曰中國明智之士亦嘗倡保教之論矣曰倡保教者無論如何熱切請問繼之者果有幾人所守者果有何事大之窮理盡性既幽渺而難知且聚訟盈庭殊有無所適從之慨小之曲禮威儀亦太瑣碎難堪誰能日僕僕不憚其煩哉而朔望宣講直同兒戲受其陶鑄究有幾人豈盡人之性惡然哉亦實由此等矩矱不能範圍六合牢籠萬有也西人之涵育於教化者千有餘年前當草昧之世照引文明者教會也中當强盛之時振興國勢者教會也現當紛競之秋

維持和局者仍教會也中國不欲振興則已倘欲振興當此紛擾渙散之際非認定一至善之宗教使民知所趨向不爲功而第和民教云乎哉此等論説發之於數年前定遭唾罵斥爲惑世誣民而當此歧路徬徨流離失所之秋或亦有心人於何去何從爲之三致意以探其本源歟

安蹇附註

清醒居士作，安蹇附註：和民教策，第82號，1902年9月6日。(2-2)

小小慈善會書畫助賑啓

竊以江皖浩灾饑荒待賑私憂方切五内其焚與同人謀都是寒儒無可分之義穀僅自爲計欲行素志盍實減夫辛金究之一粟難飽萬夫何若成裘以謀集腋此小小慈善會之不能辭而區區書畫社之所由作也明知筆墨久蕪不入大方之目于是高明遍訪務期衆美之收擇地以張縱人入覽隨意購件得款助捐好善具有同心出錢便是公德定期正月上澣敬告四方諸君屆時必多大善士相臨事後謹再九頓首以謝是爲啓　附啓者俟擇定地方幷開會日期再行登報布聞

願入會者
請錄芳名

發起人　新聞報　大公報　方若　張頤　英華　顧越　同啓

小小慈善會書畫助賑啓，第1630號，1907年1月17日。

小小慈善會書畫助賑啓

竊以江皖浩灾饑荒待賑私憂方切五内其焚與同人謀都是寒儒無可分之義穀僅自爲計欲行素志盍實減夫辛金究之一粟難飽萬夫何若成裘以謀集腋此小小慈善會之不能辭而區區書畫社之所由作也明知筆墨久蕪不入大方之目于是高明遍訪務期衆美之收擇地以張縱人入覽隨意購件得款助捐好善具有同心出錢便是公德定期正月上澣敬告四方諸君屆時必多大善士相臨事後謹再九頓首以謝是爲啓　附啓者俟擇定地方幷開會日期再行登報布聞

願入會者
請錄芳名

發起人　新聞報　大公報　方若　張頤　英華　顧越　同啓

書畫慈善會贊成　諸君台鑒刻由曹鑑秋君助借樓房一所爲本會陳列出售品之用深堪感佩竊念災民待賑孔殷不容延緩　諸君允助之書畫不拘多寡先儘所有送至該處陳列以便待價而沽售入之欵但集有成數即隨時滙至災區早蘇民命以符救災如救火之意今謹擇於臘月十四日午刻開會出售書畫特此謹白

會所設在日本租界旭街天仙戲園迤南路西寶善里

每日午後一鐘開門　四鐘閉門

發起人　方藥雨　英斂之　謹白

諸君爲救災所捐書畫之陳列處所告白（擬題），第1637號，1907年1月24日。

書畫慈善會開會廣告（擬題），第1641號，1907年1月28日。

書畫慈善會開會廣告○本會定於本月十四日起至二十日止在日本租界旭街天仙戲園迤南路西陳列諸法家贊助之書畫任人擇購入欵悉數充江北賑捐既盡胞與之懷復聯文字之雅誠一舉而兩善備焉屆時務祈　樂善君子辱臨賜敎襄玆善舉則不獨斂同人等之私幸也

附啓者此次開會係因災民待賑孔殷不容稍緩故會中各件諸從急就聊爲此會之前驅同人更擬於明年正月上旬另擇寬大處所廣搜名家筆墨務饜

諸君之求再爲此會之後勁併此奉　聞

發起人　方藥雨

英斂之謹啓

書畫慈善會展限至二十一日晚閉會一俟明年正月廣爲搜羅名人書畫另擇寬大地方及開會日期再爲布　聞

發起人　方藥雨　英斂之　謹啓

書畫慈善會展之時間期限告白（擬題），第1645號，1907年2月1日。

小小慈善會書畫助賑啓

竊以江皖浩災飢荒待賑私憂方切五內其焚與同人謀都是寒儒、無可分之義穀僅自為計欲行素志盍實踐夫辛金究之一粟難飽萬夫何若成裘以謀集腋此小小慈善會之不能辭而區區書畫社之所由作也明知筆墨久無不入大方之目于是高明遍訪務期衆美之收擇地以張縱人入覽隨意購件得款助捐好善具有同心出錢便是公德定期正月上浣敬告四方諸君屆時必多大善士相臨事後謹再九頓首以謝是為啓　附啓者俟擇定地方并開會日期再行登報布聞

願入會者請錄　台衔　謹以入會先後為序

贊成員

許新三　延鞠軒　黃雲鋤女士　曹鑑秋　孫筱洲　曹鑅希

魏匏公　陸新農　中村金城

鄒荊盦　吳彥復　呂碧城女士　吳頤平　加藤市治郎　張晉公

王觀侯　袁而方　桑原鯱洲

黃盆如　張一帆　彭嫣女士　苗譽儒　佐伯仙濤　黃小宋

劉小亭　翁道平　王夷昭女士　鄧豁然　歌川國次　張止峰

發起人

方若　張頤　英斂　顧越

同啓

小小慈善會書畫助賑啓，第1646號，1907年2月2日。

江北賑捐書畫慈善會廣告

本會於臘月二十一日暫停明春擇日開會停會時如有願購書畫助賑者請　移玉至日日新聞社或大公報館兩家接洽可也

此次所入之欵湊齊後從速匯至災區聊盡愛護同胞之意捐助　諸君姓氏欵數隨後登報聲明

諸公有未交欵及另願捐助者請速送至日日新聞社大公報館兩家以便年前滙去爲禱

發起人　方藥雨

英斂之　謹啓

江北賑捐書畫慈善會廣告，第1649號，1907年2月5日。

書慈善會售出字畫細單

○熙寶臣八言聯一付　王益孫購十元
○顧叔度售出之件
高煥卿購對一付一兩
張楷臣購字四件五兩
高幽齋屏四條對一付三兩
趙希珍屏四條小橫幅三兩
沈懋一屏四條對一付二兩
曹順卿大橫批一張二元
周滌齋屏四條對一付二兩
孫玉崑屏四條對一付三兩
薛松坪小對一付小屏四條二兩
道勝行對兩付二元
房從森購七言對四付六元
黃擢卿購七言一付三元
袁丙方購七言一付二元
○張止峰售出之件
張鳴山購八言對一付五元
○英斂之售出之件
袁丙方購七言對一付二元
又七言一付一元
柴數霖購七言五付九元
又八言兩付十二元
李松田購七言一付二元
吟漱氏購七言一付一元
劉巨川購八言一付三元
嚴楣東購七言一付二元
路樾堂購七言一付二元
沈芳洲購七言一付一元
馬硯農購七言三付六元
又七言十付十元
熙寶臣購八言一付三元
又七言一付一元
房從森購七言二付四元
孫茂德購八言一付
又七言一付共六元
黃擢卿八言一付二元
江伯虞購八言一付
又七言三付共十元
班鏡芙購七言一付一元
傅潤沅購七言一付三元
楊臨齋購七言一付二元
又八言一付三元
石竹友購八言對一付三元
湯文聰女士購七言二付二元
盧雲青女士購七言一付三元
鄭德卿女士七言對一付三元
閻級陞購八言對一付五元
魏松泉購八言對一付四元
李序東購七言對一付二元
連警齋購七言對一付一元
張夔佐購七言對一付一元
朱秀峯購七言一付
又七言九付共十三元
曹鐵生購八言一付二元
陳蓉舫購七言一付一元
又八言一付二元
李錫麟購八言對兩中堂一張廿元
魁陞恒購對一付一元五
張伯納對一付二元
以上共銀四十一兩
洋五百三十二元五角

續前
傅潤沅購大五言一付二元
高文卿王景謀趙景昌共九元
周筱軒屏四條六元
王兆祥屏四條對兩付五元
王鳴山屏四條對一兩付五元
梅藍田屏四條對一付五元
郭竹銘挑一張對一屏四條七元
高性初挑一張對一付九元
王桂岩對兩付五元
李松樵對一付二元
張俊峯對一付一元
張繡園對一付一元
李鳳岡王益孫茂盛行共十元
趙子猷屏四條四元
李占鰲購七言對一元五
王文元購七言對一付二元
楊靜軒購對一付三元
姜輔廷購對一付一元
張博聞購對一付一元
周筱舫購對一付一元五
孫義山購對一付一元
宜雅林購對一付六元
蕭恩田購對一付一元
傅榮慶購對一付一元五
大義當購對四付六元
柴景春購對兩付五元
柴大姑購對一付二元
和興鐵舖購對一付二元
隱名氏購對六付九元
程祥五購對一三元
羅少棠購對一一元五
李鑑泉購對一一元五
魏筱波購對一一元五
張捷三購對一一元五
謝竹生購對一一元五
趙晉三購對一一元五
張漢亭購對一一元五
李鞠軒購對一一元五
胡輔卿購對一一元五
趙和豐購對一一元五
張少宸購對一一元五
高筱江購對二二元五
祖繼先購對二二元五
艾潤棠購對一一元五
穆少棠購對一一元五
張四海購對一一元五
陳仲購對一一元五
董月樵購對一一元
王桂山購對一一元
高明東購對一一元
毛雅泉購對一一元
邢雅廷購對一一元
劉靜泉購對一一元五
王治軒購對一一元
齊芹洲　元贊臣　劉子青
田維周　尤子綱　購對各一付
共八元

李賀廷對一付二元
祁虎臣對一付屏四條五兩
李鶴祥對一付一兩
孫文彬對一付一兩
呂鶴卿對一付一兩
田朝宗對一付一兩
馮叔平對一付一兩
程敬臣屏四條對一付五兩
閆梧閣對一付一兩
郭漢章對一付一兩
裴海洲對一付一兩
李秀亭對一付二兩
大吉昌購七言對一付一元
趙子珍購七言對一付一元
桑輿成購對一付五元
趙筱臣購對一付二元
黃星齋購對一付一元五
元吉軍衣莊購對一付一元五
萬聚合購對一付五元
張少秋購對四六元五
王墨林購對一一元五
俞錦州購對一一元五
張星南購對一一元五
吳杏村購對一一元五
李慶山購對一一元五
王捷軒購對一一元五
張蓮舫購對一一元五
錫[illegible]泉購對一一元五
劉墨林購對一一元五
穆仰周購對一一元五
德茂恒購對一五元
李符桂購對一十元
張堯棠購對一二元
郝玉[illegible]購對一二元五
季金榮購對一二元五
張浙洲購對一二元五
石竹友購對一五元五
李翰臣購對一五元
譚仲熙購對一六元
鄭德芳購對一四元
董連仲購對一三元
徐有和購對一五元
雷司鐸購對二五元
李占鰲購對一四元
李俊民購對一二元
蕭振聲購對一三元
王世亭對一十元
劉玉珊對一付五元
劉雨亭對一付五元
盧雅堂對一付六元
史筠喜對一付五元
靳樂亭對一付五元
鄧豁然五十元
王渡公七言二元

書畫慈善會售出字畫紲單，第1651號，1907年2月7日。

書畫慈善會收到 王雲山捐洋四十元 王子璽捐洋三元 倪杏濱捐洋一元 蔡蓮江捐二元

中國婦人會收江北賑捐 何瑞芝捐洋一元 何瑞蘭捐洋一元 以上俱明年滙撥

書畫慈善會售出字畫紬單 續前

〇醉蓮購張亦湘八言聯一付
兩元七言聯一付一元
〇張伯納購魏匏公八言聯一
付二元篆字屏四張十元
李嘉璧八言一付三元
孫小洲天官條幅一張二元
英斂之七言聯一付二元

〇左輔周購魏匏公聯四付
共洋十元
〇袁勵方寫屏收潤筆十元又寫
名片收洋二元五又自捐十
九元九角
〇顧叔度售出之件
閻觀庭購對一付一元

王雲五購對一付批一張 姚蠡
山屏四條對一付批二張四元
侯鶴峰購屏六條三元
郭秀春捐洋一元
又大公報館售出啟蒂千金洋
四元二角
共七十八元六角

此次開會承諸大君子贊成襄助更深感佩除捐助銀錢購買字畫諸君姓名款數業經登報聲明此外曹鑑秋君助借房屋一所併捐對料一百聯 于覲三君捐對料洋一百元 左雨卿君捐對料五十聯 文美齋助捐紙價十元開會零費由大公報館捐備不動入款分文此次共收入

捐款 洋二百四十一元七角

入賞字畫 洋九百一十八元五角 銀四十一兩

二共 洋一千一百六十元二角 銀四十一兩

即於臘月二十五日送交戶部銀行逕行滙送 南洋大臣附解災區併承該銀行慨允不取滙費以上諸端足見好善之心人有同情謂我中國人公德缺乏不知愛種者眞盲論也竊念敝同人等不過秀才人情措大生活乃竟蒙 諸大善士踴躍捐助慨解惠囊欽感之情曷其能已不禁代災民白拜以謝

書畫慈善會發起人 張頤 方若 英華 顧越 同白

附啟者凡未收入之款統歸明年開會帳內核算 諸公送來聯畫等件如未出售者俟明年開會[illegible] 附此謹白

大公報館自行收回

書畫慈善會售出字畫紬單，第1652號，1907年2月8日。

公益善會李公祠開演電影新戲助賑啓，第1652號，1907年2月8日。

公益善會李公祠開演電影新戲助賑啓

敬啓者此次江皖浩災慘不忍聞爲數十年中所未有雖經奉旨發去帑銀十萬兩及各處善士勸捐奈災區過廣需欵太繁不啻杯水車薪無濟於事自入秋以來至今數月當事者補瘡剜肉羅掘一空況值此嚴寒凜冽之時災民居室坍毁無存饑寒交迫蕩析離居數十萬饑殍咸處於冰天雪地之中而生者嗷嗷待哺遍野哀鴻加以瘟疫流行死亡日以千計野哭之聲聞於數百里之外當局官紳計窮力竭只有告災募賑函電交馳日不暇給僕等痛同胞之急難惜獨力之微單欲事托鉢於沿門終鮮勸捐之善法竊以東西洋文明諸國平時有各種善會一遇災難即由善會首出提倡募捐自男女學生及工商業界之有聲望者下至伶人藝妓咸各獻其所長集資助賑即如此次日本人僑寓美洲遇地震奇災旋由慈善會提倡邀集高等師範各生及高等藝妓合演音樂唱歌等劇三日之間集資數萬其慈善會之會員多有王子皇孫公侯世爵執役於劇場以盡義務我國雖未風氣大開而天津報館諸君有書畫助賑慈善會上海華商體操會廣洽鶴觀察等提倡各伎演劇助賑等善舉（事載本月初一日時報）津門素稱仗義之鄉凡有善舉無不爭先恐後且歌樓劇館棋布星羅其劇[illegible]資日數萬金倘諸人稍節游蕩之費則災民沾活甚多僕等痛同胞之慘災何忍坐視擬不惜唇舌設法勸募俾多得一分之錢即可多救一人之命現商之權仙戲園內美國電影洋東借資電影數日助賑即蒙慨允并蒙電車公司助以發光電線使電影光耀穩妥毫無危險之處又蒙英國電燈房助以電燈[illegible][illegible]外人[illegible]且仗義如此況我同胞當更慨發隱惻踴躍相助也茲謹定於明年正月初六日起演電影十日併[illegible][illegible]中外者[illegible]助與及各團名角串演新戲凡有此項賞心悅目者一併廣爲搜羅務使花樣翻新每日不同使人覺 諸公既可遂其雅興復得遂其善心凡此贊助者皆盡義務不索酬值所入之欵遂於次日滙寄災區不稍停滯會中一切開消皆由同人捐助不動入欵分文特此預行廣告屆時務乞 各大善士惠臨襄此義舉不勝禱切盼切

發起人 吳頌平 王祝三 同啓

贊成員 張雲衢 王益孫 顧少岩 希乾若 王少周 蔣樹臣

溫子英 趙小舫 袁叔和 聶偉臣 方藥雨 呂幼才 英斂之

附啓者 贊成員公舉

吳調卿

寧星甫 二位爲總理稽查一切併入欵[illegible]兒等事

樂善諸君如願贊成者請將 台銜送至日日新聞社或大公報館可也

公益善會李公祠開演電影新戲助賑啓

敬啓者此次江皖浩災慘不忍聞爲數十年中所未有雖經奉　旨發去帑銀十萬兩及各處善士勸捐奈災區過廣需欵太繁不啻杯水車薪無濟於事自入秋以來至今數月當事者補瘡割肉羅掘一空況值此嚴寒凛冽之時災民居室坍毁無存饑寒交迫蕩析離居數十萬饑殍咸處於冰天雪地之中而生者嗷嗷待哺遍野哀鴻加以瘟疫流行死亡日以千計野哭之聲聞於數百里之外當局官紳計窮力竭只有告災募賑函電交馳日不暇給僕等痛同胞之急難惜獨力之微單欲事托鉢於沿門終鮮勸捐之善法竊以東西洋文明諸國平時有各種善會一遇災難即由善會首出提倡募捐自男女學生及工商業界之有聲望者下至伶人藝妓均各獻其所長集資助賑即如此次日本人僑寓美洲遇地震奇災旋由慈善會提倡邀集高等師範各生及高等藝妓合演音樂唱歌等劇三日之間集資數萬其慈善會之會員多有王子皇孫公侯世爵執役於劇場以盡義務我國雖未風氣大開而天津報館諸君有書畫助賑慈善會上海華商體操會虞洽卿觀察等提倡各伎演劇助賑等善舉（事載本月初一日時報）津門素稱仗義之鄉凡有善舉無不爭先恐後且歌樓劇館棋布星羅其劇浪費日數萬金倘諸人稍節游蕩之費則災民沾活甚多僕等痛同胞之慘災何忍坐視擬不惜唇舌設法勸募俾多得一分之錢即可多救一人之命現商之權仙戲園內美國電影洋東借演電影數日助賑即蒙慨允復蒙電車公司助以發光電線使電影光耀穩妥毫無危險之虞又蒙英國電燈房助以電燈竊思外人尚且仗義如此況我同胞當更慨發隱惻踴躍相助也茲謹定於明年正月初六日起演電影十日併邀請中外音樂助興及各園名角串演新戲凡有他項賞心悦目者一併廣爲搜羅務使花樣翻新每日不同使人覽　諸公既可遣其雅興復得遂其善心凡此贊助者皆盡義務不索酬值所入之欵遂於次日滙寄災區不稍停滯會中一切開銷皆由同人捐助不動入欵分文特此預行廣告屆時務乞　各大善士惠臨襄此義舉不勝禱切盼切

發起人　吳頌平　王祝三　同啓

贊成員　張雲衢　王益孫　顧少岩　希乾若　王少周　蔣澍堂　溫子英　趙小魯　裘叔和　聶偉臣　方藥雨　呂幼才　英斂之

附啓者贊成員公舉

吳調卿　甯星甫　二位爲總理稽查一切併入欵滙兌等事

樂善諸君如願贊成者請將　台篆送至日日新聞社或大公報館可也

公益善會李公祠開演(電影新戲)助賑啓

敬啓者本會現商之利成洋行外洋新到特色電影借演數日助賑即蒙慨允復蒙電車公司助以發光電線使電影光耀穩妥毫無危險之虞又蒙英國電燈房助以電燈竊思外人尚且仗義如此況我同胞當更慨發隱惻踴躍相助也茲議定於正月初十日晚七點鐘起演電影七日及各園名角串演新戲凡有他項賞心悅目者一併廣爲搜羅務使花樣翻新每日不同使人覽 諸公既可遣其雅興復得遂其善心凡此贊助者皆盡義務不索酬値所入之欵盡於次日滙寄災區不稍停滯會中一切開消皆由同人捐助不動入欵分文特此預行廣告屆時務乞 各大善士惠臨寔此義舉不勝翹切盼切

發起人 吳頌平 王祝三 王益孫 顧少岩 王少周 趙小魯 裘叔和 陳梓臣 黃仲箎 陳作舟 方藥雨 英斂之 同啓

外洋新到影片第一次出現

贊成員 李子赫 張雲衢 徐樸菴 吳潔南

准於新正月初十日晚開演

附啓者贊成員公舉吳調卿 甯星甫 王林竹 三位爲總理稽查一切併入欵滙兊等事

樂善諸君如願贊成者請將 台銜送至日日新聞社或大公報館可也

公益善會李公祠開演電影新戲助賑啓，第1658號，1907年2月23日。

公益善會李公祠開演電影新戲助賑啓

敬啓者本會現商之利威洋行外洋新到特色電影借演數日助賑卽蒙慨允復蒙電車公司助以發光電線使電影光耀穩妥毫無危險之虞又蒙英國電燈房助以電燈竊思外人尚且仗義如此況我同胞當更慨發隱惻踴躍相助也茲謹定於正月初十日晚七點鐘起演電影七日及各園名角串演新戲凡有他項賞心悅目者一併廣爲搜羅務使花樣翻新每日不同使人覽　諸公既可遣其雅興復得遂其善心凡此贊助者皆盡義務不索酬值所入之欵遂於次日滙寄災區不稍停帶會中一切開消皆由同人捐助不動入欵分文特此預行廣告屆時務乞　各大善士惠臨襄此義舉不勝禱切盼切

發起人　吳頌平　王祝三　同啓

贊成員　李子赫　張雲衢　王益孫　顧少岩　王少周　趙小魯　裘叔和　徐樸菴　吳潔南　陳梓臣　黃仲篪　陳作舟　方藥雨　英斂之

附啓者贊成員公舉

吳調卿　甯星甫　王林竹　三位爲總理稽查一切併入欵滙兌等事

樂善諸君如願贊成者請將　台篆送至日日新聞社或大公報館可也

外洋新到影片
第一次出現
准於新正月初
十日晚開演

新年仰蒙　諸親友寵臨及投函賜問絡繹不絕　盛誼厚情深堪銘感奈鄙人瑣務蝟集神形交困有失答復歉疚實深此由不暇非敢簡慢伏望　大雅曲爲原諒是感是幸　大公報社長英斂之頓首

大公報社長英斂之值新年之際問候諸位關心大公報的親友（擬題），第1658號，1907年2月23日。

新年仰蒙　諸親友寵臨及投函賜問絡繹不絕　盛誼厚情深堪銘感奈鄙人瑣務蝟集神形交困有失答復歉疚實深此由不暇非敢簡慢伏望　大雅曲爲原諒是感是幸　大公報社長英斂之頓首

書畫慈善會　贊成諸君台鑒本會俟李公祠公益善會開畢後擇地定期開會刻
下務請　諸君將書畫各件早爲備出是禱
發起人　方藥雨
英斂之　同啟

書畫慈善會擇地定期開會告白（擬題），第1670號，1907年3月7日。

書畫慈善會　贊成諸君台鑒本會俟李公祠公益善會開畢後擇地定期開會刻
下務請　諸君將書畫各件早爲備出是禱
發起人　方藥雨
英斂之　同啟

書畫助賑慈善會贊成員名單

魏兆公　袁而方　黃雲鋤女士　曹聲希　中村金城　張止峰

鄒荆盦　張一帆　呂碧城女士　張詧公　加藤市國廣　孟定生

王覲侯　翁道平　彭嫣女士　黃小宋　桑原鯨洲　張紹耕

黃益如　曹鑑秋　王夷昭女士　劉竺生　佐伯仙濤　朱志良

劉小亭　吳頌平　梁佩瓊女士　阮聖伯　歌川國次　徐樸庵

李和度　左雨濟　樓靜泉女士　潘子安　大和正夫　楊星伯

許新三　苗寶儒　謝素素女士　中山波上　曹麗齋

陸新農　鄧懿然　朱復權女士　陳筱華

吳彥復　孫筱洲　英懷清女士

願入會者請錄　台篆　謹以入會先後爲序

發起人　孫頤　方若　[illegible]　[illegible]　同啟

書畫助賑慈善會贊成員名單，第1672號，1907年3月9日。

紹介美術

中山波上先生東瀛名士也時以金石書畫游歷中亞賞鑒家爭歡迎之日前以所鐫水晶小印一方見贈淳古雅健有建寧延熹遺意即求之近賢吳昌石後一人也媿無瓊報聊泐數行以誌嘉貺　波上君現寓天津日本租界曙街三十號專鐫金玉牙石一切印章并兼販印材雅嗜藝術者盍一訪之　英斂之白

紹介美術，第1670號，1907年3月7日。

書畫助賑慈善會定於本月二十六日起至二月初四日止在日本租界同宴樓開會陳列書畫各品　樂善諸君請移玉購買可也

發起人　方藥雨　英斂之　同啟

書畫助賑慈善會開會陳列書畫名品之時間與地點告白（擬題），第1672號，1907年3月9日。

書畫慈善會贊成諸君鑒送來各件如未售出者請於初三日自行取回如不領取本會於初四日午刻起所有各件一概拍賣特此布聞

發起人　方藥雨　英斂之　同啟

書畫慈善會成員未售出之書畫請自行取回告白（擬題），第1678號，1907年3月15日。

前承吳　郭兩君賜下也是集序各一篇過蒙奬飾鄙人愧不敢當倘屏而不登則有負策厲之情登之則致貽標榜之誚躊躇再四取舍爲難今只有援俗用却之不恭受之有愧八字解之而已然既承　兩君錯愛之雅亦不敢不勉以副厚望聊識數語用當書紳

安蹇附識

安蹇附識：承吳、郭兩君賜下也是集序各一篇（擬題），第1817號，1907年8月2日。

◎丹桂戲園開演新戲籌辦直隸水災賑捐◎

近日永定河決口成災數百里廬舍淹沒人民流離慘苦萬狀諸大善士議將江北賑捐移緩就急雖經賑撫局商務總會前往散賑奈地方廣大人民衆多待哺嗷鴻遍滿曠野大有杯水車薪之勢本仝人等義切同胞不忍坐視今特議定於本月十一十二兩日白晝演戲兩天所入票價全數充賑前後台夥友及房主平安公司皆盡義務不取分文伏乞 樂善君子届時早降以襄善舉是幸是禱

所有發起人列後

張玉順 沈蘊和 貞福安 趙明春 姚吉海 耿壽安 小鬍英 蘆鐵柱

王寶德 蘇月波 玉愛仁 明海山 隱名氏 楊昌運 隱名氏

承辦人 鄭玉焜 同啓

贊成員 劉子良 王揖清 劉伯年 溫子英 顧叔度 陸華農 劉彤軒 英斂之

◎願贊成者請書台篆◎

丹桂戲園開演新戲籌辦直隸水災賑捐，第1834號，1907年8月19日。

◎子謙先生鑒備案 賜教不拘何日請於午前 移玉爲便

英斂之白

邀約子謙先生之告白（擬題），第1837號，1907年8月22日。

◉戲法助賑◉

昔名朱連魁第一班戲法游歷西洋各國賽會無不稱讚神奇奥妙生面別開蒙各國給以文憑護照併得各國賞賜賽星金表多件回華後歸鄉置買莊田安居樂業近日直隸河決成災十數州縣慘苦萬狀諸贊成員特邀出朱君演術助賑朱君慨然允許不取分文併邀來一特別小人身高二尺上下年七十餘歲亦可奏技併有朱君邀出本班各奇巧藝術人位幫助俟擇定開演地址日期再行布告所有收入之欵全數充賑並不扣一文謹消先此聲明

贊成員 徐樸菴 張紹五 馬少華 劉子良
甯星普 王挹清 劉伯年 英斂之 同啓

戲法助賑，第1844號，1907年8月29日。

◉◉毅叟鑒：得暇請移玉一談是禱 安塞白

邀約毅叟之告白（擬題），第1847號，1907年9月1日。

慈善會演戲助賑告白，同仁善會戲法電影開演廣告，第1848號，1907年9月2日。

慈善會演戲助賑告白

敬啓者去年江皖水災承　諸善士樂善好施集成巨欵造福良深今永定河決口通州香河寶坻永清文安霸州固安武清甯河各屬地勢低窪之處都成澤國傷心慘目有如是耶鄙人等仍擬由小小慈善會不揣棉力惟盡寸心邀京津名角擇期在李公祠演戲四天日晚所得戲資悉數助賑一切費用不能動用分毫邀到名角擇定日期再行登報聲明

發起人　呂幼才　婁翔青　英斂之　魏蓮舫　方藥雨

贊成員　日界天仙茶園　丹桂茶園　奧界天仙茶園

同仁善會戲法電影開演廣告

朱連魁第一班戲法助賑已登各報今借定鼓樓前廣東會館擇於七月二十六日晚七點鐘起開演連演三日每日不同併邀有各樣新奇玩藝又有朱連魁之幼女能歌唱西洋妙曲前在各國屢經名人贊美又有新到特別小人不滿三尺登台奏技併有韓以功錢星海兩君助以新奇平安電影數千尺此次開辦善會各樣玩藝別開生面與前不同諸君降臨既新耳目又作善舉實爲一舉兩得之事賣入之款全數充賑所有贊成諸人皆盡義務不取分文開辦使費由同人擬備賣票則請商會諸君經理毫無流弊特此佈聞

進門買票　包廂五元　樓上散座壹元　池子兩廂一律五角

售票處　大衙衕商務書館　北馬路商務總會　日界大公報館

贊成員　徐樸菴　寗星普　張紹五　王挹清　馬少華　劉伯年　陳諸濟　吳星閣　莫織南　劉彤軒　劉子良　英斂之　同啓

◎下天仙戲園演戲助賑廣告◎

近因直隸水災難民慘苦萬狀　各善士紛紛籌賑　拯救同胞　同人等亦國民一分子　豈忍坐視　今特商之下天仙戲園前後台老板　演戲兩天　入款全數助賑　該園當仁不讓　當即慨允　本同人等各盡義務　擔任分售戲票　延請親友　襄此善舉　該園前者已經提撥戲資助賑　今又見義勇爲　極力襄助　實堪嘉尚焉　謹擇七月二十七二十八兩日白天全班開演新戲　是日諸君早降是幸

贊成人　李吉瑞　曹寶峯　趙海亭

發起人　白文奎　于報　孫錫亭

壽星普　朱景沂　余三勝　范寶廷　孫雅橋

宋華軒　高小江　衡和玉　孫玉清　張丹林

田大本　王芸洲　薛鳳池　龔處　劉小舟

王少三　孫瑞安　杜雲卿　張德俊　于雲波

高煥章　郭捷三　杜雲美　季永堂　董雲升

劉子良　英斂之　杜雲紅　小四寶　趙廣義

小鴻升　童子紅

同啓

下天仙戲園演戲助賑廣告，第1848號，1907年9月2日。

◎同仁善會戲法電影今日開演◎

朱連魁第一班戲法助賑已登各報今借定鼓樓前廣東會館擇於七月二十六日晚七點鐘起開演連演三日每日不同併邀有各樣新奇玩藝又有朱連魁之幼女能歌唱西洋妙曲前在各國屢經名人贊美又有新到特別小人不滿三尺登台奏技併有韓以功錢星海兩君助以新奇平安電影數千尺此次開辦善會各樣玩藝別開生面與前不同諸君降臨既新耳目又作善舉實爲一舉兩得之事賣入之款全數充賑所有贊成諸人皆盡義務不取分文開辦使費由同人攤備賣票則請商會諸君經理毫無流弊特此佈聞

進門買票　包廂五元　樓上散座壹元　池子兩廂一律五角

售票處　大衚衕商務書館　北馬路商務總會　日界大公報館

發起人　朱連奎　馬少華　王玉清　吳盛妹　于雲金　朱聚財

贊成員　徐樸菴　張紹五　馬少華　陳諸濟　莫熾南　劉少平　劉子良

甯星普　王挹清　劉伯年　吳星閣　劉彤軒　鄧豁然　英斂之　同啓

大公報　第一千八百四十九號　二

同仁善會戲法電影今日開演，第1849號，1907年9月3日。

◎◎◎雲伯先生鑒承　賜法書雄渾健勁實深佩服特此鳴謝得便如能　辱臨一談尤感　英斂之白

感謝雲伯先生賜書法之告白（擬題），第1853號，1907年9月7日。

◉慈善會演戲助賑廣告◉

李公祠演戲助賑前已布告現由京中邀請名角票友來津助善擇於本月初六初七晚間開演初八日白晝晚間並演原定開演四日因初九日名角回京有差故改三日賣票入款全數充賑不動分文所有一切開消由同人籌備特此聲明

包箱拾元　散座伍角

發起人　婁翔青　魏蓮舫　呂幼才　劉伯年　方藥雨　英斂之　同啓

贊成員　吳星閣　喬藎臣　徐樸庵　魏信臣　王澄齋　劉子良

王祝三　張紹武　吳潔甫　陳梓臣　李藎臣　王澤圃　陳作舟

贊助員　王雨田　鄧卓芳　納紹仙　田際雲

進門買票　預先買票在大衚衕商務書館　日界天仙茶園　奧界天仙茶園　丹桂茶園

慈善會演戲助賑廣告，第1858號，1907年9月12日。

中國幣制得失論序

安蹇

我中國自李唐趙宋以還所謂學問經濟者大都重虛文畧實事而則先法古尤忌更張病深骨髓風氣內趨上下一轍故社會中貶商賈於四民之末而所謂四民之表繼往開來者亦不過以能翻弄陳編勦襲舊說爲合格至其能否坐言起行切中時事則非所計觀於萬事精於儒之讕言則重虛文畧實事之習俗概可想見彼夫管仲行致商鞅變法至今人猶病之而王荆公以卓越之識悍厲之才卒未能戰社會而勝之不惟遭當時貶斥且至今將及千年詬詈猶未已也嗟乎習俗難移錮蔽之不易化除有如此者坐是國勢不張社會退化其惡果至今日乃大著雖然倘我國猶閉關自守即率由舊章以至千百年亦或可以苟安奈今日五洲大通羣雄競進而我仍執數千年前之古義以與當今剽悍猛前之新進遇其爲必敗且亡何待蓍蔡此前識之士所以變法之條陳疊出層見豈樂變亂祖制好爲更張哉毋亦有不得已之苦心以謀我種族幸福而奠國基於不敗也宋君則

中國幣制得失論序，第1867號，1907年9月21日。(2-1)

久以商界而深明此意者也居恒慨國勢凌夷痛人心蒙昧時於宣講所中剴切敷詞聲淚俱下僕每歎爲難能而可貴頃以所箸中國幣制得失論見眎併索序言夫僕何知蓋即所謂翻陳編勸舊說之空談派者然竊嘗聞之國之所以道國齊民者非一端而通商惠工要必以一度量權衡爲發軔我國之圜法複雜繁瑣爲大地所獨有不惟省自爲制甚且市町互有不同困商賈窘行旅言之最堪痛恨方今預備立憲百度維新於舍短取長興利除弊之謀汲汲不容其或緩而於國脈民天根本至計尚未得亞密斯丹其人者今宋君以身體力行心領神會之餘發爲言冀溥社會利益當權者苟能斟擇用之則椎輪大輅精進不日從此擯虛言務實事以我國之地大物博詎難凌歐駕美雄視寰宇則此書當作中國富强基觀也可

中國幣制得失論序，第1867號，1907年9月21日。(2–2)

久以商界而深明此意者也居恒慨國勢凌夷痛人心蒙昧時於宣講所中剴切敷詞聲淚俱下僕每歎爲難能而可貴頃以所箸中國幣制得失論見眎併索序言夫僕何知蓋即所謂翻陳編勸舊說之空談派者然竊嘗聞之國之所以道國齊民者非一端而通商惠工要必以一度量權衡爲發軔我國之圜法複雜繁瑣爲大地所獨有不惟省自爲制甚且市町互有不同困商賈窘行旅言之最堪痛恨方今預備立憲百度維新於舍短取長興利除弊之謀汲汲不容其或緩而於國脈民天根本至計尚未得亞密斯丹其人者今宋君以身體力行心領神會之餘發爲言□冀溥社會利益當權者苟能斟擇用之則椎輪大輅精進不日從此擯虛言務實事以我國之地大物博詎難凌歐駕美雄視寰宇則此書當作中國富强基觀也可

僕因抱恙刻至西山養痾一二星期凡有致僕之函件俟歸時再行裁答遲延之咎幸乞見原

英歛之白

病休、函件待歸時覆之告白（擬題），第1963號，1907年12月27日。

大公報　第一千九百六十八號　七

丁未冬至後偕陸達夫恭陪葆淑舫夫人游湯山偶作

安蹇

湯山一泓如沸水熱度不因寒威消願溥恩膏遍黎蒸帶溺淪廣燠冷同胞

石山孤矗高千尺熱水雙流暖一方空歎地靈人不傑破天重補待媧皇

丁未冬至後四日狂風撼地塵蔽天要識衝寒冒冷意都為社會策牛鞭

渾噩猶然太古風（時有蒙古王公歲貢駐帳村外）雖無侵畔太顓蒙分甘尚解貽同類（淑舫以糕點相贈其妃分衆嘗之）使我勃興博愛衷

丁未冬至後偕陸達夫恭陪葆淑舫夫人游湯山偶作，第1968號，1908年1月1日。

題袁世彤撰，安蹇附識：道員袁世彤致袁宮保函，第1975號，1908年1月8日。

道員袁世彤致袁宮保函

四兄大人尊鑒兄弟不同德自古有之歷歷可考者如大舜周公子文柳下惠司馬牛也聖賢尚有兄弟之變況平人乎每讀常棣之詩則必洒淚濕襟弟亦有兄弟之感耳詩云兄弟鬩于牆外禦其侮每有良朋烝也無戎此乃常人常事常情也若關乎君父之大義雖兄弟亦難相濟蓋德同則相濟德異則相背大舜聖人也周公亦聖人也舜能感化傲象周公則誅管蔡舜與象爲骨肉之私嫌故舜得天下不必加之誅討管蔡乃國家之公罪而周公不妨以大義滅親吾家數世忠良數世清德至兄大失德二十年來兄所爲之事均與先人相背朝中所劾者四百餘摺痛言吾兄過惡兄撫心自問上何以對國家下何以對先人母親在生之日諄諄誥誡於吾兄而兄置若罔聞將置母親嚴慈之訓于何地兄能忠君孝親乃吾兄也不能忠君孝親非吾兄也弟避兄歸隱故里十年於茲矣前十年間或通信後十年片紙皆絕今關乎國家之政祖先之祀萬不能不以大義相責也兄顯達以後一人烹鼎衆人啜汁然弟獨處僻壤始終不敢問津兄爲總督弟爲鄙夫兄固不加親愛而弟實亦不敢妄邀吾兄之愛弟挑燈織履以晨市之助饔雖然清苦猶榮于顯達爲人指責曰某人之愛弟也某人之爪牙也弟視大義如山嶽視富貴如浮雲惟謹守父母親遺訓甘學孟節老於林下已亥春弟曾上親供于護理河南撫台景月汀祈轉稟榮相曰朝中無能制兄之人恐將來尾大難掉莫若解其兵柄調京供職正所以保全功臣之後也云云此言昭昭如在目前今日之後但願蒼天有知祖先有靈兄能痛改前非忠貞報國則祖先幸甚國族幸甚臨箋揮淚書不盡言專此敬請近安　六弟世彤謹啓

按右函見於上海報紙不知是否僞託抑爲實事如其實也則可謂此亦一是非彼亦一是非初無傷其和而不同也猶憶當有明中葉表彰方孝孺一事爲極難著筆之作世之文人善於貢媚奇想天開乃曰武王伐紂夷齊叩馬聖人蓋兩賢之云云嗚呼僕於此函欽其清風亮節大義凜然錄之亦兩賢之之意云爾

安蹇附識

本報二千號徵文廣告

報紙之至千號或數千號例有祝典每懸巨獎徵雄文以爲大紀念有如世人之過生辰必稱觴舉賀者五旬榮慶六旬榮慶之比例也然則循例之具文義甚簡單其有無當不足輕重敝報於今正九日滿二千號仍擬設題徵文一如千號之故事由是言之則與謀齊文慶榮秩者又何以異惟是敝報已過之一千號不必論未來之三千號以至萬號尤不敢知獨此現居之二千號實有不得不猶行今之道者其故有二

一爲頒發預備立憲之　詔旨計時已逾朞年而吾報當千號之時所擬徵文之題即預盼中國亟應改爲立憲政體者而所取壹等之文亦皆痛陳立憲與不立憲之安危利害者維時先於預備立憲　詔旨前一年有半然則謂吾報之告千數正所以爲啓發立憲之前驅固非誣罔之冒功矣然閱時既久當切實施行不可徒托空言致蹈玩愒之咎而取敗亡之道也

一爲敝報雖卑之無甚高論惟不避權貴不敢苟同所以僭竊敢言之名者以此而爲不便於己者之所深惎亦以此猶憶乙巳之秋被禁之時期而售報轉增其多數置之死地而後生天下事大抵然歟固知文字之生命堅逾金石雖萬刼千魔酷災毒癘而不能損害其絲毫者也當飛沙晝冥怒濤山立正不知危險奚似猶有風靜潮平安致今此之一日是不可不以爲記念謹列徵文規章及問題如左敢希盱衡時局經綸在抱　諸君子一抒其蘊蓄而光我簡篇不勝盼切禱切之至

一問題

一實行立憲之政體如何
二妥籌八旗生計之良策
三蘇杭甬路如何而爲相當之辦法
四今日所爲尊經復古果否能挽風俗正人心且徵其往效
五强迫教育先從天津試辦之方法
六新學服平議
七中國商業不能發達之原因
八麻雀牌與鴉片煙利害之比較

二展限

千號之日正值新春賓酒譚讌共樂年華墨客騷人未遑弄翰因展限於正月二十九日補行祝典徵文定於正月十五日截卷

三酬金

國門一字價值千金敝館棉薄敢希往喆爰奉區區聊酬雅誼擬定選錄者　一等酬洋貳拾元　二等酬洋拾元　三等酬洋伍元其未經入選而持之有故言之成理者本館亦不沒作者一番苦心留俟日後陸續登報併酌量酬贈本報聊表徵意至各等級上不限額數以冀博收奇文而免遺珠之歎

四廣例

本館所擬數題之外如有特別卓識曠世逸才而爲匡時救弊煌煌大文者一例選登照餽酬金惟登否原稿俱不奉繳

大公報館社長英斂之謹啓

本報二千號徵文廣告，第1995號，1908年1月28日。

新年答謝諸親友投函賜問（擬題），第1997號，1908年2月7日。

新年叨承　諸公寵臨及投函賜問絡繹不絕　盛誼厚情深堪銘感鄙人瑣務紛紜有失答復歉疚良深然實由無暇非敢簡慢也伏惟　垂諒是幸是禱

大公報社長英斂之頓首

近聞有人在外冒充本館主筆雖未查得撞騙實跡然其招搖情形極堪痛恨大與本館名譽有妨特此聲明此後凡遇有稱本館主筆及同事在外招搖者即請扭送本館治以撞騙之罪本館同人屢經本總理切切嚴囑無不束身自愛凡於生疎處所從不准向人稱道大公報館四字如有借端向人稱道者即意在招搖撞騙遇者務請根究是幸是禱

大公報館總理英斂之白

冒充本館主筆者將嚴懲不貸之告白（擬題），第2042號，1908年3月23日。

火車售票者，第2147號，1908年7月7日。

閒評

火車售票者

安蹇

僕去冬進京 曾將所經見之陋俗惡習 爲識小錄數章 以譏彈之 乃言者諄諄 聽者藐藐 而深歎中國人心之壞 風俗之偸 非一朝一夕所釀成 故刮垢磨光 亦不可期諸一旦也 至今火車站之售票人 訛索大洋 欺侮行旅 猶然成爲習慣（如購票數在小洋四角以上者應給大洋乃購票者零數雖在二三角皆合購數票則積疊之數過四角者亦索大洋且持之甚力謂定章如此此外則找入之數務求其昂找出之數務求其低更參雜以假洋不能使用比比然也）夫以國家堂堂鐵路之用人 豈有不給工資 一如飯館之堂官 娼寮之龜奴 專倚主顧賞賜零錢之理乎 若售票人月有工資 則此等人格未免卑下太甚 更堂官龜奴之不若矣 何則 夫堂官龜奴 倘主顧賞以些須 尙知請安道謝 今售票人 氣焰凌人 異常蠻横 伊雖詐索人錢 反自居於主人地位 爲可恨也 是望該管之長官 力加整頓毋欺行旅 是亦革除中國汚點之一端 或曰 子眞村野迂濶 不知中國官派者也 夫中國之官派以諛媚賄賂爲進身之階 以蠻横貪殘爲臨民之具 以訛騙攘奪爲生財之法 今車站售票人 半官派者也 其承上起下 衣鉢相傳 有所恃而無恐 子以一紙空言 冀其改良 得勿愚乎 吾恐此後不惟良之不改 倘有以小洋大洋爭論者 或許枷號示衆 以儆其餘也 僕聞之乃憤然而謂之曰 子乃太薄視我中國長官矣 夫長官以王事勤勞 不暇察及此等弊病則有之 豈眞狼狽爲奸 助桀爲虐以欺侮我民庶爲目的乎 子休矣

僕此次經前門車站及西直門車站皆有訛索大洋之事惟南口車站人極公道且甚和平售票人亦良莠不齊非可一概而論也

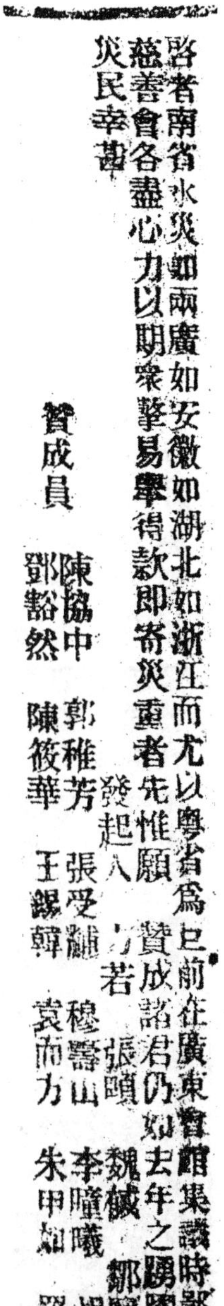

啓者南省水災如兩廣如安徽如湖北如浙江而尤以粵省爲巨前在廣東會館集議時鄙人等提議仍辦書畫慈善會各盡心力以期衆擎易舉得款即寄災重者先惟願　贊成諸君仍如去年之踴躍以匡不逮鄙人幸甚災民幸甚

發起人　方若　張頤　魏馘　鄒慶　英華　同啓

贊成員

陳協中　郭稚芳　張受黼　穆壽山　李瞳曦　胡墨耕　戴松如

鄧豁然　陳筱華　王錫韓　袁而方　朱甲如　羅惇玠

南省水災提議仍辦書畫慈善會（擬題），第2177號，1908年8月6日。

啓者南省水災如兩廣如安徽如湖北如浙江而尤以粵省爲巨前在廣東會館集議時鄙人等提議仍辦書畫慈善會各盡心力以期衆擎易舉得款即寄災重者先惟願　贊成諸君仍如去年之踴躍以匡不逮鄙人幸甚災民幸甚

發起人　方若　張頤　魏馘　鄒慶　英華　同啓

贊成員

陳協中　郭稚芳　張受黼　穆壽山　李瞳曦　胡墨耕　戴松如

鄧豁然　陳筱華　王錫韓　袁而方　朱甲如　羅惇玠

敬啓者北鄉一帶水災甚重附近居民田地廬舍盡被淹沒無存啼饑號寒之聲慘不忍聞亟宜設法籌濟以施拯救茲公同酌議創辦救急善會勸募賑款藉惠災黎敬乞 諸大善長多多籌勸送至北馬路商務總會代收隨時彙放特此登報宣布災民幸甚

發起人

顧夢臣 徐樸庵 胡子濱 宋久長 姜慎齋 張敬元 芮輔廷

方藥雨 吳潔南 劉伯年 王少珊 李繼甫 楊慶平 甯星甫

張竹坡 楊慶林 朱餘齋 倪鶴樵 張月丹 王竹林 朱景沂

劉玉墀 鄭桐勳 宋華軒 姜筱田 紀錦齋 曹滙川 劉子良

李星北 郭捷三 李永盛 李遇安 徐懋岩 劉樾臣 英斂之

呂幼才 仝具

北鄉一帶水災甚重酌議創辦救急善會（擬題），第2235號，1908年10月3日。

救災恤鄰

敬啓者北鄉水災[illegible]民困苦去歲公同酌議創辦救急善會荷蒙 諸大善長慨助賑款業經查散急賑所有戶口款放各數目已登報宣佈刻値青黃不接之際居民菜色鳩形目不忍見亟宜接濟春撫以施拯救惟有仍乞 諸大善長勸助善緣藉惠災黎請仍送至北馬路商務總會代收隨時彙放災民幸甚特此登報代懇不勝翹企之至

發起人

劉子良 張竹坡 王桐軒 徐懋岩 姜筱田 朱餘齋 王竹林 劉樾臣

方藥雨 吳潔南 楊慶平 鄭彤勳 宋華軒 倪鶴樵 紀錦齋 芮輔廷

英斂之 曹潤生 李星北 徐樸菴 張月丹 李吉甫 宋長久 劉伯年

朱景沂 顧夢臣 陳緯臣 郭捷三 姜慎齋 王少珊 李永盛

呂幼才 劉玉墀 楊雲波 胡子濱 李遇安 張敬元 甯星甫 曹滙川

仝具

救災恤鄰，第2345號，1909年2月1日。

天津東馬路宣講所內國民捐局最後之廣告

啓者天津國民捐局於光緒三十三年十月底停辦將所收捐款銀兩并大小洋元連息統截至是年十一月十五日作成一筆計公砝平化寶銀一萬四千一百六十四兩八錢三分銅元滿津錢七千九百四十九吊九百五十文均交志成銀行每月按五釐生息彼時曾經登報聲明及各宣講所粘貼廣告并稟縣轉詳各署備案迨至光緒三十四年春間因戶部銀行卽現在大清銀行恭奉諭旨將國民捐款分別付還本局事同一律自應遵辦遂擬定辦法八條謄印廣告并先期登報公布從去歲七月初一日付還國民捐款卽將利息截至三十四年六月十五日爲止共得息銀四百九十五兩七錢七分得息錢二百七十八吊二百四十八文當按照收捐底冊從甲字第一號逐細核對計共收各捐戶本銀二千六百九十一兩零七分自上捐之日起算拉合按四釐計息銀三百十八兩六錢八分三釐七毫八絲又本大洋一萬二千五百七十元息大洋一千三百九十四元零七仙四釐四毫又本小洋一千七百三十三元一角息小洋一百八十四元二角一仙六釐四毫又本銅元七千四百三十二吊九百五十文息錢六百八十五吊三百十八文於上年七月初一日付還起截至十二月二十日止各捐戶共取去本銀一千六百二十二兩五錢息銀一百九十三兩一錢四分一釐五毫六絲又本大洋七千八百十元零三角三仙息大洋八百六十二元一角八仙四釐四毫四絲又本小洋七百六十五元二角息小洋八十四元七角二仙零八毫又本銅元三千四百十吊零六百二十文息錢三百十吊零八百零四文除取淨存本銀一千零六十八兩五錢七分息銀一百二十五兩五錢四分二釐二毫二絲本大洋四千七百五十九元六角七仙息大洋五百三十一元八角八仙九釐九毫六絲本小洋九百六十七元九角息小洋九十九元四角九仙五釐六毫本銅元四千零二十二吊三百三十文息錢三百七十四吊五百十四文仍交志成銀行分別另欸浮存

查三十三年十一月十五日將銀兩并大小洋連息作成一筆截至三十四年六月十五日所得之息二共存銀一萬四千六百六十兩零六錢除按底冊銀洋原數分別提出并拉合按四釐計息預備退還各捐戶計本息銀三千零零九兩七錢五分三釐七毫八絲本息大洋一萬三千九百六十四元零七仙四釐四毫按六錢九分七釐三毫一絲九忽折銀九千七百三十七兩四錢一分二釐四毫四絲本息小洋一千九百十七元三角一仙六釐四毫按六錢三分五釐折銀一千二百十七兩四錢九分六釐淨升羨餘銀六百九十五兩九錢三分七釐七毫八絲此卽去歲所擬付還捐款辦法第八條所說之拉合算息易洋升數兩項可餘銀數百兩之詳細花數也再查三十三年十一月十五日所存之銅元截至三十四年六月十五日所得之息二共存銅元八千二百二十八吊一百九十八文除按底冊原數提出拉合計息預備退還各捐戶計本息滿津錢八千一百十八吊二百六十八文淨餘息錢一百零九吊九百三十文此卽去歲付還捐款辦法第五條所說之按四釐月息拉合均算所餘之息款也

除取去淨存之本銀息銀及所升羨餘銀三項共合銀一千八百九十兩零零五分外再將本大洋息大洋五千二百九十一元五角五仙九釐九毫六絲按六錢八分五釐五毫折銀三千六百二十七兩三錢六分本小洋息小洋一千零六十七元三角九仙六釐按六錢二分二釐折銀六百六十三兩九錢二分四項折成公化銀四千二百九十一兩二錢八分又將本銅元息銅元及餘息銅元三項四千五百零六吊七百七十四文按三吊六百八十文貫公化銀一千二百二十四兩六錢七分以上三筆統計共實存公砝平化寶銀七千四百零六兩復從宣統元年三月初一日起仍存志成銀行每月按五釐生息惟念部人等均以個人名義承辦此舉若長此存儲恐人事變遺將來無所歸宿因卽公同商議擬將此項捐款息摺送交董事會收執每滿一年由該會取息登報公告大衆一次卽將所得息款併入捐本一律生息永久存儲無論地方有何要需公益之事不得提撥移用一俟大清銀行儲蓄之永遠國民捐款奉有明諭如何辦法再爲公共提議此項存款之作用前經據情函請議事會決定於四月十六日將此項懸摺送交董事會收執此經理天津國民捐局之原委也除稟縣尊轉詳備案外理合登報聲明

承辦人 諸葛錫祜 英華 陳恩榮 趙以敬 王用熊 王廷贊 李家楨 王勁銘 喬保謙 華澤沅 林兆翰 謹啓

天津東馬路宣講所內國民捐局最後之廣告，第2485號，1909年6月22日。

◉匿名來函者鑒◉

鄙人　辦大公報　八年於茲　雖學疎才淺　不無汲深綆短之虞　然丹心一片　熱淚兩行　清夜自思
可告無罪於社會　乃一般昧良瞎眼者流　不識邪正　不辨是非　每以卑賤鄙陋之詞　捏風捕影
來相誣衊　此等鬼蜮伎倆　本不值識者一笑　又何足勞吾筆墨　但報紙者本辨別是非之物　倘概置
之不理　則此輩必自信得理　愈將肆其狂吠　今與諸君約　凡有妒恨鄙人　不滿鄙人者　不妨堂堂
正正　出以眞姓實名　來相詰責處置　鄙人日日在館拱俟　絕不畏避也　不然　但能爲此匿名揭帖
暗中詆謗　則斷非正人君子之所爲　且爲中西法律所不恕　鄙人亦絕不甘受也　今對此下流　姑
一答復　識者幸毋笑爲量狹

英斂之白

匿名來函者鑒，第2496號，1909年7月3日。

◉匿名來函者鑒◉

鄙人　辦大公報　八年於茲　雖學疎才淺　不無汲深綆短之虞　然丹心一片　熱淚兩行　清夜自思
可告無罪於社會　乃一般昧良瞎眼者流　不識邪正　不辨是非　每以卑賤鄙陋之詞　捏風捕影
來相誣衊　此等鬼蜮伎倆　本不值識者一笑　又何足勞吾筆墨　但報紙者本辨別是非之物　倘概置
之不理　則此輩必自信得理　愈將肆其狂吠　今與諸君約　凡有妒恨鄙人　不滿鄙人者　不妨堂堂
正正　出以眞姓實名　來相詰責處置　鄙人日日在館拱俟　絕不畏避也　不然　但能爲此匿名揭帖
暗中詆謗　則斷非正人君子之所爲　且爲中西法律所不恕　鄙人亦絕不甘受也　今對此下流　姑
一答復　識者幸毋笑爲量狹

英斂之白

答匿名揭帖諸君子

諺云　一天能賣三擔假　三天難賣一擔眞　此對於流俗淺見薄識者言之也　每見世之主持公論者常見惱於群小　誹謗中傷　無所不至　遂信黃鐘毀棄　瓦釜雷鳴　古今一轍　爲可痛也　今敝報對於津浦鐵路一案　不過立於中立地位而已　不過未嘗呵墻罵壁　吠影吠聲　如諸君之憤戾洶洶而已　不過欲諸君批郤導窾　扼其要害　無爲不根之言　自供鄙陋　終陷劣敗而已　何嘗有一語袒於李德順乎　今諸君洶洶肆其野蠻專制之焰　攻排異己　誣鄙人爲受賄　指敝報爲袒奸　信口雌黃　一何可笑　夫天下之是非　原無不許辯難之理　除極野蠻專制之國外　無不兩造各取確供　始定爰書　今李德順一案　是非未定　虛實未明　何所據而遽以罪人待之　又何所據而遽謂敝報受李之重賄　鄙人自辦報以來　即矢志公正　不隨流俗　與諸君異　嘗謂若假文明招牌　而暗施其邪僻貪私受人一賄者　即男盜女娼　亂臣賊子之不若　今諸君不問理之是非　事之虛實　信口謾罵　且心目中惟存一徇私受賄思想　是諸君自以男盜女娼　亂臣賊子　日往來於胸中也　程度之低　可爲痛哭　尙何是非之足識　邪正之能辨乎　今與諸君約　凡能於敝報指出袒護李德順之一言　凡能於鄙人指出受賄之證據者　無論多寡　情甘受極重之罰　鄙人從此亦以禽獸自居　滅跡消聲　不復居於人間世矣　諸君倘一無能指　但能匿名揭帖　暗中辱罵　則必非正經父母所生（因無眞姓名也）　是自認爲男盜女娼　亂臣賊子之不若者也　且顯係索賄未遂　挾嫌傾陷者也　夫國之能強　種之能存者以有民氣耳　有國體耳　今此等民氣　此等國體　不問是非　不審利害　但攻排異己　很戾喧囂則文明之義和團又復出現　雖然文明之義和團　大異於野蠻之義和團　然其悞國殃民則一耳　鄙人對於社會　以一片眞誠　一腔熱血　今竟蒙疑謗如此　誠何能平　況報紙者本爲辨明是非之物安得不披肝瀝胆一答之　詎能偸安忍緘默　遂自謂爲和平涵養哉　英斂之白

答匿名揭帖諸君子，第2501號，1909年7月8日。

答匿名揭帖諸君子

諺云 一天能賣三擔假 三天難賣一擔眞 此對於流俗淺見薄識者言之也 每聞世之主持公論者常見惱於羣小 誹語中傷 無所不至 益信黃鐘毀棄 瓦釜雷鳴 古今一轍 爲可痛也 今鄙報對於津浦鐵路一案 不過立於中立地位而已 不過未嘗呵墻罵壁 吠影吠聲 如諸君之憤戾洶洶而已不過欲諸君批郤導窾 扼其要害 無爲不根之言 自供鄙陋 終陷劣敗而已 何嘗有一語袒於李德順乎 今諸君洶洶肆其野蠻專制之焰 攻排異己 誣鄙人爲受賄 指鄙報爲袒奸 信口雌黃 一何可笑 夫天下之是非 原無不許辯難之理 除極野蠻專制之國外 無不兩造各取確供 始定爰書今李德順一案 是非未定 虛實未明 何所憑而遽以罪人待之 又何所憑而遽謂敝報受李之重賄鄙人自辦報以來 即矢志公正 不阿流俗 與諸君異 嘗謂若假文明招牌 而暗施其邪僻貪私受人一賄者 即男盜女娼 亂臣賊子之不若 今諸君不問理之是非 事之虛實 信口謾罵 且心目中惟存一徇私受賄思想 是諸君自以男盜女娼 亂臣賊子 日往來於胸中也 程度之低 可爲痛哭尚何是非之足識 邪正之能辨乎 今與諸君約 凡能於敝報指出袒護李德順之一言 凡能於鄙人指出受賄之證據者 無論多寡 情甘受極重之罰 鄙人從此亦以禽獸自居 滅跡消聲 不復居於人間世矣 諸君倘一無能指 但能匿名揭帖 暗中辱罵 則必非正經父母所生(因無眞姓名也) 是自認爲男盜女娼 亂臣賊子之不若者也 且顯係索賄未遂 挾嫌傾陷者也 夫國之能强 種之能盛者以有民氣耳 有團體耳 今此等民氣 此等團體 不問是非 不審利害 但攻排異己 很戾喧囂則文明之義和團又復出現 雖然文明之義和團 大異於野蠻之義和團 然其悞國殃民則一耳 鄙人對於社會 以一片眞誠 一腔熱血 今竟蒙疑負謗如此 意何能平 况報紙者本爲辨明是非之物安得不披肝瀝膽一答之 詎能以安忍緘嘿 遂自謂爲和平涵養哉

英斂之白

不平人鑒，第2511號，1909年7月18日。

不平人鑒◯作按 來函謂直紳代表與通州學界去信知會不令閱看大公報紙不悉是何舉動以此私心把持顯而易見云云鄙人披閱之下固感 閣下愛護之意然斷不信以直隸學堂代表有此無意識無效力之舉動夫偶語棄市之條二千餘年專制君主不敢再一爲之況當此預備立憲時代而謂區區平民欲出一手掩天下目之故技詎非自取煩惱自形鄙陋乎 閣下請靜觀其後可也大公報雖無甚價值然光明正大直道而行絕無卑污苟賤之事且更非朝興夕滅轉徙無常者之可比鄙人一日不死則此報必綿綿與之俱生也 英斂之謹復

勸賑湘災鄂災啟，第2618號，1909年11月2日。

勸賑湘災鄂災啟

敬啟者鄂湘兩省連年水旱偏災籌賑籌捐幾無虛歲上年災情較重經地方大吏奏報後分別蠲緩賦稅并蒙　朝廷發帑濟賑哀鴻遍野獲慶更生不意甫經安集地方元氣未復本年兩省又同罹水災較上年爲更重鄂省則春夏苦旱五六兩月大雨不絕江河皆溢低窪之處盡成澤國其中地勢較高之田雖於水退補種雜糧又因七八兩月無雨不能生長荒歉之狀實爲從來所未見以沔陽漢川黃陂天門枝江公安潛江監利江陵等州縣受災爲最巨湘省則五月中旬上游永順府及桑植保靖永定慈利石門等縣連日大雨如注山水建瓴直下沿河田廬均被沖毀下游濱湖之澧州安鄉武陵龍陽沅江南州華容等州縣因沅酉荊澧諸水同時暴漲堤垸多被沖潰田廬被淹迄今水未消退難期補種現在被災之區樹皮草根掘取殆盡鄉間人口牲畜淹斃餓斃者不可數計其逃亡就外乞食者扶老携幼道殣相望向來湖南北兩省如此省遇有凶歲彼省即設法運糧接濟今兩省同時被災兼之皖贛鄰省秋成亦不豐稔禁米出口來源愈少糧價益增近兩省當道僉擬派員赴直隸河南等處購買玉米大小麥各種雜糧運往賑糶但預計兩省辦工辦賑之需約須銀百數十萬且各處除辦急賑而外秋收既屬無望距來春麥熟爲日方長倘不寬爲籌備益恐災民迫於飢寒轉徙流離浸爲匪盜擾亂地方其患何堪設想勢非分籌巨款接濟萬難解此倒懸夫大災流行國家代有救災恤患義不容辭同人等或誼關桑梓或念切同胞目想情形不忍恝置用敢瀝叙災情爲全楚生民請命素仰　仁人君子好施樂善見義勇爲具己飢己溺之懷宏愛國愛民之願伏望　仁漿義粟濟彼饔飧庶幾白叟黃童免塡溝壑拯生靈於此日積厚福於方來不禁爲兩省災民頂祝也是爲啟

湘鄂兩省旅津同人會同英斂之方藥雨等謹啟

告白

湘鄂賑災久已布告今定於月之二十四晚與二十五日早晚借座南市丹桂茶園演戲助賑將登台諸名角熱心爲善發起與贊成芳名登錄後 義務演戲

發起 孫鞠仙 楊小樓

贊成 高福安 薛鳳池 紫俊圃 張毓庭 何翠寶 李長山 小雲甫 金月梅 孫玉清 九陣風 小桃 小翠 趙廣順 天仙園 王克琴

小小慈善會 呂幼才 飄匏公 張亦湘 杜藥雨 英斂之 敬啟

演戲助賑告白（擬題），第2653號，1909年12月7日。

上海龍華孤兒院報告書後

申江龍華孤兒院巋然爲大江南北慈善事業之冠芾聞人稱誦者久矣嘗欲一覩其勝顧以繫身教育界中願莫之遂今春友人英斂之先生歸自漢陽道出滬上乃得縱觀所謂龍華孤兒院焉典其事者復出報告書一册因携之歸津而屬書於芾令書其後以爲教育孤兒者勸春明校中多暇兀坐一室中供桃花一株春蘭數本取其書讀之展誦既竟乃喟然而歎曰天下之可矜可憫且至可憂懼者孰有如孤兒者乎孰有如孤兒者乎襁褓之時已失怙恃髫齔之歲復迫饑寒而一生之幸福乃胥在茫茫不可知之中焉在常人之子以育且教者無失時幼齡學子富陶冶性其性質日臻美善自達於優勝地位故不轉瞬間其學術其事業或且光軼前人而此獨以天行人事之不平以乏教育故卑汚困頓遂淪而爲下級勞動者嗚呼煢煢孤稚之中不知擔抑淪落幾許英才矣其甚者更或饑無食寒無襦執業無定所居處無室廬懦者良者弱者以良家之子玉雪肌膚非宛轉萎縮委乎溝壑卽零丁靡依流離於道途誠可悲也而其桀者椎者黠者復以饑寒故迫而爲奸宄爲盜賊法令不能及而全國饑民滋以多貧富異等上下隔絕遂演而成土崩瓦解之慘劇則尤可憂也此固近日識時君子之所深懼而全國英英神明之冑幾何不盡降爲僕隸輿臺哉念及此安得不潸潸然而淚盡繼之以血也吾國好行其德者曩雖有育嬰院之設而不耕而食不織而衣雖勤者亦漸流於怠惰適足爲文明發達之障礙則美而猶有憾焉若教與育兼施發展其天然之能力養成其義務之感情則非廣設孤兒院亦奚可哉奚可哉龍華孤兒院之設本昉自日本岡山孤兒院自剏建以來同仁慘淡經營組織之不遺餘力今四稔矣成效已著近且駸駸然日進而未有已以此觀吾國人熱心毅力何渠不若彼而以局於經濟故左圓右方殫其拮据尚有待於海內仁人之補助焉噫自維不佞散策津水荏苒歲年曩歲曾以鬻文餘貲分給校中孤寒學子俾各學竟其業而去今者或爲軍人或爲教育家或爲文學家皆卓然能自立世界之上而快足於余心今覩斯編心尤怦怦欲動顧以力薄故斯志未宏撫衷良自恧矣雖然人之好善誰不如我今草此文將取教育孤兒事業昭宣於天下吾知我國大慈善家必有翠然思奮然興踵而行之者矣杵臼程嬰之義昔人未足矜也然博濟之懷必先其所已成者世有憐孤兒之無告翼而依之者乎盍請自申江龍華孤

趙笙甫撰，英斂之附識：上海龍華孤兒院報告書後，第2789號，1910年5月3日。(2–1)

兒院始宣統庚戌三月二十三日津水趙芾笙甫氏書於津門模範小學校之預備室

今春道出申江因得縱覽上海孤兒院見其院中布置之周密規模之整飭陳設之適當工藝之進步吾國慈善事業當首推此爲巨擘而無告之諸兒乃咸得以教育俾得自立心竊欽慕不已復觀其龍華建築新院行將落成樓房高聳規模益加宏敞并承沈縵雲君贈以該院中西月分牌及報告書若干披閱一通具見良法美意有條不紊既歸津乃請予友趙笙甫君書其後揭之報端以爲天下教育孤兒者勸

英斂之附識

趙笙甫撰，英斂之附識：上海龍華孤兒院報告書後，第2789號，1910年5月3日。(2-2)

記中國大實業家發明新引經事

（安塞）

一人而顯邦國之光　匹夫而闢生民之利　自非天挺人傑　英邁蓋世者　曷克與此　然天挺英邁之人傑　初非賦以三頭六臂　丈八金身　判然與齊民異也　獨此堅苦卓絕之性　樸實耐勞之身　富愛國保種之誠　具開物成務之志　任重致遠　百折不回　不達其目的而不已　此其所以異也　吾友朱致堯茂才　弱冠棄科舉　而一意冥心致力於實業　然既不工應酬　復不善辭令　人多非笑之　或諷其稍事圓融　藉聯交誼　而君不顧也　當丁酉戊戌際　首創格致新報於海上　斯風一播　一時講求西學之士　翕然宗之　大江南北　理科之發達　實君導其先河　或稱頌之　而君不居其功也　上海某紗廠　爲局勢最宏　資本最鉅者　開辦十餘年　虧折纍纍　毫無成效　不得已聘君爲經理　進廠後不兩月　而條分縷析　弊絕風清　原創某鉅公　喜其轉危爲安　可操勝算矣　欲延僧道建醮以酧神　君忿然斥之　謂神既有靈　何不早求　奚必待我　一言不合　拂袖而去　某公慰留　謂君自享其厚俸　無預我事　而君不屑也　歸而乃於濱江自有之地　獨力創辦求新機器廠　西名爲 Nicolas Tsu　數年中所造之快輪淺輪　汽車橋梁　以及各項機器　類能自出機軸　堅固輕靈　西人見之　羣相驚異　君猶以爲未足　復於廠旁組織紡紗榨油兩廠　開辦後無不井井有條　蒸蒸日上　此外興辦之織布廠　印刷所　工藝局　又不知其凡幾　可謂貪多務得　細大不捐　而貧民賴以生活者常在數千上矣　君嘗語僕曰　海上之大腹賈　操奇計贏　動獲數十萬以至數百萬　然此贏彼絀　此利彼害　皆爲奪利之人也　吾之所以焦心勞思　注兹挹彼　不避艱

記中國大實業家發明新引經事，第2833號，1910年6月16日。(2-1)

辛者　凡以開吾國之利源　培吾國之元氣也　但有所濟　雖犧牲一切而不辭　嗚呼　君之志趣局量　豈碌碌者所得夢見者耶　江上之某鉅公　廣倡實業　羣推爲中國實業之大王　然其始也　無事不步君後塵　奉爲圭臬　而彼則名滿天下　君之姓名　鮮有知者　以所憑藉者異也　人或勸君援例爲官　可誇榮於流儕　君啞然曰　吾布衣疏食　泊然自怡　顧勞苦其身心者　以期福惠吾同胞　而不儕於分利輩也　視世之峩冠博帶　駟馬高車者　其所裨補國家　利賴民庶者安在　今子顧欲我棄實崇僞　效若輩之蠹國病民　敢謝不敏

君既航機器學　居恒每念汽機引經 Engine 長軸之伸縮　尚未造完美地步　既消耗熱力　復減縮速力　且更有震聒之煩　於是冥搜窮索　夜以繼日　亦既有年　乃於今春豁然有得　變其長軸爲圓式　屢經實驗　初尚不靈　既而圓轉如意　沛然無阻　君於是大喜過望　語人曰　管子謂思之思之　思之不已　鬼神通之　其信然哉　諺語謂　老天不負苦心人　其天牖厥衷　予小子曷克當此　聞者率皆惝恍莫之深信　君解之曰　夫瓦特之悟汽機也　亦不過偶見滾水之沖突而已　歌白尼之悟地轉也　亦不過偶見蘋果之墜落而已　天下事當未發明以前　則邃奧難明　當既發明以後　則瞭如指掌　且機器法天者也　天行圜　而舊式引經獨否　此尚有所扞格者也　諸君毋躁請靜觀其後可也

按君發明之引經　名爲如意引經　所佔面積　不過十分之一　而製造之工　祇三十分之一　所用之料　祇二十分之一　至其效用　則遠過舊式　不可以道里計　而五尺之童　亦可開闔　且既動之後　無勞看守　此器一出　定將發異彩於世界　天下舊有之引經　殆將廢棄不用　而無復一人顧惜矣　嗚呼　此非廿世紀機器界中　一大革新　一大變遷哉　獨怪君以藐然樸質之身　竟能具此無量之腦力　爲振古未有之發明　而大有造於人民　於邦國　於天下　詎不偉歟　詎不偉歟

以僕之謭淺不學　得拉雜而記之　以貢社會　亦有餘榮矣

君名開甲　原籍青浦　爲馬湘伯先生之甥　少席父業　雖生長富厚中　而自奉儉約　屏絕嗜好　遇人謙謹　不苟言笑　朝乾夕惕　起居有定時　數十年如一日　而其太夫人年近八旬　精神矍鑠　面如乳兒　練衣布裙　躬親家政　有條不紊　至撫恤貧病衰老　不厭不倦　而一種慈愛謙和　鄉里莫不愛戴　遇星期湘伯先生時過其家　而一堂雍容　談笑甚歡　太夫人之慰弟（湘伯先生爲君母胞弟）訓子　無微不至　君之所以異於恒人者　從可見其淵源有自矣

未完

記中國大實業家發明新引經事，第2833號，1910年6月16日。(2–2)

記中國大實業家發明新引經事（續）

（安塞）

安塞氏曰　今日世界各國　國饒實業者昌　國鮮實業者亡　夫人既知之矣　吾國不幸　處萬國實業競爭之旋渦中　國家既無提倡之方法　又乏保護之能力　而人民能自致力於實業　求如東西各國之實業家　裕一己之經濟　增人民之幸福者　已碩果晨星　寥寥無幾　至於能發明新法　製成新器　足以光邦國益社會者　尤祥麟威鳳　曠世無聞焉　坐令全國膏腴之田地　優美之礦產　竟聽異族所巧取所强奪　而羣狡焉思逞　欲盡此一臠　以求饜足者　方逐逐來　眈眈視　而正未艾也　嗚呼　莽莽神洲　乃一變爲異國金力的範圍　而吾國權　遂日以凌夷衰替不可問　推其病源　皆坐我國無實業家以支撐其間故也　豈吾國實業之不易發達歟　抑有其障碍使之無自發達耶　僕則以爲人民與政府　兩皆有罪焉　泰西文明各國　居常於國中實業　無不盡保護之責　倘有發明新理　創造新器　以利邦國益人民者　則或榮之以顯爵　或許之以專利　是人民之銷耗心血　拋擲資財者　而所食之報　足酬其勞　甚至安富尊榮　名利雙收　每較政治家所得爲優　故人民競從事於實業以自効　爲惟一之榮寵　我國家既不出此　而士夫遂羣爲貪冒利祿　厠身於分剩者之列而莫之恥　此誠有國者之大憂也　上下千古間　惟一司馬子長傳貨殖　稍知其意　然譬始皇

記中國大實業家發明新引經事(續)，第2834號，1910年6月17日。(2–1)

徒伺睨巴人寡婦之財　奉之惟恐不嘗　是則促嘗啜汁之行　爲士人所羞稱　且未聞巴人寡婦雖一出貲佐國家社會人民之急　則又何足道哉　其政策拙劣　不知巨室爲國家元氣所關　及黔首養生之爲急　惟務嚴刑酷法　欲令其不得衣絲乘車以困辱之　其政策悖孰甚焉　我國數千年來　實業之不發達　此其一端　政府固尸其咎矣　雖然吾國民亦不得爲無罪也　閭里細民　起家不數年

致貲或累千萬金　然其所營之業　非有造於人民也　特以養取什一之息　務兼併貧苦之民以自饜　誦哿矣富人之詩　而如閫窮閭愁苦歎息之聲矣　以故單閈莫不疾首蹙額　視其家之驟落　而富者子弟　驕奢淫佚　逸居無教　聲色犬馬　惟日不足　舊業未易世而蕩然者比比也　曾幾何時

雕梁畫棟　鞠爲茂草　不再過而墟焉　而父老知之者　猶復盛談其事以爲快　傳曰善人富謂之賞　惡人富謂之罰　豈不然哉　至於能謹飭自好　保守遺業者　蓋十無一二　然於國家何與焉　於社會何與焉　於人民又何與焉　倘有矯然自異　於世欲少有建樹者　而一人此滔滔橫流中　社會矚其異己也　輒百端阻泥之侵害之　務使其灰心喪氣而後已　內既不見諒於家庭　外復不見容於流俗　其摧折抑鬱以死者　蓋不知凡幾矣　至其志趣不卓　識見鄙劣者　遂不得不逐波隨流　放浪於種種嗜慾　而沈酣於醇酒婦人　以自了焉　夫財者世人之生命魂也　善用之則不特福一己

而且福邦國福天下　不善用之　既爲天下怨毒之所聚　且足以殺其身　而吾國之富豪　乃不幸多類是　以故近日全國之現象　富者餘貲財　驕而爲邪　貧者迫饑寒　窮而爲亂　非有大實業家

發悲天憫人之宏願　建大工廠　興大工業　挽救此頹波　支撐此危局　又奚可哉

雖然　今竟有人啟其端矣　我政府袞袞諸公　倘非昏矇眊蔽　惟一己之子女玉帛是求　而猶欲固邦基培元氣　以挽此荒敗危急之現象　舍破格提倡此實業家　盡力保護此實業家　其道何由哉　今我國人競思改良政治矣　而於實業一途　尚不知措意　然吾嘗讀泰西各政治書　穆然想見其國民　其在上者　於民德民智民力數者　日相淬礪刮磨　不遺餘力　然後乃得此完美光明之政治

非然者　民無已庶已富之資　縱加以良美之政治　亦彼文繡於土木　適形其醜敗而已　由斯以觀

國家所以能發生此民德民智民力者　必自宏獎隆褒此實業家始　鄙人所以不辭喋喋　斤斤於此者　又豈偏私阿好徒爲一人標榜哉　在上者幸三思之

（已完）

記中國大實業家發明新引經事（續），第2834號，1910年6月17日。(2–2)

青年會演說改良風俗，第2960號，1910年10月21日。(3–1)

青年會演說改良風俗

英斂之

改良風俗的這一句話 寬泛複雜的很 若要詳細說明 恐怕一個月也完不了 什麼緣故呢 實在是因爲我們中國的蠻風陋俗太多了 幾乎無事不當改 無處不當改 叫我從何處說起呢 若是說先從大處着手 衆位要知道 越是大事越不容易改 若是說先從小處起手 人家又說了 那是無關緊要的細事 與國家的盛衰 人民的强弱 沒有什麼關係 如今在下所蒙貴會囑付演說這個題目 也不得不按着自己的愚見 敷衍敷衍 其中說的是處呢 願望大家留力的贊成 說的不是處呢 尤盼望衆位切實的指教 那也不辜負貴會此次開會的盛心 合部人求教的誠意了

衆位呀 要知道一國社會裏 演成了的風俗習慣 也不論他是善是惡 是好是歹 那都非一日之功．必是千百年來 前代的人 造下的因 然後我們後世的人 享受這結果 造的因好呢 我們享受善果 造的因歹呢 我們享受惡果 種瓜得瓜 種豆得豆 這是一點不能假借的 如今演說的題目是改良風俗 凡我們國中的善風美俗 那自然不必說他了 至於窳政的得失 也不在這題目之內 如今單說我們社會裏 家庭裏 個人的身上 凡是一切壞風陋俗 事情不論大小 情節不論輕重 請衆位要深惡痛絕 特立孤行 不可顧世俗的譏笑 要給社會作個開風氣的人 要知道一國强弱的根源 起首時亦不過發於一二三豪傑 由少數延及多數 漫漫的就成了風俗了 一國所以不振的緣故 皆因沒有豪傑肯出頭 彼此的互相觀望 互相推諉 這纔委靡成風 積波日下 弄得風俗惡劣 社會卑污 人格低下 漫漫的在世界上也站不住了 受人家優强國的輕慢凌辱 衆位想 這風俗的關係 是何等的重大呀

還有一節　衆位不要想　單是我一個人盡力的改革　也補救不了社會的敗壞　也挽不回來一國的大局呀　噯呀　這話錯了　我們國所以不好的原故　就全在這一條想頭上了　一國之衆　是由個人的小數積成的麼　君子之德風　小人之德草　全在那有爲的英雄豪傑　引領人羣　勇往直前　不顧世俗的譏笑　不受世俗的束縛　若專在那眞實處着力　正大處用心　豈不省卻了許多有用的精神　節儉下許多有用的錢財　由個人推及家庭　由家庭推及社會　[illegible]良俗美　和氣致祥　那國還有不強盛的麼　如今我把那應改的陋俗　分條陳列於後

▲社會裏應改革者

婚　喪　讌會　三節兩壽　賭　嫖　戲　過分的奢侈　一切無益的排場　算卦　相面　風水　求雨雪　一切無益的迷信

▲家庭裏應改革者

九世同居　五世同堂　兒女早婚　天下無不是的父母（中國許多惡事[illegible]訛孝道出來）　弟兄　婆媳　嬌縱兒女　納妾（敗人倫亂家庭　不孝有三無後爲大一語害中國不淺）

▲個人身上應改革者

男人之髮辮（有百害無一益）女人之纏足（有萬害無一益）　男人之長衣　女人之短衣　奇衺裝束　拱肩縮背　涕唾不潔　長爪

以上三項俱有逐條詳細演說嫌太詞費茲不贅錄

總而言之　我們中國雖然自命爲開化最早的國　雖自誇爲禮義之邦　其實[illegible]腐敗惡劣　因陋就簡　自取困辱而不知　自甘敗亡而不悟　這其中的大病根子　是政教兩宗　總沒有脫了家族的主義　故此人沒有公德　各顧己私　其次的病根子　就是護短　無勇　故此凡事[illegible]是則先法古　觀望游移　不能自立　沒有擔待　隨俗浮沉　不敢違背流俗　纔演成了這無可無不可的道理　養成了這

大公報　第二千九百六十號　第一張

青年會演說改良風俗，第2960號，1910年10月21日。(3-2)

大公報　第二千九百六十號　第三張

行屍走肉的人格　人民責望政府　政府推諉人民　一鬨之議論　茫昧之公義　絕不懂眞心實力的研究出個眞理來　眞可算是醉生夢死　下等動物　按著天演淘汰的理　自然是應該被那優美强盛的種族　兼攻取侮的了　所以在下於數年前　發出中國不亡是無天理的這一句話來　豈是喪心病狂　太平的咒詛麼　切望我們今天來會的衆青年　各就力之所能　發奮爲雄　力挽頹風　把中國的蠻風陋俗　一掃而空　更要推己及人　由近及遠　我們中國裏　果能時時改良　處處改良　自然勇猛進步　一日千里　那還愁不與各國並駕齊驅麼　自然也就不能作世界上的牛馬奴隸了

青年會演說改良風俗，第2960號，1910年10月21日。(3–3)

行屍走肉的人格　人民責望政府　政府推諉人民　一鬨之議論　茫昧之公義　絕不懂眞心實力的研究出個眞理來　眞可算是醉生夢死　下等動物　按著天演淘汰的理　自然是應該被那優美强盛的種族　兼攻取侮的了　所以在下於數年前　發出中國不亡是無天理的這一句話來　豈是喪心病狂　太平的咒詛麼　切望我們今天來會的衆青年　各就力之所能　發奮爲雄　力挽頹風　把中國的蠻風陋俗　一掃而空　更要推己及人　由近及遠　我們中國裏　果能時時改良　處處改良　自然勇猛進步　一日千里　那還愁不與各國並駕齊驅麼　自然也就不能作世界上的牛馬奴隸了

北洋商學公會開幕英斂之君演說詞

會員筆述大意

鄙人於商業一途既乏知識又少經驗今日承商學公會諸君再三相強囑鄙人登臺鄙人將何設詞班門弄斧無斧可弄隔靴搔癢離着還遠重以諸君子之雅意又不可無詞只得強作數言求質於諸君子之前（一）聯合商情今日商情渙散極矣原其故在政府與商民隔絕何能緩急與共鄙人昔遊日本抵大阪過報館友人談日本之所以戰勝俄國者固由於海陸軍之精利而不知有後援在也後援維何商是耳當時募集國債至第五期債額五千萬乃應募竟達九千萬之多設無此後援即有精利之海陸軍果何久持可以知聯合商情乃是今日第一要義（二）提倡道德鄙人向讀某西人著書一册書則不能舉其名書中紀中國商人最重道德其嘴不是肉嘴直是金口我貿易數十年經營及千萬計而未嘗分毫缺少此書出後又有一人作書駁之云中國不敢少外人分毫者外人之勢力範圍有以致之也不信可觀中國人對中國人則不然二說孰是孰非鄙人亦不敢妄加批評望有提倡之責者領其言外之意可也（三）痛斥虛僞今日中國商人做事往往不肯脚踏實地譬如上海各錢業倒閉牽動大局以至不可收拾此當引以爲鑑以警尚勿再蹈此覆轍（四）嚴禁奢侈商界中人至近日奢侈已甚業未成利未獲場面則架弄闊大居則營華屋納嬌妾出則乘馬車吃花酒朝朝寒食夜夜元宵爾想如何支撑得住不問東家經理卒致一敗塗地嗚呼可勝歎哉今商學公會成立鄙人實所深慰將見利無不興弊無不革商業發達即以此爲起點可矣

北洋商學公會開幕英斂之君演說詞，第2960號，1910年10月21日。

北洋商學公會開幕英斂之君演說詞

會員筆述大意

鄙人於商業　途既乏知識又少經驗今日承商學公會諸君再三相强囑鄙人演說鄙人將何設詞班門弄斧無斧可弄隔靴搔癢離著還遠重以諸君子之雅意又不可無詞只得强作數言敢貢於諸君子之前(一)聯合商情今日商情渙散極矣原其故在政府與商民隔絕何能緩急與共鄙人昔遊日本抵大坂遇報館友人談日本之所以戰勝俄國者固由於海陸軍之精利而不知有後援在也後援維何商是耳當時募集國債至第五期債額五千萬乃應募竟達九千萬之多設無此後援即有精利之海陸軍將何久持可以知聯合商情乃是今日第一要義(二)提倡道德鄙人向聞某西人著書一册書則不能舉其名書中紀中國商人最重道德其嘴不是肉嘴直是金口我貿易數十年經營及千萬計而未嘗分毫缺少此書出後又有一人作書駁之云中國不敢少外人分毫者外人之勢力範圍有以致之也不信可觀中國人對中國人則不然二說孰是孰非鄙人亦不敢妄加批評望有提倡之責者領其言外之意可也(三)痛斥虛僞今日中國商人做事往往不肯脚踏實地譬如上海各錢業倒閉牽動大局以至不可收拾此當引以爲鑑以後萬勿再蹈此覆轍(四)嚴禁奢侈商界中人至近日奢侈已甚業未成利未獲場面則架弄闊大居則營華屋納嬌妾出則乘馬車吃花酒朝朝寒食夜夜元宵爾想如何支撑得住不問東家經理卒致一敗塗地嗚呼可歎哉今商學公會成立鄙人實所深慰將見利無不興弊無不革商業發達即以此爲起點可矣

社會之心理如此

（[illegible]）

淫伶元元紅標示游街此等刑罰不識是新法是舊法而人人稱快各報則大書特書百般罵詈似爲社會中絕大新聞者但未見一報未聞一人有責及淫婦海金桂者（此與粵人攻擊淫伶李春來正同）然則[illegible]逃等事純出於男子一方面乎鄙人殊不解

人力車招攬坐客徘徊路上阻礙行人警署欲禁制之而各報紛紛抵抗標其題曰爲民請命然則必須車夫空車橫梗路上阻礙行人始能生活乎鄙人殊不解

天津電車日益發達近謀擴充羣情洶懼至有謂當此天津民窮財盡之秋而電車復百般設法騙取民財較生命之害爲尤烈者至其因何發達何由吸取民財則不聞一提及之鄙人殊不解

凡一報有揭人陰私涉人曖昧事者某報必亟轉錄刻意描摹何其臭味相投乃爾豈除此不足以當新聞乎鄙人殊不解

一國之議論茫昧之公義倘有略指其利害所在者而衆人則不查理之是非不究事之眞僞即以受賄目之以漢奸詈之而欲擊欲殺勇不可當嗚呼政府之專制則人民痛恨之社會之專制則人民附和之反美其名曰輿論鄙人殊不解

鄙人不解之事不止以上所云云也不過姑就目前陳說一二以證人羣中復有同我之受賄漢奸者否願一就正之

嗚呼竊恐我中國之亡不亡於弱不亡於貧獨亡於此無眼珠無意識之輿論然乎否乎

社會之心理如此，第3201號，1911年6月29日。

儒醫濟世

潘子譽先生者皖涇名士也頹懷儒教于孔孟究心上古之岐黃大江南北兩浙東西人皆頌其杏林橘井之功矣乍前三事赴都道出津門經前肆筵延充廣仁堂醫官兼總稽核彼時欣然樂就者以其事關公益也近見各處倡辦國民捐知爲民國救亡之要惟全家僑寓薪水無多顧此失彼深慚綿力用擬于公餘之暇兼行其道嘗茲夏令疾病必多爰收醫資慨助國民捐款其醫金變存廣仁堂收支處按月繳呈本堂總董一面移交收捐處一面登報聲明鄙人等既欽其愛國熱忱尤知其回春妙手緣代訂條規上午辦公下午出診醫資一元車費二角遠道加倍喉症醫資同上輿資在外先期往廣仁堂電話一百七十五號此佈

劉新橋　吳潔甫　李少樵　英斂之　孫中吉

魏信臣　錢幼蘭　韓醫舟　王祝三　戴遐甫

辛虎臣　洪孝勛　吳鑾舫　葉子林　章駿霆

王葉會仝啓

儒醫救世，第3533號，1912年6月6日。

英斂之啓事

敬啟者　先嚴在世留有遺囑逝世後痛絕一切俗習併不收領禮物不孝等業經遵囑登報聲明從速安葬但遠方　親友多未詳悉仍有補送聯幛賻儀者厚誼隆情深堪銘感不孝等不敢有違成命謹一一璧還今再奉告務懇　衆親友愛人以德曲成其志萬勿使不孝等貽陽奉陰違以親爲市之誚也幸甚禱甚

英斂之啓事，第4113號，1914年1月22日。

購求

天學初函

海內藏書家台鑒今有人願求天學初函一全分如有肯割愛相讓者請函知大公報館商辦如無全分或單行本如　名理探　交友論　等數種或一種皆可藏書家如不肯出售則請借一抄閱約定歸還日期給以憑證斷不能稍有污損必答以相當報酬

大公報　社長英斂之白

購求天學初函，第4193號，1914年4月21日。

代論

公教救國演說會之演說

（英斂之）

鄙人數年以來 身體多病 精神大減 又因時局日益危急 故此枯木死灰 厭世之心 已達極點 懺懺一息 苟活人間 不願再向社會中搖唇鼓舌 勦襲模仿 逞其一知半解 博熱心愛國虛名譽矣 但隱無可隱 逃無可逃 死又不死 今承雷大司鐸開救國演說會 謬委鄙人爲演說人之一 不得已拉雜敷衍 姑且將平日淺見 略爲宣布 請諸君略其詞 會其意 倘微塵或有補於泰山

大公報 第四千一百九十四號 三

蹄涔或有益於滄海 亦鄙人殘敗之餘幸事也 中國無宗教不能立國 不能挽人心 維風俗 此語爲近今普通所承認 然宗教不一 必當以何教爲最妥適 爲最完美 此最當研究之問題也 既稱爲一個宗教 立於世上 必有所信仰 必有其學理 無不入主出奴 是人非己 今我輩研究此問題 必須合古今中外的眼光 辨之以眞理 考之以事跡 徵之以效果 尤當通盤計算 不可專就偏長一曲處 强辭奪理 必當愼思明辨 原始要終 然後孰眞孰假 何去何從 辨明之後 舍妄從眞 超生滅死 得其歸向矣

中國數千年來 鼎足而立者 曰儒釋道三教 二氏之教 自唐宋來經無數明人指斥 呼作異端 目爲邪說 似不必再爲辯駁矣 然其教亦至今存者 以其道理亦有當人心處 不可搖奪 究之爲出世法 非入世法 說者謂二氏之道 猶之鮮桃美果 爽口快神 然非養生之品 儒者之道 猶之布帛菽粟 一日而不可離之者也 降及今日 世衰道微 二氏之徒 高明者如龜毛兔角 不肖之徒 敗壞宗風 爲社會蠹 百喙莫解 不過士夫樂其汪洋恣肆 而借爲詩材 偶一留連容與而已 孔子之道 如日月經天 江河行地 生民未有 自宋明以來 枝分派衍 其最著者 如程朱陸王 高矣 美矣 無以復加矣 所謂爲天地立心云云 其關係爲何如哉 然千百年來 推尊謂法 不可謂不極忠且敬矣 然而中國數千年來 世道人心 究竟如何 不過一治一亂之局 終未能到一德同風的地步 這個原故 我等也要追究追究 從前有人 看見西洋人傳教我國 也要提倡傳孔道於各國 此人之志氣 實可佩服 然而不過就聽見如此說說 總未見有一人實行 近日孔教會諸公 請立國教的聲勢 是何等的熱火 是何等的勇猛 大有身可殺志不可奪的樣子 沒想到不轉眼間 看見大總統不十分贊成了 陡然間滅跡銷聲 這是什麼緣故 衆位要研究研究 有人說了 孔子之道 博厚高明 非愚淺人所能彀得上 所謂道大難容 莫我知也 邦無道則可

公教救國演說會之演說，第4194號，1914年4月22日。(2-1)

卷而懷之　有道則現　無道則隱　明哲保身　知幾其神乎　哎呀　說到這裡　我要發明兩句話
衆位參酌參酌　果然是不是　也不難定明趨向了
西國所奉之耶穌　是舍身救世的　故此他的門徒　必要效法他的犧牲　中國所奉之孔子　是講明
哲保身的　故此他那門徒　也要危邦不入　亂邦不居的　這就是兩教目的大不同的地方了　有人
又說了　你這專就一方面亂講　豈不知孔門中　也有舍生取義　殺身成仁的話麼　我說不然　夫
道一而已矣　豈有標兩歧宗旨的呢　既有兩歧的宗旨　人豈不避難就易呢　我也知道　古來殺身
成仁的不少　到底總不及明哲保身的多　因爲普通的人性　沒有不自私自利的　既然我們教主有
這教訓　又正合我們的私心　我爲何不順水行舟呢　我何必自尋苦惱呢　（未完）

公教救國演說會之演說，第4194號，1914年4月22日。(2–2)

公教救國演説會之演説(續)，第4195號，1914年4月23日。(2-1)

大公報 第四千一百九十五號

代論 公教救國演說會之演說(續)

(英斂之)

孔子之道 人性之道理也 天主之道 超性之道理也 孔道以人的眼光看天下 天主的道以天主的眼光看天下 以天主的眼光看天下 凡天下頂天立地的人 沒有不是同胞的 故此見有一夫不得其所 自己是如背負芒的 必要設法救了他 纔去這心病 况且天主有嚴命 你不愛人 不算愛天主 你救了人 就是救了我 只因爲有這樣的道理 故此萬死不辭 百折不回 惟期身後的永福 不圖眼前的快樂 生順沒寧 生寄死歸 在世上是我們人修德立功的時候 故此在天主教中 自古及今 出了多少驚世駭俗的奇行 眞是富貴不淫貧賤不移威武不屈 就是因爲抱定這個宗旨(徵引古今數事) 有人又說了 孔子之道 不尙迷信 只在平易處做 身後渺茫的事 更不講了 古人說儒門淡泊 收拾不住 良有以也 豈有迷信呢 衆位呀 果然我們自己不甘心作個碌碌庸夫 但圖吃喝玩樂 以了此生 果然我們有愛國保種的思想 願意轉弱爲强 存立在世界上 我千叩萬拜的求衆位 有點迷信罷 要什麽迷信呢 終日乾乾 對越上帝 愛人如己 力行神形各哀矜 如開人的知識 慰人的憂苦 救人的患難 總之按照聖教會的道理 各就所能 各行所知 不到了一德同風 天下一家 總不算達到目的 世上人竟管這叫做迷信 迷信 迷信 我盼望人人有一點纔好 我痛恨人不肯有這樣的迷信哪 世上的假明公 不肯查理的是非邪正 一倡百和 人云亦云 眞是可憐可哭啊 究之凡是發這樣議論的人 大都是純全自私自利的學派 獃事不肯作 傻事不肯爲 權利的思想最發達 所以我們如今到了這步天地 收了這個結果 如今我老實對衆位說罷 凡是那專顧己私的 貪慕世榮的 縱恣私慾的 爲子孫作馬牛的 有了一千想一萬的 那纔是眞眞正正的迷信哪 信託生的 信風水的 信算命相面的 那纔是眞眞正正的迷信哪(各條俱有詳細駁辨) 我教中各樣的規矩 各樣的法子 堅人的信德 培人的望德 養人的愛德 或是涵養人的性情 或是鼓舞人的勇敢 或是防範邪妄的萌芽 或是滌除罪惡的沾染 種種條件 種種說章 人遵之 守之 傳述之 這叫作信仰 與迷信有天淵之別 衆位但肯用心考查考查 凡熱心信教之人 熱心信教之國 那效果是如何 不可但道聽途說 人云亦云 信口穢汚 成一個自欺欺人 自愧愧人的小人 也不可作一個生無益世 死無後聞的庸人 古語說 舜何人也 予何人也 有爲若是 又說 禍福無不自己求之者 作善降祥 作惡降殃 古有明訓 人性本善 只緣習於邪 染於惡 故此將彝良錮蔽住了 越染越深 必至仇善人 妒正道 甘心陷泥 至死不悟 生了一世 反不如畜類有益於人 那豈不可痛恨 人非聖賢 孰能無過 有過能改 便是聖賢 古來許多的大聖賢 大豪傑 起初也是平庸無奇 或更有罪惡深重的

公教救國演說會之演說(續)，第4195號，1914年4月23日。(2–2)

一旦之間　或是聽了一句善言　或是感觸一件善事　從此憬然有悟　翻然悔改　到末了兒　成了大人物　書史上記載多的很　如今我也無暇細說了　衆位來此　本來都有愛國向道的心　不嫌鄙陋　誠心誠意聽講　實在可欽敬　可佩服　我雖然是個惡劣不堪的人　到底古語說　他山之石可以攻玉　又云采葑采菲　無遺下體　願衆位勿以人廢言　虛心察納　畢竟究個眞假　是非　邪正　然後熱心毅力　特立孤行　當仁不讓　見義勇爲　所以成己成人　由近及遠　這眞是爲天地立心　爲生民立命　爲往聖繼絕學　爲萬世開太平　有其綱　有其目　有其法　非同大言欺人更非空言無補　衆位　愛羣在此　救國在此　舍妄取眞在此　超生滅死在此　鄙人□才　千叩萬拜　禱之　求之　望之　（已完）

一旦之間　或是聽了一句善言　或是感觸一件善事　從此憬然有悟　翻然悔改　到末了兒　成了大人物　書史上記載多的很　如今我也無暇細說了　衆位來此　本來都有愛國向道的心　不嫌鄙陋　誠心敬意聽講　實在可欽敬　可佩服　我雖然是個惡劣不堪的人　到底古語說　他山之石可以攻玉　又云采葑采菲　無遺下體　願衆位勿以人廢言．虛心察納．畢竟究個眞假．是非．邪正　然後熱心毅力　特立孤行　當仁不讓　見義勇爲　所以成己成人．由近及遠．這眞是爲天地立心　爲生民立命　爲往聖繼絕學　爲萬世開太平　有其綱　有其目　有其法　非同大言欺人更非空言無補　衆位　愛羣在此　救國在此　舍妄取眞在此　超生滅死在此　鄙人．才　千叩萬拜　禱之　求之　望之　（已完）

閱報諸君注意

主制羣徵一書係遠西湯若望所箸闡道精深實操天人之元鑰清初諸大老歎爲奧博宏贍即置之周秦諸子中亦爲別開生面之傑作惜近世流傳絕少鄙人抱殘守闕珍爲枕秘者垂三十年茲見眞理日晦人心日非非有切實精當之名言不足以喚醒塵夢而挽迴狂瀾爰出是編仿書版式由陽六月十日起每日隨報附印一頁以便裁裝成冊復請馬相伯先生作序文一篇更擬將清初諸大老贈湯公壽序賀文若干篇附印於後以備知人論世者得識當時梗概　閱報諸君幸注意焉

英斂之謹白

閱報諸君注意，第4597號，1915年6月13日。

代論
社會改良會演說詞
英斂之
改良的名詞　爲中國舊時所未有　揆其始　大約由東洋傳來者　距今不過一二十年耳　按文理論
此二字似不甚通　蓋既云良矣　復何必改　惟尋其辭旨　所謂改良者　殆卽中文自新之意也
居今日之下　而談中國社會　其腐敗不良之處　諸公當已盡知　亦無能爲之深諱　然而一時欲改
之使良　大非易事　大凡天下事　求美好者無不甚難　良　美好者也　欲改不良爲良　不其難哉
中國社會之不良　數千年於茲矣　他事姑勿論　卽以一小事論之　我國普通習慣　如與友人約
定鐘點相會　往往錯遲一點兩點　而不以爲爽約　孔子曰　言必信　行必果　硜硜然小人哉　言

社會改良會演說詞，第4610號，1915年6月26日。(2–1)

代論

社會改良會演說詞

英斂之

改良的名詞　爲中國舊時所未有　揆其始　大約由東洋傳來者　距今不過一二十年耳　按文理論
此二字似不甚通　蓋既云良矣　復何必改　惟尋其辭旨　所謂改良者　殆卽中文自新之意也
居今日之下　而談中國社會　其腐敗不良之處　諸公當已盡知　亦無能爲之深諱　然而一時欲改
之使良　大非易事　大凡天下事　求美好者無不甚難　良　美好者也　欲改不良爲良　不其難哉
中國社會之不良　數千年於茲矣　他事姑勿論　卽以一小事論之　我國普通習慣　如與友人約
定鐘點相會　往往錯遲一點兩點　而不以爲爽約　孔子曰　言必信　行必果　硜硜然小人哉　言

雖行果何等眞實　乃反被斥爲小人　又何怪乎造成今日之習慣乎　我告諸公　此事雖小　切勿以其小而忽之　眞以信行二字　爲人生之大要　望在座諸君自今日起　能身體而力行之　則卽實行改良之第一著　今請論中國病弊之原因　因是極爲複雜　惟就在下看來　其原因之最大者　約有兩端　一人人缺認眞研究是非之心　二無身體力行勇往前進之心　中國人行事常犯一種大毛病　卽依違兩可　不肯認眞　是非之間不求實在　又或知其是非　無身體力行勇往前進之精神　只求諸人不求諸己　是二者實爲中國腐敗之大病根　如能治其病根　則改良可期　否則禍之淵者　其識不消　諸公欲改良中國　卽在人人有認眞研究之心　只要見得是善　則利行之　見得是惡　則痛改之　言及此則又不能不推及宗教矣　就在下的經驗論　中國所以不能强盛者　在於不認識眞主　或曰　中國亦未嘗不知有上帝也　然試問之曰　汝能順上帝之命身體而力行之乎　請問中國四五千年來　何時爲身體時代　何時爲力行時代　中國人因凡事不認眞　以至演成今日之現像　平心而論　中國並非沒有好人　奈僅居社會之最少數　而且雖得明道達理　亦多不肯認眞研究　不求一箇所以然　須知天下事都有一個所以然　吾人旣知了這個所以然　若不以此眞者實者　告訴大衆　則此心有所不安　卽鄙教再三開會演說　不憚受人譏笑招人厭煩者　實因研究是非身體力行　認定一個眞宗教而歸依之　爲改良中國之要素　亦事之不容或已者也　不然　雖萬語千言終在空處　古人云　知行並進　知如目　行如腿　知而不行如無腿　行而不知則盲進　又云論輕重則行爲重　論先後則知爲先　故吾人亦先應知其所以然　而後身體之力行之　諸公如有辨明是非之心　則力行可期矣　中國社會之改良　亦何難之有　不然　徒在皮毛上指摘　大家作一場話說　雖鼓掌贊成之聲如雷　又何與於實際

社會改良會演說詞，第4610號，1915年6月26日。(2–2)

信行果　何等誠實　乃反被斥爲小人　又何怪乎演成今日之習慣乎　我告諸公　此事雖小　切勿以其小而忽之　良以信行二字　爲人生之大要　望在座諸君自今日起　能身體而力行之　則卽實地改良之一端　至論中國腐敗之原因　固應極爲複雜　惟就在下看來　其原因之最大者　約有兩端　一人人無認眞研究是非之心　二無身體力行勇往前進之心　中國人行事常犯一種大毛病　卽依違兩可　不肯認眞　是非之間不求實在　又或知其是非　無身體力行勇往前進之精神　只求諸人不求諸己　是二者實爲中國腐敗之大病根　如能治其病根　則改良可期　否則源之濁者　其流不清　諸公欲改良中國　卽在人人有認眞研究之心　只要見得是善　則利行之　見得是惡　則痛改之　言及此則又不能不推及宗教矣　就在下的經驗論　中國所以不能强盛者　在於不認識眞主

或曰　中國亦未嘗不知有上帝也　然試問之曰　汝能順上帝之命身體而力行之乎　請問中國四五千年來　何時爲身體時代　何時爲力行時代　中國人因凡事不認眞　以至演成今日之衰像　平心而論　中國並非沒有好人　奈僅居社會之最少數　而且雖稱明道達理　亦多不肯認眞研究　不求一箇所以然　須知天下事都有一個所以然　吾人旣知了這個所以然　若不以此眞者實者　告訴大衆　則此心有所不安　卽鄙教再三開會演說　不憚受人譏笑招人厭煩者　實因研究是非身體力行　認定一個眞宗教而歸依之　爲改良中國之要素　亦事之不容或已者也　不然　雖萬語千言終在空處　古人云　知行並進　知如目　行如腿　知而不行如無腿　行而不知則盲進　又云論輕重則行爲重　論先後則知爲先　故吾人亦先應知其所以然　而後身體之力行之　諸公如有辯明是非之心　則力行可期矣　中國社會之改良　亦何難之有　不然　徒在皮毛上指摘　大家作一場話說　雖鼓掌贊成之聲如雷　又何與於實際

醫學士魁蘊吾來津

魁蘊吾先生醫術精深久爲各界所稱道凡內科外科婦科兒科無不應手奏效茲游湘鄂還津別有公務未暇以醫術爲交際而求之者接踵於門不得已於下午公餘在寓接待每日十二鐘至二鐘門診二鐘後出診醫例列下

初次出診醫金五元　復診三元　來寓就診一元（凡有交好及貧寒者不計醫金）寓河北宇緯路軍醫學校後路北　電話二五七六

介紹人　刁雲鵬　程克　雷鳴遠　煜華輔
程曦　王春霖　宋則久　英斂之

醫學士魁蘊吾來津，第4736號，1915年11月1日。

其他報刊散見詩文

眞辨妄等書、自能分曉、

第二百二十六問　仝上

中國海軍、自中東一役、喪失殆盡、然不知刻下南北洋之戰艦、共有若干艘、各艦之速率噸數若干、及造於何廠、伏祈一一示之爲禱、

答○西國戰艦、皆有實籙可查、各報不難稽攷、中國軍事秘密、無可稽查、不敢妄對、

第二百二十七問　日下英斂之

昨偶見螢火熒熒、忽明忽滅、因憶古人腐草爲螢之說、似未合理、然其發光之理、究屬何故、亦關於電氣否、望乞詳示、

答○螢之發光、含有燐質、其光不熱、可暗可明、與電光無涉、

第二百二十八問　仝上

幼時嘗繫一蟾作要、偶置平地、有事他去、回卽不見、惟繩尙存地面、緣繩掘之、竟得所在、俗謂蟾能地遁、然較他物入地不同、土脈未鬆、亦無地孔、何其體竟似神體乎、此理何解、望發

英斂之答問（擬題），《格致新報》第十六册，1898年8月8日。（4—1）

蟾蜍、

答○蟾能鼓氣、擲地不死、以繩縛之、洩去其氣、則繩鬆而逃、其入土或較他物爲靈、入後能使土面如常、亦未可知、若云神體地遁、斯則語涉怪誕、不足爲訓、

第二百二十九問　仝上

西國造墨水、必用苦里亞蘇脫數滴、此係何物製成、

答○苦里亞蘇脫、係一種樹油、入水能鎔化各物、使濃淡均勻、並作藍綠色、

第二百三十問　仝上

金鷄哪霜、治瘧極效、惟愈後多患咳嗽、是否藥性熱、於肺經有相關之處、請明示、

答○金鷄哪霜、性熱味濇、治瘧之功、無可比擬、愈後咳嗽、或另有感冒而然、未必金鷄哪霜之咎、惟服金鷄哪霜、每次二三釐爲限、多服有氣閉耳聾之病、不可不知、

第二百三十一問　仝上

人睡熟後、往往自相言語、且有大聲喊叫者、不知何故、

英斂之答問（擬題），《格致新報》第十六册，1898年8月8日。(4-2)

答○人睡後忽言語喊叫、與夢無異、蓋夢者因所思未透、睡時胃氣觸動腦筋、成形爲夢、氣藏胸腹、睡時身動氣爲所感、連合腦之所思、遂爲言語喊叫、從未有不翻身而言語喊叫者、足見其氣之被擾也、

第二百三十二問　仝上

洋鼻烟華人嗅者甚多、有何損益、中國有薰以茉莉各花者、其香甚宜、不知可嗅否、又華人最講烟瓶、鼻烟、究何瓶最佳、洋行中有可購之烟瓶否、

答○鼻烟無論華洋、皆能驅除睡魔、清醒腦筋、發散風寒、華人薰以花香、亦無大礙、至於瓶之精粗、視身家之貧富、與烟無涉、只須不洩氣而已也、

第二百三十三問　仝上

加非頗有好歹、各藥房所售、香氣既減、且帶苦味、不知以何物僞雜其中、飲之有益於身否、

答○加非雖有好歹、僞者絕少、炒焦則味苦、似不得因其苦而疑其僞、此物消食補火、振刷精神、較中國之茶爲勝、故西人喜飲者多、

英斂之答問（擬題），《格致新報》第十六冊，1898年8月8日。（4–3）

英斂之答問（擬題），《格致新報》第十六册，1898年8月8日。（4-4）

第二百三十四問　仝上

癟螺痧夏秋間最危之病、治少遲延、卽不救、近聞外洋間有患此者、不知以何藥主治、請詳示其方、

體○癟螺痧乃大寒之症、指螺癟下、卽霍亂轉筋也、此症宜用大暖之藥、如好樟腦酒醋等、服之擦之、元陽自復、中醫習用桂附薑椒之類、亦以溫煖爲主、

第二百三十五問　仝上

一種鈷綠顏料水、調後偶沾油漆桌等上、其色直透入木、以各法揩之、均不退、請問有何便法能除之、

答○宜以鉀養或鉀養草酸、沾時卽揩、可以除去、若時久、鉀養亦無能爲力、

第二百三十六問　仝上

以指將兩耳眼緊緊塞住、便覺隱隱作雷響、此聲何來、請言其理、

答○兩指塞耳、則耳外之聲不聞、而耳內血脈跳動之聲、聞之愈晰、隱隱作雷聲、卽此故也、

黨禍餘言，《知新報》第97册，1899年8月26日。

黨禍餘言

錄國聞報英斂之稿

嘗讀伊川程子之上神宗書謂朝廷用人苟循常法庸惡混雜不以爲非設或拔一賢進一善出於不次則求摭小差衆口囂沸每讀至此未嘗不廢書三歎也去秋之黨禍忽興變出非常吾不能無疑焉當下　詔求言之際亦欲妄上芻蕘冀有建白雖謠言四起人情洶洶以爲自昔東西諸國變政未有不多方阻撓互相攻擊者初不之怪乃未幾因事南游適與某公使同船向詢時事粗得梗概彼時尚未悉京中之舉亦未料禍患陡興如此翻覆也迨禍起倉卒有疾雷不及掩耳之勢變政流血之言應矣而其中緣委畧知之而苦未盡釋今春海外歸時得見印行之聖德記則向所疑者始渙然冰釋雖此書未必字字鐵鑄証於向之所知如相符合則不得以一面之詞目之也乃既新政平反則新政之機似自此絶矣嗣後粉飾之謀揚湯之計盡向皮毛敷衍叢脞日甚疣痏日深關心時局者無不痛心疾首扼腕拊膺不知大局作何結束屈大夫之侘傺行吟要爲難伸悃款賈長沙之上書痛哭豈曰無故酸辛乎天何曾醉人自失機彼欹啟之夫帖括之士使秉國鈞於當兹羣雄並争之秋但以虚驕昏眊之氣折衝外侮其不傎蹶也得哉正如所謂叢神與奕秋角無著不死無子不謬曷勝浩歎獨怪朝有柱石之臣當新黨變法之初既以改革舊法爲變亂祖制自當痛切諫阻以去就争之乃三緘其口以長樂老自居爲固位保祿之計迨事變之後始多方毁斥爲落井下石之舉何其見之陋而量之卑乎昔李光謝表云當垂涕止彎弓之射人以爲狂然臨危多下石之人臣則不敢以彼方此能無愧死誰是誰非不待千古方有定論草茅下士匡居之餘感痛變結情不能已聊伸謬說遑質於碩閎黨首願以爲然乎否乎

右詩詞稿係　眉生女史於客中忽忽抄眎數首因照錄之至　君家三姊妹詩詞極多此不過存什一於千百世之讀者雖云即一斑以窺全豹然予尚憾此不足以盡眉生之生平云

斂之附識

斂之附識：眉生辭稿，《呂氏三姐妹集·眉生辭稿》，1905年，第2頁。

國民義務廣告

自從北京天津倡辦國民捐以來上自士商下至僕役無不踴躍捐輸爭先恐後實爲我國近來民智開通之一證亦我爲國轉弱爲强之根苗刻下天津學界　諸公極力提倡此舉更有蒸蒸日上之勢承　諸公雅囑凡認捐者姓名俱爲登列報端一以表已捐者之熱心一以動未捐者之觀感本報亦國民一分子敢不爲效區區國民責任此後凡捐欵姓名另列一板名爲國民義務依序而下俾有心人彙存而裝釘之足爲考證之資倘日後捐者更多當更加廣篇幅特此謹白

英斂之識

國民義務廣告，《敝帚千金》（續出）第七册，1905年11月19日。

人才者國家之元氣實業者國家之基
礎苟失此命脈基礎必不克圖存於大
地遑言競勝於列强此有國家者不可
不知也雖然凡此人才實業必有以培植
輔翼之者始獲日益發皇苟摧抑扼
塞使不得其長養之道必相與消歇亦
惟有日就枯萎而已我國自大敗疊辱
後競言變法矣顧方針多定暮更
三年詭譎張不可窮詰每一盱衡索
然氣短直至可當其希冀者今觀
求新機器廠成績圖乃不覺油然復
生其欣榮之心矣雖然人亦知
求新主人當其草創經營堅苦刻厲
畢世能之而不加阻之定力乎今既之於

上海求新製造機器輪船廠序，《上海求新製造機器輪船廠》，上海文明書局，1911年。(2–1)

幸臻此境詢無愧於國民之傑矣紀培
植長養使獲續吾國之命魂固吾國
之基礎者是在吾國之強有力者矣往
者僕嘗為　主人書臨川詩曰撲撲煙
嵐從四阿物華修悵未能多更應陸起
三千丈始索重山複山嶺何
主人顧而笑曰此正類吾眼底情形也因
無之廠中今當更為易一詩曰飛來峰
上千尋塔聞說雞鳴見日昇不畏浮
雲遮望眼祗緣身在最高層
主人顧之當亦有以自慰矣
宣統辛亥新秋斂之英華書於津門

上海求新製造機器輪船廠序，《上海求新製造機器輪船廠》，上海文明書局，1911年。(2–2)

答友辯學柬

北平末夫英華稿

古人論學曰多聞闕疑曰不恥下問曰好問則裕是爲學之道極宜兼聽傍觀最忌師心自用也古人論悟曰疑者悟之階曰大疑則大進小疑則小進是爲學之道不止闕疑有待尤貴能疑啓端也竊謂學貴探本不可泛索雜求馳神旁鶩學貴心得不可尋行數墨口際耳頭疑貴善用不可叩寂課虛捏風捕影疑貴有益不可舟求株守畫脂鏤冰夫欲窮道之本原明理之極致必須曠其情懷超其志趣銳其取進切其探求由是鬱而得其通逆而化乎順頭頭是道左右逢源當其辨別之初必須據古準今旁引曲證繳之以正理參之以衆情不涉離奇不囿迂腐則斟酌今古推勘是非不中不遠矣承

足下手示洋洋數百言殷殷以教理爲問虛心斂學慎思明辨之懷足堪欽佩華齒弱材庸寡聞疎學詎敢先覺自居但言及之而不言謂之隱且善與人同有知當告故不辭淺陋略舉數端用塵清聽　來函云天地初判人類肇生未必男女二人卽二人矣又不免兄妹倫常乖舛之道是　足下未深思也且不識古今殊致前後異情遂如此互提並論矣博古家考堯之二女正舜族姑妻舜於潙汭後人既得知此而堯及當時之人反不知乎知此而婚配之在當時必爲可行無阻曾不聞當時有非之者孔子讚堯奇不以此貶其巍巍大也良以太古人類未蕃傳生是賴娶二娶三尚可寬宥迨　大遼降凡重訂規誡嚴著婚配之典最重貞潔之德凡奉教之國無論君臣士庶伉儷終身從不二色此古今時勢之不同而奉命守規則一也又何疑焉　（未完）

答友辯學柬，《廣益録》第2號，1912年3月2日。

足下手示洋洋數百言殷殷以教理爲問虛心敏學慎思明辨之懷足堪欽佩華齒弱材庸寡聞疎學詎敢先覺自居但言及之而不言謂之隱且善與人同有知當告故不辭淺陋略舉數端用塵清聽　來函云天地初判人類肇生未必男女二人卽二人矣又不免兄妹倫常乖舛之道是　足下未深思也且不□古今殊致前後異情遂如此互提並論矣博古家考堯之二女正舜族姑妻舜於溈汭後人既得知此而堯及當時之人反不知乎知此而婚配之在當時必爲可行無阻曾不聞當時有非之者孔子讚堯亦不以此貶其巍巍大也良以太古人類未蕃傳生是賴娶二娶三尚可寬宥迨　大造降凡重訂規誡嚴著婚配之典最重貞潔之德凡奉教之國無論君臣士庶伉儷終身從不二色此古今時勢之不同而奉命守規則一也又何疑焉（未完）

足下手示洋洋數百言殷殷以教理爲問虛心敏學慎思明辨之懷足堪欽佩華齒弱材庸寡聞疎學詎敢先覺自居但言及之而不言謂之隱且善與人同有知當告故不辭淺陋略舉數端用塵清聽　來函云天地初判人類肇生未必男女二人卽二人矣又不免兄妹倫常乖舛之道是　足下未深思也且不識古今殊致前後異情遂如此互提並論矣博古家考堯之二女正舜族姑妻舜於溈汭後人既得知此而堯及當時之人反不知乎知此而婚配之在當時必爲可行無阻曾不聞當時有非之者孔子讚堯亦不以此貶其巍巍大也良以太古人類未蕃傳生是賴娶二娶三尚可寬宥迨　大造降凡重訂規誡嚴著婚配之典最重貞潔之德凡奉教之國無論君臣士庶伉儷終身從不二色此古今時勢之不同而奉命守規則一也又何疑焉（未完）

續答友辯學柬

安蹇舊稿

所云方域遼邈人難析分諸語正不知古經糾載此等事故綱舉目張至詳且備當夫洪水既退造塔亂音分馳各國不相聞問代遠年湮事多忘失迨至古聖每瑟書契已興一一追錄迄今奉爲信史西庠中文學碩彥格致名師凡事採徵

續答友辯學柬，《廣益録》第3號，1912年3月9日。(3–1)

續答友辯學柬

安蹇舊稿

所云方域遼邈人難析分諸語正不知古經糾載此等事故綱舉目張至詳且備當夫洪水既退造塔亂音分馳各國不相聞問代遠年湮事多忘失迨至古聖每瑟書契已興一一追錄迄今奉爲信史西庠中文學碩彥格致名師凡事採徵

得實褒貶[illegible]嚴從未有一人指其妄言其非者倫人非一祖所傳西國名醫查其方人骨骼[illegible]不差[illegible]嗎西人呼母亦曰媽華人言衆曰多西人亦有是音若此類者不一而足五洲獨亞洲偏東距他洲爲遠故被教澤略[illegible]流於漢唐間聖教亦早流東土矣中國典籍浩劫迭興古傳所餘無幾迨經後儒竄改全迷本來面目故宜泛觀文獻無徵孟子言書難盡信此未遭秦火之先已至如此雖然餘韻流風吉光片羽非毫無徵引也易之七日來復顯係[illegible]

教港工時之小心翼翼自古惟欽上主若此類者亦不一而足設非一祖之傳何芥子投針若斯不爽再七日之說到處皆然何以不約而同不六不八乎天下各國祭祀誦祈所在不廢生而有罪盡人皆知出土還土時聞斯語凡此諸端實徵公性所存不容誣罔東海西海此理此心豈若一二矯妄謬說驚愚駭俗傳於此不傳於彼者可比並乎主論各報雜出紛紛爭鳴使人迷失宗向主誠何心殊不知天主生人賦以靈明畀以自主依違由己操縱從心但非至愚極謬護短爭長者流不難核理之是非辨道之眞妄珠目混淆何難判別昔人謂天主雖不滅他教以衛眞教但他教理多荒謬雜亂無統一加推勘眞贋立分不在喋喋爭勝尊己貶人也且萬有之不齊正所以彰天主諸德並行且各無限甄別善惡正所以操施賞罰任人自顧正天主不自掩其足也(此段屬超性奧理詳見眞道自證駁疑引據諸篇茲不暇細述)妖由人興福由人致天主何爲禁之哉人善主賞好善之德行矣人惡主罰至義之德行矣惡不即罰待其悛改主谷之德行矣悔改即赦恩寵有加至慈之德行矣人但當畏威懷德感謝謳揚於畢世豈可以受造區區有限之私智妄度施造蕩蕩無垠之聖情耶以微蠡而測大海持寸炬用照八荒多見其不知量賞善罰惡天主至公無勞多慮斷不至顚倒是非覓善縱惡也凡此諸端皆由足下閱書未全閫理不徹故更有教中教外一端云云按超性學士推論世之未被聖澤者果能畢世忠直從無罪犯且知有一造物大元感謝敬畏之死時亦蒙上升若有人已聞聖教之理頗知救贖之恩緣樂於阿世隨俗任情縱慾遂將彝良抹煞置若罔聞或矯指爲異端或謗[illegible]爲怪誕驕狂自滿殘忍貪淫外沽剛正之名

續答友辯學柬，《廣益録》第3號，1912年3月9日。(3–2)

稽實褒貶極嚴從未有一人指其妄言其非者倘人非一祖所傳西國名醫查萬方人骨骼體血不差□□華人呼母曰媽西人呼母亦曰媽華人言衆曰多西人亦有是音若此類者不一而足五洲獨亞洲偏東距他洲爲遠故被教澤略□然於漢唐間聖教亦早流東土矣中國典籍浩劫迭興古傳所餘無幾迨經後儒點竄改芟全迷本來面目故宣尼歎文獻無徵孟子言書難盡信此未遭秦火之先已至如此雖然餘韵流風吉光片羽非毫無徵引也易之七日來復顯係聖

包陰邪之險雖能巧給人心豈得幸逃主鑒若此類者死受永罰亦何必見而後知至謂無論善惡一經奉教同登帝鄉偏袒矜奇公道何在噫此語足下聞之聖經乎抑聞之教友乎誠若此語則眞不公矣豈不聞吾教中誡云奉教容易守誡難又云奉教須當守教規救靈事主不同兒戲事也凡爲善信之人守十誡務七祈朝夕誦經內外兼慎七日中兩日小齋一年內一次告解省身克己敬主愛人方盡教友之職他若有名無實背違主命之輩罰下永獄較未聞教者苦更萬萬足下亦知之乎至原祖犯命惡王謀害靈魂有無天域火化諸語緣足下於教中經書原委未悉不得其詳故有是問如主制羣徵眞道自證盛世芻蕘萬物眞原教理詳解埋窟詮眞提要辨惑卮言等書足下反復披閱詳辨慎思字斟句酌自能洞識是非心領神會故華亦無庸浪費筆墨鼓舌搖唇矣如以上所述諸端有以爲然及諸書中有難遽信仍須折辯者祈務爲暢所欲言剝析到底不可稍涉顧忌隱忍無言也若謂盡情駁斥有傷交誼然則古人郵筒往還動經數四亦無礙其和而不同若謂刺刺不休致招憎惡然則古人負笈千里尚不憚煩亦堪效其學而不厭至論泰西各國稱兵構衅弱肉強食此人事之不齊時勢所不免無關學教者志克庵泰西記亦以此言詰諸教士自鳴得意夫不愛人者不能愛天主固已國家稱干比戈何代無之豈皆聖教使敎然耶且今強鄰緊逼時勢使然何勞明問置之不論可也足下宏心忠追邃學忻勤素所欽佩惜於聖教道理聞之失詳考之不切故不免義理未安疑團叢起始有此問殊不知華未奉教前所疑所辨之件不止此也迨臨澈日久玩味愈深荷蒙天主不棄始得眼界別開幸承恩寵擬更方識靈途終向實爲初想難及殊慶此生萬幸故知凡人欲求大道者須當窮源竟委原始要終析入毫芒掃除俗見方能一往獨到特立孤行也華徒受主恩無可爲報才庸質劣內省多慙惟於正教之理略有微知學承明問敢不傾懷吐露雖文粗句俚而理有淵源聊將一得之愚敬助三隅之反果克略時會意行見舍妄即眞升墮所關良非淺鮮伏祈留意統希見原大君子幸甚鄙人幸甚

續答友辯學柬，《廣益録》第3號，1912年3月9日。(3–3)

論說　書請定儒教爲國教等書後

馬相伯屬草英斂之校訂

題曰儒教不曰孔教者名從其舊也儒本學者之通稱黃老楊墨各有其學說而孔子不厭不倦獨以學名從其學者遂專以儒稱孟子曰逃楊必歸於儒是其證矣其後佛教入中國奉老子者旣稱道教奉孔子者亦自稱儒教以與佛老鼎足而三故有三教一貫等書總之闢佛老者亦止稱古帝王治天下不用二氏惟用儒教而已無稱孔教者稱孔子亦止稱至聖先師無稱教主者其請定國教之心理亦然故一則曰人必有教復變其文曰人非教不立但孔子以前已有人是其所謂教斷非孔教矣至於某某等所言中國自古奉孔教又曰中國所以爲聲明文物之邦者實賴有孔子云云曰孔子曰孔教要皆儒教之誤不然豈有孔子以前之唐虞已奉孔教之理而郁郁乎文哉之成周猶不得爲聲明文物之邦也乎爲此矯正其誤題曰儒教使請定國教諸賢聖有以自圓其說而免遁名改作之誅焉

或曰諸賢聖之諱言儒教有故一則以學者方可稱儒而中國學者最少萬不能謬稱儒教爲大多數矣一則儒行所稱儒有如此者十餘事而諸賢聖自問良心一無有焉是稱儒孔子且不容稱儒教之張天師儒教之大護法孔子卽不鳴鼓而攻亦當取瑟而歌也一則以太史公六家之要旨曰夫陰陽儒墨名法道德此務爲治者也但務爲治者若可稱爲宗教家是堯舜禹湯文武周公之爲教主也應在孔子之先况儒者滑稽而不可軌法倨傲自順不可以自下破產厚葬

馬相伯、英斂之：書請定儒教爲國教等書後，《聖教雜誌》1917年第1期，1917年1月。(13–1)

不可以爲俗游說乞貸不可以爲國。（恐諸賢聖自問良心反一一皆有）今孔子盛容飾繁登降之禮趨詳之節累世不能殫其學當年不能究其禮君欲用之以移齊俗非所以先細民也》此非晏平仲語齊景之言乎。然則儒者欲稱政治家當時猶或非之今欲冒稱宗教家勢非陰結多數武裝護法殆不可此諸賢聖所以諱言儒教歟

又況自號素王躬作民主（據陳某杜撰）之孔子亦止曰吾志在春秋行在孝經卽後之聖人允文允武其自相標榜也亦止曰《以春秋折獄詩作諫書易通陰陽中庸傳心孝經却賊大學治鬼（張天師歎）（張天師也）半部論語治天下》凡此云云其無宗教性質不待言矣今卽巧言破律改作孔教須知孔自孔國自國孔教仍不得爲國教也在彼日讀外國書不通外國文者庸或不知而陳君煥章固嘗游學於美者也當知西國所稱 State-religion 國教之教華語無相當之譯譯所謂教乃 the performance of our duties of love and obedience towards God 人對於造物主務盡其天職以愛敬順事之謂國乃 the whole body of people under one government 全體人民屬於同一政權之謂此非哲學家言乃尋常英文字典淺義試問諸賢聖請定之國教教有此教義否國有此國義否義既不同縱令外洋各國定有國教我國憲法亦不得援爲先例依樣以畫葫蘆也

西文教字由 Religare 束縛以得名請定國教者不云乎人非天不生既受生於天卽不能逃天

馬相伯、英斂之：書請定儒教爲國教等書後，《聖教雜誌》1917年第1期，1917年1月。(13–2)

命與孝事之天職而被天職天命之束縛也。孔子而亦人也。既受生於天。即不能逃天命與孝事之天職而被天職天命之束縛矣故孔子而有教也。教當從西文之義。不從是不盡心養性事天俟命也。老子一周末隱君子耳。何嘗設有道教。如其徒之所爲者。然則孔子亦何嘗設有孔教。如請定國教之所爲者。嘗見周末諸子並起創教。考不但管晏創教。原壤許行陳仲子亦創教。甚至白圭創教。兵家創教。縱橫家亦創教。故謂大地諸教之出。尤盛於春秋戰國之時。惟孔子能積諸子之成而爲諸子之卓云爾。然則不打自招。請定國教之意中。孔教亦不過諸子百家之雄耳。故議員中附和之者。其極大理由。亦不過以孔子爲國教。則諸子百家之學。可以連帶保存耳。初不意孔子之教。原不外諸子百家。諸子百家。雖（不該不遍。如耳目口鼻。各有所長。時有所用。而不能相通。）能通之者。雖爲孔子之教。究不能脫離耳目口鼻。而有所感觸。變更聲色臭味。而有所會通。則其不能自外於諸子百家。有可斷言。兄推極諸子百家。猶不能成一科學。按確然之原理或假定之原理。以徵諸古今中外人性物性而無違。爲學。且不成科學。教又何足以成宗教哉。夫宗教與科學之辨。一貴信仰。一貴見知。若徒信師言。而於所習之科。無眞知確見。則不得謂之學矣。譬則西文 constitution 憲法。由 constituer 以得名。意猶建設也。即國體政體所由建設。以維繫全體國民之生存之權利。而敦促而擴張之也。雖有條件。而非法律之謂。法律乃人民與人民人民與政府分際上之規定。踰乎此則謂之非分非義。故法律雖本良心。而非道德之謂。不明

馬相伯、英斂之：書請定儒教爲國教等書後，《聖教雜誌》1917年第1期，1917年1月。(13-3)

乎此。雖言法律不得謂之科學矣。宗教不然。全繫乎良心之信仰。踐所言者。謂之言而有信。客觀之信也。考實其人誠實無妄。而所言之事。既與哲理無違。又爲其人權力所及。因此信仰其言。必有成就。此乃主觀之信仰也。宗教之信仰也。仰者望也。望其有益於我身心性命。不虛生不夢死也。譬如獲罪於天。無所禱也。句可含數義。一、是既受生於天。不可小有獲罪。二、是若不幸而獲罪。非禱無以求免。三、是除禱於天之外。無所可禱。四、是獲罪於鄰國。道歉之條件。須得其同意。並得其滿意。不然。即造成今日歐洲之大戰。然則禱於天之條件。非由天定不可。五、是天定與否。義當自去研尋。如欲作官。當自投考。此人所共知者也。人所應爲者也。六、是尋有實據。深信天不欺人。按其條件以禱之。望得免罪之恩。而去身心之累。是謂明信。何迷之有。何妄之有。今設深信孔子乃道學家。凡鄉黨所記語。語不虛。又深信孔子爲博學家。所言犢羊誠犢羊也。萍實誠萍實也。防風之骨。肅慎之矢。文王之琴操。桓僖之廟災。無不一一如所言也。麐而角者果麟也。而孔子反袂拭面涕泣沾衿。不爲無以也。且深信其爲哲學家、政治家、社會學家。猶佛氏之如何果要。如何便信他。如何究於我身心性命。何益也耶。一信再信。便能善其生以善其死否耶。況知孔子之道者。宜莫如曾子。曾子曰。夫子之道。忠恕而已矣。知孔子之教者。宜莫如門弟子。而記於魯論者則曰。子以四教。文行忠信。此猶仁義禮智。智愚文蠻之人所固有而無所用其信仰者也。綜觀吾國所論孔子之教。質言之。要不外數學之數耳。非西文所謂國教之教也。何苦效顰歐美。而定實不中

馬相伯、英斂之：書請定儒教爲國教等書後，《聖教雜誌》1917年第1期，1917年1月。(13-4)

其聲之國教者哉。乃有滑稽者流。則謂與謂孔子爲哲學家。爲宗教家。𥳑謂孔子爲社會學家。今後非大講科學。則孔子之道不得而明也。總之。今後國民教育宜應世界之潮流。修身教育急宜輸入功利派之倫理思潮。庶民生可裕。國計可饒。而斷不宜存留憲法草案之第十九條。猶沿孔子動機派之倫理思想。以爲國民教育前途之大阻障也。此是國民將來之死活問題。教育卽國民之死活問題。誠不可不愼重而斷行之者也。必不得已。則規定孔教爲國教。一任一般人之迷信或信仰。（一任云者放任之謂也乃今始知規定於憲法內者乃放任之主義也憲法之效可想）而宗教本可超國而獨立者也。（超國云者苟謂超然國表不受政府之干涉歟則必其教自具元首股肱之系統以統一其教理教規教衆之信仰亘古今不變而後可此絕非死則變爲枯骨之人所能創也設創焉子姓無改於父之道且不能必又焉能必其教徒萬世無改其學說學派學風也哉西諺云一腦袋一意見彼亦一是非此亦一是非彼亦一素王之長兄此亦一闕公之義弟而教爭之起卽起於夫子之宮墻小者爭廟產爭住持大者爭道統爭配享活魏閹死孔子嘗並坐而受孔教徒之僕僕亟拜矣故孔教而可爲國教無怪周末諸子創教之多也所慮以後之多將自今始宗教云乎哉異說云乎哉還當質諸孔教）

若夫國民教育則旣爲國民。萬不能有超國之思想。（彼言超國而獨立者獨非國民歟）今日歐洲各國若法、若奧、若義、若德等國紛紛逐出學校中之耶教。置諸學校之外。卽爲此故也。何我國人尙不明世界大勢之所趨。而必奉孔子之道爲國民教育修身之大本。且規定於剛性之憲法中。使之不可搖動哉。奧國卽規定宗教於憲法國民教育非常不良。且起大喧爭可鑒也。（旣知教育不良起大喧爭皆因規定國教何爲又欲規定孔教爲國教得毋自相矛盾乎）其以爲孔子非宗教家者誤也。（方纔尙說與謂孔子爲宗教家寧謂云云然則先生先誤矣）而規定如憲法草案第十九條

馬相伯、英斂之：書請定儒教爲國教等書後，《聖教雜誌》1917年第1期，1917年1月。(13–5)

者。更誤之又誤也。訂定憲法不可以誤國者也。以上皆滑稽先生請定國教文并謂《子貢亦功利派人也。惜乎其蜷伏於孔子之下。而不能自發揮光大其人格及學理也》可見中國儒者於萬事萬物所以然之故。鮮所究心。往往竊取一二成語。望文生意。以武斷一切。一若天下大勢所趨。國民教育惟有功利問題。不知功利問題。亦有非物質派者。猶教育之有德育焉。民之於仁也。有殺身以成仁。無求生以害仁。不然。國將誰與守耶。乃抱定功利。以非孔子。孔子未必甘心也。至於以宗教國教。謂不關人民教育與修身。故雖規定孔子爲宗教爲國教。本無足重輕。不審孔教之徒。甘心否耶。爲是說者。重孔子歟。輕憲法歟。抑重憲法而輕孔子也。

又或謂憲法定孔教。拜孔子。不過如拜國旗耳。期期以爲擬不與倫。何也。蓋無論孔子爲人也。鬼也。其自性有足以受吾敬故也。旗也。幟也。其自性不足以受吾敬。不足以受吾敬。故所敬不在旗也幟也。明甚。或又曰。西人以女像像國家。女亦人也。其自性不足以受吾敬乎。答曰。否。女像像母撫字人民之義。像由意造。女非實有其人。其不足以受吾敬。與實有其人之孔子大異。且西人無拜祀國像者。今拜祀孔子者。是否照孔子所說祭神如神在乎。此如字當與下句如不祭同義。義非意之也。譬之父母在子遠游。每早念親。設席設座。尙酒尙食。事生如生。在人且笑其妄。况事已亡之鬼。鬼又不在。非妄之尤妄乎。故如字當與如不祭同義。若照其說。第一。該問孔子之神至今在否。抑故鬼小新鬼大。二千餘年以來。澌滅殆盡乎。第二。該問孔子之神而在。往時丁祭日幾二千所所所皆在

馬相伯、英斂之：書請定儒教爲國教等書後，《聖教雜誌》1917年第1期，1917年1月。(13-6)

乎。不祭之時有定在否。能自由否。孔子在生，厄陳畏匡，不習遁甲。不克分身。與衆人無以異也。萬無一死而頓異獨異之理。天地之大。大小星球。幼渺如極微質點。其相拒相吸之規。無以異也。然則生而爲人。死則爲鬼。孔子之鬼，不能與他人之鬼而獨異。死而在。則與桓魋、少正卯、而俱在幽明不克自由。理定相倣。設幽而爲鬼。可大自由。是求速死之爲愈矣。倘謂孔子已不在矣。死無知矣。又何爲拜祀無知之物。倘謂孔子在固在也。不在祭所。然則所拜祀者。不過木主耳。木主非鬼也。孔子曰非其鬼而祭之是諂也。諂孔子且不可。況諂朽木乎。設謂在祭所。且分身而在各所。有徵乎。無徵乎。無徵不信。哲學有言。gratis asseritur, gratis negatur 言無徵者。不待徵以否之。此拜祀孔子，按諸哲理。當否認者一也。試問拜祀孔子。於孔子有益乎。倘謂祭則得食。以孔子比天。天大多矣。一年不過一牛。孔子一年四千。不將侏儒飽欲死乎。如謂不祭則不得食。除丁祭外。不將餓欲死乎。此拜祀孔子。按諸情理，爲無益所當否認者二也。且試問於拜祀者有益乎。夫拜活孔子者。宜莫如孔子妻與子，妻與子皆先孔子而死。其無益也決矣。清末尊孔，升爲上祀。廟未修竣。而清室不綱矣。各府州縣。春秋二祭。文武百官。未嘗不奉行也。而人心日壞。風俗日偷。官爲甚。此拜祀孔子，按諸事理。爲無益所當否認者三也。誠使請定孔教者，有堅信有迷信。信文武百官向如在之孔子。一拜一跪。一祭一祀。而天下軍民。悉然於變時雍焉。則猶可說也。不然。以九牛二虎之力。强人迷信也何爲。

馬相伯、英斂之：書請定儒教爲國教等書後，《聖教雜誌》1917年第1期，1917年1月。(13–7)

以故平心而論。呼聲極高之孔子。以諸子創教考言之。不過理學一派耳。以孔子改制考言之。不過政治一派耳。非今世所稱宗教國教明甚。如謂國不可以無教。我國萬不能舍故有之孔子。而奉行外來之教。此猶言國不可以無法。我國萬不能舍向有之法律。而倣定外來之憲法也。人縱頑固。當無敢出此言者。至論以孔子之道。爲教育之大本。又有不可者三。而侵奪他教之自由不與焉。一者、孔子之道。志在春秋。戎狄是膺。荊舒是懲。尊王攘夷之說。久矣灌輸腦筋。通都大邑。在所難免。而鄉間尤甚。故初設小學時。有呼爲洋學堂。而焚毀之者矣。保清滅洋之舉。非儼然尊王攘夷之道乎。山東發其端。全國蒙其難。故用以爲教育。似不可。二者、孔子之道。學優則仕者也。栖栖皇皇。席珍待聘。我國自有賓興以後。士之仕也。急於農夫之耕。耕也餒在其中。學也祿在其中。往往有輟耕而悵悵者矣。此古今所由大亂也。三年學不志於穀。孔子曰不易得也。不謀作官定謀出洋。謀道歟。謀食歟。一內地鎮守使告予曰。南北兵刃。並未接也。而向之謀事者。已近萬人。志最小者。求一縣知事。其他在省在京謀事之數。可想。帝制偉人。得魚而去。反對者又携筌而來。即此一端。足以亡中國矣。何忍復以孔子之道。爲獺爲鸇耶。三者、孔子之道。以學稼學圃爲小人。又以貨殖爲不受命。四體不勤。五穀不分。實業之不講。此我國之大愚也。而孔子出不徒行。後車必數十乘。從者必數百人。所至如成都市。不然。陳蔡之厄。何能相持七日之久。愈慷慨講誦絃歌不衰歟。且恐黨人黨魁聞之。雖使吾儕小民。減衣縮食。以奉其從者。亦不足矣。况黨人之外。又有浪

馬相伯、英斂之：書請定儒教爲國教等書後，《聖教雜誌》1917年第1期，1917年1月。(13-8)

人乎。英國憲法三四起除王位確定法外無不歷舉人民權利之被侵凡由裁判官、警務官、地方官。官吏等之不稱軍人等之不法者與土地城砦之被奪河港口岸之被禁皆一一謀以救正防護之。日本改制其公地公產推讓人民作自治區內之用者何限中國反是官者歸官公者亦歸官官荒悉爲權豪報領農人出千倍之價轉領而不得甯荒毋墾居爲奇貨此之謂民主國總之民國以來賞功之典日日有民間之苦不一問古止有功人功狗今則有功狼功虎德之戰功大矣多矣威廉二世以鐵十字作寶星尙鄭重以出之賠償兵燹之損害洋人有華人無能不視爲通匪已萬幸故人民心理願生生世世不生帝王家但有爲洋人而已 我中國政治不修生計不講人民死於疾疫飢寒、水火盜賊、兵荒刑獄中者十常四五能泰然利其利而樂其樂者千百無一二。卽如禁種洋煙而不代謀他利禁吸洋煙而不先治其癮。上海廣慈醫院有不用鴉片嗎啡之斷癮方七日除根未聞當道有勸告採用者 此非驅涉大川而不施舟楫乎。民之父母竟忍出此。日撻其子弟而望鄰右愛重之。得乎。通商通商只准人來云耳。我往有德國憲法上保護國外貿易之條否。而憲法會議漠不覵聞。曾有總長詰其同寅曰做過百姓否。竟全忘耶。孰意人民疾苦人民代表亦全忘矣。一若四海困窮非政治之過也。生計之艱也。惟在不拜跪孔子已耳。祭祀孔子已耳。光緒十年前後有見高麗墻壁地平均用字紙糊者勸令剷除謂敬惜字紙則高麗可興時人或書一人字擲乞兒身畔渠則什襲藏之意者乞兒非人也則不之恤故知所重在字乃擲一文錢亦不肯拾蓋羞其類於乞兒也然則所重又不在字僞言僞行不求眞理眞道者可慨 爰提出修正案曰。《今國體已造成共和並許人民信教自由若不聲明以孔子爲國教。前有朕卽國家曰孔子爲國教何異朕卽國教何狗脚朕之多也 恐人民誤會以爲舊政廢新教亦隨之以革本欲信教自由反至毀教。》教必指舊

馬相伯、英斂之：書請定儒教爲國教等書後，《聖教雜誌》1917年第1期，1917年1月。(13–9)

教矣孔教矣可見脫離舊政是人民所喜脫離孔教亦人民所喜故提案者欲以憲法干涉之不打自招肺肝如見矣大毛子春雷見之不禁啞然失笑曰豈諸君不自信孔子之道溥博高堅而必借重法院與政府之大力始能保護而尊崇之歟若法院與政府不加以特別保障則孔道將歸於毀棄歟吾不惜諸君自待太薄而惜諸君待孔子太薄也（見天津某報）鄙人則謂待孔子太薄無足怪由來秀才人情紙半張半張提案不爲薄矣獨怪其自待太高竟以爲一經品題則孔子之神通聲價十倍有是理乎

孔子述而不作者也卽曰生前改制亦不過喟然興歎致慨想於空言孟子不曰然而無有乎爾則亦無有乎爾乎乃謂死後之殘篇能以大道之行託諸後代之英以成其志孔子得勿曰吾誰欺欺天乎乎同一天望地藏之孔子也枯骨不能庇其子孫不盜不倡（山東道中蕩子班多姓孔爲族人告發之衍聖公類此者當不少）而一經憲法定爲國教卽能謀閉而不興盜竊亂賊而不作外戶不閉以致大同大順人亦肥家亦肥國與天下無不肥是憲法之化神神於孔子妙然高出於衆經之上前者以明經取士而明者落落如晨星今者不以憲法取士但加入孔教孔教卽深入人心人心於憲法前雖有孔教而江河日下人心於憲法後卽視孔教如日月經天孔教日月乎憲法日月乎願與提案者一審定之

提案者又曰「大同之世天下爲公此孔教精神亦卽共和精神」（然則孔教卽共和共和卽孔教二而一者也）孔子預

馬相伯、英斂之：書請定儒教爲國教等書後，《聖教雜誌》1917年第1期，1917年1月。(13–10)

言二千年前以備今日之適用也國民果愛共和其能無愛孔教乎》吾亦曰誠然當愛不見媒婆祝新婚必預言多子乎以故愛子孫者無勿愛媒婆云吾嘗讀西人詠强權具四大理由云一日者獅與他獸獵於山林得大鹿一頭平分爲四他獸喜以爲可各分一杯羹也獅曰我爲百獸王第一分應歸我第二分我力最多應歸我第三分我功最大應歸我第四分有敢動者請試大王爪牙提案者所具四大理由何其聲之相似耶其最相似者莫如第四條武裝護法理由《倘不定孔教爲國教他日中國羣雄萬一倣歐洲保教而興師則國會失其信用且恐國本亦爲動搖吾國會實爲誤國之戎首》云云吾不敢以《劫之以衆而不懼沮之以兵而不慴見利不虧其義見死不更其守（文官不愛錢武官不愛命諸議員非文官非武官理當愛錢愛命）不悔不豫之特立性》責望國會議員也人民代表對於人民對於代表猶敢肆其恫嚇況彼虎而冠者乎謹奉勸議員一一如命命定孔教爲國教乎命保存郡縣學宮及學田祭田乎命設奉祭主（歸孔教會世襲（元首不兼主祭論）嘗爲之規定）行拜跪禮乎命編入憲法憲法可以修改而此則永不得再議乎卽永不再議無傷也孔子不云乎要我以盟非義也神不聽欽定憲法猶不可爲訓況强權憲法乎天下無自違憲法而責令人守者蓋有諸己而後求諸人孔子有知斷不肯利用武裝矣

至如陳君煥章之請願書則大毛子春雷所謂毫無辯論之價值者也然不肯道聽途說徧舉三洲國教以自燿其聰明蓋深知其中不實不盡春雷所謂非眞知各國之內容也又深知民主國

馬相伯、英斂之：書請定儒教爲國教等書後，《聖教雜誌》1917年第1期，1917年1月。(13–11)

體定國教者實不多見。若按瑞士潘拿州以三教爲國教我國當以九教佛三回二故此則其能讀洋文之一長也。至謂中國歷史與國情。皆以孔教爲國教。而最大多數人之幸福在此。查中國歷史化家爲國曰國家君爲大田主大廠主民爲勞力動物主人視爲生利品有以愛護保存之者賢君也民之狡者謀爲司事總管把頭莊頭可不勞而多獲以故做官心最熱司事與主人所最怕者卽此勞力動物聚衆抗租罷市罷工必多方以愚之弱之禁刀兵禁弓箭禁大小防身之火器獨不能禁匪類匪類之豪往往取主人而代之主人之賢者以兼併他主之產爲務司事等以此爲功旣兼併而專利矣又不知享試看頤和園四望皆牛山是房門口之事亦照看不到而望其治天下乎爲問一部廿四史非此類乎至論國情古今所困者惟錢財而末世爲甚民情所喜者亦惟錢財多財之祝自古有之孔子亦用之終不餘力而讓財矣此寧有政教發徵期會哉故財神而可定爲國教也莫此最宜於國史宜於國情宜於最大多數之民意陳君撫膺自問當亦首肯何嘗國史國情皆以孔教爲國教哉請願之電雖多總不及洪憲之靈何也孔教之費總不及帝政之費也人以陳君爲善謊竊謂陳君不知國史國情爲何物此未免少讀華文之一短矣。何以言之。梁任公戊戌新政時并不知憲法。但定於憲法之國教。果見於歷史。任公豈有不知。康南海於不忍雜誌云。全佛山男女數十萬以神事爲業。則其購用必數十百萬之多。一鎭如此。則全國之信仰神佛爲最大多數。顯而易證。二公是乎。陳君是乎。陳君又言以吾國民之飲食男女也。固不能以佛教代之也。佛教有歡喜佛及無遮大會陳君以爲於男女之事猶未能盡致耶然則孔教究何如以吾國民之尊祖敬宗也。亦不能以耶教代之也。此則近於稚氣矣。何也。蓋人之尊在不同於禽獸。飲食雌雄。禽獸亦能之。且勝於人。一索再索。百發百中。世有言雖孔子生伯魚。不禽獸則不生。故何得以同於禽獸者爲教。耶祖與宗人多不見。不見則愛敬之心不生。故遺腹子只知有母。漢高祖、明太祖。祖先世代皆不知。其餘中國人不知者無其數。耶教何由得代之。至謂孔教有左右全球之能力。尤有指導全球之資格。爲全球所仰望。而吾國

馬相伯、英斂之：書請定儒教爲國教等書後，《聖教雜誌》1917年第1期，1917年1月。(13–12)

所恃以自豪於世界者。此尤未免爲獃氣矣。今歐戰方酣。外交方急。陳君何不用無線電將所謂孔教者指導左右之耶。中國地位至有名士謂予曰。雖爲奴爲隸。人民不能更苦。苦者惟無業游民。不能做官耳。則陳君之爲此說。非獃氣而何。不信。試將請願書譯爲英文。郵寄美國。其英文師有不怪其太無倫理者。吾不信也。徐州將軍之文。則視陳君高出萬倍。雖使康南海爲之。亦不相上下。堂堂乎。雍雍乎。眞儒將之風也。惜乎照舊定孔教爲國教句。微有語病。蓋照舊定云者。必也舊已定有國教。不識見於何經何典何檔案。何吾儕老百姓未之前聞耶。總之人各有心。定者不能禁其不定。但使對於國教。仍許人人得以自由。自由者必居多數。而國教將成孔教會之專利品。尚得謂之國教乎。必也禁止素王素臣。總統總理。下至保甲甲長。俱不得自由。庶幾一切利權。可以一網打盡。恭喜恭喜。發財發財。誰謂大哉孔子。博學而無所成名乎。其教之所就。孰與他教多乎。恭喜恭喜。發財發財。

馬相伯、英斂之：書請定儒教爲國教等書後，《聖教雜誌》1917年第1期，1917年1月。(13–13)

▲北京英斂之上熊督辦辭職書

秉翁先生大人鈞鑒敬附啓者爲瀝敘下情仰祈鑒察事竊維慈幼局之設本爲救災捍患人命所關急於星火之事叨承委任斂之以義不容辭故即挺身慨允以供驅策數月中向貴處索款索物無不有求必應應且如響貴督辦已來已溺之殷鄙人予取予求之樂誠堪感激欽佩不能已已但原定章程至陽四月底取消距今尙有五十餘日而投饑難民方興未艾預揣情形届時遣散爲一極大困難問題斂之年來多病對於世俗一切事功榮譽此心久成死灰已無復燃之日惟關於道德方面不敢不竭其駑鈍以完我宗教志願但自去臘痔痒之症忽發遂即服蘇合再造等藥至數十丸之多迄今未克復元一日不能離藥而精神委頓日益加甚不耐思索不能作字此身已成半廢雖云生活一日盡一日之心然後顧茫茫亦不可不預爲之計該局如能於四月杪完全遣散在斂之私計全始全終固爲大得倘不能取消必當另簡賢能繼續前進斂之素叨誤愛不敢不將下忱披瀝上陳絕無絲毫意見更非有所要挾誠以病軀不能振奮恐長此困頓貽悞孔多致使貴督辦救災捍患之仁心變成有名無實之惡果則斂之與貴督辦皆不願出此者也

再本局辦理一切諸從草就固非完善極願貴會諸君不時來局稽査一切指示一切務期於款不虛糜功歸實際八字無少缺憾始不負貴督辦信任之至意至於同人任事皆心非敢自矜然於實事求是之情亦願大白於公衆也

北京英斂之上熊督辦辭職書，《益世主日報》第307號，1918年3月17日。

第十四年第二十七期

本期共出十頁計二十版

代論

◉英斂之先生覆馮檢閱使玉祥書

檢閱使將軍麾下。僕衰病侵尋。自甘廢棄。不問世事者。蓋十有餘年矣。頃者滬漢慘殺案起。舉國洶洶，爲公理人道爭。如罷市罷工也。散布傳單也。遊行演說也。捐欵助郵也。種種行爲。無非爲抵制不人道之兇殘。取消不平等之待遇。具見人心不死。國尚可爲。但私心惴惴。毖後懲前。又不能不一喜一懼。喜者。喜人心不復如曩昔之散沙。知牽一髮而關全身痛癢。故不存隔岸觀火之心。不甘唾面自乾之辱。而奔走呼號。犧牲一切。冀伸公理於天下。使人心之感奮爲何如。懼者，懼當此有強權無公理時代。語云。弱國無外交。倘無實力以繼其後。任有賁育之勇。儀秦之辯。決亦歸諸無用。尤有懼者。中國人五分鐘之熱氣。見識於全球。始而激昂慷慨。忿不顧身。不旋踵間。則滅跡消聲。歸諸泡影。倘再加以無知愚民。遇事生風。軼出軌外。則遺害何堪設想，庚子故轍。殷鑑非遙。而被人嗾使。爲人利用，尚且不論。夫國家大事。安可輕於一擲。豈有但問種植。不問收穫之理乎。其結果造因。爲害爲利。不敢妄加論斷。亦惟有載沉載浮。聽其所止而已。昨有友人以報紙相示。載有將軍七月四日告全世界基督徒一書。肫懇痛切。聲淚俱下。所引經言。精當無倫。獨標題全世界基督徒六字。閱者不察。恐不免亦混天主教於其中。查天主教自明季傳入中國以來。始終稱爲天主教。無稱基督教者。近則按照西文。始有譯爲公教二字者。然此等小節。非吾欲辯之目的。而所辯者。乃在將軍書中。謂各國教會對此兇暴殘殺默爾不言。一若暗示同情者數語。查天主教學生。當滬案發生後。一如各學堂之散布傳單。一如各學生之捐集郵欵。迄今街市墻壁。尚有堅持到底身可殺而不可侮。種種大小傳單可證。不獨此也。當六月十三日有北京國立大學教授等。代表全國學界。致教宗

英斂之先生覆馮檢閱使玉祥書，《益世主日報》1925年第27期，1925年7月12日。(2–1)

天津益世主日報

比約十一電云。因基督所立之教。君乃最高元首。我等爲公理及人道。特訴於公量之前。冀得同情援助云云。而教宗即於十八日特派駐華代表剛總主教答覆云。教宗對於中華大國民。深表同情。對於同胞之流血。深致惋惜。並望雙方互相諒解。依據公理正義。暨基利斯督博愛之原則。切盼秩序與和平。早見恢復云云。當此國際猜忌之時。教宗毅然深表其同情。毫無畏縮。對於我國民。特加一大字。對於流血者。竟稱爲同胞。此實恪守耶穌遺訓。無種族邦國之別。不畏彊禦。而惟公理是依者。教宗其有焉。故僕對於將軍告全世界基督徒一書。雖深佩其愛教熱心。發言沉痛。但恐閱者不察。混各教而一之。致生誤會。爲害匪淺。因特略加解釋。固非衰病索居如僕者。猶趨時斷斷好辯也。

（七月九日）

英斂之先生覆馮檢閱使玉祥書，《益世主日報》1925年第27期，1925年7月12日。(2–2)

〔補白〕

聖母讚

英斂之先生遺詩之一

主保人間大　榮光天上高

潔難爲比況　貞孰擬絲毫

足下仇蠹蟒　懷中贖世羔

萬方殷仰望　懇遍沛恩膏

（手稿藏徐希德先生處）

聖母讚（英斂之先生遺詩之一），《中華公教會青年季刊》1930年第二卷第二期。

（補白）

過三洲島（英歛之先生遺詩之二）

——聖方濟各沙勿略頌——

月黑海天昏　征輪日夜奔
三洲荒島跡　萬國盛名喧
世過澤難斬　身亡道益尊
靦生慚惡劣　仰止意徒存

（手稿藏徐希德先生處）

過三洲島——聖方濟各沙勿略頌（英斂之先生遺詩之二），《中華公教會青年季刊》1930年第二卷第二期。

輔仁大事記

納爵

飲水思源 會友輔仁
眷懷先哲 謹遵古訓

輔仁成立，十餘年矣。往事重重，漸覺茫茫。話舊有心，覆按未易。爰謹廣蒐史料，按年件繫。他日編纂校史，俾資參證；今先公告同仁，諒所樂聞。

民元（一九一二）☆九月☆二十☆日

丹徒馬相伯，燕京英斂之二公，為振興中華公教教育，上書羅馬教廷，請派高才碩德之教士來華，創設大學，發展中國固有文化，介紹世界新知識，以示公教之公。書凡千餘言，語重心長，情文俱勝，殆

馬相伯、英斂之：上教皇請興學書，《輔仁生活》第二期，1939年12月25日。（4－1）

出英公之手也。以其有關教史，而又從未公布，特逐錄於左：

上教皇請興學書

至聖父師慈鑒：今八月間，蒙令虔禱宗會同心虔禱，為我中華失路之羊，同歸一棧，此諭此恩，適吾政體改造，約定信教自由，一切禮文，對於生者死者，均免跪拜，所有以前阻碍奉教之條，刪去已為不少。經言頑石可成亞巴郎子，此其時乎！我華人數居天下四之一，頑石不為不多，端賴合衆祈求，得邀聖神之噓植。聖神之噓植，固無東無西；頑石之可成，亦無東無西。奈自有元，得奉十字教後，苦無司牧相承，中絕者二三百年。由明末清初至鴉片烟之戰，其中不絕如線無他，三十八年之難病，手足徒具，動輒須人，人固不能常應我求也，以是一難三十八年。水動而不能自動以赴之，必待有非常聖跡，而後能興。有元之傳佈福音，雖不可考，大都以元主多用客卿，而教士相偕以來歟？有無聖跡，以廣福音，亦不可考。而明末之傳佈福音，則奔走後先，專藉學問。此固無上聖智，對於我華特別之作用。既無大聖如方濟各沙勿略者，以聖跡為開教之先聲。則仿利，艾，湯；南用學問為誘掖之具，斷不可無。況聖學與科學俱根於天主。物理之有倫有脊，在在證明惟一真原，固與教旨不相刺謬也。乃在我華提倡學問，而開大學堂者、英德

馬相伯、英斂之：上教皇請興學書，《輔仁生活》第二期，1939年12月25日。(4-2)

敎乎舍之國通○遲一？議聖 汰人一人議爲落援苦敎衩輸文南，有道 幾華獨蹟○竟京外文並不哉馬美
，？魚保之國善○東側會座 之○鄉，員民如筆力中，入，等 才願 幾生 ，傳見政由辭師人學正獨！聖之
不其以障父之迎而京聞事諭 數豈一府者主晨作而所人我下固 追 ，， 祀敎摒府是不大謀校式無即敎耶
我在漁，兄子之在大聖權令 乎非市縣無，星數已養才華至端 步 則其 觀士焉，該受學生，高大以，穌
遐斯人十，弟大我學座之， ？放之議人而○行○成軰者水當 利 其肯 在喜○於敎○託而學小學北尙敎
棄乎之百其，足華，，用競 不棄議事，敎致通求者出也龍時，培遣 會开非今生致我已成而也方付人
，？術千爲聯以，說令意爭 與利員會省中令那能，○○瀏歐南養往 與學見更徒使傳○之無，而闕都
不倘智倍益絡養則者在背國 權者員會能我語略椎今無地學等敎羅 不問摒盛，敎敎前後之無論如有
終我，○勝敎成時謂日道會 ，，者議備國者知魯也怪，，可友瑪 在誘也○自外士清，○中，○○
漠羅其伯於內敎機時本而與 自亦無員選，，時而何明而上想之攻 會掖○而舊人矣亦只只學我豈獨
然瑪在多和外內方機，馳地 居無人者國雖幾務已如末實自○存書 之者蓋我清代，嘗可有也聖不我
置聖斯祿約通外熟已創乎方 淘多；無會改參，，！淸行天 利，心者 修有來敎已之詎以依法，敎痛羅

馬相伯、英斂之：上教皇請興學書，《輔仁生活》第二期，1939年12月25日。(4—3)

之於異敎人之手；則亟望多遺當今博學良善而心謙者，廣爲師傳，其奉遺之人，能不拘何國，不限在會，似更相宜。倘拘定一國，則政治家視爲國敎，而啓猜疑；倘限定在會，則不但會與會此疆彼域，猜忌爭權，且因人性喜同惡異，往往視不在會者如征服之國民。不巷議則腹誹，防禦之惟恐不嚴不密。此就同會而不同國者之感情可推而得也。其有礙扶持之義，廣揚之道，尙待言平？但一國之廣揚，以往例今，端恃本國之有神品者繼承不絕。譬如一家之內，貴能有自食其力者，萬不能專恃外債以生存也，明矣。方今我國政治之不良，科學之不明，實業之不精，土地之荒蕪，工藝之疏鎔，學堂之淺陋，隨處皆然。其求助歐西之文化，不啻雲霓。而稍明時局者，亦漸知民德歸厚，舍宗敎無由。以故誠得我至聖父師，大發慈憫，多遺敎中明達熱切諸博士，於通都大邑，如北京者、創一大學，廣收敎內外之學生・以樹通國中之模範。庶使敎中可因學問，輔持社會；敎外可因學問，迎受眞光，不但天下四分之一，同歸一棧，既不負此番普命祈禱之盛心；亦不虛救世主心，在普救人世也。至應如何獎勵，奉遺之方，聖座自有神用。特先鳴感。

聖歷一千九百十二年九月二十日謹狀

書上，羅瑪敎廷，頗爲聳動。爰邀碩彥，縝密設計、旋經歐戰，事乃停頓矣。

（待續）

馬相伯、英斂之:上教皇請興學書,《輔仁生活》第二期,1939年12月25日。(4-4)

輔仁大事記（續）

納爵

民二（一九一三）秋

英公歛之，創設輔仁社於京西之靜宜園，並奉函國內各主教，請遣有志青年，前來攻讀。當時首先贊成此舉，而遣人就學者，爲：

山東：兗州　韓寧鎬主教

河南：衛輝　梅占魁主教

四川：成都　杜主教；重慶　舒主教

餘屬河北各教區，皆係自動入學。全社學生，僅二十餘人。噫！望之殷殷，而來者寥寥，時會使然，爲之奈何。

靜宜園爲清皇室五園之一。葱葱古木，瀏瀏清泉，塵囂遠隔，逸趣叢生；誠一絕妙讀書之處，實亦輔仁發祥之地也。公乃修葺屋宇，購置圖書，日與其徒，揚搉古今。所擬考索之題：曰『唐景教碑考』，曰『元也里可溫考』，曰『清四庫總目評論教中先輩箸述辨』……。肄業期定爲二年，惟學生隨來隨去。臨別，贈輔仁社同學紀念書一紙，其文曰：

自學堂之制興，各科紛然並騖，勢不得不淺嘗輒止。倘非天資明敏，雖從學數年，於始基最要之文字，竟茫然不解，遑言其他。是以十數年來，前識之士，每鰓鰓然以國學淪喪爲憂，而保存國粹之說出焉。鄙人有感於此，創輔仁社於京西香山靜宜園，謬承諸生不遠千里負笈來游。但恨學識淺陋，乏所匡助。所幸諸生皆志願宏大，勤苦向學，兩年以來，略識門徑。從此孜孜進修，不自畫棄，將來之造就，豈可限量。須知學問之道，浩無涯涘，務當先立其大，於事主救靈，己立立人之道，各竭能力，力事擴充；則無負我輩朝研夕討之初志。是所至盼，是所至囑。今當諸生之去，書此爲臨別贈言。

輔仁社社長英歛之

噫！是誠藹然仁者之言也。苦心孤詣，樹人之望彌殷；篳路藍縷，創業之功匪易。追懷先哲，迴環舊事，不禁感慨係之矣。

贈輔仁社同學紀念書，《輔仁生活》第三期，1940年1月25日。

記

監督奧圖爾博士抵北京。寓北京東城東總布胡同十九號，籌購校舍。

三月中浣，奧圖爾博士英斂之公合撰『美國聖本篤會創設北京公教大學宣言』，印發各界人士。原文如左：

易云，窮則變，變則通，古語云，天不變，道亦不變，驟觀二説，若甚相反者，然其實所謂不變者，乃形上萬古常新之眞理，所謂變通者，乃形下因時制宜之事物，初無背觸，殊非不相爲謀者也。

聖本篤挺生於千四百年前，當歐亞文野諸國變遷紛擾時代，北歐蠻族南侵羅馬，致希臘臘丁文化澌滅殆盡，故於不變變通兩端俱收並蓄，乃歐洲不絕如縷之文化，非惟卒賴以綿延而保存之，且實爲刮磨蠻野陶鑄文明之大樞紐，史册昭昭，詎容誣罔，今本會創設大學於北京，一本斯旨，不避煩贅，更申言之，即介紹西歐新得科學文化之最精者，並保存中國舊有文學美術之最善者，舍短取長，不使偏勝，此物此志也。

中國與本篤會，於精神上有特別融洽之點，玆特覼縷於下，中國以尊古右文爲隆，而本會亦以則先法古，補苴而張皇之爲事，中國農業國也，而本會亦以服田力穡，傳種改良爲職，中國古國也，而本會成立亦千數百年，中國人民喜修持，尚淨業，琳宮梵宇，遠近相望，而本會則重汲引，務神功，修院亦蔓延於歐美，然則本會之來，可使中國博愛高尚之士，集思廣益，得所皈依，而形上形下道德事功，皆可滿其慾望矣。

今日之中國爲何時耶，乃分崩離析，喧呶攘奪之秋也，當此之時，無論身外之貨財，[illegible]

奥圖爾、英斂之：美國聖本篤會創設北京公教大學宣言，《輔仁生活》第四期，1940年2月25日。(5–1)

釋讀(左三行)：

今日之中國爲何時耶，乃分崩離析，喧呶攘奪之秋也，當此之時，無論身外之貨財，固可見攘，即身内之志趣，亦將被奪，夫天下事，千人成之不足，一人毀之有餘，千日成之不足，一日毀之有餘，今數千年固有之道德學術，竟吐棄迸絕毫不顧惜，將使有斷種絕根之憂，有心人能不怒焉傷之，最可惜者，粗解橫書浮慕西法之輩，襲取人之皮毛，犧牲其所可貴，買櫝還珠，邯鄲學步，此其類矣，而本會適於此際來華，冀挽既倒之狂瀾，作中流之砥柱，亦如昔日之効忠於歐洲社會也。

民之秉彝，好是懿德，東海西海，理同心同，非可限於種族，囿於邦國也，苟但醉心歐化，稗販唾餘，致失其固有之真，豈非下喬入幽，而不善變者耶，今本會辦此大學之人，雖皆美產，然其來華本意，絕非用殖民政策，造成附屬之品，乃為吸收中國有志愛羣之士，本此志願，同功合作，數十年後，不假外力，該會該學，純為中國自主自立之機關，即達其志願矣。

至於本學之課程，此際尚難擬定，蓋必審查社會所需要，及人民所缺乏，以定從違，其最必要之門則有五，（一）神學及哲學，（二）中外文學，（三）自然科學，（四）社會學及歷史，（五）礦質及建築，此外仍須添設預科，以備門徑，至何時始能完全成立，則預算建築設備諸端，約以四十年為期。

中國今日情形，漸入實業革命時代，與歐洲十八世紀正同，歐洲煤鐵物質之文明，已播足於中國沿海各省，由今觀察，舊者日漸消滅，新者日漸灌輸，但新者純為物質文明，又安能包羅超越舊者之純粹蘊蓄高尚優美乎，杜威博士之言曰，當十八世紀，歐洲所謂改良時代者，舉數千年之文物制度，皆摧枯拉朽而唾棄之，今中國亦蹈此覆轍矣，故舊者雖善，亦被淘汰，而惟新是求，據哲學家及實驗家與思想家之眼光觀之，世界各國，未有及中國者也，即歐洲實業革命時代，亦不如也，歷史中無二最老最大最特別，而又自足之舊文化，能再生於世乎，此不得不改良者也，不然則日就滅亡矣，但改良變化之事，欲融合新舊於一爐，乃奇難奇大奇繁之事，故[illegible]

奧圖爾、英斂之：美國聖本篤會創設北京公教大學宣言，《輔仁生活》第四期，1940年2月25日。(5−2)

釋讀(左四行)：

，能再生於世乎，此不得不改良者也，不然則日就滅亡矣，但改良變化之事，欲融合新舊於一爐，乃奇難奇大奇繁之事，故風潮所驅，非數十輩醉心歐風者，所可轉移也……杜氏此言，對於中國目下情形，可謂甚合，但彼謂舊文化之重生，與過去時代毫無關係，則不免謬誤，請徵之歷史，可知其是非之所在，當千四百年前，歐洲爲極黑暗時代，其時優美之羅馬文化，被野蠻種族蹂躪無餘，而亞力安邪說，乘時盛行，歐洲大陸，且占三分之二，幸斯時有高隆邦，本篤，二大聖出，聯合同志，盡瘁鞠躬，力施拯救，而亞力安邪說乃逐漸澌滅，正如旭日當午，陰霾自消，從前野蠻破壞之情形，徒留歷史汚點，而今日所修明補正之舊文化，非特重生，而且光華優美，反遠超於昔日。

今中國奇變龐雜，弔詭譸張極矣，破壞既終，建設未始，而人心之壞，時局之危，雖五尺之童亦知之，顧挽救之術，言人人殊，垂危之疾，方劑雜投，一誤豈容再誤，然則非有久經試驗之名醫不可，今眞道純德之於歐洲，往績既已如彼，豈有不能起我疵痏，引我正軌之理乎，須知破壞者止知破壞，而惟一神聖之建築，無古今，無文野，俱本其眞愛，以施維持補救之方，而顚撲不破，歷古常新，雖偶晦翳於一時，終必昭明於永久，此固非夜郎自大，妄事矜張，千百年之往事具存，實可歷歷考也。

本會之宗旨既實述如右，然創此大學之動機及經過，想亦諸君子所樂聞，一一詳述，則連篇累牘，殊勞人目，茲特約略言之，當一九一二年秋季，有二人焉，一爲江南耆宿，一爲燕北蹇夫，二人者，因見世道人心，江河日下，乃發憤上書於羅瑪教廷，請遣高才碩德，且非同一國籍之教士，設大學於北京，以示公教之公，非一種族，一邦國之所可限制，旋經歐戰，事遂停頓，前教宗本篤十五雖徂落，今教宗必約十一接位後，注重中華，一視同仁之意，有加無已，以爲中國當此危急存亡之會，提倡道德，培植人才，刻不容緩，故

不惟以肫誠懇切之詞，鼓舞會衆急起赴此事功，且更親捐該校十萬義幣，以爲之倡、並許此後凡屬華諦岡出版著作，均寄贈[illegible]

奧圖爾、英斂之:美國聖本篤會創設北京公教大學宣言,《輔仁生活》第四期,1940年2月25日。(5—3)

釋讀(左四行):

不惟以肫誠懇切之詞,鼓舞會衆急起赴此事功,且更親捐該校十萬義幣,以爲之倡,並許此後凡屬華諦岡出版著作,均寄贈該校一分,以示珍重,綜核前後,關於興

學之事，若燕北毖夫之於一九一七年，再上罪言也，教廷之派員巡視各省，詳加覆覈也，奧圖爾博士之來華，調查教育也，並親赴羅瑪進謁教宗，陳述情形也，又謁傳教部總長，臚列利害也，又晤全球本篤會總長，請求進行也，奔走鼓吹，不辭勞瘁，一九二三年八月七日，全美本篤會，開大會議，而北京建學之事，始行通過，教廷得此覆牘，歡忻無量，致函極表嘉獎感謝之忱，因此舉使華人最易了然，公教非一種族一邦國之教，而實爲普天率土至一至聖至公之教也，其間複雜原因，曲折

情節，非數紙所能盡，蓋此事動議於一九一二年，直至一九二三年，醞釀成熟，始由教廷簡定最適宜之美國本篤會總其成，而本學組織之方針乃定，此其大略也。篳路藍縷，締造維艱，所望我會士持堅固耐久之心，鼓勇猛精進之氣，更望中國賢人君子，鑒此眞誠，指導輔翼，以開化最早，地大物博之中國，馴至化民成俗，一德同風，安見其不與歐美並駕齊驅，或更軼而上之，曷勝馨香祝禱之至。

北京公教大學謹述

一千九百二十五年九月

右：奧圖爾、英斂之：美國聖本篤會創設北京公教大學宣言，《輔仁生活》第四期，1940年2月25日。(5–4)

左：奧圖爾、英斂之：美國聖本篤會創設北京公教大學宣言，《輔仁生活》第四期，1940年2月25日。(5–5)

致馬慕努先生

僕數月來，耳熟大名於奧圖爾博士者、屢矣、欣悉閣下學問最深、道德最高、最熱心於聖教、且更關切於北京新創之公教大學、私心景仰、眞有莫可名言者、故吾敢請閣下信我絕非套語、願與閣下執鞭曳履、叨列朋友之末、不惟吾願敬祝天主降君寵福無疆、更願不拘何時不拘何地、多多挺生如閣下者、則聖教之光榮、豈有涯涘、我國所最缺乏者爲高尚學問、高尚學問對於我國之大關係、非數語所能罄盡、前者僕曾有勸學罪言、前後兩篇、想閣下亦曾經奧圖爾君之譯述、僕四十年來所最關心注意者、爲此一事、今經貴國本篤會來我國創辦大學、其歡欣感激爲何如、更聞貴國有一特出之教友、即爲閣下慨捐鉅欵、特爲提倡發揚敝國文學、其歡欣感激、眞踴躍三百矣、

僕辱承奧圖爾君信託榮寵、關於敝國學問一門、竟命僕全權主任、昨曾略將學問門類、及所用欵項、草擬一表、乃從低格、雖稱美善、經奧君參酌、謂所備欵項、不敷尚鉅、竊謂北京大學林立、異教所設者、堂皇優美、聳人觀聽、我國教中、向不重學、今斷不望駕而上之

右：致馬慕努先生，北京公教大學附屬輔仁社簡章，《輔仁生活》第五期，1940年3月25日。(4－1)

左：致馬慕努先生，北京公教大學附屬輔仁社簡章，《輔仁生活》第五期，1940年3月25日。(4－2)

、然亦不可過於低下、
今所難於爲情者、是向人煩瀆、而更難爲情者、是人已經捐助鉅欵、而更爲無饜之求、自問何以爲解、奈事關重大、當我國紛煩擾亂之時、絕無妙法、可爲補助、今不得已特靦顏請閣下向朋友中、再爲勸募、以繼將成未成之功、不使半途而廢、則閣下始終成全之美意、非惟我教中感激無涯、想天主定更亦嘉閣下之樂善不倦矣、

僕恨不通英文、特令小兒將鄙意譯出、不知其能達否、今僕特謝閣下已施之隆情、更謝閣下將來之嘉惠、紙短情長、不盡縷縷、

八月十五日，英公斂之訂『北京公教大學附屬輔仁社簡章』寄呈國內神長。原文如次：

鄙人前因感於人才消乏、國學日就淪胥、乃於一九一三年、組織輔仁社於京西香山靜宜園，備古今書籍若干種，招弱冠青年若干人、日夕討論其中、分期作文演說、輸灌社會必需之常識、以爲將來酬世之用、其所發現考訂諸文、時於報紙披露、惜所來諸生、根柢太淺、又限於時期、故無甚優美造就、後因種種阻碍、未得擴充、遂爾中止、識者惜之、然十餘年來、鄙人之志願、耿耿未嘗一日去懷、

今當美國本篤會、創立大學於北京、將來章程科目、力求美備、自不待言、然非按學級循序漸進之學生、則不得[illegible]等而入、至一般寒素及逾歲之好學青年、仍不免有向隅之歎、鄙人因商之校長奥圖爾博士、於大學內另闢一部、爲國學專修科、中分國文歷史哲理三大綱、而

致馬慕努先生，北京公教大學附屬輔仁社簡章，《輔仁生活》第五期，1940年3月25日。(4-3)

總以輔翼道德、開拓識見、及接人應世必需之常識爲目的、今特將簡明章程八條錄下、有志青年、曷興乎來、

一、本科專事國學之研究、故取論語會友輔仁之義、名輔仁社、

二、入社之年齡、自十八以上至二十五以下爲合格、

三、入社程度、須能參閱書史、並能作二三百字通順文字者、

四、凡願入社者、請先來信報名、寫明姓名年歲籍貫、並將自作文一二篇附來、（萬不可托人代作及修改倘至時不符則徒勞往返）合格者、由本社去信知照、至入學時、須有各本處主教司鐸介紹函、始得收錄、

五、本學備有宿舍、及一切參考書籍、來學者每人每月止收茶飯費七元、一切學費房費皆不收取、惟紙筆被褥及零用之物、皆須自備、

六、本社以二年爲畢業期、普通學識粗具、能自修習、即給以證書、其中遇有天資明敏、品行端方、願爲深造者、可升入大學預科或本科、並優待免費、

七、凡學生有犯規則、屢戒不悛、及天資過鈍、難期造就者、得隨時令其退學、

八、來信報名、請直寄北京西城定府大街濤貝勒府舊邸內公教大學國學部收可也、開學日定於本年陽曆十月一日路過遠者遲至可以隨時收錄、

公教大學國學部主任英斂之謹訂

一九二五年八月

九月一日，馬慕努博士電復英公，對於輔仁社經費，允負全責捐助。

致馬慕努先生，北京公教大學附屬輔仁社簡章，《輔仁生活》第五期，1940年3月25日。(4-4)